ZHONGGUO WENHUA WENWU
TONGJI NIANJIAN

中国文化文物统计年鉴

中华人民共和国文化部　编

2015

國家圖書館出版社
National Library of China Publishing House

图书在版编目(CIP)数据

中国文化文物统计年鉴. 2015/中华人民共和国文化部编. --北京:国家图书馆出版社,2015. 10
ISBN 978 -7 -5013 -5699 -7

Ⅰ. ①中… Ⅱ. ①中… Ⅲ. ①文化事业—统计资料—中国—2015—年鉴 ②文物工作—统计资料—中国—2015—年鉴 Ⅳ. ①G12 -66 ②K87 -66

中国版本图书馆 CIP 数据核字(2015)第 243966 号

书　　名　中国文化文物统计年鉴 2015
著　　者　中华人民共和国文化部　编
责任编辑　金丽萍

出　　版　国家图书馆出版社(100034　北京市西城区文津街 7 号)
　　　　　(原书目文献出版社　北京图书馆出版社)
发　　行　010 -66114536　66126153　66151313　66175620
　　　　　66121706(传真),66126156(门市部)
E-mail　btsfxb@ nlc. gov. cn(邮购)
Website　www. nlcpress. com ——→投稿中心
经　　销　新华书店
印　　装　北京科信印刷有限公司
版　　次　2015 年 10 月第 1 版　2015 年 10 月第 1 次印刷

开　　本　880 ×1230(毫米)　1/16
印　　张　33. 75
字　　数　1065千字

书　　号　ISBN 978 -7 -5013 -5699 -7
定　　价　220. 00 元

《中国文化文物统计年鉴 2015》

编者说明

一、《中国文化文物统计年鉴 2015》系统收录了全国和各省、自治区、直辖市 2014 年文化发展各方面的统计数据，以及其他重要历史年份的全国统计数据，是一部全面反映我国文化发展情况的综合性统计资料。

二、本年鉴正文内容共分为七个部分：一、综合；二、图书馆业；三、群众文化业；四、艺术业；五、文化市场；六、文物业；七、教育、科技、动漫及其他。为方便读者使用，多数篇末附有《主要统计指标解释》。

三、本资料尚缺香港、澳门特别行政区及台湾省的资料。

四、符号使用说明：资料中的“空格”表示该项统计指标数据不足本表最小单位数、数据不详或无该项数据，“#”表示主要项。

五、因时间仓促，年鉴中若有遗漏和不足之处，请同志们批评指正，以便在内容上不断完善和充实。

编　　者

2015 年 9 月

目　　录

三、群众文化业

四、艺术业

五、文化市场

六、文物业

七、教育、科技、动漫及其他

排序资料

附录资料

全国 2014 年文化发展基本情况

2014 年，全国文化系统认真贯彻落实党中央国务院各项决策部署，紧紧围绕建设社会主义文化强国，培育践行社会主义核心价值观的战略目标，牢固树立以人民为中心的工作导向，开创了文化改革发展的崭新局面。文化改革发展的基础进一步巩固，环境进一步改善；文化改革发展的成效更加显著，人民群众文化生活更加多彩；对外文化交流活动不断丰富，中华文化影响力不断扩大。但也应看到，面对新形势新任务，新时期文化改革发展的问题依然突出，需要继续坚持中国特色社会主义文化发展道路，按照全面建成小康社会、全面深化改革、全面推进依法治国、全面从严治党的要求，推进各项文化工作。

一、文化改革发展的基础保障能力进一步增强

（一）中央对文化建设做出战略部署，文化建设的方向更加明确

党中央高度重视文化建设，党的十八大提出了建设社会主义文化强国的奋斗目标，明确了文化建设的重点任务，十八届三中全会对文化体制机制改革做出了部署，四中全会对建立健全文化法律制度提出了要求。以习近平同志为总书记的党中央围绕培育践行社会主义核心价值观、增强国家文化软实力、繁荣文艺创作、推动不同文明交流互鉴、传承弘扬中华优秀传统文化等做出一系列决策部署，出台多项推动文化改革发展的政策文件，指明了文化改革发展方向，为文化改革发展赋予了新使命，增添了新动力，创造了新机遇。地方各级党委政府对文化重要性的认识不断深化，对文化工作的重视程度空前提高。大部分省、区、市提出了加快建设文化强省、文化强区或文化强市的战略目标，文化建设被纳入经济社会发展的重要议事日程。

（二）文化法制体系初步建立，政府职能转变成效明显，文化治理能力进一步提升

目前，文化系统在国家层面初步建立起了覆盖文化遗产保护、公共文化服务、文化市场管理、知识产权保护等领域的法律法规体系。与文化工作关系密切的文化法律有《文物保护法》《非物质文化遗产法》《著作权法》3 部，行政法规 10 多部，文化部现行有效的部门规章 32 个。2014 年，《公共文化服务保障法》《文化产业促进法》和《公共图书馆法》也都取得了积极进展。文化系统继续推进简政放权，转变政府职能，激发文化活力。近年来，文化部陆续取消行政审批项目 28 项，下放 11 项，划转 5 项，保留 4 项，取消和下放的比例在国务院各部委中位居前列。各地文化行政部门也对本级行政审批事项进行了认真梳理，提出了取消和下放部分行政审批事项的建议。

2014 年，国办印发了支持经营性事业单位转企改制和文化企业发展的 15 号文件。文化部成立了中国文化馆协会、文化娱乐行业协会和艺术品经营行

业协会，调动更多社会力量参与文化建设。

（三）在中央财政的带动和引导下，全国文化事业费持续增长，文化改革发展的资金投入有所提高

近年来，文化部以实施“三馆一站”免费开放政策为契机，初步建立了中央和地方分级负担的公共文化财政保障机制，文化财政投入总量持续增长。2014年，文化部本级财政拨款53.46亿元，比2013年增长49.6%；中央财政通过继续实施“三馆一站”免费开放、非遗保护、公共数字文化建设、地市级公共文化设施建设等中央补助地方文化项目，共落实中央补助地方专项资金46.53亿元，比上年增长0.72%。

在中央资金的带动和引导下，各级党委政府纷纷加大对文化事业的经费投入力度，全国文化事业费明显增加。据统计，2014年全国文化事业费583.44亿元，比上年增加52.95亿元，增长10.0%；全国人均文化事业费42.65元，比上年增加3.66元，增长9.4%。全国文化事业费占财政总支出的比重为0.38%，比重与上年基本持平。

全国文化事业费持续向基层、向中西部贫困地区倾斜。据统计，2014年县以上文化单位文化事业费292.12亿元，占50.1%，比重比上年降低了1.3个百分点；县及县以下文化单位291.32亿元，占49.9%，比重比上年提高了1.3个百分点。东部地区文化单位文化事业费242.98亿元，占41.6%，比重下降了2.0个百分点；中部地区文化单位文化事业费133.46亿元，占22.9%，比重提高了0.3个百分点；西部地区文化单位文化事业费171.15亿元，占29.3%，比重提高了0.6个百分点。

（四）从业人员总量基本稳定，人员结构不断优化

文化部积极实施“人才兴文”战略，通过规划统筹、制度建设和教育培训等措施，加强文化系统各级各类干部人才队伍建设，为文化改革发展提供坚强的人才支撑和组织保障。一方面，促成文化艺术领域人才纳入海外高层次人才引进计划（“千人计划”），推进各项人才选拔推荐工作，促进高层次文化人才队伍建设；另一方面，创新培训机制，加强干部培训工作。同时，全面实施《边远贫困地区、边疆民族地区和革命老区人才支持计划实施方案》文化工作者专项，2013—2014年度，组织有关省（区、市）选派16684名文化工作者赴“三区”县和县以下单位提供服务，为“三区”培养1498名文化工作者。

据统计，2014年末纳入统计范围的全国文化单位28.74万个，比上年末减少0.55万个；从业人员204.02万人，比上年减少11.47万人。其中，文化部门所属单位6.56万个，增加872个；从业人员63.82万人，与上年基本持平。

从人员结构看，人员素质得到一定程度提高。如2014年年底，全国公共图书馆从业人员56071人，其中具有中高级职称的人员占42.13%，比重比上年提高了0.96个百分点；全国文化馆从业人员55443人，其中具有中高级职称的人员占40.11%，比重比上年提高了1.09个百分点。

（五）监管能力稳步提高，文化市场环境明显改善

近年来，文化系统按照中央要求，集中力量推进文化市场综合执法改革。全国列入改革范围的403个地级市以及2594个县（区）已全部完成综合执法机构组建工作，综合执法人员达3万余人，92%的地区已完成了委托执法或授权执法的行政确认工作。同时，通过制定执法管理办法等方式，全面梳理文化行政执法依据，分解执法职权，

明确执法责任，提高文化执法水平。另一方面，文化部将 11 项市场主体准入前置审批项目，一次性改为后置审批，并做好行政审批项目取消、下放后的衔接和指导。会同有关部门联合印发《关于加强执法监督完善管理政策促进互联网上网服务行业健康有序发展的通知》，制定《文化部关于推动互联网服务行业转型升级的意见》，深入推进互联网上网服务行业转型升级。

（六）文化产业政策进一步优化，文化产业发展前景广阔

文化产业是服务业的重要组成部分，发展文化产业、扩大文化消费，对于推动经济结构转型、拉动经济增长具有积极作用。2014 年，文化部适应经济新常态，出台了多项文化产业扶持政策，为促进文化产业发展提供了有力支撑。印发了文化部贯彻落实《国务院关于推进文化创意和设计服务与相关产业融合发展的若干意见》的实施意见。推动将西部各省（区、市）文化产业相关门类纳入国家发展改革委《西部地区鼓励类产业目录》，享受相应税收优惠。与中国人民银行、财政部联合印发《关于深入推进文化金融合作的意见》。与工业和信息化部、财政部共同印发《关于大力支持小微文化企业发展的实施意见》。与财政部联合印发《关于推动特色文化产业发展的指导意见》《藏羌彝文化产业走廊总体规划》。实施文化金融扶持计划，文化部首次发布文化金融合作债券融资项目库，确定 106 个项目，获中央财政文化产业发展专项资金支持 6.73 亿元，较上年增长 46%。推进文化产业信贷融资，全国文化产业本外币贷款余额突破 1900 亿元，同比增长 30%以上。

（七）文化与科技进一步融合，科研助推文化发展的作用更加明显

国务院印发《关于积极推进“互联网+”行动的指导意见》，明确提出要推进“互联网+”，实施促进创业创新、协同制造、公共服务等 11 项重点行动。互联网等高新科技迅猛发展，为文化建设提供了有力支撑。文化部发挥文化部、科技部部际联席会议机制作用，围绕文化重点工作，组织专项攻关，积极推动将文化领域的技术研发纳入国家科技创新体系，组织申报了 3 个国家科技支撑计划项目，申请国家资金 4000 余万元。加强文化科技创新载体建设，评定首批 6 家文化部重点实验室。完成 2014 年度国家文化科技提升计划、国家文化创新工程项目、文化部文化科技创新项目、文化部标准化制修订项目的申报、评审、立项等工作。完成 2014 年度国家社科基金艺术学项目、文化部文化艺术科学研究项目的评审、立项工作。坚持基础研究与应用研究并重，强化艺术科研项目的对策研究，更好地为文化改革发展服务。

二、文化建设取得丰硕成果

2014 年，我国各项文化建设工作取得了新的成就。文艺创作演出异彩纷呈，公共文化服务体系建设成效显著，文化产业蓬勃发展，文化遗产保护取得重要进展，对外文化影响力进一步增强。

（一）艺术事业繁荣发展

2014 年，全国文艺工作者认真学习贯彻习近平总书记文艺工作座谈会重要讲话精神，加强文艺创作引导，加大文化惠民力度，推动文化艺术市场繁荣发展。

1.弘扬时代精神和爱国精神的优秀作品不断推出。全国文化系统坚持以人民为中心的创作导向，遵循文艺发展规律，牢固树立精品意识，以中国精神为灵魂，着力提高文艺作品的质量和水平。文化部举办庆祝新中国成立 65 周年优秀剧目展演活动、

国庆音乐会《美丽中国，光荣梦想》《“丹青中国梦”——庆祝中华人民共和国成立 65 周年美术作品展览》等一系列导向性、示范性文艺活动，为党和国家大事喜事增光添彩。国家艺术基金首个运行年度投入资助金额 4.3 亿元，对 393 个项目进行资助。全国艺术表演院团围绕“中国梦”主题开展文艺创作，推出一批思想性、艺术性、观赏性有机统一的优秀剧节目。据统计，2014 年，全国 8769 家艺术表演院团原创首演剧目 1449 个，比上年增加 92 个。

2. 艺术演出市场规模持续增加，演出收入有所下降。2014 年年末，全国共有艺术表演团体 8769 个，比上年末增加 589 个；从业人员 26.29 万人，增加 0.20 万人。其中各级文化部门管理的艺术表演团体 2053 个，占 23.4%。

全年全国艺术表演团体演出 173.91 万场，比上年增长 5.3%，全年平均每团演出 198.3 场；全年国内演出观众 91020 万人次，增长 1.1%。受市场环境的约束，艺术表演团体总收入 226.40 亿元，比上年下降了 19.1%，其中演出收入 75.70 亿元，比上年下降了 7.8%。

3. 社会效益有力彰显。2014 年，全国各级艺术表演团体通过公益性演出、“文化下乡”、低票价演出等方式，将经济效益与社会效益有机统一起来，受到了广大人民群众的热烈欢迎和社会的广泛赞誉。据统计，全年全国文化部门所属艺术表演团体共组织政府采购的公益演出 10.58 万场，比上年增长 18.3%；观众 9893.36 万人次，比上年增长 8.7%。利用流动舞台车演出 10.62 万场次，比上年增长 5.9%；观众 9900.64 万人次，比上年增长 2.2%。全国各级艺术表演团体赴农村演出 114.04 万场，比上年增长 8.5%，赴农村演出场次占总演出场次的 65.6%，比重比上年增加 2 个百分点；农村观众 55863 万人次，比上年增长 5.5%，占观众总人数的 61.4%，比重比上年增加 2.6 个百分点。

4. 民营艺术表演团体发展迅速。近年来，我国众多民营艺术表演团体以灵活多样的办团方式、特色鲜明的地方风格、充满生机的营销机制、不畏艰苦的创业精神等优势，面向基层开展了丰富多彩的艺术活动，与国有院团互为补充，共同成为构建社会主义和谐社会的重要力量。据统计，2014 年，全国民营艺术表演团体 6617 个，比上年增加 698 个，占全部院团的比重由上年的 72.4% 提高至 75.5%。民营院团涵盖了戏剧、曲艺、歌舞、杂技、魔术、马戏、木偶、皮影等众多艺术门类。2014 年，民营院团主要指标占全部院团的比重均在 60% 以上，且比重较上年有所提高。

（二）公共文化服务体系建设成效显著

2014 年，文化部牵头成立国家公共文化服务体系建设协调组，形成共同会商、统筹推进的工作机制。研究起草《关于加快构建现代公共文化服务体系的意见》和《国家基本公共文化服务指导标准》，对现代公共文化服务体系进行整体制度框架设计，为全国公共文化事业的发展提供了有力保障，全国公共文化服务体系建设取得积极进展。

1. 公共文化设施网络初步形成，服务条件明显改善。近年来，党中央、国务院高度重视基层公共文化设施建设，通过转移支付支持地方文化设施建设，带动了地方资金的大量投入，极大改善了全国的文化设施水平，覆盖城乡的公共文化设施网络体系基本形成。据统计，截至 2014 年年底，全国共有县级以上公共图书馆 3117 个，文化馆 3313 个，乡镇（街道）文化站 34465 个，农村文化活动场所 51.55 万个。全国每万人拥有公共图书馆设施面积由上年的 85.1 平方米提高到 90.1 平方米，增长了 5.9%；

全国公共图书馆阅览室座席数由上年的81万个提高到85.6万个，增长了5.7%；每万人拥有文化馆(站)面积由上年的249.09平方米提高到269.51平方米，增长了8.2%。全国人均拥有公共图书馆藏量由上年的0.55册提高到0.58册。

2.公共文化服务水平显著提升。随着我国公共文化服务条件的有效改善，财政对公共文化经费投入的进一步加大，我国公共文化服务水平也得到了显著提升。2014年，全国公共图书馆有效借书证3944万个，比上年增长37.1%；总流通人次53036万，增长7.7%。书刊文献外借册次46734万，增长14.4%；外借人次22737万，增长10.6%。2014年全国群众文化机构共组织开展各类活动147.20万场次，比上年增长13.8%；服务人次50668万，增长14.7%。

3.信息化水平进一步提高，文化服务方式更加丰富。随着信息技术的广泛应用，全国文化信息资源共享工程、数字图书馆推广工程和公共电子阅览室建设计划等公共数字文化惠民工程稳步实施，文化系统初步构建起覆盖城乡的公共数字文化服务网络，公共文化机构信息化水平显著提升。据统计，2014年年底全国文化信息资源共享工程已建成3.55万个乡镇（街道）基层服务点、70万个村（社区）基层服务点，基本实现覆盖所有乡镇、行政村，资源总量达到408.68TB。2014年年底全国公共图书馆共有电子图书50673.64万册，比上年增加了12906.37万册，增长34.2%。全国公共图书馆电子阅览室面积53.65万平方米，比上年增长4.8%。

全国各级公共图书馆不断创新服务方式，拓展和延伸服务领域，向社会公众提供多样化、多层次的服务。全年共为读者举办各种活动103586次，比上年增长13.2%；参加人次5015万，比上年增长13.7%。各级群众文化活动单位，积极加强对业余文化团体的辅导，充分发挥组织作用，实现了从“送文化”到“种文化”的转变。据统计，2014年年末全国群众文化机构共有馆办文艺团体6447个，演出13.34万场，观众8352万人次。由文化馆（站）指导的群众业余文艺团体40.46万个，馆办老年大学705个。

4.服务农村、服务基层效果明显。2014年，在中央项目的带动下，各地文化机构坚持推动公共文化服务重心下移、资源下移、服务下移，着力促进公共文化服务均等化。数据显示，面向基层、面向农村的乡镇综合文化站在丰富群众文化生活、满足群众基本文化权益、促进文化均等化方面的作用日益突出。全国乡镇综合文化站从业人员占全国群众文化机构从业人员的一半以上，组织的各类文化活动次数占一半以上，文化服务人次占40%左右。

（三）文化市场规范有序，文化产业蓬勃发展

2014年，随着文化市场监管能力的不断提高，全国文化市场主体得到进一步培育发展，文化市场效益明显提升。在各项政策措施的有力推动下，文化产业规模稳步扩大，产业集聚化水平进一步提高，对经济社会发展的促进作用明显增强。

1.文化市场发展总体平稳。近年来，全国文化市场经营单位总量（含互联网上网服务营业场所、娱乐场所和民营艺术表演团体）基本持平，略有减少。2014年，全国文化市场经营单位22万个，比上年减少6420个；从业人员132.39万人，比上年减少12.79万人。受需求下降和结构调整影响，年末全国共有娱乐场所84179个，比上年末减少5473个；从业人员72.95万人，减少10.62万人；全国共有互联网上网服务营业场所129368个，比上年末减少1645个；从业人员45.24万人，减少2.58

万人。

分区域看，文化市场经营单位主要分布在县及县以下基层地区。据统计，2014 年末城市文化市场经营单位 77344 个，占文化市场经营单位总量的 35.1%；县城文化市场经营单位 90694 个，占 41.2%；县以下地区文化市场经营单位 52126 个，占 23.7%。

2. 文化市场单位经营效益明显提升。2014 年，全国文化市场经营单位营业收入 1614.25 亿元，比上年增长 18.1%；营业利润 468.29 亿元，增长 28.0%。其中，娱乐场所全年营业收入 1102.37 亿元，比上年增长 24.6%；营业利润 260.63 亿元，增长 17.2%。互联网上网服务营业场所全年营业收入 447.99 亿元，比上年增长 15.5%；营业利润 196.30 亿元，增长 37.7%。

3. 文化产业聚集化水平进一步提高。为加快文化产业集聚，培育骨干文化企业，并充分发挥示范、辐射带动作用，2014 年，文化部修订印发《国家文化产业示范基地管理办法》，开展第 5 批国家级文化产业示范（试验）园区和第 6 批国家文化产业示范基地申报评选命名工作。年末全国共有 10 个国家级文化产业示范园区、10 个国家级文化产业试验园区和 339 个国家文化产业示范基地。这些园区和基地涵盖了我国文化产业的骨干企业，充分发挥了示范带动作用。据初步统计，上述文化产业园区和基地 2014 年营业收入 3278.52 亿元，利润总额 869.08 亿元。

动漫产业保持快速发展，动漫企业茁壮成长，动漫业态创新发展，优秀动漫产品不断涌现，动漫走出去步伐加快，动漫与相关行业融合更加紧密，动漫产业成为文化产业中最具发展实力和潜力的行业之一。文化部举办中国文化艺术政府奖第二届动漫奖，共评出 30 个奖项、80 个入围项目。开展弘扬社会主义核心价值观动漫作品扶持计划，集中扶持革命传统教育、中华优秀传统文化主题的 20 个产品和 42 个创意。持续开展手机（移动终端）动漫标准示范推广应用工程，基本完成国家标准修订工作，并通过国家标准立项。2014 年年末，全国共有经文化部、财政部、国家税务总局联合认定的动漫企业 669 家，重点动漫企业 43 家。

4. 文化及相关产业增加值快速增长。据国家统计局初步测算，2014 年文化及其相关产业增加值 24017 亿元，比上年增长 12.5%，占全国 GDP 的比重由上年的 3.63%提高到 3.77%。文化产业正向国民经济支柱性产业的方向迈进。部分地区的文化产业增加值占地区国内生产总值的比重已经超过 5%，成为当地支柱性产业，在经济转型中发挥重要作用。

（四）文化遗产保护工作再上新台阶

2014 年，全国各级文化文物机构加大文物保护利用、非物质文化遗产保护和古籍保护等方面工作力度，推动中华优秀传统文化传承体系建设，共同养护好中华民族文化的根脉。

1. 文物机构服务能力进一步增强。2014 年，全国各级文物机构大力推进考古维修和文物保护工作，文物藏品数量进一步增加，文物机构开展公共服务的基础进一步夯实。第一次全国可移动文物普查有序推进，国有单位文物收藏情况摸底调查全面完成。安排经费 2.1 亿元，启动 46 项抗战文物保护修缮和展示利用工程。平安故宫、西藏重点文物保护、山西南部早期建筑保护、延安革命旧址灾后重建、“南海 I 号”考古发掘和文物保护项目等文物保护重点工程有序推进。据统计，截至 2014 年年底，全国共有文物机构 8418 个，比上年末增加 681 个。其中文物保护管理机构 3280 个，占 39.0%；博物馆 3658 个，占 43.5%。年末全国文物机构从业人员

14.81万人，比上年末增加1.09万人。其中文物保护管理机构37843人，占25.6%；博物馆83970人，占56.7%。

年末全国文物机构拥有文物藏品4063.58万件，比上年末增加222.77万件，增长5.8%。其中，博物馆文物藏品2929.97万件，占文物藏品总量的72.1%；文物商店文物藏品770.09万件，占18.9%。文物藏品中，一级文物9.82万件，占0.2%；二级文物68.82万件，占1.7%；三级文物340.51万件，占8.4%。

2.文物机构服务水平明显提升。2014年，全国文物机构共安排基本陈列9996个，比上年增加1604个；举办临时展览11174个，比上年增加1530个。接待参观84256万人次，增长12.8%，其中博物馆接待观众71774万人次，占文物机构接待观众总人次的85.2%；文物保护管理机构接待观众12182万人次，占14.4%。参观人群中未成年人22403万人次，比上年增长10.7%，占参观总人数的26.6%。

3.非物质文化遗产保护事业又上新台阶。完成第四批国家级非遗代表性项目评审，报请国务院公布代表性项目153个、扩展项目153个。评审第二批国家级非物质文化遗产生产性保护示范基地，59家企业和单位入选。会同有关部门共同评审第三批中国传统村落994个，纳入中央财政补助范围600个，2014年补助18个。启动国家非物质文化遗产保护利用设施建设，96个建设项目纳入“十二五”项目储备库，2014年下达中央预算内投资约2.1亿元，对21个省区的30个非遗设施建设项目进行补助。中央补助地方资金6.6亿多元，用于752个国家级非物质文化遗产代表性项目、10个国家级文化生态保护实验区、1735名国家级非物质文化遗产代表性传承人的补助。据初步统计，年末全国共有非物质文化遗产保护机构2645个，从业人员18692人。全年全国非物质文化遗产保护机构共举办展览16042次，接待观众3390万人次；举办演出34703场，观众3795万人次；举办民俗活动12982次，观众3884万人次；举办培训班20946次，培训人数137万人次。

4.古籍保护工作有序推进。国家典籍博物馆正式对外开放，首展汇集800余件典籍国宝，共接待参观团体200余个，参观人次12万余。评审第五批国家珍贵古籍名录和全国古籍重点保护单位，出版第四批《国家珍贵古籍名录图录》。有序推进古籍普查登记各项工作，做好《全国古籍普查登记目录》的出版、平台建设、数据发布工作。大力开展古籍数字化，加快“中华古籍数字资源库”建设。开展古籍再生性保护和整理出版，推进古籍修复工作科学化、规范化，实施海外中华古籍调查与合作保护项目，推进少数民族古籍保护专项工作，推进清史、《中国节日志》等编纂工作。

（五）对外及对港澳台文化交流不断扩大

2014年，文化部推进体制改革和机制创新，努力将对外和对港澳台文化工作融入国家发展战略，服务于整体外交大局和国内文化建设，在广度和深度上均有较大突破，对外和对港澳台文化工作进入了新的发展阶段，中华文化影响力不断扩大。

1.对外文化交流活动更加丰富。2014年，我国与21个国家签订或续签文化交流年度执行计划，与6个国家签订了互设文化中心协定和谅解备忘录；我国已签订的文化协定共计155个。2014年共完成6个海外文化中心的揭牌启用工作，海外文化中心总数达到20个。文化部制定了《海外中国文化中心管理办法(试行)》及《海外中国文化中心评估框架》，为海外中国文化中心的健康运营提供了制度保障。

全年经文化系统审批的对外文化交流项目 1667 起，40781 人次参加；对港澳文化交流项目 230 项，5593 人次参加；对台文化交流项目 500 项，12593 人次参加。

2.思想文化交流更加深入。文化部联合中国社科院共同举办了两期 2014“青年汉学家研修计划”，来自 39 个国家的 55 位青年汉学家应邀参加；举办了“中国当代作品译介研修对接计划”，23 位海外青年汉学家、翻译家参加了研修；举办了 2014“汉学与当代中国”座谈会，来自 17 个国家的 20 位外国前政要、智库学者和 14 位中方的著名学者参会。

3.品牌文化活动提质增效。2014 年，“欢乐春节”活动在 112 个国家和地区、321 个城市举办，共有 570 多项大型活动。圆满举办亚太经合组织第 22 次领导人非正式会议文艺演出、亚信峰会文艺晚会。组织开展庆祝中法建交五十周年系列文化活动和第十四届“相约北京”联欢活动等大型文化交流活动。积极践行“亲诚惠容”和“真实亲诚”理念，成功举办第五届中俄文化大集、首届“东亚文化之都”、2014 中国—东盟文化交流年、第二届中俄文化论坛、“中印友好交流年”。

围绕中央战略部署，积极开展“一带一路”文化品牌的创立工作，成立“丝绸之路经济带西北五省区文化发展战略联盟”，举办首届“丝绸之路国际艺术节”“海上丝绸之路国际艺术节”等一系列文化交流活动。

4.对港澳台文化交流与合作深入开展。2014 年，举办“艺海流金”“港澳大学生文化实践活动”等活动，增强港澳各界对祖国的向心力。签署《粤港澳文化交流合作发展规划 2014—2018》，推进三地文化与区域建设的共同发展。打造“艺传两岸——台湾青少年中华传统文化培训”等对台青年文化交流品牌。依托“第七届海峡两岸文博会”等平台，推动两岸文化产业合作。

三、当前文化改革发展中值得关注的几个问题

“十二五”以来，我国的文化建设取得了令人瞩目的成就，进入了一个崭新的发展阶段。但从整体上看，存在的问题依然突出。如文化资金投入不足与资金浪费现象并存，文化投入保障机制需进一步完善；公共文化发展总体水平不高和结构不均衡现象并存，实现均等化任务艰巨；文化产业潜在需求旺盛与现实需求不足现象并存，文化消费的转型升级值得期待。这都需要我们在今后的工作中进行深入探索、研究，认真加以解决。

（一）文化资金投入不足与损失浪费现象并存

近年来，随着国民经济的快速发展，文化财政投入持续增加，对于促进我国文化改革发展尤其是现代公共文化服务体系的完善发挥了重要的积极作用，但与全面建成小康社会的目标要求相比，与人民群众日益增长的精神文化需求相比，与保护传承和弘扬优秀传统文化的任务相比，文化财政投入整体上依然总量不高、比重偏低。据统计，近年全国文化事业费占财政总支出的比重基本维持在 0.38% 左右，2014 年全国人均文化事业费只有 42.65 元，远低于教育、卫生等其他社会事业的财政投入。同时，由于税收减免程序和手续繁杂等原因，社会力量参与公共文化服务体系建设的积极性也不高。

但也应该看到，在一些地区和一些领域也不同程度地存在着文化资金浪费的现象，主要表现在以下几个方面：一是部分地方政府重视前期的设施建设，轻视后期的运行管理，造成了设施的“空壳化”；二是由于人员不足和内容缺乏等原因，造成了公共

文化设施利用率不高，公共文化服务效能偏低；三是由于资金管理制度还不完善，监督还不到位，造成部分资金使用不规范甚至被挪用。

（二）公共文化发展总体水平不高和结构不均衡现象并存

近年来，我国公共文化取得了长足的发展，但整体水平还不高，远远不能适应人民群众巨大需求的增长。一是设施比较落后。如截至 2014 年年底，全国仍有 553 个县级公共图书馆和 705 个县级文化馆建筑面积小于 800 平方米（最低标准），分别占 20.4%和 24.1%。有 680 个县级公共图书馆和 818 个县级文化馆建于 1990 年之前，分别占 25%和 27.9%。二是资源比较匮乏。如 2014 年全国公共图书馆人均藏书量仅为 0.58 册，远低于国际图联、联合国教科文组织规定的人均藏书量 1.5—2.5 册的标准，2014 年全国人均购书费只有 1.24 元。三是队伍不健全。公共文化机构专职人员数量严重不足、队伍不稳定、服务水平参差不齐的问题比较突出。四是服务效能不高。一些公益性文化单位缺乏激励和约束机制、活力不足、效率不高，服务方式和服务手段还比较单一，供需难以有效对接。

同时，公共文化发展不均衡问题非常突出。从城乡情况看，农村一直是我国文化发展的薄弱环节，尽管近些年来国家加大了对农村文化的投入力度，城乡文化发展差距有所缩小，但从整体上看，城乡文化发展不平衡的态势尚无根本改观。据统计，2014 年，全国文化事业费 583.44 亿元，其中县及县以下 291.32 亿元，占 49.9%；从资源看，主要服务于农村的 1630 家县图书馆图书总藏量 14527 万册，仅占全国图书馆总藏量的 18.4%；总流通人次 9619 万，占 18.1%；县及县以下群众文化机构服务人次 28024 万，占全国群众文化机构总服务人次的 55.3%。从区域情况看，受经济发展水平、自然环境条件、历史文化传统等多种因素影响，我国公共文化发展存在着较大的地区差异。整体上看，东部地区最好，西部次之，中部地区最差。从群体情况看，当前针对老人、少年儿童、残疾人、农民工和边疆民族地区群众的公共文化资源和项目普遍偏少，把农民工纳入城市公共文化服务体系的政策要求在不少地方尚未落实。

（三）文化产业潜在需求旺盛与现实需求不足并存

发展文化产业不仅是建设社会主义先进文化的重要手段，也是产业结构优化升级，政治进步和综合国力增强的推动力量。当前，我国文化产业发展潜力巨大。一方面，我国经济快速发展和城乡居民收入快速增长为发展文化产业提供了坚实基础。根据国际经验，人均 GDP 在 1000 美元以下，居民消费主要以物质消费为主；人均 GDP 在 3000 美元左右，进入物质消费和精神文化消费并重时期；人均 GDP 超过 5000 美元，居民的消费转向精神文化消费为主。而早在 2008 年，我国的人均 GDP 即已超过了 3000 美元，目前已经超过 7400 美元。另一方面，当前我国经济发展进入新常态，为发展文化产业提供了新契机。为适应经济新常态，中央提出，以提高经济发展质量和效益为中心，把转方式调结构放到更加重要的位置，突出创新驱动，大力推进服务业和战略性新兴产业发展，优化经济发展空间格局，加快培育新的增长点和增长极。文化产业作为服务业的重要组成部分，具有重要的发展前景。

“十二五”以来，我国文化产业呈现出蓬勃发展态势，文化产业对国民经济增长的贡献率不断上升。但与巨大的潜在需求相比，仍然存在巨大的缺口。据有关研究机构测算，按照国际人均收入和支出平均标准，我国文化消费支出总量应该达到 4 万亿元以上，而 2014 年我国文化消费的规模却不到 15000 亿元，城乡居民人均文化和娱乐支出 671 元，只占消费支出的 4.6%。全国人均观看文艺演出的场次仅为 0.66 次。

制约文化产业发展、文化消费水平提高的因素是多方面的：一是从供给角度看，当前我国文化产业自主创新能力不足，个性化、多元化的文化产品数量还不够丰富；二是从需求角度看，由于兜底的社会保障体系还没有建立起来，住房、教育、医疗、养老消费预期值较高，城乡居民文化消费的欲望还不强。三是从机制角度看，当前支持文化产业发展的政策措施还不够多不够实，文化企业特别是小微文化企业发展面临很多困难。

2015 年是全面深化改革的关键之年，是全面推进依法治国的开局之年，是全面完成“十二五”规划的收官之年。文化系统将继续高举中国特色社会主义伟大旗帜，全面贯彻党的十八大和十八届三中、四中全会精神，全面贯彻习近平总书记系列重要讲话特别是文艺工作座谈会重要讲话精神，着眼于党和国家工作大局，紧紧围绕培育践行社会主义核心价值观，牢固树立以人民为中心的工作导向，着力推出一批思想性、艺术性、观赏性有机统一的优秀作品，着力提升公共文化服务效能和质量，着力完善现代文化市场体系，着力推动文化产业健康快速发展，着力构建优秀传统文化传承体系，着力提升对外文化开放水平，努力实现全年工作再上新台阶，为实现“两个一百年”奋斗目标和中华民族伟大复兴中国梦提供有力文化支持。

（文化部财务司）

1 综　　合

2014年全国文化发展主要统计数据

指　　标	单位	总量指标		增长速度(%)
		2013年	2014年	
机构和人员				
机构数	个	292884	287356	-1.9
从业人员数	人	2154948	2040199	-5.3
文化投入				
文化事业费	亿元	530.49	583.44	10.0
人均文化事业费	元	38.99	42.65	9.4
公共图书馆				
机构数	个	3112	3117	0.2
总藏量	万册	74896.14	79091.64	5.6
总流通人次	万人次	49232.07	53035.98	7.7
群众文化				
机构数	个	44260	44423	0.4
#文化站	个	40945	41110	0.4
组织开展各类活动次数	万次	129.32	147.20	13.8
举办展览	万次	13.82	13.17	-4.7
组织文艺活动	万次	74.06	84.54	14.2
组织公益性讲座	万次	2.36	2.56	8.5
举办训练班	万次	39.08	46.93	20.1
服务人次	万人次	44171.17	50668.10	14.7
艺术表演团体				
机构数	个	8180	8769	7.2
演出场次	万场次	165.11	173.91	5.3
#农村演出场次	万场次	105.13	114.04	8.5
国内演出观众人次	万人次	90064.26	91019.68	1.1
#农村观众人次	万人次	52973.45	55862.67	5.5
演出收入	万元	820738	757028	-7.8
艺术表演场馆				
机构数	个	1344	1338	-0.4
艺术演出场次	万场次	6.60	6.95	5.3
艺术演出观众人次	万人次	2662.45	2598.27	-2.4
艺术演出收入	万元	82489	84512	2.5
文化市场				
机构数	个	226584	220164	-2.8
从业人员数	个	1451818	1323902	-8.8
营业收入	万元	13665719	16142494	18.1
营业利润	万元	3657414	4682893	28.0
文物业				
机构数	个	7737	8421	8.8
总藏品	万件/套	3840.81	4063.58	5.8
参观人次	万人次	74706	84256	12.8

注：文化市场数据包括非公有制艺术表演团体、互联网上网服务营业场所及娱乐场所数据。艺术表演场馆不含非公有制艺术表演场馆。以下各表同。

按年份全国主要文化机构数

单位：个

年　份	公共图书馆	文化馆	文化站	博物馆	艺术表演团体	艺术表演场馆
1949年	55	896		21	1000	891
1952年	83	2430		35	2084	1510
1957年	400	2748		72	2884	2296
1962年	541	2575	1192	230	3320	2249
1965年	562	2660	2125	214	3458	2943
1970年	323	2332	1794	182	2541	1432
1975年	629	2670	2717	242	2836	1464
1978年	1218	2840	4053	349	3150	1095
1980年	1732	3130	5609	365	3533	1444
1985年	2344	3295	5281	711	3317	1377
1986年	2406	3330	5583	777	3195	2058
1987年	2440	3321	5653	827	3094	2148
1988年	2485	3333	5712	903	2985	2081
1989年	2512	3321	5716	967	2850	2050
1990年	2527	3321	5895	1013	2805	1955
1991年	2535	3265	7242	1075	2772	2068
1992年	2558	3272	6292	1106	2753	2037
1993年	2572	3256	6899	1130	2707	2024
1994年	2589	3261	8015	1161	2698	1998
1995年	2615	3259	10228	1194	2682	1958
1996年	2620	3284	41969	1219	2664	1934
1997年	2628	3286	42163	1282	2663	1947
1998年	2662	3287	42547	1339	2652	1929
1999年	2669	3294	42543	1363	2632	1911
2000年	2675	3297	42024	1392	2619	1900
2001年	2696	3241	40138	1461	2605	1854
2002年	2697	3243	39273	1511	2587	1829
2003年	2709	3228	38588	1515	2601	1900
2004年	2720	3221	38181	1548	2759	1928
2005年	2762	3226	38362	1581	2805	1866
2006年	2778	3214	36874	1617	2866	1839
2007年	2799	3217	37384	1722	4512	1732
2008年	2820	3218	37938	1893	5114	1662
2009年	2850	3223	38736	2252	6139	1499
2010年	2884	3264	40118	2435	6864	1461
2011年	2952	3285	40390	2650	7055	1429
2012年	3076	3301	40575	3069	7321	1279
2013年	3112	3315	40945	3473	8180	1344
2014年	3117	3313	41110	3658	8769	1338

注：2007年以前艺术表演团体为文化部门系统内数据，2007年起含非文化部门单位。艺术表演场馆为公有制艺术表演场馆。1996年以前文化站数据未包括其他部门所属乡镇综合文化站，1996—1998年文化站数据包括其他部门所属单位，1999年以后，其他部门所属文化站归文化部门管理。

按年份全国文化事业费基本情况

单位：亿元、%

	文化事业费	国家财政总支出	文化事业费总支出占国家财政比重
1978年	4.44	1122.09	0.40
1979年	5.84	1281.79	0.46
1980年	5.61	1228.83	0.46
六五时期	**36.03**	**7483.18**	**0.48**
1985年	9.32	2004.25	0.47
七五时期	**62.45**	**12865.67**	**0.49**
1986年	10.74	2204.91	0.49
1987年	10.77	2262.18	0.48
1988年	12.18	2491.21	0.49
1989年	13.57	2823.78	0.48
1990年	15.19	3083.59	0.49
八五时期	**121.33**	**24387.47**	**0.50**
1991年	17.28	3386.62	0.51
1992年	19.46	3742.20	0.52
1993年	22.37	4642.30	0.48
1994年	28.83	5792.62	0.50
1995年	33.39	6823.72	0.49
九五时期	**254.51**	**57043.46**	**0.45**
1996年	38.77	7937.55	0.49
1997年	46.19	9233.56	0.50
1998年	50.78	10798.18	0.47
1999年	55.61	13187.67	0.42
2000年	63.16	15886.50	0.40
十五时期	**496.13**	**128022.85**	**0.39**
2001年	70.99	18902.58	0.38
2002年	83.66	22053.15	0.38
2003年	94.03	24649.95	0.38
2004年	113.63	28486.89	0.40
2005年	133.82	33930.28	0.39
十一五时期	**1220.40**	**318672.05**	**0.38**
2006年	158.03	40422.73	0.39
2007年	198.96	49781.35	0.40
2008年	248.04	62592.66	0.40
2009年	292.31	76299.93	0.38
2010年	323.06	89575.38	0.36
2011年	392.62	109247.79	0.36
2012年	480.10	125952.97	0.38
2013年	530.49	140212.10	0.38
2014年	583.44	151661.54	0.38

注：①国家财政总支出系国家财政决算数。
②文化事业费：1953—1980年系国家财政决算数（“一五”至“四五”时期含文物、出版经费，“五五”时期不含文物、出版经费）；1981年以后系文化事业统计年报数(不含文物、出版及科学研究费，不含基本建设的财政拨款和行政运行经费，以下各表同)。

按年份全国文化事业基本建设情况

单位：万元、个、万平方米

年 份	本年计划投资		本年完成投资	竣工使用	
		国家投资		项 目	面 积
1982年	46244		37090	1187	
1983年	53170	18063	42381	1292	
1984年	58589	22517	48479	1024	
1985年	73267	32150	64460	986	
七五时期	**320139**	**152369**	**290873**	**2961**	**520.6**
1986年	69939	32864	63197	740	117.6
1987年	69692	34951	61383	622	121.0
1988年	69918	31594	64186	581	97.0
1989年	51964	24680	48124	542	97.9
1990年	58626	28280	53983	476	87.1
八五时期	**627173**	**180715**	**531210**	**1540**	**299.3**
1991年	67112	23214	57781	325	62.8
1992年	89707	28348	78488	358	65.6
1993年	110843	28170	91766	314	56.3
1994年	154649	48912	142171	268	48.1
1995年	204862	52071	161004	275	66.5
九五时期	**1255378**	**497573**	**988048**	**1174**	**413.2**
1996年	187692	58225	144433	287	94.1
1997年	223963	98845	204774	285	74.1
1998年	230649	119561	170079	176	73.0
1999年	280005	112130	239269	217	78.4
2000年	333069	108812	229493	209	93.6
十五时期	**1678383**	**918246**	**1363909**	**1087**	**338.8**
2001年	251075	171729	198397	160	77.2
2002年	346381	159999	240023	150	73.9
2003年	335434	180416	255359	217	115.0
2004年	395208	207739	371204	286	44.4
2005年	350285	198363	298926	274	28.3
十一五时期	**4179930**	**2320025**	**2785294**	**12313**	**1001.5**
2006年	451099	317046	371736	253	139.0
2007年	578655	355023	400798	783	137.3
2008年	665375	297124	444627	1175	125.6
2009年	1208917	692040	816741	4842	284.1
2010年	1275884	658792	751392	5260	315.5
2011年	1083654	599390	777189	4954	296.9
2012年	1360223	710584	784726	982	170.7
2013年	1221647	603400	805750	693	162.7
2014年	1188629	625458	741041	533	182.1

按年份各地区文化事业费

单位：万元

地 区	1995年	2000年	2005年	2010年	2011年	2012年	2013年	2014年
全 国	**333853**	**631591**	**1338193**	**3230646**	**3926223**	**4801015**	**5304904**	**5834377**
中 央	20973	55498	113028	152788	184867	212300	269177	358420
北 京	8427	24008	64587	161693	179115	228738	244620	249386
天 津	5098	9796	31592	56348	74595	79282	95616	122666
河 北	11393	18984	39626	70307	93048	114728	127775	143751
山 西	9215	12347	29832	78000	111854	131218	141055	140919
内蒙古	8624	14515	30543	112982	127692	162157	173791	189673
辽 宁	17525	26790	47578	113430	109256	147143	139102	148061
吉 林	10613	15711	26566	90327	93047	94962	111561	136021
黑龙江	10722	16598	33742	74631	87957	93551	96252	125077
上 海	15431	42608	79201	186266	241757	287144	294524	332623
江 苏	18234	38527	77658	163123	228144	297752	369077	343980
浙 江	14764	35334	110397	242002	288595	357094	360199	379174
安 徽	8836	15849	30541	76813	91387	90303	111141	119933
福 建	11023	22174	42949	101855	107639	127062	144997	148123
江 西	7404	10696	23398	73401	69643	79760	89733	103717
山 东	16315	30944	61687	138876	175411	206838	246349	253539
河 南	12447	20948	37708	95143	122440	150441	161446	173942
湖 北	11268	19367	43585	114389	108101	138694	154138	168048
湖 南	10525	16564	34771	86133	98805	126938	144707	162613
广 东	27486	58321	128095	269940	337369	384588	419594	452260
广 西	8617	14608	28089	80097	82743	117052	131614	144457
海 南	2965	3468	6007	27356	37297	57209	62250	60611
重 庆		9151	17505	77350	93801	120734	121134	133289
四 川	16905	20500	44523	143902	205784	274876	304646	349146
贵 州	4785	9131	18731	53676	74805	96876	96869	105913
云 南	14563	23945	42036	86881	121629	130776	143712	174862
西 藏	2124	4264	8003	21050	19239	27131	31966	50826
陕 西	8583	13976	23462	89457	119207	153402	191783	193209
甘 肃	6935	9130	20882	55563	83375	91199	98665	110710
青 海	2574	3696	7349	41114	34114	51457	50669	63784
宁 夏	2108	3625	9646	24483	35539	44538	38052	46671
新 疆	7371	10518	24877	71273	87971	125076	138694	148975

按年份各地区文化事业费占财政支出比重

单位：%

地区	1995年		2000年		2005年		2010年		2012年		2013年		2014年	
	比重	位次	比重	位次	比重	位次	比重	位次	比重	位次	比重	位次	比重	位次
全　国	**0.49**		**0.40**		**0.39**		**0.36**		**0.38**		**0.38**		**0.38**	
北　京	0.55	28	0.54	14	0.61	4	0.60	2	0.62	4	0.59	4	0.55	3
天　津	0.55	28	0.53	15	0.71	3	0.41	14	0.37	19	0.38	19	0.43	17
河　北	0.60	23	0.46	28	0.40	24	0.25	31	0.28	29	0.29	26	0.31	26
山　西	0.82	7	0.55	11	0.44	14	0.40	15	0.48	9	0.47	8	0.46	12
内蒙古	0.84	5	0.59	8	0.44	15	0.50	7	0.47	10	0.47	9	0.49	7
辽　宁	0.64	15	0.52	17	0.39	25	0.35	22	0.32	24	0.27	29	0.29	28
吉　林	0.88	3	0.90	1	0.42	18	0.51	6	0.38	18	0.41	14	0.47	10
黑龙江	0.61	18	0.45	30	0.42	19	0.33	25	0.29	28	0.29	27	0.36	22
上　海	0.59	25	0.68	5	0.48	9	0.56	4	0.69	2	0.65	2	0.68	2
江　苏	0.72	10	0.61	6	0.46	12	0.33	26	0.42	15	0.47	10	0.41	19
浙　江	0.82	7	0.82	2	0.87	1	0.75	1	0.86	1	0.76	1	0.73	1
安　徽	0.65	14	0.49	23	0.42	20	0.30	29	0.23	31	0.26	30	0.26	31
福　建	0.64	15	0.69	4	0.72	2	0.60	3	0.49	8	0.47	11	0.45	14
江　西	0.67	13	0.48	26	0.41	22	0.38	18	0.26	30	0.26	31	0.27	30
山　东	0.59	25	0.51	18	0.42	21	0.34	23	0.35	22	0.37	20	0.35	23
河　南	0.60	23	0.47	27	0.33	31	0.28	30	0.30	26	0.29	28	0.29	29
湖　北	0.69	12	0.53	15	0.55	6	0.46	10	0.37	20	0.35	21	0.34	24
湖　南	0.61	18	0.49	23	0.39	26	0.32	28	0.31	25	0.31	24	0.32	25
广　东	0.52	30	0.55	11	0.55	7	0.50	8	0.52	5	0.50	6	0.49	6
广　西	0.61	18	0.57	10	0.45	13	0.40	16	0.39	17	0.41	15	0.42	18
海　南	0.70	11	0.51	18	0.39	27	0.47	9	0.63	3	0.62	3	0.55	4
重　庆			0.49	23	0.35	29	0.45	11	0.40	16	0.40	18	0.4	20
四　川	0.61	18	0.45	30	0.41	23	0.34	24	0.50	7	0.49	7	0.51	5
贵　州	0.56	27	0.46	28	0.35	30	0.33	27	0.35	23	0.31	25	0.3	27
云　南	0.62	17	0.58	9	0.54	8	0.38	19	0.37	21	0.35	22	0.39	21
西　藏	0.61	18	0.71	3	0.43	16	0.38	20	0.30	27	0.32	23	0.43	16
陕　西	0.84	5	0.51	18	0.36	28	0.40	17	0.46	11	0.52	5	0.49	8
甘　肃	0.85	4	0.50	22	0.48	10	0.38	21	0.44	13	0.43	13	0.44	15
青　海	0.89	2	0.55	11	0.43	17	0.55	5	0.44	14	0.41	16	0.47	9
宁　夏	0.92	1	0.60	7	0.60	5	0.44	12	0.52	6	0.41	17	0.47	11
新　疆	0.76	9	0.51	18	0.47	11	0.42	13	0.46	12	0.45	12	0.45	13

注：各地财政支出不包含中央转移支付部分。

按年份各地区人均文化事业费及位次

单位：元

地　区	1995年		2000年		2005年		2010年		2012年		2013年		2014年	
	人均经费	位次	人均经费	位次	人均经费	位次	人均经费	位次	人均经费	位次	人均经费	位次	人均经费	位次
全　国	**2.75**		**4.99**		**10.23**		**24.11**		**35.46**		**38.99**		**42.65**	
北　京	8.74	2	17.37	2	41.99	2	82.44	1	110.55	2	115.66	2	115.91	3
天　津	7.56	3	9.79	4	30.29	3	43.55	7	56.11	9	64.96	8	80.87	5
河　北	1.78	25	2.81	25	5.78	25	9.78	31	15.74	30	17.42	30	19.47	30
山　西	3.12	15	3.74	19	8.89	16	21.84	17	36.34	14	38.86	16	38.63	19
内蒙古	4.13	9	6.11	11	12.80	9	45.73	5	65.12	7	69.57	5	75.72	6
辽　宁	4.31	6	6.32	10	11.27	12	25.93	14	33.53	20	31.69	20	33.72	21
吉　林	4.21	8	5.76	12	9.78	14	32.89	9	34.53	17	40.55	14	49.42	12
黑龙江	2.95	16	4.50	16	8.83	17	19.48	21	24.40	24	25.10	26	32.63	22
上　海	13.10	1	25.45	1	44.54	1	80.92	2	120.65	1	121.96	1	137.13	2
江　苏	2.62	8	5.18	15	10.39	13	20.74	19	37.59	13	46.49	12	43.21	14
浙　江	3.26	13	7.55	5	22.54	5	44.46	6	65.20	6	65.51	7	68.84	8
安　徽	1.48	28	2.65	26	4.99	30	12.91	29	15.08	31	18.43	29	19.72	29
福　建	3.27	12	6.39	9	12.15	11	27.61	12	33.90	19	38.42	17	38.92	18
江　西	1.94	22	2.58	28	5.43	27	16.47	25	17.71	28	19.84	28	22.83	28
山　东	1.93	23	3.41	21	6.67	21	14.50	27	21.36	26	25.31	25	25.90	26
河　南	1.34	30	2.26	31	4.02	31	10.12	30	15.99	29	17.15	31	18.43	31
湖　北	2.04	21	3.21	23	7.63	19	19.98	20	24.00	25	26.58	24	28.89	258
湖　南	1.67	26	2.57	29	5.50	26	13.11	28	19.12	27	21.63	27	24.14	27
广　东	3.93	10	6.75	7	13.93	7	25.88	15	36.30	15	39.42	15	42.17	17
广　西	1.93	24	3.25	22	6.03	24	17.40	24	25.00	23	27.89	22	30.39	23
海　南	2.50	19	4.41	17	7.25	20	31.55	11	64.50	8	69.55	6	67.09	9
重　庆			2.96	24	6.09	23	26.81	13	41.00	11	40.79	13	44.56	13
四　川	1.56	27	2.46	30	5.42	28	17.89	23	34.04	18	37.58	19	42.89	15
贵　州	1.36	29	2.59	27	5.02	29	15.45	26	27.81	22	27.66	23	30.19	24
云　南	3.47	11	5.58	13	9.45	15	18.90	22	28.07	21	30.66	21	37.09	20
西　藏	3.22	14	16.27	3	28.89	4	70.12	4	88.09	4	102.45	3	160.06	1
陕　西	2.42	20	3.88	18	6.31	22	23.97	16	40.87	12	50.95	11	51.18	11
甘　肃	2.93	17	3.56	20	8.05	18	21.73	18	35.38	16	38.21	18	42.73	16
青　海	5.30	5	7.14	6	13.53	8	73.07	3	89.80	3	87.66	4	109.33	4
宁　夏	4.23	7	6.45	8	16.18	6	38.85	8	68.84	5	58.18	10	70.55	7
新　疆	5.39	4	5.46	14	12.38	10	32.67	10	56.01	10	61.26	9	64.81	10

按年份各地区文化事业实际完成基建投资

单位：万元

地　区	1995年	2000年	2005年	2010年	2011年	2012年	2013年	2014年
总　计	**161004**	**229493**	**327683**	**751392**	**777189**	**784726**	**805750**	**741041**
中　央	17876	46781	24842	23395	19603	12662	16203	4483
北　京	2646	6679		767	292	9574	25678	62478
天　津	1167	328	5940	21957	475	25596	110	2799
河　北	1904	6235	8841	30647	7966	21534	13820	4648
山　西	640	3730	2255	18624	13729	13912	18515	26686
内蒙古	1587	392	9713	59702	54128	84331	20596	34897
辽　宁	2807	11835	12645	9275	19683	16723	6552	18372
吉　林	1207	1643	9850	11932	32056	20632	20926	17170
黑龙江	1008	2270	2747	19659	10769	800	13620	7698
上　海	18635	5943	522	4931	3201	4121	17683	21870
江　苏	12241	36346	30069	42282	32659	57055	65671	131946
浙　江	12759	34259	48511	54873	42199	47838	65289	65091
安　徽	1762	1168	2005	19565	32813	5616	28104	5470
福　建	4598	3339	11173	40563	54635	20815	26294	13041
江　西	4279	947	2875	56580	17806	16717	23608	4877
山　东	7173	3086	18689	26305	50431	22382	99271	34740
河　南	4018	1570	26997	52948	47357	13589	21828	7082
湖　北	8590	21835		24094	26533	21360	52887	39263
湖　南	4755	5410	9249	18104	49345	7086	10519	25659
广　东	18800	18881	52786	58894	60841	54442	17273	39452
广　西	2722	411	1666	14573	33421	174060	94059	45414
海　南	1967	110	14334	13254	8599	10208	24336	12197
重　庆		254	4800	13548	3407	2657	1506	1349
四　川	18240	6996	6547	60288	49210	31151	23305	34032
贵　州	1429	1635	2387	3061	20331	4095	15672	99
云　南	3678	3220	4562	16483	21369	38891	24555	8319
西　藏	125		2716	1217		273	3485	
陕　西	1059	183	607	7145	10800	12921	10986	10803
甘　肃	406	2908	4866	16227	10971	15022	14990	22929
青　海	838	120	548	1592	1690	14	186	1987
宁　夏	270	279	113	1631	19841	9385	13958	12710
新　疆	1818	700	4828	7276	21032	9263	14265	23483

2014年全国文化文物机构数和

	总计						
	机构数(个)	从业人员数(人)	专业技术人才	正高级职称	副高级职称	中级职称	机构数(个)
总　计	**287356**	**2040199**	**339750**	**10434**	**33466**	**95871**	**65562**
艺术业	10135	288858	150542	4946	13439	30962	3329
其中：艺术表演团体	8769	262887	143472	4685	12766	28384	2053
艺术表演场馆	1338	25709	6946	246	649	2520	1248
公共图书馆	3117	56071	40186	701	4778	18146	3117
群众文化服务	44423	170299	68138	934	4699	16605	44423
其中：文化站	41110	114856	28197				41110
艺术教育业	135	12441	8887	359	1880	3408	135
文艺科研	225	4651	3654	415	726	1486	224
文物业	8421	148095	44372	1920	5450	17850	7515
文化市场经营机构(不含非公有制艺术表演团体)	213547	1181884					
其他	7353	177900	23971	1159	2494	7414	6819

续表

	文　化　部　门						
	集　体　经　济						
	机构数(个)	从业人员数(人)	专业技术人才	正高级职称	副高级职称	中级职称	机构数(个)
总　计	**314**	**7303**	**4142**	**91**	**440**	**1388**	**903**
艺术业	201	6753	4011	91	437	1358	291
其中：艺术表演团体	182	6540	3910	90	434	1299	232
艺术表演场馆	18	192	95		3	57	59
公共图书馆							
群众文化服务							2.00
其中：文化站							2.00
艺术教育业	2	16	15				3
文艺科研							3
文物业	69	188	15		1.00	6	209
文化市场经营机构(不含非公有制艺术表演团体)							
其他	42	346	101		2	24	395

从业人员数(按管理部门分)

文化部门										
合计					国有企业					
从业人员数(人)	专业技术人才	正高级职称	副高级职称	中级职称	机构数(个)	从业人员数(人)	专业技术人才	正高级职称	副高级职称	中级职称
638204	**263355**	**9655**	**32127**	**91191**	**64345**	**593832**	**245769**	**8729**	**29770**	**85590**
137957	86444	4771	13109	29802	2837	114831	72306	4071	11152	25088
115292	79999	4572	12493	27478	1639	94408	66503	3888	10601	23023
22403	6321	184	592	2266	1171	20182	5685	169	527	2009
56071	40186	701	4778	18146	3117	56071	40186	701	4778	18146
170299	68138	934	4699	16605	44421	170283	68138	934	4699	16605
114856	28197				41108	114840	28197			
12441	8887	359	1880	3408	130	12339	8802	359	1870	3371
4643	3646	415	723	1484	221	4504	3535	400	710	1450
130077	39537	1539	4817	15960	7237	126613	38569	1487	4692	15601
126716	16517	936	2121	5786	6382	109191	14233	777	1869	5329

文化部门					其他部门					
其他经济										
从业人员数(人)	专业技术人才	正高级职称	副高级职称	中级职称	机构数(个)	从业人员数(人)	专业技术人才	正高级职称	副高级职称	中级职称
37069	**13444**	**835**	**1917**	**4213**	**221794**	**1401995**	**76395**	**779**	**1339**	**4680**
16373	10127	609	1520	3356	6806	150901	64098	175	330	1160
14344	9586	594	1458	3156	6716	147595	63473	113	273	906
2029	541	15	62	200	90	3306	625	62	57	254
16										
16										
86	70		10	37						
139	111	15	13	34	1	8	8		3	2
3276	953	52	124	353	906	18018	4835	381	633	1890
					213547	1181884				
17179	2183	159	250	433	534	51184	7454	223	373	1628

2014年全国文化文物机构数和

	总计		按单位性质分类	
			事业	
	机构数（个）	从业人员数（人）	机构数（个）	从业人员数（人）
总　计	**287356**	**2040199**	**64992**	**593710**
艺术业	10135	288858	2559	100349
其中：艺术表演团体	8769	262887	1581	84179
艺术表演场馆	1338	25709	950	15908
图书馆	3117	56071	3117	56071
群众文化服务	44423	170299	44423	170299
其中：文化站	41110	114856	41110	114856
艺术教育业	135	12441	135	12441
文艺科研	225	4651	225	4651
文物业	8421	148095	8284	144448
文化市场经营机构(不含非公有制艺术表演团体)	213547	1181884		
其他	7353	177900	6249	105451

续表

	按登记注册类型分类			
	在内资企业(单位)中			
	股份合作、联营企业		有限责任、股份有限公司	
	机构数（个）	从业人员数（人）	机构数（个）	从业人员数（人）
总　计	**23**	**1599**	**904**	**73197**
艺术业	5	93	250	15509
其中：艺术表演团体	4	88	179	12527
艺术表演场馆	1	5	71	2982
图书馆				
群众文化服务				
其中：文化站				
艺术教育业				
文艺科研			1	86
文物业	8	77	47	1231
文化市场经营机构(不含非公有制艺术表演团体)				
其他	10	1429	606	56371

从业人员数(按单位性质和登记注册类型分)

企业		按登记注册类型分类					
		内资合计		在内资企业(单位)中			
				国有企业(单位)		集体企业(单位)	
机构数(个)	从业人员数(人)	机构数(个)	从业人员数(人)	机构数(个)	从业人员数(人)	机构数(个)	从业人员数(人)
222364	**1446489**	**287344**	**2038352**	**64971**	**611379**	**336**	**7905**
7576	188509	10133	288706	2924	120012	205	6894
7188	178708	8768	262850	1675	97899	184	6629
388	9801	1337	25594	1222	21872	20	244
		3117	56071	3117	56071		
		44423	170299	44421	170283		
		41110	114856	41108	114840		
		135	12441	130	12339	2	16
		225	4651	222	4512		
137	3647	8420	148060	7715	137903	84	598
213547	1181884	213547	1181884				
1104	72449	7344	176240	6442	110259	45	397

按登记注册类型分类							
私营企业		其他		港澳台商投资企业		外商投资企业	
机构数(个)	从业人员数(人)	机构数(个)	从业人员数(人)	机构数(个)	从业人员数(人)	机构数(个)	从业人员数(人)
220792	**1337812**	**318**	**6460**	**4**	**376**	**8**	**1471**
6685	143901	64	2297	1	37	1	115
6670	143579	56	2128	1	37		
15	322	8	169			1	115
		2	16				
		2	16				
2	33	1	53				
		2	53				
396	5729	170	2522	1	35		
213547	1181884						
162	6265	79	1519	2	304	7	1356

2014年全国民族自治地区主要文化

	总计							
	机构数(个)	从业人员数(人)	专业技术人才				机构数(个)	从业人员数(人)
				正高级职称	副高级职称	中级职称		
总　计	**48024**	**264650**	**49674**	**853**	**4310**	**13725**	**14431**	**104073**
艺术业	**1093**	**35813**	**20079**	**457**	**1745**	**4402**	**593**	**22178**
艺术表演团体	975	34585	19569	432	1693	4271	482	21001
其中：少数民族歌舞团	89	4533	2931	151	447	998	80	4264
艺术表演场馆	111	1163	457	14	44	107	104	1112
其中：剧场、影剧院	93	1051	405	13	43	100	87	1029
艺术创作机构	7	65	53	11	8	24	7	65
图书馆业	**758**	**7877**	**6227**	**40**	**689**	**2718**	**758**	**7877**
群众文化业	**9496**	**31166**	**14871**	**101**	**888**	**3452**	**9496**	**31166**
文化馆	795	11225	8611	101	888	3452	795	11225
文化站	8701	19941	6260				8701	19941
文物业	**2241**	**19200**	**4786**	**125**	**520**	**1874**	**2135**	**18974**
其中：文物保护管理机构	1496	9840	1358	12	129	547	1447	9831
博物馆	475	7316	3118	74	344	1206	463	7112
文化休闲娱乐服务	**32971**	**146560**						
其中：娱乐场所	16114	93339						
其他计算机服务(网吧)	16857	53221						
动漫企业	**25**	**667**					**18**	**564**
其他	**1440**	**23367**	**3711**	**130**	**468**	**1279**	**1431**	**23314**

续表

	文化部门							
	集体经济							
	机构数(个)	从业人员数(人)	专业技术人才				机构数(个)	从业人员数(人)
				正高级职称	副高级职称	中级职称		
总　计	**59**	**134**	**34**		**1**	**20**	**123**	**3531**
艺术业	**2**	**53**	**28**		**1**	**17**	**56**	**2175**
艺术表演团体	2	53	28		1	17	51	2053
其中：少数民族歌舞团							8	299
艺术表演场馆							5	122
其中：剧场、影剧院							5	122
艺术创作机构								
图书馆业								
群众文化业								
文化馆								
文化站								
文物业	**57**	**81**	**6**			**3.00**	**35**	**298**
其中：文物保护管理机构	54	68	1				4	6
博物馆	3	13	5			3.00	31	292
文化休闲娱乐服务								
其中：娱乐场所								
其他计算机服务(网吧)								
动漫企业							**18**	**564**
其他							**14**	**494**

文物机构数和从业人员数

文化部门									
合计				国有企业					
专业技术人才	正高级职称	副高级职称	中级职称	机构数（个）	从业人员数（人）	专业技术人才	正高级职称	副高级职称	中级职称
44225	**851**	**4304**	**13704**	**14249**	**100408**	**42924**	**795**	**4134**	**13351**
14679	**457**	**1745**	**4401**	**535**	**19950**	**13604**	**405**	**1593**	**4106**
14178	432	1693	4271	429	18895	13202	381	1550	3998
2886	151	447	998	72	3965	2802	147	439	958
448	14	44	106	99	990	349	13	35	84
396	13	43	99	82	907	297	12	34	77
53	11	8	24	7	65	53	11	8	24
6227	**40**	**689**	**2718**	**758**	**7877**	**6227**	**40**	**689**	**2718**
14871	**101**	**888**	**3452**	**9496**	**31166**	**14871**	**101**	**888**	**3452**
8611	101	888	3452	795	11225	8611	101	888	3452
6260				8701	19941	6260			
4750	**123**	**517**	**1856**	**2043**	**18595**	**4598**	**120**	**502**	**1808**
1354	12	129	544	1389	9757	1350	12	129	542
3086	72	341	1191	429	6807	2938	69	326	1145
3698	**130**	**465**	**1277**	**1417**	**22820**	**3624**	**129**	**462**	**1267**

其他经济				其他部门					
专业技术人才	正高级职称	副高级职称	中级职称	机构数（个）	从业人员数（人）	专业技术人才	正高级职称	副高级职称	中级职称
1267	**56**	**169**	**333**	**33593**	**160577**	**5449**	**2**	**6**	**21**
1047	**52**	**151**	**278**	**500**	**13635**	**5400**			**1**
948	51	142	256	493	13584	5391			
84	4	8	40	9	269	45			
99	1	9	22	7	51	9			1
99	1	9	22	6	22	9			1
146	**3**	**15**	**45**	**106**	**226**	**36**	**2**	**3**	**18**
3			2	49	9	4			3
143	3	15	43	12	204	32	2	3	15
				32971	**146560**				
				16114	93339				
				16857	53221				
				7	**103**				
74	**1**	**3**	**10**	**9**	**53**	**13**		**3**	**2**

2014年全国文化文物部门

	本年收入合计（千元）	财政补贴收入	事业收入	上级补助收入	附属单位上缴收入
总　计	**138347002**	**89537048**	**6674800**	**3923256**	**11830**
文化合计	**101026118**	**60601195**	**2767590**	**2903248**	**7854**
艺术业	17508072	11797454	1647579	632083	3749
其中：艺术表演团体	14588433	10653315	1316780	532542	864
艺术表演场馆	2878828	1104763	330512	99176	2885
图书馆	12129791	11372103	334855	213130	383
群众文化	19017263	16237563	200398	1910897	1570
其中：文化站	10468612	8431916		1590454	
其他文化	52370992	21194075	584758	147138	2152
文物合计	**35823228**	**27761038**	**3668541**	**1012811**	**3976**
文物科研机构	2438120	1353667	913572	37288	13
文物保护管理机构	7069728	4646475	1419942	392931	2479
博物馆	17136634	14497331	1193565	511520	1484
文物商店	744269	11814			
其他文物机构	8434477	7251751	141462	71072	
教育合计	**1497656**	**1174815**	**238669**	**7197**	
其中：中等专业学校	548918	453546	37270	2870	

续表

	工资福利支出	在支出合计中：商品和服务支出	差旅费	劳务费
总　计	**29367246**	**34497556**	**1037320**	**3092821**
文化合计	**22566411**	**22917236**	**748677**	**1992791**
艺术业	4995642	3299815	210789	585600
其中：艺术表演团体	4433492	2730627	199817	540930
艺术表演场馆	545492	562990	10469	44137
图书馆	3634308	2821099	74053	208404
群众文化	6911582	2107766	88293	306747
其中：文化站	3721236			
其他文化	7024879	14688556	375542	892040
文物合计	**6330835**	**11254807**	**275158**	**1028790**
文物科研机构	554536	1042421	59173	253526
文物保护管理机构	1480680	1728725	26881	150149
博物馆	3590165	5536755	136124	464359
文物商店				
其他文物机构	705454	2946906	52980	160756
教育合计	**470000**	**325513**	**13485**	**71240**
其中：中等专业学校	199401	111303	3637	27550

所属机构经费收支基本情况

经营收入	其他收入	本年支出合计(千元)	基本支出	项目支出	经营支出
1039967	**37160101**	**130267898**	**53014253**	**58858726**	**908808**
456832	**34289399**	**95453645**	**41033327**	**38806365**	**531863**
264676	3162531	17161698	7772494	3852657	277749
17317	2067615	14260000	6693744	3481697	74413
247359	1094133	2861184	1048223	361117	203324
37514	171806	11635828	6234770	5029879	28626
12553	654282	18286320	11282380	5190816	106026
	446242	10031059	5725694	2922544	88926
142089	30300780	48369799	15743683	24733013	119462
572902	**2803960**	**33190924**	**11115826**	**19416939**	**366784**
40736	92844	2070163	665880	1147871	14858
390538	217363	6452992	2744430	3219249	256942
132179	800555	16392930	6185623	9634794	86954
	732455	636706			
9449	960743	7638133	1519893	5415025	8030
10233	**66742**	**1623329**	**865100**	**635422**	**10161**
5990	49242	519494	330792	170139	5918

在支出合计中：					
福利费	各种税金支出	对个人和家庭补助支出	抚恤金和生活补助	其他资本性支出	各种设备购置费
282638	**316358**	**10407730**	**624970**	**14651688**	**5047567**
176080	**198356**	**8569618**	**545890**	**9810075**	**4407844**
48042	106610	1849567	125419	623445	351866
38874	57064	1666045	112668	563121	322926
9073	49496	172441	12324	57010	28586
32530	20357	1262346	53127	2989802	2484854
28864	20348	1578617	96722	1228341	535756
		210935	15527	729682	375161
66644	51041	3879088	270622	4968487	1035368
100991	**116562**	**1559878**	**70458**	**4416992**	**555874**
3449	37819	96675	6774	205879	54448
23198	32802	256054	12489	722288	50912
67251	34441	1000220	31575	2613073	376663
7093	11500	206929	19620	875752	73851
5567	**1440**	**278234**	**8622**	**424621**	**83849**
1224	48	95830	6362	65585	11404

2014年全国执行事业会计制度的文化

	机构数(个)	从业人员(人)	本年收入合计(千元)	财政拨款	事业收入
总　计	**64992**	**593713**	**130975327**	**90245444**	**7516097**
一、文化艺术服务	**58366**	**472193**	**78753864**	**63423093**	**6782087**
1.文艺创作与表演	1805	85888	11725915	9176692	1422096
其中：艺术表演团体	1581	84179	11341361	8825961	1405445
2.艺术表演场馆	950	15908	2339303	1100661	690783
3.文物及文化保护	3533	41960	8244667	5705255	1477282
4.博物馆、纪念馆	3658	83970	19555119	15846683	1352442
5.图书馆	3117	56071	12129791	11372103	334855
6.群众文化活动	44423	170299	19017263	16237563	200398
7.美术馆	381	3772	1566755	1248332	218199
8.社会人文科学研究	343	11965	3586492	2314199	1000657
9.文化社会团体	4	26	1453	1431	22
10.其他文化艺术	152	2334	587106	420174	85353
二、艺术教育	**135**	**12441**	**2688588**	**2108550**	**435603**
三、文化文物行政主管部门	**4331**	**86188**	**45126880**	**20979785**	
四、文化文物行政执法机构	**1452**	**14110**	**1424624**	**1350384**	**21981**
五、其他	**708**	**8781**	**2981371**	**2383632**	**276426**

续表

	在支出合计中：				
	工资福利支出	商品和服务支出	差旅费	劳务费	福利费
总　计	**30748016**	**36248149**	**1077532**	**3267883**	**311917**
一、文化艺术服务	**23133952**	**19271594**	**676765**	**2230402**	**232039**
1.文艺创作与表演	4690117	2976468	210072	590645	41394
其中：艺术表演团体	4562309	2862666	205186	583627	40797
2.艺术表演场馆	649448	1003239	10854	77503	13619
3.文物及文化保护	1774468	2061237	39015	183477	24911
4.博物馆、纪念馆	4161310	6072481	157074	503946	80460
5.图书馆	3634308	2821099	74053	208404	32530
6.群众文化活动	6911582	2107766	88293	306747	28864
7.美术馆	274265	597010	15837	51245	3018
8.社会人文科学研究	891209	1386574	73497	292716	5582
9.文化社会团体	1106	221			
10.其他文化艺术	146139	245499	8070	15719	1661
二、艺术教育	**891859**	**680542**	**24745**	**123965**	**14033**
三、文化文物行政主管部门	**5360237**	**15156292**	**329296**	**808595**	**51059**
四、文化文物行政执法机构	**818725**	**311528**	**21657**	**25231**	**6895**
五、其他	**543243**	**828193**	**25069**	**79690**	**7891**

文物机构主要财务指标(按国民经济行业分)

上级补助收入	附属单位上缴收入	经营收入	其他收入	本年支出合计(千元)	基本支出	项目支出	经营支出
4309841	12177	1586975	27304793	123899764	55710001	60966388	1198868
4140693	10258	1486566	2911167	75264323	38749799	31598031	1133254
625554	909	22512	478152	11577898	7219338	3927143	85700
620672	909	19298	469076	11197478	6976519	3797533	82869
99926	2885	267183	177865	2352539	1200523	848861	219598
414481	2479	404061	241109	7449425	3300828	3580286	266739
753594	1786	597638	1002976	18741974	7301998	10412707	320614
213130	383	37514	171806	11635828	6234770	5029879	28626
1910897	1570	12553	654282	18286320	11282380	5190816	106026
32262	205	34517	33240	1460424	530134	871008	24356
50153	13	96016	125454	3149563	1321145	1507845	66703
				1455	1419		
40696	28	14572	26283	608897	357264	229486	14892
14389		16106	113940	2758913	1688895	929816	15771
			24147095	42276607	12810375	27454525	
24341	152	9	27757	1421623	1148411	200460	770
130418	1767	84294	104834	2178298	1312521	783556	49073

各种税金支出	对个人和家庭补助支出	抚恤金和生活补助	其他资本性支出	各种设备购置费	资产总计(千元)	固定资产原值
387549	10804143	639588	14990452	5158047	283973219	179585197
328018	6843275	352375	9007372	4068271	216371025	147422196
63342	1824864	117683	623008	334768	15520772	8822201
62920	1749796	114640	594835	332042	14963103	8410197
62186	178999	12393	84358	34365	10532490	7350286
44757	397362	16488	796868	79470	16036238	6284183
65531	1060642	34295	2753679	416445	70897570	44020072
20357	1262346	53127	2989802	2484854	42863409	33295763
20348	1578617	96722	1228341	535756	49501284	41868046
7221	88370	2345	243586	102851	4268777	2989005
39373	354998	17234	251730	71637	5678858	2203794
	128				591	552
4903	96949	2088	36000	8125	1071036	588294
5491	479026	14941	510231	125458	5471734	3223468
29888	2786941	242112	5302384	911291	57237305	26230845
366	140874	5449	62263	23739	566390	412585
23786	554027	24711	108202	29288	4326765	2296103

2014年全国执行企业会计制度的文化

	机构数(个)	从业人员(人)	资产总计	固定资产原价
总　计	**222364**	**1446489**	**684838383**	**25915683**
文化艺术服务	**7576**	**188509**	**343249008**	**8189581**
文艺创作与表演	7188	178708	337914900	4528052
艺术表演场馆	388	9801	5334108	3661529
动漫企业服务	**586**	**31476**	**18587463**	**2923876**
文化用品、设备及相关文化产品的生产与销售	**143**	**14348**	**7229402**	**2529500**
其中：文物商店	71	1565	2322576	452728
文化市场经营机构(不含非公有制艺术表演团体)	**213547**	**1181884**	**235768003**	
其他	**512**	**30272**	**80004507**	**12272726**

续表

	损益(千元)			
	养老、医疗、失业等各种社会保险费	住房公积金和住房补贴	差旅费	工会经费
总　计	**2986064**	**253231**	**240469**	**44880**
文化艺术服务	**558245**	**127179**	**71004**	**15325**
文艺创作与表演	477759	101708	64324	11548
艺术表演场馆	80486	25471	6680	3777
动漫企业服务	**203891**	**39284**	**98394**	**10531**
文化用品、设备及相关文化产品的生产与销售	**61743**	**35563**	**28271**	**6224**
其中：文物商店	31721	16070	8096	2100
文化市场经营机构(不含非公有制艺术表演团体)	**1980178**			
其他	**182007**	**51205**	**42800**	**12800**

文物机构主要财务指标(按国民经济行业分)

资产、负债、所有者权益(千元)					损益(千元)		
当年提取的折旧总额	负债合计	所有者权益总计	实收资本	国家资本金	营业收入	主营业务收入	营业成本
2189958	**57382300**	**62249926**	**37226336**	**17105098**	**193930359**	**10729775**	**146483946**
1224484	**4733896**	**9076958**	**4583721**	**4075937**	**9215854**	**1561524**	**10122035**
366869	2594461	5882285	3075042	2856818	7963243	1106056	8562681
857615	2139435	3194673	1508679	1219119	1252611	455468	1559354
359723	**7106136**	**11481327**	**11498953**	**433128**	**8011798**	**7758046**	**7554324**
79412	**2253594**	**4975808**	**1036649**	**591463**	**3942628**	**798307**	**3456576**
24604	519793	1802783	213466	188620	841928	782362	719778
					155035908		**109344781**
526339	**43288674**	**36715833**	**20107013**	**12004570**	**17724171**	**611898**	**16006230**

损益(千元)					工资、福利费、税金(千元)		
营业利润	营业外收入	政府补助	营业外支出	利润总额	本年发放工资总额	本年支付的职式福利费	本年应交税金总额
47448037	**5406556**	**4663425**	**999748**	**51854845**	**36609633**	**314813**	**7715519**
-906182	**3780933**	**3523309**	**535880**	**2338871**	**4474418**	**98388**	**496660**
-599439	3335856	3133177	480286	2256131	4099577	66570	412935
-306743	445077	390132	55594	82740	374841	31818	83725
457474	**646613**	**374169**	**81147**	**1022940**	**1546839**	**58838**	**418981**
486052	**136217**	**43316**	**162217**	**460052**	**1123826**	**48637**	**198792**
122150	37028	11814	6020	153158	126802	9626	63502
45692752				**45692752.00**	**27486276**		**5726667**
1717941	**842793**	**722631**	**220504**	**2340230**	**1978274**	**108950**	**874419**

2014年各地区主要文化机构数

地　区	公共图书馆	文化馆	文化站	博物馆	艺术表演团体	艺术表演场馆
总　计	**3117**	**3313**	**41110**	**3658**	**8769**	**1338**
北　京	24	20	326	41	344	17
天　津	31	19	280	22	66	28
河　北	172	180	2217	105	458	77
山　西	126	131	1407	99	351	99
内蒙古	116	118	1038	75	177	19
辽　宁	129	125	1419	63	207	33
吉　林	66	78	896	78	56	28
黑龙江	107	148	1492	158	39	34
上　海	25	25	213	103	158	24
江　苏	114	115	1280	301	287	111
浙　江	98	102	1318	187	891	62
安　徽	113	120	1437	164	988	48
福　建	88	97	1118	98	393	57
江　西	114	118	1762	137	219	49
山　东	153	158	1811	243	481	93
河　南	157	205	2318	248	598	140
湖　北	112	121	1269	174	273	52
湖　南	136	143	2530	109	271	57
广　东	138	147	1599	176	325	44
广　西	112	123	1167	106	67	17
海　南	21	21	212	18	71	7
重　庆	43	41	999	78	512	15
四　川	198	207	4601	206	492	41
贵　州	95	98	1588	74	105	7
云　南	151	148	1410	86	284	17
西　藏	78	82	690	4	88	14
陕　西	114	122	1650	238	143	85
甘　肃	103	103	1331	147	190	22
青　海	49	55	358	22	64	16
宁　夏	26	26	227	12	31	3
新　疆	107	117	1147	82	122	15

2014年各地区主要文化机构从业人员数

地 区	公共图书馆	文化馆	文化站	博物馆	艺术表演团体	艺术表演场馆
总 计	**56071**	**55443**	**114856**	**83970**	**262887**	**25709**
北 京	1278	806	1694	1222	6963	1088
天 津	1217	612	452	747	2761	346
河 北	1899	2390	4785	3318	13750	1197
山 西	1593	1869	2794	2685	13668	1469
内蒙古	1964	1953	3055	1470	7428	327
辽 宁	2932	2373	3552	2202	4785	494
吉 林	1642	2481	2084	1214	2954	570
黑龙江	1697	2503	2796	2387	3513	422
上 海	2104	960	3998	3138	5773	364
江 苏	3034	2095	4927	5948	8323	2817
浙 江	3483	2167	4741	4010	27293	1156
安 徽	1410	1473	4506	2657	20796	1172
福 建	1278	930	2672	1940	13114	942
江 西	1390	2018	3918	2873	6000	754
山 东	2730	3047	5181	5369	11519	1734
河 南	2934	3559	7319	6265	20053	3265
湖 北	2231	2294	2751	3380	8520	1241
湖 南	2106	2223	5835	2639	8203	965
广 东	4047	2298	8653	3309	10759	1467
广 西	1508	2142	2967	1703	3042	134
海 南	327	246	544	270	2708	197
重 庆	869	913	3828	2246	6692	160
四 川	2152	2902	7526	5795	11566	416
贵 州	1015	1591	4415	1171	3645	96
云 南	1804	2421	4559	1076	8966	117
西 藏	113	403	1641	85	2420	55
陕 西	2167	2524	5066	7101	7745	1700
甘 肃	1458	1596	4595	3082	6211	414
青 海	370	583	479	228	1770	75
宁 夏	536	675	633	266	1331	27
新 疆	1061	1396	2890	1144	5325	296

2014年各地区文化文物部门

地　区	本年收入合计(千元)	财政补贴收入	事业收入	上级补助收入	附属单位上缴收入	经营收入	其他收入	本年支出合计(千元)	基本支出	项目支出
总　计	**138347002**	**89537048**	**6674800**	**3923256**	**11830**	**1039967**	**37160101**	**130267898**	**53014253**	**58858726**
北　京	8393406	5668490	703891	84113	3	326961	1609948	7716905	1888353	4640551
天　津	2327223	1594072	111897	67694	2854	6778	543928	2427395	1110950	1122453
河　北	3878438	2349692	434113	43188	81	19241	1032123	3761760	1894407	1502709
山　西	4278920	2998149	228198	68702		50838	933033	4014416	1599770	1754661
内蒙古	3159781	2444841	24830	35422		5794	648894	3018005	2032058	905988
辽　宁	2981736	2101556	53298	20394	633	25355	780500	2802759	1564650	961375
吉　林	2429257	1871508	65938	26641		5313	459857	2191995	1089347	881983
黑龙江	2085058	1618318	22397	29512	20	588	414223	2063657	1225743	598209
上　海	6778278	4690927	542958	433290		6506	1104597	6324946	2365426	3459358
江　苏	11447209	5023908	235297	119315		22212	6046477	10159749	3221015	2474683
浙　江	8728836	5918211	574761	320207	318	70503	1844836	8630777	3277937	4327606
安　徽	2762494	1785609	59419	111712	262	4216	801276	2515775	1204984	892961
福　建	3787322	2204455	129487	168501		25939	1258940	3548535	1498209	1869598
江　西	2539000	1634395	58277	88399	556	29907	727466	2373431	1149740	707058
山　东	5369710	3895174	306776	154014	709	54241	958796	4923994	2556894	1732418
河　南	4199042	2878365	441140	92567	799	36113	750058	4034127	2358200	1298396
湖　北	3646221	2417972	162407	148751	920	47537	868634	3573606	1506770	1535669
湖　南	4200068	2954189	104746	83748	1121	22451	1033813	4051659	1773977	1747072
广　东	9795693	5859371	247578	197502	154	63196	3427892	9887970	3474878	4930246
广　西	3213306	1872821	66752	146744	770	27473	1098746	2964897	1158940	1509345
海　南	1600045	849951	51396	15527	1060	5890	676221	1423099	262870	965138
重　庆	2639685	1813298	83455	80177		9306	653449	2604737	921806	1332271
四　川	7177452	4830658	262460	123522	100	22378	1938334	6677174	2626772	3656649
贵　州	2772240	1568243	34574	112851	84	7826	1048662	2642537	1145292	1149532
云　南	4147584	2114381	64608	734635	30	16428	1217502	3606441	1771243	1624532
西　藏	1508347	1117191	88656	48149	17	9889	244445	1209371	471116	531713
陕　西	6027994	4326112	301664	132409	357	44655	1222797	5891215	2425304	2702996
甘　肃	3290307	2146472	181824	69419	227	13761	878604	3135436	1407203	1230462
青　海	1262923	773703	27835	13754	45	555	447031	1300034	434697	715368
宁　夏	1255695	806894	2027	10497		3613	432664	1168113	390286	499262
新　疆	3074374	1997521	30038	139414	410	23373	883618	3072467	1396370	1468258

所属机构机构收支基本情况

经营支出	工资福利支出	在支出合计中：								
		商品和服务支出	差旅费	劳务费	福利费	各种税金支出	对个人和家庭补助支出	抚恤金和生活补助	其他资本性支出	各种设备购置费
908808	**29367246**	**34497556**	**1037320**	**3092821**	**282638**	**316358**	**10407730**	**624970**	**14651688**	**5047567**
184908	1192244	1855817	10037	92391	18109	29912	407220	14488	864082	275896
9922	491750	720528	7013	55957	6953	5246	350241	6798	440918	113801
20542	1010361	978894	19410	99688	6294	5177	234168	21005	531399	136319
70545	991080	1017519	30049	121596	4006	10781	226343	13760	466873	101938
6068	1083743	910947	36078	102816	5087	8603	316681	21462	338005	117979
22778	786093	888946	23716	104570	4397	5411	338260	26046	234191	106711
4596	550721	572884	15919	44798	1204	3681	301417	13123	328458	85615
2331	632743	587515	17550	32746	1812	15290	341804	16515	220540	94820
9385	1363800	1977660	15108	69804	18998	14339	270366	11640	1261791	340004
20728	1657802	1851028	40094	163247	10504	7402	602564	21724	736998	289235
69847	1946156	2486121	60456	334724	35370	21287	648945	23810	723101	417456
7251	638738	437271	19710	55505	4148	2388	288625	10404	217389	94564
33990	770071	795508	33451	98235	5907	7807	277582	14628	559031	169925
25263	648109	428481	24855	31822	11598	4431	263706	26346	234703	61352
63826	1461451	1235144	25292	86504	4451	21904	354926	15501	393625	182808
35952	1292669	1032631	32635	181543	32684	14208	320284	23582	471143	106584
30826	924200	886507	47645	79981	11445	6202	350337	15661	328717	132938
25112	956931	894419	34624	83222	17082	7266	286169	33400	368078	101047
53469	1936855	2352421	53967	205590	22894	20690	884271	38213	1688671	406095
26282	640249	750287	33550	55234	3029	7612	325748	38373	371819	113785
11407	193547	380900	11926	29161	1371	1163	41998	6858	223164	77279
14929	480257	815746	35375	101658	4328	7672	249475	12898	229532	98501
18276	1450048	1998451	87135	213200	11216	13210	532538	51532	653027	234407
8986	615966	506615	34468	57206	4248	1259	282232	15578	172111	78263
16578	873200	886714	33360	72981	2532	2875	286207	13407	296953	89216
6272	322636	98396	7859	4918	257	100	54236	2921	99996	43035
49591	1349930	2092953	38727	119854	11725	6973	266358	34270	370025	223921
18798	789482	802521	37269	76648	6784	10969	228493	20425	341921	101467
817	195316	265576	6697	29116	226	1165	99141	3749	147362	72416
6484	210797	163659	7023	18322	263	218	79542	3529	98427	41899
21302	784723	953702	31921	92464	3161	15712	247908	15192	336791	95008

2014年各地区文化部门

地区	本年收入合计(千元)	财政补贴收入	事业收入	上级补助收入	附属单位上缴收入	经营收入	其他收入	本年支出合计(千元)	基本支出	项目支出
总计	**101026118**	**60601195**	**2767590**	**2903248**	**7854**	**456832**	**34289399**	**95453645**	**41033327**	**38806365**
北京	4684914	2996734	109064	83494	3	27140	1468479	4304202	1098636	2593585
天津	1852199	1283118	75169	67334	2420	5166	418992	1779707	919279	779454
河北	2487584	1443312	49014	14023	81	17635	963519	2497422	1298448	910388
山西	2399001	1458287	97376	29222		12629	801487	2301127	1030675	723829
内蒙古	2621010	1929068	18030	23785		5793	644334	2482627	1779854	626823
辽宁	2317493	1497716	37445	19027	633	13236	749436	2196322	1231550	730126
吉林	1923313	1424015	28056	11023		5006	455213	1807124	945588	648376
黑龙江	1729474	1306012	12198	15050	20	438	395756	1744848	1053776	452063
上海	5058919	3422131	407203	395737		4858	828990	4757771	2055248	2275776
江苏	9706015	3677089	168687	83855		13209	5763175	8593793	2615130	1726600
浙江	6204327	4091624	163744	222594	258	65536	1660571	6093615	2354097	2887409
安徽	2113086	1255815	17235	73020	262	2450	764304	1976591	977132	616742
福建	2971871	1519205	99574	109350		21276	1222466	2855751	1256321	1435925
江西	1815075	1040457	33118	43243	530	14488	683239	1756339	874255	437040
山东	3607895	2586322	76634	90661	709	10021	843548	3488500	1847988	1186540
河南	2603654	1745509	143709	51967	5	13121	649343	2603014	1697834	638856
湖北	2738899	1707405	83529	83846	25	37224	826870	2674994	1200007	1008162
湖南	2596756	1665841	68623	57477	1121	17090	786604	2547047	1424715	757154
广东	8281027	4608689	151307	177513	154	51724	3291640	8330124	2830731	4121025
广西	2543509	1461812	20481	63530	770	8305	988611	2453610	1023909	1159912
海南	1341464	609016	48843	14477		4650	664478	1238669	229659	821708
重庆	2085733	1334773	59889	56144		325	634602	1997501	788375	952332
四川	5595272	3597932	41381	106925	100	15856	1833078	5193310	2114352	2738944
贵州	2148296	1061545	10233	58719	84	7826	1009889	2044044	1035692	691399
云南	3690651	1764709	7566	716558	30	14873	1186915	3107564	1589870	1332606
西藏	724825	510292	1131	36414	17	3	176968	683048	365216	190875
陕西	3139535	1972929	58081	91341	50	10227	1006907	3041701	1344355	1038180
甘肃	2100997	1182197	28117	32491	227	8591	849374	1959474	955102	597935
青海	1098630	637839	20822	11267	45	555	428102	1168745	390991	635167
宁夏	916740	480862	1346	10272		769	423491	868732	327104	273227
新疆	2375723	1523139	20559	50403	310	23227	758085	2300539	1237450	882079

所属机构收支基本情况

经营支出	工资福利支出	在支出合计中：								
		商品和服务支出	差旅费	劳务费	福利费	各种税金支出	对个人和家庭补助支出	抚恤金和生活补助	其他资本性支出	各种设备购置费
531863	**22566411**	**22917236**	**748677**	**1992791**	**176080**	**198356**	**8569618**	**545890**	**9810075**	**4407844**
22707	535454	1176332	5566	64113	7350	6167	312089	9370	414083	257407
8411	406188	581542	4632	50266	5700	4880	297219	6277	184930	97649
19004	715720	548044	13859	31748	4122	2163	177671	16704	341443	120461
36189	625174	528227	20257	47312	1813	3518	156759	11220	192696	76355
6017	950665	708505	27214	68301	4320	8502	282952	20333	259196	109771
18770	629770	610005	16854	59263	4192	5152	291592	22578	210082	96967
4567	480028	446949	12434	33823	1072	2691	271552	11785	279628	78837
1985	532286	461131	13838	23882	1674	15235	299089	15549	181579	88120
7010	1180430	1567115	10435	59656	15717	13044	246507	10479	469320	310701
14701	1318584	1288682	27528	110538	8089	5589	475347	19518	529189	252000
65165	1472408	1486662	44652	220177	21886	12016	480938	22504	570103	364359
4814	510289	286493	13367	34007	2364	1526	234746	9294	180989	79992
29579	637945	612711	26638	78774	4282	7384	231283	13736	395185	158872
16994	493417	262252	17037	16992	8848	3767	209369	22067	158166	53958
16645	1112131	859410	17126	53649	2632	4756	296054	13378	353304	171957
25068	939782	538676	22115	45611	7523	6553	253917	19815	187638	83041
23943	725824	571073	24532	42973	7206	4193	289468	13909	279504	118385
19305	760562	599689	22756	44081	11904	6402	237974	29995	150971	83511
46152	1608113	1819116	42906	171286	17625	18849	721149	29580	1526071	369013
13156	544868	556646	25015	41725	1737	2629	291049	32781	332880	100005
10271	165112	282704	9651	25155	1356	1021	35511	5993	198976	68555
4660	384919	541883	27072	71197	3161	6556	207360	11442	190226	88510
14321	1116865	1401945	67121	159832	7525	8078	464868	47049	477184	210750
8490	544537	413628	28434	46960	3752	520	265819	14969	143511	68883
15524	781682	698313	28254	53810	2289	2630	256607	12929	262431	81604
2842	255477	52734	6613	3497	249	100	43232	2769	99056	42848
25069	776790	691645	17698	63732	5385	3325	184343	27671	237428	177459
15724	555303	427059	17481	30649	3317	6017	188426	15348	160753	66524
817	168790	228775	4321	23642	218	290	91770	3643	134374	61950
3341	172280	108225	5259	13896	242	208	67044	3063	75105	38499
20389	699793	565016	26491	67457	2534	13851	228465	14710	190672	79494

2014年各地区文物部门

地区	本年收入合计(千元)	财政补贴收入	事业收入	上级补助收入	附属单位上缴收入	经营收入	其他收入	本年支出合计(千元)	基本支出	项目支出
总计	**35823228**	**27761038**	**3668541**	**1012811**	**3976**	**572902**	**2803960**	**33190924**	**11115826**	**19416939**
北京	3708492	2671756	594827	619		299821	141469	3412703	789717	2046966
天津	421165	269382	25728	360	434	1612	123649	375422	149399	113005
河北	1372590	888605	385019	29165		1606	68195	1224282	580833	567391
山西	1698876	1379443	111406	39435		38209	130383	1540493	453291	973841
内蒙古	538771	515773	6800	11637		1	4560	535378	252204	279165
辽宁	650770	590859	15361	1367		12119	31064	592548	324750	225710
吉林	505944	447493	37882	15618		307	4644	384871	143759	233607
黑龙江	303496	270054	363	14462		150	18467	266632	132552	133384
上海	1682571	1255410	135044	37483		1648	252986	1547990	300088	1175612
江苏	1575436	1215714	54163	35300		9003	261256	1435991	503953	720050
浙江	2257925	1641962	339899	97463	60	3312	175229	2283863	770072	1353707
安徽	562363	454207	30893	38692		1766	36805	455198	170001	250084
福建	704601	605278	10457	53897		462	34507	602227	180993	408212
江西	685123	567461	12834	45156	26	15419	44227	580372	244862	263921
山东	1724707	1279012	223285	63353		44220	114837	1407319	686325	540284
河南	1585844	1124286	296633	40560	794	22858	100713	1420677	650300	659365
湖北	877323	684466	76478	64715	895	10313	40456	868896	284967	519587
湖南	1423495	1134442	13831	26271		5298	243653	1331578	301318	964891
广东	1408904	1163638	82930	18872		7292	136172	1447219	574230	772692
广西	638099	381730	44767	83214		19168	109220	476750	126525	323402
海南	258581	240935	2553	1050	1060	1240	11743	184430	33211	143430
重庆	553952	478525	23566	24033		8981	18847	607236	133431	379939
四川	1566656	1219690	218603	16597		6522	105244	1468562	501237	913586
贵州	623944	506698	24341	54132			38773	598493	109600	458133
云南	401093	315094	37542	18077		1555	28825	450896	150454	274864
西藏	783522	606899	87525	11735		9886	67477	526323	105900	340838
陕西	2888459	2353183	243583	41068	307	34428	215890	2849514	1080949	1664816
甘肃	1189310	964275	153707	36928		5170	29230	1175962	452101	632527
青海	164293	135864	7013	2487			18929	131289	43706	80201
宁夏	338955	326032	681	225		2844	9173	299381	63182	226035
新疆	690841	468072	8150	88840	100	146	125533	763303	152858	583616

所属机构收支基本情况

经营支出	工资福利支出	在支出合计中：								
		商品和服务支出	差旅费	劳务费	福利费	各种税金支出	对个人和家庭补助支出	抚恤金和生活补助	其他资本性支出	各种设备购置费
366784	**6330835**	**11254807**	**275158**	**1028790**	**100991**	**116562**	**1559878**	**70458**	**4416992**	**555874**
162201	656790	679485	4471	28278	10759	23745	95131	5118	449999	18489
1511	64744	127335	1958	4157	1226	366	37567	405	31646	14310
1538	285464	427711	5524	67293	2108	3014	51878	4165	166837	14751
34356	283081	434836	8408	69435	1967	7251	41839	1777	266408	19337
51	133078	202442	8864	34515	767	101	33729	1129	78809	8208
4008	151561	277336	6800	45143	196	259	44646	3347	23949	9744
29	70693	125935	3485	10975	132	990	29865	1338	48830	6778
346	77845	113934	3124	6628	137	55	28988	808	35573	4833
2375	174321	403625	4595	10077	3195	1295	21125	1161	791991	28823
6027	287524	540046	12012	46651	2352	1813	90783	1642	200739	36277
2978	398550	910523	12550	86758	10930	9171	127410	871	120139	22399
2437	106061	129814	4971	14462	1784	339	30736	686	18909	3341
210	98544	157205	5592	16155	412	330	27266	685	158140	7163
8269	139636	160726	7578	14787	2547	664	43191	4115	71522	4741
47181	339511	365571	7798	26598	1819	17148	55173	2123	39248	10543
10871	347329	492787	10456	135902	25081	7647	63150	3488	283378	23540
6883	186263	307331	22752	34064	4042	1981	53642	1678	47946	13286
5744	171779	274752	10189	36801	4376	856	34603	3272	175636	14496
3137	292198	523054	10504	33849	5269	1173	134256	8213	132702	24602
13126	86538	187729	8352	12349	1292	4983	26192	1215	27664	11582
1136	28435	98196	2275	4006	15	142	6487	865	24188	8724
10269	95338	273863	8303	30461	1167	1116	42115	1456	39306	9991
3955	325316	591388	19685	52430	3649	5132	66136	4445	175060	22874
496	71429	92987	6034	10246	496	739	16413	609	28600	9380
1054	77342	178475	4451	17080	243	245	16040	265	24203	5633
3430	67159	45662	1246	1421	8		11004	152	940	187
24522	573140	1401308	21029	56122	6340	3648	82015	6599	132597	46462
3074	234179	375462	19788	45999	3467	4952	40067	5077	181168	34943
	26526	36801	2376	5474	8	875	7371	106	12988	10466
3143	38517	55434	1764	4426	21	10	12498	466	23322	3400
913	81591	387308	5344	23715	627	1861	18066	482	145110	14695

2014年各地区分类型文化文物部门所属机构总收入

单位：万元

地区	总计	文化合计	艺术表演团体	艺术表演场馆	图书馆	群众文化	文物合计	文物科研机构	文物保护管理机构	博物馆	其他文物机构
总计	**13834700**	**10102612**	**1458843**	**287883**	**1212979**	**1901726**	**3582323**	**243812**	**706973**	**1713663**	**843448**
北京	839341	468491	124227	3441	50519	62330	370849	39882	102997	69234	156958
天津	232722	185220	43670	9217	33546	23811	42117		2300	27336	
河北	387844	248758	33759	7627	23653	37902	137259	11882	59014	37757	28606
山西	427892	239900	48749	15745	21980	29710	169888	22994	28712	52373	64875
内蒙古	315978	262101	61996	6379	35338	44390	53877	3783	13595	34348	2152
辽宁	298174	231749	36672	5043	46263	42786	65077	5340	10375	43953	3504
吉林	242926	192331	29727	8350	25455	47351	50594	2046	12382	28522	7532
黑龙江	208506	172947	34163	1646	28306	36446	30350	838	6099	23108	305
上海	677828	505892	100044	14204	92581	130708	168257		2716	154768	3196
江苏	1144721	970602	73898	33251	75455	127658	157544	2677	19694	98778	13540
浙江	872884	620433	71406	30791	82652	182196	225793	5113	73872	81700	61923
安徽	276249	211309	32256	6929	27250	46918	56236	3920	9406	33829	8032
福建	378732	297187	50253	16857	32498	40578	70460	290	6490	45339	17632
江西	253900	181508	24518	6486	23935	38980	68512	4815	13748	42637	5918
山东	536971	360790	64255	14379	45512	76327	172471	5046	49674	66418	48360
河南	419904	260365	52891	9951	28235	55660	158584	22904	48155	49966	35620
湖北	364622	273890	57388	9900	45849	43981	87732	4413	8457	56533	18069
湖南	420007	259676	38212	9080	29088	55484	142350	3984	32803	84887	16763
广东	979569	828103	60754	28832	117641	173539	140890	7477	6734	96257	25843
广西	321331	254351	29258	2208	25969	45969	63810	4849	15015	40183	3370
海南	160005	134146	13626	658	9850	9491	25858		2397	7919	15542
重庆	263969	208573	21341	1736	22614	60946	55395	4315	6286	42591	1581
四川	717745	559527	43777	5206	55118	114593	156666	6316	41146	96170	10480
贵州	277224	214830	13155	596	16019	44725	62394	2958	6788	36286	16147
云南	414758	369065	35294	2190	24823	150031	40109	4406	15958	16379	2115
西藏	150835	72483	15919	907	1978	16884	78352	737	18386	3934	55239
陕西	602799	313954	49114	21275	25416	56658	288846	18681	43478	100794	125789
甘肃	329031	210100	32690	5498	25702	36218	118931	32772	14793	45995	24896
青海	126292	109863	9744	390	6654	10827	16429	1731	2069	6258	6181
宁夏	125570	91674	10074	233	13228	15826	33896	2456	26559	4454	427
新疆	307437	237572	52604	5844	23769	42805	69084	6817	6872	26433	28038

2014年各地区分类型文化文物部门所属机构财政拨款

单位：万元

地　区	总　计	文化合计	艺术表演团体	艺术表演场馆	图书馆	群众文化	文物合计	文物科研机构	文物保护管理机构	博物馆	其他文物机构
总　计	**8953705**	**6060120**	**1065332**	**110476**	**1137210**	**1623756**	**2776104**	**135367**	**464648**	**1449733**	**725175**
北　京	566849	299673	96062	9	48865	51732	267176	1256	53849	64369	147701
天　津	159407	128312	38151	1108	32511	22672	26938		1842	24830	
河　北	234969	144331	23836	2775	23133	36340	88861	5847	29694	30076	23245
山　西	299815	145829	32257	7721	21442	29182	137944	18922	20483	41593	56927
内蒙古	244484	192907	59679	5256	34286	43245	51577	3608	12643	33418	1908
辽　宁	210156	149772	30164	1305	45545	39487	59086	5293	7288	43098	3381
吉　林	187151	142402	25252	5743	24904	46389	44749	1759	12308	23344	7339
黑龙江	161832	130601	28603	1325	27689	35201	27005	836	3607	22268	295
上　海	469093	342213	51860	2995	81398	111605	125541		2644	122594	303
江　苏	502391	367709	41804	7473	70529	117906	121571	1218	16743	91081	12479
浙　江	591821	409162	48861	11593	77398	154445	164196	3945	36705	71103	52441
安　徽	178561	125582	16488	2670	24603	40584	45421	1921	7176	28331	7975
福　建	220446	151921	38786	6546	28712	33972	60528	158	4235	38877	17258
江　西	163440	104046	18334	3596	21956	32673	56746	4263	11159	38116	3207
山　东	389517	258632	50472	6647	44553	70094	127901	2950	25550	57830	41541
河　南	287837	174551	34427	3807	27240	51802	112429	10925	36010	39133	26258
湖　北	241797	170741	45997	2265	42970	36780	68447	1761	5362	45396	15923
湖　南	295419	166584	29213	4013	27136	48657	113444	3984	28898	65463	14523
广　东	585937	460869	39346	12187	114011	152668	116364	4766	3861	89846	17883
广　西	187282	146181	22142	65	23347	38816	38173	950	4574	29615	2993
海　南	84995	60902	6314	325	9482	6606	24094		1884	7497	14713
重　庆	181330	133477	16070	904	21418	51160	47853	3760	6068	36531	1466
四　川	483066	359793	35829	2154	53587	102485	121969	2367	38861	71415	9327
贵　州	156824	106155	9898	41	14746	36636	50670	1614	5212	29549	14296
云　南	211438	176471	30935	507	23372	76537	31509	632	13839	14967	2061
西　藏	111719	51029	14204	897	1820	14397	60690	187	6217	3906	50380
陕　西	432611	197293	32938	12016	23455	46997	235318	16794	27604	81411	109509
甘　肃	214647	118220	25781	800	24556	33281	96428	22140	7347	42289	24652
青　海	77370	63784	7960	136	6259	9928	13586	1175	2041	5828	4543
宁　夏	80689	48086	9052	143	13063	14150	32603	2202	25700	4275	427
新　疆	199752	152314	47517	3418	22540	37329	46807	6096	5246	22921	12545

2014年各地区分类型文化文物部门所属机构总支出

单位：万元

地区	总计	文化合计	艺术表演团体	艺术表演场馆	图书馆	群众文化	文物合计	文物科研机构	文物保护管理机构	博物馆	其他文物机构
总计	**13026790**	**9545365**	**1426000**	**286118**	**1163583**	**1828632**	**3319092**	**207016**	**645299**	**1639293**	**763813**
北京	771691	430420	118862	3689	51957	52793	341270	26720	95552	71797	145489
天津	242740	177971	39873	9017	31586	24727	37542		2366	24025	
河北	376176	249742	39692	8538	24241	37926	122428	10393	49026	31888	31123
山西	401442	230113	46498	15454	19983	29113	154049	18914	29654	50777	53797
内蒙古	301801	248263	55682	6891	34172	44925	53538	5116	13677	32713	2032
辽宁	280276	219632	36497	5822	45707	43291	59255	4226	9093	40898	3354
吉林	219200	180712	31294	8656	26839	43050	38487	1737	9542	21568	5468
黑龙江	206366	174485	36772	4706	23907	40296	26663	838	5195	20333	297
上海	632495	475777	93804	13233	92027	118517	154799		3182	144678	3348
江苏	1015975	859379	71514	32208	72937	126716	143599	2151	17852	93481	11924
浙江	863078	609362	71237	29730	83152	180824	228386	5702	74577	85849	59505
安徽	251578	197659	25406	6957	22278	46291	45520	3102	7814	30718	2893
福建	354854	285575	51529	14200	29969	37380	60223	368	5156	39204	14651
江西	237343	175634	23129	7964	20575	35191	58037	2191	13159	35766	5465
山东	492399	348850	61399	15134	42755	74700	140732	4264	46209	60947	26386
河南	403413	260301	55399	10344	28727	55936	142068	14219	42660	50355	32982
湖北	357361	267499	54940	10163	45054	43503	86890	3775	7687	56199	17735
湖南	405166	254705	35423	9107	26457	57122	133158	3984	31533	78802	15490
广东	988797	833012	59813	27002	118424	170951	144722	8309	7005	96989	28275
广西	296490	245361	27527	1982	26425	45186	47675	4000	8279	32573	2410
海南	142310	123867	13565	747	9147	8590	18443		2333	5793	10317
重庆	260474	199750	22135	1668	21923	57487	60724	5286	5925	46999	1934
四川	667717	519331	42225	5142	41581	112190	146856	4403	39462	92643	7883
贵州	264254	204404	14499	954	15178	44532	59849	2521	5281	36505	15265
云南	360644	310756	34374	2193	24196	114616	45090	4350	12456	26562	675
西藏	120937	68305	15006	849	2175	18978	52632	188	14425	1883	36081
陕西	589122	304170	45493	20207	22627	57618	284951	16298	44703	94060	129828
甘肃	313544	195947	32283	4199	22997	36322	117596	34710	13073	43126	26234
青海	130003	116875	10085	507	6877	10806	13129	1551	830	7128	3447
宁夏	116811	86873	10352	224	12571	15683	29938	2693	21151	5668	427
新疆	307247	230054	54155	6870	22792	43376	76330	5053	6443	26647	37263

主要统计指标解释

一、行业、机构指标解释

调查的机构，指由文化部门主办或实行行业管理的文化文物机构以及由文化部门主办的其他文化机构等。

文艺创作与表演：指文学、美术创造和表演艺术（如戏剧、戏曲、歌舞、舞蹈、音乐、曲艺、杂技、马戏、木偶、皮影等各种表演艺术）等活动。包括文学（含电影、电视剧剧本）、音乐、歌曲、舞蹈、戏曲、曲艺等的创作，美术（绘画、雕塑）、工艺品、书法、篆刻等的艺术创作，编导、演员的表演、创作活动，剧务、舞台美工、服装道具、灯光音响等活动，民族艺术创作，其他未列明的文艺创作、表演及辅助活动。

艺术创作机构：指有专职创作人员、独立建制的剧目创作室（组）、美术创作室（组）等专门从事艺术创作的机构。不包括业余性质的文艺创作机构。

艺术表演团体：指由文化部门主办或实行行业管理（经文化行政部门审批并领取营业性演出许可证），专门从事表演艺术等活动的各类专业艺术表演团体，含民间职业剧团（不包括群众业余文艺表演团队）。

艺术表演场馆：指由文化部门主办的，有观众席、舞台、灯光设备，公开售票、专供文艺团体演出的文化活动场所。附属于文化部门机构内非独立核算的剧场、排演场，公开营业的也应单独统计。

图书馆：指各类图书馆的管理与服务（对文献和信息的搜集、整理、存储、利用和管理，向社会公众开放并提供科学、文化等各种知识普及教育）。包括公共图书馆和各类机构内部举办的或单独举办的图书馆的管理与服务。不包括部队系统以及文化馆（文化中心、群众艺术馆）、文化站内设的图书室。

群众文化活动：指开展群众文化活动的场所的管理和组织活动。包括文化馆（含综合性文化中心、群众艺术馆）、文化站、文化宫、少年宫等群众文化活动。在本制度中，目前暂不统计文化部门以外的文化宫和少年宫。

文化馆（含综合性文化中心、群众艺术馆、文化站）：指专门从事群众文化活动的群众文化场馆。不包括临时抽调人员组成、没有编制的农村和街道文化工作队、服务站等。

美术馆：指由文化部门主办或实行行业管理的，具备展览、典藏、研究及公共教育和服务功能的、向公众开放的国有美术馆，以及在民政部门登记注册并在文化部门备案的，具备展览、典藏、研究及公共教育和服务功能的、向公众开放的、非营利性的民营美术馆。

画院：指由文化部门主办或实行行业管理的，各级国有和民营的非营利性的专门的美术创作、研究机构，有专职创作研究人员和独立建制，包括书画院、书法院、油画雕塑院等。不包括业余性质的美术创作机构。

文化艺术研究机构：指有明确的研究方向和任务，有一定水平的学术带头人和一定数量、质量的研究人员，有开展工作的基本条件，主要进行文化艺术研究（含科技）的机构。

文化部门教育机构：指文化部门主办的高等艺术职业院校和中等专业学校、文化干部院校、其他文化艺术教育机构。

高等艺术职业院校：指按国家规定的设置标准和审批程序批准主办的，纳入国家招生计划，通过国家统一招生考试，招收高中毕业生和相当于高中学历者为主要培养对象，实施高等教育的全日制、独立设置的学院和高等专科艺术学校。在本制度中，只统计由文化部门主办和管理的院校。

中等艺术学校：指文化部门内由文化部或省、自治区、直辖市人民政府批准举办，纳入国家招生计划，按国家规定组织入学考试，招收小学或初中（或部分高中）毕业生和具有同等学历者，实施中等艺术教育、培养中等艺术人才的全日制专业学校。

文化干部院校：指各级文化行政主管部门领导的培养和训练文化干部的成人高等教育院校。

其他文化事业机构、其他文化企业：指不属于以上分类的文化部门所属各类文化事业机构和企业机构。

文化市场经营机构：指经文化市场行政部门审批或备案并领取相关许可或备案文件的、从事文化经营和文化服务活动的机构。

文化市场经营机构主要由以下统计调查对象组成：

娱乐场所：指以营利为目的，并向公众开放、消费者自娱自乐的歌舞、游艺等场所，以及各地文化行政部门依据相关规定管理并发放《娱乐场所经营许可证》的其他娱乐场所。

互联网上网服务营业场所（网吧）：指通过计算机等设备向公众提供互联网上网服务的营业性娱乐文化服务场所。

动漫企业：经文化部、财政部、国家税务总局三部门联合认定的从事漫画创作、动画创作、网络动漫（含手机动漫）创作、动漫舞台剧制作、动漫软件开发和动漫衍生产品研发等动漫业务的企业。

博物馆：指为了研究、教育、欣赏的目的，收藏、保护、展示人类活动和自然环境的见证物，向公众开放，非营利性、永久性社会服务机构，包括以博物馆（院）、纪念馆（舍）、科技馆、陈列馆等专有名称开展活动的单位。

综合性博物馆：指综合收藏、展示自然、历史（含革命史和建设成就）、艺术等方面藏品的博物馆。如黑龙江省博物馆、内蒙古博物馆、甘肃省博物馆、贵州省博物馆、南通博物苑、旅顺博物馆等。

历史类博物馆：指主要收藏、展示关于国家（地区）、民族、社会发展、重大事件和人物的历史（古代史、近代史、战争史、革命纪念馆、历史名人纪念馆等）的文物资料的博物馆。如国家博物馆、陕西历史博物馆、泉州海外交通史博物馆、东北烈士纪念馆、韶山毛泽东同志纪念馆、遵义会议会址纪念馆、黑龙江省民族博物馆等。

艺术类博物馆：指主要收藏、展示艺术品、工艺品文物（工艺品、绘画、书法、篆刻、民间艺术）的博物馆。如故宫博物院、上海博物馆、南阳汉画像馆、广东民间工艺馆、武强年画博物馆、徐悲鸿纪念馆、天津戏剧博物馆、景德镇陶瓷历史博物馆等。

自然、科技类博物馆：指主要收藏、展示自然物种历史、发展以及反映科学技术成果方面标本、实物的博物馆。如天津自然博物馆、自贡恐龙博物馆、中国科学技术馆、中国地质博物馆、柳州白莲洞洞穴科学博物馆等。

其他博物馆：指上述 4 类博物馆之外，内容独特的行业性、专门性博物馆。如中国丝绸博物馆、中国茶叶博物馆以及农业、体育、邮电、中药、交通、水利、煤炭、林业、公安、儿童等专门博物馆。

文物考古研究所：是各省级文物行政管理部门领导下的文物保护和科学研究机构，承担有关文物的调查、保护、发掘、研究和宣传工作，对地、市、县的文物工作进行业务辅导。

文物商店：经国务院文物行政部门或者省、自治区、直辖市人民政府文物行政部门依法批准设立的文物购销经营单位。

非物质文化遗产保护中心：指从事非物质文化遗产的调查、抢救、保护、研究、宣传、展示，以及其他相关保护活动的专业综合机构。

二、从业人员指标解释

调查的从业人员，指在文化部门主办或实行行业管理的文化文物机构以及由文化部门主办的其他文化机构中工作并取得劳动报酬的全部人员。包括职工、再就业的离退休人员以及在各机构中工作的外方人员和港、澳、台方人员。

专业技术人员：指在专业技术岗位上工作的人员，不包括在管理岗位上工作具有专业技术职称（职务）的人员（包括正高级职称、副高级职称、中级职称以及初级及以下人员）。

安全保卫人员：指从事文物安全保卫工作和安全管理工作的人员，包括聘用人员。

在编人员：是指经当地编办批准、列入事业编制的人员。

专职人员：指长期从事业务工作的专业人员。

三、经费指标解释

（一）事业经费指标解释

资产合计：是指文化事业单位占有或者使用的能以货币计量的经济资源，包括各种财产、债权和其他权利。包括流动资产、固定资产、在建工程、无形资产和对外投资等。

固定资产原价：反映填表机构使用年限在一年以上、单位价值在 1000 元以上（其中：专用设备单位价值在 1500 元以上），并在使用过程中基本保持原来物质形态的资产，包括房屋及构筑物，专用设备，通用设备，文物和陈列品，图书、档案，家具、用具、装具及动植物等，按原值（计提折旧的，按净值）进行反映。

本年收入合计：反映行政事业单位在本年取得的全部收入，包括行政事业类资金收入和基本建设类收入，具体有财政拨款、上级补助收入、事业收入、经营收入、附属单位上缴收入和其他收入。

财政补贴收入：反映填表单位本年度实际收到的本级财政拨款。包括一般预算财政拨款和政府性基金预算财政拨款。一级预算单位收到的应拨给下级单位使用的款项，年终时尚未拨出的，在编制财务决算表和填报统计报表时，应列为本单位的财政拨款。

基建拨款：指财政部门按基本建设计划拨付的基本建设款项。

上级补助收入：反映填表单位从行政主管部门和上级单位取得的非财政补贴收入。

事业收入：反映事业单位开展专业业务活动及辅助活动取得的收入。

经营收入：反映事业单位在专业业务活动及辅助活动之外开展非独立核算经营活动取得的收入。

附属单位上缴收入：反映填表事业单位拥有附属的独立核算机构，按有关规定上缴的收入。

其他收入：反映取得的除上述规定以外的各项收入，包括投资收益、利息收入、捐赠收入等。

本年支出合计：反映填表机构在业务活动中发生的各项资产耗费和损失等支出情况，包括基本支出、项目支出、经营支出等内容。按经济功能分类，还可分为工资福利支出、商品和服务支出、对个人和家庭补助支出、其他资本性支出等内容。

基本支出：反映填表机构为保障其机构正常运转、完成日常工作任务而发生的人员支出和公用支出。

项目支出：反映填表机构为完成本机构特定的工作任务或事业发展目标，在基本支出之外发生的各项支出。

经营支出：反映填表机构开展专业业务活动及辅助活动之外开展非独立核算经营活动发生的支出。在经营活动中应正确归集实际发生的各项费用数，无法归集的，应按规定的比例合理分摊。

工资福利支出：反映填表机构支付给在职职工和编制外长期聘用人员的各类劳动报酬，以及为上述人员缴纳的各项社会保险费等。主要包括基本工资、津贴补贴、奖金、社会保障缴费、伙食费、伙食补助费、绩效工资、其他工资福利支出等。

商品和服务支出：反映填表机构在开展业务活动中购买商品和服务的支出（不包括用于购置固定资产的支出、战略性和应急储备支出等）。主要包括办公费、印刷费、咨询费、手续费、水费、电费、邮电费、取暖费、物业管理费、交通费、差旅费、出国费、维修（护）费、租赁费、会议费、培训费、招待费、专用材料费、专用燃料费、劳务费、委托业务费、工会经费、福利费等日常公用支出。

差旅费：反映填表机构工作人员出差的住宿费、旅费、伙食补助费、杂费，以及干部及大中专学生调遣费、调干家属旅费补助等方面的支出。

劳务费：反映填表机构支付给单位和个人的劳务费用。如：临时聘用人员、钟点工工资，翻译费，咨询费，评审费，手续费等。

福利费：反映填表机构根据国家规定按工资总额一定比例提取的福利费。

各种税金支出：反映填表机构向国家交纳的各种税金，如房产税、营业税、车船使用税、土地使用税、城市维护建设税、印花税、教育费附加费、养路费、排污费等。从基本建设支出、结余和收益中支付的税金不包括在内。

对个人和家庭补助支出：反映政府对个人和家庭的补助支出，包括离休费、退休费、退职（役）费、抚恤金、生活补助、救济费、医疗费、助学金、奖励金、生产补贴、住房公积金、提租补贴、购房补贴以及其他对个人和家庭的补助支出等。

抚恤金和生活补助：抚恤金指按规定支付给烈士家属、牺牲病故人员家属的一次性和定期抚恤金，革命残疾人员的抚恤金，离退休人员等其他人员的各项抚恤金。生活补助指按规定支付给优抚对象、退伍军人的生活补助费，行政事业单位职工和家属生活补助，因公负伤等住院治疗、住疗养院期间的伙食补助费、长期赡养人员补助费等。

其他资本性支出：反映填表机构使用非各级发展与改革部门集中安排的用于购置固定资产、战略性和应急性储备、土地和无形资产，以及购建基础设施、大型修缮和财政支持企业更新改造所发生的支出，如房屋建筑物购建、办公设备购置、专用设备购置、交通工具购置、大型修缮、信息网络购建、物资储备、土地补偿、安置补助、拆迁补偿等。

各种设备、交通工具、图书购置费：反映填表机构用于购置不够基本建设投资额度，但按会计制度规定纳入固定资产核算范围的各种设备的支出，主要包括办公设备购置、专用设备购置、交通工具购置（含车辆购置税）、信息网络购建（计算机硬件和软件开发应用）、图书购置、档案设备购置费等。

（二）企业经费指标解释

资产总计：反映填表企业拥有或控制的能以货币计量的经济资源，包括各种财产、债权和其他权利。资产按其流动性(即资产的变现能力和支付能力)划分，有流动资产、长期投资、固定资产、无形资产、递延资产和其他资产等分类。

固定资产原价：反映填表企业在建造、购置、安装、改建、扩建、技术改造某项固定资产时所支出的全部货币总额。

当年提取的折旧总额：反映填表企业在报告年度内提取的固定资产折旧合计数。

负债合计：反映填表企业过去的交易、事项形成的现有义务合计数，履行该义务预期会导致经济利益流出企业。

所有者权益合计：反映所有者在填表企业资产中享有的经济利益，其金额为资产减去负债后的余额。

实收资本（股本）：反映填表企业的各投资者实际投入的资本（或股本）总额。

国家资本：反映有权代表国家投资的政府部门或机构、直属事业机构对填表企业投资形成的资本金。

营业收入：反映企业经营主要业务和其他业务所确认的收入总额。

营业成本：反映填表企业在报告期内从事销售商品、提供劳务及转让资产使用权等日常经营活动中所发生的各种耗费，包括营业成本（主营业务成本、其他业务成本）、营业税金及附加、销售费用、管理费用、财务费用等。

养老、医疗、失业等各种社会保险费：反映企业为职工缴纳的基本养老保险、基本医疗保险、失业保险费、工伤保险、生育保险费。

住房公积金和住房补贴：反映报告期内填报企业为职工缴纳的住房公积金和企业支付的职工住房补贴。

工会经费：反映填表企业按规定计提的拨交工会使用的费用。

营业利润：反映填表企业进行生产经营活动所实现的利润。

营业外收入：反映企业发生的与经营业务无直接关系的各项营业外收入，包括非流动资产处置利得、非货币性资产交换利得、债务重组利得、政府补助、盘盈利得、捐赠利得等。

政府补助（补贴收入）：反映填表企业从政府无偿取得的货币性资产或非货币性资产，但不包括政府作为企业所有者投入的资本。

营业外支出：反映企业发生的与经营业务无直接关系的各项营业外支出，包括非流动资产处置损失、非货币性资产交换损失、债务重组损失、公益性捐赠支出、非常损失、盘亏损失等。

利润总额：反映企业在生产经营过程中各种收入减去各种耗费后的盈余，反映填表企业在报告期内实现的亏盈总额，包括营业利润和营业外收支净额。

本年应发工资总额：反映填报企业在报告期内应发放支付给本单位全部职工的劳动报酬（含临时工和聘用人员），包括工资、奖金、津贴和补贴，反映企业报告期内累计应发放的工资总额。

本年支付的职工福利费：反映填报企业在报告期内根据国家有关规定开支的各项福利支出。

四、公用房屋建筑面积指标解释

实际使用房屋建筑面积：指文化部门实际使用办公和业务用房面积，包括租借房屋面积。

实际拥有产权面积：指文化部门实际拥有产权的各种办公和业务用房面积，包括出租产权房屋面积，具体以房屋产权证上登记产权面积为准。

2

图书馆业

按年份全国公共图书馆主要业务活动情况

年　份	机构数（个）	从业人员（人）	总藏量（万册、件）	总流通人次（万人次）	外借人次	书刊、文献外借册次（万册次）	书架单层总长度（万米）	发放借书证数（万个）	本年新购藏量（万册）
1979年	1651		18353	7787		9625			
1980年	1732		19904	9045		11830			
1985年	2344	29350	25573	11614		18942			1343
1986年	2406	31849	26133	11722		16205	504	523	1359
1990年	2527	40247	29064	12435		20242	772	603	895
1991年	2535	42037	30614	20496	7949	13325	758	631	771
1992年	2558	43051	31175	18495	7653	12625	748	563	740
1993年	2572	44656	31410	16973	6970	11685	797	562	631
1994年	2589	44367	32332	14451	7232	11852	776	552	556
1995年	2615	45323	32850	14142	7160	11814	899	540	551
1996年	2620	46457	33686	14793	7731	13544	967	527	577
1997年	2628	47882	37549	16114	8561	15685	817	556	680
1998年	2662	48313	38514	17058	8910	15422	873	582	700
1999年	2669	48792	39539	18040	9075	16290	934	596	678
2000年	2675	51342	40953	18854	9600	16913	978	623	692
2001年	2696	48579	42130	20757	9829	17559	945	792	819
2002年	2697	48447	42683	21950	10428	20021	995	918	946
2003年	2709	49646	43776	21440	10666	18775	1035	943	1049
2004年	2720	49069	46152	22095	10140	18536	1247	1056	1228
2005年	2762	50423	48056	23332	10821	20269	1320	1062	1535
2006年	2778	51311	50024	25218	11408	21039	1413	1160	1686
2007年	2799	51650	52053	26103	11454	21319	1318	1273	1871
2008年	2820	52021	55064	28141	12251	23129	1112	1454	2071
2009年	2850	52688	58521	32167	13277	25857	1216	1749	2939
2010年	2884	53564	61726	32823	13934	26392	1200	2020	2956
2011年	2952	54475	63896	37423	15316	28452	1218	2214	3985
2012年	3076	54997	68827	43437	17402	33191	1216	2485	5826
2013年	3112	56320	74896	49232	20552	40868	1191	2877	4865
2014年	3117	56071	79092	53036	22737	46734	1210	3944	4742

按年份全国公共图书馆经费收支及设施情况

年 份	收入合计（万元）	财政拨款	支出合计（万元）	新增藏量购置费	新购图书（万册）	实际使用房屋建筑面积（万平方米）	书库	阅览室	阅览室座席数（万个）
1979年	5040	5040	5206	2163		86.6	38.1	21.1	
1980年	5476	5476	5486	2273		92.0	42.1	23.5	
1985年	15272	15272	13393	4164	1343	172.0	64.1	46.1	23.1
1986年	19891	19070	17242	5300	1359	210.2	73.0	53.4	33.7
1990年	32328	29292	30271	8474	895	326.0	98.4	76.1	32.1
1991年	36764	32593	34388	8927	771	349.1	104.3	80.0	34.0
1992年	45354	39010	41132	9916	740	363.6	105.3	84.3	34.4
1993年	50917	42975	48211	10698	631	368.0	108.0	85.0	34.3
1994年	74586	60639	63295	9252	556	409.1	113.6	85.7	34.8
1995年	79685	65829	74080	16788	551	415.5	117.8	88.3	35.2
1996年	93235	76582	88963	19626	577	441.4	120.8	94.0	35.6
1997年	114004	93177	113927	25527	680	471.5	124.9	98.0	37.4
1998年	129082	107521	127032	28067	700	492.5	131.7	101.8	39.9
1999年	137430	115830	135826	30473	678	506.0	137.4	105.7	41.6
2000年	163799	139321	157173	37141	692	598.2	139.0	109.7	41.6
2001年	183368	152732	187661	36489	819	561.8	146.4	114.4	43.7
2002年	213322	176882	208929	41853	946	582.8	151.6	122.6	43.9
2003年	242188	205252	235819	44407	1049	588.6	156.0	129.7	46.1
2004年	281234	238141	275034	50780	1228	625.1	158.4	138.6	47.2
2005年	325880	277848	312571	59781	1535	677.0	170.0	150.0	48.0
2006年	366089	319479	344076	66095	1686	718.9	175.5	159.0	50.0
2007年	450512	395441	431326	78262	1871	741.4	181.6	169.2	52.7
2008年	531926	477616	519841	83832	2071	780.0	183.5	179.3	55.4
2009年	613175	550808	606630	104404	2939	850.3	194.7	203.5	60.2
2010年	646085	583685	643629	111093	2956	900.4	204.5	220.6	63.1
2011年	813232	756357	776839	123540	3985	994.9	212.9	245.3	68.1
2012年	1002068	934890	977556	147785	5826	1058.4	230.1	281.9	73.5
2013年	1151163	1070575	1130035	165959	4865	1158.5	240.2	318.9	81.0
2014年	1212979	1137210	1163583	170133	4742	1231.6	252.4	331.8	85.6

按年份各地区公共图书馆机构数

单位：个

地　区	1995年	2000年	2005年	2010年	2011年	2012年	2013年	2014年
总　计	**2615**	**2675**	**2762**	**2884**	**2952**	**3076**	**3112**	**3117**
北　京	22	24	25	24	24	24	24	24
天　津	31	31	32	31	31	31	31	31
河　北	134	145	153	165	166	172	173	172
山　西	119	121	122	126	126	126	127	126
内蒙古	107	108	110	113	114	114	116	116
辽　宁	127	128	126	128	128	129	129	129
吉　林	51	60	63	65	65	66	66	66
黑龙江	96	97	96	107	107	106	107	107
上　海	31	31	28	28	25	25	25	25
江　苏	94	101	103	111	112	112	113	114
浙　江	81	83	90	97	97	97	98	98
安　徽	83	84	88	88	100	102	107	113
福　建	78	81	84	86	86	87	91	88
江　西	104	104	104	108	114	114	114	114
山　东	130	133	145	149	150	150	153	153
河　南	132	134	136	142	152	156	157	157
湖　北	100	103	102	107	109	111	112	112
湖　南	116	115	120	124	130	136	136	136
广　东	114	124	129	132	134	137	137	138
广　西	99	94	95	108	108	112	112	112
海　南	19	19	20	20	20	20	21	21
重　庆		42	43	43	43	43	43	43
四　川	166	129	141	161	169	188	197	198
贵　州	87	89	91	93	94	93	94	95
云　南	148	148	149	150	152	152	152	151
西　藏	18	1	4	4	4	77	78	78
陕　西	114	114	111	112	112	112	114	114
甘　肃	86	91	92	94	100	103	103	103
青　海	41	38	43	44	49	49	49	49
宁　夏	20	22	20	20	27	26	26	26
新　疆	66	80	96	103	103	105	106	107

按年份各地区公共图书馆从业人员

单位：人

地　区	1995年	2000年	2005年	2010年	2011年	2012年	2013年	2014年
总　计	**45323**	**51342**	**50423**	**53564**	**54475**	**54997**	**56320**	**56071**
北　京	886	1080	1219	1307	1273	1258	1254	1278
天　津	1084	1111	1057	1077	1051	1272	1248	1217
河　北	1592	1711	1690	1789	1823	1852	1851	1899
山　西	1370	1527	1631	1575	1545	1550	1539	1593
内蒙古	2015	1833	1776	1804	1907	1937	1998	1964
辽　宁	2859	4916	2888	3152	2922	2971	2892	2932
吉　林	1596	1724	1783	1661	1674	1652	1652	1642
黑龙江	2014	1846	1669	1846	1772	1796	1817	1697
上　海	1686	2513	2597	2180	2264	2089	2210	2104
江　苏	1953	2092	2363	2838	2932	2901	3033	3034
浙　江	1565	1936	2122	3040	3091	3096	3273	3483
安　徽	1168	1241	1217	1239	1267	1312	1412	1410
福　建	1077	1172	1110	1190	1227	1263	1301	1278
江　西	1386	1462	1373	1406	1469	1454	1435	1390
山　东	2318	2506	2690	2680	2697	2647	2760	2730
河　南	2352	2626	2742	2762	2839	2867	2889	2934
湖　北	2054	2299	2253	2151	2149	2219	2226	2231
湖　南	1733	1925	1963	1993	2032	2080	2143	2106
广　东	2355	2837	3252	3761	4203	4237	4147	4047
广　西	1335	1540	1459	1509	1467	1467	1519	1508
海　南	252	250	250	374	348	317	327	327
重　庆		785	755	854	848	848	852	869
四　川	2415	1719	1869	1972	1984	2051	2170	2152
贵　州	869	876	905	937	950	976	1014	1015
云　南	1429	1571	1661	1760	1734	1783	1806	1804
西　藏	50	42	62	64	60	91	107	113
陕　西	1317	1572	1691	1988	2007	2163	2231	2167
甘　肃	979	1110	1179	1306	1402	1413	1472	1458
青　海	400	378	365	398	406	394	393	370
宁　夏	498	537	509	543	578	545	557	536
新　疆	770	907	951	978	981	1070	1065	1061

按年份各地区公共图书馆总藏量

单位：万册件

地　区	1995年	2000年	2005年	2010年	2011年	2012年	2013年	2014年
总　计	**32850**	**40953**	**48056**	**61726**	**63896**	**68827**	**74896**	**79092**
北　京	670	767	1121	1715	1821	1948	2072	2223
天　津	677	786	869	1258	1286	1397	1474	1598
河　北	845	1081	1307	1611	1643	1773	1937	2105
山　西	777	867	963	1208	1259	1363	1466	1472
内蒙古	621	683	744	940	1056	1157	1325	1449
辽　宁	1786	1970	2326	2953	2948	3185	3355	3563
吉　林	921	1030	1202	1380	1399	1494	1597	1662
黑龙江	1094	1186	1291	1644	1703	1751	1843	1721
上　海	1586	5500	6049	6809	6783	6978	7239	7363
江　苏	2420	2669	3179	4370	4781	5468	5770	6280
浙　江	1511	1715	2324	3761	3964	4539	5165	5634
安　徽	752	787	847	1236	1208	1407	1776	1753
福　建	902	985	1274	1682	1676	2080	2467	2660
江　西	1070	1122	1282	1520	1602	1681	1990	2127
山　东	1724	1989	2746	3636	3720	3888	4422	4480
河　南	1062	1239	1429	1837	2045	2145	2218	2312
湖　北	1445	1678	1923	2361	2376	2460	2648	2822
湖　南	1362	1514	1667	1961	2031	2144	2282	2422
广　东	1651	2316	3119	4615	5040	5426	6101	6367
广　西	1243	1312	1491	1881	1868	1942	2110	2482
海　南	137	154	184	285	316	385	377	412
重　庆		811	768	1031	986	1129	1129	1242
四　川	2356	1722	2002	2599	2703	2802	3048	3162
贵　州	616	681	764	812	868	990	1156	1217
云　南	1104	1254	1371	1566	1573	1686	1765	1864
西　藏	51	60	42	53	55	67	100	125
陕　西	733	837	887	1127	1199	1281	1377	1514
甘　肃	670	745	860	1042	1128	1176	1226	1307
青　海	280	286	324	358	368	376	379	394
宁　夏	338	380	378	462	497	505	595	690
新　疆	489	579	817	1113	999	1084	1242	1292

按年份各地区人均拥有公共图书馆藏量

单位：册/件

地　区	1995年	2000年	2005年	2010年	2011年	2012年	2013年	2014年
全　国	**0.27**	**0.32**	**0.37**	**0.46**	**0.47**	**0.51**	**0.55**	**0.58**
北　京	0.54	0.55	0.73	0.87	0.90	0.94	0.98	1.03
天　津	0.72	0.79	0.83	0.97	0.95	0.99	1.00	1.05
河　北	0.13	0.16	0.19	0.22	0.23	0.24	0.26	0.29
山　西	0.25	0.26	0.29	0.34	0.35	0.38	0.40	0.40
内蒙古	0.27	0.29	0.31	0.38	0.43	0.46	0.53	0.58
辽　宁	0.44	0.46	0.55	0.68	0.67	0.73	0.76	0.81
吉　林	0.36	0.38	0.44	0.50	0.51	0.54	0.58	0.60
黑龙江	0.30	0.32	0.34	0.43	0.44	0.46	0.48	0.45
上　海	1.12	3.29	3.40	2.96	2.89	2.93	3.00	3.04
江　苏	0.34	0.36	0.43	0.56	0.61	0.69	0.73	0.79
浙　江	0.35	0.37	0.47	0.69	0.73	0.83	0.94	1.02
安　徽	0.13	0.13	0.14	0.21	0.20	0.23	0.29	0.29
福　建	0.28	0.28	0.36	0.46	0.45	0.55	0.65	0.70
江　西	0.26	0.27	0.30	0.34	0.36	0.37	0.44	0.47
山　东	0.20	0.22	0.30	0.38	0.39	0.40	0.45	0.46
河　南	0.12	0.13	0.15	0.20	0.22	0.23	0.24	0.25
湖　北	0.25	0.28	0.34	0.41	0.41	0.43	0.46	0.49
湖　南	0.21	0.24	0.26	0.30	0.31	0.32	0.34	0.36
广　东	0.24	0.27	0.34	0.44	0.48	0.51	0.57	0.59
广　西	0.27	0.29	0.32	0.41	0.40	0.41	0.45	0.52
海　南	0.19	0.20	0.22	0.33	0.36	0.43	0.42	0.46
重　庆		0.26	0.27	0.36	0.34	0.38	0.38	0.42
四　川	0.21	0.21	0.24	0.32	0.34	0.35	0.38	0.39
贵　州	0.18	0.19	0.20	0.23	0.25	0.28	0.33	0.35
云　南	0.28	0.29	0.31	0.34	0.34	0.36	0.38	0.40
西　藏	0.21	0.23	0.15	0.18	0.18	0.22	0.32	0.39
陕　西	0.21	0.23	0.24	0.30	0.32	0.34	0.37	0.40
甘　肃	0.27	0.29	0.33	0.41	0.44	0.46	0.47	0.50
青　海	0.58	0.55	0.60	0.64	0.65	0.66	0.66	0.67
宁　夏	0.66	0.68	0.63	0.73	0.78	0.78	0.91	1.04
新　疆	0.29	0.30	0.41	0.51	0.45	0.49	0.55	0.56

按年份各地区公共图书馆总流通人次

单位：万人次

地　区	1995年	2000年	2005年	2010年	2011年	2012年	2013年	2014年
总　计	**14142**	**18854**	**23332**	**32823**	**37423**	**43437**	**49232**	**53036**
北　京	272	320	715	775	726	865	1033	1146
天　津	265	461	483	606	572	630	714	681
河　北	473	736	635	736	796	1023	1079	1210
山　西	227	261	256	374	398	475	603	676
内蒙古	282	270	380	312	373	417	575	621
辽　宁	829	1184	1133	1457	1553	1939	1939	1892
吉　林	385	409	505	503	611	691	540	599
黑龙江	631	608	505	622	694	836	822	893
上　海	687	1225	1249	1853	1926	2062	3605	3961
江　苏	883	1227	1735	3006	3542	4527	5047	5425
浙　江	555	1140	1398	3454	3971	4572	4946	5480
安　徽	372	561	461	760	1176	1264	1347	1546
福　建	466	647	734	1193	1315	1526	1809	2052
江　西	413	485	534	639	756	1057	1165	1213
山　东	509	795	1422	1717	1915	2035	2355	2558
河　南	650	713	828	1026	1334	1638	1785	1968
湖　北	559	714	1145	1516	1342	1516	1763	1868
湖　南	618	808	787	1028	1215	1490	1694	1570
广　东	1447	2235	3543	4540	6072	6418	7357	7657
广　西	809	927	896	1343	1231	1366	1471	1998
海　南	94	121	115	172	150	270	247	268
重　庆		266	595	621	777	1078	1147	1221
四　川	776	554	766	1168	1433	1628	1738	1867
贵　州	462	228	187	369	314	420	467	525
云　南	559	654	735	907	993	1070	1223	1210
西　藏		2	2	3	3	4	11	17
陕　西	242	275	365	519	560	727	879	927
甘　肃	225	185	317	468	473	558	616	658
青　海	39	58	68	89	96	102	114	120
宁　夏	140	142	167	163	233	210	221	266
新　疆	140	263	212	350	425	645	502	544

按年份各地区公共图书馆图书外借册次

单位：万册次

地 区	1995年	2000年	2005年	2010年	2011年	2012年	2013年	2014年
总 计	**11814**	**16913**	**20269**	**26392**	**28452**	**33191**	**40868**	**46734**
北 京	283	442	678	804	749	819	893	953
天 津	237	274	380	572	601	562	658	779
河 北	379	673	469	493	504	693	727	838
山 西	204	207	272	282	343	392	404	446
内蒙古	239	233	243	312	357	446	578	571
辽 宁	856	1119	1173	1456	1426	1616	1750	1623
吉 林	332	387	794	412	403	476	462	608
黑龙江	500	527	789	479	483	637	575	631
上 海	507	970	1028	1461	1715	1973	6316	7854
江 苏	967	1269	1494	2542	2739	3430	3997	4481
浙 江	550	1054	1233	2924	3660	3900	3919	4936
安 徽	343	455	341	683	843	1186	1258	1394
福 建	517	779	729	1097	1205	1519	1805	2118
江 西	383	543	723	562	590	832	947	1059
山 东	573	718	1379	1514	1608	1990	2158	2623
河 南	517	695	647	915	1214	1378	1465	1569
湖 北	543	769	927	1846	1114	1386	1570	1755
湖 南	562	735	801	1059	1173	1304	1424	1476
广 东	687	1192	2037	2267	2617	3070	3499	3848
广 西	528	688	761	733	668	806	854	1099
海 南	49	64	28	86	103	126	153	188
重 庆		435	472	706	721	868	969	990
四 川	691	564	651	924	1042	1194	1374	1536
贵 州	133	189	118	222	164	279	337	384
云 南	529	680	701	702	982	760	870	892
西 藏		11	4	4	2	3	9	9
陕 西	238	305	264	305	372	497	609	635
甘 肃	173	153	261	345	389	447	526	537
青 海	51	52	58	42	43	45	89	105
宁 夏	125	265	212	182	205	163	253	282
新 疆	91	251	175	317	366	396	419	407

按年份各地区公共图书馆财政拨款

单位:万元

地区	1995年	2000年	2005年	2010年	2011年	2012年	2013年	2014年
总计	**65829**	**139321**	**277848**	**583685**	**756357**	**934890**	**1070575**	**1137210**
北京	1683	8734	15554	32746	36261	43528	49391	48865
天津	1295	2751	10980	18500	30119	25123	27108	32511
河北	1827	2980	6717	10034	14325	18771	21637	23133
山西	1184	2150	4862	9838	13342	21448	20406	21442
内蒙古	1432	2452	5086	17898	20954	47688	30656	34286
辽宁	3737	6822	15446	31121	34838	39276	40948	45545
吉林	1707	3364	5861	12385	17696	19800	22523	24904
黑龙江	2088	3104	7752	13616	14596	16870	21645	27689
上海	5558	22870	30636	56345	59285	66891	76095	81398
江苏	3620	6729	16075	34240	44475	55797	65869	70529
浙江	2356	6509	20316	43536	52741	69686	71759	77398
安徽	1165	2054	5436	10008	14125	17942	22034	24603
福建	1778	3681	6579	14975	19124	21355	26545	28712
江西	1184	2022	3780	9726	11197	16182	18748	21956
山东	2814	6129	12039	22996	28069	32611	44736	44553
河南	1766	3591	5987	12252	16911	22181	30279	27240
湖北	1649	2896	6498	29240	32336	31304	40567	42970
湖南	1816	2550	5376	12154	15125	19894	23292	27136
广东	6110	11868	28592	58296	75460	87426	99593	114011
广西	1563	2851	5469	12191	13425	22675	23491	23347
海南	378	322	631	3373	4804	9633	9393	9482
重庆		1491	2957	7650	11846	20379	18838	21418
四川	2591	2877	7229	16955	28597	38337	63021	53587
贵州	746	1259	3401	5939	9616	10903	14714	14746
云南	2178	5134	6096	11763	17720	20102	24684	23372
西藏	72	111	336	1145	1322	1366	1718	1820
陕西	934	2038	3973	11547	15884	19896	21708	23455
甘肃	985	1752	4438	9648	13354	17173	22499	24556
青海	724	678	1237	3096	4003	5072	4835	6259
宁夏	408	786	1504	5067	6868	9264	9556	13063
新疆	1062	1476	3360	8089	11518	17552	20343	22540

按年份各地区公共图书馆总支出

单位：万元

地　区	1995年	2000年	2005年	2010年	2011年	2012年	2013年	2014年
总　计	**74080**	**157173**	**312571**	**643629**	**776839**	**977556**	**1130035**	**1163583**
北　京	1851	5326	16840	26706	34490	45592	54556	51957
天　津	2128	3074	7548	20119	19465	25863	38499	31586
河　北	2044	3458	7208	11062	15008	18744	21448	24241
山　西	1170	2270	5085	10787	13033	20849	20052	19983
内蒙古	1458	2536	4959	15124	21493	50213	31419	34172
辽　宁	4392	7783	16225	32183	33159	37498	44930	45707
吉　林	1835	3520	6295	12613	14344	19559	20660	26839
黑龙江	2139	3409	8602	13500	14719	16986	18767	23907
上　海	7021	24425	36757	63728	69955	76427	84361	92027
江　苏	4046	8400	20630	37964	46285	61874	72904	72937
浙　江	3082	8500	22905	47316	56470	73446	76969	83152
安　徽	1384	2641	5767	11788	15666	20465	24087	22278
福　建	1710	3916	7446	15517	20371	26184	28177	29969
江　西	1323	2343	4343	10432	12076	15909	18337	20575
山　东	2968	6881	13242	23206	28317	31732	44902	42755
河　南	2140	3902	6377	13452	16503	21725	30732	28727
湖　北	2372	3952	8120	31444	35003	34313	43633	45054
湖　南	2329	3399	6431	13378	16533	21159	24418	26457
广　东	6807	14597	33777	61294	78470	91435	106861	118424
广　西	1769	3077	6288	13369	14085	18759	25286	26425
海　南	369	355	658	4320	4785	9918	9239	9147
重　庆		2026	3856	9335	13866	21121	19947	21923
四　川	3245	3462	8218	17841	28633	36464	52668	41581
贵　州	810	1428	3497	6736	11081	11838	14154	15178
云　南	2234	3928	6786	12632	16585	21077	24899	24196
西　藏	61	110	336	689	894	1228	2129	2175
陕　西	951	2263	4405	11820	15600	19462	22657	22627
甘　肃	1011	1799	4399	9592	12147	15418	21308	22997
青　海	424	780	1315	3155	4099	5168	6004	6877
宁　夏	430	783	1574	5786	7555	8011	10089	12571
新　疆	1119	1677	3999	8890	11972	15712	17275	22792

按年份各地区公共图书馆新增藏量购置费

单位：万元

地　　区	1995年	2000年	2005年	2010年	2011年	2012年	2013年	2014年
总　　计	**16788**	**37141**	**59781**	**111093**	**123540**	**147785**	**165959**	**170133**
北　　京	251	914	3413	4483	4776	5564	6057	7204
天　　津	318	563	1527	3267	2742	4192	3358	4140
河　　北	302	428	677	1524	1920	2393	3469	3337
山　　西	131	292	385	1482	1221	2368	1124	2705
内 蒙 古	86	166	169	939	2004	2838	3149	2640
辽　　宁	768	948	2027	5165	4720	5033	5742	5754
吉　　林	250	459	777	1312	1683	2482	2766	3061
黑 龙 江	235	395	410	1584	1423	1710	1897	1829
上　　海	2204	11210	10342	14950	17962	18320	17855	18598
江　　苏	732	1780	3739	8279	9114	12074	13431	14827
浙　　江	578	1577	3994	10908	11850	15632	14418	14955
安　　徽	262	297	619	1454	1732	2509	3427	3859
福　　建	311	716	1599	2801	21017	3357	4696	5294
江　　西	99	302	646	1299	1389	1564	2294	2468
山　　东	506	978	1868	4000	4388	4701	7986	6986
河　　南	255	413	655	1449	1847	1892	3188	2212
湖　　北	299	699	1296	1847	2138	4210	6350	7366
湖　　南	207	415	900	1672	2018	2316	2496	2978
广　　东	1186	2832	7394	12506	13326	17404	18493	18703
广　　西	291	520	674	1863	2099	2484	3346	2851
海　　南	59	41	92	874	495	1136	2061	1243
重　　庆		330	569	1626	2291	2236	2887	2814
四　　川	431	485	1095	2129	3516	3740	4153	4383
贵　　州	100	166	301	682	1275	910	1126	1407
云　　南	441	538	720	1700	2152	2671	4738	2639
西　　藏	14	16	43	119	116	198	147	176
陕　　西	104	117	701	1527	1885	1871	2992	2909
甘　　肃	170	289	594	1177	1267	1803	3819	3520
青　　海	33	54	72	153	197	236	612	517
宁　　夏	41	68	136	501	594	381	582	763
新　　疆	91	136	347	925	1190	1371	1049	2066

按年份各地区公共图书馆人均购书费

单位：元

地 区	1995年	2000年	2005年	2010年	2011年	2012年	2013年	2014年
全 国	**0.139**	**0.293**	**0.457**	**0.829**	**0.917**	**1.091**	**1.220**	**1.244**
北 京	0.201	0.661	2.219	2.286	2.366	2.689	2.864	3.348
天 津	0.338	0.562	1.464	2.525	2.024	2.967	2.281	2.729
河 北	0.047	0.063	0.099	0.212	0.265	0.328	0.473	0.452
山 西	0.043	0.089	0.115	0.415	0.340	0.656	0.310	0.742
内蒙古	0.039	0.070	0.071	0.380	0.807	1.140	1.261	1.054
辽 宁	0.188	0.224	0.480	1.181	1.077	1.147	1.308	1.310
吉 林	0.096	0.168	0.286	0.478	0.612	0.903	1.005	1.112
黑龙江	0.063	0.107	0.107	0.414	0.371	0.446	0.495	0.477
上 海	1.558	6.697	5.817	6.494	7.653	7.698	7.393	7.667
江 苏	0.104	0.239	0.500	1.052	1.154	1.524	1.692	1.863
浙 江	0.134	0.337	0.815	2.004	2.169	2.854	2.622	2.715
安 徽	0.044	0.050	0.101	0.244	0.290	0.419	0.568	0.634
福 建	0.096	0.206	0.452	0.759	0.828	0.896	1.244	1.391
江 西	0.024	0.073	0.150	0.291	0.309	0.347	0.507	0.543
山 东	0.058	0.108	0.202	0.418	0.455	0.485	0.820	0.714
河 南	0.028	0.045	0.070	0.154	0.197	0.201	0.339	0.234
湖 北	0.052	0.116	0.227	0.323	0.371	0.728	1.095	1.267
湖 南	0.032	0.064	0.142	0.254	0.306	0.349	0.373	0.442
广 东	0.173	0.328	0.804	1.199	1.269	1.643	1.737	1.744
广 西	0.064	0.116	0.145	0.405	0.452	0.531	0.709	0.600
海 南	0.081	0.052	0.111	1.008	0.564	1.281	2.303	1.376
重 庆		0.107	0.203	0.564	0.785	0.759	0.972	0.941
四 川	0.038	0.058	0.133	0.265	0.437	0.463	0.512	0.538
贵 州	0.029	0.047	0.081	0.196	0.368	0.261	0.321	0.401
云 南	0.111	0.125	0.162	0.370	0.465	0.573	1.011	0.560
西 藏	0.058	0.061	0.155	0.396	0.383	0.643	0.471	0.555
陕 西	0.030	0.032	0.188	0.409	0.504	0.498	0.795	0.771
甘 肃	0.070	0.113	0.229	0.460	0.494	0.699	1.479	1.359
青 海	0.069	0.104	0.133	0.271	0.347	0.412	1.060	0.885
宁 夏	0.080	0.121	0.228	0.796	0.930	0.588	0.890	1.154
新 疆	0.055	0.071	0.173	0.424	0.539	0.614	0.463	0.899

按年份各地区公共图书馆购书费支出占总支出的比重

单位：%

地　区	1995年	2000年	2005年	2010年	2011年	2012年	2013年	2014年
全　国	**22.7**	**23.6**	**19.1**	**17.3**	**15.9**	**15.1**	**14.7**	**14.6**
北　京	13.6	17.2	20.3	16.8	13.8	12.2	11.1	13.9
天　津	14.9	18.3	20.2	16.2	14.1	16.2	8.7	13.1
河　北	14.8	12.4	9.4	13.8	12.8	12.8	16.2	13.8
山　西	11.2	12.9	7.6	13.7	9.4	11.4	5.6	13.5
内蒙古	5.9	6.5	3.4	6.2	9.3	5.7	10.0	7.7
辽　宁	17.5	12.2	12.5	16.0	14.2	13.4	12.8	12.6
吉　林	13.6	13.0	12.3	10.4	11.7	12.7	13.4	11.4
黑龙江	11.0	11.6	4.8	11.7	9.7	10.1	10.1	7.6
上　海	31.4	45.9	28.1	23.5	25.7	24.0	21.2	20.2
江　苏	18.1	21.2	18.1	21.8	19.7	19.5	18.4	20.3
浙　江	18.8	18.6	17.4	23.1	21.0	21.3	18.7	18.0
安　徽	18.9	11.2	10.7	12.3	11.1	12.3	14.2	17.3
福　建	18.2	18.3	21.5	18.0	15.1	12.8	16.7	17.7
江　西	7.5	12.9	14.9	12.4	11.5	9.8	12.5	12.0
山　东	17.0	14.2	14.1	17.2	15.5	14.8	17.8	16.3
河　南	11.9	10.6	10.3	10.8	11.2	8.7	10.4	7.7
湖　北	12.6	17.7	16.0	5.9	6.1	12.3	14.6	16.3
湖　南	8.9	12.2	14.0	12.5	12.2	10.9	10.2	11.3
广　东	17.4	19.4	21.9	20.4	17.0	19.0	17.3	15.8
广　西	16.4	16.9	10.7	13.9	14.9	13.2	13.2	10.8
海　南	16.0	11.5	14.0	20.2	10.4	11.5	22.3	13.6
重　庆		16.3	14.8	17.4	16.5	10.6	14.5	12.8
四　川	13.3	14.0	13.3	11.9	12.3	10.3	7.9	10.5
贵　州	12.3	11.6	8.6	10.1	11.5	7.7	8.0	9.3
云　南	19.7	13.7	10.6	13.5	13.0	12.7	19.0	10.9
西　藏	23.0	14.5	12.8	17.2	13.0	16.1	6.9	8.1
陕　西	10.9	5.2	15.9	12.9	12.1	9.6	13.2	12.9
甘　肃	16.8	16.1	13.5	12.3	10.4	11.7	17.9	15.3
青　海	7.8	6.9	5.5	4.8	4.8	4.6	10.2	7.5
宁　夏	9.5	8.7	8.6	8.7	7.9	4.7	5.8	6.1
新　疆	8.1	8.1	8.7	10.4	9.9	8.7	6.1	9.1

按年份各地区公共图书馆新购图书册数

单位：万册

地　区	1995年	2000年	2005年	2010年	2011年	2012年	2013年	2014年
总　计	**551**	**692**	**1535**	**2956**	**3985**	**5826**	**4865**	**4742**
北　京	11	33	114	125	134	161	152	114
天　津	12	17	35	74	81	109	121	122
河　北	26	15	33	68	58	138	108	128
山　西	7	12	17	45	49	96	44	72
内蒙古	7	11	8	67	110	91	105	112
辽　宁	41	39	72	157	154	297	169	194
吉　林	14	14	32	52	198	140	95	122
黑龙江	17	17	26	71	55	67	81	135
上　海	44	67	100	176	205	312	211	221
江　苏	41	57	106	259	458	874	436	361
浙　江	33	54	142	337	450	628	480	436
安　徽	9	11	23	61	80	408	341	170
福　建	18	25	71	103	152	375	230	206
江　西	9	15	26	65	58	60	76	78
山　东	23	32	64	133	211	159	359	227
河　南	16	21	30	95	114	93	111	104
湖　北	23	28	43	60	83	111	138	161
湖　南	19	24	54	80	94	144	106	117
广　东	69	77	316	368	409	513	604	601
广　西	16	20	26	56	62	91	97	143
海　南	6	3	3	25	36	31	49	36
重　庆		12	23	52	56	186	107	119
四　川	25	21	47	95	271	229	129	164
贵　州	5	8	7	27	34	36	41	70
云　南	22	15	26	43	67	111	106	95
西　藏			2	2	2	5	3	36
陕　西	5	6	25	43	57	130	83	79
甘　肃	7	7	12	26	29	35	68	55
青　海	1	2	3	6	4	8	17	12
宁　夏	2	3	5	31	29	14	24	26
新　疆	6	5	15	32	88	44	48	95

按年份各地区公共图书馆阅览室座席数

单位：万个

地　区	1995年	2000年	2005年	2010年	2011年	2012年	2013年	2014年
总　计	**35.2**	**41.6**	**48.0**	**63.1**	**68.1**	**73.5**	**81.0**	**85.6**
北　京	0.5	0.8	1.1	1.3	1.3	1.4	1.6	1.6
天　津	0.5	0.7	1.0	0.9	1.0	1.2	1.4	1.4
河　北	1.4	1.8	2.0	2.2	2.7	2.7	3.0	3.2
山　西	0.9	1.1	1.2	1.6	1.7	2.0	2.6	2.6
内蒙古	1.2	1.3	1.4	1.7	1.7	1.9	2.4	2.6
辽　宁	1.7	2.0	2.3	3.0	3.0	3.2	3.1	3.1
吉　林	0.9	1.2	1.2	1.4	1.5	1.6	1.6	1.9
黑龙江	1.1	1.1	1.3	1.8	2.0	2.1	2.2	2.3
上　海	1.2	1.5	1.5	1.9	2.0	2.2	2.3	2.2
江　苏	1.8	2.2	2.5	3.9	4.0	4.2	4.4	4.5
浙　江	1.2	1.6	2.5	3.5	3.6	4.0	4.2	5.1
安　徽	0.9	0.8	1.0	1.6	1.7	2.1	2.7	2.9
福　建	1.3	1.3	1.7	2.5	2.4	2.7	2.9	3.0
江　西	1.6	1.6	1.7	2.2	2.3	2.6	2.8	3.2
山　东	1.4	2.0	2.7	3.7	3.8	4.0	4.7	5.0
河　南	1.2	1.6	1.7	2.4	3.0	3.2	4.0	4.1
湖　北	2.1	2.1	2.4	2.7	2.6	3.4	3.5	3.7
湖　南	2.2	2.5	2.3	3.0	3.1	3.4	3.0	3.1
广　东	2.6	3.0	4.0	5.9	6.8	7.1	7.6	8.1
广　西	1.8	2.0	1.8	2.5	2.4	2.6	2.7	2.7
海　南	0.3	0.3	0.3	0.4	0.5	0.5	0.6	0.5
重　庆		0.8	0.8	1.4	1.3	1.6	1.7	1.9
四　川	2.2	2.1	2.3	2.6	3.2	3.5	4.1	4.2
贵　州	0.8	1.0	1.1	1.2	2.2	1.4	1.9	2.0
云　南	1.5	1.9	1.9	2.1	2.2	2.4	2.6	2.7
西　藏					0.1	0.1	0.2	0.2
陕　西	0.9	0.9	1.3	1.4	1.6	1.6	1.8	1.9
甘　肃	0.7	0.8	1.0	1.3	1.5	1.6	1.7	1.9
青　海	0.2	0.2	0.2	0.3	0.3	0.4	0.4	0.3
宁　夏	0.4	0.4	0.5	0.5	0.7	0.7	0.7	0.8
新　疆	0.5	0.7	1.0	1.4	1.6	1.7	2.0	2.2

按年份各地区平均每万人公共图书馆建筑面积

单位：平方米

地 区	1995年	2000年	2005年	2010年	2011年	2012年	2013年	2014年
全 国	**34.3**	**47.3**	**51.8**	**67.2**	**73.8**	**78.2**	**85.1**	**90.0**
北 京	56.7	75.3	99.5	86.6	82.8	107.2	113.8	115.7
天 津	81.6	99.9	162.0	103.1	121.4	181.7	168.1	169.4
河 北	26.9	33.5	38.5	34.6	41.9	46.7	52.9	65.3
山 西	27.6	34.3	45.0	67.8	76.9	81.6	108.1	111.8
内蒙古	46.0	53.0	65.8	90.4	94.6	105.0	131.5	137.0
辽 宁	53.8	61.6	81.3	100.8	103.4	108.4	103.4	112.6
吉 林	35.5	39.6	50.1	53.3	61.5	67.9	70.6	89.6
黑龙江	33.6	36.6	48.2	65.0	67.5	70.3	72.3	75.7
上 海	85.8	132.6	137.2	160.9	158.6	162.4	171.5	170.8
江 苏	30.3	35.5	57.9	83.1	85.8	104.3	112.1	119.4
浙 江	34.8	57.7	83.7	106.7	114.6	125.7	135.8	155.9
安 徽	14.6	15.9	23.9	37.0	41.0	47.1	58.7	60.6
福 建	42.2	47.5	65.9	117.1	114.9	89.6	93.4	98.5
江 西	38.6	39.9	47.6	61.1	64.9	70.3	75.9	80.7
山 东	22.6	26.9	42.3	49.7	73.0	57.6	73.5	74.7
河 南	21.6	25.9	27.2	34.5	44.9	45.7	56.8	57.8
湖 北	35.1	39.3	49.9	57.3	61.1	83.2	88.3	91.1
湖 南	33.6	38.7	39.7	54.9	55.6	53.8	56.9	56.7
广 东	43.2	132.1	57.8	80.6	92.8	95.6	102.8	105.2
广 西	38.1	46.8	45.1	55.8	55.5	60.9	59.6	70.3
海 南	36.0	41.9	53.1	98.2	95.2	96.7	91.4	89.7
重 庆		37.5	47.2	70.8	77.1	83.3	85.1	88.0
四 川	22.6	27.3	34.2	42.1	48.1	55.4	59.5	61.4
贵 州	23.9	39.7	35.7	44.5	49.3	46.7	59.9	62.3
云 南	44.6	48.5	78.4	65.5	72.2	71.0	73.2	72.6
西 藏	52.1	61.1	104.7	89.6	80.4	88.0	120.6	134.2
陕 西	32.8	33.8	52.7	53.5	58.0	64.0	64.1	65.4
甘 肃	34.5	43.7	41.6	63.2	67.0	71.2	74.9	81.0
青 海	60.5	73.4	68.1	78.9	81.7	93.7	79.5	77.8
宁 夏	78.2	78.3	68.8	133.9	177.1	160.9	163.7	167.1
新 疆	43.1	44.7	54.7	82.0	80.5	82.4	90.9	97.5

2014年公共

	机构数（个）	从业人员（人）					总藏量（万册）	
			专业技术人才	正高级职称	副高级职称	中级职称		图书
总　计	**3117**	**56071**	**40186**	**701**	**4778**	**18146**	**79091.64**	**59772.25**
其中：少儿图书馆	108	2201	1668	35	228	748	3392.29	3000.88
按隶属关系分：								
中央	1	1722	1340	48	262	704	3377.85	1182.84
省区市	39	7817	6607	278	1214	2750	18753.79	11330.87
地市	361	14131	11251	249	1726	5366	20736.03	16837.97
县市区	2716	32401	20988	126	1576	9326	36223.96	30420.58
其中：县图书馆	1630	15397	10019	50	627	4490	14527.24	11762.05

续表1

	本馆外购	从其他机构免费共享	书架单层总长度（米）	本年新增藏量（万册）	本年新增电子图书（万册）	当年购买的报刊种类（种）	有效借书证数（个）	总流通人次（万人次）
总　计	**32846.22**	**16877.88**	**12099850**	**4742.04**	**7044.81**	**1088303**	**39437996**	**53035.98**
其中：少儿图书馆	964.56	194.42	292806	333.59	248.54	34717	1853080	2136.91
按隶属关系分：								
中央	345.99			133.58	7.31	17587	1999144	398.17
省区市	3551.58	567.90	2572795	701.25	290.25	163730	5245064	8301.63
地市	19604.39	3596.29	4316246	1454.20	4249.35	300103	14285240	15712.44
县市区	9344.26	12713.69	5210809	2453.02	2497.90	606883	17908548	28623.74
其中：县图书馆	3517.86	5347.83	2359360	941.70	838.99	262833	4661129	9618.99

图书馆基本情况

盲文图书	古籍	善本	报刊	视听文献	缩微制品	其它	在藏量中		电子图书（万册）	
							开架书刊	少儿文献		本馆自建
67.19	**2747.33**	**273.71**	**8243.66**	**1419.40**	**1480.92**	**5428.08**	**33844.08**	**6377.03**	**50673.64**	**949.54**
1.34	30.10	5.14	149.87	128.98	2.64	79.83	1448.82	1647.78	1163.26	4.28
0.13	194.14	28.24	1472.31	33.77	155.23	339.57			413.81	67.81
5.62	1366.63	163.18	1879.72	314.63	1271.56	2590.40	4454.96	748.94	4290.79	171.31
17.56	682.06	40.67	1786.03	506.48	7.21	916.28	10345.92	2373.16	23374.29	173.62
43.88	504.51	41.63	3105.60	564.52	46.93	1581.84	19043.21	3254.93	22594.75	536.80
19.48	227.08	22.59	1677.78	137.06	8.52	714.75	6652.05	1150.84	9148.41	282.72

书刊文献外借人次	书刊文献外借册次（万册次）	为读者举办各种活动						计算机（台）	供读者使用电子阅览室终端数	图书馆网站访问量（页次）
		组织各类讲座次数（次）	参加人次（万人次）	举办展览（个）	参加人次（万人次）	举办培训班（个）	培训人次（万人次）			
22736.66	**46734.30**	**54939**	**973.70**	**18124**	**3820.71**	**30523**	**220.45**	**198586**	**121597**	**1954166415**
982.21	2324.43	3217	68.58	589	105.91	2788	11.94	7326	4145	10992182
12.32	107.85	288	7.24	19	138.05	482	1.53	2705	398	1303077491
2905.02	10172.87	5093	116.28	1804	910.05	3125	38.43	19561	7091	275560144
7084.61	13192.13	14714	284.47	3923	1052.54	7988	52.57	44248	24005	174944214
12734.72	23261.45	34844	565.72	12378	1720.08	18928	127.92	132072	90103	200584566
4962.32	7718.18	15219	267.94	6316	745.04	9492	63.83	67741	48350	92008483

续表2

	本年收入合计(千元)	财政补贴收入	购书专项经费	上级补助收入	事业收入	经营收入	附属单位上缴收入	其他收入
总　　计	**12129791**	**11372103**	**1610931**	**213130**	**334855**	**37514**	**383**	**171806**
其中：少儿图书馆	546511	520941	75727	8042	4233	2770		10525
按隶属关系分：								
中央	960821	806869	134500		136742	10879		6331
省区市	3063061	2859657	556927	8733	134724	14636		45311
地市	3269624	3159922	447255	33721	21301	2367	104.00	52209
县市区	4836285	4545655	472249	170676	42088	9632	279	67955
其中：县图书馆	1743491	1600103	120325	99728	19894	412	121	23233

续表3

	本年支出合计(千元)					资产总计(千元)	固定资产原值	实际使用公用房屋建筑面积(万平方米)
	抚恤金和生活补助	其他资本性支出	各种设备、交通工具、图书购置费	新增藏量购置费	新增数字资源购置费			
总　　计	**53127**	**2989802**	**2484854**	**1510727**	**190601**	**42863409**	**33295763**	**1231.60**
其中：少儿图书馆	2152	150871	126826	71391	7192	1298682	1069304	34.22
按隶属关系分：								
中央	665	308066	251375	132921	26389	5399488	3054994	27.81
省区市	7629	949626	781200	472011	71489	13340346	9557309	160.16
地市	19132	868634	716537	417569	56549	9472378	8192369	357.27
县市区	25701	863476	735742	488226	36174	14651197	12491091	686.37
其中：县图书馆	12966	267205	208876	137777	10647	6801773	5785762	296.74

本年支出合计(千元)	基本支出	项目支出	经营支出	在支出合计中：工资福利支出	商品和服务支出	差旅费	劳务费	福利费	各种税金支出	对个人和家庭补助支出
11635828	**6234770**	**5029879**	**28626**	**3634308**	**2821099**	**74053**	**208404**	**32530**	**20357**	**1262346**
510244	261794	238283	2376	157882	111780	2456	8561	1316	861	59108
943479	325291	616182	2006	178578	351048	17318	7090	663	2542	87376
2804576	1089217	1701527	13691	634946	842490	15069	68079	7785	10110	271131
3196271	1753802	1370805	2944	991635	673124	15648	46743	7369	3181	392667
4691502	3066460	1341365	9985	1829149	954437	26018	86492	16713	4524	511172
1656499	1172767	320815	4055	728618	270269	13646	22097	4656	2365	183632

书库面积	阅览室面积	书刊阅览室面积	电子阅览室面积	实际拥有产权面积(万平方米)	阅览室座席数(个)	少儿阅览室座席数	盲人阅览室座席数	图书馆延伸服务情况：流动服务书刊借阅人次(万人次)	流动图书馆车书刊借阅册次(万册次)	分馆数量(个)
252.36	**331.81**	**240.50**	**53.65**	**738.58**	**855520**	**210662**	**21136**	**3479.16**	**5716.87**	**9134**
5.80	10.88	8.94	1.30	21.05	30417	24483	455	310.05	513.20	765
5.27	3.67	3.51	0.16	27.81	5155	139	12			33
39.37	43.31	37.88	2.30	103.29	69041	9224	957	416.21	567.17	1099
70.30	95.80	75.65	10.64	184.43	209001	45629	5596	1272.97	1968.95	2328
137.42	189.04	123.46	40.55	423.06	572323	155670	14571	1789.98	3180.76	5674
62.95	81.47	48.53	20.59	204.84	266672	78212	7480	792.31	1185.03	1510

2014年各地区公共

地　区	机构数（个）	从业人员（人）	专业技术人才	正高级职称	副高级职称	中级职称	总藏量（万册）	图书	盲文图书	古　籍
全　国	**3117**	**56071**	**40186**	**701**	**4778**	**18146**	**79091.64**	**59772.25**	**67.19**	**2747.33**
北　京	24	1278	1026	12	84	373	2223.34	1972.97	0.32	46.69
天　津	31	1217	1094	12	138	373	1598.09	1404.37	1.02	57.49
河　北	172	1899	1268	36	180	567	2104.78	1698.54	3.24	58.76
山　西	126	1593	1036	17	78	437	1471.75	1129.33	1.80	74.65
内蒙古	116	1964	1612	10	297	672	1448.66	1203.96	2.82	31.70
辽　宁	129	2932	2172	58	258	1197	3562.95	2822.32	1.95	143.84
吉　林	66	1642	1355	38	250	635	1662.20	1363.87	0.70	44.80
黑龙江	107	1697	1396	70	313	719	1720.61	1420.29	0.73	45.02
上　海	25	2104	1612	45	127	615	7362.61	3114.36	1.21	201.91
江　苏	114	3034	2203	52	303	979	6279.68	5338.68	3.82	344.74
浙　江	98	3483	2072	54	279	973	5634.08	4794.59	3.72	192.37
安　徽	113	1410	1007	9	88	412	1753.37	1397.66	5.47	63.60
福　建	88	1278	935	6	84	444	2660.20	2064.55	1.14	47.80
江　西	114	1390	880	16	86	350	2127.47	1583.80	5.52	92.37
山　东	153	2730	2411	39	364	1087	4480.34	3621.26	4.78	141.96
河　南	157	2934	1501	18	138	716	2312.33	1867.32	2.05	111.16
湖　北	112	2231	1760	23	176	967	2821.56	2294.69	2.90	100.58
湖　南	136	2106	1463	10	143	739	2422.19	1896.90	7.14	117.11
广　东	138	4047	2676	45	225	1218	6366.81	5484.96	2.48	81.40
广　西	112	1508	1208	10	81	539	2481.52	1676.81	0.66	44.05
海　南	21	327	251		6	65	411.87	358.51	0.34	1.22
重　庆	43	869	588	18	77	208	1242.25	988.10	2.77	71.93
四　川	198	2152	1319	12	123	530	3162.14	2495.56	3.18	164.09
贵　州	95	1015	784	10	78	280	1217.32	949.47	1.81	25.81
云　南	151	1804	1557	6	237	811	1864.24	1413.31	0.93	97.15
西　藏	78	113	61		9	17	125.24	100.94	0.02	1.68
陕　西	114	2167	1215	7	67	537	1514.06	1206.17	1.81	57.52
甘　肃	103	1458	822	8	74	347	1306.64	996.67	1.13	52.42
青　海	49	370	286	5	32	132	393.70	328.01	0.36	14.63
宁　夏	26	536	417	4	42	185	689.60	563.45	0.52	14.95
新　疆	107	1061	859	3	79	318	1292.23	1038.01	0.73	9.81

图书馆基本情况

					在藏量中			
善本	报刊	视听文献	缩微制品	其他	开架书刊	少儿文献	电子图书（万册）	本馆自建
273.71	**8243.66**	**1419.40**	**1480.92**	**5428.08**	**33844.08**	**6377.03**	**50673.64**	**949.54**
7.08	72.04	76.96	0.35	54.34	1234.23	283.06	2555.84	0.43
10.58	93.32	27.10	0.99	14.82	796.22	167.01	231.52	14.94
2.63	183.61	37.96	7.39	118.52	1046.97	157.71	777.76	13.86
12.22	218.06	12.13	1.55	36.05	588.07	75.03	442.23	22.45
1.25	118.42	16.51	0.67	77.40	700.60	71.88	538.90	41.39
16.08	258.73	79.26	20.01	238.78	1842.29	355.01	1031.22	29.22
6.52	159.52	27.52	2.88	63.62	552.82	86.93	2750.98	2.22
2.15	201.68	19.15	13.07	21.41	752.65	83.25	533.76	14.88
20.43	369.31	128.42	1235.94	2312.67	1873.66	263.42	420.53	0.69
26.51	421.70	96.35	5.74	72.48	2890.73	556.06	3781.72	39.20
21.15	387.41	196.09	0.61	63.02	3127.45	634.40	12975.99	19.43
5.24	153.10	33.47	1.33	104.23	636.30	142.17	2632.22	133.94
4.39	217.07	61.60	2.30	266.87	1179.90	350.57	1660.48	34.51
7.61	278.99	18.10	0.91	153.29	708.53	162.59	587.76	24.08
24.93	412.44	38.21	3.88	262.60	2294.37	330.86	1754.24	57.16
7.75	286.32	18.67	1.06	27.79	1012.29	143.17	1015.88	12.22
8.35	296.57	42.68	6.80	80.25	1293.64	216.07	1119.57	70.40
8.88	296.93	49.18	1.21	60.86	1062.78	248.96	706.78	47.29
5.29	431.32	207.08	2.48	159.58	3592.09	1022.91	4073.35	39.53
2.97	396.31	28.43	1.13	334.79	839.19	145.46	1200.80	2.16
0.43	32.55	4.13	0.02	15.45	215.96	27.79	621.74	12.01
9.32	103.14	24.37	0.98	53.74	642.23	154.06	932.27	73.25
10.07	344.26	64.97	1.01	92.26	1304.04	245.77	1473.21	57.41
1.46	163.77	12.23	1.12	64.92	673.25	69.95	870.22	9.13
5.29	261.56	20.40	10.79	61.02	810.42	105.02	1424.62	12.07
0.00	14.79	0.58	0.01	7.24	15.34	3.50	20.59	0.50
5.49	141.74	13.26	0.37	95.01	676.41	75.80	3140.27	1.34
9.71	186.53	10.04	0.42	60.56	616.06	59.97	171.17	3.38
1.27	35.97	2.64	0.15	12.30	90.73	22.93	122.84	7.70
0.35	42.47	5.24	0.09	63.38	283.22	43.65	183.83	0.08
0.11	191.73	12.91	0.48	39.29	491.66	72.08	507.57	84.87

续表 1

地 区	本馆外购	免费共享	书架单层总长度（米）	本年新购藏量（万册）	本年新增电子图书（万册）	当年购买的报刊种类（种）	有效借书证数（个）	总流通人次（万人次）	书刊文献外借人次
全 国	**32846.22**	**16877.88**	**12099850**	**4742.04**	**7044.81**	**1088303**	**39437996**	**53035.98**	**22736.66**
北 京	337.25	2218.15	229312	113.97	16.50	23232	981020	1145.83	394.93
天 津	215.57	1.01	180047	121.98	19.03	20587	673442	681.00	284.73
河 北	681.00	82.90	478489	127.52	157.93	29664	730696	1210.50	442.70
山 西	174.73	245.06	148859	71.55	71.90	21566	457864	675.77	298.49
内蒙古	317.34	180.17	271971	111.98	75.42	22067	260701	621.10	261.92
辽 宁	833.91	168.09	387650	194.10	66.65	55857	1099919	1891.78	723.53
吉 林	2689.85	58.90	255498	122.08	54.96	23541	722876	599.11	323.09
黑龙江	183.94	334.93	392130	134.55	175.03	23340	547492	893.07	311.30
上 海	405.61	14.23	519609	221.48	36.58	50890	1729544	3961.49	1898.95
江 苏	2271.90	1470.63	1217087	361.09	237.76	75323	5257729	5424.54	3216.57
浙 江	10334.18	2622.38	722253	436.48	2303.13	81401	9255952	5479.52	1953.33
安 徽	2238.48	259.79	230300	169.62	265.09	34465	752542	1545.83	846.00
福 建	1164.67	461.30	370578	205.66	137.54	34565	915708	2051.91	851.18
江 西	342.20	221.47	201604	77.54	46.31	27662	809672	1213.49	655.02
山 东	1366.45	330.63	631886	226.70	96.43	58580	1659497	2557.77	1540.06
河 南	632.30	371.36	350305	104.23	119.64	35565	973648	1968.08	1060.10
湖 北	217.36	831.81	534033	161.16	584.74	34580	1279004	1867.68	1052.48
湖 南	374.38	285.12	395835	117.37	59.75	34545	989838	1570.37	792.32
广 东	2458.61	1575.21	1123284	600.67	602.26	90678	4384344	7657.00	1697.67
广 西	935.08	263.56	349186	142.63	317.83	43056	614895	1997.96	754.21
海 南	501.43	108.30	66333	35.63	21.09	8572	115165	268.48	72.28
重 庆	701.14	157.88	300666	118.72	434.55	28792	576995	1221.13	471.28
四 川	1051.44	364.36	1317803	163.95	353.45	55050	759527	1867.24	836.11
贵 州	590.53	270.56	192056	70.05	79.94	22945	391656	525.49	306.42
云 南	668.25	744.30	469061	94.60	137.32	40166	407317	1210.00	529.94
西 藏	10.03	10.06	33035	36.08	1.04	3247	11098	16.65	7.45
陕 西	210.46	2928.47	236845	79.50	375.33	22310	316363	927.44	354.16
甘 肃	158.52	9.27	165982	55.22	36.38	15373	280640	658.43	334.60
青 海	112.68	2.46	77549	12.00	18.12	8599	122632	119.86	60.14
宁 夏	80.00	103.75	100743	25.52	34.62	9609	134433	265.66	137.16
新 疆	240.93	181.77	149861	94.88	101.21	34889	226643	543.64	256.24

书刊文献外借册次(万册次)	为读者举办各种活动						计算机(台)	供读者使用电子阅览室终端数	图书馆网站访问量(页次)
	组织各类讲座次数(次)	参加人次(万人次)	举办展览(个)	参加人次(万人次)	举办培训班(个)	培训人次(万人次)			
46734.30	**54939**	**973.70**	**18124**	**3820.71**	**30523**	**220.445**	**198586**	**121597**	**1954166415**
953.06	1785	16.06	320	115.115	871	4.205	4094	1920	25319301
779.09	706	10.46	240	74.06	746	3.556	3605	1806	7505328
837.65	1788	26.63	578	77.622	631	4.516	6968	4473	17301331
445.58	1799	22.39	452	51.02	749	4.746	5686	4264	996063
571.40	971	15.15	257	34.474	315	2.198	6928	4079	4591731
1622.80	2343	35.36	732	226.69	1786	7.355	7367	3908	29821478
608.39	757	13.43	204	83.958	319	2.705	4718	2668	9357696
631.13	934	15.35	464	70.602	650	5.279	5824	3923	5922761
7854.35	2363	26.92	371	78.342	1116	8.332	7016	2129	52468745
4481.44	2934	60.61	1160	191.619	1536	11.53	10026	5279	39417857
4935.91	3741	65.95	1786	352.537	2721	13.83	9851	5755	41060521
1394.14	1768	44.72	584	94.325	797	6.121	7488	5376	9787608
2117.51	2364	32.30	751	135.754	740	4.092	5911	3650	32103753
1059.18	1441	33.32	780	166.746	883	6.237	7015	4542	10307485
2623.43	3051	55.47	914	107.069	1317	11.237	10875	6839	26090532
1569.10	2557	49.15	839	98.646	1333	11.785	8878	6095	4577576
1755.38	1812	39.76	661	124.98	1025	8.634	7089	4762	14695215
1476.47	2604	51.79	574	93.437	1355	14.608	6370	4361	43018887
3848.31	5742	120.22	1551	748.741	2613	17.249	14398	8412	89722779
1098.71	1699	37.59	646	130.441	1500	10.476	5851	3957	17561294
188.28	224	3.31	85	13.335	154	0.711	1382	994	755062
989.72	1101	22.31	508	116.678	836	6.349	3985	2767	31054215
1535.66	2670	52.56	816	153.104	1405	18.102	10010	6545	25134846
383.96	1492	14.97	279	26.215	603	4.205	5104	3166	73906128
892.14	2148	30.91	798	116.296	1607	13.85	7313	5246	8753452
8.89	42	0.88	32	1.439	35	0.242	1155	847	33660
634.79	1669	23.17	552	82.045	931	6.788	5633	3685	22761023
536.69	954	22.27	387	49.233	374	3.099	4709	3084	1844754
105.15	199	2.69	60	3.135	157	0.952	1921	1295	94744
281.59	287	5.84	69	6.008	204	1.35	2194	1655	245405
406.54	706	14.93	655	58.996	732	4.585	6517	3717	4877694

续表 2

地　区	本年收入合计(千元)	财政补贴收入	购书专项经费	上级补助收入	事业收入	经营收入	附属单位上缴收入	其他收入	本年支出合计(千元)
全　国	**12129791**	**11372103**	**1610931**	**213130**	**334855**	**37514**	**383**	**171806**	**11635828**
北　京	505190	488649	73190	1316	9997	1963		3265	519569
天　津	335458	325113	50903	1922	4192			4231	315860
河　北	236526	231328	33159	2564	1709	89		836	242406
山　西	219802	214422	24281	2320	415	2468		177	199833
内蒙古	353379	342862	22945	2535	47			7935	341718
辽　宁	462627	455446	56986	682	716			5783	457066
吉　林	254554	249042	30255	1195	4	38		4275	268393
黑龙江	283061	276889	17655	4261	1514		20	377	239074
上　海	925812	813978	211218	6901	93343			11590	920270
江　苏	754551	705287	119278	12598	11841	7543		17282	729368
浙　江	826524	773982	140896	13660	13588	1900		23394	831524
安　徽	272503	246033	32700	20811	2550			3109	222782
福　建	324978	287115	45208	17116	10339	1897		8511	299689
江　西	239350	219557	25364	11706	5221	1272	154	1440	205750
山　东	455117	445533	59663	6840	1463	20		1261	427552
河　南	282349	272397	21958	4987	1017	943	5	3000	287266
湖　北	458494	429698	68023	14725	3065			11006	450536
湖　南	290878	271357	24262	8285	2999	3421		4816	264574
广　东	1176405	1140109	211349	9754	12115		104	14323	1184242
广　西	259689	233472	22811	12767	4553	496		8401	264251
海　南	98503	94819	7632	1225	50			2409	91469
重　庆	226144	214178	27265	3380	8498			88	219229
四　川	551178	535866	37372	8926	767		100	5519	415810
贵　州	160192	147455	11343	6828	2036			3873	151781
云　南	248228	233724	25306	5558	221	3310		5415	241958
西　藏	19780	18202	1407	603	11	3		961	21751
陕　西	254163	234546	18698	10679	1459	610		6869	226265
甘　肃	257019	245558	17487	6431	2462	662		1906	229966
青　海	66544	62593	5246	3242	676			33	68766
宁　夏	132279	130627	6779	678				974	125713
新　疆	237693	225397	25792	8635	1245			2416	227918

基本支出	项目支出	经营支出	在支出合计中：						
			工资福利支出	商品和服务支出					对个人和家庭补助支出
					差旅费	劳务费	福利费	各种税金支出	
6234770	**5029879**	**28626**	**3634308**	**2821099**	**74053**	**208404**	**32530**	**20357**	**1262346**
263642	253338	1735	137252	170745	321	1677	2301	2389	54601
237235	68888		98954	71343	238	427	1667	458	59388
154596	66587	1037	81525	58612	850	3786	282		20711
120594	66476	2568	74714	44112	1422	9516	421	517	18691
226213	105288		126782	80117	2528	16328	694	47	44769
275002	149838		154303	114611	1683	7268	295	215	68139
147125	121230	38	81282	59707	1092	3315	72	4	42874
167829	69795	698	85000	57815	2050	2573	300	789	43184
462769	457498		301329	330109	3821	16243	4841	2783	46187
450655	265950	1638	231912	159066	2812	16834	1535	1806	87240
406282	404441	1886	272479	210724	3456	27644	5342	679	71628
128444	77549	1045	73376	38746	2380	3196	604	55	28610
139944	152310	1303	93895	58159	1517	7707	520	494	28906
142595	39264	1275	76611	38492	2464	2685	1479	1310	37344
245389	157545	1401	167548	72744	1664	3950	238	83	40924
191401	85466	1109	118496	48939	1280	6129	731	449	30963
187669	255676	60	126356	72508	2234	8481	874	574	41272
196784	54756	3500	98315	53892	1856	3658	1488	630	32387
546096	620250		315225	299713	2759	19113	4039	2454	124968
127189	126228	966	80611	42210	2763	2240	260	876	36177
28006	54692	796	23508	38433	1324	1839	3	12	2446
94041	123862		56666	52273	3096	7879	728	127	27671
204394	195735	2	120300	91925	4290	9956	987	390	44045
91180	42685		57794	25287	1306	1384	476	91	21423
149300	81599	3001	93605	48334	1852	3233	240	93	29036
11093	5995	89	7421	1566	271	20	19		1170
151567	56961	1451	103532	39378	1352	2499	584	300	19362
115225	97918	618	70020	37013	1167	6200	356	72	24598
43863	19317		26691	7602	434	741	50	61	10345
94059	25302	254	37972	16684	684	1685	120	1	13459
109298	111258	150	62256	29192	1769	3108	321	56	22452

续表 3

	抚恤金和生活补助	其他资本性支出	各种设备购置费	新增藏量购置费	新增数字资源购置费	资产总计（千元）	固定资产原值	实际使用公用房屋建筑面积（万平方米）	书库面积
全　国	**53127**	**2989802**	**2484854**	**1510727**	**190601**	**42863409**	**33295763**	**1231.60**	**252.36**
北　京	1326	134187	126988	70200	1838	2196280	1472063	24.90	4.70
天　津	1199	62620	58331	39864	1536	777882	623830	25.69	5.40
河　北	789	55828	49464	31298	2076	639116	560821	48.22	9.58
山　西	189	46770	39776	24891	2163	608672	518066	40.77	7.15
内蒙古	3610	64829	62208	24358	2045	741188	587289	34.33	5.50
辽　宁	9655	89878	70023	52420	5120	1289283	1059935	49.45	8.32
吉　林	1595	84493	48892	27159	3453	537521	409244	24.65	4.48
黑龙江	817	51822	46928	15974	2315	803411	691434	29.02	5.54
上　海	2594	227470	214105	177929	8049	3857042	3429456	41.43	9.25
江　苏	986	214656	187963	135329	12938	2613074	2281605	95.03	14.96
浙　江	857	252039	223656	142763	6782	2492118	2076244	85.87	16.06
安　徽	786	56268	52212	33675	4911	850850	761266	36.85	7.54
福　建	1621	107714	102145	44856	8087	923478	778838	37.50	9.03
江　西	2673	35220	32533	16687	7996	552751	447694	36.66	9.17
山　东	1870	110414	86806	59980	9876	1508074	1340761	73.11	17.49
河　南	1206	59608	47025	20093	2030	755425	647754	54.56	11.56
湖　北	1179	171423	86386	57134	16528	1851491	945522	52.97	11.22
湖　南	3211	42663	38954	28136	1639	636587	510969	38.23	10.87
广　东	2880	301265	261780	164962	22064	5231649	4692999	112.77	19.25
广　西	1056	90665	57004	23625	4882	708541	592453	33.40	8.26
海　南	111	22261	17670	8523	3909	214276	162027	8.10	1.94
重　庆	1503	50486	45722	22175	5962	450875	373175	26.32	5.15
四　川	2325	77653	64880	37246	6579	1244712	883820	49.98	11.56
贵　州	573	25341	22069	11993	2080	955839	508747	21.87	5.89
云　南	701	47590	38900	20873	5515	863513	765493	34.20	8.42
西　藏		6670	5591	1739	22	91826	84764	4.26	0.74
陕　西	2353	37836	34715	25343	3745	743882	615868	24.67	4.70
甘　肃	2920	61071	42924	28516	6680	1949329	1662311	20.99	4.47
青　海	293	19646	6464	5009	157	435088	99514	4.54	1.18
宁　夏	768	23115	21599	6734	899	310928	266068	11.05	3.11
新　疆	816	50235	39766	18322	2336	629220	390739	22.40	4.61

阅览室面积	书刊阅览室面积	电子阅览室面积	实际拥有产权面积（万平方米）	阅览室座席数（个）	少儿阅览室座席数	盲人阅览室座席数	图书馆延伸服务情况：流动服务书刊借阅人次（万人次）	流动图书馆车书刊借阅册次（万册次）	分馆数量（个）
331.81	**240.50**	**53.65**	**738.58**	**855520**	**210662**	**21136**	**3479.16**	**5716.87**	**9134**
6.52	5.35	0.69	8.09	15908	3987	220	23.21	57.37	273
8.18	4.93	0.98	3.54	14258	2463	170	34.35	52.98	28
12.40	9.30	2.06	32.27	32120	6956	642	61.21	93.85	62
11.41	7.87	2.07	32.99	25925	5105	950	62.59	67.87	214
9.30	6.90	1.76	16.88	25577	5593	624	77.73	112.41	103
11.94	8.16	1.75	25.37	31073	7918	716	169.83	380.14	676
7.74	6.31	0.91	13.37	18953	3897	387	135.39	220.75	311
8.07	5.66	1.57	11.30	23310	5791	427	173.73	283.54	327
10.41	8.87	0.85	21.21	21656	4106	175	93.03	248.35	558
20.95	14.45	2.42	51.70	44782	12291	1084	226.28	315.93	1279
20.66	16.49	3.18	44.21	50930	13601	1222	352.53	675.22	921
11.72	8.73	2.03	26.45	29453	8039	972	129.48	195.26	305
11.86	9.24	1.38	26.57	30453	8961	593	194.44	347.38	589
11.57	7.81	1.97	25.53	31506	9305	1692	124.35	152.02	154
19.89	13.26	3.35	39.75	50094	11101	1364	147.59	188.74	433
13.23	9.73	2.53	34.57	41448	11141	1068	74.51	115.73	159
13.93	10.19	2.37	42.52	36643	9498	861	113.91	145.71	323
9.54	6.79	1.99	29.89	31244	9961	706	54.20	89.34	295
32.82	25.82	4.70	42.87	80527	16920	800	372.15	672.80	1006
8.32	6.07	1.57	20.29	26991	7623	597	70.02	138.10	37
2.26	1.67	0.33	7.30	5352	1350	27	10.11	19.01	4
7.21	5.12	1.15	18.03	19177	4963	520	120.14	221.37	195
14.95	10.22	3.13	31.35	41680	9545	1334	138.94	232.23	207
7.12	4.43	1.26	18.75	19816	4857	787	81.98	73.91	180
8.98	5.73	2.29	24.88	27456	7171	613	174.28	208.80	216
0.92	0.56	0.27	3.91	2359	187	25	0.47	0.55	11
7.76	5.97	1.38	18.07	18792	5049	636	62.92	77.28	119
5.64	3.87	1.10	17.12	18974	4890	1209	65.51	136.28	47
1.27	0.68	0.29	2.55	3422	600	56	25.84	49.50	4
3.41	2.32	0.65	9.80	8034	2015	286	37.98	66.04	12
8.18	4.50	1.53	9.68	22452	5639	361	70.45	78.47	53

2014年各地区少儿

地　区	机构数（个）	从业人员（人）					总藏量（万册）	
			专业技术人才					图书
				正高级职称	副高级职称	中级职称		
全　国	**108**	**2201**	**1668**	**35**	**228**	**748**	**3392.29**	**3000.88**
北　京	4	110	73	1	3	26	98.35	89.79
天　津	11	178	151	1	16	52	248.98	233.42
河　北	1	10	6		1	2	23.97	23.96
山　西	1	15	10	1		4	11.61	8.95
内蒙古	2	114	81	1	3	14	89.61	86.68
辽　宁	15	268	210	5	29	127	375.39	337.76
吉　林	4	314	232	14	61	93	512.07	414.17
黑龙江	1	12	12		1	10	5.80	2.79
上　海	4	80	49	1	4	25	186.70	157.07
江　苏	9	104	63	2	16	21	157.20	143.13
浙　江	3	106	88	2	14	42	210.42	187.83
安　徽	8	81	59		4	25	35.84	30.88
福　建	6	116	91	1	10	43	204.41	184.00
江　西								
山　东	1	10	9		2	5	13.34	11.47
河　南	5	84	50		5	26	51.45	43.51
湖　北	4	65	59		6	35	148.45	113.83
湖　南	6	119	99	1	12	59	151.83	132.24
广　东	4	158	127	2	19	63	560.83	528.66
广　西	3	58	53		6	24	93.43	86.28
海　南								
重　庆	2	93	72	3	12	27	123.48	108.30
四　川	2	9	7				10.50	9.42
贵　州	2	4	3				9.17	7.71
云　南	3	19	16		2	9	23.65	18.66
西　藏								
陕　西	3	35	30		2	13	27.35	23.31
甘　肃	4	39	18			3	18.47	17.08
青　海								
宁　夏								
新　疆								

图书馆基本情况

盲文图书	古籍	善本	报刊	视听文献	缩微制品	其他	在藏量中		电子图书（万册）	本馆自建
							开架书刊	少儿文献		
1.34	**30.10**	**5.14**	**149.87**	**128.98**	**2.64**	**79.83**	**1448.82**	**1647.78**	**1163.26**	**4.28**
			1.41	7.14			84.41	88.09	6.08	0.04
0.01			4.28	3.82	0.05	7.41	190.16	122.57	1.25	
			0.01				12.00	12.00		
			2.66				11.61			
0.03	0.33		1.73	0.68		0.20	70.03	4.87	6.42	
0.12			4.52	16.11		17.00	228.13	160.97	51.43	1.98
0.18	23.00	4.76	56.73	3.65	2.57	11.94	108.71	28.54	157.12	
			2.33	0.05		0.63	4.55			
0.02			1.39	28.24			110.74	117.97	24.40	
0.04	0.11		7.09	4.25		2.62	120.88	90.28	7.45	
0.03			9.02	13.57			67.47	67.47	2.68	
0.07			4.55	0.39		0.02	17.15	25.19	15.10	0.05
0.35			15.48	4.53		0.40	77.58	178.57	144.74	1.05
0.09			1.86	0.01					31.25	
			7.93				50.00	30.06	2.00	
0.17	3.89	0.34	1.93	2.50		26.30	15.47	9.47	25.28	0.19
0.02	0.08		12.25	6.42	0.01	0.84	142.16	122.14	9.01	0.70
0.18			0.84	31.26		0.08	33.08	515.82	494.88	
0.01			5.56	1.60			24.59	8.85	48.49	
	1.25	0.02	4.80	4.41		4.73	49.26	43.77	23.66	
0.02			0.23	0.15		0.70	2.46	4.62	0.49	
			0.81	0.04		0.62	0.56	0.06	0.27	0.26
0.00			0.02	0.02		4.95	17.00	10.13		
	1.43	0.02	2.41	0.11		0.09	2.18	5.12	111.20	
0.01	0.01		0.04	0.03		1.31	8.66	1.23	0.06	

续表 1

地　区			书架单层总长度(米)	本年新购藏量(万册)	本年新增电子图书(万册)	当年购买的报刊种类(种)	有效借书证数(个)	总流通人次(万人次)	
	本馆外购	免费共享							书刊文献外借人次
全　国	**964.56**	**194.42**	**292806**	**333.59**	**248.54**	**34717**	**1853080**	**2136.91**	**982.21**
北　京	6.03		10118	7.01	0.67	1385	114930	53.07	33.21
天　津	1.25		7973	16.71	0.05	1826	52427	70.47	59.43
河　北			1400	3.67		300	1000	50.00	3.00
山　西			900	0.50		63	5121	7.98	7.98
内蒙古	5.46	0.96	2734	1.22	0.96	362	30425	24.03	13.41
辽　宁	49.15	0.30	32988	29.72	0.90	3321	202110	219.95	111.06
吉　林	157.12		106996	22.63	1.94	4836	69191	83.41	66.88
黑龙江			330	0.19		47	3801	5.99	3.16
上　海	24.40	0.00	10991	10.69	3.26	1586	44222	74.33	30.65
江　苏	7.45		13315	15.88	3.44	2285	116818	212.45	132.76
浙　江	2.68		10951	13.62		1961	275371	170.76	69.06
安　徽	14.95	0.10	2769	6.27	2.03	903	33694	65.35	40.81
福　建	143.69		14528	27.53	15.13	3250	166390	276.52	153.31
江　西									
山　东	0.25	31.00		0.49	0.01	145	6872	11.11	6.98
河　南	2.00		4164	11.75	0.60	1534	49463	89.65	38.98
湖　北	15.08	10.02	11128	7.08	11.17	1078	28742	92.14	28.35
湖　南	8.31		13911	10.63	0.25	2094	132583	111.41	36.58
广　东	494.88		18902	125.81	200.23	3542	351057	265.94	36.96
广　西	8.39	40.10	7099	9.68		1583	47676	118.02	38.52
海　南									
重　庆	22.92	0.73	6994	7.07	7.84	1874	79160	68.34	44.04
四　川	0.49		138	0.33		208	4564	12.22	1.55
贵　州	0.01	0.01	4680	0.25	0.04		18600	1.46	0.42
云　南			3200	1.52		191	10636	17.03	4.90
西　藏									
陕　西		111.20	3974	0.66		281	3400	18.23	9.73
甘　肃	0.06		2623	2.69	0.03	62	4827	17.04	10.49
青　海									
宁　夏									
新　疆									

书刊文献外借册次（万册次）	为读者举办各种活动						计算机（台）	供读者使用电子阅览室终端数	图书馆网站访问量（页次）
	组织各类讲座次数（次）	参加人次（万人次）	举办展览（个）	参加人次（万人次）	举办培训班（个）	培训人次（万人次）			
2324.43	**3217**	**68.58**	**589**	**105.91**	**2788**	**11.94**	**7326**	**4145**	**10992182**
91.25	146	1.61	34	8.46	51	0.12	334	215	550000
127.30	140	1.66	22	9.03	80	0.49	497	349	81701
9.80	30	0.40							
9.80	2	0.03	1	0.03	4	0.02	26	25	
34.74	64	0.88	9	0.24	12	0.11	87	64	40232
298.41	425	7.38	94	11.95	716	1.87	830	473	748068
109.76	54	0.90	18	9.28	24	0.07	1050	514	1022923
5.21	1	0.01	10	0.33			4	1	
146.39	142	1.01	9	1.38	205	0.53	371	176	4880
189.65	103	3.12	50	6.38	96	0.34	539	386	979021
212.68	320	8.72	23	4.52	320	1.00	314	114	1780888
67.09	86	2.62	19	1.84	35	0.15	221	160	168851
419.73	387	6.20	68	13.74	208	0.47	744	420	699964
12.88	4	0.05	2	0.24	15	0.08	56	31	27106
66.90	88	1.10	68	8.47	372	1.45	303	182	207188
88.04	80	1.10	16	5.49	87	0.41	120	61	308991
90.96	112	1.89	53	7.10	186	0.80	231	113	591630
177.03	759	25.56	18	6.85	186	3.36	656	236	2540219
55.89	83	0.81	20	2.92	17	0.21	187	126	268885
61.10	31	0.73	13	1.35	140	0.22	190	127	870000
7.65	22	1.58	12	4.52	10	0.11	57	50	
1.53	8	0.03	3	0.08	1	0.01	48	35	
11.28	34	0.21	4	0.60	5	0.02	178	84	3000
14.88	67	0.28	8	0.81	14	0.09	135	99	86635
14.49	29	0.72	15	0.31	4	0.04	148	104	12000

续表 2

地区	本年收入合计(千元)	财政补贴收入	购书专项经费	上级补助收入	事业收入	经营收入	附属单位上缴收入	其他收入	本年支出合计(千元)
全国	**546511**	**520941**	**75727**	**8042**	**4233**	**2770**		**10525**	**510244**
北京	22306	21343	950	5	79			879	22037
天津	55980	55204	6220	30	615			131	51557
河北	1010	1010	500						1010
山西	1892	1892	105						1860
内蒙古	8165	8152	282					13	8165
辽宁	56376	54971	7359					1405	43233
吉林	81466	78311	12300	50		38		3067	71402
黑龙江	1140	940	25	200					940
上海	29276	26924	3620		1433			919	23260
江苏	24786	23148	1755	687				951	24949
浙江	33582	33238	5468					344	33254
安徽	22861	17781	1803	5080					9133
福建	35836	33097	4955		226	1171		1342	40195
江西									
山东	2147	2147	100						2131
河南	15567	15210	3050	110				247	22662
湖北	13196	12228	2600					968	13162
湖南	23631	21423	530	240	155	1561		252	19412
广东	80687	80361	19800		326				85759
广西	8545	7498	1000	1020	20			7	7561
海南									
重庆	16491	15547	2200		944				16491
四川	1817	1817	50						1817
贵州	428	268		160					340
云南	2576	2576	350						2576
西藏									
陕西	3301	2806	80	460	35				3298
甘肃	3449	3049	625		400				4040
青海									
宁夏									
新疆									

基本支出	项目支出	经营支出	在支出合计中：						
			工资福利支出	商品和服务支出	差旅费	劳务费	福利费	各种税金支出	对个人和家庭补助支出
261794	**238283**	**2376**	**157882**	**111780**	**2456**	**8561**	**1316**	**861**	**59108**
17133	4904		11091	6226	59	70	155	79	2837
38027	13529		13065	8950	53	73	197	1	9010
510	500		510						
1860			846	45	3	12			838
6658	466		5746	928	45	26	55		863
27951	14079		16977	9299	135	1112	53	54	5910
30492	40872	38	15289	27098	443	2059	23		11654
915	25		615						275
13438	9822		9776	6099	60	249	139		1799
11063	13886		7171	4914	323	682	158	43	977
17580	12215		10623	7917	157	1742	183		4650
5174	3959		3434	1347	22	195			512
15462	23894	799	12861	7928	218	741	70		3113
1303	828		1105	158					156
4746	17916		3623	5296	95	317	3		550
8085	5077		5000	3168	141	155	7	93	2393
13284	4411	1539	7111	2422	142	166	55	262	3232
26178	59527		19195	11724	385	276	210	304	4526
5239	2322		2836	1916	81				1373
7977	8514		6038	3679	73	595			3151
1120	397		446	271	10	19			
268			268						
1786	290		1127	482	1	20			546
2656	200		1819	530	5	20		9	488
2889	650		1310	1383	5	32	8	16	255

续表 3

地　区	抚恤金和生活补助	其他资本性支出	各种设备购置费	新增藏量购置费	新增数字资源购置费	资产总计（千元）	固定资产原值	实际使用公用房屋建筑面积（万平方米）	书库面积
全　国	**2152**	**150871**	**126826**	**71391**	**7192**	**1298682**	**1069304**	**34.22**	**5.80**
北　京		1552	1552	1316	77	66730	59667	1.36	0.14
天　津	403	19792	19235	6023	180	84192	69182	1.87	0.40
河　北		500	500	500		988	988	0.06	
山　西		130	115	115		1476	1030	0.08	0.06
内蒙古		628	396	282		10797	10797	0.39	0.15
辽　宁	264	8440	6623	6016	340	142429	113361	2.77	0.41
吉　林	357	17324	17274	11256	960	168915	126327	7.21	1.15
黑龙江		50	25	25		937	886	0.05	0.01
上　海	51	5536	4795	2237	1059	59962	46047	1.21	0.12
江　苏		11418	4703	2659	25	76828	59831	2.57	0.47
浙　江	16	6414	6414	5208		106567	84842	1.91	0.07
安　徽		3416	2920	1365	619	39964	37414	0.62	0.07
福　建	644	15246	15231	4491	1410	71969	50321	2.49	0.71
江　西									
山　东		712	712	159		2748	2350	0.39	0.05
河　南		13031	8424	2704	200	30397	14635	1.68	0.21
湖　北		2600	2495	1843	652	33209	26396	0.69	0.17
湖　南	94	3352	3255	2521	504	38464	27377	1.73	0.52
广　东		33557	25410	18951	249	278714	257710	3.01	0.12
广　西		1435	1261	940	60	20426	18400	0.97	0.25
海　南									
重　庆	320	3620	3620	1613	787	38083	36956	0.91	0.36
四　川		291	291	75	50	1429	1429	0.34	0.10
贵　州		72	30	20		1050	1050	0.32	0.04
云　南		350	350	350		4288	4288	0.50	0.04
西　藏									
陕　西	3	319	319	167		4180	4180	0.45	0.09
甘　肃		1086	876	555	20	13940	13840	0.62	0.12
青　海									
宁　夏									
新　疆									

							图书馆延伸服务情况		
阅览室面积	书刊阅览室面积	电子阅览室面积	实际拥有产权面积（万平方米）	阅览室座席数（个）	少儿阅览室座席数	盲人阅览室座席数	流动服务书刊借阅人次（万人次）	流动图书馆车书刊借阅册次（万册次）	分馆数量（个）
10.88	**8.94**	**1.30**	**21.05**	**30417**	**24483**	**455**	**310.05**	**513.20**	**765**
0.47	0.34	0.03	0.57	1442	1442		4.49	11.64	
0.88	0.73	0.09	0.30	1469	1334		3.20	6.71	
0.06	0.06			70	70				
0.02	0.01	0.00	0.08	35	35		7.98		
0.07	0.05	0.02		230	70	6	8.77	6.34	
0.59	0.40	0.15	1.62	2487	2370	67	73.33	145.89	154
2.30	2.18	0.09	1.86	3624	710	42	40.93	53.55	37
0.03	0.01	0.01	0.05	120	90		0.28	0.10	4
0.35	0.28	0.07	0.48	1656	1023	6	4.05	14.96	7
0.61	0.50	0.10	2.11	2308	2034	20	9.92	15.39	28
0.84	0.77	0.04	1.51	1851	1851		23.09	41.99	40
0.17	0.13	0.04	0.42	955	893	12	12.70	21.03	11
0.86	0.74	0.12	2.87	3245	3195	50	58.80	83.62	308
0.16	0.06	0.03	0.39	158	50	12			11
0.72	0.63	0.09	0.26	1564	1564		6.00	12.00	5
0.12	0.06	0.03	0.42	904	650	4	1.08	1.42	7
0.41	0.35	0.06	1.55	1726	1690	36	1.77	4.28	65
0.75	0.65	0.08	2.66	2235	1852	29	2.30	4.47	41
0.32	0.20	0.04	0.97	1079	1059	20	10.66	35.31	
0.28	0.24	0.04	1.11	824	737	6	37.58	48.10	18
0.25	0.15	0.10	0.19	270	180	15	0.40	0.41	3
0.07	0.05	0.01	0.32	500	400	100	0.37	0.15	
0.21	0.16	0.02	0.50	450	167	10	0.30	1.64	14
0.13	0.11	0.02	0.75	522	444		0.47	1.01	7
0.22	0.08	0.04	0.07	693	573	20	1.60	3.20	5

2014年各地区省级公共

地　区	机构数（个）	从业人员（人）	专业技术人才	正高级职称	副高级职称	中级职称	总藏量（万册）	图书	盲文图书
全　国	**39**	**7817**	**6607**	**278**	**1214**	**2750**	**18753.79**	**11330.87**	**5.62**
北　京	1	364	337	9	41	136	733.34	594.71	0.08
天　津	2	541	506	8	58	136	891.32	758.05	0.08
河　北	1	171	125	11	41	45	246.34	190.49	0.24
山　西	1	204	185	6	31	52	303.09	180.45	0.30
内蒙古	1	175	169	5	67	43	259.33	190.82	
辽　宁	1	229	206	16	49	98	597.29	475.61	0.25
吉　林	1	240	167	10	43	68	423.86	335.93	0.08
黑龙江	1	195	176	23	48	95	335.18	275.39	0.12
上　海	2	777	672	42	95	301	5592.83	1477.41	0.54
江　苏	1	522	479	24	92	198	1048.38	757.38	0.22
浙　江	1	357	225	14	52	129	632.43	452.75	0.37
安　徽	1	156	134	4	26	56	301.08	233.60	0.07
福　建	2	228	211	1	32	102	360.16	285.82	0.31
江　西	1	148	138	6	31	69	332.43	214.80	0.01
山　东	1	229	218	12	34	98	767.84	488.68	0.01
河　南	2	184	152	9	33	66	347.44	264.08	0.04
湖　北	1	290	269	10	47	75	649.82	510.43	0.16
湖　南	2	333	265	7	41	134	536.37	382.18	0.77
广　东	1	296	260	7	46	133	740.90	555.39	0.19
广　西	3	304	293	9	47	149	593.88	464.16	0.11
海　南	1	115	85		6	31	126.58	119.05	0.19
重　庆	2	307	234	12	38	63	411.45	288.20	0.23
四　川	1	239	159	5	36	51	529.90	347.39	
贵　州	1	147	115	5	27	55	184.74	138.37	0.42
云　南	1	187	175	3	53	95	318.35	188.51	0.09
西　藏	1	46	30		9	10	46.87	36.64	
陕　西	1	305	176	5	20	85	444.67	343.85	0.15
甘　肃	1	215	175	7	28	90	409.00	314.50	0.55
青　海	1	87	75	5	15	33	167.97	132.58	0.04
宁　夏	1	135	117	3	18	43	217.80	194.10	0.03
新　疆	1	91	79		10	11	203.17	139.57	
陕　西	1	295	174	7	18	88	395.74	298.81	0.14
甘　肃	1	216	157	5	22	79	391.35	298.20	0.55
青　海	1	92	78	5	18	32	166.13	130.97	0.04
宁　夏	1	135	117	2	18	43	213.02	189.20	0.02
新　疆	1	91	78		10	11	191.22	125.29	

图书馆基本情况

古籍	善本	报刊	视听文献	缩微制品	其他	在藏量中		电子图书（万册）	本馆自建
						开架书刊	少儿文献		
1366.63	**163.18**	**1879.72**	**314.63**	**1271.56**	**2590.40**	**4454.96**	**748.94**	**4290.79**	**171.31**
41.61	6.71	40.53	44.25	0.03	12.22	108.70	113.45	253.02	0.12
53.33	10.35	52.79	18.81	0.94	7.41	399.35	113.18	30.11	14.94
6.75	0.56	34.42	11.61	2.80	0.28	93.85	12.54	40.88	
29.41	5.02	87.64	2.73	0.40	2.47	155.45	19.44	54.15	0.15
18.00	0.45	8.23	0.51	0.20	41.58	60.51	3.35	154.32	
45.99	12.22	52.80	12.29	0.60	10.00	240.58	18.92	437.67	3.08
23.00	4.76	48.88	1.54	2.57	11.94	37.00	8.94	130.20	
13.37	0.66	29.34	4.19	12.88		73.24	6.73	82.91	
192.23	19.24	343.35	38.59	1235.93	2305.31	753.60	68.16	186.09	
160.00	14.00	84.48	29.03	4.21	13.28	95.00	6.76	139.85	8.53
83.78	14.50	86.15	9.43	0.31	0.01	106.65		139.61	0.50
35.34	3.27	30.78	0.88	0.44	0.04			83.03	83.03
25.14	2.06	35.96	12.04	1.21		97.22	65.03	167.19	0.04
50.16	3.00	30.88	0.72	0.12	35.75	109.04	6.43	134.01	0.01
75.35	20.00	97.26	7.58	0.68	98.29	376.81	34.86	63.13	
50.66	2.40	29.70	2.76	0.24		63.66	5.30	201.41	
46.18	5.87	61.04	20.59	3.21	8.38	161.97	28.02	14.26	
62.08	5.00	62.28	26.44	0.46	2.93	205.02	106.52	329.41	0.70
44.00	3.25	127.77	11.08	2.29	0.38	251.47	11.56	193.39	0.60
26.65	0.78	88.36	14.17	0.15	0.38	43.00	16.63	152.01	0.20
0.01	0.00	4.89	1.17		1.47	86.66	15.38	365.46	
45.26	6.99	41.81	7.58	0.93	27.67	103.09	36.38	179.98	8.45
68.70	6.07	92.68	20.80	0.32	0.03	65.64	0.65	110.27	
11.14	0.50	34.21	0.85	0.09	0.08	156.22	1.95	290.00	
59.48	3.23	65.95	4.22	0.13	0.06	4.50	3.77	41.80	5.47
1.10		7.59	0.04		1.50	7.90	1.05	0.50	0.50
32.44	4.37	56.73	5.10	0.03	6.53	146.41	19.18	107.66	
31.74	6.77	58.85	3.22	0.22	0.46	210.25	4.27	53.46	
11.48	1.00	21.43	0.47	0.05	1.96	31.31	1.44		
14.11	0.12	7.57	1.94	0.08		171.20	5.30	110.00	
8.16	0.03	55.37		0.07		39.66	13.76	45.00	45.00
32.44	4.37	54.37	4.26	0.03	5.83	122.24	16.03	105.57	
31.62	6.65	57.87	2.99	0.22	0.45	199.03	2.47	39.91	
11.48	1.00	21.22	0.45	0.05	1.96	29.63	1.34	1.10	
14.11	0.12	7.69	1.94	0.08		166.20	4.30	110.00	
8.15	0.03	56.37	1.34	0.07		39.66	13.76	45.00	45.00

续表 1

地　　区			书架单层总长度(米)	本年新购藏量(万册)	本年新增电子图书(万册)	当年购买的报刊种类(种)	有效借书证数(个)	总流通人次(万人次)	
	本馆外购	免费共享							书刊文献外借人次
全　　国	**3551.58**	**567.90**	**2572795**	**701.25**	**290.25**	**163730**	**5245064**	**8301.63**	**2905.02**
北　　京	151.90	101.00	97175	5.06	0.24	6181	411684	454.85	67.53
天　　津	15.17		85621	48.12	1.68	8666	453655	277.95	90.41
河　　北	40.88		71098	20.05	4.74	5554	242198	220.00	6.16
山　　西	54.00			12.34	0.67	3013	31480	240.00	82.00
内 蒙 古	154.32		84320	18.36	14.97	2551	36704	59.00	9.14
辽　　宁	334.59	100.00	32719	30.70	10.94	5168	127884	81.43	27.62
吉　　林	130.20		101196	14.22	0.20	4236	45717	27.93	14.78
黑 龙 江	82.91		52202	11.86	11.11	2682	200036	292.66	92.37
上　　海	185.68	0.41	318619	78.29	6.31	16812	764088	1592.28	1371.79
江　　苏	131.32		260000	24.31	0.36	8074	410743	296.30	95.64
浙　　江	139.12		62285	23.10	15.09	8489	66426	252.47	37.49
安　　徽			60168	18.67	5.50	2518	145578	106.53	93.13
福　　建	167.15		55413	24.67	18.50	6265	157857	214.15	52.74
江　　西	34.00	100.00	2200	7.43	0.05	4311	239529	130.00	58.01
山　　东	63.13		136001	27.00	3.66	6180	61177	130.79	63.32
河　　南	201.41		46016	8.64	0.60	3898	93601	152.90	63.97
湖　　北	14.26		163732	51.01	5.00	5339	178135	257.67	78.32
湖　　南	163.71	165.00	80446	24.47	0.25	4810	261329	370.46	70.07
广　　东	192.79		260728	60.55	0.01	9726	244990	1346.30	130.07
广　　西	151.81		42028	39.52	5.50	9322	161404	427.97	71.48
海　　南	365.46		33947	20.96		3401	82490	162.15	35.62
重　　庆	170.04	1.49	44300	40.30	163.41	5664	301795	342.51	64.81
四　　川	110.27		86124	12.16	0.00	6517	25897	13.00	4.13
贵　　州	290.00		62906	7.99		3122	68393	17.00	10.00
云　　南	36.34		129035	11.40	5.00	4354	96245	246.73	35.18
西　　藏			22708	1.02		1250	7300	3.80	3.80
陕　　西	107.66		89448	29.31	2.09	5052	95178	272.60	71.23
甘　　肃	53.46		6000	17.54	13.55	4393	115775	164.48	46.31
青　　海			37286	1.48		1237	48776	33.26	8.59
宁　　夏	10.00	100.00	39896	5.50	0.84	1780	50000	65.17	39.53
新　　疆			9178	5.20		3165	19000	49.30	9.83
陕　　西	105.57		89448	22.66	1.70	4972	80477	261.24	67.24
甘　　肃	39.91		60000	32.49	16.38	4407	108975	159.95	37.98
青　　海	1.10		37286	2.13	1.10	1250	48573	33.94	10.42
宁　　夏	10.00	100.00	39896	6.00	110.00	1789	44000	51.10	32.60
新　　疆			9178	5.20		3165	19000	49.30	9.83

书刊文献外借册次（万册次）	为读者举办各种活动						计算机（台）	供读者使用电子阅览室终端数	图书馆网站访问量（页次）
	组织各类讲座次数（次）	参加人次（万人次）	举办展览（个）	参加人次（万人次）	举办培训班（个）	培训人次（万人次）			
10172.87	**5093**	**116.28**	**1804**	**910.05**	**3125**	**38.43**	**19561**	**7091**	**275560144**
282.62	301	2.98	52	60.56	6	0.02	773	317	20282866
358.61	200	4.98	43	64.71	105	1.06	1559	506	1968296
88.71	222	3.40	28	35.00	42	0.50	580	153	7130000
149.13	117	2.00	28	8.00	127	0.30	426	263	300000
17.47	7	0.40	7	1.00	17	0.30	453	285	3740305
101.77	121	1.48	83	69.83	180	0.80	442	118	12524814
34.79	14	0.20	5	9.02	2	0.01	792	405	972123
169.95	295	2.22	113	20.93	241	1.80	687	436	5052168
6002.73	381	6.70	87	16.57	211	2.87	2815	79	35271795
181.60	151	5.13	171	47.42	310	2.97	1155	352	18684895
130.61	90	1.59	21	20.85	30	0.09	509	194	16687881
192.80	235	16.51	44	3.50			366	182	1768659
388.52	341	6.43	82	45.50	31	0.34	805	331	18989740
73.60	61	1.52	103	85.00	43	0.74	301	104	8614458
110.12	165	2.32	45	5.58	57	1.77	549	138	8160000
122.35	63	0.57	57	8.09	258	3.80	328	184	657188
216.34	90	4.69	54	47.46	68	0.13	974	536	3000000
286.23	510	3.53	93	15.43	315	5.93	521	155	29045172
280.82	776	23.37	413	191.79	431	2.85	842	200	9336350
217.39	106	2.29	66	56.62	91	1.79	629	325	2941786
113.67	57	1.18	6	3.52	97	0.32	300	195	419743
126.01	118	2.19	60	46.05	170	0.86	707	437	27706956
13.35	62	4.85	6	2.21	25	5.53	482	30	448568
13.00	56	1.60	10	1.10	15	0.19	336	181	22892500
70.36	109	3.63	16	5.00	66	2.22	438	231	205868
3.80	10	0.28			8	0.09	80	80	
203.82	207	4.63	39	19.88	68	0.45	448	169	14610662
92.62	82	1.81	25	13.91	15	0.10	502	151	1000000
28.03	39	1.03	10	0.82	40	0.12	117	58	23680
77.51	46	2.20	12	2.20	18	0.12	224	120	223671
24.57	61	0.61	25	2.50	38	0.38	421	176	2900000
184.82	143	3.95	20	6.01	111	2.65	427	182	12858940
91.26	80	1.80	20	6.85	20	0.16	496	104	1000000
25.92	55	0.70	11	0.35	26	0.05	117	58	57100
71.60	44	2.10	12	2.67	17	0.01	224	224	157000
24.57	61	6.10	25	2.50	38	0.76	421	176	2900000

续表 2

地区	本年收入合计(千元)	财政补贴收入	购书专项经费	上级补助收入	事业收入	经营收入	附属单位上缴收入	其他收入	本年支出合计(千元)
全国	**3063061**	**2859657**	**556927**	**8733**	**134724**	**14636**		**45311**	**2804576**
北京	195503	185479	38079		8894	526		604	205334
天津	147797	140301	33750	750	3116			3630	140275
河北	40826	40762	10000					64	40976
山西	67125	64546	8000	30		2437		112	54259
内蒙古	87822	87473	8000					349	88247
辽宁	79749	78901	24200		716			132	72901
吉林	66875	63809	10000			38		3028	60867
黑龙江	68177	68130	5775					47	68177
上海	475734	385466	139061		88204			2064	481817
江苏	168943	152445	45000		5362	555		10581	155978
浙江	112830	101342	30000		7820	1898		1770	112024
安徽	38994	37787	5685		420			787	39840
福建	66050	61051	12000	3750	1242			7	64586
江西	61709	61228	8000			481			41079
山东	75089	73778	12000		1293			18	74261
河南	50152	48507	6500			938		707	60720
湖北	197062	197062	39455						197062
湖南	74206	67717	6100	170	2650	3181		488	51997
广东	154525	137131	40920	1710	5986			9698	142576
广西	91663	85147	6790	1460	769			4287	108361
海南	64275	63948	5882					327	48404
重庆	77757	70082	11700		7675				78047
四川	195336	193121	9000		51			2164	80037
贵州	34589	33832	3000					757	36156
云南	48382	45012	9030			3310		60	46757
西藏	9693	9693	1000						11325
陕西	73737	70294	10000			610		2833	46182
甘肃	110500	109100	10000		520	662		218	80914
青海	24576	23994	1200	556				26	27408
宁夏	37435	37294	3000					141	31043
新疆	65950	65225	3800	307	6			412	56966
陕西	54828	52335	10000			450		2043	47645
甘肃	89427	88971	9000			174		282	69923
青海	14449	14023	1200	424				2	20371
宁夏	33128	32804	3000		76	208		40	36879
新疆	72044	71536		200	275			33	24709

基本支出	项目支出	经营支出	在支出合计中：工资福利支出	商品和服务支出	差旅费	劳务费	福利费	各种税金支出	对个人和家庭补助支出
1089217	**1701527**	**13691**	**634946**	**842490**	**15069**	**68079**	**7785**	**10110**	**271131**
98424	106385	525	35847	82317	181	897	859	2009	15637
121707	18568		37966	45611	142		876	326	17415
13901	27075		8505	21147	171	2348	1		4388
17240	34582	2437	11441	20204	306	6951		492	5351
16304	71943		10038	32630	628	13622	233		3667
38137	34764		13739	32242	552	350		156	8045
23508	37321	38	10988	26158	383	2014	21		8760
24244	43933		12547	23864	1128	539			8915
189695	292122		138712	181861	2351	8791	1694	2584	22150
58256	97721	1	39822	30583	471	1729	157	705	17186
47896	62244	1884	30332	20107	397	2481	1115	270	9733
20274	19566		9245	10264	1378	1935	13		10057
26486	38100		21764	15595	441	1330	41	107	8251
19118	21480	481	12882	10406	483	907	251	768	6108
30879	43382		18392	27510	275	1715	25	71	9524
20212	39570	938	13300	18616	225	2626	189	24	5471
29279	167783		26138	34944	425	6882	192		8792
30526	18313	3158	17139	11512	331	1353	527	262	9890
54064	88511		26721	39577	263	752	1019	1213	23316
24891	83331		20737	12059	663	685	104	603	13834
10038	38366		8051	30114	875	438			808
29026	49021		20738	23036	327	1475	273	125	9179
23256	56781		14533	10582	480	624	112	362	8045
16499	19657		10436	13303	324				5520
16725	27031	3001	9618	16286	406	426			5798
5830	5495		4274	649	96		8		907
19596	25976	610	15129	12023	249	500			4796
17873	62423	618	10693	20293	237	4582	72		5407
12734	14674		7391	2607	78	296	3	11	4655
21584	9458		11590	9058	401	1172			5430
11015	45951		6238	7332	402	659		22	4096
19928	27267	450	13898	12759	172	290	332		4852
15837	53942	144	9644	21550	294	3465	19		4634
11778	8562		6695	2628	100	140	3	9	3976
20120	16551	208	11122	9153	30	212	91		4840
10839	13869		6454	8201	256	558	15	30	3277

续表 3

地　区	抚恤金和生活补助	其他资本性支出	各种设备购置费	新增藏量购置费	新增数字资源购置费	资产总计（千元）	固定资产原值	实际使用公用房屋建筑面积（万平方米）	书库面积
全　国	**7629**	**949626**	**781200**	**472011**	**71489**	**13340346**	**9557309**	**160.16**	**39.37**
北　京	199	71008	71008	36273	120	1392803	778538	9.40	1.30
天　津	127	39282	38782	24046	1230	534622	406363	12.78	2.03
河　北	26	6936	6936	6559		135834	100817	5.30	1.12
山　西	88	16772	16772	8687	1270	165667	101425	8.03	1.29
内蒙古	41	28344	28344	8228	1002	279704	179109	2.80	0.58
辽　宁	314	18875	18875	16889		410456	331092	4.45	0.75
吉　林	291	14924	14924	10000	100	137498	101297	6.32	1.02
黑龙江	66	22851	22851	4275	1500	313457	294014	3.39	0.34
上　海	1422	139093	133431	120945	890	2725772	2486971	13.05	6.07
江　苏	189	68387	65759	51279	7463	667815	561382	9.69	1.03
浙　江	190	49968	43490	30160	1397	558659	471020	5.45	2.45
安　徽	22	10274	10274	5685		216904	195110	3.69	0.77
福　建	42	18975	18640	9294	3801	255480	198272	2.97	0.78
江　西	144	11200	11200	3341	5203	126409	92611	2.25	1.52
山　东	271	18835	18835	13665	3067	423723	399965	4.49	1.80
河　南	66	22395	17788	4579	200	144453	122867	3.89	1.04
湖　北	274	127188	45724	29223	11289	954160	186056	10.26	1.80
湖　南	321	8417	8417	7569	504	191475	145922	4.40	1.33
广　东	82	52960	46545	13108	8731	1109718	753468	7.87	1.84
广　西	412	57543	28343	6038	3916	306168	254282	7.85	1.34
海　南		9318	9178	4031	1639	101047	55393	2.79	0.57
重　庆	383	25091	25091	8033	3867	184320	164974	5.62	1.07
四　川	156	9162	9162	8000	1000	340216	110234	1.72	0.86
贵　州	41	6896	6896	3000		158727	63711	2.52	1.66
云　南	65	11314	9137	3912	4088	276407	241128	3.04	0.72
西　藏		5495	4495	1000		40922	35640	1.75	0.42
陕　西	1281	13057	13057	10007	1986	392784	300726	4.48	0.58
甘　肃	380	40964	26298	19845	5528	363684	223768	3.92	1.04
青　海	137	12755	1200	800		69183	56389	1.20	0.39
宁　夏	581	4964	4964	2500	100	85203	60593	2.33	1.18
新　疆	18	6383	4784	1040	1598	277076	84172	2.47	0.73
陕　西	1457	14756	13341	8651	1525	344845	290362	4.48	0.58
甘　肃	323	33951	30867	19280	6796	299479	198967	3.92	0.98
青　海	25	7041	1248	600	600	62348	55078	1.20	0.39
宁　夏	896	11555	11340	2600	400	67461	55539	2.33	1.18
新　疆	22	6057	6057	1040		224485	85319	2.47	0.73

阅览室面积	书刊阅览室面积	电子阅览室面积	实际拥有产权面积（万平方米）	阅览室座席数（个）	少儿阅览室座席数	盲人阅览室座席数	图书馆延伸服务情况 流动服务书刊借阅人次（万人次）	流动图书馆车书刊借阅册次（万册次）	分馆数量（个）
43.31	**37.88**	**2.30**	**103.29**	**69041**	**9224**	**957**	**416.21**	**567.17**	**1099**
2.65	2.50	0.16		2924	485	41	0.21	3.15	18
5.04	2.64	0.25	0.14	4682	415	12	1.94	0.48	1
0.93	0.86	0.07	5.30	3070	280	22	4.56	5.90	
1.71	1.67	0.04	3.05	3237	212	212	7.20	2.89	139
1.27	1.21	0.06	2.80	1593	60	89	1.11	2.02	
0.85	0.77	0.07	5.11	1228	150	8	17.22	36.66	162
2.11	2.05	0.06	1.40	3000	120	8	13.13	18.55	1
0.90	0.80	0.10	3.05	1629	170	27	66.99	85.18	65
1.36	1.30	0.03	12.11	2467	8	18	4.11	12.25	257
1.80	1.69	0.10	3.40	2352	206	32	35.84	29.78	56
1.07	1.02	0.06	4.92	1574		120	33.22	54.17	14
0.90	0.75	0.06	3.69	1659	278	24	5.33	4.48	6
0.96	0.75	0.07	6.00	2122	1056	33	22.19	46.43	90
0.71	0.70	0.01	2.25	1411	160	20	37.00	46.00	48
1.50	1.47	0.03	3.84	1884	164	20	15.80	16.70	2
1.46	1.38	0.08	2.95	2074	932		0.42	0.76	
4.20	3.90	0.30	10.26	5293	750	24	8.07	6.30	
1.17	1.13	0.04	4.29	2258	770	24	0.50	2.01	51
1.17	1.17		0.90	7213	388	10			84
1.81	1.66	0.08	5.06	2638	465	26	12.90	33.38	8
1.24	1.06	0.06	2.79	1670	380	9	0.61	1.51	
1.47	1.05	0.08	0.60	2379	755	26	35.87	48.54	18
0.46	0.45	0.01	1.50	636	15		1.78	3.65	13
0.86	0.83	0.03	2.74	1071	95	20	4.92	6.98	25
0.82	0.75	0.08	3.04	1324	88	46	38.57	10.83	11
0.34	0.26	0.07	2.97	300	45				
1.72	1.62	0.10		1927	284	12	2.37	2.09	21
0.86	0.64	0.06	3.92	1576	150	30	32.00	75.00	2
0.15	0.11	0.02	1.89	970	43	14	2.83	9.96	
1.05	0.96	0.10	3.32	1480	150	30			2
0.80	0.76	0.04		1400	150		9.53	1.53	5
1.72	1.62	0.10		1927	284	12	1.01	2.82	18
0.86	0.64	0.06	3.92	1576	150	30	30.00	72.00	2
0.15	0.11	0.02	1.89	970	43	14	2.10	8.76	
1.05	0.96	0.10	3.32	1480	150	30			
0.80	0.76	0.04		1400	150		9.53	1.53	8

2014年各地区地市级

地区	机构数(个)	从业人员(人)	专业技术人才				总藏量(万册)	图书	
				正高级职称	副高级职称	中级职称			盲文图书
全　国	**361**	**14131**	**11251**	**249**	**1726**	**5366**	**20736.03**	**16837.97**	**17.56**
北　京									
天　津									
河　北	12	516	431	21	75	180	787.25	575.77	1.57
山　西	7	299	192	5	25	89	249.68	195.69	0.38
内蒙古	12	562	497	3	119	220	455.02	395.21	2.45
辽　宁	22	1181	970	28	137	518	1723.96	1308.34	0.65
吉　林	10	532	467	23	114	193	702.62	584.50	0.38
黑龙江	11	538	433	36	99	216	721.90	562.51	0.28
上　海									
江　苏	17	904	702	17	110	348	1879.36	1590.99	0.90
浙　江	14	1044	709	21	113	307	1750.19	1471.22	0.83
安　徽	18	421	340	3	35	156	551.37	402.54	1.63
福　建	12	379	300	4	34	148	750.02	564.30	0.36
江　西	11	363	262	1	39	103	618.35	487.23	0.83
山　东	17	767	725	21	132	301	1212.66	1031.34	0.76
河　南	19	785	529	7	81	248	866.83	703.18	0.78
湖　北	16	671	615	11	99	346	1032.63	866.52	1.33
湖　南	15	470	391	2	57	195	585.11	498.87	0.29
广　东	26	1601	1317	29	136	654	3075.62	2749.50	1.20
广　西	15	448	384		28	207	739.86	387.64	0.28
海　南	3	58	46			16	87.62	80.96	0.15
重　庆									
四　川	22	681	462	6	62	229	1001.96	810.02	0.76
贵　州	10	295	247	5	37	105	275.84	229.83	0.34
云　南	18	461	388	3	81	191	414.50	327.60	0.40
西　藏	3	16	12			6	23.55	21.88	
陕　西	8	273	175	1	31	97	330.08	270.24	0.30
甘　肃	17	335	209		20	80	281.95	231.68	0.23
青　海	7	102	74		14	39	77.68	72.76	0.13
宁　夏	5	144	117	1	14	57	189.00	127.23	0.06
新　疆	14	285	257	1	34	117	351.45	290.43	0.31

公共图书馆基本情况

古籍	善本	报刊	视听文献	缩微制品	其他	在藏量中：开架书刊	在藏量中：少儿文献	电子图书（万册）	本馆自建
682.06	**40.67**	**1786.03**	**506.48**	**7.21**	**916.28**	**10345.92**	**2373.16**	**23374.29**	**173.62**
44.73	1.55	75.35	20.37	4.31	66.72	454.31	68.07	421.44	11.15
16.13	1.77	32.14	3.01		2.71	94.93	10.03	292.84	21.41
10.51	0.33	36.87	5.82	0.00	6.61	218.89	26.73	190.58	
81.78	2.80	158.35	45.47	0.13	129.90	847.99	189.83	353.84	5.69
20.75	1.72	67.12	18.29	0.13	11.84	278.79	30.01	2486.82	1.46
29.51	1.49	113.66	11.03	0.05	5.13	354.00	41.87	183.67	14.27
130.97	9.71	113.78	33.81	1.05	8.76	1061.18	193.17	1328.88	1.07
56.97	4.22	101.15	119.58	0.01	1.26	986.91	232.25	9943.40	9.32
16.82	1.59	53.39	2.71		75.91	213.78	56.65	776.20	0.18
10.06	0.68	69.67	17.80	0.03	88.16	340.01	147.94	432.89	1.81
17.14	1.75	53.33	8.54	0.04	52.08	157.85	46.76	165.69	11.00
40.57	2.08	113.90	8.17	0.49	18.19	740.42	107.17	1064.54	0.16
45.06	4.19	108.98	6.30	0.59	2.73	444.84	71.77	211.13	
39.40	1.15	90.22	13.31	0.13	23.07	598.21	90.36	642.58	0.72
14.88	0.56	57.45	12.16	0.14	1.62	280.09	42.63	156.83	37.09
24.60	1.06	157.67	122.96	0.02	20.86	1585.56	757.49	1964.08	33.30
8.54	0.72	86.24	7.73	0.00	249.69	296.85	47.71	871.23	
0.58	0.01	4.42	1.67			56.29	6.71	23.82	
46.45	1.56	101.99	31.14	0.08	12.28	454.77	112.53	494.92	
5.48	0.11	34.14	2.26		4.12	148.07	17.17	110.15	
8.45	0.04	60.20	4.78	0.00	13.47	194.75	19.94	782.24	0.15
0.10		1.40	0.02		0.16	2.47	1.13	10.00	
2.74	0.22	19.67	2.57		34.86	199.30	9.66	145.99	0.01
7.83	1.03	23.79	1.51	0.01	17.12	127.35	9.78	35.53	1.00
0.70	0.08	2.28	0.29		1.65	13.21	8.90	67.50	
0.21	0.20	10.11	0.42		51.02	39.61	10.47	63.02	
1.11	0.06	38.77	4.78		16.37	155.48	16.43	154.48	23.84

续表 1

地　区	本馆外购	免费共享	书架单层总长度（米）	本年新购藏量（万册）	本年新增电子图书（万册）	当年购买的报刊种类（种）	有效借书证数（个）	总流通人次（万人次）	书刊文献外借人次
全　国	**19604.39**	**3596.29**	**4316246**	**1454.20**	**4249.35**	**300103**	**14285240**	**15712.44**	**7084.61**
北　京									
天　津									
河　北	380.08	30.20	146839	40.90	18.08	11130	259273	496.87	170.50
山　西	31.59	239.84	52548	16.42	46.58	3304	253960	114.39	60.58
内蒙古	60.11	130.47	70302	42.21	4.42	6108	106275	268.93	84.60
辽　宁	294.85	53.30	184013	74.40	22.50	26962	562456	929.99	325.38
吉　林	2484.76	0.61	78424	32.56	8.30	9814	490792	268.87	154.41
黑龙江	91.91	77.50	241071	92.02	159.01	10050	200170	290.18	77.95
上　海									
江　苏	1113.61	214.20	586419	148.91	182.80	22134	1712732	2106.32	1474.00
浙　江	9543.53	390.56	265696	155.07	1910.98	21217	4541850	1800.44	778.08
安　徽	654.02	122.00	74403	58.22	21.98	14175	306739	501.29	210.22
福　建	431.04	0.05	111076	65.45	21.70	9370	363465	727.40	290.44
江　西	149.69	5.00	44684	23.02	21.56	6815	266306	315.22	204.62
山　东	960.54	103.83	178902	62.04	49.98	19587	688434	937.63	535.17
河　南	185.03	26.10	123953	39.97	16.63	12807	391597	798.00	372.85
湖　北	150.83	491.03	187830	37.82	418.95	13762	545097	729.50	436.07
湖　南	69.74	50.00	89532	38.40	14.41	8071	219257	294.97	174.07
广　东	1117.33	813.46	462484	334.27	391.57	36819	2397960	2707.12	693.71
广　西	639.63	231.60	104701	40.03	305.81	10413	144132	560.18	136.20
海　南	23.82		5981	6.00		1611	12372	38.55	10.03
重　庆									
四　川	393.21	101.71	972610	45.37	145.29	13446	262213	642.06	278.66
贵　州	100.15	10.00	27769	9.08	0.72	4972	86589	136.79	110.80
云　南	433.06	349.04	106487	19.09	60.54	7681	129619	294.95	147.77
西　藏	10.00		1732	2.42	1.00	791	3108	5.09	0.66
陕　西	35.48	110.50	57683	18.80	353.31	5686	78625	242.34	68.33
甘　肃	34.03	0.50	55911	14.34	2.97	4272	49496	173.55	109.37
青　海	67.50		12896	2.95	13.03	1658	46682	40.86	25.37
宁　夏	63.02		26670	4.51	31.80	2525	53602	81.33	42.58
新　疆	85.84	44.80	45630	29.94	25.43	14923	112439	209.60	112.18

书刊文献外借册次(万册次)	为读者举办各种活动						计算机(台)	供读者使用电子阅览室终端数	图书馆网站访问量(页次)
	组织各类讲座次数(次)	参加人次(万人次)	举办展览(个)	参加人次(万人次)	举办培训班(个)	培训人次(万人次)			
13192.13	**14714**	**284.47**	**3923**	**1052.54**	**7988**	**52.57**	**44248**	**24005**	**174944214**
349.61	576	6.33	90	8.05	99	0.54	1575	937	2320335
70.46	240	2.89	78	3.58	128	0.42	1009	618	449582
214.58	170	3.15	54	16.43	58	0.47	2846	1187	366267
716.51	1161	16.22	286	96.15	1145	3.48	2886	1327	16311111
311.20	373	7.82	62	39.65	138	1.36	1466	763	7699746
188.01	200	3.03	81	21.03	135	1.23	1428	843	775671
1602.51	908	22.65	266	50.54	332	1.54	2681	1326	5969599
1943.17	1222	22.67	399	128.51	1435	7.20	2837	1504	12303342
392.03	624	10.58	137	21.42	93	0.98	1943	1176	3719170
757.01	1031	10.05	208	36.48	278	0.99	1507	805	4278480
352.09	297	9.15	124	24.65	129	0.72	1173	590	772209
762.91	908	14.64	241	35.69	222	2.43	3017	1510	15431303
575.58	816	17.02	179	45.26	303	2.00	2542	1723	1868263
754.17	457	12.81	204	40.48	359	3.46	1599	888	9891871
325.40	501	16.73	132	21.24	293	1.64	1143	718	7775357
2076.22	2202	56.23	519	320.08	1190	8.73	5390	2435	39478840
222.59	531	10.61	135	32.31	238	1.33	1219	709	14357462
28.31	39	0.23	3	0.65	1	0.00	174	107	28469
551.59	480	15.60	202	40.14	592	7.09	1954	1024	20789045
111.60	385	1.95	27	5.38	20	0.29	598	337	740253
237.51	735	7.37	207	26.45	413	3.08	1582	1104	2614164
2.18	7	0.09	12	0.67			150	146	32160
137.69	250	5.28	59	18.45	79	0.69	691	366	6516188
190.05	222	3.52	95	6.92	40	0.59	765	435	296930
45.19	43	0.47	10	0.48	27	0.15	262	204	48198
100.42	101	0.96	22	1.90	46	0.27	591	415	21734
173.55	235	6.43	91	9.96	195	1.92	1220	808	88465

续表 2

地区	本年收入合计（千元）	财政补贴收入	购书专项经费	上级补助收入	事业收入	经营收入	附属单位上缴收入	其他收入	本年支出合计（千元）
全国	**3269624**	**3159922**	**447255**	**33721**	**21301**	**2367**	**104**	**52209**	**3196271**
北京									
天津									
河北	108632	107780	16824	450	55	89		258	115393
山西	45070	44684	8130	340		31		15	44331
内蒙古	121520	114033	5895	50	47			7390	111097
辽宁	225913	220490	20195					5423	229892
吉林	97942	96433	13360	680				829	124378
黑龙江	129600	129496	5747	20	41			43	88139
上海									
江苏	269096	263394	41965	87	1833			3782	257466
浙江	299692	292212	47868		2416			5064	287958
安徽	80568	70648	16971	8889	256			775	79575
福建	123703	104367	17389	3956	8217	1897		5266	108151
江西	64320	61525	6197	1521	1134			140	59079
山东	199326	197227	29149	1550	10			539	176488
河南	113684	111639	8161	188	450			1407	110253
湖北	113989	104674	15449	856	1253			7206	110648
湖南	83039	81904	8831		265			870	79718
广东	602897	598069	126623	1383	1964		104	1377	628910
广西	86146	81098	10829	3068	1040	350		590	77325
海南	13355	11846	20					1509	17027
重庆									
四川	125019	123652	11745	608	55			704	124919
贵州	51973	49855	4220	400	7			1711	54153
云南	71018	66840	7594	1900				2278	69440
西藏	4891	3684	286	400				807	4891
陕西	43437	38914	1250	1733	285			2505	41776
甘肃	66697	63931	4960	1403	800			563	67812
青海	20369	19636	2001	726				7	20029
宁夏	34000	33842	1558	8				150	34669
新疆	73728	68049	14038	3505	1173			1001	72754

基本支出	项目支出	经营支出	在支出合计中：						
			工资福利支出	商品和服务支出				各种税金支出	对个人和家庭补助支出
					差旅费	劳务费	福利费		
1753802	**1370805**	**2944**	**991635**	**673124**	**15648**	**46743**	**7369**	**3181**	**392667**
76978	26779	107	28529	28535	395	416	191		9734
26129	13721	31	16872	6787	132	829	382		4828
85520	22516		42342	24970	810	1230	136		14642
125017	89812		70388	52654	583	2920	237	54	36968
59550	64828		31736	20839	269	763	42	4	17658
73543	14074		31472	19291	281	1212	152	788	18952
148242	109109		81429	58564	1043	9102	340	548	34624
134113	148994		89781	74091	1289	8677	1751	163	25810
41449	34338		25613	14707	315	663	55		7476
47490	59313	1303	31777	16984	475	1406	299	60	10606
49968	8911		21778	11183	676	841	43	292	14821
85541	89315	1181	55279	21422	472	1134	122	1	17743
73370	36416		42305	13539	423	2569	320	46	13284
68953	41692		43844	20042	821	933	238	510	16674
59351	18556		26803	13447	445	798	359	94	11569
266942	353867		164257	165303	1695	3479	1150	372	60036
46782	29477	322	27815	14730	721	564	58	63	11816
6202	8848		5112	5393	55	1009		9	938
65056	58015		38567	33711	1741	3034	484	26	15018
34464	16591		17802	6054	444	559	212	75	11058
43217	26212		25495	12901	824	1607	138	42	10296
2218	500		1268	857	145		1		253
28123	12214		14924	9108	291	645	266	18	2450
35443	30279		17352	8959	381	423	174	16	7857
16190	3838		8127	3236	232	433	39		4277
19333	14935		10898	4764	138	58			4901
34618	37655		20070	11053	552	1439	180		8378

续表 3

地　区	抚恤金和生活补助	其他资本性支出	各种设备购置费	新增藏量购置费	新增数字资源购置费	资产总计(千元)	固定资产原值	实际使用公用房屋建筑面积(万平方米)	书库面积
全　国	**19132**	**868634**	**716537**	**417569**	**56549**	**9472378**	**8192369**	**357.27**	**70.30**
北　京									
天　津									
河　北	147	34794	30298	16638	1460	278456	254555	13.25	3.17
山　西	11	15130	10214	7269	413	207760	198166	8.05	1.15
内蒙古	238	21385	21275	5042	888	230440	186676	14.35	2.00
辽　宁	7638	51188	34409	24407	4515	581659	472325	21.35	3.77
吉　林	236	54145	22591	10171	2899	267246	196500	8.99	1.69
黑龙江	331	18424	16865	6215	765	283076	211516	11.26	2.49
上　海									
江　苏	117	71252	60280	42563	2721	843896	729910	30.44	5.57
浙　江	149	85436	84760	45558	3916	910823	733060	26.84	4.91
安　徽	70	23400	21791	14302	3442	249279	226930	11.69	2.26
福　建	934	44823	42482	15120	2452	276781	239772	10.42	2.09
江　西	1482	9017	8972	5525	922	170116	142210	11.54	2.60
山　东	1142	64861	43997	28304	5805	635935	526130	27.16	6.61
河　南	774	21576	15488	7614	1526	277957	218347	21.78	4.50
湖　北	188	22437	20669	12021	4316	533056	428501	19.85	4.11
湖　南	1341	16208	14875	9697	150	192655	163433	9.77	2.94
广　东	1733	176704	148397	108110	10455	1967167	1891992	48.61	6.34
广　西	82	20685	19858	11642	739	190492	171115	10.25	2.23
海　南	23	4636	2740	1847		42994	40665	1.42	0.38
重　庆									
四　川	624	31142	30290	12964	3634	363560	295093	13.61	3.59
贵　州	282	7100	6097	3326	1682	103859	89399	4.31	1.24
云　南	421	18678	16320	6322	880	196002	163031	8.34	1.82
西　藏		311	311	153	2	25811	25376	0.75	0.06
陕　西	16	11006	10030	6956	1144	162357	149466	6.02	1.35
甘　肃	709	10327	8489	3964	820	206259	198863	5.55	1.13
青　海	21	3973	3776	2768	157	21279	20462	1.34	0.25
宁　夏	17	13275	12269	1260	726	133390	126977	4.23	0.96
新　疆	406	16721	8994	7811	120	120073	91899	6.11	1.10

阅览室面积	书刊阅览室面积	电子阅览室面积	实际拥有产权面积（万平方米）	阅览室座席数（个）	少儿阅览室座席数	盲人阅览室座席数	图书馆延伸服务情况：流动服务书刊借阅人次（万人次）	流动图书馆车书刊借阅册次（万册次）	分馆数量（个）
95.80	**75.65**	**10.64**	**184.43**	**209001**	**45629**	**5596**	**1272.97**	**1968.95**	**2328**
3.96	3.63	0.34	10.61	5817	984	160	25.41	54.88	35
2.87	2.46	0.25	6.24	3810	508	85	11.46	6.32	24
3.41	2.72	0.49	5.15	8804	1403	159	16.16	32.91	32
5.55	3.54	0.72	11.42	10798	3173	263	101.82	232.06	279
2.62	2.08	0.21	5.70	5996	804	112	88.91	144.19	14
2.68	2.28	0.35	2.60	6995	764	56	77.19	135.72	117
7.35	4.93	0.53	13.90	13385	2993	174	94.29	115.87	252
7.06	6.06	0.62	12.18	12834	4580	232	91.56	145.30	160
3.88	3.23	0.41	7.64	9130	2052	300	58.76	86.43	103
4.20	3.83	0.29	3.04	8590	2736	148	91.91	150.13	283
3.89	2.90	0.37	5.52	7357	1528	433	37.01	41.52	37
7.25	4.86	0.62	16.65	14122	2616	328	43.86	67.69	143
4.25	3.24	0.82	15.55	13022	2480	490	33.71	64.81	41
3.40	2.76	0.49	13.11	10437	2431	256	46.55	57.21	108
2.21	1.81	0.39	6.40	5906	1670	82	6.94	12.84	124
14.71	13.03	1.56	10.20	27681	5829	224	193.80	272.19	316
2.23	1.80	0.31	3.40	6445	2000	247	21.99	48.92	15
0.19	0.13	0.04	1.42	537	132	18	1.87	2.26	1
3.38	2.66	0.43	8.74	8988	1967	328	34.57	62.47	99
1.61	1.09	0.16	3.80	3896	720	145	45.49	19.84	19
2.32	1.62	0.49	5.42	6463	1299	195	56.83	69.96	68
0.11	0.05	0.05	0.44	390	44		0.30	0.43	7
1.96	1.68	0.11	6.40	3476	316	72	16.44	19.86	20
1.84	1.47	0.18	3.43	5222	821	913	7.58	18.12	8
0.49	0.28	0.07		773	170	22	17.33	30.15	4
0.75	0.38	0.12	2.46	2244	504	54	22.19	44.19	1
1.65	1.12	0.24	3.04	5883	1105	100	29.06	32.69	18

2014年各地区县市级

地区	机构数（个）	从业人员（人）					总藏量（万册）		
			专业技术人才					图书	
				正高级职称	副高级职称	中级职称			盲文图书
全　国	**2716**	**32401**	**20988**	**126**	**1576**	**9326**	**36223.96**	**30420.58**	**43.88**
北　京	23	914	689	3	43	237	1490.00	1378.26	0.24
天　津	29	676	588	4	80	237	706.77	646.32	0.94
河　北	159	1212	712	4	64	342	1071.19	932.29	1.43
山　西	118	1090	659	6	22	296	918.98	753.19	1.13
内蒙古	103	1227	946	2	111	409	734.30	617.93	0.37
辽　宁	106	1522	996	14	72	581	1241.71	1038.37	1.05
吉　林	55	870	721	5	93	374	535.72	443.44	0.24
黑龙江	95	964	787	11	166	408	663.54	582.39	0.32
上　海	23	1327	940	3	32	314	1769.78	1636.95	0.67
江　苏	96	1608	1022	11	101	433	3351.95	2990.31	2.70
浙　江	83	2082	1138	19	114	537	3251.46	2870.61	2.53
安　徽	94	833	533	2	27	200	900.93	761.51	3.77
福　建	74	671	424	1	18	194	1550.02	1214.43	0.47
江　西	102	879	480	9	16	178	1176.69	881.78	4.67
山　东	135	1734	1468	6	198	688	2499.85	2101.24	4.02
河　南	136	1965	820	2	24	402	1098.06	900.06	1.22
湖　北	95	1270	876	2	30	546	1139.10	917.74	1.42
湖　南	119	1303	807	1	45	410	1300.71	1015.86	6.09
广　东	111	2150	1099	9	43	431	2550.29	2180.07	1.10
广　西	94	756	531	1	6	183	1147.79	825.01	0.28
海　南	17	154	120			18	197.67	158.50	
重　庆	41	562	354	6	39	145	830.80	699.90	2.54
四　川	175	1232	698	1	25	250	1630.28	1338.15	2.42
贵　州	84	573	422		14	120	756.74	581.26	1.04
云　南	132	1156	994		103	525	1131.39	897.20	0.44
西　藏	74	51	19			1	54.81	42.43	0.02
陕　西	105	1589	864	1	16	355	739.31	592.08	1.36
甘　肃	85	908	438	1	26	177	615.70	450.49	0.36
青　海	41	181	137		3	60	148.05	122.68	0.19
宁　夏	20	257	183		10	85	282.80	242.12	0.44
新　疆	92	685	523	2	35	190	737.61	608.01	0.43

公共图书馆基本情况

古籍		报刊	视听文献	缩微制品	其他	在藏量中		电子图书（万册）	本馆自建
	善本					开架书刊	少儿文献		
504.51	**41.63**	**3105.60**	**564.52**	**46.93**	**1581.84**	**19043.21**	**3254.93**	**22594.75**	**536.80**
5.08	0.38	31.51	32.71	0.33	42.11	1125.53	169.61	2302.82	0.32
4.16	0.23	40.53	8.29	0.05	7.41	396.87	53.83	201.41	0.01
7.28	0.52	73.84	5.98	0.28	51.52	498.82	77.10	315.44	2.71
29.11	5.43	98.28	6.39	1.15	30.87	337.68	45.56	95.25	0.89
3.19	0.47	73.32	10.18	0.46	29.22	421.20	41.80	193.99	41.39
16.07	1.07	47.59	21.51	19.28	98.89	753.72	146.26	239.71	20.45
1.05	0.04	43.52	7.70	0.17	39.84	237.04	47.99	133.96	0.77
2.14	0.00	58.68	3.92	0.13	16.28	325.41	34.64	267.18	0.61
9.68	1.19	25.96	89.83	0.01	7.36	1120.05	195.26	234.44	0.69
53.77	2.80	223.44	33.51	0.48	50.44	1734.55	356.13	2312.99	29.61
51.61	2.43	200.11	67.08	0.29	61.75	2033.89	402.15	2892.98	9.62
11.44	0.38	68.93	29.89	0.89	28.28	422.51	85.53	1772.99	50.73
12.60	1.65	111.45	31.76	1.07	178.71	742.67	137.60	1060.40	32.66
25.08	2.86	194.78	8.84	0.76	65.45	441.64	109.40	288.06	13.07
26.04	2.84	201.28	22.46	2.72	146.11	1177.15	188.82	626.57	56.99
15.44	1.16	147.65	9.62	0.22	25.07	503.79	66.10	603.33	12.22
15.01	1.33	145.31	8.78	3.46	48.80	533.46	97.69	462.73	69.69
40.15	3.32	177.20	10.58	0.62	56.31	577.67	99.81	220.54	9.50
12.80	0.98	145.88	73.04	0.16	138.34	1755.07	253.86	1915.87	5.63
8.86	1.47	221.71	6.52	0.98	84.72	499.34	81.12	177.55	1.96
0.64	0.42	23.24	1.29	0.02	13.98	73.01	5.69	232.47	12.01
26.68	2.33	61.33	16.78	0.04	26.07	539.14	117.68	752.29	64.80
48.94	2.43	149.59	13.03	0.62	79.95	783.62	132.59	868.02	57.41
9.19	0.85	95.42	9.12	1.03	60.71	368.96	50.82	470.07	9.13
29.22	2.02	135.41	11.40	10.66	47.50	611.17	81.31	600.57	6.45
0.48	0.00	5.80	0.52	0.01	5.58	4.97	1.32	10.09	
22.34	0.90	65.34	5.59	0.34	53.61	330.69	46.96	2886.62	1.33
12.85	1.91	103.89	5.31	0.19	42.98	278.46	45.93	82.17	2.38
2.45	0.19	12.26	1.87	0.11	8.69	46.21	12.59	55.33	7.70
0.64	0.03	24.79	2.88	0.01	12.36	72.41	27.89	10.81	0.08
0.55	0.02	97.59	8.13	0.41	22.92	296.53	41.90	308.10	16.03

续表 1

地　区	本馆外购	免费共享	书架单层总长度（米）	本年新购藏量（万册）	本年新增电子图书（万册）	当年购买的报刊种类（种）	有效借书证数（个）	总流通人次（万人次）	书刊文献外借人次
全　国	**9344.26**	**12713.69**	**5210809**	**2453.02**	**2497.90**	**606883**	**17908548**	**28623.74**	**12734.72**
北　京	185.35	2117.15	132137	108.91	16.27	17051	569336	690.98	327.40
天　津	200.40	1.01	94426	73.85	17.35	11921	219787	403.05	194.32
河　北	260.03	52.70	260552	66.57	135.10	12980	229225	493.63	266.04
山　西	89.14	5.21	96311	42.80	24.64	15249	172424	321.38	155.92
内蒙古	102.91	49.70	117349	51.41	56.03	13408	117722	293.17	168.18
辽　宁	204.47	14.79	170918	89.00	33.21	23727	409579	880.36	370.54
吉　林	74.89	58.30	75878	75.30	46.46	9491	186367	302.32	153.90
黑龙江	9.13	257.44	98857	30.67	4.90	10608	147286	310.23	140.98
上　海	219.93	13.82	200990	143.19	30.28	34078	965456	2369.21	527.16
江　苏	1026.96	1256.43	370668	187.88	54.60	45115	3134254	3021.92	1646.94
浙　江	651.54	2231.82	394272	258.30	377.07	51695	4647676	3426.61	1137.76
安　徽	1584.47	137.79	95729	92.73	237.61	17772	300225	938.01	542.65
福　建	566.49	461.25	204089	115.54	97.34	18930	394386	1110.35	508.00
江　西	158.52	116.47	154720	47.09	24.70	16536	303837	768.27	392.39
山　东	342.78	226.80	316983	137.66	42.79	32813	909886	1489.35	941.57
河　南	245.86	345.26	180336	55.62	102.41	18860	488450	1017.19	623.28
湖　北	52.27	340.78	182471	72.34	160.79	15479	555772	880.51	538.09
湖　南	140.93	70.12	225857	54.49	45.10	21664	509252	904.94	548.18
广　东	1148.49	761.75	400072	205.84	210.67	44133	1741394	3603.59	873.89
广　西	143.64	31.96	202457	63.08	6.52	23321	309359	1009.80	546.54
海　南	112.15	108.30	26405	8.67	21.09	3560	20303	67.77	26.64
重　庆	531.10	156.39	256366	78.42	271.14	23128	275200	878.62	406.47
四　川	547.96	262.65	259069	106.42	208.16	35087	471417	1212.18	553.33
贵　州	200.39	260.56	101381	52.98	79.22	14851	236674	371.70	185.62
云　南	198.86	395.26	233539	64.11	71.78	28131	181453	668.32	346.99
西　藏	0.03	10.06	8595	32.63	0.04	1206	690	7.75	2.99
陕　西	67.33	2817.97	89714	31.39	19.93	11572	142560	412.51	214.60
甘　肃	71.03	8.76	104071	23.33	19.85	6708	115369	320.40	178.93
青　海	45.17	2.46	27367	7.56	5.09	5704	27174	45.75	26.18
宁　夏	6.98	3.75	34177	15.51	1.98	5304	30831	119.16	55.04
新　疆	155.09	136.97	95053	59.74	75.79	16801	95204	284.74	134.23

书刊文献外借册次(万册次)	为读者举办各种活动						计算机(台)	供读者使用电子阅览室终端数	图书馆网站访问量(页次)
	组织各类讲座次数(次)	参加人次(万人次)	举办展览(个)	参加人次(万人次)	举办培训班(个)	培训人次(万人次)			
23261.45	**34844**	**565.72**	**12378**	**1720.08**	**18928**	**127.92**	**132072**	**90103**	**200584566**
670.44	1484	13.08	268	54.56	865	4.19	3321	1603	5036435
420.48	506	5.48	197	9.35	641	2.50	2046	1300	5537032
399.34	990	16.91	460	34.58	490	3.48	4813	3383	7850996
225.99	1442	17.49	346	39.44	494	4.03	4251	3383	246481
339.35	794	11.60	196	17.04	240	1.43	3629	2607	485159
804.52	1061	17.66	363	60.71	461	3.08	4039	2463	985553
262.41	370	5.41	137	35.29	179	1.34	2460	1500	685827
273.16	439	10.11	270	28.64	274	2.26	3709	2644	94922
1851.63	1982	20.22	284	61.77	905	5.46	4201	2050	17196950
2697.34	1875	32.83	723	93.65	894	7.02	6190	3601	14763363
2862.14	2429	41.69	1366	203.17	1256	6.55	6505	4057	12069298
809.31	909	17.63	403	69.41	704	5.14	5179	4018	4299779
971.98	992	15.83	461	53.78	431	2.76	3599	2514	8835533
633.49	1083	22.65	553	57.10	711	4.78	5541	3848	920818
1750.39	1978	38.52	628	65.80	1038	7.03	7309	5191	2499229
871.17	1678	31.56	603	45.29	772	5.99	6008	4188	2052125
784.87	1265	22.26	403	37.04	598	5.05	4516	3338	1803344
864.84	1593	31.53	349	56.77	747	7.04	4706	3488	6198358
1491.28	2764	40.62	619	236.88	992	5.68	8166	5777	40907589
658.73	1062	24.70	445	41.51	1171	7.36	4003	2923	262046
46.29	128	1.91	76	9.17	56	0.38	908	692	306850
863.71	983	20.12	448	70.63	666	5.49	3278	2330	3347259
970.73	2128	32.11	608	110.75	788	5.48	7574	5491	3897233
259.36	1051	11.42	242	19.74	568	3.73	4170	2648	50273375
584.27	1304	19.90	575	84.85	1128	8.55	5293	3911	5933420
2.91	25	0.51	20	0.77	27	0.15	925	621	1500
293.28	1212	13.27	454	43.71	784	5.66	4494	3150	1634173
254.03	650	16.95	267	28.41	319	2.41	3442	2498	547824
31.93	117	1.19	40	1.84	90	0.69	1542	1033	22866
103.66	140	2.68	35	1.91	140	0.96	1379	1120	
208.42	410	7.88	539	46.53	499	2.28	4876	2733	1889229

续表 2

地　区	本年收入合计(千元)	财政补贴收入	购书专项经费	上级补助收入	事业收入	经营收入	附属单位上缴收入	其他收入	本年支出合计(千元)
全　国	**4836285**	**4545655**	**472249**	**170676**	**42088**	**9632**	**279**	**67955**	**4691502**
北　京	309687	303170	35111	1316	1103	1437		2661	314235
天　津	187661	184812	17153	1172	1076			601	175585
河　北	87068	82786	6335	2114	1654			514	86037
山　西	107607	105192	8151	1950	415			50	101243
内蒙古	144037	141356	9050	2485				196	142374
辽　宁	156965	156055	12591	682				228	154273
吉　林	89737	88800	6895	515	4			418	83148
黑龙江	85284	79263	6133	4241	1473		20	287	82758
上　海	450078	428512	72157	6901	5139			9526	438453
江　苏	316512	289448	32313	12511	4646	6988		2919	315924
浙　江	414002	380428	63028	13660	3352	2		16560	431542
安　徽	152941	137598	10044	11922	1874			1547	103367
福　建	135225	121697	15819	9410	880			3238	126952
江　西	113321	96804	11167	10185	4087	791	154	1300	105592
山　东	180702	174528	18514	5290	160	20		704	176803
河　南	118513	112251	7297	4799	567	5	5	886	116293
湖　北	147443	127962	13119	13869	1812			3800	142826
湖　南	133633	121736	9331	8115	84	240		3458	132859
广　东	418983	404909	43806	6661	4165			3248	412756
广　西	81880	67227	5192	8239	2744	146		3524	78565
海　南	20873	19025	1730	1225	50			573	26038
重　庆	148387	144096	15565	3380	823			88	141182
四　川	230823	219093	16627	8318	661		100	2651	210854
贵　州	73630	63768	4123	6428	2029			1405	61472
云　南	128828	121872	8682	3658	221			3077	125761
西　藏	5196	4825	121	203	11	3		154	5535
陕　西	136989	125338	7448	8946	1174			1531	138307
甘　肃	79822	72527	2527	5028	1142			1125	81240
青　海	21599	18963	2045	1960	676				21329
宁　夏	60844	59491	2221	670				683	60001
新　疆	98015	92123	7954	4823	66			1003	98198

基本支出	项目支出	经营支出	在支出合计中：						
			工资福利支出	商品和服务支出					对个人和家庭补助支出
					差旅费	劳务费	福利费	各种税金支出	
3066460	**1341365**	**9985**	**1829149**	**954437**	**26018**	**86492**	**16713**	**4524**	**511172**
165218	146953	1210	101405	88428	140	780	1442	380	38964
115528	50320		60988	25732	96	427	791	132	41973
63717	12733	930	44491	8930	284	1022	90		6589
77225	18173	100	46401	17121	984	1736	39	25	8512
124389	10829		74402	22517	1090	1476	325	47	26460
111848	25262		70176	29715	548	3998	58	5	23126
64067	19081		38558	12710	440	538	9		16456
70042	11788	698	40981	14660	641	822	148	1	15317
273074	165376		162617	148248	1470	7452	3147	199	24037
244157	59120	1637	110661	69919	1298	6003	1038	553	35430
224273	193203	2	152366	116526	1770	16486	2476	246	36085
66721	23645	1045	38518	13775	687	598	536	55	11077
65968	54897		40354	25580	601	4971	180	327	10049
73509	8873	794	41951	16903	1305	937	1185	250	16415
128969	24848	220	93877	23812	917	1101	91	11	13657
97819	9480	171	62891	16784	632	934	222	379	12208
89437	46201	60	56374	17522	988	666	444	64	15806
106907	17887	342	54373	28933	1080	1507	602	274	10928
225090	177872		124247	94833	801	14882	1870	869	41616
55516	13420	644	32059	15421	1379	991	98	210	10527
11766	7478	796	10345	2926	394	392	3	3	700
65015	74841		35928	29237	2769	6404	455	2	18492
116082	80939	2	67200	47632	2069	6298	391	2	20982
40217	6437		29556	5930	538	825	264	16	4845
89358	28356		58492	19147	622	1200	102	51	12942
3045		89	1879	60	30	20	10		10
103848	18771	841	73479	18247	812	1354	318	282	12116
61909	5216		41975	7761	549	1195	110	56	11334
14939	805		11173	1759	124	12	8	50	1413
53142	909	254	15484	2862	145	455	120	1	3128
63665	27652	150	35948	10807	815	1010	141	34	9978

续表 3

地　　区	抚恤金和生活补助	其他资本性支出	各种设备购置费	新增藏量购置费	新增数字资源购置费	资产总计（千元）	固定资产原值	实际使用公用房屋建筑面积（万平方米）	书库面积
全　　国	**25701**	**863476**	**735742**	**488226**	**36174**	**14651197**	**12491091**	**686.37**	**137.42**
北　　京	1127	63179	55980	33927	1718	803477	693525	15.50	3.41
天　　津	1072	23338	19549	15818	306	243260	217467	12.91	3.37
河　　北	616	14098	12230	8101	616	224826	205449	29.67	5.29
山　　西	90	14868	12790	8935	480	235245	218475	24.69	4.72
内 蒙 古	3331	15100	12589	11088	155	231044	221504	17.17	2.92
辽　　宁	1703	19815	16739	11124	605	297168	256518	23.66	3.79
吉　　林	1068	15424	11377	6988	454	132777	111447	9.35	1.78
黑 龙 江	420	10547	7212	5484	50	206878	185904	14.36	2.72
上　　海	1172	88377	80674	56984	7159	1131270	942485	28.38	3.19
江　　苏	680	75017	61924	41487	2754	1101363	990313	54.91	8.36
浙　　江	518	116635	95406	67045	1469	1022636	872164	53.59	8.71
安　　徽	694	22594	20147	13688	1469	384667	339226	21.47	4.52
福　　建	645	43916	41023	20442	1834	391217	340794	24.11	6.17
江　　西	1047	15003	12361	7821	1871	256226	212873	22.87	5.04
山　　东	457	26718	23974	18011	1004	448416	414666	41.45	9.07
河　　南	366	15637	13749	7900	304	333015	306540	28.90	6.03
湖　　北	717	21798	19993	15890	923	364275	330965	22.87	5.31
湖　　南	1549	18038	15662	10870	985	252457	201614	24.06	6.60
广　　东	1065	71601	66838	43744	2878	2154764	2047539	56.30	11.07
广　　西	562	12437	8803	5945	227	211881	167056	15.30	4.70
海　　南	88	8307	5752	2645	2270	70235	65969	3.90	0.99
重　　庆	1120	25395	20631	14142	2095	266555	208201	20.71	4.09
四　　川	1545	37349	25428	16282	1945	540936	478493	34.66	7.11
贵　　州	250	11345	9076	5667	398	693253	355637	15.04	3.00
云　　南	215	17598	13443	10639	547	391104	361334	22.83	5.88
西　　藏		864	785	586	20	25093	23748	1.76	0.26
陕　　西	1056	13773	11628	8380	615	188741	165676	14.17	2.77
甘　　肃	1831	9780	8137	4707	332	1379386	1239680	11.52	2.30
青　　海	135	2918	1488	1441		344626	22663	2.01	0.54
宁　　夏	170	4876	4366	2974	73	92335	78498	4.50	0.97
新　　疆	392	27131	25988	9471	618	232071	214668	13.82	2.79

阅览室面积	书刊阅览室面积	电子阅览室面积	实际拥有产权面积（万平方米）	阅览室座席数（个）	少儿阅览室座席数	盲人阅览室座席数	图书馆延伸服务情况：流动服务书刊借阅人次（万人次）	流动图书馆车书刊借阅册次（万册次）	分馆数量（个）
189.04	**123.46**	**40.55**	**423.06**	**572323**	**155670**	**14571**	**1789.98**	**3180.76**	**5674**
3.86	2.85	0.54	8.09	12984	3502	179	23.00	54.21	255
3.13	2.29	0.72	3.40	9576	2048	158	32.41	52.50	27
7.51	4.82	1.65	16.36	23233	5692	460	31.24	33.07	27
6.84	3.74	1.78	23.70	18878	4385	653	43.93	58.66	51
4.63	2.98	1.21	8.93	15180	4130	376	60.47	77.48	71
5.55	3.85	0.96	8.85	19047	4595	445	50.80	111.42	235
3.01	2.17	0.65	6.28	9957	2973	267	33.35	58.01	296
4.50	2.58	1.12	5.65	14686	4857	344	29.56	62.64	145
9.06	7.57	0.83	9.10	19189	4098	157	88.92	236.10	301
11.79	7.84	1.80	34.40	29045	9092	878	96.15	170.27	971
12.53	9.41	2.51	27.11	36522	9021	870	227.76	475.74	747
6.94	4.76	1.56	15.12	18664	5709	648	65.39	104.35	196
6.70	4.66	1.01	17.53	19741	5169	412	80.34	150.82	216
6.97	4.22	1.59	17.77	22738	7617	1239	50.34	64.50	69
11.15	6.93	2.70	19.25	34088	8321	1016	87.93	104.35	288
7.52	5.10	1.63	16.07	26352	7729	578	40.38	50.16	118
6.32	3.53	1.58	19.15	20913	6317	581	59.30	82.20	215
6.16	3.84	1.57	19.20	23080	7521	600	46.75	74.50	120
16.94	11.62	3.14	31.77	45633	10703	566	178.36	400.61	606
4.28	2.61	1.17	11.82	17908	5158	324	35.13	55.80	14
0.84	0.48	0.23	3.09	3145	838		7.64	15.24	3
5.75	4.08	1.07	17.43	16798	4208	494	84.26	172.83	177
11.11	7.11	2.69	21.11	32056	7563	1006	102.60	166.11	95
4.64	2.51	1.07	12.21	14849	4042	622	31.57	47.09	136
5.84	3.37	1.73	16.42	19669	5784	372	78.88	128.01	137
0.48	0.25	0.15	0.50	1669	98	25	0.17	0.12	4
4.09	2.66	1.17	11.67	13389	4449	552	44.11	55.33	78
2.94	1.75	0.87	9.77	12176	3919	266	25.93	43.16	37
0.64	0.30	0.19	0.66	1679	387	20	5.68	9.39	
1.61	0.98	0.43	4.02	4310	1361	202	15.80	21.84	9
5.74	2.62	1.26	6.64	15169	4384	261	31.86	44.24	30

主要统计指标解释

1．**藏量**：指本馆已编目的古籍、图书、期刊和报纸的合订本、小册子、手稿，以及缩微制品、录像带、录音带、光盘等视听文献资料数量之和。

对同一书名，但分若干册（卷）的图书，按每一册（卷）作为一册统计。期刊和报纸均以每一合订本为一册统计。至填报本表时，尚未装订成册编目的期刊和报纸不应统计在内。

2．**图书**：指装订成册，不少于49页，并在“古籍”范围以外的纸介质图书。装订成册但不足49页的，按小册子统计到“其他”类中。

3．**盲文图书**：指供盲人读者阅读的图书。

4．**报刊**：指刊登当前事件的专题或综合新闻，每周至少出版一张并按年、月、日顺序或按编号排列的连续出版物。或者是同一刊名下，按顺序号或按年、月、日出版的定期或不定期的一种连续出版物。包括报纸和期刊。

5．**古籍、善本**：实际成书和出版年代在1911年（含1911年）以前的线装、卷轴装、经折装、蝴蝶装、包背装等书籍为古籍。其中清乾隆六十年即1795年（含1795年）以前的古籍为善本，1795年至1911年间的具有历史文献性、学术资料性和印刷装帧艺术代表性的也归为善本。

6．**视听文献**：包括各类型声频文献（唱片、录音带、盒式磁带等）、视频文献（例如幻灯片、透明正片等）和声频与视频混合文献（例如有声电影、录像片等）。

7．**缩微文献**：指所有经过缩微处理制成缩微胶卷和缩微平片，使用时需要放大的文献资料。

8．**其他**：指馆藏文献资源中，不在以上任何一类文献中的内容。

9．**开架书刊**：指图书馆总藏量中已上架并可用于外借或馆内阅读的图书、报刊等。

10．**少儿文献**：是指供少儿阅读的文献，包括图书、绘本、画册、连环画等，不论其是否装订成册，或页数是否达到49页，均按1个“册件”计算在内。“少儿文献”不纳入“总藏量”加总计算，在图书、报刊、视听文献、缩微制品中，涉及少儿文献的，仍然分别统计在内。

11．**电子图书**：指本馆通过购买方式取得当前使用权的电子图书，以及本馆自建或与其他机构合作建设的电子图书。

本馆自建电子图书：指本馆通过数字化加工、网络采集、依法保存等方式获得，并在本地存储和保管的电子图书。

本馆外购电子图书：指本馆付费获得使用权不少于12个月的电子图书。

从其他机构免费共享的电子图书：指其他机构通过VPN共享、本地镜像或硬存储等方式免费授权给本馆使用的电子图书。

12．**书架单层总长度**：指馆藏实际占用书架、书柜单层单面长度之和。

13．**本年度新购藏量**：是指本年度内，通过购买、征集、竞拍等各种方式新入藏的各类型文献资源总量（不包括电子图书）。

14．**新增电子图书**：指图书馆本年度通过自建、购买（获得使用权不少于12个月）的电子图书总量。

15．**当年购买的报刊种类**：指图书馆当年购买的期刊和报纸种类之和。其计量原则同图书。

16．**有效借书证数**：是指由本馆或本馆所在总分馆体系中其他图书馆发放，并在当年内在本馆、本馆下辖分馆或本馆派出各类馆外服务设施中使用过至少一次的借书证数。

17．总流通人次：指本年度内到图书馆场馆接受图书馆服务的总人次，包括借阅书刊、咨询问题，以及参加各类读者活动等。

18．书刊文献外借人次：指通过本馆或本馆所辖分馆以及本馆派出的馆外服务设施将本馆各类型文献资源借出阅读的读者人次。

19．书刊文献外借册次：指读者通过由本馆或本馆所辖分馆以及本馆派出的馆外服务设施借出阅读的本馆各类型文献册次。

20．组织各类讲座次数、参加人次：指由本馆举办或与外机构联合举办的各类讲座次数及参加这些讲座的人次。

21．举办展览个数、参观人次：指本馆举办或与外机构联合举办的在馆内或馆外展览的展览个数及参观人次。个数按展览的内容计算。同一内容的展览不论在哪些地点展出和展出时间多久，只计算一个。

22．举办训练班班次、培训人次：指本馆举办或与外机构联合举办的各种科普、文化、艺术等训练班，按截止到年底办完的班数及培训人数分别计算班次及培训人次。截止到年底未办完的班数和人数均在下一年度统计。

23．为少儿举办的专场活动：是指专门以少年儿童为受众组织的展览、讲座、读书、培训等活动，含亲子阅读类活动。

24．图书馆网站访问量：指本年度中图书馆网站中所有网页（含文件及动态网页）被访客浏览的总次数。图书馆网站指有独立域名的 web 站点，其中包括 cn 和通用顶级域名下的 web 站点。

25．计算机台数：指图书馆内列入固定资产管理并正在使用的计算机终端台数。

26．供读者使用的终端数：指图书馆内放置可供读者使用的计算机台数。

27．新增藏量购置费：指本馆本年购进图书、报刊、缩微制品、视听文献等藏品所用经费之和。

28．新增电子图书购置费：指图书馆本年度专门用于自建、购买电子图书的经费。

29．少儿阅览室座席数：指图书馆中专门提供给少年儿童使用的座位数。

30．盲人阅览室座席数：指图书馆中专门提供给盲人使用，并配置有专门的辅助阅读、视听设备的座位数。

31．流动服务书刊借阅人次/册次：是指图书馆利用流动服务方式开展书刊借阅服务的读者人次和册次。

32．分馆数量：是指在以本馆为中心馆的总分馆体系中，接受本馆统一管理，具有独立馆舍、一定数量的馆藏、专职管理人员的图书馆数量。总馆对分馆负有业务指导关系，并且总、分馆之间实现文献资源共建共享、通借通还。

3 群众文化业

按年份全国群众文化机构基本情况

年 份	机构数（个）	从业人员（人）	举办展览个数（个）	组织文艺活动次数（次）	举办训练班次（次）	收入合计（万元）	财政拨款	支出合计（万元）	实际使用房屋建筑面积（万平方米）
1979年	3965		13001	114307		10114	10114	10114	
1980年	7723		23553	202828	20359	11270	11270	11376	
1985年	8746	59599	30998	118888	31842	20835	20835	17686	308.5
1986年	8906	67501	32803	106726	30576	29573	25505	23751	354.8
1990年	9087	67817	34292	99068	37017	49763	36985	37475	457.8
1991年	10507	70319	35498	116618	39568	45874	31066	43559	484.5
1992年	9564	66938	32095	96481	40707	53735	35577	49798	496.1
1993年	10155	68097	29636	86680	34279	62098	37840	57877	538.6
1994年	11276	70489	30224	92167	39296	79167	48906	73174	560.3
1995年	13487	75263	31070	110509	46023	89411	56826	83628	614.1
1996年	45253	127742	76397	247357	130592	139090	74434	137775	1110.0
1997年	43738	129194	87795	278782	119873	160117	92275	158861	1176.0
1998年	45834	129842	86960	267351	125872	178165	96416	173207	1195.3
1999年	45837	128216	94270	280373	138195	111089	108656	177528	1195.2
2000年	45321	128420	91670	276574	143370	186896	118430	188437	1229.9
2001年	43397	120156	89392	284316	156089	210181	141754	210860	1213.8
2002年	42516	119072	92917	301792	137350	241050	165163	235593	1203.6
2003年	41816	123458	93514	327306	154502	271704	190424	265751	1431.3
2004年	41402	121441	116639	401818	165823	313104	227641	310850	1408.4
2005年	41588	122500	111300	391439	190194	365887	279033	358641	1507.0
2006年	40088	123465	141150	497779	218696	428962	322773	412430	1622.8
2007年	40601	128096	90900	546477	242055	548301	432311	575722	1667.4
2008年	41156	131142	100877	473613	299791	660111	528838	653613	1931.0
2009年	41959	137484	110251	555052	304955	807244	681147	794190	2193.6
2010年	43382	141002	117353	576799	358719	944397	803918	931951	2526.7
2011年	43675	147732	107785	620586	339883	1285601	1122872	1267505	2982.6
2012年	43876	156228	114774	688482	387201	1453601	1300692	1467803	3171.7
2013年	44260	164355	138225	740611	390758	1667594	1478439	1635395	3389.4
2014年	44423	170299	131728	845421	469300	1901726	1623756	1828632	3686.4

注：1996年以前数据未包括其他部门所属乡镇综合文化站，1996—1998年包括其他部门所属乡镇文化站，1999年以后，其他部门所属乡镇文化站划归文化部门管理。以下各表同。

按年份各地区群众文化机构数

单位：个

地　　区	1995年	2000年	2005年	2010年	2011年	2012年	2013年	2014年
总　　计	**13487**	**45321**	**41588**	**43382**	**43675**	**43876**	**44260**	**44423**
北　　京	35	268	328	337	340	343	346	346
天　　津	19	306	217	256	258	283	291	299
河　　北	183	2257	2149	2319	2360	2393	2399	2397
山　　西	130	1851	1355	1533	1535	1538	1538	1538
内 蒙 古	547	1712	1329	1017	1105	1132	1156	1156
辽　　宁	1522	1520	1522	1550	1549	1550	1543	1544
吉　　林	410	894	821	965	966	965	975	974
黑 龙 江	266	1201	1015	1654	1652	1641	1640	1640
上　　海	45	340	249	240	241	240	239	238
江　　苏	1180	1771	1534	1442	1429	1419	1394	1395
浙　　江	1986	1932	1592	1612	1449	1447	1432	1420
安　　徽	351	1898	1677	1509	1532	1554	1557	1557
福　　建	249	1085	1116	1190	1199	1199	1237	1215
江　　西	113	2000	1546	1924	1947	1950	1877	1880
山　　东	158	2581	1926	2013	1988	1979	1966	1969
河　　南	224	2479	2395	2466	2506	2514	2527	2523
湖　　北	1280	1695	1258	1376	1378	1379	1382	1390
湖　　南	137	2667	2617	2561	2624	2617	2672	2673
广　　东	1100	2042	1725	1738	1740	1744	1746	1746
广　　西	115	1408	1254	1284	1285	1290	1290	1290
海　　南	21	327	243	230	234	233	233	233
重　　庆		1248	1086	1041	1037	1038	1038	1040
四　　川	246	3865	4716	4652	4798	4800	4802	4808
贵　　州	693	1030	1401	1524	1579	1661	1687	1686
云　　南	1687	1734	1684	1517	1519	1526	1546	1558
西　　藏	60	94	208	321	320	320	615	772
陕　　西	133	2065	1732	1827	1761	1772	1772	1772
甘　　肃	98	1432	1190	1417	1420	1423	1434	1434
青　　海	139	250	244	409	413	413	413	413
宁　　夏	199	309	252	250	252	254	253	253
新　　疆	161	1060	1207	1208	1259	1259	1260	1264

按年份各地区文化馆机构数

单位：个

地区	1995年	2000年	2005年	2010年	2011年	2012年	2013年	2014年
总计	**3259**	**3297**	**3226**	**3264**	**3285**	**3301**	**3315**	**3313**
北京	23	23	22	20	20	20	20	20
天津	19	19	19	19	19	19	19	19
河北	181	178	175	177	177	181	182	180
山西	130	130	131	131	131	131	131	131
内蒙古	115	117	115	116	116	116	118	118
辽宁	128	125	132	122	122	123	124	125
吉林	58	102	81	77	77	77	78	78
黑龙江	137	133	144	146	148	148	148	148
上海	43	48	33	27	27	27	26	25
江苏	122	121	117	118	117	119	116	115
浙江	95	96	99	101	104	102	102	102
安徽	113	117	118	120	120	121	120	120
福建	90	90	90	95	95	95	98	97
江西	113	113	113	115	116	115	118	118
山东	158	159	158	158	160	158	159	158
河南	224	214	204	202	203	205	205	205
湖北	192	147	124	113	115	118	120	121
湖南	137	140	140	140	141	142	142	143
广东	136	140	139	144	144	145	147	147
广西	112	114	115	122	122	123	123	123
海南	20	21	21	21	21	21	21	21
重庆		47	42	41	41	41	41	41
四川	236	198	201	204	205	205	207	207
贵州	93	93	95	95	97	97	98	98
云南	147	147	149	148	148	148	148	148
西藏	33	59	41	82	81	81	82	82
陕西	122	122	121	120	120	122	122	122
甘肃	98	98	100	102	103	103	103	103
青海	51	52	52	51	55	55	55	55
宁夏	26	26	25	26	28	27	26	26
新疆	107	108	110	111	112	116	116	117

按年份各地区文化站机构数

单位：个

地　区	1995年	2000年	2005年	2010年	2011年	2012年	2013年	2014年
总　计	**10228**	**42024**	**38362**	**40118**	**40390**	**40575**	**40945**	**41110**
北　京	12	255	306	317	320	323	326	326
天　津	343	287	198	237	239	264	272	280
河　北	2	2079	1974	2142	2183	2212	2217	2217
山　西		1721	1224	1402	1404	1407	1407	1407
内蒙古	432	1595	1214	901	989	1016	1038	1038
辽　宁	1394	1395	1390	1428	1427	1427	1419	1419
吉　林	352	792	740	888	889	888	897	896
黑龙江	129	1068	871	1508	1504	1493	1492	1492
上　海	2	292	216	213	214	213	213	213
江　苏	1058	1650	1417	1324	1312	1300	1278	1280
浙　江	1741	1836	1493	1511	1345	1345	1330	1318
安　徽	238	1781	1559	1389	1412	1433	1437	1437
福　建	159	995	1026	1095	1104	1104	1139	1118
江　西		1887	1433	1809	1831	1835	1759	1762
山　东		2422	1768	1855	1828	1821	1807	1811
河　南		2265	2191	2264	2303	2309	2322	2318
湖　北	1088	1548	1134	1263	1263	1261	1262	1269
湖　南		2527	2477	2421	2483	2475	2530	2530
广　东	964	1902	1586	1594	1596	1599	1599	1599
广　西	3	1294	1139	1162	1163	1167	1167	1167
海　南	1	306	222	209	213	212	212	212
重　庆		1201	1044	1000	996	997	997	999
四　川	10	3667	4515	4448	4593	4595	4595	4601
贵　州	600	937	1306	1429	1482	1564	1589	1588
云　南	1347	1587	1535	1369	1371	1378	1398	1410
西　藏	27	35	167	239	239	239	533	690
陕　西	11	1933	1611	1707	1641	1650	1650	1650
甘　肃		1334	1090	1315	1317	1320	1331	1331
青　海	88	198	192	358	358	358	358	358
宁　夏	173	283	227	224	224	227	227	227
新　疆	54	952	1097	1097	1147	1143	1144	1147

按年份各地区群众文化机构从业人员数

单位：人

地 区	1995年	2000年	2005年	2010	2011年	2012年	2013年	2014年
总 计	**75263**	**128420**	**122500**	**141002**	**147732**	**156228**	**164355**	**170299**
北 京	914	1558	1998	2359	2440	2321	2549	2500
天 津	847	1367	1085	1027	993	973	1059	1064
河 北	3305	5950	5592	6336	6851	6947	7190	7175
山 西	2218	4236	3730	4229	4351	4453	4773	4663
内蒙古	2966	4460	3900	3872	4200	4420	4649	5008
辽 宁	4924	4310	4424	4898	5183	5507	5596	5925
吉 林	2429	3404	3318	3437	3501	3869	4452	4565
黑龙江	2311	3167	2947	4324	4530	4633	5110	5299
				4702				
上 海	1617	3874	3832	6457	4856	4775	4972	4958
江 苏	4723	6695	5542	5881	6557	6775	6917	7022
浙 江	6366	6082	5147	5295	5991	6459	6724	6908
安 徽	2237	4945	4684	2655	5782	6143	6155	5979
福 建	1442	2255	2219	4360	3198	3025	3335	3602
江 西	1933	4432	4191	7598	4283	4815	5462	5936
山 东	3265	6359	6148	7729	8020	7977	8228	
河 南	3798	6840	7565	10500	10779	10843	10908	10878
湖 北	5429	5928	5269	4921	5022	5044	4912	5045
湖 南	2207	6198	5857	6937	7318	7798	7929	8058
广 东	4012	8863	8953	9696	9957	10234	10914	10951
广 西	1605	3387	3803	4075	4136	4827	5018	5109
海 南	281	661	615	660	752	784	821	790
重 庆		3071	2808	3726	3872	4494	4663	4741
四 川	3631	8522	7682	8181	8473	8921	9738	10428
贵 州	1751	2142	3577	4790	5223	5320	5986	6006
云 南	4012	4350	4693	5181	5421	6347	6660	6980
西 藏	317	340	254	311	309	374	562	2044
陕 西	2246	5184	5040	5802	6604	7375	7567	7590
甘 肃	1315	5058	2910	3416	3726	4798	5400	6191
青 海	607	705	616	772	895	910	919	1062
宁 夏	867	1093	979	1012	997	1139	1282	1308
新 疆	1688	2984	3122	3592	3803	3885	4156	4286

按年份各地区群众文化机构组织文艺活动次数

单位：次

地　区	1995年	2000年	2005年	2010年	2011年	2012年	2013年	2014年
总　计	**110509**	**276574**	**391439**	**576799**	**620586**	**688482**	**740611**	**845421**
北　京	1186	5382	11378	24237	23972	29076	29787	26297
天　津	3883	3069	3234	5067	6485	6354	6334	7734
河　北	3668	17997	23880	27408	29338	33456	34445	38598
山　西	1462	4527	9107	13905	14868	18473	20201	22319
内蒙古	4282	11294	9977	11127	9862	11482	13652	15431
辽　宁	7539	10365	27868	26261	28261	27852	28630	31622
吉　林	3138	3745	4939	7482	9549	11153	13412	14516
黑龙江	3463	8149	7720	17351	17507	18834	19250	20961
上　海	1021	7629	35027	35600	31353	32762	36164	48725
江　苏	13698	17058	20548	32586	30534	39352	42647	48370
浙　江	19063	20121	23580	36619	35368	40738	45132	53039
安　徽	2416	5181	5661	11937	17757	20196	27422	33318
福　建	3545	7689	7464	9691	11320	12522	13771	14897
江　西	1142	5816	6853	11781	13241	14759	14393	19078
山　东	2722	16033	21673	41194	48307	42095	46978	60352
河　南	1792	9203	13405	35713	33398	38639	41410	44527
湖　北	7190	11588	11031	18100	18342	19638	21033	23058
湖　南	1218	9352	15898	25945	26882	29331	28049	29194
广　东	5377	22969	23132	32352	37970	38842	41121	47791
广　西	1429	8349	10592	19775	19483	25171	26153	27993
海　南	167	1454	1422	2351	2727	2856	2839	3022
重　庆		10491	7958	15840	16235	15818	14293	15720
四　川	2628	17536	23760	30194	39449	52552	56310	58761
贵　州	2581	4202	5759	8544	11988	12731	14567	16786
云　南	11257	12437	17983	21665	23108	25839	25762	29161
西　藏	455	346	439	1458	1923	2173	1933	4263
陕　西	1205	8612	8282	13306	17317	16961	18113	20186
甘　肃	694	5101	11095	9792	9730	11588	11797	13509
青　海	433	1043	1429	2600	2964	3432	4405	5567
宁　夏	454	4247	2490	6351	4808	6178	8890	10240
新　疆	1401	5589	17855	20567	26540	27629	31718	40386

按年份各地区群众文化机构举办训练班次

单位：次

地　区	1995年	2000年	2005年	2010年	2011年	2012年	2013年	2014年
总　计	**46023**	**143370**	**190194**	**358719**	**339883**	**387201**	**390758**	**469300**
北　京	505	2546	8708	22836	14883	19465	22353	27707
天　津	656	3062	1516	4753	3917	7198	5502	6134
河　北	1282	15233	11798	13852	11486	14876	14845	15068
山　西	518	1405	2248	6886	8691	10719	9750	11465
内蒙古	1091	5552	4099	4082	4061	3940	5128	6008
辽　宁	4767	4712	8200	47452	20303	19206	19050	22736
吉　林	3393	1586	2649	4029	3525	5627	5498	6113
黑龙江	1091	3109	3546	6129	6419	5736	6437	7030
上　海	659	3007	23313	21078	24458	27506	28102	38930
江　苏	3698	6488	7048	18950	15768	19016	18787	20420
浙　江	8058	9960	11354	18539	19969	25300	27119	36555
安　徽	2235	2132	2526	9481	12850	13580	15174	17869
福　建	1159	4885	9956	11096	6397	7163	8331	10041
江　西	480	3376	2757	8217	6412	12350	7648	11647
山　东	1793	17666	8280	21787	26860	22633	21061	25211
河　南	898	5552	7609	11837	15985	19207	19783	21628
湖　北	1548	3080	15320	10654	7906	9881	9756	10444
湖　南	736	2810	4953	10505	10652	12904	13724	15499
广　东	3949	11932	14288	29041	29590	30198	31158	45111
广　西	1314	4557	4798	8747	8819	14254	11312	10940
海　南	159	779	832	1123	1239	2118	2119	1902
重　庆		2236	2467	7285	8188	11115	11275	13701
四　川	1785	8693	12053	19052	22212	26129	25350	27787
贵　州	654	991	1089	4285	13760	6059	7631	9113
云　南	1765	3220	4585	10183	9305	12834	13109	14785
西　藏	7	25	50	313	383	459	635	1430
陕　西	595	6320	5305	9665	8718	8985	11147	12222
甘　肃	238	4533	2900	4960	6133	6482	6207	7054
青　海	175	290	970	1180	1021	1287	1495	1505
宁　夏	327	994	1124	3138	1122	1402	1822	2031
新　疆	488	2639	3853	7584	8851	9572	9450	11214

按年份各地区群众文化机构培训人次

单位：万人次

地　区	1995年	2000年	2005年	2010年	2011年	2012年	2013年	2014年
总　计	**6.6**	**493.9**	**666.5**	**1805.6**	**2414.4**	**2749.7**	**3105.1**	**3577.7**
北　京	0.2	15.4	48.5	130.7	99.9	111.9	163.0	156.9
天　津	0.3	7.6	5.1	25.7	28.4	47.3	38.7	40.0
河　北	0.4	51.7	49.6	70.1	79.5	91.9	92.2	102.6
山　西	0.2	6.8	11.0	38.7	48.9	88.2	79.3	80.0
内蒙古	0.1	19.2	14.8	21.8	38.0	33.5	33.8	40.3
辽　宁	0.5	14.7	43.7	97.1	122.5	128.4	136.5	152.7
吉　林	0.3	7.2	6.8	24.9	32.6	39.2	54.7	51.4
黑龙江	0.2	15.3	8.2	32.5	36.0	44.8	49.4	52.7
上　海	0.1	6.8	63.1	116.4	139.8	173.2	241.0	287.1
江　苏	0.4	29.9	25.3	132.0	119.0	149.2	157.8	161.4
浙　江	0.6	30.5	46.4	103.4	120.4	149.8	198.2	248.5
安　徽	0.1	7.0	12.0	49.9	94.9	104.8	125.7	130.2
福　建	0.2	11.3	15.9	39.8	43.8	54.6	57.5	64.8
江　西	0.2	8.9	6.8	25.9	49.5	51.3	52.8	75.2
山　东	0.3	16.1	43.3	142.3	178.9	190.5	187.9	226.7
河　南	0.3	24.9	32.4	83.1	124.8	137.0	140.5	153.5
湖　北	0.2	9.4	12.7	54.3	69.6	83.8	87.8	95.1
湖　南	0.2	9.3	16.2	48.1	72.4	100.6	105.8	133.0
广　东	0.5	55.8	52.6	126.1	302.2	192.3	279.6	440.8
广　西	0.3	15.0	17.3	37.6	51.2	71.5	76.2	85.0
海　南		1.8	2.1	11.8	8.7	13.5	14.0	18.3
重　庆		5.1	7.9	50.6	69.2	80.1	91.1	108.6
四　川	0.6	28.4	50.0	111.1	164.9	211.1	189.7	174.2
贵　州		5.0	3.2	22.6	37.0	40.5	54.7	64.9
云　南	0.1	17.8	22.6	63.8	85.9	128.6	141.2	146.1
西　藏				2.2	2.4	3.9	5.0	9.6
陕　西	0.1	23.6	12.7	53.0	57.2	69.6	94.1	102.7
甘　肃	0.1	11.1	12.3	35.6	53.2	55.6	52.0	59.6
青　海		10.8	0.7	4.2	4.7	9.0	12.1	10.4
宁　夏		14.0	7.5	20.6	11.7	7.5	13.7	17.8
新　疆	0.1	13.5	15.4	29.8	67.4	86.5	79.1	87.7

按年份各地区群众文化机构财政拨款

单位：万元

地　区	1995年	2000年	2005年	2010年	2011年	2012年	2013年	2014年
总　计	**56826**	**118430**	**279033**	**803918**	**1122872**	**1300692**	**1478439**	**1623756**
北　京	1375	2594	8145	22326	19029	24267	32389	51732
天　津	1249	1422	3076	10026	11906	12807	24045	22672
河　北	1894	5161	9767	21144	27023	32256	33360	36340
山　西	1370	2674	5571	16870	22196	31256	36481	29182
内蒙古	1282	3388	7068	23539	29552	33897	40526	43245
辽　宁	2349	5054	9121	26868	29980	35809	36743	39487
吉　林	1533	3384	5989	26601	24244	28294	37904	46389
黑龙江	1458	3541	6193	17656	21099	23500	31601	35201
上　海	6950	5020	22327	55999	79700	94322	107981	111605
江　苏	4238	8521	19063	50067	69672	89287	117387	117906
浙　江	3233	9446	29490	78833	102970	131636	135334	154445
安　徽	1418	3609	7803	21148	41844	38763	37134	40584
福　建	1731	2895	5168	21289	22502	25393	28193	33972
江　西	1150	2504	4714	14710	19219	22329	31555	32673
山　东	3621	7295	12633	40821	48399	56024	68401	70094
河　南	2151	4630	8194	26726	48223	45600	48094	51802
湖　北	2105	3832	6284	19951	22345	26331	33866	36780
湖　南	1869	3571	7570	22824	42727	39078	44176	48657
广　东	4227	12113	40125	85211	116226	136560	143041	152668
广　西	1248	2639	6056	15349	20763	27169	34578	38816
海　南	222	645	1260	3924	5146	12071	7556	6606
重　庆		2202	4069	21531	31413	41300	45239	51160
四　川	3771	4730	12246	45296	83339	94848	103258	102485
贵　州	540	1657	4797	14770	30443	28838	32170	36636
云　南	1812	5950	10958	23797	35613	43072	48697	76537
西　藏	92	556	1098	5340	5534	4518	5696	14397
陕　西	1183	3027	5296	20919	33783	45548	47358	46997
甘　肃	776	1980	4620	12488	21335	26242	32129	33281
青　海	306	829	1531	13508	9247	8576	8340	9928
宁　夏	367	879	1901	5380	6456	11545	12758	14150
新　疆	1306	2683	6902	19004	40946	29557	32450	37329

按年份各地区群众文化机构总支出

单位：万元

地 区	1995年	2000年	2005年	2010年	2011年	2012年	2013年	2014年
总 计	**83628**	**188437**	**358641**	**931951**	**1267505**	**1467803**	**1635395**	**1828632**
北 京	1566	4681	10119	25593	22820	27501	32770	52793
天 津	1376	2633	4133	10948	13761	14617	24151	24727
河 北	2713	5711	10549	25437	30899	32522	35885	37926
山 西	1824	3151	6016	18865	24957	33970	38501	29113
内蒙古	1932	3799	7478	23762	29114	34549	40351	44925
辽 宁	4552	6172	10126	28175	31615	37465	39134	43291
吉 林	2101	3748	6394	23338	26151	36163	36711	43050
黑龙江	2219	3804	6485	17356	21100	23534	32492	40296
上 海	6752	14985	38967	70650	88023	100647	111262	118517
江 苏	8509	16394	25920	60193	95451	98533	125470	126716
浙 江	7101	17194	39851	101392	121547	149577	164864	180824
安 徽	1934	4302	8976	23550	51422	46197	44696	46291
福 建	2199	4135	6763	27568	27749	55413	33856	37380
江 西	1493	3167	6265	17285	21386	26077	28471	35191
山 东	3317	8909	14358	46221	50697	66096	74666	74700
河 南	2737	5647	8810	28402	46233	47003	50882	55936
湖 北	3885	7841	10072	26264	29273	36247	39667	43503
湖 南	2575	5696	9603	27914	47618	43986	51721	57122
广 东	5937	27213	57669	101362	137740	150638	161075	170951
广 西	1877	3425	6842	16646	21451	31984	41108	45186
海 南	364	887	1329	4084	5512	8335	9166	8590
重 庆		4889	6627	32342	42992	53870	53396	57487
四 川	5327	8927	14375	49182	86892	97885	111844	112190
贵 州	989	1976	5123	15666	28891	33659	41033	44532
云 南	4191	7312	11933	25343	36583	45554	57106	114616
西 藏	429	607	1169	5937	5648	7584	8305	18978
陕 西	1569	3648	5775	26052	40583	47509	52184	57618
甘 肃	1189	2251	4995	12960	22763	27220	33486	36322
青 海	537	870	1629	13203	9481	9153	9178	10806
宁 夏	651	1202	2096	5925	7089	11459	14265	15683
新 疆	1785	3261	8194	20338	42068	32857	37701	43376

按年份各地区每万人拥有群众文化设施建筑面积

单位：平方米

地　区	1995年	2000年	2005年	2010年	2011年	2012年	2013年	2014年
全　国	**50.7**	**97.2**	**115.3**	**188.6**	**221.2**	**234.2**	**249.1**	**269.5**
北　京	44.2	80.3	224.3	217.8	233.3	191.9	312.6	330
天　津	61.6	138.9	130.4	174.1	213.1	177.3	172.5	197.6
河　北	23.6	62.6	67.7	105.4	132.5	138.0	150.4	158.4
山　西	45.4	53.4	58.1	210.6	221.5	239.6	245.7	266.0
内蒙古	98.0	144.4	132.4	182.6	231.1	247.6	267.1	291.1
辽　宁	84.1	79.0	102.6	201.2	216.1	225.8	219.1	276.3
吉　林	38.2	42.2	38.3	81.5	130.3	144.9	156.8	171.6
黑龙江	26.2	38.5	43.2	140.2	180.7	194.6	190.1	206.0
上　海	71.9	216.2	379.1	485.0	496.5	536.4	566.0	561.0
江　苏	97.8	168.6	181.3	302.8	303.2	366.7	400.4	436.8
浙　江	135.2	190.7	276.0	432.5	478.4	539.5	566.4	622.0
安　徽	17.1	23.6	44.4	93.2	138.0	151.4	152.9	161.2
福　建	61.3	98.8	117.4	240.9	233.5	227.4	248.0	318.8
江　西	38.0	79.5	98.4	131.2	171.5	172.8	189.3	234.5
山　东	22.1	41.7	71.8	218.3	223.7	236.9	249.7	250.8
河　南	21.9	39.0	52.2	94.7	127.3	130.4	135.8	141.3
湖　北	80.5	149.5	140.6	180.6	183.8	184.8	192.9	206.9
湖　南	29.8	63.7	80.6	125.2	167.8	177.2	184.9	210.9
广　东	52.1	222.4	258.2	258.5	315.7	326.7	335.3	341.6
广　西	33.5	76.4	100.9	122.9	134.3	141.6	147.5	157.7
海　南	13.8	86.4	71.3	121.3	107.3	121.6	110.7	120.5
重　庆		99.4	96.5	201.4	226.9	237.1	260.9	285.9
四　川	32.1	107.9	83.9	166.3	234.1	235.4	252.7	258.3
贵　州	26.1	28.7	40.5	81.2	180.0	173.0	197.6	221.4
云　南	126.7	126.2	137.1	163.2	193.2	197.7	203.0	218.8
西　藏	145.4	164.1	238.3	437.9	477.2	522.1	947.2	1164.4
陕　西	52.4	79.1	110.5	150.2	187.3	204.0	218.7	240.6
甘　肃	62.8	103.0	148.8	175.7	218.6	242.3	241.4	268.4
青　海	118.1	96.5	90.2	153.4	226.9	229.1	219.9	249.4
宁　夏	156.5	170.8	179.5	188.9	239.1	285.2	300.6	366.0
新　疆	60.7	116.4	149.3	288.4	353.4	352.5	371.8	402.4

2014年全国群众

	机构数(个)	从业人员(人)	专业技术人才	正高级职称	副高级职称	中级职称
总　计	**44423**	**170299**	**68138**	**934**	**4699**	**16605**
文化馆	**3313**	**55443**	**39941**	**934**	**4699**	**16605**
其中：省级	31	1819	1352	128	363	563
地市级	354	10514	8613	437	1536	3769
县市级	2928	43110	29976	369	2800	12273
其中：县文化馆	1666	23479	16310	164	1336	6723
文化站	**41110**	**114856**	**28197**			
其中：乡镇文化站	34465	93307	24463			

续表 1

	提供文化服务次数(次)					
	举办训练班班次(次)	培训人次(万人次)	举办展览个数(个)	参观人次(万人次)	组织公益性讲座次数(次)	参加人次(万人次)
总　计	**469300**	**3577.66**	**131728**	**10262.69**	**25555**	**445.37**
文化馆	**144543**	**1025.20**	**24886**	**4572.31**	**25555**	**445.37**
其中：省级	2012	32.32	447	299.07	793	13.53
地市级	29322	204.64	3713	1045.91	3955	94.62
县市级	113209	788.24	20726	3227.33	20807	337.22
其中：县文化馆	36875	293.08	10980	1659.25	7991	145.30
文化站	**324757**	**2552.46**	**106842**	**5690.38**		
其中：乡镇文化站	199720	1615.82	82615	4355.92		

文化机构基本情况

组织品牌节庆活动(个)	提供文化服务次数(次)	文化服务惠及人次(万人次)	组织文艺活动次数(次)					组织文艺活动参加人次(万人次)
				为老年人组织专场	为未成年人组织专场	为残障人士组织专场	为农民工组织专场	
5181	**1472004**	**50668.10**	**845421**	**28006**	**16630**	**4513**	**14359**	**36382.38**
5181	**383598**	**23348.42**	**188614**	**28006**	**16630**	**4513**	**14359**	**17305.54**
93	5900	2835.45	2648	342	301	73	300	2490.53
818	62062	4381.61	25072	4551	2290	487	1469	3036.44
4270	315636	16131.37	160894	23113	14039	3953	12590	11778.58
2050	130687	7891.31	74841	9676	6940	1824	6298	5793.67
	1088406	**27319.68**	**656807**					**19076.84**
	738842	20132.66	456507					14160.92

藏书(万册)	计算机(台)	本年收入合计(千元)	财政补贴收入		事业收入	上级补助收入	附属单位上缴收入	经营收入
				业务活动专项经费				
24845.11	**346671**	**19017263**	**16237563**	**3679555**	**200398**	**1910897**	**1570**	**12553**
601.64	**46018**	**8548651**	**7805647**	**1152751**	**200398**	**320443**	**1570**	**12553**
17.51	1973	617671	527394	102911	39133	32331		3159
59.66	11737	2179537	2029509	333692	21344	63720	200	4496
524.48	32308	5751443	5248744	716148	139921	224392	1370	4898
232.92	16163	2416937	2208125	280841	40505	124774	859	1472
24243.47	**300653**	**10468612**	**8431916**	**2526804**		**1590454**		
18494.54	238423	7472639	6364265	1936686		770874		

续表 2

	其他收入	本年支出合计	基本支出	项目支出	经营支出	工资福利支出	商品和服务支出
总　计	**654282**	**18286320**	**11282380**	**5190816**	**106026**	**6911582**	**2107766**
文化馆	**208040**	**8255261**	**5556686**	**2268272**	**17100**	**3190346**	**2107766**
其中：省级	15654	609686	297003	309009	2907	137330	273364
地市级	60268	2082025	1317334	705197	2747	703845	588106
县市级	132118	5563550	3942349	1254066	11446	2349171	1246296
其中：县文化馆	41202	2362601	1779234	371374	6274	1092633	464236
文化站	**446242**	**10031059**	**5725694**	**2922544**	**88926**	**3721236**	
其中：乡镇文化站	337500	7302621	4421715	1927884	62903	2987932	

续表 3

	资产总计（千元）		实际使用房屋建筑面积（万平方米）			实际拥有产权面积（万平方米）
		固定资产原值		业务用房面积		
					对公众开放阅览室面积	
总　计	**49501284**	**41868046**	**3686.39**	**2653.44**	**108.02**	**2119.89**
文化馆	**16272882**	**14119733**	**872.30**	**576.11**	**108.02**	**451.69**
其中：省级	936297	726848	25.07	17.43	1.48	11.80
地市级	2359742	1659156	166.26	106.92	17.22	81.50
县市级	12976843	11733729	680.96	451.77	89.32	358.39
其中：县文化馆	8729627	8236489	325.95	218.80	49.71	186.88
文化站	**33228402**	**27748313**	**2814.09**	**2077.32**		**1668.21**
其中：乡镇文化站	27303562	22737070	2142.84	1619.81		1412.35

在支出合计中：							
差旅费	劳务费	福利费	各种税金支出	对个人和家庭补助支出		其他资本性支出	
					抚恤金和生活补助		各种设备、交通工具、图书购置费
88293	**306747**	**28864**	**20348**	**1578617**	**96722**	**1228341**	**535756**
88293	**306747**	**28864**	**20348**	**1367682**	**81195**	**498659**	**160595**
14413	22713	1778	1384	117258	4325	58495	15478
23286	103363	5430	3679	410152	23940	142028	56698
50594	180671	21656	15285	840272	52930	298136	88419
25271	64333	7269	3546	334253	25909	89391	36931
				210935	**15527**	**729682**	**375161**
				163048	12328	560901	280312

流动舞台车演出情况			由本馆指导的单位				
流动舞台车数量（辆）	利用流动舞台车演出场次（场次）	利用流动舞台车演出观众人次（万人次）	馆办文艺团体（个）			馆办老年大学（个）	群众业余文艺团队（个）
				演出场次（场）	观众人次（万人次）		
599	**18877**	**1519.50**	**6447**	**133351**	**8351.56**	**705**	**404610**
599	**18877**	**1519.50**	**6447**	**133351**	**8351.56**	**705**	**73341**
6	53	3.20	97	1473	58.92	12	160
46	1184	125.19	1061	11870	1020.37	76	8983
547	17640	1391.11	5289	120008	7272.27	617	64198
354	10538	912.90	2500	70377	4029.73	334	31749
							331269
							244276

2014年各地区群众

地区	机构数(个)	从业人员(人)	专业技术人才	正高级职称	副高级职称	中级职称	组织品牌节庆活动(个)
全国	**44423**	**170299**	**68138**	**934**	**4699**	**16605**	**5181**
北京	346	2500	705	6	31	187	110
天津	299	1064	494	10	70	183	50
河北	2397	7175	2468	53	209	713	212
山西	1538	4663	1813	22	94	608	91
内蒙古	1156	5008	2388	20	226	681	166
辽宁	1544	5925	2616	54	213	886	161
吉林	974	4565	2650	79	398	828	157
黑龙江	1640	5299	2579	153	442	861	163
上海	238	4958	1098	7	61	241	97
江苏	1395	7022	2931	46	216	731	360
浙江	1420	6908	3852	121	320	705	460
安徽	1557	5979	3216	13	83	428	251
福建	1215	3602	1300	14	104	310	193
江西	1880	5936	1987	10	114	484	174
山东	1969	8228	4221	69	382	1075	297
河南	2523	10878	2400	21	144	741	199
湖北	1390	5045	2360	32	175	739	213
湖南	2673	8058	2655	16	129	707	175
广东	1746	10951	3071	34	144	548	298
广西	1290	5109	2584	15	92	602	181
海南	233	790	265	6	14	46	31
重庆	1040	4741	1290	18	67	198	93
四川	4808	10428	3570	14	126	708	273
贵州	1686	6006	2655	34	140	418	101
云南	1558	6980	5129	8	203	1096	142
西藏	772	2044	467	1	24	57	24
陕西	1772	7590	2635	17	124	644	140
甘肃	1434	6191	1501	3	110	390	117
青海	413	1062	489	6	57	191	44
宁夏	253	1308	735	20	84	237	54
新疆	1264	4286	2014	12	103	362	154

文化机构基本情况

提供文化服务次数(次)	文化服务惠及人次(万人次)	组织文艺活动次数(次)	为老年人组织专场	为未成年人组织专场	为残障人士组织专场	为农民工组织专场	组织文艺活动参加人次(万人次)
1472004	**50668.10**	**845421**	**28006**	**16630**	**4513**	**14359**	**36382.38**
56360	824.92	26297	360	180	75	47	570.27
15750	305.14	7734	271	111	44	78	212.29
60590	1232.80	38598	1493	764	236	788	875.97
38218	864.71	22319	857	591	172	398	546.15
24218	759.26	15431	793	436	75	332	575.81
60009	1347.27	31622	1222	497	142	547	990.22
22663	617.03	14516	721	288	73	211	436.60
31502	828.88	20961	1020	638	122	264	576.39
91737	4405.48	48725	514	159	49	64	3583.86
78429	2356.60	48370	2137	1035	278	665	1758.71
100433	3847.52	53039	984	823	256	1220	2759.42
57004	1542.09	33318	1104	686	160	609	1097.36
28803	1054.41	14897	526	485	85	369	525.79
35018	1145.29	19078	688	565	134	572	831.87
96523	3107.30	60352	2475	1506	499	1052	2201.70
76240	2178.89	44527	1431	1004	296	640	1458.26
38505	1713.74	23058	955	477	181	276	1234.48
50639	2051.67	29194	1229	703	175	661	1478.37
102237	5922.84	47791	1428	1024	141	940	4135.63
42667	2047.98	27993	889	627	171	603	1687.73
5542	372.22	3022	106	64	5	73	300.50
33459	1315.19	15720	242	226	41	80	869.18
98277	3366.21	58761	1400	969	258	895	2425.64
29401	1028.03	16786	649	383	101	392	752.55
49653	1982.34	29161	1255	544	112	583	1329.78
6226	133.25	4263	94	86	27	287	107.00
38514	1170.55	20186	587	350	112	273	793.91
24594	808.31	13509	603	303	83	246	512.30
8249	351.76	5567	334	226	128	213	304.43
13070	557.22	10240	552	320	93	281	433.82
57474	1429.21	40386	1087	560	189	700	1016.40

续表 1

地　区	提供文化服务次数(次)						藏书(万册)
	举办训练班班次(次)	培训人次(万人次)	举办展览个数(个)	参观人次(万人次)	组织公益性讲座次数(次)	参加人次(万人次)	
全　国	**469300**	**3577.66**	**131728**	**10262.69**	**25555**	**445.37**	**24845.11**
北　京	27707	156.91	1804	91.36	552	6.39	453.76
天　津	6134	40.01	1221	44.27	661	8.57	146.25
河　北	15068	102.57	5231	234.38	1693	19.88	854.58
山　西	11465	80.02	3404	223.84	1030	14.70	615.66
内蒙古	6008	40.27	2116	134.07	663	9.11	326.28
辽　宁	22736	152.70	3366	169.09	2285	35.26	819.76
吉　林	6113	51.41	1565	123.50	469	5.52	327.41
黑龙江	7030	52.70	2819	189.49	692	10.30	496.05
上　海	38930	287.14	3423	525.46	659	9.02	945.80
江　苏	20420	161.39	7847	407.29	1792	29.20	2656.75
浙　江	36555	248.46	8918	813.44	1921	26.20	2049.24
安　徽	17869	130.18	5116	299.88	701	14.67	568.89
福　建	10041	64.75	3407	456.45	458	7.43	551.22
江　西	11647	75.20	3748	225.84	545	12.39	699.45
山　东	25211	226.69	9173	633.18	1787	45.73	2073.96
河　南	21628	153.50	8702	545.06	1383	22.06	729.31
湖　北	10444	95.13	4467	370.47	536	13.65	533.09
湖　南	15499	133.02	4977	422.22	969	18.07	1330.76
广　东	45111	440.82	7979	1316.64	1356	29.75	2433.40
广　西	10940	85.02	3095	262.18	639	13.05	681.53
海　南	1902	18.30	537	51.66	81	1.77	114.27
重　庆	13701	108.64	3630	329.40	408	7.97	626.20
四　川	27787	174.15	10356	740.65	1373	25.77	1538.94
贵　州	9113	64.86	3154	204.26	348	6.36	720.32
云　南	14785	146.09	5213	488.85	494	17.62	596.15
西　藏	1430	9.59	461	15.69	72	0.97	93.50
陕　西	12222	102.66	5299	261.54	807	12.44	515.16
甘　肃	7054	59.57	3623	228.83	408	7.61	430.99
青　海	1505	10.43	1050	35.47	127	1.44	81.85
宁　夏	2031	17.83	597	101.40	202	4.17	113.36
新　疆	11214	87.65	5430	316.84	444	8.32	721.21

计算机（台）	本年收入合计（千元）	财政补贴收入	业务活动专项经费	事业收入	上级补助收入	附属单位上缴收入	经营收入
346671	**19017263**	**16237563**	**3679555**	**200398**	**1910897**	**1570**	**12553**
4433	623299	517321	206419	3675	79564	3	549
2771	238112	226722	77479	2814	6067		
8384	379023	363397	80258	1308	7395	50	733
15969	297096	291820	83824		3639		
6575	443901	432448	66958	847	8025		
8873	427859	394869	66192	3669	17252	195	
5378	473507	463888	72782	25	5894		204
7118	364458	352006	64239	1572	7376		
6398	1307079	1116049	294938	24880	97148		104
16227	1276584	1179062	182353	14668	42458		75
16966	1821959	1544454	364624	23154	172913		
17548	469177	405844	100027	2705	38297	172	
8842	405775	339716	60980	9527	40877		
9039	389803	326725	39415	3320	25592	141	102
26110	763273	700939	132246	4315	40214	200	
13390	556601	518023	114604	6866	20083		1577
10655	439809	367795	84690	11720	44329		1143
15586	554842	486572	116731	6317	39062		1538
18364	1735387	1526676	500749	10976	128936		2248
12133	459686	388161	37203	1636	42455	450	1062
2070	94910	66059	17237	10688	12132		
13372	609463	511604	163051	35802	46561		
35135	1145927	1024852	296574	2642	92093		
14934	447251	366364	41612	6565	50745	84	
15788	1500307	765373	125988	501	707831	30	1391
3571	168842	143971	11594	160	19784		
10220	566575	469972	112456	5716	56674		503
8839	362179	332811	68097	948	17611		
2316	108265	99276	16742	2130	4967	45	555
2511	158262	141500	25434	610	9460		769
7156	428052	373294	54059	642	25463	200	

续表 2

地　区	其他收入	本年支出合计	基本支出	项目支出	经营支出	工资福利支出	商品和服务支出
全　国	**654282**	**18286320**	**11282380**	**5190816**	**106026**	**6911582**	**2107766**
北　京	22187	527932	268530	199311	5290	121179	91850
天　津	2509	247265	162614	82980	270	67047	37584
河　北	6140	379259	285869	66777	1635	195050	42115
山　西	1637	291129	204257	69103	692	133564	38029
内蒙古	2581	449245	411724	25201	604	243975	52080
辽　宁	11874	432908	329710	67131	428	196616	59735
吉　林	3496	430500	306075	121016	280	187973	47089
黑龙江	3504	402959	272992	50688	815	168399	52476
上　海	68898	1185174	634296	481865	6102	373000	165416
江　苏	40321	1267163	756202	362698	9349	401906	110826
浙　江	81438	1808241	809517	821871	5852	492929	205639
安　徽	22159	462905	327471	71065	2231	215063	39160
福　建	15655	373803	232667	111388	3553	126743	53527
江　西	33923	351909	249099	48683	5645	169604	28162
山　东	17605	747001	514518	172859	4691	336148	103329
河　南	10052	559355	438500	83462	1339	279654	81744
湖　北	14822	435029	275276	125156	4160	177700	58852
湖　南	21353	571216	390033	115937	3688	250867	85160
广　东	66551	1709514	854046	695323	14278	580327	202364
广　西	25922	451857	300548	90137	6486	187299	67194
海　南	6031	85898	39417	39547	474	31552	14854
重　庆	15496	574870	359611	157487	4181	209752	77603
四　川	26340	1121895	596752	427110	3327	332890	151052
贵　州	23493	445315	307108	56011	5380	233556	21651
云　南	25181	1146157	667887	419661	2870	294465	63177
西　藏	4927	189779	114868	7675	2306	102505	9049
陕　西	33710	576178	395208	78149	3285	289874	47528
甘　肃	10809	363219	270660	41209	2894	206897	29874
青　海	1292	108057	77753	14210	817	49378	17326
宁　夏	5923	156833	105556	25987	2107	71895	14772
新　疆	28453	433755	323616	61119	997	183775	38549

在支出合计中：							
差旅费	劳务费	福利费	各种税金支出	对个人和家庭补助支出	抚恤金和生活补助	其他资本性支出	各种设备、交通工具、图书购置费
88293	**306747**	**28864**	**20348**	**1578617**	**96722**	**1228341**	**535756**
580	5637	1013	541	47052	1381	26474	12977
665	1741	341	84	53046	1603	31275	4506
2280	3375	571	62	35519	1431	19837	11042
2067	5263	264	407	29749	1805	19005	5585
2684	6818	507	147	57602	4304	28178	15344
2549	9761	2893	271	63795	3388	15084	7943
1329	3801	105	96	67039	2524	22658	8652
2680	4480	285	12	54435	2311	27238	14963
784	9408	2684	811	59446	3246	63962	30257
3322	19806	895	929	110576	5634	184414	39450
6243	56325	3615	1585	116698	2019	129642	56906
1952	5729	251	167	51252	1883	28495	16687
2196	8242	444	491	27026	2551	25699	14939
2696	2784	2493	315	49213	10557	18384	9710
1748	4426	185	193	50231	2342	47036	26615
1779	7024	605	637	45440	3026	34073	15583
4331	5234	1330	756	55718	5082	32206	16018
3468	9823	2050	554	40216	5587	41836	17331
5988	52112	3024	4743	115832	3991	82031	40112
4245	9254	358	47	70373	3255	22962	10962
712	1535	16	10	3618	637	11855	1659
9897	15936	1096	5075	44932	4277	43241	19083
9108	24681	1073	440	82684	7831	87178	47403
2420	3786	501	77	44775	1570	20830	9969
2744	9890	388	51	55387	1690	29085	8733
973	406	48	100	6363	554	45140	34544
2624	5717	1024	34	40901	5553	31786	12972
1186	4292	379	120	30014	2775	18883	9087
888	1550	20	8	13232	814	7813	1281
1505	2836	16	116	19803	929	14515	9030
2650	5075	390	1469	36650	2172	17526	6413

续表 3

地 区	资产总计（千元）	固定资产原值	实际使用房屋建筑面积（万平方米）	业务用房面积	对公众开放阅览室面积	实际拥有产权面积（万平方米）
全 国	**49501284**	**41868046**	**3686.39**	**2653.44**	**108.02**	**2119.89**
北 京	938313	755020	71.00	44.52	0.11	13.68
天 津	468452	402966	29.98	19.40	0.34	8.67
河 北	1150797	1003990	116.98	86.11	4.25	78.49
山 西	1002079	920460	97.04	71.81	5.18	83.24
内蒙古	680552	613966	72.90	52.65	4.13	40.27
辽 宁	1272772	1136055	121.34	67.99	2.44	41.16
吉 林	1130392	1001995	47.24	31.23	2.45	31.55
黑龙江	665175	617888	78.95	54.09	2.18	31.18
上 海	3143777	2178113	136.08	97.28	0.85	73.53
江 苏	3486943	3105120	347.68	259.82	9.57	157.44
浙 江	4005993	3381501	342.59	269.46	4.12	190.25
安 徽	1820639	1015795	98.05	80.75	4.58	83.67
福 建	1600320	942544	121.35	93.23	3.62	73.08
江 西	1427262	1273316	106.52	70.52	4.95	67.24
山 东	1777326	1494308	245.49	163.57	5.90	89.48
河 南	1175726	1076134	133.38	96.43	4.27	84.02
湖 北	1015232	858774	120.34	84.44	4.78	84.03
湖 南	1531556	1377308	142.09	104.41	4.53	105.16
广 东	4955568	4069885	366.31	259.73	7.31	153.42
广 西	832483	657706	74.97	53.28	3.58	48.66
海 南	180755	158181	10.89	8.33	0.89	7.68
重 庆	1200151	1015697	85.53	61.00	2.12	66.19
四 川	3073342	2786581	210.30	158.71	4.46	148.25
贵 州	1090194	933721	77.68	54.59	4.03	55.73
云 南	1423495	1259256	103.16	76.10	3.56	92.98
西 藏	3327764	3227379	36.97	29.42	1.79	14.59
陕 西	1090639	923820	90.83	64.33	4.13	67.23
甘 肃	919910	810389	69.53	50.74	2.96	47.60
青 海	532341	509944	14.55	12.05	0.43	10.08
宁 夏	322629	202754	24.21	15.35	2.18	16.16
新 疆	2258707	2157480	92.49	62.10	2.35	55.21

流动舞台车演出情况			由本馆指导的单位				
流动舞台车数量(辆)	利用流动舞台车演出场次(场次)	利用流动舞台车演出观众人次(万人次)	馆办文艺团体(个)	演出场次(场)	观众人次(万人次)	馆办老年大学(个)	群众业余文艺团队(个)
599	**18877**	**1519.50**	**6447**	**133351**	**8351.56**	**705**	**404610**
11	190	10.68	77	1368	69.98	11	10082
3	175	5.30	51	846	31.81	4	4487
36	1158	54.06	243	5124	231.04	31	23316
23	600	37.94	207	3194	161.43	27	10249
8	532	21.20	213	2480	168.56	22	4922
8	466	78.05	260	4172	224.99	24	12410
23	554	27.46	227	2198	181.95	15	5029
40	1338	93.13	243	3773	213.89	25	6886
6	159	25.95	103	2035	63.30	5	10206
31	1185	112.94	344	8382	308.86	37	18838
37	2255	208.30	346	5567	367.18	17	38803
29	1391	99.87	336	3784	231.21	16	9599
5	126	4.47	174	1344	111.00	26	8198
10	163	17.15	191	5413	351.68	34	9030
23	964	80.58	278	8924	999.63	41	36644
18	784	56.87	502	6878	451.70	42	26872
14	572	49.55	232	4834	408.32	34	16461
26	1093	90.30	165	5012	315.34	42	20630
10	290	26.10	281	4814	492.21	27	14010
26	569	60.84	386	6999	616.34	44	14765
3	32	6.20	18	219	34.87	2	2977
19	397	44.73	104	1594	112.57	24	8898
71	1646	163.55	309	16455	472.46	41	20541
12	274	27.53	237	2487	684.71	26	9363
30	190	17.80	272	6764	323.94	24	31406
10	198	7.09	17	734	59.19		1061
22	479	44.29	241	8625	253.32	26	14687
15	126	13.74	146	2125	144.89	19	5986
4	43	1.92	30	1674	48.77	2	1302
13	711	25.80	26	1638	57.59	3	1769
13	217	6.11	188	3895	158.83	14	5183

2014年各地区省级

地　区	机构数(个)	从业人员(人)					组织品牌节庆活动(个)
			专业技术人才	正高级职称	副高级职称	中级职称	
全　国	**31**	**1819**	**1352**	**128**	**363**	**563**	**93**
北　京	1	56	36	3	5	15	4
天　津	1	61	51	6	7	27	5
河　北	1	47	25	7	11	7	1
山　西	1	73	73	4	15	28	6
内蒙古	1	43	39	1	11	18	
辽　宁	1	48	35	4	12	19	8
吉　林	1	59	51	4	13	21	4
黑龙江	1	44	38	7	9	7	1
上　海	1	63	52	4	12	24	
江　苏	1	44	42	10	13	19	2
浙　江	1	53	46	5	13	19	11
安　徽	1	31	26	2	6	7	7
福　建	1	55	40	5	9	19	
江　西	1	41	36	1	12	15	4
山　东	1	56	51	6	10	19	
河　南	1	48	39	2	13	16	1
湖　北	1	88	57	6	13	17	6
湖　南	1	79	70	6	14	34	6
广　东	1	54	27	1	13	9	2
广　西	1	96	81	7	15	27	
海　南	1	31	25	4	6	13	2
重　庆	1	95	60	9	16	16	5
四　川	1	66	41	2	13	14	2
贵　州	1	69	62	3	17	29	
云　南	1	55	45	3	14	13	
西　藏	1	41	25		8	12	
陕　西	1	78	46	5	13	28	6
甘　肃	1	45	23		10	13	
青　海	1	44	36	2	10	24	8
宁　夏	1	107	46	6	14	26	2
新　疆	1	49	28	3	16	8	

文化馆基本情况

提供文化服务次数（次）	文化服务惠及人次（万人次）	组织文艺活动次数（次）	为老年人组织专场	为未成年人组织专场	为残障人士组织专场	为农民工组织专场	组织文艺活动参加人次（万人次）
5900	**2835.45**	**2648**	**342**	**301**	**73**	**300**	**2490.53**
49	8.52	19	2		1		4.79
718	25.96	592	70	30		30	14.66
185	18.60	105	45	35	10	15	2.50
234	4.86	30	10	6		4	1.60
99	0.66	23	15	3	1	1	0.09
420	47.26	105	14	10	4	9	37.81
56	2.25	30	20	6	1	3	1.02
33	1.63	5					0.50
264	2005.03	3					2000.00
112	13.59	70		1			10.50
226	5.92	25	7	11		7	3.25
187	3.49	58	19	27	2	10	0.82
158	83.35	9	4	5			0.49
98	1.11	55	12	2	2	3	0.45
238	39.80	70	6	17	10	12	3.50
136	19.41	103	2	6	1	30	6.00
46	13.28	15	2	2		1	7.00
118	32.48	38	4	7	3	5	19.50
253	155.31	215	3	6		117	153.79
269	21.90	56	2	16	6	9	16.50
63	10.75	11	1	1	1	1	1.10
471	31.34	88	1	39	4		12.02
89	4.72	15	2	2	1	5	3.00
120	0.88	26	2	3		2	0.26
148	6.37	80	3	1		1	4.39
107	4.58	52		1	1	3	1.43
68	2.84	40	13	5	3	4	1.40
89	2.33	45		10	3	3	0.21
402	140.50	402	63	45	15	18	140.50
319	92.38	210	5	2	2	5	38.00
125	34.33	53	15	2	2	2	3.45

续表 1

地区	提供文化服务次数(次)						藏书(万册)
	举办训练班班次(次)	培训人次(万人次)	举办展览个数(个)	参观人次(万人次)	组织公益性讲座次数(次)	参加人次(万人次)	
全国	**2012**	**32.32**	**447**	**299.07**	**793**	**13.53**	**17.51**
北京	24	0.19	5	3.50	1	0.05	
天津	50	2.00	26	7.80	50	1.50	0.18
河北	55	1.50	14	12.60	11	2.00	2.05
山西	180	1.86	4	1.20	20	0.20	1.02
内蒙古	22	0.10	18	0.23	36	0.24	
辽宁	304	7.60	6	1.67	5	0.18	
吉林	11	0.12	4	0.81	11	0.31	0.87
黑龙江	16	0.13	12	1.00			0.82
上海	1	0.03	30	3.00	230	2.00	
江苏	8	0.05	30	3.00	4	0.04	
浙江	154	0.55	11	1.85	36	0.28	0.89
安徽	92	0.15	25	2.10	12	0.42	
福建	111	0.57	31	82.00	7	0.30	
江西	15	0.16	2	0.50	26	0.01	1.00
山东	120	1.80	36	34.00	12	0.50	1.34
河南	6	0.06	9	13.00	18	0.35	1.00
湖北	5	0.06	5	6.00	21	0.22	1.11
湖南	42	0.56	18	12.00	20	0.42	3.10
广东	34	0.51	3	1.00	1	0.01	
广西	86	0.60	10	4.20	117	0.60	0.80
海南	25	0.11	9	9.00	18	0.54	
重庆	350	9.12	25	10.00	8	0.20	0.31
四川	47	0.20	15	0.80	12	0.72	0.89
贵州	30	0.03	14	0.56	50	0.03	0.12
云南	58	1.43	10	0.56			
西藏	32	0.12	15	3.00	8	0.03	0.50
陕西	14	0.12	8	1.20	6	0.12	1.50
甘肃	26	0.17	6	0.85	12	1.10	
青海							
宁夏	64	2.36	20	51.00	25	1.02	
新疆	30	0.08	26	30.65	16	0.15	

计算机(台)	本年收入合计(千元)	财政补贴收入	业务活动专项经费	事业收入	上级补助收入	附属单位上缴收入	经营收入
1973	**617671**	**527394**	**102911**	**39133**	**32331**		**3159**
50	27759	27699	17004				
100	22468	20213	8880	1177	150		
48	15666	15615	5397				
68	14293	14230	1168		60		
31	7259	6812	1460	346			
160	16754	16730	8974				
32	10141	9783					204
60	10699	10699	3010				
	76360	44171		5321	26229		
100	16241	10352	4931	1762			
	21438	18335		2295			
	7344	6526		185	8		
	28194	21496		1672	3878		
42	16233	16233					
160	19107	16183	2080	1658			
101	16867	11818	526	4043			985
102	30678	26790		3878			
84	32197	30523	3976	1282	379		
82	26354	24677	16850	1263	410		
46	25189	22882					
35	10638			10638			
126	29048	24995	4385	3027	1007		
200	18496	16680					
40	15080	14738					
83	15164	13562	552	308			1201
40	10536	10536					
55	19623	19277	10768	110			
	7646	7644					
	12582	12075			210		
55	28232	26907	10100				769
73	9385	9213	2850	168			

续表 2

地区	其他收入	本年支出合计	基本支出	项目支出	经营支出	工资福利支出	商品和服务支出
全国	**15654**	**609686**	**297003**	**309009**	**2907**	**137330**	**273364**
北京	60	24369	10229	14140		6259	15170
天津	928	36725	13712	23013		4632	12863
河北	51	16133	7336	8797		3168	5310
山西	3	13369	8763	4606		4696	826
内蒙古	101	7275	5815	1460		2693	2343
辽宁	24	14872	7476	7089		2978	7757
吉林	154	10726	8367	2155	204	3610	3343
黑龙江		10699	6681	4018		2929	3404
上海	639	71823	32558	38808		10086	58363
江苏	4127	15375	7925	7450		3928	7834
浙江	808	22301	10295	12006		5539	10000
安徽	625	7135	5720	1414		2205	1917
福建	1148	21798	8323	13475		4610	13998
江西		10449	4953	5496		2932	476
山东	1266	21161	11421	9740		4682	9029
河南	21	16918	8589	7344	985	3639	6280
湖北	10	30678	13536	17142		6195	16731
湖南	13	32197	12945	19252		5462	12606
广东	4	27538	9220	18318		4296	9751
广西	2307	28398	6465	21933		5551	11805
海南		10638	3393	7245		2595	452
重庆	19	26231	13200	13030		4801	16759
四川	1816	18757	10184	8573		5153	8370
贵州	342	12597	8736	3861		3933	3811
云南	93	16470	8440	6829	1201	3142	7555
西藏		11873	6726	5147		4063	5297
陕西	236	14496	8509	5986		3987	4698
甘肃	2	8125	4866	3259		2611	3327
青海	297	13349	8354	4995		3940	5036
宁夏	556	28082	17736	9829	517	9299	5541
新疆	4	9129	6530	2599		3716	2712

在支出合计中：							
差旅费	劳务费	福利费	各种税金支出	对个人和家庭补助支出	抚恤金和生活补助	其他资本性支出	各种设备、交通工具、图书购置费
14413	**22713**	**1778**	**1384**	**117258**	**4325**	**58495**	**15478**
346	700	101		2927	7	13	13
559	140	20	82	5627	217	13603	1154
1313	631	63		3608	73	648	648
229	347			4691		1	1
174	638	14		2074	14	64	64
325	2057		1	3255	323	830	830
55	51	54	12	3131	71	438	438
536	543			3581	93	785	785
63	565	366		2268	72		
697	1677		4	3424	213	189	88
959	2230	66		4181		2578	727
191	362		31	2849	6	164	164
404	1915			2896	4	294	294
132	5	86		1544		30	
55	79		152	5539	373	1910	
124		14	314	2908		3106	
1513	456	486	43	6717	188	1035	1035
287	487	208		3705	55	3684	2194
1795	737	77	58	4962	24	8529	278
811	3256	74	43	7082	18	3959	
53				345		7246	
231	2128	41	144	4670	328		
484	1066	10	349	4189	1820	1045	896
438	180			4630	42	223	223
659	514		25	4468	103	103	
				2213			
334				4086		1723	672
161	501	34		2160	20	26	
191	815	1		4075	117	298	298
912	360	16	101	6872	110	5853	4558
382	273	47	25	2581	34	118	118

续表 3

地区	资产总计（千元）	固定资产原值	实际使用房屋建筑面积（万平方米）	业务用房面积	对公众开放阅览室面积	实际拥有产权面积（万平方米）
全国	**936297**	**726848**	**25.07**	**17.43**	**1.48**	**11.80**
北京	12216	5002				
天津	30562	10439	1.53	0.82	0.01	0.43
河北	4282	4282	0.16	0.16	0.01	
山西	27692	23761	0.64	0.43	0.12	0.64
内蒙古	9738	9372	0.36	0.30	0.07	0.36
辽宁	14591	7698	0.59	0.45	0.01	0.13
吉林	29892	26986	0.88	0.59	0.59	1.20
黑龙江	4347	4098	0.16	0.10	0.01	
上海	172349	172349	1.90	1.70	0.01	
江苏	51907	39649	0.64	0.41		
浙江	30126	13075	0.83	0.64	0.01	
安徽	6041	5651	0.25			0.25
福建	30549	10094	0.59	0.33		0.36
江西	13692	1081	0.16	0.03	0.01	0.02
山东	34446	22923	1.42	0.05	0.01	
河南	19699	12752	0.98	0.93	0.02	
湖北	13126	8864	0.37	0.18	0.01	0.37
湖南	178623	169913	2.00	1.30	0.01	2.00
广东	21987	5785	0.18	0.12		
广西	32003	26033	0.65	0.61	0.01	
海南	4875	4875	0.36	0.33		0.36
重庆	10281	10281	2.50	2.00	0.01	
四川	21655	17029	0.99	0.38	0.03	1.05
贵州	15653	9942	0.40	0.26	0.01	0.36
云南	42827	38094	1.96	1.96		1.96
西藏	32400	25359	0.95	0.36	0.02	
陕西	24002	9097	0.96	0.59	0.06	0.96
甘肃	7254	4573	0.15	0.15		0.15
青海	8433	5010	0.38	0.38		0.38
宁夏	26639	20373	0.84	0.59	0.48	0.83
新疆	4410	2408	1.30	1.30		0.01

流动舞台车演出情况			由本馆指导的单位				
流动舞台车数量（辆）	利用流动舞台车演出场次（场次）	利用流动舞台车演出观众人次（万人次）	馆办文艺团体（个）	演出场次（场）	观众人次（万人次）	馆办老年大学（个）	群众业余文艺团队（个）
6	**53**	**3.20**	**97**	**1473**	**58.92**	**12**	**160**
			5	300	6.00		50
1			4	62	7.00	1	4
			6	8	4.00	1	2
			4	19	0.14	1	9
			5	32	7.81	1	5
			5	28	0.84		6
							2
			2	10	0.60	1	1
1			5	26		1	1
			1	20			1
1			2	4			3
			2	36	0.26		
			5	60	3.00		7
1	38	3.00	5	149	12.00	1	20
						1	1
			3	29	6.00	1	5
			5	30	2.50		12
						1	6
							8
1	15	0.20	5	100	0.50	1	3
			12	24	0.24		
			4	116	2.10	1	
			6	60	3.00		6
			5	25	1.90		3
1			5	320	0.67		2
			1	15	0.36		3

2014年各地区地市级

地　区	机构数(个)	从业人员(人)					组织品牌节庆活动(个)
			专业技术人才				
				正高级职称	副高级职称	中级职称	
全　国	**354**	**10514**	**8613**	**437**	**1536**	**3769**	**818**
北　京							
天　津							
河　北	12	478	412	30	79	144	20
山　西	11	296	272	13	33	132	10
内蒙古	12	507	441	13	86	183	25
辽　宁	22	710	589	37	100	278	39
吉　林	13	491	413	25	101	157	58
黑龙江	16	395	357	68	108	118	33
上　海							
江　苏	13	446	354	21	58	148	72
浙　江	11	432	363	49	80	138	54
安　徽	14	272	239	7	29	101	35
福　建	9	142	125	5	29	49	42
江　西	13	495	415	5	54	172	21
山　东	17	602	524	33	97	218	47
河　南	18	500	406	11	65	187	36
湖　北	12	391	311	22	60	144	24
湖　南	15	430	303	7	52	161	16
广　东	22	543	428	21	73	185	71
广　西	14	416	379	2	47	183	26
海　南	2	44	22	2	3	7	1
重　庆							
四　川	21	587	368	10	45	181	46
贵　州	9	448	410	21	73	176	21
云　南	16	441	400	4	65	202	9
西　藏	7	152	88		13	42	12
陕　西	11	363	271	6	40	134	11
甘　肃	16	355	249	3	47	119	30
青　海	8	117	101	4	24	53	11
宁　夏	5	181	132	12	36	50	19
新　疆	15	280	241	6	39	107	29

文化馆基本情况

提供文化服务次数（次）	文化服务惠及人次（万人次）	组织文艺活动次数（次）					组织文艺活动参加人次（万人次）
			为老年人组织专场	为未成年人组织专场	为残障人士组织专场	为农民工组织专场	
62062	**4381.61**	**25072**	**4551**	**2290**	**487**	**1469**	**3036.44**
2795	88.46	1041	136	122	46	109	69.72
1673	57.07	708	289	98	10	46	26.29
1216	66.25	706	92	67	14	33	50.74
5571	103.12	964	264	101	25	75	56.20
1909	81.72	666	254	83	10	20	42.50
1588	124.13	1126	372	157	26	40	69.25
2579	159.12	1535	385	158	25	108	115.36
6661	341.96	1376	59	47	13	116	234.60
1992	83.57	664	101	69	20	35	44.46
1980	194.69	470	42	72	12	34	31.24
2324	160.85	941	72	59	13	48	131.92
3572	412.83	1403	196	126	15	30	381.56
4971	292.83	1571	287	230	54	74	153.87
1119	226.19	688	121	48	3	18	179.56
1749	156.81	638	120	104	9	39	112.76
5385	552.93	3354	360	221	33	158	418.96
2541	419.45	1170	154	104	16	49	377.75
288	29.74	149	20	26		15	23.64
3048	208.44	1285	165	93	64	157	130.30
675	45.65	439	162	46	14	36	28.98
1884	151.86	938	348	42	9	26	65.18
602	44.73	465	25	11	4	67	37.91
1909	91.72	610	45	54	6	24	48.45
1092	83.90	362	175	34	7	26	41.66
579	37.67	412	23	9	7	25	33.21
1016	95.36	797	216	56	15	19	90.10
1344	70.56	594	68	53	17	42	40.28

续表 1

地区	提供文化服务次数(次)						藏书(万册)
	举办训练班班次(次)	培训人次(万人次)	举办展览个数(个)	参观人次(万人次)	组织公益性讲座次数(次)	参加人次(万人次)	
全　国	**29322**	**204.64**	**3713**	**1045.91**	**3955**	**94.62**	**59.66**
北　京							
天　津							
河　北	1140	5.60	102	10.49	512	2.66	4.06
山　西	744	2.75	112	25.42	109	2.61	2.71
内蒙古	367	3.00	41	9.46	102	3.05	0.94
辽　宁	4071	15.07	141	17.05	395	14.80	2.98
吉　林	1011	12.09	78	24.83	154	2.30	1.93
黑龙江	335	2.75	71	49.52	56	2.62	3.68
上　海							
江　苏	669	4.82	188	30.80	187	8.14	6.81
浙　江	4733	23.28	254	79.28	298	4.81	0.12
安　徽	1090	6.91	149	30.56	89	1.63	1.04
福　建	1240	11.18	178	150.74	92	1.54	0.41
江　西	1171	13.17	119	14.11	93	1.65	2.55
山　东	1657	9.50	242	18.22	270	3.56	0.61
河　南	2887	19.78	273	111.01	240	8.17	2.63
湖　北	259	2.12	117	43.37	55	1.15	0.40
湖　南	793	6.47	115	34.99	203	2.60	1.20
广　东	1502	24.95	330	104.21	199	4.81	7.21
广　西	1183	7.64	103	28.43	85	5.64	1.49
海　南	104	1.65	20	4.20	15	0.25	0.02
重　庆							
四　川	1271	6.34	224	66.24	268	5.57	1.59
贵　州	131	2.56	60	13.05	45	1.06	
云　南	625	5.80	177	70.59	144	10.29	2.12
西　藏	112	3.79	25	3.03			1.74
陕　西	1017	4.72	162	36.33	120	2.22	5.75
甘　肃	425	3.30	208	37.30	97	1.64	5.97
青　海	97	0.83	54	3.57	16	0.06	0.36
宁　夏	163	0.76	25	3.86	31	0.64	0.62
新　疆	525	3.82	145	25.29	80	1.17	0.74

计算机(台)	本年收入合计(千元)	财政补贴收入	业务活动专项经费	事业收入	上级补助收入	附属单位上缴收入	经营收入
11737	**2179537**	**2029509**	**333692**	**21344**	**63720**	**200**	**4496**
218	71823	69357	4895	106	1296		713
4390	43876	43379	10038		92		
475	81167	78577	5462	1	1250		
357	101278	99367	9770	469			
324	162214	160094	32060		1326		
260	102823	102711	6930				
383	103632	101057	8226	281	478		75
426	148876	129250	38076	6690	4153		
228	55673	52356	9678	1245	1718		
190	51859	46300	465	811	3671		
133	65313	63665	5007	387	524		
367	125690	114118	19668	1213	8335	200	
344	90341	86379	13707	180	3117		
250	77164	66860	18020	2793	4938		973
240	75421	67160	14911	1565	2977		1028
631	189402	177085	53709	1224	8298		
332	87175	77365	8266	542	7236		1062
51	10859	9209	2173				
669	146974	136910	35916	617	4830		
127	67080	62213	3332	600	1617		
324	64553	59038	8732		1547		190
24	24102	23302	5156		400		
168	67680	52870	6210		1160		
301	52711	49137	3350	60	706		
27	24390	19896	2430	2025	1968		455
156	30650	27873	2062	75	1545		
342	56811	53981	5443	460	538		

续表 2

地　区	其他收入	本年支出合计	基本支出	项目支出	经营支出	工资福利支出	商品和服务支出
全　国	**60268**	**2082025**	**1317334**	**705197**	**2747**	**703845**	**588106**
北　京							
天　津							
河　北	351	63289	54962	8287	40	30518	12728
山　西	405	50055	31694	18208		19543	9651
内蒙古	1339	87501	74629	12668		35475	21432
辽　宁	1442	104318	85331	18871		41464	22489
吉　林	794	127032	55464	71568		27945	14579
黑龙江	112	69579	52737	16842		25543	19376
上　海							
江　苏	1741	104637	67132	31332	75	36094	32292
浙　江	8783	146974	76947	70026		46372	58960
安　徽	354	47716	36551	10962		17523	11944
福　建	1077	39230	18541	19163		10680	11610
江　西	737	63270	48038	8372		27844	8255
山　东	1824	120244	69879	49084		43414	50057
河　南	665	97596	56440	39942		25808	42727
湖　北	1600	76144	45909	27841	931	25319	8830
湖　南	2691	77932	57679	18423	28	24913	26116
广　东	2795	184998	97653	87344		52412	79718
广　西	970	84835	64931	18875	1028	29223	18521
海　南	1650	11943	3284	8659		3051	5156
重　庆							
四　川	4617	153248	60877	91820		36034	49322
贵　州	2650	67986	53719	4164		32021	9856
云　南	3778	60833	41995	18086	190	23956	20580
西　藏	400	23182	11713	841		10793	3154
陕　西	13650	62779	42426	19580		18363	15299
甘　肃	2808	49116	36748	8856		20094	12030
青　海	46	23852	12928	3105	455	8862	7196
宁　夏	1157	28393	22259	6133		12332	4551
新　疆	1832	55343	36868	16145		18249	11677

在支出合计中：							
				对个人和家庭补助支出		其他资本性支出	
差旅费	劳务费	福利费	各种税金支出		抚恤金和生活补助		各种设备、交通工具、图书购置费
23286	**103363**	**5430**	**3679**	**410152**	**23940**	**142028**	**56698**
386	873	171	40	14917	232	2301	2095
381	1501	97		7952	191	4117	1486
982	2658	217	3	20088	2330	9918	1660
981	2972	29	265	28456	1069	2384	1823
369	1521	9	26	17085	526	6516	1558
708	2694	76	6	17432	145	6874	5168
857	5293	294	661	23660	190	7261	3694
1507	16381	904	272	20692	92	16613	2810
602	1435	54	22	13690	238	1782	1472
632	1664	44	10	4526	258	3861	2539
802	940	949	35	20340	7595	1081	126
866	1990	4	41	10911	293	5909	3745
663	4868	210	117	16419	1193	6516	3830
818	840	185	359	16690	405	4918	1676
727	2772	491	339	14334	2350	5966	1407
2221	32419	309	927	31346	356	6963	4597
1324	1845	92	1	28668	534	3096	2300
214	892			893	610	1215	316
3169	6731	170	18	22300	610	19285	7278
851	2455	247	62	25132	494	776	701
680	2525	96	17	12197	171	2208	998
797	138	48		3294	16	1120	620
827	2546	491	22	11003	2341	9364	624
301	1524	134	5	9658	534	1780	1373
432	641		8	5125	461	1125	124
247	961			5065	449	2643	1816
942	2284	109	423	8279	257	6436	862

续表 3

地　区	资产总计（千元）	固定资产原值	实际使用房屋建筑面积（万平方米）	业务用房面积	对公众开放阅览室面积	实际拥有产权面积（万平方米）
全　国	**2359742**	**1659156**	**166.26**	**106.92**	**17.22**	**81.50**
北　京						
天　津						
河　北	82615	67707	4.84	2.67	0.32	3.43
山　西	42767	36580	3.49	1.73	0.24	3.11
内蒙古	76819	48604	6.52	2.15	0.51	0.20
辽　宁	175899	125855	6.85	4.66	1.15	1.89
吉　林	101488	30943	6.00	2.11	0.15	2.33
黑龙江	83358	71519	5.50	3.89	0.38	3.08
上　海						
江　苏	179160	152267	12.68	8.96	1.25	4.36
浙　江	227321	186341	11.42	8.62	2.69	12.80
安　徽	36166	29077	4.38	3.86	0.89	1.96
福　建	56683	21402	6.21	4.57	1.08	1.94
江　西	46345	28263	8.58	4.06	1.36	5.72
山　东	114014	83233	9.89	8.28	0.09	2.04
河　南	94971	71271	10.22	7.92	1.12	3.24
湖　北	103878	68152	6.29	4.10	0.29	5.23
湖　南	75536	60277	8.54	5.55	0.15	4.97
广　东	147173	125876	10.83	6.41	1.69	2.62
广　西	60101	43467	4.67	2.44	0.82	1.95
海　南	44996	43349	1.07	0.76	0.01	0.90
重　庆						
四　川	136325	85660	7.82	5.59	0.11	5.77
贵　州	21019	13230	1.48	1.00	0.46	0.64
云　南	82412	66171	7.49	5.72	0.51	2.28
西　藏	34706	31689	3.18	2.06	0.60	1.46
陕　西	98543	60281	3.57	1.64	0.10	2.84
甘　肃	54081	44189	3.98	2.87	0.73	0.89
青　海	23912	18696	1.20	0.62	0.05	1.30
宁　夏	125686	23030	5.12	1.98	0.44	3.24
新　疆	33768	22027	4.45	2.73	0.04	1.32

流动舞台车演出情况			由本馆指导的单位				
流动舞台车数量（辆）	利用流动舞台车演出场次（场次）	利用流动舞台车演出观众人次（万人次）	馆办文艺团体（个）	演出场次（场）	观众人次（万人次）	馆办老年大学（个）	群众业余文艺团队（个）
46	**1184**	**125.19**	**1061**	**11870**	**1020.37**	**76**	**8983**
1	23	10.00	24	326	46.20		183
			18	95	5.16	2	94
	30	1.00	30	275	20.55	3	160
3	214	17.00	43	358	47.00	3	889
1	1	0.10	97	941	48.64	1	193
4	42	10.96	49	334	47.25	4	407
5	91	14.35	44	389	28.85	5	249
3	168	28.70	47	640	90.56	2	275
1	22	3.07	68	478	48.60	4	347
2	13	0.55	37	410	11.98	5	79
2	3	0.70	27	1117	61.01	3	203
3	42	2.37	37	398	27.21	1	414
2	140	1.80	105	848	96.54	5	225
3	40	6.30	36	170	53.50	6	195
			27	135	18.96	3	226
1			49	532	51.87	3	410
1	2	0.90	59	645	37.84	3	260
			4	68	1.68	1	203
9	260	18.60	61	350	29.47	5	289
1	15	1.50	23	249	27.00	3	79
			47	569	71.33	5	3054
			10	138	36.40		69
			31	1176	27.54	1	143
1			32	445	39.36	5	143
			5	97	6.76	1	91
3	78	7.30	7	145	13.35	1	20
			44	542	25.77	1	83

2014年各地区县市级

地　区	机构数（个）	从业人员（人）	专业技术人才	正高级职称	副高级职称	中级职称	组织品牌节庆活动（个）
全　国	**2928**	**43110**	**29976**	**369**	**2800**	**12273**	**4270**
北　京	19	750	526	3	26	172	106
天　津	18	551	409	4	63	156	45
河　北	167	1865	1334	16	119	562	191
山　西	119	1500	1002	5	46	448	75
内蒙古	105	1403	1111	6	129	480	141
辽　宁	102	1615	1178	13	101	589	114
吉　林	64	1931	1545	50	284	650	95
黑龙江	131	2064	1568	78	325	736	129
上　海	24	897	578	3	49	217	97
江　苏	101	1605	1224	15	145	564	286
浙　江	90	1682	1414	67	227	548	395
安　徽	105	1170	888	4	48	320	209
福　建	87	733	536	4	66	242	151
江　西	104	1482	899	4	48	297	149
山　东	140	2389	2040	30	275	838	250
河　南	186	3011	1104	8	66	538	162
湖　北	108	1815	1134	4	102	578	183
湖　南	127	1714	1130	3	63	512	153
广　东	124	1701	1009	12	58	354	225
广　西	108	1630	1167	6	30	392	155
海　南	18	171	134		5	26	28
重　庆	40	818	511	9	51	182	88
四　川	185	2249	1574	2	68	513	225
贵　州	88	1074	820	10	50	213	80
云　南	131	1925	1679	1	124	881	133
西　藏	74	210	104	1	3	3	12
陕　西	110	2083	1235	6	71	482	123
甘　肃	86	1196	710		53	258	87
青　海	46	422	270		23	114	25
宁　夏	20	387	331	2	34	161	33
新　疆	101	1067	812	3	48	247	125

文化馆基本情况

提供文化服务次数(次)	文化服务惠及人次(万人次)	组织文艺活动次数(次)	为老年人组织专场	为未成年人组织专场	为残障人士组织专场	为农民工组织专场	组织文艺活动参加人次(万人次)
315636	**16131.37**	**160894**	**23113**	**14039**	**3953**	**12590**	**11778.58**
9709	212.97	2139	358	180	74	47	137.91
3937	125.94	1335	201	81	44	48	90.79
15403	480.55	9399	1312	607	180	664	356.79
9305	316.93	4294	558	487	162	348	189.45
7431	360.10	4215	686	366	60	298	267.51
13510	520.82	5344	944	386	113	463	392.41
4936	241.29	2816	447	199	62	188	163.51
9360	375.87	6072	648	481	96	224	274.71
7593	311.88	3441	514	159	49	64	217.42
15066	709.74	7716	1752	876	253	557	556.08
22419	1139.10	10492	918	765	243	1097	805.65
11861	575.67	5812	984	590	138	564	426.34
5734	326.46	2816	480	408	73	335	200.06
10352	515.02	4782	604	504	119	521	373.70
24389	1044.51	13717	2273	1363	474	1010	740.42
16148	680.26	9310	1142	768	241	536	520.90
7987	723.52	4448	832	427	178	257	543.25
11584	861.96	6460	1105	592	163	617	690.23
25588	1362.30	8029	1065	797	108	665	909.01
10589	778.53	6364	733	507	149	545	632.31
1283	95.70	550	85	37	4	57	65.69
7781	526.37	2732	241	187	37	80	382.16
16315	1304.35	9361	1233	874	193	733	992.88
7119	378.91	4078	485	334	87	354	290.54
9330	718.99	5511	904	501	103	556	512.25
1840	44.62	1264	69	74	22	217	35.97
7506	389.03	3477	529	291	103	245	256.86
4222	307.03	2345	428	259	73	217	205.76
3080	106.10	2308	248	172	106	170	80.33
4315	178.33	3636	331	262	76	257	155.41
9944	418.54	6631	1004	505	170	656	312.31

续表 1

地　区	提供文化服务次数(次)					
	举办训练班班次(次)	培训人次(万人次)	举办展览个数(个)	参观人次(万人次)	组织公益性讲座次数(次)	参加人次(万人次)
全　国	**113209**	**788.24**	**20726**	**3227.33**	**20807**	**337.22**
北　京	6832	39.01	187	29.72	551	6.34
天　津	1802	12.12	189	15.97	611	7.07
河　北	3945	21.65	889	86.88	1170	15.22
山　西	3345	26.88	765	88.71	901	11.89
内蒙古	2186	13.72	505	73.05	525	5.82
辽　宁	5651	30.75	630	77.40	1885	20.27
吉　林	1559	14.05	257	60.81	304	2.92
黑龙江	2030	13.84	622	79.64	636	7.69
上　海	3286	23.06	437	64.37	429	7.02
江　苏	4706	33.51	1043	99.12	1601	21.03
浙　江	8778	62.58	1562	249.76	1587	21.12
安　徽	4647	29.25	802	107.46	600	12.62
福　建	1899	15.04	660	105.77	359	5.59
江　西	4438	24.03	706	106.56	426	10.74
山　东	7790	57.58	1377	204.83	1505	41.67
河　南	4396	24.16	1317	121.67	1125	13.53
湖　北	2314	24.49	765	143.49	460	12.29
湖　南	3669	31.67	709	125.01	746	15.05
广　东	15254	87.61	1149	340.75	1156	24.93
广　西	3159	34.01	629	105.40	437	6.81
海　南	533	8.80	152	20.24	48	0.98
重　庆	4282	23.36	367	113.08	400	7.77
四　川	4608	29.04	1253	262.95	1093	19.48
贵　州	2385	18.84	403	64.27	253	5.27
云　南	2723	35.54	746	163.88	350	7.33
西　藏	372	2.13	140	5.58	64	0.94
陕　西	2569	22.06	779	100.01	681	10.10
甘　肃	1010	8.95	568	87.46	299	4.87
青　海	470	3.21	191	21.18	111	1.38
宁　夏	404	4.99	129	15.43	146	2.51
新　疆	2167	12.32	798	86.90	348	7.00

藏书（万册）	计算机（台）	本年收入合计（千元）	财政补贴收入		事业收入	上级补助收入	附属单位上缴收入	经营收入
				业务活动专项经费				
524.48	**32308**	**5751443**	**5248744**	**716148**	**139921**	**224392**	**1370**	**4898**
2.80	867	255580	239155	50316	3675	3082	3	549
0.12	282	130962	128503	18707	1637			
32.29	655	132053	127268	17896	1202	3046	50	20
7.84	535	142469	141301	24338		1160		
4.49	760	165458	163431	13501	500	1262		
4.05	764	159238	155142	9448	3200	700	195	
3.51	783	168234	166724	24899	25	475		
16.49	1003	161830	156909	19411	1572	3049		
30.36	974	360651	316635	14727	19559	6269		104
30.71	1534	445499	406855	20284	12625	12916		
9.87	1567	445765	372187	61429	14169	33060		
15.20	1202	139483	123784	24461	1275	10287	172	
9.07	2227	121732	102477	16866	7044	10399		
15.55	1060	134983	121746	7511	2933	6466	141	102
30.43	1713	245425	230805	24675	1444	11717		
22.08	1180	183508	170122	23161	2643	7445		592
33.83	1137	181342	159467	29169	5049	12621		170
10.20	1150	166510	146109	25598	3470	8580		510
24.19	1359	353820	325761	50923	8489	10730		2248
10.34	1220	164600	150897	7805	1094	7682	450	
2.26	163	39505	30518	6600	50	6012		
12.02	1459	215092	169938	56513	32775	7816		
43.82	1989	379699	355501	52840	2025	15332		
7.33	982	103173	84862	15304	5965	10089	84	
6.77	1049	204564	192709	21377	193	6824	30	
38.44	1621	22436	17835	3098	160	4153		
33.98	859	176425	160526	23689	5606	9189		503
15.02	666	105910	99388	20752	888	4592		
12.63	506	47970	46395	9504	105	1031	45	100
15.07	332	56699	51970	8813	535	3035		
23.74	710	140828	133824	12533	14	5373	200	

续表 2

地区	其他收入	本年支出合计	基本支出	项目支出	经营支出	工资福利支出	商品和服务支出
全国	**132118**	**5563550**	**3942349**	**1254066**	**11446**	**2349171**	**1246296**
北京	9116	252424	143399	107924	1081	81646	76680
天津	822	124792	105033	19702		49071	24721
河北	467	139539	104833	16997	487	76152	24077
山西	8	133588	99359	26006	20	66588	27552
内蒙古	265	163498	152105	7623	30	87938	28305
辽宁	1	157703	125653	19188	80	77879	29489
吉林	1010	163801	138497	25303		83373	29167
黑龙江	300	162074	141971	19516	217	83622	29696
上海	18084	305042	202354	99678	155	123309	107053
江苏	13103	441591	284649	147180		127256	70700
浙江	26349	431167	278222	133235	333	177742	136679
安徽	3965	140015	103002	21607	200	58869	25299
福建	1812	112812	80932	28958		42746	27919
江西	3595	131323	103091	10017	989	64440	19431
山东	1459	240263	185280	39511	6	128822	44243
河南	2706	177834	151426	12115	147	92438	32737
湖北	4035	176868	120194	46507	120	79640	33291
湖南	7841	165673	119316	31471	715	72025	46438
广东	6592	354969	193885	138755	2232	112483	112895
广西	4477	161946	111230	27707		71174	36868
海南	2925	30406	15123	13243	390	11802	9246
重庆	4563	183865	116528	52085		50755	60844
四川	6841	349505	230750	95020		119078	93360
贵州	2173	99218	67408	14238		46761	7984
云南	4808	197485	154087	31874	20	99179	35042
西藏	288	21106	9876	1261	1645	8284	598
陕西	601	182917	131020	22257	775	91881	27531
甘肃	1042	107551	84886	11021	2	56184	14517
青海	294	48174	38282	5560	274	23852	5094
宁夏	1159	57224	37923	3391	700	25328	4680
新疆	1417	149177	112035	25116	828	58854	24160

在支出合计中：							
差旅费	劳务费	福利费	各种税金支出	对个人和家庭补助支出	抚恤金和生活补助	其他资本性支出	各种设备、交通工具、图书购置费
50594	**180671**	**21656**	**15285**	**840272**	**52930**	**298136**	**88419**
234	4937	912	541	41207	1344	11254	7222
106	1601	321	2	45830	1383	3529	2241
581	1871	337	22	15838	937	4030	2005
1457	3415	167	407	15525	1192	9707	2410
1528	3522	276	144	28120	1841	3700	1432
1243	4732	2864	5	29986	1634	3022	1765
905	2229	42	58	42553	1520	8412	4273
1436	1243	209	6	32302	2043	9569	2945
721	8843	2318	811	36319	1531	12767	1774
1768	12836	601	264	56743	3283	103945	8630
3777	37714	2645	1313	68932	1362	14389	6648
1159	3932	197	114	26749	1287	3203	1781
1160	4663	400	481	16151	2009	4642	2272
1762	1839	1458	280	25365	2524	4676	2246
827	2357	181		22264	1090	9468	4049
992	2156	381	206	24481	1721	7152	3163
2000	3938	659	354	29342	4003	9566	3497
2454	6564	1351	215	17615	2361	7348	3062
1972	18956	2638	3758	47642	1411	9460	4598
2110	4153	192	3	26870	1657	3430	1537
445	643	16	10	2281	26	1295	758
9666	13808	1055	4931	33862	2595	9046	2892
5455	16884	893	73	49752	5130	9711	5758
1131	1151	254	15	9437	436	5156	2490
1405	6851	292	9	27802	1140	11662	2096
176	268		100	650	520	3361	1906
1463	3171	533	12	20722	2999	4733	2055
724	2267	211	115	16402	2057	2081	894
265	94	19		3293	216	4236	218
346	1515		15	7315	174	1815	520
1326	2518	234	1021	18922	1504	1771	1282

续表 3

地　区	资产总计（千元）	固定资产原值	实际使用房屋建筑面积（万平方米）	业务用房面积	对公众开放阅览室面积	实际拥有产权面积（万平方米）
全　国	**12976843**	**11733729**	**680.96**	**451.77**	**89.32**	**358.39**
北　京	463426	344057	11.38	5.63	0.11	3.98
天　津	113592	85697	8.07	5.24	0.33	3.63
河　北	227918	213145	28.50	17.72	3.93	18.77
山　西	155211	140734	25.07	17.18	4.82	25.25
内蒙古	118748	106252	20.62	14.29	3.54	10.73
辽　宁	127664	110911	17.59	10.99	1.28	8.02
吉　林	121034	104676	10.34	6.38	1.71	5.35
黑龙江	188368	172884	19.77	12.27	1.79	6.25
上　海	737756	558899	19.79	12.70	0.84	10.56
江　苏	443836	392290	66.85	50.09	8.32	28.61
浙　江	342125	236797	35.27	25.00	1.43	17.33
安　徽	165819	144434	18.33	14.17	3.69	12.81
福　建	193973	138075	21.74	15.54	2.54	11.26
江　西	571930	535712	22.62	13.06	3.59	13.23
山　东	276026	219396	36.91	26.09	5.80	12.43
河　南	293824	262953	34.07	21.21	3.14	15.63
湖　北	201485	166358	22.80	13.80	4.48	13.62
湖　南	180240	142313	24.37	15.44	4.38	15.15
广　东	1346955	1264099	48.96	26.82	5.62	18.49
广　西	160026	145719	18.77	11.45	2.75	10.59
海　南	36059	22794	2.82	1.99	0.88	1.49
重　庆	358618	301315	20.62	13.70	2.11	11.23
四　川	498099	428283	39.21	28.60	4.32	18.85
贵　州	220117	186381	16.54	11.03	3.57	9.63
云　南	444402	403270	20.99	14.45	3.05	14.59
西　藏	2733849	2705399	7.76	5.59	1.17	2.93
陕　西	147088	121631	18.99	13.19	3.98	14.42
甘　肃	127974	116820	14.11	9.24	2.23	9.75
青　海	359187	358334	3.02	1.66	0.38	1.87
宁　夏	46763	44418	6.78	5.58	1.26	5.56
新　疆	1574731	1559683	18.32	11.68	2.31	6.38

流动舞台车演出情况			由本馆指导的单位				
流动舞台车数量(辆)	利用流动舞台车演出场次(场次)	利用流动舞台车演出观众人次(万人次)	馆办文艺团体(个)	演出场次(场)	观众人次(万人次)	馆办老年大学(个)	群众业余文艺团队(个)
547	**17640**	**1391.11**	**5289**	**120008**	**7272.27**	**617**	**64198**
11	190	10.68	77	1368	69.98	11	276
3	175	5.30	46	546	25.81	4	849
34	1135	44.06	215	4736	177.84	30	3196
23	600	37.94	183	3091	152.27	24	1180
8	502	20.20	179	2186	147.88	18	1063
5	252	61.05	212	3782	170.18	20	2010
22	553	27.36	125	1229	132.47	14	799
36	1296	82.17	194	3439	166.64	21	1571
6	159	25.95	101	2025	62.70	4	390
25	1094	98.59	295	7967	280.01	31	3304
34	2087	179.60	299	4927	276.62	15	3568
28	1369	96.81	267	3286	182.61	12	1582
2	113	3.92	135	930	99.02	21	1035
8	160	16.45	162	4260	290.42	31	1572
20	922	78.21	236	8466	969.42	40	5008
15	606	52.08	392	5881	343.16	36	4461
11	532	43.25	196	4664	354.82	27	3256
26	1093	90.30	135	4848	290.38	38	3012
9	290	26.10	232	4282	440.35	24	2046
25	567	59.94	322	6324	576.00	41	5256
3	32	6.20	14	151	33.19		447
19	397	44.73	104	1594	112.57	24	959
61	1371	144.75	243	16005	442.49	35	2635
11	259	26.03	202	2214	657.47	23	2068
30	190	17.80	221	6079	250.51	18	6615
10	198	7.09	7	596	22.79		397
22	479	44.29	204	7389	222.78	25	2840
14	126	13.74	109	1655	103.63	14	1073
4	43	1.92	25	1577	42.01	1	344
9	633	18.50	14	1173	43.57	2	601
13	217	6.11	143	3338	132.70	13	785

2014年各地区

地区	机构数(个)	从业人员(人)	专职人员	在编人员	专业技术人员	提供文化服务次数(次)
全国	**41110**	**114856**	**67987**	**69919**	**28197**	**1088406**
北京	326	1694	980	956	143	46602
天津	280	452	261	163	34	11095
河北	2217	4785	2110	2165	697	42207
山西	1407	2794	1417	930	466	27006
内蒙古	1038	3055	1773	1992	797	15472
辽宁	1419	3552	1783	2003	814	40508
吉林	896	2084	1369	1478	641	15762
黑龙江	1492	2796	1604	1080	616	20521
上海	213	3998	2186	1383	468	83880
江苏	1280	4927	3033	2794	1311	60672
浙江	1318	4741	3154	2869	2029	71127
安徽	1437	4506	3086	3539	2063	42964
福建	1118	2672	1457	1364	599	20931
江西	1762	3918	2179	2252	637	22244
山东	1811	5181	3442	3273	1606	68324
河南	2318	7319	4196	5359	851	54985
湖北	1269	2751	1787	1444	858	29353
湖南	2530	5835	3912	4453	1152	37188
广东	1599	8653	4759	3898	1607	71011
广西	1167	2967	1943	2524	957	29268
海南	212	544	250	427	84	3908
重庆	999	3828	2814	3149	719	25207
四川	4601	7526	3845	4338	1587	78825
贵州	1588	4415	2664	3460	1363	21487
云南	1410	4559	3210	3769	3005	38291
西藏	690	1641	878	462	250	3677
陕西	1650	5066	2755	3229	1083	29031
甘肃	1331	4595	2660	2772	519	19191
青海	358	479	163	114	82	4188
宁夏	227	633	453	434	226	7420
新疆	1147	2890	1864	1846	933	46061

文化站基本情况

文化服务惠及人次(万人次)	组织文艺活动次数(次)	参加人次(万人次)	举办训练班班次(次)	培训人次(万人次)	举办展览个数(个)	参观人次(万人次)	藏书(万册)
27319.68	**656807**	**19076.84**	**324757**	**2552.46**	**106842**	**5690.38**	**24243.47**
603.43	24139	427.57	20851	117.72	1612	58.14	450.96
153.24	5807	106.84	4282	25.90	1006	20.50	145.95
645.19	28053	446.96	9928	73.81	4226	124.41	816.19
485.85	17287	328.81	7196	48.53	2523	108.52	604.09
332.25	10487	257.46	3433	23.46	1552	51.33	320.85
676.07	25209	503.81	12710	99.29	2589	72.98	812.74
291.77	11004	229.57	3532	25.15	1226	37.05	321.10
327.26	13758	231.94	4649	35.98	2114	59.34	475.06
2088.57	45281	1366.44	35643	264.04	2956	458.09	915.44
1474.15	39049	1076.77	15037	123.01	6586	274.37	2619.22
2360.54	41146	1715.92	22890	162.06	7091	482.56	2038.37
879.37	26784	625.73	12040	93.88	4140	159.76	552.65
449.91	11602	294.01	6791	37.96	2538	117.94	541.74
468.31	13300	325.80	6023	37.85	2921	104.67	680.36
1610.16	45162	1076.22	15644	157.81	7518	376.12	2041.58
1186.39	33543	777.49	14339	109.50	7103	299.39	703.61
750.76	17907	504.68	7866	68.47	3580	177.61	497.74
1000.42	22058	655.88	10995	94.32	4135	250.22	1316.27
3852.30	36193	2653.87	28321	327.74	6497	870.69	2401.99
828.10	20403	661.17	6512	42.77	2353	124.16	668.90
236.03	2312	210.08	1240	7.74	356	18.22	112.00
757.49	12900	475.00	9069	76.16	3238	206.33	613.87
1848.70	48100	1299.47	21861	138.57	8864	410.66	1492.64
602.59	12243	432.78	6567	43.43	2677	126.38	712.88
1105.12	22632	747.96	11379	103.32	4280	253.83	587.25
39.32	2482	31.69	914	3.55	281	4.08	52.83
686.95	16059	487.20	8622	75.75	4350	124.00	473.93
415.05	10757	264.67	5593	47.15	2841	103.22	410.00
67.49	2445	50.38	938	6.39	805	10.72	68.86
191.15	5597	150.31	1400	9.73	423	31.11	97.67
905.79	33108	660.35	8492	71.43	4461	174.01	696.74

续表 1

地　区	计算机(台)	本年收入合计(千元)	财政补贴收入	业务活动专项经费	上级补助收入	本年支出合计(千元)
全　国	**300653**	**10468612**	**8431916**	**2526804**	**1590454**	**10031059**
北　京	3516	339960	250467	139099	76482	251139
天　津	2389	84682	78006	49892	5917	85748
河　北	7463	159481	151157	52070	3053	160298
山　西	10976	96458	92910	48280	2327	94117
内蒙古	5309	190017	183628	46535	5513	190971
辽　宁	7592	150589	123630	38000	16552	156015
吉　林	4239	132918	127287	15823	4093	128941
黑龙江	5795	89106	81687	34888	4327	160607
上　海	5424	870068	755243	280211	64650	808309
江　苏	14210	711212	660798	148912	29064	705560
浙　江	14973	1205880	1024682	265119	135700	1207799
安　徽	16118	266677	223178	65888	26284	268039
福　建	6425	203990	169443	43649	22929	199963
江　西	7804	173274	125081	26897	18602	146867
山　东	23870	373051	339833	85823	20162	365333
河　南	11765	265885	249704	77210	9521	267007
湖　北	9166	150625	114678	37501	26770	151339
湖　南	14112	280714	242780	72246	27126	295414
广　东	16292	1165811	999153	379267	109498	1142009
广　西	10535	182722	137017	21132	27537	176678
海　南	1821	33908	26332	8464	6120	32911
重　庆	11787	365323	316671	102153	37738	364774
四　川	32277	600758	515761	207818	71931	600385
贵　州	13785	261918	204551	22976	39039	265514
云　南	14332	1216026	500064	95327	699460	871369
西　藏	1886	111768	92298	3340	15231	133618
陕　西	9138	302847	237299	71789	46325	315986
甘　肃	7872	195912	176642	43995	12313	198427
青　海	1783	23323	20910	4808	1758	22682
宁　夏	1968	42681	34750	4459	4880	43134
新　疆	6031	221028	176276	33233	19552	220106

基本支出	项目支出	经营支出	在支出合计中：				
			工资福利支出	对个人和家庭补助支出		其他资本性支出	
					抚恤金和生活补助		各种设备购置费
5725694	**2922544**	**88926**	**3721236**	**210935**	**15527**	**729682**	**375161**
114902	77247	4209	33274	2918	30	15207	5742
43869	40265	270	13344	1589	3	14143	1111
118738	32696	1108	85212	1156	189	12858	6294
64441	20283	672	42737	1581	422	5180	1688
179175	3450	574	117869	7320	119	14496	12188
111250	21983	348	74295	2098	362	8848	3525
103747	21990	76	73045	4270	407	7292	2383
71603	10312	598	56305	1120	30	10010	6065
399384	343379	5947	239605	20859	1643	51195	28483
396496	176736	9274	234628	26749	1948	73019	27038
444053	606604	5519	263276	22893	565	96062	46721
182198	37082	2031	136466	7964	352	23346	13270
124871	49792	3553	68707	3453	280	16902	9834
93017	24798	4656	74388	1964	438	12597	7338
247938	74524	4685	159230	11517	586	29749	18821
222045	24061	207	157769	1632	112	17299	8590
95637	33666	3109	66546	2969	486	16687	9810
200093	46791	2945	148467	4562	821	24838	10668
553288	450906	12046	411136	31882	2200	57079	30639
117922	21622	5458	81351	7753	1046	12477	7125
17617	10400	84	14104	99	1	2099	585
229883	92372	4181	154196	6400	1354	34195	16191
294941	231697	3327	172625	6443	271	57137	33471
177245	33748	5380	150841	5576	598	14675	6555
463365	362872	1459	168188	10920	276	15112	5639
86553	426	661	79365	206	18	40659	32018
213253	30326	2510	175643	5090	213	15966	9621
144160	18073	2892	128008	1794	164	14996	6820
18189	550	88	12724	739	20	2154	641
27638	6634	890	24936	551	196	4204	2136
168183	17259	169	102956	6868	377	9201	4151

续表 2

地 区	资产总计（千元）	固定资产原值	实际使用房屋建筑面积（万平方米）	文化活动用房面积	实际拥有产权面积（万平方米）	本站指导群众业余文艺团队（支）
全 国	**33228402**	**27748313**	**2814.09**	**2077.32**	**1668.21**	**331269**
北 京	462671	405961	59.63	38.89	9.69	9806
天 津	324298	306830	20.38	13.34	4.61	3588
河 北	835982	718856	83.49	65.56	56.29	19933
山 西	776409	719385	67.84	52.48	54.24	8973
内蒙古	475247	449738	45.41	35.91	28.98	3690
辽 宁	954618	891591	96.31	51.90	31.13	9506
吉 林	877978	839390	30.02	22.17	22.66	4031
黑龙江	389102	369387	53.52	37.83	21.85	4906
上 海	2233672	1446865	114.40	82.88	62.97	9815
江 苏	2812040	2520914	267.51	200.37	124.47	15284
浙 江	3406421	2945288	295.06	235.20	160.13	34960
安 徽	1612613	836633	75.09	62.73	68.65	7669
福 建	1319115	772973	92.82	72.79	59.52	7081
江 西	795295	708260	75.17	53.37	48.28	7255
山 东	1352840	1168756	197.28	129.16	75.01	31215
河 南	767232	729158	88.10	66.37	65.16	22166
湖 北	696743	615400	90.87	66.37	64.81	13009
湖 南	1097157	1004805	107.19	82.12	83.04	17387
广 东	3439453	2674125	306.35	226.38	132.31	11554
广 西	580353	442487	50.88	38.78	36.13	9237
海 南	94825	87163	6.63	5.26	4.93	2321
重 庆	831252	704101	62.41	45.29	54.96	7931
四 川	2417263	2255609	162.28	124.14	122.57	17614
贵 州	833405	724168	59.26	42.31	45.10	7216
云 南	853854	751721	72.72	53.97	74.15	21737
西 藏	526809	464932	25.08	21.41	10.20	595
陕 西	821006	732811	67.31	48.91	49.00	11698
甘 肃	730601	644807	51.30	38.48	36.81	4767
青 海	140809	127904	9.95	9.40	6.52	867
宁 夏	123541	114933	11.47	7.20	6.53	1146
新 疆	645798	573362	68.41	46.39	47.50	4312

辖区内社区文化活动场所(个)	社区文化活动室	辖区内社区文化活动场所面积(平方米)	社区文化活动室面积	辖区内村文化活动场所(个)	村文化活动室	辖区内村文化活动场所面积(平方米)	村文化活动室面积
140168	**105192**	**7223.42**	**1664.22**	**515450**	**435669**	**14483.20**	**3859.29**
3968	2721	221.56	52.05	5825	3652	393.65	102.56
1255	981	29.85	10.14	2908	2629	92.68	19.07
3547	2900	81.75	20.03	34170	27573	776.28	146.63
2160	1678	52.65	11.81	28671	28266	613.14	155.26
1728	1373	87.86	25.51	8753	7102	150.76	56.45
5176	5721	388.00	41.93	11215	8640	689.18	68.69
2936	1725	132.57	22.52	8076	6818	359.06	49.08
2144	1761	103.08	23.16	7410	6314	202.22	40.14
4890	3951	168.26	80.93	3541	2843	108.50	54.09
12142	7963	838.33	267.62	22635	16015	761.36	261.13
9346	5614	1001.57	211.61	34979	26468	1825.66	636.01
3813	2922	132.97	24.88	13112	11279	258.68	63.33
3709	2689	127.27	35.90	13174	10850	336.64	77.27
5570	6208	101.76	26.92	16064	12660	264.36	81.98
14798	12745	666.90	182.13	56481	51871	1689.01	434.80
6228	4961	158.37	39.22	36574	31344	712.31	167.60
6400	4416	198.47	46.62	20363	17398	413.13	115.30
9158	5916	522.19	76.02	38521	31864	794.07	294.50
10358	7346	1132.59	215.17	23603	20037	1246.47	348.92
3521	2092	107.67	33.92	13912	10966	353.55	81.00
489	267	8.77	2.38	3222	2124	63.51	16.92
3851	2479	186.30	49.37	9959	8064	164.25	76.20
8179	5887	313.42	53.64	32715	29538	444.30	138.33
2730	1793	86.37	19.69	11237	9210	200.00	40.10
3060	2163	126.42	31.00	13406	10424	343.38	81.97
29	26	0.12	0.11	1443	1359	5.17	4.08
4692	3360	120.44	23.19	21661	21120	578.03	97.25
1429	1244	45.75	12.00	10921	9448	323.35	37.53
169	168	4.13	2.99	1175	1029	13.90	6.27
692	545	34.66	3.74	2265	1985	120.54	12.07
2001	1577	43.37	18.04	7459	6779	186.11	94.77

2014年各地区乡镇

地区	机构数(个)	从业人员(人)	专职人员	在编人员	专业技术人员	提供文化服务次数(次)
全　国	**34465**	**93307**	**56007**	**59373**	**24463**	**738842**
北　京	183	880	595	532	98	19706
天　津	133	284	157	121	16	3063
河　北	1981	4269	1909	1918	647	35335
山　西	1197	2288	1278	749	431	19911
内蒙古	859	2410	1531	1617	707	11687
辽　宁	955	2296	1177	1418	644	15233
吉　林	626	1586	1083	1282	582	10547
黑龙江	900	1611	1097	906	506	10888
上　海	109	2320	1196	926	295	30878
江　苏	919	3556	2227	2229	1066	36129
浙　江	918	3176	2160	1971	1454	38790
安　徽	1288	4119	2895	3280	1945	38175
福　建	961	2269	1274	1185	540	16131
江　西	1632	3592	1998	2062	567	19928
山　东	1238	3568	2369	2285	1167	42158
河　南	1904	6292	3622	4716	735	45269
湖　北	1028	2234	1466	1185	739	19638
湖　南	2238	5065	3499	4030	1057	31320
广　东	1173	6015	3063	2726	1099	35838
广　西	1126	2719	1832	2382	939	27556
海　南	204	536	248	425	82	3740
重　庆	825	3019	2273	2510	613	17222
四　川	4349	6888	3432	4050	1490	65088
贵　州	1434	4043	2486	3228	1332	19228
云　南	1295	4077	2908	3462	2769	31289
西　藏	683	1641	878	462	250	3661
陕　西	1501	4486	2460	2815	974	24986
甘　肃	1228	4380	2582	2662	502	17554
青　海	358	479	163	114	82	4188
宁　夏	199	559	410	405	225	5739
新　疆	1021	2650	1739	1720	910	37967

文化站基本情况

文化服务惠及人次（万人次）	组织文艺活动次数（次）	参加人次（万人次）	举办训练班班次（次）	培训人次（万人次）	举办展览个数（个）	参观人次（万人次）	藏书（万册）
20132.66	**456507**	**14160.92**	**199720**	**1615.82**	**82615**	**4355.92**	**18494.54**
317.19	13183	252.24	5846	41.15	677	23.80	226.06
79.90	1948	58.88	853	11.09	262	9.93	81.61
561.30	23116	388.51	8599	64.71	3620	108.08	746.52
412.96	12670	277.54	5016	38.77	2225	96.64	497.44
250.56	7771	191.75	2723	18.47	1193	40.35	264.49
328.62	10315	253.97	3877	40.98	1041	33.67	474.58
200.19	7232	153.89	2467	17.95	848	28.35	247.54
211.58	7072	149.51	2624	22.99	1192	39.08	366.00
972.17	17976	710.09	11407	76.59	1495	185.49	485.42
976.14	23022	704.94	8656	78.60	4451	192.60	1881.22
1464.71	23213	1037.02	11128	85.59	4449	342.10	1389.78
802.34	23882	566.10	10488	86.39	3805	149.86	481.56
382.20	9068	245.99	4908	29.80	2155	106.40	428.98
421.82	11879	294.67	5384	31.28	2665	95.87	588.30
1060.88	27641	697.57	9695	102.43	4822	260.89	1398.66
1011.13	27621	671.10	11762	91.40	5886	248.63	563.69
561.53	11436	364.66	5379	50.02	2823	146.86	362.59
884.27	18461	573.13	9340	83.01	3519	228.12	1157.67
2520.90	19671	1798.82	11922	124.04	4245	598.04	1506.88
807.93	19043	644.26	6216	41.21	2297	122.47	635.36
228.60	2147	202.64	1237	7.74	356	18.22	109.11
545.46	9062	341.58	5602	54.44	2558	149.44	457.09
1575.42	40586	1095.34	16529	104.15	7973	375.94	1341.83
559.49	10852	401.80	5875	40.15	2501	117.54	663.48
968.95	18366	658.60	9249	85.02	3674	225.32	512.12
38.62	2472	31.23	908	3.31	281	4.08	52.41
605.18	13335	424.75	7743	68.77	3908	111.67	426.68
390.10	9764	247.44	5145	45.19	2645	97.47	373.10
67.49	2445	50.38	938	6.39	805	10.72	68.86
155.73	4215	117.53	1150	8.41	374	29.79	83.42
769.33	27043	554.99	7054	55.82	3870	158.52	622.13

续表 1

地　区	计算机(台)	本年收入合计(千元)	财政补贴收入	业务活动专项经费	上级补助收入	本年支出合计(千元)
全　国	**238423**	**7472639**	**6364265**	**1936686**	**770874**	**7302621**
北　京	1751	240838	175359	91912	60376	161913
天　津	805	36092	30453	7944	5238	35278
河　北	6008	146636	138898	49672	3030	146798
山　西	8919	85288	82436	45894	1914	83080
内蒙古	4282	144305	140886	33357	2739	143491
辽　宁	4743	103402	85246	30398	14721	107676
吉　林	2782	110882	106537	14920	2817	107823
黑龙江	3849	67368	61613	31933	3100	65666
上　海	2634	681134	605135	223226	38915	614955
江　苏	8922	533028	504331	100281	18152	525488
浙　江	9460	792771	665165	161095	96292	793471
安　徽	14752	242978	203569	59349	23352	244126
福　建	5179	154233	125453	34127	18893	150479
江　西	7148	144275	99067	25556	17871	134063
山　东	15400	235653	215435	51800	9214	222990
河　南	9534	236591	223254	73917	8457	234323
湖　北	6997	113606	87784	26182	19937	111291
湖　南	11783	240465	208933	63287	23841	254450
广　东	10851	774149	660126	273654	67605	752839
广　西	10229	161024	116948	19756	27129	155519
海　南	1818	33562	26072	8448	6120	32564
重　庆	9469	255123	217700	69898	29499	253589
四　川	29242	526680	455471	179089	61104	524101
贵　州	12416	237330	181992	20953	38079	237141
云　南	13169	348870	258954	86299	75512	343192
西　藏	1884	111264	92298	3340	15231	124524
陕　西	8394	270634	207185	66686	44786	283563
甘　肃	7173	191124	172080	43444	12184	191234
青　海	1783	23323	20910	4808	1758	22682
宁　夏	1621	39964	32636	4232	4347	40298
新　疆	5426	190047	162339	31229	18661	204014

基本支出	项目支出	经营支出	在支出合计中：工资福利支出	对个人和家庭补助支出	抚恤金和生活补助	其他资本性支出	各种设备购置费
4421715	**1927884**	**62903**	**2987932**	**163048**	**12328**	**560901**	**280312**
81318	53672	973	13483	1182	30	4914	2211
17378	17207		9837	701	3	13016	886
107429	30901	1100	76989	879	166	12192	5811
54643	19821	637	35227	704	6	4914	1668
132934	3080	552	92187	4552	48	8576	6418
82013	15901	223	48875	1558	174	5376	1304
84883	20472	76	56849	4074	407	6751	2310
51893	9482	521	38238	792	4	8980	5386
313534	254651	2963	184842	16780	1494	41265	20601
289235	129224	7310	167680	22276	1310	52724	17021
292827	413928	3032	177785	16081	458	67959	30269
169265	31293	1903	124012	7722	332	20749	11999
103054	29038	3339	58450	2253	250	12187	8203
85255	22578	4485	68704	1849	423	11146	6099
158689	40580	2433	101313	9333	424	18840	11303
195562	21684	136	136659	1317	105	14705	6382
74254	24965	2727	50554	2537	440	12206	6810
175116	40307	2647	130911	3989	738	20070	8003
385076	300957	9692	274001	18092	1624	38817	22534
112623	18231	637	79094	7584	1021	12248	6960
17290	10380	84	13767	99	1	2099	585
171339	51489	3155	116203	4660	1125	23539	12687
260112	198111	2740	158148	5990	232	42898	28478
159881	27982	3090	137788	4603	491	14035	6388
234902	75059	1289	150508	8808	108	13780	4457
86501	426	661	79313	206	18	31617	22976
188323	25942	2470	152777	4961	209	15549	9368
138588	17389	2882	123031	1784	164	14831	6665
18189	550	88	12724	739	20	2154	641
25897	6399	890	23204	551	196	4029	1987
153712	16185	168	94779	6392	307	8735	3902

续表 2

地　区	资产总计(千元)	固定资产原值	实际使用房屋建筑面积(万平方米)	文化活动用房面积	实际拥有产权面积(万平方米)	本站指导群众业余文艺团队(支)
全　国	**27303562**	**22737070**	**2142.84**	**1619.81**	**1412.35**	**244276**
北　京	192720	168919	36.62	22.77	4.96	4882
天　津	107276	103861	9.36	7.05	2.79	1673
河　北	800918	685928	74.30	59.51	53.63	17924
山　西	634483	582603	54.82	43.40	50.38	7499
内蒙古	408692	392418	37.77	30.03	24.81	2660
辽　宁	639503	604285	43.55	32.42	20.96	4883
吉　林	763752	747546	21.60	16.52	20.55	2699
黑龙江	335121	320261	32.74	26.81	20.23	3356
上　海	1624460	940078	70.19	46.89	46.17	4193
江　苏	2017106	1813175	186.82	137.82	90.08	8340
浙　江	2579404	2206313	210.32	170.36	119.80	21320
安　徽	1553014	791040	67.88	57.33	64.58	6521
福　建	1223475	698750	81.21	63.44	53.97	5361
江　西	754877	673702	70.66	50.35	45.62	6406
山　东	839373	734562	127.99	85.55	50.57	20737
河　南	705733	684079	74.52	57.95	61.66	19533
湖　北	568128	528421	71.59	53.31	56.56	8806
湖　南	1006368	926817	93.65	72.91	75.82	15196
广　东	2709751	2102411	207.92	150.98	96.78	6099
广　西	572467	435205	49.56	38.01	35.62	8962
海　南	94355	86843	6.59	5.24	4.88	2296
重　庆	594908	504577	45.38	33.80	43.43	5128
四　川	2257613	2106887	146.24	113.39	114.32	13945
贵　州	741900	686448	51.58	39.20	43.70	6433
云　南	748245	685936	64.12	47.32	66.78	19941
西　藏	501667	439790	24.57	20.91	10.20	587
陕　西	776487	692872	61.67	44.80	44.98	9561
甘　肃	678616	605380	44.98	36.00	35.16	4304
青　海	140809	127904	9.95	9.40	6.52	867
宁　夏	110820	102526	8.95	6.35	5.74	890
新　疆	621521	557533	55.74	40.01	41.12	3274

辖区内社区文化活动场所(个)	社区文化活动室	辖区内社区文化活动场所面积(平方米)	社区文化活动室面积	辖区内村文化活动场所(个)	村文化活动室	辖区内村文化活动场所面积(平方米)	村文化活动室面积
79530	**59168**	**3429.06**	**855.52**	**475865**	**403039**	**12854.96**	**3418.22**
946	553	59.51	11.88	5718	3566	384.03	100.14
265	176	9.75	2.91	2643	2400	88.14	16.71
1893	1517	38.69	9.67	33725	27192	760.73	144.69
735	560	11.11	4.02	27780	27412	589.77	148.40
885	691	33.15	10.71	8485	6844	143.44	54.06
1320	977	108.59	8.27	10013	7738	606.79	50.74
1640	718	60.35	10.11	7648	6480	341.53	45.20
675	591	44.78	11.93	7251	6185	200.58	39.35
2450	1976	92.19	42.40	2482	1880	88.49	39.76
6600	4325	380.72	110.14	20818	14835	678.80	231.39
3726	2323	277.66	111.02	26986	20694	1294.24	487.25
2900	2234	106.35	18.66	12835	11031	250.45	60.88
2320	1628	63.05	15.18	12531	10366	317.30	73.30
4778	5600	88.63	22.61	15668	12303	249.85	74.41
8560	7604	348.71	90.77	44188	40803	1289.34	333.88
3038	2461	96.18	22.14	35227	30146	685.99	160.41
3579	2516	102.16	23.00	18204	15530	346.03	104.10
6530	4363	300.81	51.06	37670	31119	750.48	276.60
4834	3243	487.51	107.16	21116	17910	1115.34	313.45
3314	1930	92.32	20.21	13789	10876	349.55	79.78
487	265	8.75	2.36	3220	2122	63.49	16.90
2227	1403	103.99	34.74	8912	7270	149.53	69.02
5872	4217	174.42	36.21	32141	29088	434.37	135.56
2122	1437	68.07	15.81	10837	8958	195.97	38.98
1988	1318	73.24	20.09	13053	10100	333.44	79.34
29	26	0.12	0.11	1443	1359	5.17	4.08
3436	2438	104.67	18.93	19802	19680	500.44	89.94
944	887	35.24	9.89	10826	9395	322.08	37.25
169	168	4.13	2.99	1175	1029	13.90	6.27
461	391	28.03	2.65	2243	1968	120.04	11.94
807	632	26.20	7.89	7436	6760	185.69	94.44

主要统计指标解释

1. **组织品牌活动**：是指由文化馆负责长期组织开展，当地群众广泛参与，在一定区域内具有较大影响，对当地文化生活及经济社会发展产生积极影响的群众文化活动。

2. **组织文艺活动次数**：指本馆组织或与外机构联合组织各种文艺演出（包括调演、汇演）次数，不论地点和内容，每组织一次算一次。

3. **举办训练班班次**：指本馆举办或与外机构联合举办的各种文化、艺术、科普（包括图书、讲演、创作、表演、音乐、舞蹈、美术、文学、摄影等）训练班，按截止到年底办完的班数及培训人数，分别计算班次。

4. **举办展览个数**：指本馆举办或与外机构联合举办的在馆内或者馆外展览的个数。个数按展览的内容计算。同一内容的展览不论在哪些地点展出和展出时间多久，只计算一个。

5. **组织公益性讲座次数**：指由本馆组织的公益性讲座的次数总和。

6. **业务活动专项经费**：指本馆报告期内财政拨款中用于开展群众文化活动的专项经费。

7. **馆办文艺团体**：指由本馆人员组成的为群众提供文艺演出的演出团队。

8. **馆办文艺团体演出场次**：指由本馆人员组成的为群众提供文艺演出的演出团队演出场次。

9. **馆办老年大学**：指由本馆举办的专对老年人进行文艺培训的场所。

10. **群众业余文艺团队**：指业务上受本馆指导的城镇和农村各种业余文艺演出团队。

11. **主体建筑建成年份**：根据填报机构公用房屋建筑的具体建成年份填报，填报机构如有分属不同年份的房屋建筑，按照主体建筑的具体建成年份填报。

4 艺术业

按年份各地区艺术表演团体机构数

单位：个

地　区	1995年	2000年	2005年	2010年	2011年	2012年	2013年	2014年
总　计	**2682**	**2619**	**2805**	**6864**	**7055**	**7321**	**8180**	**8769**
北　京	22	20	20	18	118	324	292	344
天　津	19	16	16	36	53	48	58	66
河　北	138	138	126	284	312	448	500	458
山　西	162	159	156	342	308	301	226	351
内蒙古	118	116	109	123	121	137	144	177
辽　宁	89	77	66	239	200	155	212	207
吉　林	68	65	61	68	67	41	54	56
黑龙江	92	89	84	89	88	85	35	39
上　海	31	29	85	89	102	147	148	158
江　苏	136	133	129	408	370	434	291	287
浙　江	83	79	273	471	498	609	733	891
安　徽	92	92	92	1255	1294	1015	991	988
福　建	91	96	91	449	454	341	506	393
江　西	81	79	79	99	99	187	229	219
山　东	118	118	117	119	252	303	414	481
河　南	216	205	199	371	468	364	429	598
湖　北	105	100	99	204	172	226	307	273
湖　南	89	90	91	201	114	157	227	271
广　东	134	138	139	397	401	337	405	325
广　西	117	118	118	141	149	68	59	67
海　南	23	21	22	67	86	61	67	71
重　庆		38	29	381	282	244	443	512
四　川	140	98	84	348	370	469	510	492
贵　州	30	28	26	52	45	79	106	105
云　南	134	129	135	142	161	220	259	284
西　藏	25	26	27	37	47	92	79	88
陕　西	117	118	113	127	115	116	119	143
甘　肃	78	76	76	82	84	103	124	190
青　海	14	14	12	32	38	40	37	64
宁　夏	15	15	23	45	37	16	33	31
新　疆	87	88	91	132	133	137	123	122

按年份全国文化部门执行事业会计制度的艺术表演团体基本情况

年份	机构数(个)	演出场次(万场次)	农村演出	观众人次(万人)	平均每团演出场次(场)	总收入(万元)	财政拨款	演出收入	总支出(万元)	经费自给率(%)
1949年	1000	30			300					
1952年	2084	66		2312	317					
1957年	2884	137		79245	474					
1958年	3181	205		120290	644					
1964年	3302	171	82	84293	518	19030	5290		19817	69.3
1978年	3143	65	22	79395	206	32086	19644	11079	30049	41.4
1980年	2183	54	20	61519	245	34687	22503	10685	29524	41.3
1985年	3295	74	49	72322	226	48568	30942	13091	47292	37.3
1990年	2788	49	32	51012	176	71535	43759	18041	67514	41.1
1991年	2760	45	29	46411	162	71756	42638	17798	76065	38.3
1992年	2744	43	28	46338	155	80959	46617	19559	87797	39.1
1993年	2698	41	26	42530	151	92770	51093	21756	100106	41.6
1994年	2691	40	26	40935	149	127628	75583	27276	134508	38.7
1995年	2676	41	26	43166	154	151388	86620	34382	160654	40.3
1996年	2656	42	27	47934	158	184240	109781	39870	183534	40.6
1997年	2651	42	26	46361	157	206794	125300	40716	202789	40.2
1998年	2640	42	26	53486	161	218546	139913	41730	223877	35.1
1999年	2622	42	26	46904	161	242645	155609	48967	242797	35.8
2000年	2619	41	26	46168	157	263664	172864	51650	268886	33.8
2001年	2590	42	24	47385	163	311852	210018	57448	312601	32.6
2002年	2577	42	24	45980	161	365331	246661	64884	363312	32.7
2003年	2601	38	22	39163	147	400867	269640	71781	397890	33.0
2004年	2512	41	24	37907	165	459183	313068	86125	459369	31.8
2005年	2472	40	23	35752	159	500262	342807	92603	488472	32.2
2006年	2456	41	24	40766	167	565018	387812	103431	558540	31.7
2007年	2455	42	25	45404	170	691050	487842	120396	670009	30.3
2008年	2465	41	25	41272	167	803030	573623	133077	777735	29.5
2009年	2481	42	25	43127	169	889046	631197	142227	860603	30.0
2010年	2421	42	24	44290	175	946742	654258	155743	917143	31.9
2011年	2249	40	24	38209	176	1058959	777590	162684	1029564	27.3
2012年	1804	32	20	29796	179	1076060	824265	132713	1043740	24.1
2013年	1588	29	18	26067	182	998200	773381	123340	969206	23.2
2014年	1568	29	18	24294	183	1074246	843859	116572	1059017	21.8

按年份各地区文化部门执行事业会计制度的艺术表演团体财政拨款

单位：万元

地 区	1995年	2000年	2005年	2010年	2011年	2012年	2013年	2014年
总 计	**86620**	**172864**	**342807**	**654258**	**777590**	**824265**	**773381**	**843859**
北 京	2137	7119	19945	27608	38645	49396	36110	84782
天 津	1625	2973	12827	18125	20196	48926	33576	38151
河 北	2416	4704	9851	16249	21228	20940	15201	15475
山 西	2341	4891	10916	20052	26703	23864	24738	24217
内蒙古	2913	5277	11796	32520	41183	49906	54838	59679
辽 宁	4138	6683	10880	24367	15644	23639	23758	24443
吉 林	2938	5073	9246	21136	21066	10370	10429	13182
黑龙江	4553	7524	14453	31463	32268	36062	18157	22461
上 海	4207	7011	11635	22399	35649	29097	27489	40918
江 苏	4050	9911	13714	21602	24289	28006	27810	28371
浙 江	2501	7431	19611	36260	37888	43718	47950	42516
安 徽	2554	5161	10163	8368	5199	5773	6498	5020
福 建	2258	7607	11839	30485	30492	35951	41969	38261
江 西	1736	3529	6883	14273	17628	18267	10864	12189
山 东	3817	7952	17800	35654	42113	44950	48725	47241
河 南	2803	5435	10575	20957	27169	40457	31422	30168
湖 北	3459	6610	13579	27230	31911	28237	20750	24673
湖 南	2040	3842	7402	17034	19370	19813	20051	23365
广 东	6533	12701	19807	21865	24837	23532	25784	24163
广 西	2237	4913	9022	17950	21834	10016	14483	12997
海 南	962	1390	2200	4924	5718	6109	5215	4107
重 庆		2355	4159	11528	12020	8571	9779	10472
四 川	5065	6610	11642	23847	37816	41323	26783	28593
贵 州	1475	2546	5716	10282	8233	9528	3204	2237
云 南	3783	7270	13017	22782	31131	25756	28202	28878
西 藏	1130	2341	4725	8844	9425	11743	14005	14204
陕 西	2995	6125	8477	16670	31461	18633	19773	20787
甘 肃	1958	3514	8779	20166	25698	24608	14847	17960
青 海	1068	1500	3115	7686	9174	5206	4052	4170
宁 夏	646	1279	3015	6141	9603	8086	118	383
新 疆	3321	5325	11172	29090	32192	42096	52676	47517

按年份各地区文化部门执行事业会计制度的艺术表演团体演出场次

单位：万场

地 区	1995年	2000年	2005年	2010年	2011年	2012年	2013年	2014年
总 计	**41.2**	**41.0**	**39.9**	**42.4**	**39.7**	**32.3**	**29.0**	**28.6**
北 京	0.4	0.6	0.7	0.3	0.3	0.3	0.2	0.3
天 津	0.3	0.2	0.2	0.3	0.3	0.3	0.3	0.3
河 北	3.0	2.7	3.2	2.3	2.7	2.2	1.9	1.4
山 西	4.4	3.4	2.7	2.9	2.9	2.4	2.3	2.3
内蒙古	1.3	1.4	1.5	1.7	1.9	1.7	1.4	1.4
辽 宁	1.0	0.9	0.9	0.8	0.2	0.3	0.3	0.4
吉 林	1.1	0.7	0.5	0.8	0.8	0.1	0.1	0.1
黑龙江	1.4	1.2	1.1	1.1	0.8	0.8	0.3	0.3
上 海	1.0	1.3	0.9	1.1	1.0	0.7	0.7	0.7
江 苏	3.8	4.0	3.6	3.3	3.7	3.6	3.9	3.3
浙 江	1.1	1.3	1.2	1.2	0.9	0.8	0.7	0.6
安 徽	0.7	1.3	1.1	1.1	0.2	0.2	0.2	0.2
福 建	1.5	1.4	1.2	1.6	1.6	1.1	1.1	1.0
江 西	0.7	0.9	1.0	1.7	1.3	1.2	0.7	0.7
山 东	1.7	2.1	2.0	2.2	2.0	1.9	1.9	2.1
河 南	5.0	3.7	3.9	4.4	4.1	4.2	4.2	4.1
湖 北	1.3	1.5	1.6	2.2	2.3	1.6	1.6	1.6
湖 南	1.2	1.5	2.2	1.9	1.9	1.5	1.3	1.2
广 东	1.7	1.8	1.5	1.1	1.0	0.7	0.5	0.5
广 西	1.1	1.3	1.2	1.2	1.0	0.2	0.2	0.2
海 南	0.2	0.2	0.2	0.2	0.2	0.1	0.1	0.1
重 庆		0.2	0.3	0.4	0.2	0.1	0.2	0.2
四 川	0.9	1.0	0.9	1.1	1.0	0.6	0.5	0.4
贵 州	0.2	0.2	0.3	0.6	0.4	0.3	0.3	0.9
云 南	1.5	1.0	0.9	1.1	1.0	0.6	0.7	0.7
西 藏	0.2	0.2	0.2	0.2	0.3	0.4	0.5	0.5
陕 西	2.3	2.2	2.0	1.8	1.9	1.2	1.2	1.1
甘 肃	1.3	1.4	1.5	1.6	1.6	1.1	0.3	0.3
青 海	0.2	0.2	0.2	0.2	0.2	0.1	0.1	0.1
宁 夏	0.2	0.2	0.2	0.2	0.3	0.2	0.0	0.0
新 疆	0.7	0.9	1.1	1.4	1.4	1.5	1.3	1.4

按年份各地区文化部门执行事业会计制度的艺术表演团体演出观众人次

单位：万人次

地　区	1995年	2000年	2005年	2010年	2011年	2012年	2013年	2014年
总　计	**43166**	**46168**	**35752**	**44290**	**38209**	**29796**	**26067**	**24294**
北　京	249	680	246	145	133	138	94	113
天　津	277	242	159	242	238	178	196	233
河　北	3384	3728	2275	2527	2263	1860	1419	1383
山　西	6362	4913	2748	3554	2768	2611	2113	1678
内蒙古	969	1147	1035	1419	1380	1209	1103	948
辽　宁	982	1169	961	542	160	246	255	264
吉　林	1032	958	346	858	833	121	78	50
黑龙江	839	993	688	814	793	699	192	183
上　海	506	501	343	550	490	315	193	207
江　苏	1600	1818	1617	1708	1656	1844	1551	1499
浙　江	1281	1512	1524	1262	948	920	826	802
安　徽	644	841	984	912	249	167	138	133
福　建	2304	1773	997	1304	1383	724	838	809
江　西	589	1058	1105	1441	1329	922	594	499
山　东	2497	2438	2154	2421	2253	1782	1953	1899
河　南	5399	5073	4650	6326	5906	5980	5522	5304
湖　北	1668	2121	1656	2829	2565	1654	1768	1735
湖　南	700	1096	1340	1525	1399	1004	817	844
广　东	1961	2427	2102	1829	1428	1028	768	628
广　西	987	1618	1290	1384	1068	275	268	282
海　南	298	283	190	213	239	175	222	212
重　庆		347	258	247	320	227	232	151
四　川	838	782	705	974	911	547	388	337
贵　州	149	461	258	520	329	186	259	137
云　南	1295	1329	1113	1515	1333	737	951	761
西　藏	189	305	176	362	206	161	253	411
陕　西	2900	3046	1916	2839	1822	1125	1437	1149
甘　肃	2436	2064	1821	2228	1979	1411	395	342
青　海	219	186	131	185	204	102	72	86
宁　夏	137	318	223	263	379	264	75	65
新　疆	385	694	534	850	923	877	838	899

按年份各地区文化部门执行事业会计制度的艺术表演团体演出收入

单位：万元

地　区	1995年	2000年	2005年	2010年	2011年	2012年	2013年	2014年
总　计	**34382**	**51650**	**92603**	**155743**	**162684**	**132713**	**123340**	**116572**
北　京	1068	2265	5195	6800	7757	9953	8498	8562
天　津	347	547	1335	2195	2052	2045	2769	2526
河　北	1754	2279	3853	5536	6823	7372	4342	3788
山　西	2528	2683	4151	9410	10329	9394	9006	8403
内蒙古	606	497	914	1458	1798	1715	1727	1070
辽　宁	1209	2185	3298	4220	2186	2029	2147	1277
吉　林	778	1051	2658	2762	3642	1219	807	636
黑龙江	866	959	887	1804	1934	1816	716	471
上　海	3023	4527	9526	16127	19105	9819	11299	10360
江　苏	2332	4142	7018	11661	13187	10633	9983	9198
浙　江	1648	2768	5106	10634	7841	6744	6283	6772
安　徽	507	993	2017	2088	1394	971	782	754
福　建	1953	2382	3158	7024	6527	5807	5491	5392
江　西	381	438	717	2342	1438	1509	1951	1478
山　东	1500	2963	4202	6130	6175	6130	5941	5604
河　南	2647	3104	4743	8464	9339	8057	8225	9541
湖　北	1075	1610	2790	4833	5935	4764	3790	4441
湖　南	630	1137	2151	3238	4807	3220	3245	2269
广　东	3861	6282	8955	9697	9192	8086	7856	7749
广　西	507	717	1468	2037	2543	1537	582	412
海　南	476	367	550	1854	2129	1358	977	1233
重　庆		433	464	1044	841	584	492	579
四　川	604	732	1725	5064	6837	1451	1668	1010
贵　州	119	142	313	387	47	182	350	134
云　南	353	455	1515	1407	1108	590	818	331
西　藏	27	12	28	3	6	14	131	41
陕　西	1245	1804	2685	3214	3620	3575	3964	2804
甘　肃	446	579	1652	3548	4126	2767	1304	932
青　海	63	70	215	830	1004	179	443	405
宁　夏	52	122	212	299	94	371	21	66
新　疆	386	775	761	575	849	1061	1057	1313

按年份各地区文化部门执行事业会计制度的艺术表演团体总支出

单位：万元

地区	1995年	2000年	2005年	2010年	2011年	2012年	2013年	2014年
总计	**160654**	**268886**	**488472**	**917143**	**1029564**	**1043740**	**969206**	**1059017**
北京	5062	15566	26226	34625	47906	60266	47561	94488
天津	2570	4525	10387	22299	24002	62587	52143	39873
河北	5302	8505	15067	24503	29854	30786	19270	26147
山西	6054	8330	16134	32123	37674	34450	34908	33216
内蒙古	3861	6053	13604	34625	42608	49697	58288	55473
辽宁	6727	10198	16414	29346	18740	27564	26464	27235
吉林	4735	6848	12332	24186	25069	12094	12431	13210
黑龙江	6318	9313	16019	35061	35002	38782	19173	23210
上海	10162	15257	29238	57447	61326	48514	51748	78286
江苏	9742	17384	24396	39562	44317	43627	40825	42564
浙江	6574	12513	26804	54130	55644	56892	55140	54455
安徽	3787	6867	13117	11923	7458	7428	8235	6701
福建	5107	10354	16117	35817	41382	46007	48999	51124
江西	2974	4423	8686	17472	20750	20246	12170	13624
山东	7026	12594	24843	42905	50215	54937	60383	57236
河南	6587	9735	16211	33821	41310	44667	44585	46193
湖北	6368	9808	19185	39500	43000	36099	26428	31265
湖南	4565	6552	11420	24174	27632	25678	24102	26851
广东	12955	22365	33029	35748	37112	33818	35184	34678
广西	3670	6492	11679	23871	28003	13127	16624	13267
海南	1728	1957	3150	7309	8575	8809	7643	7757
重庆		4020	5443	19651	15988	10645	13851	12168
四川	8638	9657	16178	31018	48304	45784	28628	31762
贵州	1960	3421	6888	13235	9266	10529	3387	3825
云南	4974	8442	15437	26076	32727	26697	30429	31431
西藏	1333	2380	4794	8906	9526	12697	14598	15006
陕西	5657	8991	13035	20895	32746	22788	24687	24802
甘肃	3211	4413	10976	25134	29721	28135	16571	19846
青海	1190	1699	3522	8931	10364	6173	4483	4649
宁夏	779	1421	3446	6741	10558	8928	152	439
新疆	4402	7011	12932	30599	36066	45903	55167	54155

按年份各地区文化部门执行事业会计制度的艺术表演团体经费自给率

单位：%

地　区	1995年		2000年		2005年		2010年		2011年		2012年		2013年		2014年	
	自给率	位次	自给率	位次	自给率	位次	自给率	位次	自给率	位次	自给率	位次	自给率	位次	自给率	位次
总　计	**40.3**		**33.8**		**32.2**		**31.9**		**27.3**		**24.1**		**23.2**		**21.8**	
北　京	34.2	16	22.8	22	26.9	16	31.2	11	27.8	13	23.3	15	22.7	11	11.2	24
天　津	32.5	17	32.4	12	27.0	14	32.5	10	18.6	18	7.2	29	9.1	26	13.8	19
河　北	48.0	7	46.0	2	33.9	8	38.1	6	31.8	9	31.4	7	29.4	6	17.6	16
山　西	53.6	3	39.4	9	33.5	10	40.5	5	38.6	4	32.2	6	31.9	3	32.8	4
内 蒙 古	19.7	23	11.7	29	12.8	27	7.1	30	6.4	30	4.9	30	5.1	30	4.2	31
辽　宁	35.2	15	33.9	11	33.6	9	18.2	24	18.3	19	19.7	19	12.8	20	10.4	25
吉　林	28.7	19	25.1	17	25.6	19	24.3	18	16.5	24	13.8	23	11.9	22	7.6	28
黑 龙 江	27.3	20	18.8	26	9.5	30	8.5	29	8.7	29	8.4	28	5.9	29	4.4	30
上　海	64.0	1	57.5	1	65.1	1	61.6	1	49.2	1	47.3	1	53.0	1	44.6	2
江　苏	52.9	4	43.0	3	44.0	2	48.7	3	45.4	2	36.3	4	37.8	2	35.3	3
浙　江	54.1	2	40.1	8	34.8	7	34.9	9	34.7	6	30.0	8	22.6	12	24.8	8
安　徽	25.8	21	23.0	21	23.0	21	29.6	13	42.5	3	26.3	11	29.3	7	26.7	7
福　建	50.4	6	30.8	15	30.5	12	28.5	15	29.4	11	27.1	10	22.4	13	21.8	11
江　西	29.0	18	22.2	23	21.6	23	23.6	19	18.3	20	20.9	18	20.4	17	14.8	18
山　东	42.8	11	37.3	10	26.7	18	21.1	21	18.1	21	21.8	17	21.2	16	21.9	10
河　南	50.8	5	42.6	5	38.2	5	58.5	2	36.1	5	28.1	9	27.4	9	30.9	5
湖　北	40.0	12	32.3	13	30.8	11	31.0	12	24.4	15	22.3	16	22.3	14	23.2	9
湖　南	44.9	9	40.8	6	39.6	3	27.6	16	29.6	10	25.8	12	24.9	10	17.5	17
广　东	47.4	8	40.2	7	39.0	4	37.9	7	33.4	8	32.8	5	30.8	5	29.9	6
广　西	33.2	16	24.5	19	25.0	20	24.7	17	28.3	12	36.5	3	8.5	27	10.1	26
海　南	44.6	10	26.8	16	28.4	13	37.1	8	34.0	7	38.5	2	30.8	4	49.8	1
重　庆			42.8	4	26.9	17	44.9	4	24.8	14	25.1	13	27.5	8	18.3	15
四　川	39.9	13	24.8	18	27.0	15	28.7	14	21.7	16	9.5	26	10.8	23	13.6	20
贵　州	25.5	21	23.0	20	17.6	25	21.1	22	18.7	17	14.4	22	16.2	19	21.5	12
云　南	15.0	24	16.5	27	19.9	24	13.1	26	10.4	28	8.4	27	9.4	25	11.5	22
西　藏	6.8	27	1.1	31	2.5	31	1.5	31	2.2	31	2.4	31	4.0	31	11.4	23
陕　西	36.5	14	31.3	14	37.5	6	21.2	20	15.9	25	24.1	14	22.1	15	21.4	13
甘　肃	20.3	22	18.9	25	21.6	22	20.6	23	17.8	22	15.0	21	9.5	24	6.1	29
青　海	9.7	26	7.9	30	12.3	28	16.1	25	16.8	23	16.3	20	12.3	21	11.7	21
宁　夏	11.0	25	15.8	28	9.6	24	10.2	28	14.3	26	13.8	24	19.7	18	19.2	14
新　疆	17.3	24	20.8	24	14.3	26	11.7	27	12.2	27	9.6	25	7.6	28	9.4	27

按年份各地区文化部门所属艺术表演场馆机构数

单位：个

地　区	1995年	2000年	2005年	2010年	2011年	2012年	2013年	2014年
总　计	**1958**	**1900**	**1866**	**1461**	**1429**	**1279**	**1253**	**1248**
北　京	23	24	39	7	6	6	8	8
天　津	30	32	28	27	34	27	26	28
河　北	99	96	95	75	81	84	72	72
山　西	53	49	44	87	89	90	90	89
内蒙古	35	30	27	22	18	18	18	19
辽　宁	79	71	59	42	40	37	32	32
吉　林	60	52	73	32	29	28	26	28
黑龙江	49	56	45	44	44	43	35	34
上　海	43	43	160	82	62	33	22	20
江　苏	140	142	87	86	85	86	84	85
浙　江	100	95	125	69	86	63	61	62
安　徽	110	104	90	55	51	25	44	44
福　建	78	80	76	51	48	48	57	57
江　西	69	61	58	53	48	44	46	44
山　东	116	105	94	90	90	88	88	88
河　南	169	166	156	138	132	130	139	140
湖　北	87	78	66	61	55	46	50	49
湖　南	104	94	83	62	65	64	57	56
广　东	79	75	68	63	63	30	41	40
广　西	34	31	23	22	21	19	18	16
海　南	3	18	13	6	6	7	7	7
重　庆		25	17	18	23	18	15	15
四　川	124	94	65	54	45	45	41	40
贵　州	15	14	12	7	11	8	6	7
云　南	44	40	38	32	25	24	18	17
西　藏	9	20	24	17	21	20	13	13
陕　西	109	112	107	89	88	86	84	83
甘　肃	47	46	30	26	22	24	22	22
青　海	3	2	1	18	20	19	13	13
宁　夏	17	19	12	7	4	3	3	3
新　疆	26	22	47	14	13	12	13	13

按年份全国文化部门执行事业会计制度的艺术表演场馆基本情况

年份	机构数(个)	演出场次(万场次)	艺术场次	观众人次(万人)	收入合计(万元)	财政拨款	艺术演出收入	总支出(万元)
1985年	1377	99	12		11630	1506	1776	9519
1986年	1928	203	15	88670	19547	2233	2488	16786
1990年	1995	302	9	89157	43491	2865	3375	37402
1991年	2009	367	9	77613	47406	5505	3760	44260
1992年	1987	288	7	53188	51123	4037	4487	48185
1993年	1972	245	6	43278	60204	4688	4635	56846
1994年	1947	221	5	27552	68000	5359	5268	66234
1995年	1918	205	5	24252	79507	5723	6481	77136
1996年	1892	256	5	59057	86147	5034	7611	87204
1997年	1898	231	5	16572	88540	6559	8387	89732
1998年	1882	206	5	15368	84956	6800	8869	88735
1999年	1864	168	6	11581	75675	7588	10187	80731
2000年	1863	136	6	12982	81081	8643	10735	82040
2001年	1840	115	7	20544	83431	13112	11601	89815
2002年	1819	74	7	11421	83643	12033	13186	89374
2003年	1900	56	7	8087	103274	15703	21425	104384
2004年	1552	44	7	11286	99402	15467	21477	101157
2005年	1427	41	7	6328	94363	16792	29958	89301
2006年	1390	38	6	6528	117975	19603	37552	117871
2007年	1330	39	6	5906	115036	24067	38414	117321
2008年	1355	40	5	5596	123572	28116	28649	111036
2009年	1248	27	6	5045	113851	32074	23954	112603
2010年	1176	31	6	6003	132109	45333	25935	130900
2011年	1119	30	4	3945	159185	65871	22004	154849
2012年	1004	27	5	3525	136324	60356	11652	171124
2013年	931	26	3	3236	147259	71838	12812	146031
2014年	917	27	3	2922	167387	81671	10333	169466

按年份各地区文化部门执行事业会计制度艺术表演场馆财政拨款

单位：万元

地 区	1995年	2000年	2005年	2010年	2011年	2012年	2013年	2014年
总 计	**5723**	**8643**	**16792**	**45333**	**65871**	**60356**	**71838**	**81671**
北 京	40	387	40	183	366	285	84	9
天 津	13	70	173	320	196	275	732	765
河 北	134	392	1097	954	1603	1372	1396	1335
山 西	151	93	263	1233	1725	2355	6013	7266
内蒙古	156	232	508	3245	6343	6528	6804	5256
辽 宁	200	253	553	1280	1282	1277	1823	1292
吉 林	366	615	1017	4486	1997	1847	2236	5742
黑龙江	23	124	142	557	468	466	620	1320
上 海	54	189	1304	5330	5921	2556	1005	2728
江 苏	191	89	67	543	1400	2178	2750	3634
浙 江	325	768	1875	3668	4333	4506	4540	7239
安 徽	338	517	864	760	618	877	606	342
福 建	381	672	1503	823	1032	1254	3965	3524
江 西	301	334	712	1121	1246	1127	3437	2829
山 东	439	730	274	507	894	2150	2333	2459
河 南	444	337	561	3356	3733	3884	3621	3767
湖 北	81	135	307	2536	5481	1216	1152	1368
湖 南	264	543	607	1527	2226	2807	2316	3155
广 东	324	650	2097	6385	7398	7413	7806	8096
广 西	59	18	44	81	87	81	97	65
海 南		11	1			10	325	325
重 庆		81	111	45	42	741	976	54
四 川	255	210	173	1078	1329	2149	2526	2154
贵 州	93	63	75	163	263	230		36
云 南	146	187	249	520	663	548	430	507
西 藏	81	261	494	341	810	1436	1231	897
陕 西	226	288	538	1630	7928	2025	9299	11162
甘 肃	402	180	99	260	3359	4142	651	662
青 海				337	372	392	125	136
宁 夏	21	45	106	113	193	555	126	131
新 疆	217	173	941	1953	2562	3677	2815	3418

按年份各地区文化部门执行事业会计制度的艺术表演场馆演出场次

单位：万场

地　区	1995年	2000年	2005年	2010年	2011年	2012年	2013年	2014年
总　计	**204.8**	**135.5**	**40.6**	**30.7**	**29.8**	**26.6**	**25.7**	**27.2**
北　京	2.8	2.3	2.1	0.6	0.6	1.0	1.0	1.0
天　津	6.8	4.0	1.8	0.5	0.3	0.4	0.3	0.6
河　北	8.2	6.4	1.7	1.1	1.1	1.6	1.5	1.7
山　西	3.6	3.1	2.6	2.7	2.2	2.3	2.7	2.0
内蒙古	1.9	1.8	0.6	0.8	0.5	0.3	0.3	1.5
辽　宁	6.6	4.9	1.1	0.5	0.4	0.4	0.3	0.4
吉　林	3.2	2.7	0.4	1.4	1.6	1.5	1.8	2.0
黑龙江	1.5	1.9	0.5	0.3	0.3	0.4	0.1	0.1
上　海	4.7	3.9	1.8	1.5	1.6	0.9	0.7	0.7
江　苏	26.6	12.6	0.2	0.3	0.2	0.1	0.1	0.1
浙　江	14.2	7.3	1.6	2.1	2.0	1.3	1.2	1.2
安　徽	16.9	8.2	1.3	0.5	0.4	0.2	0.2	0.2
福　建	6.4	4.9	2.1	3.0	2.7	2.9	3.8	3.7
江　西	4.9	2.0	0.7	0.9	0.6	0.8	0.5	0.5
山　东	11.6	9.5	0.7	1.1	1.0	0.5	0.3	0.3
河　南	16.4	10.3	7.8	2.2	1.1	0.9	0.8	0.9
湖　北	11.8	8.9	1.4	2.7	3.9	2.4	2.4	2.6
湖　南	10.9	7.6	1.9	1.3	2.2	1.3	2.1	1.7
广　东	15.6	9.0	2.1	0.6	0.8	0.6	0.3	0.4
广　西	3.7	1.8	1.2	1.8	0.9	0.9	0.5	0.6
海　南	0.3	0.8	0.2	0.1	0.1	0.0	0.0	0.0
重　庆		1.6	0.3	0.1	0.1	0.0	0.0	0.0
四　川	6.0	2.4	1.2	0.6	0.6	0.4	0.4	0.2
贵　州	1.4	1.0	1.1	0.1	0.0	0.0		0.0
云　南	6.3	4.8	0.6	0.7	0.1	0.1	0.1	0.1
西　藏	2.1	2.1	0.7	0.3	0.4	0.1	0.0	0.0
陕　西	3.9	4.2	1.1	0.4	0.7	0.4	0.4	0.3
甘　肃	2.9	3.2	0.6	0.3	0.2	0.6	0.3	0.9
青　海	0.4	0.2		0.2	0.1	0.3	0.2	0.1
宁　夏	2.2	1.2	0.1			0.0	0.0	0.0
新　疆	0.7	0.9	1.4	2.0	3.2	4.2	3.4	3.2

按年份各地区文化部门执行事业会计制度的艺术演出场馆观众人次

单位：万人次

地区	1995年	2000年	2005年	2010年	2011年	2012年	2013年	2014年
总计	**24252**	**12982**	**6328**	**6003**	**3945**	**3525**	**3236**	**2922**
北京	430	238	231	59	66	162	73	72
天津	368	150	56	189	82	97	98	105
河北	673	493	270	192	173	234	142	121
山西	662	329	230	595	166	193	283	155
内蒙古	325	198	195	149	71	88	87	83
辽宁	808	369	407	223	198	114	112	93
吉林	244	227	106	114	103	110	173	141
黑龙江	210	549	128	169	99	69	49	52
上海	823	381	503	461	446	101	100	128
江苏	3266	1257	29	70	68	63	55	53
浙江	1447	597	269	442	352	329	264	229
安徽	785	328	211	123	27	26	13	14
福建	743	547	265	201	141	135	197	200
江西	543	180	178	161	96	92	126	131
山东	1028	1051	166	371	162	176	149	151
河南	2335	881	610	326	252	232	216	207
湖北	895	2194	377	746	245	189	175	181
湖南	846	452	232	248	214	267	271	228
广东	1887	553	243	189	223	198	143	125
广西	447	205	162	132	98	94	38	44
海南	74	124	19	14	19	7	22	16
重庆		27	120	54	34	14	9	10
四川	520	209	328	199	104	82	82	88
贵州	190	68	46	34	7	0		3
云南	1177	231	123	89	48	61	41	20
西藏	399	155	138	62	35	24	10	9
陕西	2106	514	348	196	217	128	129	113
甘肃	409	212	81	56	73	75	32	38
青海	98	9		24	20	31	47	48
宁夏	409	188	45	19	1	4	5	1
新疆	77	56	185	98	104	130	97	65

按年份各地区文化部门执行事业会计制度的艺术表演场馆演出收入

单位：万元

地　区	1995年	2000年	2005年	2010年	2011年	2012年	2013年	2014年
总　计	**6481**	**10735**	**29958**	**25935**	**22004**	**11652**	**12812**	**10333**
北　京	175	746	2871	523	590	623	680	507
天　津	83	70	110	536	374	525	401	400
河　北	245	317	235	277	606	387	411	328
山　西	125	144	201	1016	971	231	285	527
内蒙古	40	30	19	309	75	24	170	141
辽　宁	156	235	646	786	1214	65	1461	97
吉　林	50	82	212	503	560	444	462	1438
黑龙江	57	100	167	164	197	19	37	91
上　海	472	913	19122	12035	9768	576	595	239
江　苏	1093	1617	221	544	121	580	1108	685
浙　江	649	1174	1111	2772	1282	1408	1909	924
安　徽	172	221	275	206	139	14	40	27
福　建	185	347	447	234	264	130	60	32
江　西	61	252	138	635	151	222	558	212
山　东	478	580	270	215	55	80	115	87
河　南	547	636	809	1199	516	1258	1389	1440
湖　北	255	309	631	751	846	566	310	457
湖　南	120	551	388	425	543	778	855	694
广　东	926	1393	753	1126	1747	2156	476	465
广　西	41	123	79	343	14	257	5	66
海　南	12	55	17	2	10	6	85	85
重　庆			10	13	4	16	37	1
四　川	64	138	403	472	618	506	474	789
贵　州	2	46	56	50	72			
云　南	164	116	151	208	18	71	21	44
西　藏	41	2	5	24			34	
陕　西	81	268	273	410	1213	380	789	537
甘　肃	66	75	124	60	29	326	43	19
青　海	5	1		11	2			
宁　夏	10	33	24	17	4			
新　疆	29	48	128	72	3	5	3	3

按年份各地区文化部门执行事业会计制度的艺术表演场馆总支出

单位：万元

地　区	1995年	2000年	2005年	2010年	2011年	2012年	2013年	2014年
总　计	**77136**	**82040**	**89301**	**130900**	**154849**	**171124**	**146031**	**169466**
北　京	1690	3567	5252	2813	3362	3227	2904	3689
天　津	1311	1464	1147	1985	1987	2262	2837	7403
河　北	2405	2847	3574	4058	5262	4756	5178	5072
山　西	1620	1403	1993	5166	4226	5389	8596	10312
内蒙古	666	648	815	3902	5414	7477	6677	6891
辽　宁	3481	2767	4153	5534	5162	6262	6112	5401
吉　林	2308	1999	1940	6213	3907	4337	4529	8450
黑龙江	560	819	858	1336	1281	739	789	3486
上　海	5056	7344	17864	24666	21173	7354	5420	8317
江　苏	8848	9270	618	2470	3852	5205	4994	6002
浙　江	4672	5471	7807	11682	16895	15323	14649	16704
安　徽	3250	3295	3058	1810	1703	1622	908	859
福　建	3629	3905	5031	6614	6172	39648	10149	10208
江　西	1227	1421	2028	2401	2124	3116	5099	6013
山　东	4271	4530	1172	1197	3951	3491	3917	3998
河　南	5146	4156	5974	8245	8565	9954	9814	9643
湖　北	4476	3043	2820	6234	12675	4495	5321	6180
湖　南	3325	4883	2908	4557	4851	5702	5121	5824
广　东	8148	7987	6061	10264	11019	14413	12528	12999
广　西	1480	1203	1167	2590	1471	1543	1070	970
海　南	354	453	193	83	82	48	436	483
重　庆		546	298	125	51	937	1250	55
四　川	2676	1861	2501	3277	4693	4878	5738	5057
贵　州	489	711	793	1835	1246	685		45
云　南	1337	1503	1505	1973	1105	970	878	1014
西　藏	313	357	506	318	861	1518	1203	849
陕　西	1521	2124	2428	3415	11296	3766	12030	13207
甘　肃	1456	1221	1079	1162	5069	5969	2503	3016
青　海	275	121		361	398	422	260	271
宁　夏	499	436	271	354	223	271	174	201
新　疆	465	452	2751	4262	4774	5348	4950	6849

2014年全国艺术

	剧团数（个）	从业人员（人）	专业技术人才	演出场次（万场次）	国内演出场次	农村演出场次
总　计	**8769**	**262887**	**143472**	**173.91**	**171.08**	**114.04**
按隶属关系分						
中央	18	5291	3616	0.38	0.35	0.01
省区市	191	29120	23323	6.21	5.79	1.63
地市	505	38346	29960	10.04	9.27	5.01
县市区	8055	190130	86573	157.29	155.68	107.39
按单位类型分						
公有制	2152	120869	82751	41.17	38.34	24.68
其中：文化部门	2053	115292	79999	39.57	36.78	23.55
其他部门	99	5577	2752	1.60	1.57	1.13
非公有制	6617	142018	60721	132.74	132.74	89.36
按剧种分						
话剧、儿童剧、滑稽剧类	807	18824	9759	11.95	11.91	4.50
其中：儿童剧团	27	1109	826	1.53	1.52	0.05
歌舞、音乐类	2021	69069	40010	35.89	34.69	21.39
京剧、昆曲类	116	7841	5801	2.35	2.31	1.53
其中：京剧	105	7072	5273	2.15	2.12	1.47
地方戏曲类	2505	87929	44354	52.89	52.63	44.09
杂技、魔术、马戏类	553	16352	11771	26.72	25.84	16.09
曲艺类	285	5373	2787	6.62	6.46	3.63
乌兰牧骑	126	3955	2271	1.33	1.26	0.88
综合性艺术表演团体	2356	53544	26719	36.17	35.97	21.93

表演团体情况

国内演出观众人次(万人次)	农村观众人次	本年收入合计(千元)	财政补贴收入	演出收入	本年支出合计(千元)	资产总计(千元)	实际使用房屋建筑面积(万平方米)
91019.68	**55862.67**	**22640460**	**11959138**	**7570279**	**20240445**	**44084396**	**716.27**
461.35	75.28	1477402	928079	249566	1489171	3778651	29.81
4266.89	1459.14	6362881	4630048	939956	6121742	11294554	144.30
8771.80	5067.28	4768358	3634653	616190	4668966	5631430	163.84
77519.64	49260.97	10031819	2766358	5764567	7960566	23379761	378.33
34652.19	22918.85	15337596	11093885	2351574	14987591	23439849	484.44
33442.47	22072.64	14588433	10653315	2201742	14260000	22050360	469.52
1209.72	846.21	749163	440570	149832	727591	1389489	14.93
56367.49	32943.82	7302864	865253	5218705	5252854	20644547	231.83
5210.95	2410.99	2242437	1193164	766858	1937656	3988798	54.88
308.85	41.07	256138	115180	103735	233377	368084	5.21
18541.24	6835.45	7143324	4145679	1871838	6736197	16090422	206.73
1957.63	1288.07	1439359	1101352	145743	1371860	2226648	32.99
1865.91	1246.50	1227234	937207	134061	1161631	2026754	31.38
40496.70	31827.70	6017689	3641032	1916820	5156618	8531241	181.28
7145.79	3161.87	1078902	335039	640923	917263	1361900	31.88
2411.17	1182.00	475377	249481	146971	435339	545145	13.99
925.82	518.13	253171	242427	4062	245786	154748	13.14
14330.37	8638.46	3990203	1050965	2077063	3439727	11185495	181.39

2014年全国公有制艺术

	剧团数(个)	从业人员(人)	专业技术人才	正高级职称
总　计	**2152**	**120869**	**82751**	**4685**
按隶属关系分				
中央	18	5291	3616	764
省区市	191	29120	23323	2177
地市	505	38346	29960	1424
县市区	1438	48112	25852	320
按剧种分				
话剧、儿童剧、滑稽剧类	60	5417	3932	402
其中：儿童剧团	8	707	600	72
歌舞、音乐类	675	40440	28598	1562
京剧、昆曲类	69	6293	5144	516
其中：京剧	63	5658	4660	470
地方戏曲类	926	44296	28043	1189
杂技、魔术、马戏类	61	4783	3244	163
曲艺类	60	2191	1473	96
乌兰牧骑	121	3826	2188	26
综合性艺术表演团体	180	13623	10129	731

续表

	本年收入合计(千元)	财政补贴收入	演出收入	本年支出合计(千元)
总　计	**15337596**	**11093885**	**2351574**	**14987591**
按隶属关系分				
中央	1477402	928079	249566	1489171
省区市	6362881	4630048	939956	6121742
地市	4768358	3634653	616190	4668966
县市区	2728955	1901105	545862	2707712
按剧种分				
话剧、儿童剧、滑稽剧类	1577094	1161374	226273	1524782
其中：儿童剧团	198283	114520	46787	192627
歌舞、音乐类	5553033	4016836	803160	5490255
京剧、昆曲类	1381302	1098987	91581	1319130
其中：京剧	1173294	934845	82762	1112492
地方戏曲类	4217117	3050343	703208	4045745
杂技、魔术、马戏类	527795	326787	127554	497151
曲艺类	385983	244637	88784	348321
乌兰牧骑	250401	241367	3002	243826
综合性艺术表演团体	1444871	953554	308012	1518381

表演团体基本情况

副高级职称	中级职称	本团原创首演剧目(个)	演出场次(万场次)	国内演出场次	农村演出场次	国内演出观众人次(万人次)	农村观众人次
12766	**28384**	**1449**	**41.17**	**38.34**	**24.68**	**34652.20**	**22918.85**
876	984	37	0.38	0.35	0.01	461.35	75.28
4867	8026	243	6.21	5.79	1.63	4266.89	1459.14
5317	11593	360	10.04	9.27	5.01	8771.80	5067.28
1706	7781	809	24.54	22.93	18.03	21152.15	16317.15
845	1373	109	1.36	1.33	0.27	903.38	244.93
124	209	25	0.31	0.30	0.04	188.04	33.79
4296	9290	407	8.90	7.71	4.26	7111.98	3526.17
1018	1840	50	1.17	1.13	0.47	1077.24	482.52
925	1641	43	1.07	1.04	0.45	1027.03	468.95
3929	10107	623	18.69	18.44	14.51	19412.44	15383.31
469	1006	20	2.31	1.43	0.39	992.34	286.17
286	514	60	3.39	3.24	1.66	1047.10	523.68
171	588	47	1.27	1.20	0.83	916.77	512.54
1752	3666	133	4.09	3.89	2.29	3190.96	1959.54

资产总计(千元)	实际使用房屋建筑面积(万平方米)	流动舞台车演出情况			政府采购的公益演出活动情况		
		流动舞台车数量(辆)	利用流动舞台车演出场次(万场次)	利用流动舞台车演出观众人次(万人次)	演出场次(万场次)	演出观众人次(万人次)	演出补贴收入(千元)
23439849	**484.49**	**1336**	**10.62**	**9900.64**	**10.89**	**9893.36**	**710103**
3778651	29.81				0.05	60.41	59221
11294554	144.30	87	0.40	530.91	1.56	1348.44	217584
5631430	163.85	308	1.81	1868.63	2.85	2547.47	238651
2735214	146.53	941	8.40	7501.10	6.44	5937.05	194647
3301900	38.65	23	0.08	74.74	0.39	243.63	46283
335890	4.27	2			0.03	22.23	5081
9067315	163.79	391	1.87	1394.48	2.59	2047.34	203784
2193074	32.03	37	0.27	296.07	0.30	332.69	42650
1994210	30.47	35	0.27	290.07	0.28	316.64	39951
4800974	148.93	650	6.79	6668.47	5.41	5465.76	260401
897246	19.71	17	0.12	110.85	0.28	261.32	24441
485648	8.91	16	0.14	140.48	0.25	175.96	14050
153997	13.00	71	0.28	221.63	0.31	164.12	660
2539695	59.51	131	1.07	993.93	1.38	1202.55	117834

2014年全国文化部门所属

	剧团数（个）	补贴团数	从业人员（人）	专业技术人才	正高级职称	副高级职称
总　　计	**2053**	**1904**	**115292**	**79999**	**4572**	**12493**
按隶属关系分						
中央	10	9	3223	2694	671	702
省区市	189	186	28831	23080	2169	4830
地市	489	467	37268	29173	1417	5269
县市区	1365	1242	45970	25052	315	1692
按剧种分						
话剧、儿童剧、滑稽剧类	57	55	5211	3776	397	825
其中：儿童剧团	7	7	540	454	67	104
歌舞、音乐类	629	581	36952	26917	1464	4074
京剧、昆曲类	69	66	6293	5144	516	1018
其中：京剧	63	60	5658	4660	470	925
地方戏曲类	896	829	43049	27431	1180	3916
杂技、魔术、马戏类	60	55	4758	3239	163	469
曲艺类	59	57	2148	1467	96	286
乌兰牧骑	120	118	3800	2188	26	171
综合性艺术表演团体	163	143	13081	9837	730	1734

续表

	财政补贴收入	演出收入	本年支出合计（千元）	资产总计（千元）	实际使用房屋建筑面积（万平方米）
总　　计	**10653315**	**2201742**	**14260000**	**22050360**	**469.52**
按隶属关系分					
中央	571019	174961	955390	2766520	23.42
省区市	4602824	918279	6051877	11257629	143.61
地市	3603763	598050	4612649	5445440	160.03
县市区	1875709	510452	2640084	2580771	142.46
按剧种分					
话剧、儿童剧、滑稽剧类	1134001	218597	1480992	3279853	38.18
其中：儿童剧团	87296	39267	149185	314014	3.83
歌舞、音乐类	3632090	697427	4880625	7954259	154.76
京剧、昆曲类	1098987	91581	1319130	2193074	32.02
其中：京剧	934845	82762	1112492	1994210	30.47
地方戏曲类	3034283	676411	3998242	4693600	144.94
杂技、魔术、马戏类	326467	127044	496221	896546	19.66
曲艺类	243237	88688	346863	485038	8.77
乌兰牧骑	241267	3002	243696	153957	13.00
综合性艺术表演团体	942983	298992	1494231	2394033	58.18

艺术表演团体基本情况

中级职称	本团原创首演剧目(个)	演出场次(万场次)	国内演出场次	农村演出场次	国内演出观众人次(万人次)	农村观众人次	本年收入合计(千元)
27478	**1410**	**39.573**	**36.775**	**23.545**	**33442.47**	**22072.64**	**14588433**
656	36	0.248	0.230	0.010	315.48	16.11	934109
7939	235	6.156	5.732	1.625	4233.88	1458.73	6294175
11333	351	9.780	9.016	4.878	8542.19	4910.87	4702704
7550	788	23.389	21.797	17.032	20350.94	15686.94	2657445
1313	102	1.307	1.279	0.263	876.96	241.65	1534324
149	18	0.271	0.262	0.038	164.82	33.38	155868
8717	397	8.434	7.250	4.072	6680.64	3336.60	4933693
1840	50	1.167	1.129	0.471	1077.24	482.52	1381302
1641	43	1.068	1.037	0.451	1027.03	468.95	1173294
9893	610	17.905	17.665	13.803	18884.51	14894.55	4165412
1006	20	2.301	1.419	0.384	977.34	276.17	526965
514	55	3.354	3.203	1.626	968.50	455.68	383087
588	47	1.270	1.194	0.826	912.77	512.49	250226
3607	129	3.847	3.649	2.106	3064.53	1872.98	1413424

排练练功用房	实际拥有产权面积(万平方米)	流动舞台车演出情况			政府采购的公益演出活动情况		
		流动舞台车数量(辆)	利用流动舞台车演出场次(万场次)	利用流动舞台车演出观众人次(万人次)	演出场次(万场次)	演出观众人次(万人次)	演出补贴收入(千元)
102.74	**284.16**	**1296**	**10.35**	**9709.75**	**10.59**	**9675.98**	**690285**
2.84	21.42				0.04	57.43	50021
29.47	88.59	87	0.40	530.91	1.55	1347.47	217584
34.84	91.19	301	1.76	1832.08	2.77	2522.19	233531
35.59	82.96	908	8.19	7346.77	6.23	5748.90	189149
3.78	14.55	23	0.08	74.74	0.38	242.16	46283
0.40	1.94	2			0.03	21.96	5081
39.54	99.38	373	1.77	1330.07	2.46	1973.56	190852
6.37	23.13	37	0.27	296.07	0.30	332.69	42650
5.90	22.03	35	0.27	290.07	0.27	316.64	39951
28.70	89.85	634	6.67	6590.90	5.30	5428.76	255065
7.84	13.08	17	0.12	110.85	0.27	250.32	24291
1.81	4.76	15	0.12	103.48	0.22	104.96	12650
3.52	4.75	71	0.28	221.63	0.31	164.12	660
11.19	34.67	126	1.04	982.03	1.36	1179.42	117834

2014年全国文化部门执行事业会计

	剧团数（个）	补贴团数	从业人员（人）	专业技术人才	正高级职称	副高级职称	中级职称
总　计	**1568**	**1497**	**82004**	**57007**	**3114**	**8940**	**20278**
按隶属关系分							
中央	8	8	2697	2269	541	575	546
省区市	110	109	16418	13565	1393	3125	5076
地市	336	328	25885	21005	942	3871	8516
县市区	1114	1052	37004	20168	238	1369	6140
按剧种分							
话剧、儿童剧、滑稽剧类	26	26	2599	2008	269	510	735
其中：儿童剧团	3	3	295	279	55	79	95
歌舞、音乐类	471	452	26171	19239	1048	2890	6394
京剧、昆曲类	55	53	5248	4315	478	904	1572
其中：京剧	49	47	4613	3831	432	811	1373
地方戏曲类	721	684	34382	22088	961	3336	8179
杂技、魔术、马戏类	40	36	2490	1791	75	238	550
曲艺类	49	47	1429	1005	62	182	369
乌兰牧骑	120	118	3800	2188	26	171	588
综合性艺术表演团体	86	81	5885	4373	195	709	1891

续表 1

	演出收入	上级补助收入	附属单位上缴收入	经营收入	其他收入	本年支出合计（千元）
总　计	**1165722**	**532542**	**864**	**17317**	**436367**	**10590170**
按隶属关系分						
中央	170215				122342	840817
省区市	356830	300154	32	7000	143000	4262834
地市	273705	151929	524	3113	128571	3293073
县市区	364972	80459	308	7204	42454	2193446
按剧种分						
话剧、儿童剧、滑稽剧类	119130	19565			68541	1093072
其中：儿童剧团	24007	1333			10163	107582
歌舞、音乐类	367001	214927	727	10219	126245	3627969
京剧、昆曲类	82862	90654		1468	67920	1176027
其中：京剧	74043	69151		1468	56937	969389
地方戏曲类	465996	168981	87	4246	135554	3353710
杂技、魔术、马戏类	30292	5998		155	8487	218639
曲艺类	22024	9564			15055	230481
乌兰牧骑	3002	3866			1668	243696
综合性艺术表演团体	84030	75415	18987	50	1229	12897

制度的艺术表演团体基本情况

本团原创首演剧目（个）	演出场次（万场次）	国内演出场次	农村演出场次	国内演出观众人次（万人次）	农村观众人次	本年收入合计（千元）	财政补贴收入	事业收入
1113	**28.65**	**26.47**	**18.03**	**24293.62**	**16931.38**	**10742460**	**8438590**	**1316780**
32	0.23	0.21	0.01	253.48	8.11	861943	522830	216771
160	2.54	2.39	0.60	1990.13	720.43	4349390	3503298	395906
257	6.74	6.28	3.75	5819.79	3712.79	3341761	2750285	307339
664	19.14	17.59	13.67	16230.22	12490.05	2189366	1662177	396764
56	0.53	0.52	0.10	375.57	107.66	1114781	892092	134583
11	0.16	0.15	0.04	107.77	32.28	117701	76248	29957
333	6.02	4.98	3.02	4356.02	2306.94	3689523	2890865	446540
45	0.94	0.91	0.35	829.04	373.56	1226018	969136	96840
38	0.85	0.82	0.33	778.82	359.99	1018010	804994	85460
499	14.03	13.84	10.82	14959.02	11917.07	3415428	2612420	494140
13	1.31	0.77	0.24	572.86	206.81	216183	169498	32045
49	2.85	2.70	1.57	751.98	422.58	229872	180076	25177
47	1.26	1.18	0.82	912.76	512.49	250226	241267	3425
71	1.70	1.58	1.11	1536.37	1084.28	600429	483236	

基本支出	项目支出	经营支出	在支出合计中					
			工资福利支出	商品和服务支出				各种税金支出
					差旅费	劳务费	福利费	
6693744	**3481697**	**71441**	**4433492**	**2730627**	**199817**	**540930**	**38874**	**57064**
69088	771728		348262	357765	47368	68035	2759	14466
2380850	1829826	14777	1314162	1165817	61729	203479	11180	22635
2444982	692112	18130	1494282	792940	58290	173775	12873	15076
1798824	188031	38534	1276786	414105	32430	95641	12062	4887
328015	762446		213714	274164	12394	34875	3042	9670
26594	80988		38622	53462	2787	16153	1148	1161
2155943	1314251	21268	1551360	1051749	95682	230322	12608	21951
714758	447134	1468	465694	342998	14106	71999	2967	4239
609487	345767	1468	396385	265425	8861	50483	1921	3591
2425883	760375	45900	1533452	785705	61915	155453	15777	18256
185154	29631	30	110473	43474	3599	6928	959	586
159009	70008	5	80807	70160	2396	7275	852	857
225839	6599		166790	36943	4332	7391	208	4
646576	91253	2770	311202	125434	5393	26687	2461	1501

续表 2

	对个人和家庭补助支出	抚恤金和生活补助	其他资本性支出	各种设备、交通工具、图书购置费	资产总计（千元）	固定资产原价
总　计	**1666045**	**112668**	**563121**	**322926**	**13910584**	**8046592**
按隶属关系分						
中央	49431	2140	49069	44243	2503601	1761156
省区市	808459	56681	289700	158136	6543555	2781858
地市	586311	37358	153020	81607	3063423	2033266
县市区	221844	16489	71332	38940	1800005	1470312
按剧种分						
话剧、儿童剧、滑稽剧类	113502	7157	28528	24409	2162400	768855
其中：儿童剧团	9614	1116	5834	5347	227853	147044
歌舞、音乐类	516189	17447	199830	129947	5403862	3424888
京剧、昆曲类	224149	8490	88126	52777	1823962	982692
其中：京剧	202750	7719	61956	42198	1625098	885179
地方戏曲类	598940	64534	210554	95333	3482193	2134790
杂技、魔术、马戏类	54144	1279	6261	3659	268355	198962
曲艺类	51696	1909	5038	3033	148739	76516
乌兰牧骑	18010	1598	6476	3018	153957	137718
综合性艺术表演团体	89415	10254	18308	10750	467116	322171

2014年全国文化部门执行企业会计

	剧团数（个）	补贴团数	从业人员（人）	专业技术人才	正高级职称	副高级职称
总　计	**485**	**407**	**33288**	**22992**	**1458**	**3553**
按隶属关系分						
中央	2	1	526	425	130	127
省区市	79	77	12413	9515	776	1705
地市	153	139	11383	8168	475	1398
县市区	251	190	8966	4884	77	323
按剧种分						
话剧、儿童剧、滑稽剧类	31	29	2612	1768	128	315
其中：儿童剧团	4	4	245	175	12	25
歌舞、音乐类	158	129	10781	7678	416	1184
京剧、昆曲类	14	13	1045	829	38	114
其中：京剧	14	13	1045	829	38	114
地方戏曲类	175	145	8667	5343	219	580
杂技、魔术、马戏类	20	19	2268	1448	88	231
曲艺类	10	10	719	462	34	104
乌兰牧骑						
综合性艺术表演团体	77	62	7196	5464	535	1025

实际使用房屋建筑面积(万平方米)	排练练功用房	实际拥有产权面积(万平方米)	流动舞台车演出情况			政府采购的公益演出活动情况		
			流动舞台车数量(辆)	利用流动舞台车演出场次(万场次)	利用流动舞台车演出观众人次(万人次)	演出场次(万场次)	演出观众人次(万人次)	演出补贴收入(千元)
336.03	**73.02**	**203.86**	**983**	**8.11**	**7829.83**	**7.38**	**6938.75**	**390340**
19.39	2.59	17.39				0.03	37.43	40321
90.56	18.42	50.75	41	0.16	208.62	0.68	586.10	99548
109.44	22.71	68.19	220	1.25	1353.38	1.80	1739.53	120418
116.64	29.30	67.54	722	6.70	6267.83	4.86	4575.70	130053
21.52	1.20	6.42	9	0.02	32.48	0.13	93.42	15703
1.90	0.13	1.13				0.01	9.20	1277
110.79	27.84	73.57	284	1.24	900.88	1.70	1336.18	108941
24.55	5.43	18.21	26	0.20	256.00	0.20	227.96	31183
23.00	4.97	17.11	24	0.20	250.00	0.17	211.91	28484
119.06	22.83	74.82	500	5.47	5666.65	4.11	4319.45	194246
13.49	5.32	8.32	13	0.12	107.35	0.16	164.62	9854
5.32	1.10	2.49	13	0.11	96.29	0.16	85.55	6728
13.00	3.52	4.75	71	0.28	221.63	0.31	164.12	660
28.30	5.79	15.28	67	0.68	548.56	0.61	547.46	23025

制度的艺术表演团体基本情况

中级职称	本团原创首演剧目(个)	演出场次(万场次)	国内演出场次	农村演出场次	国内演出观众人次(万人次)	农村观众人次	资产总计	固定资产原价
7200	**297**	**10.93**	**10.30**	**5.52**	**9148.85**	**5141.27**	**8139776**	**4317302**
110	4	0.02	0.02		62.00	8.00	262919	211128
2863	75	3.62	3.34	1.02	2243.74	738.30	4714074	2066238
2817	94	3.04	2.73	1.13	2722.40	1198.07	2382017	1484490
1410	124	4.25	4.21	3.36	4120.72	3196.89	780766	555446
578	46	0.77	0.76	0.16	501.39	133.99	1117453	646881
54	7	0.11	0.11	0.00	57.05	1.10	86161	42238
2323	64	2.42	2.27	1.06	2324.62	1029.66	2550397	1454555
268	5	0.22	0.22	0.12	248.20	108.96	369112	303233
268	5	0.22	0.22	0.12	248.20	108.96	369112	303233
1714	111	3.87	3.83	2.99	3925.49	2977.48	1211407	651181
456	7	1.00	0.65	0.14	404.48	69.37	628191	176985
145	6	0.50	0.50	0.06	216.52	33.10	336299	196795
1716	58	2.14	2.07	0.99	1528.16	788.71	1926917	887672

续表 1

	资产、负债、所有者权益(千元)						
	本年折旧	负债合计	所有者权益合计	实收资本(股本)	国家资本	营业收入	演出收入
总　计	**355725**	**2492320**	**5647456**	**2927947**	**2726982**	**1479393**	**1036020**
按隶属关系分							
中央	14613	35276	227643	210940	210940	23963	4746
省区市	192712	1614678	3099396	1271473	1167349	769612	561449
地市	107970	605119	1776898	1056830	988928	448067	324345
县市区	40430	237247	543519	388704	359765	237751	145480
按剧种分							
话剧、儿童剧、滑稽剧类	25275	332162	785291	351796	343796	159665	99467
其中：儿童剧团	1992	67755	18406	64924	64924	27014	15260
歌舞、音乐类	97160	727235	1823162	835940	813301	476182	330426
京剧、昆曲类	24928	58729	310383	181368	181168	14492	8719
其中：京剧	24928	58729	310383	181368	181168	14492	8719
地方戏曲类	58798	416982	794425	546964	480149	294278	210415
杂技、魔术、马戏类	11912	208726	419465	265194	265194	123190	96752
曲艺类	20460	54687	281612	77523	20523	88111	66664
乌兰牧骑							
综合性艺术表演团体	117192	693799	1233118	669162	622851	323475	223577

续表 2

			工资、福利费、税金(千元)			
	营业外支出	利润总额	本年发放工资总额	本年支付的职工福利费	本年应交税金总额	实际使用房屋建筑面积(万平方米)
总　计	**465466**	**176143**	**1430586**	**61297**	**75367**	**133.49**
按隶属关系分						
中央	27	-42407	36292	1742	3192	4.03
省区市	209295	155742	675666	33011	42038	53.06
地市	188021	41367	495396	17168	22692	50.59
县市区	68123	21441	223232	9376	7445	25.82
按剧种分						
话剧、儿童剧、滑稽剧类	19437	31623	142055	6588	8186	16.66
其中：儿童剧团	9	-3436	14892	711	1260	1.93
歌舞、音乐类	172881	-8486	469844	17317	22199	43.97
京剧、昆曲类	19874	12181	37691	1788	1187	7.47
其中：京剧	19874	12181	37691	1788	1187	7.47
地方戏曲类	68410	105452	310654	13096	12884	25.89
杂技、魔术、马戏类	17487	33200	121695	3305	6913	6.17
曲艺类	8150	36833	47610	2478	6287	3.45
乌兰牧骑						
综合性艺术表演团体	159227	-34660	301037	16725	17711	29.88

损益(千元)							
	营业成本						
营业成本	养老、医疗、失业等各种社会保险费	住房公积金和住房补贴	差旅费	工会经费	营业利润	营业外收入	政府补助(补贴收入)
3204364	**287992**	**98777**	**62669**	**11102**	**-1724971**	**2366580**	**2214725**
114546	15165	5334	365		-90583	48203	48189
1579748	136021	49636	31826	5406	-810136	1175173	1099526
1131555	107282	36629	16691	4709	-683488	912876	853478
378515	29524	7178	13787	987	-140764	230328	213532
368483	27147	10975	5006	1537	-208818	259878	241909
41594	3832	1407	252	234	-14580	11153	11048
1079775	107583	30090	24614	3813	-603593	767988	741225
123229	6716	3674	2413	240	-108737	140792	129851
123229	6716	3674	2413	240	-108737	140792	129851
576122	43624	15572	19613	2279	-281844	455706	421863
260095	26951	8340	2708	1606	-136905	187592	156969
108232	6845	3054	565	563	-20121	65104	63161
688428	69126	27072	7750	1064	-364953	489520	459747

		流动舞台车演出情况			政府采购的公益演出活动情况		
排练练功用房	实际拥有产权面积(万平方米)	流动舞台车数量(辆)	利用流动舞台车演出场次(万场次)	利用流动舞台车演出观众人次(万人次)	演出场次(万场次)	演出观众人次(万人次)	演出补贴收入(千元)
29.72	**80.30**	**313**	**2.24**	**1879.93**	**3.21**	**2737.23**	**299945**
0.25	4.03				0.01	20.00	9700
11.05	37.85	46	0.24	322.28	0.87	761.37	118036
12.13	23.01	81	0.51	478.70	0.97	782.65	113113
6.29	15.42	186	1.49	1078.94	1.36	1173.20	59096
2.57	8.13	14	0.06	42.26	0.25	148.74	30580
0.27	0.81	2			0.02	12.76	3804
11.71	25.80	89	0.54	429.18	0.76	637.38	81911
0.93	4.92	11	0.07	40.07	0.10	104.73	11467
0.93	4.92	11	0.07	40.07	0.10	104.73	11467
5.88	15.02	134	1.20	924.25	1.20	1109.31	60819
2.52	4.77	4	0.00	3.50	0.10	85.71	14437
0.71	2.27	2	0.01	7.19	0.06	19.41	5922
5.41	19.39	59	0.37	433.47	0.75	631.96	94809

2014年非公有制艺术

	机构数（个）	从业人员（人）	专业技术人才	国内演出场次（万场次）	农村演出场次	国内演出观众人次（万人次）	农村观众人次
总　计	**6617**	**142018**	**60721**	**132.74**	**89.36**	**56367.49**	**32943.82**
按剧种分							
话剧、儿童剧、滑稽剧类	747	13407	5827	10.59	4.23	4307.57	2166.07
其中：儿童剧团	19	402	226	1.22	0.01	120.81	7.28
歌舞、音乐类	1346	28629	11412	26.99	17.13	11429.27	3309.28
京剧、昆曲类	47	1548	657	1.18	1.06	880.39	805.55
其中：京剧	42	1414	613	1.09	1.02	838.89	777.55
地方戏曲类	1579	43633	16311	34.20	29.58	21084.27	16444.39
杂技、魔术、马戏类	492	11569	8527	24.42	15.70	6153.45	2875.70
曲艺类	225	3182	1314	3.22	1.97	1364.08	658.32
乌兰牧骑	5	129	83	0.07	0.06	9.06	5.59
综合性艺术表演团体	2176	39921	16590	32.08	19.64	11139.41	6678.93

表演团体基本情况

经营情况(千元)									资产总计(千元)	实际使用房屋建筑面积(万平方米)
营业收入	演出收入	营业成本	养老、医疗、失业等各种社会保险费	本年发放工资总额	本年应交税金总额	营业利润	营业外收入	政府补贴		
6389034	**5218705**	**5252854**	**182059**	**2599627**	**335350**	**1136179**	**913830**	**865253**	**20644547**	**231.83**
612587	540585	412874	17321	196353	29752	199713	52756	31790	686898	16.24
57085	56948	40750	1058	8750	2073	16335	770	660	32194	0.94
1420541	1068678	1245942	43729	463167	143845	174600	169750	128843	7023107	42.96
55540	54162	52730	1025	38099	860	2810	2517	2365	33574	0.97
51426	51299	49139	899	35139	586	2287	2514	2362	32544	0.91
1294841	1213612	1110873	24625	852907	21915	183968	505731	590689	3730267	32.38
539298	513369	420112	10334	309648	9069	119186	11809	8252	464654	12.18
80610	58187	87018	3635	35751	1636	-6409	8784	4844	59497	5.09
1110	1060	1960	105	1775	15	-850	1660	1060	751	0.14
2384507	1769051	1921346	81285	701927	128259	463161	160825	97411	8645800	121.89

2014年全国艺术

	机构数（个）	从业人员（人）					坐席数（个）	演(映)出场次合计（万场次）	
			专业技术人才						艺术演出场次
				正高级职称	副高级职称	中级职称			
总　计	**1338**	**25709**	**6946**	**246**	**649**	**2520**	**1187359**	**78.07**	**6.95**
其中：附属剧场	267	5597	2289	125	332	903	356402	9.78	1.65
儿童剧场	31	467	172	2	23	56	22614	0.43	0.16
按登记注册类型分									
国 有	1222	21872	6016	183	580	2187	907650	53.09	4.95
集 体	20	244	97		3	59	10400	0.33	0.13
其 他	96	3593	833	63	66	274	269309	24.65	1.88
按管理部门分									
文化部门	1248	22403	6321	184	592	2266	919781	58.53	5.08
其他部门	90	3306	625	62	57	254	267578	19.54	1.87
按机构类型分									
剧场	576	11560	3534	115	407	1367	445654	12.69	3.30
影剧院	604	10121	2149	52	132	752	431399	58.77	1.47
书场、曲艺场	9	156	105	2	13	24	566	0.14	0.14
杂技、马戏场	2	38	18		3	8	3462	0.01	0.01
音乐厅	13	471	53	4	7	29	12831	0.22	0.19
综合性	101	2863	798	64	55	276	276571	6.08	1.79
其他艺术表演场馆	33	500	289	9	32	64	16876	0.15	0.06
按隶属关系分									
中央	7	232	17	3	2	12	6684	0.14	0.14
省区市	110	4310	1353	53	254	524	88552	12.11	1.18
地市	369	9113	2550	100	253	1013	251788	35.01	3.24
县市及以下	852	12054	3026	90	140	971	840335	30.80	2.40

表演场馆基本情况

观众人次合计(万人次)	艺术演出观众人次	本年收入合计(千元)	财政拨款	艺术演出收入	本年支出合计(千元)	人员支出(千元)	资产总计(千元)	年末固定资产原价	实际使用房屋建筑面积(万平方米)	演(映)出业务用房	实际拥有产权面积(万平方米)
6844.35	**2598.27**	**4036991**	**1490793**	**845122**	**3967486**	**1235106**	**15866598**	**11011815**	**735.23**	**365.86**	**470.38**
1180.38	760.52	1275576	526506	409557	1261731	352533	3665843	1849217	201.09	90.78	133.71
150.77	60.34	91635	27298	13894	77232	29675	174527	82185	15.15	6.92	9.86
5326.49	2216.45	3188880	1274910	622084	3169323	1063305	13783491	9583919	554.99	294.65	352.69
65.98	26.94	21255	7642	1187	16345	9492	63761	26169	5.97	4.72	2.39
1451.88	354.89	826856	208241	221851	781818	162309	2019346	1401727	174.27	66.49	115.30
5690.64	2144.81	2878828	1104763	448117	2861183	1032126	12979106	9611267	573.60	293.65	352.00
1153.71	453.46	1158163	386030	397005	1106303	202980	2887492	1400548	161.64	72.21	118.38
2331.62	1419.97	2145098	964520	522376	2120320	664601	7546965	5153576	330.15	182.31	220.14
3413.26	582.77	1130523	230082	141100	1140303	359140	4037214	2724221	217.18	111.06	131.74
15.36	15.36	16345	9305	2439	15291	5508	12046	7426	0.31	0.19	0.09
8.75	8.75	3360		525	3395	2100	42159	40382	1.43	0.75	1.43
149.74	122.12	185990	54544	48322	175404	56641	412767	292961	14.88	6.92	4.94
868.32	420.91	506737	203915	121558	462575	120742	3721712	2711896	159.66	61.58	108.49
57.30	28.39	48938	28427	8802	50198	26374	93735	81353	11.63	3.05	3.55
56.35	54.21	59406	411	40287	31836	7327	43892	9603	5.70	3.20	0.98
1102.32	729.30	1421234	544531	390655	247907	65318	1183665	922755	34.09	16.50	17.08
2474.03	892.68	1448580	490958	262267	851034	221454	2571861	1555921	194.60	75.32	128.57
3211.64	922.08	1107771	454893	151913	2844744	946926	12103019	8542874	503.51	271.74	324.65

2014年全国执行事业会计制度的

	机构数(个)	从业人员(人)	专业技术人才	正高级职称	副高级职称	中级职称	坐席数(个)	演(映)出场次合计(万场次)
总　计	**950**	**15908**	**4485**	**131**	**388**	**1717**	**694364**	**27.51**
其中:附属剧场	182	3549	1485	50	207	616	120125	2.90
儿童剧场	20	178	41		6	9	13675	0.22
按登记注册类型分								
国 有	927	15459	4292	129	371	1604	677732	27.26
集 体	10	137	78		3	54	4599	0.13
其 他	13	312	115	2	14	59	12033	0.12
按管理部门分								
文化部门	917	14741	4222	122	338	1551	660893	27.21
其他部门	33	1167	263	9	50	166	33471	0.30
按机构类型分								
剧场	415	7779	2558	86	269	1042	323556	7.57
影剧院	436	6599	1508	38	94	534	293276	19.22
书场、曲艺场	4	9	4			2	120	0.03
杂技、马戏场	1						900	
音乐厅	8	275	40	4	5	22	6561	0.10
综合性	64	1019	212	3	11	76	58922	0.50
其他艺术表演场馆	22	227	163		9	41	11029	0.08
按隶属关系分								
中央	1	70	14	2	2	10	1024	0.03
省区市	62	2964	976	43	166	408	56128	5.95
地市	226	4566	1241	16	113	556	133116	9.95
县市及以下	661	8308	2254	70	107	743	504096	11.58

艺术表演场馆基本情况

艺术演出场次	观众人次合计(万人次)	艺术演出观众人次	本年收入合计(千元)	财政补贴收入	事业收入		上级补助收入	附属单位上缴收入	经营收入	其他收入
						艺术演出收入				
3.69	**3150.28**	**1498.14**	**2339303**	**1100661**	**690783**	**389654**	**99926**	**2885**	**267183**	**177865**
0.84	611.70	439.63	944686	466967	380493	296164	12017	1253	52017	31939
0.08	56.54	35.11	33299	10562	16813	11281	420	243	523	4738
3.58	3084.32	1456.51	2250824	1073523	684979	384387	54306	2642	262285	173089
0.01	18.23	6.17	8821	5705	650	250			465	2001
0.09	47.73	35.46	79658	21433	5154	5017	45620	243	4433	2775
3.42	2922.46	1307.96	1673866	816711	330512	103328	99176	2885	247359	177223
0.27	227.82	190.18	665437	283950	360271	286326	750		19824	642
2.13	1419.39	852.72	1590901	782325	530031	331673	81550	1846	101976	93173
1.15	1388.56	403.67	476072	160154	101217	33730	16004	1039	123270	74388
0.03	3.50	3.50	1453	805	273	146				375
0.10	83.31	82.11	88433	41205	25560	1687	250		18944	2474
0.24	221.91	146.01	166967	103577	33031	22233	737		22713	6909
0.03	33.62	10.14	15477	12595	671	185	1385		280	546
0.03	0.02	0.02	14695						14684	11
0.68	667.00	472.60	1186531	492748	507618	318781	63968	1058	76876	44263
1.01	800.53	379.16	558067	281262	85805	39949	17585	553	105879	66983
1.97	1682.73	646.36	580010	326651	97360	30924	18373	1274	69744	66608

续表

	本年支出合计(千元)	基本支出	项目支出	经营支出	在支出合计中:			
					工资福利支出	商品和服务支出	差旅费	劳务费
总　计	**2352538**	**1200523**	**848861**	**219598**	**649448**	**1003239**	**10854**	**77503**
其中:附属剧场	954153	344723	549651	45243	216995	511699	4585	43254
儿童剧场	23528	13091	5280	193	7843	6310	32	1193
按登记注册类型分								
国 有	2267300	1166084	803385	217288	628424	993001	10529	76710
集 体	8908	6568	1434	906	4388	1786	205	333
其 他	76330	27871	44042	1404	16636	8452	120	460
按管理部门分								
文化部门	1694659	1048223	361117	203324	545492	562990	10469	44137
其他部门	657879	152300	487744	16274	103956	440249	385	33366
按机构类型分								
剧场	1594562	720758	751038	93172	398805	799494	8407	67138
影剧院	493102	317825	40380	87843	186541	102679	1413	5346
书场、曲艺场	1362	1145	217		457	108		10
杂技、马戏场								
音乐厅	82715	55982	10492	14207	14903	27595	163	1226
综合性	165414	93896	45718	23700	39625	70518	630	3687
其他艺术表演场馆	15383	10917	1016	676	9117	2845	241	96
按隶属关系分								
中央								
省区市	8035	6361	130	70	4533	1028	61	12
地市	8035	6361	130	70	4533	1028	61	12
县市及以下	2344503	1194162	848731	219528	644915	1002211	10793	77491

福利费	各种税金支出	对个人和家庭补助支出	抚恤金和生活补助	其他资本性支出	各种设备、交通工具、图书购置费	资产总计（千元）	固定资产原价	实际使用房屋建筑面积（万平方米）	演(映)出业务用房	实际拥有产权面积（万平方米）
13619	**62186**	**178999**	**12393**	**84358**	**34365**	**10532490**	**7350286**	**400.97**	**221.78**	**263.00**
6535	21330	54242	1809	37908	14189	2656078	1254201	86.02	53.94	53.46
152	1607	1391	500	1617	5	94975	53047	6.69	3.88	3.63
13543	61476	173735	10756	84186	34335	10152770	6990068	391.26	215.05	255.23
		1917	1557			19846	14772	1.33	1.23	0.84
76	710	3347	80	172	30	359874	345446	8.39	5.51	6.92
9073	49496	172441	12324	57010	28586	8831852	6704744	362.58	190.61	232.13
4546	12690	6558	69	27348	5779	1700638	645542	38.39	31.17	30.87
8577	42711	103181	8572	51070	21558	5689658	3560258	216.00	120.14	152.52
4139	14786	45628	2587	19896	4014	2217315	1823917	126.54	67.85	82.67
28	62	580	11			989	770	0.16	0.10	0.04
						1407	1407	0.13	0.13	0.13
451	2027	20828	1032	2357	310	348061	281272	4.53	3.71	0.80
349	2566	6660	191	10477	8421	2245399	1659879	49.93	28.09	24.90
75	34	2122		558	62	29661	22783	3.69	1.77	1.95
60	167	1386	72	29	10	35839	19338	2.67	0.90	0.90
60	167	1386	72	29	10	35839	19338	2.67	0.90	0.90
13559	62019	177613	12321	84329	34355	10496651	7330948	398.30	220.88	262.10

2014年全国文化部门所属执行事业会计

	机构数（个）	从业人员（人）					坐席数（个）	演(映)出场次合计（万场次）
			专业技术人才					
				正高级职称	副高级职称	中级职称		
总　计	**917**	**14741**	**4222**	**122**	**338**	**1551**	**660893**	**27.21**
其中:附属剧场	162	2566	1258	41	160	473	101495	2.67
儿童剧场	18	171	36		1	9	12747	0.19
按登记注册类型分								
国 有	896	14347	4055	120	321	1458	644921	26.98
集 体	10	137	78		3	54	4599	0.13
其 他	11	257	89	2	14	39	11373	0.11
按机构类型分								
剧场	397	6825	2317	79	221	892	306913	7.38
影剧院	432	6595	1508	38	94	534	290814	19.21
书场、曲艺场	4	9	4			2	120	0.03
杂技、马戏场	1						900	
音乐厅	6	205	26	2	3	12	3737	0.05
综合性	55	880	204	3	11	70	47380	0.46
其他艺术表演场馆	22	227	163		9	41	11029	0.08
按隶属关系分								
中央								
省区市	53	2072	772	36	121	284	47943	5.76
地市	220	4489	1233	16	111	551	125080	9.91
县市及以下	644	8180	2217	70	106	716	487870	11.54

制度的艺术表演场馆基本情况

艺术演出场次	观众人次合计(万人次)	艺术演出观众人次	本年收入合计(千元)	财政补贴收入	事业收入		上级补助收入	附属单位上缴收入	经营收入	其他收入
						艺术演出收入				
3.42	**2922.46**	**1307.96**	**1673866**	**816711**	**330512**	**103328**	**99176**	**2885**	**247359**	**177223**
0.62	442.98	293.65	299657	186946	31753	15639	11667	1253	36560	31478
0.05	41.14	19.71	23336	10562	6850	1318	420	243	523	4738
3.32	2862.70	1271.33	1587164	791350	324708	98061	53556	2642	242461	172447
0.01	18.23	6.17	8821	5705	650	250			465	2001
0.08	41.53	30.46	77881	19656	5154	5017	45620	243	4433	2775
1.95	1288.73	737.32	951924	501191	174767	47195	80800	1846	100633	92687
1.14	1381.24	396.41	475992	160074	101217	33730	16004	1039	123270	74388
0.03	3.50	3.50	1453	805	273	146				375
0.04	32.73	31.53	73738	41205	25560	1687	250		4260	2463
0.23	182.64	129.06	155282	100841	28024	20385	737		18916	6764
0.03	33.62	10.14	15477	12595	671	185	1385		280	546
0.49	510.34	324.42	552403	214603	153174	35067	63568	1058	76223	43777
0.98	755.66	350.39	549877	280686	82458	37561	17585	553	101612	66983
1.95	1656.46	633.15	571586	321422	94880	30700	18023	1274	69524	66463

续表

	本年支出合计(千元)	基本支出	项目支出	经营支出	在支出合计中:			
					工资福利支出	商品和服务支出		
							差旅费	劳务费
总　计	**1694659**	**1048223**	**361117**	**203324**	**545492**	**562990**	**10469**	**44137**
其中:附属剧场	314314	207539	62376	31184	122471	76799	4282	9958
儿童剧场	23528	13091	5280	193	7843	6310	32	1193
按登记注册类型分								
国 有	1611463	1015646	315641	201014	525869	552988	10182	43349
集 体	8908	6568	1434	906	4388	1786	205	333
其 他	74288	26009	44042	1404	15235	8216	82	455
按机构类型分								
剧场	960113	574978	263888	92130	299721	362661	8075	33911
影剧院	493042	317785	40372	87843	186531	102671	1413	5346
书场、曲艺场	1362	1145	217		457	108		10
杂技、马戏场								
音乐厅	68469	55982	10492	690	14480	26531	145	1105
综合性	156290	87416	45132	21985	35186	68174	595	3669
其他艺术表演场馆	15383	10917	1016	676	9117	2845	241	96
按隶属关系分								
中央								
省区市	544535	318283	151927	67891	120445	236644	4985	20055
地市	587600	355474	128772	84644	196050	172332	2981	15046
县市及以下	562524	374466	80418	50789	228997	154014	2503	9036

福利费	各种税金支出	对个人和家庭补助支出	抚恤金和生活补助	其他资本性支出	各种设备、交通工具、图书购置费	资产总计(千元)	固定资产原价	实际使用房屋建筑面积(万平方米)	演(映)出业务用房	实际拥有产权面积(万平方米)
9073	**49496**	**172441**	**12324**	**57010**	**28586**	**8831852**	**6704744**	**362.58**	**190.61**	**232.13**
2109	9157	49075	1761	10929	8439	1240987	840701	56.16	29.08	26.42
152	1607	1391	500	1617	5	94975	53047	6.02	3.68	3.63
9002	48786	167297	10704	56858	28576	8454172	6346459	352.97	183.98	224.36
		1917	1557			19846	14772	1.33	1.23	0.84
71	710	3227	63	152	10	357834	343513	8.29	5.41	6.92
4227	30988	98115	8554	24056	15799	4070580	2971763	186.13	93.89	126.94
4139	14784	45628	2587	19896	4014	2217165	1823767	125.09	67.15	82.67
28	62	580	11			989	770	0.16	0.10	0.04
						1407	1407	0.13	0.13	0.13
255	1298	20019	984	2357	310	339160	275900	3.81	3.00	0.80
349	2330	5977	188	10143	8401	2172890	1608354	43.58	24.59	19.62
75	34	2122		558	62	29661	22783	3.69	1.77	1.95
2278	18706	59898	3868	21773	15480	3158382	1845963	55.72	31.49	41.94
3860	18159	65537	4505	21048	9876	2121028	1787891	105.39	52.13	69.68
2935	12631	47006	3951	14189	3230	3552442	3070890	201.47	107.00	120.51

2014年各地区艺术表演

地　区	总　计	话剧、儿童剧、滑稽剧类	其中：儿童剧团	歌舞、音乐类	京剧、昆曲类
总　计	**8769**	**807**	**27**	**2021**	**116**
北　京	344	22	3	27	7
天　津	66	19	1	14	2
河　北	458	26		120	6
山　西	351	18	3	67	2
内蒙古	177	13		31	1
辽　宁	207	24	1	95	4
吉　林	56	4		15	
黑龙江	39	9	1	7	2
上　海	158	40	4	46	3
江　苏	287	36		65	10
浙　江	891	72	1	86	31
安　徽	988	50	2	91	2
福　建	393	14		20	1
江　西	219	39		63	2
山　东	481	28	3	52	23
河　南	598	45	1	51	2
湖　北	273	24		107	4
湖　南	271	35		81	2
广　东	325	43	2	62	3
广　西	67	6	1	35	
海　南	71	2		22	
重　庆	512	74		237	1
四　川	492	69		115	
贵　州	105	3		63	1
云　南	284	59		146	1
西　藏	88	1		38	
陕　西	143	10	1	41	1
甘　肃	190	9	1	45	1
青　海	64	3		47	
宁　夏	31	4	1	14	1
新　疆	122	4		104	2

团体分剧种机构数

其中：京剧	地方戏曲类	杂技、魔术、马戏类	曲艺类	乌兰牧骑	综合性艺术表演团体
105	**2505**	**553**	**285**	**126**	**2356**
6	23	8	8		249
2	7	2	5		17
6	115	51	7		133
1	182	2	20		60
1	15	1	4	72	40
4	11	5	4		64
	12				25
2	4	2	4		11
2	23	7	5		34
6	95	8	14		59
28	523	10	32		137
2	223	343	22		257
1	313	2	12		31
2	76	7	1		31
23	142	19	28		189
2	243	51	48		158
4	45	5	2		86
1	74	3	12		64
3	138	7	15		57
	3	1			22
	37	1	8		1
1	7	2	5	1	185
	41	7	4	1	255
1	4	3	1		30
1	12	2			64
				46	3
1	68	1	4		18
1	58	1	20	3	53
				1	13
1	7				5
2	4	2		2	4

2014年各地区艺术表演

地区	总计							
	机构数(个)	从业人员数(人)	专业技术人才	正高级职称	副高级职称	中级职称	机构数(个)	从业人员数(人)
总计	**8769**	**262887**	**143472**	**4685**	**12766**	**28384**	**2053**	**115292**
北京	344	6963	4098	145	264	684	18	2422
天津	66	2761	2120	207	404	670	16	1976
河北	458	13750	9161	195	530	1241	123	4751
山西	351	13668	6652	105	518	1363	150	8080
内蒙古	177	7428	5457	165	635	1378	103	5538
辽宁	207	4785	3308	184	509	1039	36	3197
吉林	56	2954	2097	215	501	661	40	2540
黑龙江	39	3513	2675	330	681	900	28	3299
上海	158	5773	3769	205	537	1006	21	3023
江苏	287	8323	6041	281	819	1622	113	5669
浙江	891	27293	10042	266	672	928	57	3735
安徽	988	20796	12594	88	262	971	46	2988
福建	393	13114	6917	138	370	1110	70	3390
江西	219	6000	3207	28	168	693	74	2411
山东	481	11519	8113	213	870	1698	103	5616
河南	598	20053	8030	186	522	1437	173	9083
湖北	273	8520	5604	202	610	1548	85	5365
湖南	271	8203	4799	96	343	1194	99	4290
广东	325	10759	4540	104	313	805	67	4061
广西	67	3042	1793	34	155	382	22	1804
海南	71	2708	1115	9	45	166	19	1119
重庆	512	6692	2033	41	145	295	22	1289
四川	492	11566	4918	38	267	920	51	2945
贵州	105	3645	1784	46	141	288	40	1537
云南	284	8966	4767	94	429	1025	85	3236
西藏	88	2420	743	22	100	230	85	2365
陕西	143	7745	4822	119	398	1144	91	6137
甘肃	190	6211	3231	38	174	702	67	3660
青海	64	1770	740	2	70	139	16	779
宁夏	31	1331	602	23	39	98	14	732
新疆	122	5325	4084	102	399	1063	109	5032

团体机构数和从业人员数

文化部门									
合计				国有企业					
专业技术人才	正高级职称	副高级职称	中级职称	机构数(个)	从业人员数(人)	专业技术人才	正高级职称	副高级职称	中级职称
79999	**4572**	**12493**	**27478**	**1639**	**94408**	**66503**	**3888**	**10601**	**23023**
1717	145	264	684	4	1043	810	92	131	320
1667	207	404	670	14	1756	1447	185	351	578
3156	195	528	1095	100	3896	2590	183	462	876
4401	99	508	1341	85	5535	3426	96	465	1109
4364	165	635	1378	103	5538	4364	165	635	1378
2454	184	509	1039	30	2857	2233	177	477	917
1899	215	501	661	4	816	706	116	199	228
2510	330	681	900	28	3299	2510	330	681	900
2384	197	500	919	17	2310	1975	168	430	738
4563	281	819	1622	16	1077	883	56	193	387
3005	266	672	924	52	3515	2931	265	659	888
2424	86	259	895	40	2391	1916	54	187	722
2522	138	370	1089	66	3170	2339	121	336	1020
1870	27	149	589	66	2105	1610	14	136	541
4696	212	861	1676	98	5388	4532	212	856	1645
4098	186	522	1437	168	8737	3935	177	500	1378
3980	202	610	1548	85	5365	3980	202	610	1548
3206	96	343	1192	73	2916	2295	77	261	879
2334	104	310	775	65	4017	2312	103	310	775
1236	34	155	382	19	1300	925	9	88	294
534	9	45	166	14	917	445	9	39	151
874	41	145	295	22	1289	874	41	145	295
2113	38	267	920	43	2722	1972	38	259	840
926	46	133	255	32	1258	779	41	123	210
2517	94	424	998	78	2994	2318	90	402	942
730	22	100	230	61	1780	590	21	90	205
4060	117	395	1140	75	4996	3259	90	328	949
2198	38	174	702	42	2243	1334	17	107	430
562	2	70	139	13	740	561	2	70	139
359	23	39	98	9	470	252	6	21	72
3946	102	399	1063	108	4992	3908	102	399	1060

续表

地区	文化部门							
	集体经济							
	机构数(个)	从业人员数(人)	专业技术人才	正高级职称	副高级职称	中级职称	机构数(个)	从业人员数(人)
总计	**182**	**6540**	**3910**	**90**	**434**	**1299**	**232**	**14344**
北京	7	133	63	4	10	38	7	1246
天津	1	1	1			1	1	219
河北	11	487	363	11	58	147	12	368
山西	56	2285	859	2	35	193	9	260
内蒙古								
辽宁							6	340
吉林							36	1724
黑龙江								
上海							4	713
江苏	85	2718	2032	67	305	737	12	1874
浙江	1	33	3			3	4	187
安徽	1	41	28		1	2	5	556
福建	2	77	77	3	11	27	2	143
江西							8	306
山东							5	228
河南	1	16	5	3	1	1	4	330
湖北								
湖南	1	4					25	1370
广东							2	44
广西							3	504
海南	3	133	53		2	13	2	69
重庆								
四川	4	153	111		8	78	4	70
贵州							8	279
云南							7	242
西藏							24	585
陕西	9	459	315		3	59	7	682
甘肃							25	1417
青海							3	39
宁夏							5	262
新疆							1	40

其他经济				其他部门					
专业技术人才	正高级职称	副高级职称	中级职称	机构数(个)	从业人员数(人)	专业技术人才	正高级职称	副高级职称	中级职称
9586	**594**	**1458**	**3156**	**6716**	**147595**	**63473**	**113**	**273**	**906**
844	49	123	326	326	4541	2381			
219	22	53	91	50	785	453			
203	1	8	72	335	8999	6005		2	146
116	1	8	39	201	5588	2251	6	10	22
				74	1890	1093			
221	7	32	122	171	1588	854			
1193	99	302	433	16	414	198			
				11	214	165			
409	29	70	181	137	2750	1385	8	37	87
1648	158	321	498	174	2654	1478			
71	1	13	33	834	23558	7037			4
480	32	71	171	942	17808	10170	2	3	76
106	14	23	42	323	9724	4395			21
260	13	13	48	145	3589	1337	1	19	104
164		5	31	378	5903	3417	1	9	22
158	6	21	58	425	10970	3932			
				188	3155	1624			
911	19	82	313	172	3913	1593			2
22	1			258	6698	2206		3	30
311	25	67	88	45	1238	557			
36		4	2	52	1589	581			
				490	5403	1159			
30			2	441	8621	2805			
147	5	10	45	65	2108	858		8	33
199	4	22	56	199	5730	2250		5	27
140	1	10	25	3	55	13			
486	27	64	132	52	1608	762	2	3	4
864	21	67	272	123	2551	1033			
1				48	991	178			
107	17	18	26	17	599	243			
38			3	13	293	138			

2014年各地区艺术表演团体分剧种原创首演剧目数

单位：个

地 区	总 计	话剧、儿童剧、滑稽剧类	其中：儿童剧团	歌舞、音乐类	京剧、昆曲类	其中：京剧	地方戏曲类	杂技、魔术、马戏类	曲艺类	乌兰牧骑	综合性艺术表演团体
总 计	**1449**	**109**	**25**	**407**	**50**	**43**	**623**	**20**	**60**	**47**	**133**
北 京	15	8	4		2	1	2		3		
天 津	23	11	6		4	4	3	1	4		
河 北	55			13	2	2	32				8
山 西	47	1	1	5			40	1			
内蒙古	68	1		8			3	1		39	16
辽 宁	25	10		5	1	1	3	1			5
吉 林	23	1		9			8				5
黑龙江	14	5	1	2				1			6
上 海	51	11	7	21	5	5	13	1			
江 苏	117	5		4	2	1	57	3	27		19
浙 江	38	2		3	6	1	25		1		1
安 徽	53			17			20		5		11
福 建	149	11		29			99	1	4		5
江 西	64	1		32			26				5
山 东	84	5		6	17	17	44	4	3		5
河 南	53			1	1	1	49	2			
湖 北	87	2		25	3	3	42	3	1		11
湖 南	69	7		14	1	1	44		3		
广 东	47	8		11			21		4		3
广 西	16			5			4				7
海 南	8			5			3				
重 庆	10			1			3		2		4
四 川	20	1		6			8		2		3
贵 州	30	1		25	2	2					2
云 南	49	1		41	1	1	3				3
西 藏	26			19						7	
陕 西	61	5	1	11	1	1	40	1	1		2
甘 肃	38			6			28				4
青 海	8			6							2
宁 夏	5	1		2			1				1
新 疆	59	1		54			2			1	1

2014年各地区艺术表演团体分剧种国内演出场次

单位：万场次

地　区	总　计	话剧、儿童剧、滑稽剧类	其中：儿童剧团	歌舞、音乐类	京剧、昆曲类	其中：京剧	地方戏曲类	杂技、魔术、马戏类	曲艺类	乌兰牧骑	综合性艺术表演团体
总　计	**171.08**	**11.91**	**1.52**	**34.69**	**2.31**	**2.12**	**52.63**	**25.84**	**6.46**	**1.26**	**35.97**
北　京	2.23	0.30	0.20	0.23	0.15	0.14	0.16	0.16	0.34		0.90
天　津	1.09	0.13	0.04	0.24	0.05	0.05	0.10	0.01	0.41		0.14
河　北	7.63	0.34		1.37	0.08	0.08	1.80	2.43	0.08		1.53
山　西	5.36	0.10	0.01	0.46	0.01	0.01	3.78	0.09	0.26		0.65
内蒙古	2.41	0.14		0.41	0.01	0.01	0.18	0.01	0.05	0.92	0.70
辽　宁	1.51	0.15		0.58	0.08	0.08	0.08	0.04	0.02		0.55
吉　林	0.57	0.03		0.12			0.16				0.27
黑龙江	0.49	0.11	0.04	0.08	0.04	0.04	0.05	0.01	0.04		0.16
上　海	2.78	0.37	0.06	0.30	0.04	0.03	1.44	0.15	0.13		0.36
江　苏	6.12	0.32		0.74	0.15	0.05	1.09	0.21	2.11		1.50
浙　江	18.24	0.84	0.00	0.97	1.04	0.99	13.05	0.10	0.64		1.60
安　徽	28.90	0.73	0.02	0.98	0.03	0.03	4.33	13.31	0.62		8.91
福　建	10.80	0.21		0.26	0.01	0.01	9.60	0.09	0.18		0.45
江　西	3.39	0.51		0.95	0.03	0.03	1.26	0.03	0.04		0.58
山　东	16.41	0.14	0.05	9.79	0.38	0.38	1.87	0.46	0.45		3.32
河　南	20.61	0.97		0.73	0.01	0.01	5.89	8.05	0.50		4.45
湖　北	3.82	0.36		1.40	0.07	0.07	1.01	0.05	0.06		0.88
湖　南	4.91	1.62		1.03	0.02	0.02	1.22	0.05	0.08		0.89
广　东	4.64	1.77	1.00	0.54	0.01	0.01	1.69	0.11	0.13		0.39
广　西	0.90	0.05		0.38			0.06	0.03			0.37
海　南	0.97	0.02		0.31			0.50	0.00	0.13		0.01
重　庆	6.12	0.84		3.02	0.01	0.01	0.06	0.02	0.07	0.01	2.09
四　川	6.37	0.79		1.55			0.54	0.10	0.06	0.02	3.32
贵　州	0.88	0.03		0.48	0.01	0.01	0.03	0.04	0.00		0.29
云　南	5.28	0.69		3.45	0.01	0.01	0.12	0.15			0.86
西　藏	0.45	0.01		0.18						0.25	0.02
陕　西	2.32	0.10	0.03	0.57	0.01	0.01	1.36	0.05	0.06		0.18
甘　肃	2.21	0.04	0.01	0.51	0.01	0.01	1.06	0.07	0.03	0.04	0.45
青　海	0.30	0.02		0.21						0.00	0.07
宁　夏	1.41	0.05	0.00	1.18	0.02	0.02	0.13				0.03
新　疆	1.641	0.025		1.485	0.006	0.006	0.012	0.036		0.03	0.048

2014年各地区艺术表演团体分剧种国内演出观众人次

单位：万人次

地　区	总　计	话剧、儿童剧、滑稽剧类		歌舞、音乐类	京剧、昆曲类		地方戏曲类	杂技、魔术、马戏类	曲艺类	乌兰牧骑	综合性艺术表演团体
			其中：儿童剧团			其中：京剧					
总　计	**91020**	**5211**	**309**	**18541**	**1958**	**1866**	**40497**	**7146**	**2411**	**926**	**14330**
北　京	1026	167	111	203	67	59	110	74	95		311
天　津	418	33	16	75	71	71	97	6	43		93
河　北	5370	142		459	82	82	1713	861	27		2086
山　西	3592	43	3	310	13	11	2782	32	53		358
内蒙古	1779	39		143	6	6	95	11	8	672	805
辽　宁	826	68		329	66	66	48	10	2		303
吉　林	503	11		91			153				248
黑龙江	311	58	26	79	23	23	49	3	15		83
上　海	1017	189	37	196	40	31	268	85	38		201
江　苏	2606	109		463	86	58	1057	158	374		359
浙　江	14670	1353	0	1525	829	795	9996	62	176		728
安　徽	14096	774	2	5949	23	23	2080	3434	739		1096
福　建	4182	57		144	36	36	3733	90	72		50
江　西	2239	153		350	26	26	1428	7	16		258
山　东	3747	106	38	462	394	394	2144	181	78		382
河　南	11110	1053	0	270	10	10	5857	1793	188		1939
湖　北	3344	101		995	77	77	1564	53	52		504
湖　南	1712	54		480	24	14	687	46	36		386
广　东	2742	104	1	465	3	3	1845	43	73		209
广　西	664	10		278			89	20			267
海　南	1673	24		119			1296	2	232		0
重　庆	1557	112		733	7	7	82	27	23	1	572
四　川	1887	141		452			158	45	32	2	1058
贵　州	611	22		376	6	6	24	38	7		138
云　南	2606	72		1308	18	18	193	2			1012
西　藏	412	32		132						239	9
陕　西	2110	30	10	412	8	8	1517	15	13		115
甘　肃	2150	31	6	312	10	10	1321	13	20	1	442
青　海	261	1		96						4	160
宁　夏	414	26	0	233	7	7	104				45
新　疆	923	10		810	3	3	8	36		7	51

2014年各地区艺术表演团体分剧种财政拨款收入

地　区	总　计	话剧、儿童剧、滑稽剧类	其中：儿童剧团	歌舞、音乐类	京剧、昆曲类	其中：京剧	地方戏曲类	杂技、魔术、马戏类	曲艺类	乌兰牧骑	综合性艺术表演团体
总　计	**1195914**	**119316**	**11518**	**414568**	**110135**	**93721**	**364103**	**33504**	**24948**	**24243**	**105097**
北　京	97415	53678	840	5839	25946	18692	7133	2861	1008		950
天　津	38265	4068	2023	9597	8810	8810	12117	2225	1435		14
河　北	26640	130		4778	2423	2423	8094	897	296		10022
山　西	34454	1967	118	7903	978	978	20564	886	535		1622
内蒙古	59830	1133		29583	1203	1203	2145	1145	305	20256	4060
辽　宁	30191	4525		12321	5730	5730	1765	1574			4276
吉　林	25428	623		11147			8173				5486
黑龙江	28605	3569	24	4353	4650	4650	4622	851	2203		8357
上　海	55513	8216	2728	20111	9386	6393	14046	2616	1079		60
江　苏	42071	1588		6041	4547	1808	15947	1760	2585		9605
浙　江	53919	2146	10	10625	4606	2173	31880	407	396		3859
安　徽	61060	467		5612	2041	2041	49584	607	140		2610
福　建	39088	1535		11980	1967	1967	16947	1417	4623		619
江　西	18797	907		7050	2320	2320	7332	281	368		539
山　东	52021	2778	782	14130	8045	8045	17129	4331	719		4891
河　南	38351	2045		5232	1181	1181	25169	1479	230		3014
湖　北	46232	3554		14377	7002	7002	14209	2366	816		3908
湖　南	30307	1035		7016	3126	2130	14734	132	1383		2881
广　东	46413	2411		24442	29	29	13374	1319	2526		2313
广　西	22145			7054			9042	82			5968
海　南	6711	466		2904			3303		38		
重　庆	16971	105		4699	1067	1067	5275	932	264		4629
四　川	38964	1676		15010			8533	1364	2747	5	9629
贵　州	10640	702		5604	1242	1242	2187	656	1		249
云　南	34304	2093		17527	2502	2502	8971				3211
西　藏	14204	1461		9534						3091	119
陕　西	33575	907	173	11176	828	828	17669	956	998		1041
甘　肃	36292	786		13131	882	882	19107	957	255	375	799
青　海	7999	15		7974						10	
宁　夏	9164	1001		3962	1855	1855	2284				62
新　疆	47540	1811		33863	1696	1696	2771	1405		507	5488

2014年各地区艺术表演

地　区	总　计	话剧、儿童剧、滑稽剧类	其中：儿童剧团	歌舞、音乐类	京剧、昆曲类
总　计	**757028**	**76686**	**10374**	**187184**	**14574**
北　京	50780	9975	5860	7814	3349
天　津	3541	628	160	1391	462
河　北	27357	416		3144	348
山　西	21468	510	29	4984	222
内 蒙 古	5930	1297		824	3
辽　宁	11245	791		2290	120
吉　林	4311	164		2549	
黑 龙 江	1902	323	80	298	49
上　海	37136	16498	837	11222	856
江　苏	41511	3818		9797	188
浙　江	112186	5506	80	22267	5369
安　徽	64283	2727	83	5713	274
福　建	37403	862		1745	110
江　西	19957	2359		9116	153
山　东	25619	6062	230	7946	824
河　南	49629	2340	1	3698	21
湖　北	17259	1248		5762	233
湖　南	32225	1679		9455	61
广　东	31783	4141	800	10644	106
广　西	5497	409		1640	
海　南	8946	492		3366	
重　庆	23058	1508		11391	97
四　川	47181	5393		9598	
贵　州	4481	66		2461	46
云　南	23488	1345		10256	4
西　藏	101			77	
陕　西	11233	624	184	4201	152
甘　肃	7784	197		2629	8
青　海	1705	18		1529	
宁　夏	1516	138	16	499	38
新　疆	1554	41		990	4

团体分剧种演出收入

单位：万元

其中：京剧	地方戏曲类	杂技、魔术、马戏类	曲艺类	乌兰牧骑	综合性艺术表演团体
13406	**191682**	**64092**	**14697**	**406**	**207706**
2958	4732	3674	4574		16663
462	582	176	148		154
348	4197	8596	133		10524
142	11685	471	405		3190
3	385	139	46	272	2964
120	223	369	23		7431
	600				997
49	17	82	17		1116
525	3727	2535	598		1700
105	5065	679	1274		20690
5106	64352	878	1400		12415
274	12603	25905	784		16278
110	30840	226	236		3384
153	3441	96	307		4486
824	2982	1861	1015		4928
21	14345	13992	1022		14211
233	3793	624	590		5009
40	2758	165	293		17815
106	11304	1073	914		3602
	201	20			3228
	4156	35	348		550
97	241	334	150	28	9311
	1190	847	102	55	29996
46	77	319	26		1487
4	122	11			11750
				24	
152	4502	637	201		916
8	3137	242	91	25	1455
					159
38	375				465
4	53	107		2	358

2014年各地区艺术表演

地区	剧团数（个）	从业人员（人）	专业技术人才	演出场次（万场次）	国内演出场次	农村演出场次
总计	**8769**	**262887**	**143472**	**173.91**	**171.08**	**114.04**
北京	344	6963	4098	2.48	2.23	0.61
天津	66	2761	2120	1.10	1.09	0.25
河北	458	13750	9161	7.75	7.63	4.91
山西	351	13668	6652	5.54	5.36	4.45
内蒙古	177	7428	5457	2.56	2.41	1.36
辽宁	207	4785	3308	1.57	1.51	0.63
吉林	56	2954	2097	0.59	0.57	0.28
黑龙江	39	3513	2675	0.57	0.49	0.13
上海	158	5773	3769	2.80	2.78	0.70
江苏	287	8323	6041	6.28	6.12	3.02
浙江	891	27293	10042	18.27	18.24	14.61
安徽	988	20796	12594	28.96	28.90	23.54
福建	393	13114	6917	10.84	10.80	9.15
江西	219	6000	3207	3.42	3.39	2.49
山东	481	11519	8113	16.50	16.41	12.32
河南	598	20053	8030	20.64	20.61	12.36
湖北	273	8520	5604	3.90	3.82	2.33
湖南	271	8203	4799	4.97	4.91	2.17
广东	325	10759	4540	4.70	4.64	2.09
广西	67	3042	1793	0.92	0.90	0.32
海南	71	2708	1115	0.97	0.97	0.66
重庆	512	6692	2033	6.21	6.12	4.92
四川	492	11566	4918	6.42	6.37	3.52
贵州	105	3645	1784	1.65	0.88	0.51
云南	284	8966	4767	5.34	5.28	1.59
西藏	88	2420	743	0.54	0.45	0.37
陕西	143	7745	4822	2.40	2.32	1.56
甘肃	190	6211	3231	2.23	2.21	1.61
青海	64	1770	740	0.32	0.30	0.16
宁夏	31	1331	602	1.41	1.41	0.32
新疆	122	5325	4084	1.68	1.64	1.09

团体演出及收支基本情况

国内演出观众人次(万人次)	农村观众人次	总收入(千元)	财政补贴收入	演出收入	总支出(千元)	资产总计(千元)	实际使用房屋建筑面积(万平方米)
91019.68	**55862.67**	**22640460**	**11959138**	**7570279**	**20240445**	**44084396**	**716.27**
1026.08	194.77	1611666	974151	507801	1452812	4604531	17.02
418.38	137.83	456088	382650	35410	413680	378320	10.56
5369.72	3891.92	598685	266403	273572	636885	2412297	68.31
3592.06	2943.64	616485	344541	214683	562575	824381	33.26
1779.29	1122.00	673431	598297	59303	596068	473311	22.74
826.21	352.22	632227	301905	112452	558462	970565	16.48
502.68	189.27	316138	254279	43112	324815	444682	10.71
310.67	103.77	346350	286051	19019	369974	440211	14.91
1017.08	193.51	1298291	555129	371361	1132843	4625787	9.92
2605.92	1433.60	921219	420714	415106	838376	1118036	31.00
14669.63	9496.26	1839963	539187	1121861	1663428	1972236	42.62
14095.73	5355.20	1397562	610603	642832	762295	1555874	26.60
4182.35	3640.17	861671	390878	374032	836734	1493684	21.48
2238.90	1699.50	430568	187969	199568	273567	560996	13.91
3746.61	2287.22	900989	520212	256188	789135	1090052	33.16
11110.21	8031.50	1004727	383508	496293	982741	2352915	35.93
3344.36	2360.51	733549	462317	172587	653640	975604	31.02
1711.72	1056.17	690745	303071	322251	530804	869201	27.04
2741.68	1844.46	1142758	464132	317830	1039777	4360031	25.73
663.89	255.37	322383	221449	54969	293966	413186	6.39
1672.97	1277.06	194756	67105	89464	206554	399894	6.11
1557.48	1208.06	438870	169707	230584	398219	850467	15.78
1887.34	931.60	945801	389638	471809	805645	1922792	32.78
611.38	244.99	200611	106395	44807	206616	685621	11.60
2605.57	1118.99	761071	343038	234880	659323	1917124	25.57
411.59	278.67	159867	142041	1012	150657	220002	14.87
2110.11	1463.22	540842	335745	112334	497081	896198	27.06
2149.94	1672.73	374306	362919	77841	351575	613676	15.97
261.35	156.50	103356	79989	17054	105067	251051	4.69
414.30	250.98	118772	91635	15155	112893	237824	3.02
923.15	595.72	529313	475402	15543	545069	375196	30.22

2014年各地区省级艺术表演

地区	剧团数(个)	从业人员(人)	专业技术人才	演出场次(万场次)	国内演出场次	农村演出场次
总计	**191**	**29120**	**23323**	**6.21**	**5.79**	**1.63**
北京	11	2289	1654	0.90	0.73	0.06
天津	11	1885	1592	0.29	0.28	0.02
河北	3	1081	945	0.14	0.14	0.06
山西	7	924	699	0.09	0.09	0.04
内蒙古	6	620	588	0.13	0.06	0.02
辽宁	4	683	597	0.09	0.07	0.02
吉林	4	643	574	0.07	0.07	0.03
黑龙江	4	1054	895	0.11	0.11	0.04
上海	18	3208	2525	1.02	1.00	0.04
江苏	2	1100	1068	0.62	0.62	0.24
浙江	9	1011	817	0.40	0.39	0.19
安徽	7	826	710	0.19	0.17	0.01
福建	7	757	720	0.12	0.11	0.02
江西	6	493	375	0.18	0.17	0.10
山东	7	797	757	0.09	0.07	0.02
河南	6	1151	883	0.17	0.17	0.10
湖北	5	916	810	0.12	0.12	0.04
湖南	7	972	791	0.12	0.11	0.01
广东	10	1203	890	0.13	0.13	0.07
广西	2	726	286	0.21	0.21	0.05
海南	3	446	245	0.03	0.03	0.01
重庆	6	854	567	0.15	0.11	0.05
四川	5	729	495	0.09	0.09	0.03
贵州	5	509	404	0.06	0.06	0.03
云南	4	459	418	0.06	0.06	0.04
西藏	3	373	303	0.03	0.03	0.02
陕西	6	1405	1107	0.23	0.23	0.04
甘肃	8	820	663	0.20	0.20	0.10
青海	1	84	71	0.01	0.01	0.01
宁夏	5	412	251	0.09	0.09	0.07
新疆	9	690	623	0.08	0.08	0.05

团体演出及收支基本情况

国内演出观众人次(万人次)	农村观众人次	总收入(千元)	财政补贴收入	演出收入	总支出(千元)	资产总计(千元)	实际使用房屋建筑面积(万平方米)
4266.89	**1459.14**	**6362881**	**4630048**	**939956**	**6121742**	**11294554**	**144.30**
389.32	36.99	1210019	936851	212920	1153602	2023075	10.96
157.52	11.54	423753	370914	22908	385792	318876	7.85
299.52	143.52	131819	93007	27220	135053	155536	5.76
76.28	25.31	118234	78011	27177	113150	209567	5.67
64.56	21.80	186767	183237	2320	133152	158973	2.55
53.43	9.18	150660	134756	8917	158663	128100	5.41
83.50	32.00	111154	102175	5373	118825	130463	2.61
68.95	20.16	127783	96910	9180	111524	254722	3.35
385.22	25.96	1037083	529580	195471	976691	1814178	7.44
149.95	57.65	165510	50800	106920	164166	439511	4.78
323.47	183.58	225396	164452	36161	230103	435044	3.60
207.30	11.60	106883	78699	22584	86753	345273	1.36
168.02	44.18	150137	122805	11500	167745	995159	5.87
110.00	58.10	82768	63132	12208	76255	235258	3.55
52.71	16.15	156920	134157	10444	153056	238176	4.67
238.80	151.05	184076	113221	32064	205563	161121	3.32
136.78	30.04	127423	107119	9414	132481	146899	5.27
80.67	19.11	149621	111704	12469	127415	164435	6.02
179.73	120.75	241281	160012	50960	239068	543908	4.55
174.80	57.71	184588	140123	19617	176733	305214	3.13
72.70	11.90	73414	36108	11981	70704	66310	1.60
68.21	36.65	159147	114492	19077	169724	425926	6.16
41.76	12.69	128636	114767	10871	118530	342889	1.27
44.90	30.69	57961	50145	2411	64333	164053	0.88
56.59	39.36	112401	93469	550	109391	128101	1.90
72.93	38.52	56758	56744		58974	128673	8.57
196.37	14.67	176751	127369	33857	150709	252246	6.70
106.82	40.31	106029	77309	14119	92670	213858	3.81
0.08	0.06	14459	5807	5972	19216	195315	1.65
120.40	95.60	89422	85169	1911	92459	72063	1.41
85.62	62.32	116028	97004	3380	129242	101632	12.65

2014年各地区地市级艺术表演

地 区	剧团数(个)	从业人员(人)	专业技术人才	演出场次(万场次)	国内演出场次	农村演出场次
总 计	**505**	**38346**	**29960**	**10.04**	**9.27**	**5.01**
北 京						
天 津						
河 北	35	1502	1216	0.62	0.59	0.41
山 西	40	3054	2328	0.81	0.64	0.45
内 蒙 古	17	1877	1490	0.24	0.20	0.10
辽 宁	22	2216	1630	0.48	0.43	0.18
吉 林	11	982	763	0.15	0.13	0.05
黑 龙 江	16	1894	1385	0.32	0.25	0.04
上 海						
江 苏	37	2468	2020	1.64	1.60	0.84
浙 江	13	1268	1076	0.28	0.27	0.11
安 徽	21	1539	1277	0.50	0.46	0.21
福 建	20	1424	1135	0.36	0.35	0.19
江 西	15	789	664	0.13	0.13	0.10
山 东	38	2920	2509	0.88	0.83	0.42
河 南	27	2107	1488	0.72	0.70	0.58
湖 北	19	1929	1640	0.47	0.41	0.16
湖 南	22	1400	1128	0.41	0.37	0.26
广 东	24	1603	1049	0.36	0.30	0.10
广 西	8	806	708	0.16	0.15	0.05
海 南	2	119	52	0.02	0.02	0.01
重 庆						
四 川	29	1922	1462	0.35	0.32	0.15
贵 州	9	519	357	0.10	0.08	0.01
云 南	16	1300	1236	0.22	0.21	0.12
西 藏	8	376	289	0.05	0.04	0.03
陕 西	12	885	562	0.18	0.18	0.11
甘 肃	14	1211	720	0.16	0.16	0.11
青 海	8	573	434	0.07	0.07	0.02
宁 夏	3	160	24	0.15	0.14	0.07
新 疆	19	1503	1318	0.24	0.24	0.14

团体演出及收支基本情况

国内演出观众人次(万人次)	农村观众人次	总收入(千元)	财政补贴收入	演出收入	总支出(千元)	资产总计(千元)	实际使用房屋建筑面积(万平方米)
8771.80	**5067.28**	**4768358**	**3634653**	**616190**	**4668966**	**5631430**	**163.84**
730.49	538.45	145540	116910	20666	205327	259435	6.26
761.33	584.66	246488	178615	48321	230262	231643	10.15
141.43	65.79	196511	183473	5262	186466	104980	5.63
330.06	168.90	204915	161786	17475	195188	275934	7.59
103.05	23.68	131771	108845	19396	132392	209337	3.68
173.34	35.90	197759	175049	7807	240087	175005	10.79
637.53	215.51	364634	242976	97323	348632	304965	13.09
326.65	150.12	294393	179604	63826	285447	417145	7.15
403.64	196.30	175321	62666	54408	128907	312850	4.37
237.21	104.94	245797	192204	23826	223004	247749	6.42
102.84	70.56	77638	68734	6189	75191	81090	4.62
760.00	419.94	357279	269301	35494	334059	365911	14.87
1213.93	1070.66	185680	137630	27301	191019	222640	5.41
447.45	179.28	292824	239342	33000	265623	354158	6.61
318.11	179.50	139516	118461	10744	137825	120640	5.77
335.88	155.86	310159	206490	65643	305092	463645	9.75
232.45	72.41	95390	71558	9447	86218	73326	1.24
28.50	23.20	13538	7899	5252	18434	37333	0.74
294.92	130.23	276547	214781	21051	271969	287697	9.28
103.50	16.52	64748	38838	10848	64343	346728	4.43
278.89	156.12	150216	137188	2111	148945	149639	5.09
20.37	9.83	59825	50539	30	49329	56530	3.87
240.80	159.56	87257	57777	10680	78563	79246	4.82
274.86	215.10	155399	145904	6467	166731	232220	3.73
52.37	21.74	78166	69500	6870	76892	50009	2.13
96.10	39.50	5462	1300	2228	5711	7892	0.28
126.11	63.03	215585	197283	4525	217310	163683	6.07

2014年各地区县级艺术表演

地　区	剧团数（个）	从业人员（人）	专业技术人才	演出场次（万场次）	国内演出场次	农村演出场次
总　计	**8055**	**190130**	**86573**	**157.29**	**155.68**	**107.39**
北　京	333	4674	2444	1.59	1.50	0.55
天　津	55	876	528	0.82	0.81	0.23
河　北	420	11167	7000	7.00	6.91	4.44
山　西	304	9690	3625	4.64	4.64	3.96
内蒙古	154	4931	3379	2.19	2.15	1.24
辽　宁	181	1886	1081	1.01	1.00	0.44
吉　林	41	1329	760	0.37	0.37	0.20
黑龙江	19	565	395	0.13	0.13	0.05
上　海	140	2565	1244	1.78	1.78	0.66
江　苏	248	4755	2953	4.02	3.90	1.95
浙　江	869	25014	8149	17.59	17.58	14.32
安　徽	960	18431	10607	28.27	28.27	23.33
福　建	366	10933	5062	10.36	10.34	8.94
江　西	198	4718	2168	3.12	3.09	2.28
山　东	436	7802	4847	15.53	15.50	11.88
河　南	565	16795	5659	19.75	19.74	11.68
湖　北	249	5675	3154	3.30	3.29	2.13
湖　南	242	5831	2880	4.45	4.43	1.90
广　东	291	7953	2601	4.21	4.21	1.92
广　西	57	1510	799	0.54	0.54	0.22
海　南	66	2143	818	0.93	0.92	0.64
重　庆	506	5838	1466	6.06	6.01	4.86
四　川	458	8915	2961	5.98	5.96	3.34
贵　州	91	2617	1023	1.49	0.74	0.46
云　南	264	7207	3113	5.06	5.02	1.44
西　藏	77	1671	151	0.46	0.38	0.31
陕　西	125	5455	3153	1.99	1.91	1.42
甘　肃	168	4180	1848	1.87	1.85	1.41
青　海	55	1113	235	0.24	0.23	0.13
宁　夏	23	759	327	1.18	1.18	0.18
新　疆	94	3132	2143	1.36	1.32	0.90

团体演出及收支基本情况

国内演出观众人次（万人次）	农村观众人次	总收入（千元）	财政补贴收入	演出收入	总支出（千元）	资产总计（千元）	实际使用房屋建筑面积（万平方米）
77519.64	**49260.97**	**10031819**	**2766358**	**5764567**	**7960566**	**23379761**	**378.33**
636.77	157.78	401647	37300	294881	299210	2581456	6.06
260.86	126.29	32335	11736	12502	27888	59444	2.71
4339.72	3209.95	321326	56486	225686	296505	1997326	56.29
2754.45	2333.68	251763	87915	139185	219163	383171	17.44
1573.30	1034.41	290153	231587	51721	276450	209358	14.57
442.72	174.15	276652	5363	86060	204611	566531	3.47
316.12	133.59	73213	43259	18343	73598	104882	4.43
68.39	47.71	20808	14092	2032	18363	10484	0.77
631.86	167.55	261208	25549	175890	156152	2811609	2.49
1818.43	1160.45	391075	126938	210863	325578	373560	13.12
14019.51	9162.55	1320174	195131	1021874	1147878	1120047	31.87
13484.79	5147.30	1115358	469238	565840	546635	897751	20.87
3777.13	3491.05	465737	75869	338706	445985	250776	9.20
2026.06	1570.84	270162	56103	181171	122121	244648	5.74
2933.90	1851.12	386790	116754	210250	302020	485965	13.62
9657.48	6809.79	634971	132657	436928	586159	1969154	27.20
2760.13	2151.19	313302	115856	130173	255536	474547	19.13
1312.94	857.57	401608	72906	299038	265564	584126	15.25
2226.07	1567.85	591318	97630	201227	495617	3352478	11.43
256.64	125.25	42405	9768	25905	31015	34646	2.03
1571.77	1241.96	107804	23098	72231	117416	296251	3.77
1489.27	1171.40	279723	55215	211507	228495	424541	9.63
1550.67	788.67	540618	60090	439887	415146	1292206	22.24
462.98	197.78	77902	17412	31548	77940	174840	6.30
2270.10	923.51	498454	112381	232219	400987	1639384	18.58
318.28	230.32	43284	34758	982	42354	34799	2.43
1672.94	1288.99	276834	150599	67797	267809	564706	15.55
1768.25	1417.32	112878	139706	57255	92174	167598	8.42
208.90	134.70	10731	4682	4212	8959	5727	0.90
197.80	115.88	23888	5166	11016	14723	157869	1.34
711.42	470.37	197700	181115	7638	198517	109881	11.50

2014年各地区公有制艺术

地　区	剧团数（个）	从业人员（人）	专业技术人才	正高级职称	副高级职称	中级职称
总　计	**2152**	**120869**	**82751**	**4685**	**12766**	**28384**
北　京	18	2422	1717	145	264	684
天　津	16	1976	1667	207	404	670
河　北	131	4989	3346	195	530	1241
山　西	164	8616	4608	105	518	1363
内蒙古	103	5538	4364	165	635	1378
辽　宁	36	3197	2454	184	509	1039
吉　林	40	2540	1899	215	501	661
黑龙江	28	3299	2510	330	681	900
上　海	23	3312	2627	205	537	1006
江　苏	113	5669	4563	281	819	1622
浙　江	64	4000	3142	266	672	928
安　徽	52	3304	2612	88	262	971
福　建	72	3447	2562	138	370	1110
江　西	85	2827	2122	28	168	693
山　东	104	5728	4808	213	870	1698
河　南	173	9083	4098	186	522	1437
湖　北	85	5365	3980	202	610	1548
湖　南	100	4310	3222	96	343	1194
广　东	72	4233	2405	104	313	805
广　西	22	1804	1236	34	155	382
海　南	20	1143	534	9	45	166
重　庆	22	1289	874	41	145	295
四　川	51	2945	2113	38	267	920
贵　州	41	1669	1027	46	141	288
云　南	97	3589	2719	94	429	1025
西　藏	85	2365	730	22	100	230
陕　西	94	6259	4071	119	398	1144
甘　肃	70	3793	2251	38	174	702
青　海	30	1103	569	2	70	139
宁　夏	14	732	359	23	39	98
新　疆	109	5032	3946	102	399	1063

表演团体基本情况

本团原创首演剧目(个)	演出场次(万场次)	国内演出场次	农村演出场次	国内演出观众人次(万人次)	农村观众人次	本年收入合计(千元)
1449	**41.17**	**38.34**	**24.68**	**34652.20**	**22918.85**	**15337596**
15	1.06	0.81	0.06	420.32	38.49	1242269
23	0.34	0.33	0.07	233.22	79.74	436698
55	2.24	2.12	1.71	2113.30	1641.10	340667
47	3.18	3.00	2.51	2573.82	2105.49	503481
68	1.42	1.26	0.75	958.79	473.66	619962
25	0.62	0.56	0.23	432.01	217.86	366716
23	0.45	0.42	0.25	372.38	183.89	297269
14	0.49	0.41	0.12	306.89	102.36	341630
51	1.06	1.04	0.07	414.07	38.81	1069144
117	4.31	4.14	2.22	1990.03	1072.47	738977
38	1.55	1.52	1.04	1409.13	932.17	726619
53	1.28	1.21	0.69	1157.03	628.57	342775
149	1.12	1.08	0.70	860.55	540.57	505396
64	1.29	1.26	1.01	903.54	677.30	252966
84	2.30	2.21	1.51	2172.45	1529.74	654254
53	4.43	4.40	3.84	5620.14	4838.97	528910
87	2.04	1.96	1.25	2193.05	1367.52	573882
69	1.59	1.53	1.06	1049.85	684.12	383021
47	0.96	0.90	0.58	1003.11	634.66	624602
16	0.49	0.47	0.16	536.91	181.35	292579
8	0.19	0.18	0.13	283.81	176.95	137109
10	0.29	0.20	0.11	229.89	137.19	213414
20	0.56	0.51	0.24	434.46	201.45	437772
30	1.06	0.29	0.13	308.25	118.40	143237
49	0.89	0.83	0.55	1169.98	715.55	369594
26	0.54	0.45	0.36	410.79	278.27	159187
61	1.90	1.82	1.17	1826.18	1227.11	498322
38	1.29	1.27	0.94	1525.42	1219.44	332141
8	0.20	0.18	0.10	101.31	47.15	100820
5	0.29	0.28	0.17	281.09	171.78	100742
59	1.38	1.34	0.95	899.09	581.48	526039

续表

地　区	财政补贴收入	演出收入	本年支出合计（千元）	资产总计（千元）	实际使用房屋建筑面积（万平方米）	排练练功用房
总　计	**11093885**	**1726728**	**14987591**	**23439849**	**484.49**	**105.73**
北　京	960615	135345	1188617	2042488	11.92	0.96
天　津	381510	12560	398730	325880	7.85	1.40
河　北	238580	44878	399487	477753	16.42	3.96
山　西	325108	70565	481355	714457	26.18	4.09
内蒙古	596789	7379	556822	405972	20.86	5.48
辽　宁	301635	15119	364970	423156	13.55	3.19
吉　林	252524	22234	312940	393988	9.48	2.60
黑龙江	286026	16040	367720	438772	14.77	3.03
上　海	545828	336775	1007904	1852735	7.65	1.14
江　苏	418037	179638	715143	888557	27.16	5.18
浙　江	488671	105622	723909	989079	16.60	2.30
安　徽	175111	91789	270885	719539	7.95	2.04
福　建	389175	31435	518184	1328930	16.94	2.20
江　西	184750	28122	238338	450220	11.36	1.54
山　东	513024	55049	619436	707924	24.56	8.08
河　南	344274	33521	553991	482052	18.32	5.67
湖　北	459972	43810	549397	696554	24.62	6.32
湖　南	292951	24841	355927	407860	20.57	4.55
广　东	404961	80245	615669	1073485	17.85	3.75
广　西	221421	29068	275273	389434	5.43	1.07
海　南	63940	25239	136601	138577	4.12	0.67
重　庆	160703	20115	221348	523363	9.25	1.74
四　川	358285	28021	422253	655478	13.17	2.21
贵　州	100066	15441	156021	545782	7.00	1.68
云　南	320149	11161	360350	384280	12.83	3.07
西　藏	142041	16027	150057	219247	14.80	3.79
陕　西	332351	79115	461816	750898	25.49	4.11
甘　肃	261688	37381	326967	531797	11.99	2.16
青　海	79939	12122	103241	247641	4.33	1.81
宁　夏	90515	5213	103515	84964	1.85	1.05
新　疆	475167	15128	541554	370336	29.83	10.96

实际拥有产权面积（万平方米）	流动舞台车演出情况			政府采购的公益演出活动情况		
	流动舞台车数量（辆）	利用流动舞台车演出场次（万场次）	利用流动舞台车演出观众人次（万人次）	演出场次（万场次）	演出观众人次（万人次）	演出补贴收入（千元）
291.07	**1336**	**10.62**	**9900.64**	**10.89**	**9893.36**	**710103**
3.14	1			0.08	41.70	12238
1.74	4	0.05	68.20	0.01	7.95	300
15.44	81	0.55	505.43	0.21	325.24	8947
19.55	110	0.45	296.98	0.66	500.72	42976
10.13	83	0.35	254.28	0.45	318.50	3499
8.10	12	0.03	33.16	0.15	108.85	9884
7.09	37	0.21	177.04	0.23	183.50	7533
4.40	15	0.05	52.51	0.12	83.49	4220
4.52				0.09	24.04	7583
13.96	49	0.40	400.60	0.53	396.09	48979
8.51	17	0.09	97.78	0.47	400.46	31486
4.39	46	0.60	508.39	0.50	451.22	38644
9.81	20	0.05	40.82	0.34	238.99	25729
6.64	48	0.49	286.47	0.52	329.60	16578
14.54	87	1.29	1283.59	0.98	969.24	42820
10.50	172	2.65	3038.25	1.67	1994.78	86458
20.08	73	0.93	952.45	0.60	666.63	22552
14.34	111	0.98	571.55	0.71	496.68	30349
10.26	5	0.02	8.70	0.12	115.57	19356
1.23	15	0.07	117.62	0.10	163.96	15432
2.03	14	0.04	39.92	0.05	59.21	5896
5.26	11	0.06	57.02	0.09	116.32	14690
9.96	15	0.04	42.80	0.26	222.68	41566
2.58	7	0.03	18.16	0.11	85.47	8791
7.07	58	0.21	238.16	0.23	223.23	13082
10.52	14	0.03	23.25	0.04	18.19	120
19.89	68	0.37	335.08	0.42	446.84	34159
6.25	47	0.14	145.96	0.27	225.25	11268
2.35	11	0.01	12.30	0.04	16.62	5000
1.78	15	0.16	143.78	0.16	185.44	13676
9.29	90	0.29	150.41	0.65	416.48	27071

2014年各地区文化部门所属

地区	剧团数(个)	从业人员(人)	专业技术人才			
				正高级职称	副高级职称	中级职称
总计	**2053**	**115292**	**79999**	**4572**	**12493**	**27478**
	10	3223	2694	671	702	656
北京	18	2422	1717	145	264	684
天津	16	1976	1667	207	404	670
河北	123	4751	3156	195	528	1095
山西	150	8080	4401	99	508	1341
内蒙古	103	5538	4364	165	635	1378
辽宁	36	3197	2454	184	509	1039
吉林	40	2540	1899	215	501	661
黑龙江	28	3299	2510	330	681	900
上海	21	3023	2384	197	500	919
江苏	113	5669	4563	281	819	1622
浙江	57	3735	3005	266	672	924
安徽	46	2988	2424	86	259	895
福建	70	3390	2522	138	370	1089
江西	74	2411	1870	27	149	589
山东	103	5616	4696	212	861	1676
河南	173	9083	4098	186	522	1437
湖北	85	5365	3980	202	610	1548
湖南	99	4290	3206	96	343	1192
广东	67	4061	2334	104	310	775
广西	22	1804	1236	34	155	382
海南	19	1119	534	9	45	166
重庆	22	1289	874	41	145	295
四川	51	2945	2113	38	267	920
贵州	40	1537	926	46	133	255
云南	85	3236	2517	94	424	998
西藏	85	2365	730	22	100	230
陕西	91	6137	4060	117	395	1140
甘肃	67	3660	2198	38	174	702
青海	16	779	562	2	70	139
宁夏	14	732	359	23	39	98
新疆	109	5032	3946	102	399	1063

艺术表演团体基本情况

本团原创首演剧目(个)	演出场次(万场次)	国内演出场次	农村演出场次	国内演出观众人次(万人次)	农村观众人次	本年收入合计(千元)
1410	**39.57**	**36.78**	**23.55**	**33442.47**	**22072.64**	**14588433**
36	0.25	0.23	0.01	315.48	16.11	934109
15	1.06	0.81	0.06	420.32	38.49	1242269
23	0.34	0.33	0.07	233.22	79.74	436698
54	2.14	2.02	1.63	2068.51	1599.10	337591
44	2.87	2.69	2.23	2302.33	1856.65	487491
68	1.42	1.26	0.75	958.79	473.66	619962
25	0.62	0.56	0.23	432.01	217.86	366716
23	0.45	0.42	0.25	372.38	183.89	297269
14	0.49	0.41	0.12	306.89	102.36	341630
43	1.01	0.99	0.07	381.06	38.40	1000438
117	4.31	4.14	2.22	1990.03	1072.47	738977
36	1.23	1.20	0.72	1259.98	783.02	714057
42	1.12	1.05	0.59	1019.14	521.76	322556
145	1.07	1.03	0.66	840.15	520.80	502528
64	1.20	1.17	0.94	835.07	622.24	245184
84	2.28	2.19	1.50	2162.45	1529.44	642554
53	4.43	4.40	3.84	5620.14	4838.97	528910
87	2.04	1.96	1.25	2193.05	1367.52	573882
69	1.59	1.52	1.05	1041.65	677.32	382124
46	0.92	0.86	0.56	922.51	601.91	607535
16	0.49	0.47	0.16	536.91	181.35	292579
8	0.19	0.18	0.13	277.81	173.95	136259
10	0.29	0.20	0.11	229.89	137.19	213414
20	0.56	0.51	0.24	434.46	201.45	437772
28	1.03	0.26	0.12	294.85	117.88	131546
49	0.77	0.72	0.48	1045.59	665.91	352940
26	0.54	0.45	0.36	410.79	278.27	159187
59	1.85	1.77	1.13	1787.67	1193.19	491136
38	1.25	1.23	0.91	1480.42	1186.84	326897
4	0.13	0.12	0.06	88.77	41.69	97442
5	0.29	0.28	0.17	281.09	171.78	100742
59	1.38	1.34	0.95	899.09	581.48	526039

续表

地区						
	财政补贴收入	演出收入	本年支出合计（千元）	资产总计（千元）	实际使用房屋建筑面积（万平方米）	排练练功用房
总　计	**10653315**	**2201742**	**14260000**	**22050360**	**469.52**	**102.74**
	571019	174961	955390	2766520	23.42	2.84
北　京	960615	220397	1188617	2042488	11.92	0.96
天　津	381510	25257	398730	325880	7.85	1.40
河　北	238360	76124	396923	470934	15.96	3.83
山　西	322565	125161	464981	626347	23.12	3.71
内蒙古	596789	10702	556822	405972	20.86	5.48
辽　宁	301635	27834	364970	423156	13.55	3.19
吉　林	252524	28598	312940	393988	9.48	2.60
黑龙江	286026	17678	367720	438772	14.77	3.03
上　海	518604	187565	938039	1815810	6.96	1.06
江　苏	418037	250720	715143	888557	27.16	5.18
浙　江	488605	134195	712367	984809	16.46	2.23
安　徽	164879	88759	254059	705134	7.29	1.89
福　建	387857	56897	515290	1328565	16.93	2.20
江　西	183344	35496	231289	425562	11.26	1.50
山　东	504724	65662	613986	681384	24.06	7.78
河　南	344274	111841	553991	482052	18.32	5.67
湖　北	459972	71215	549397	696554	24.62	6.32
湖　南	292129	41645	354229	407406	20.51	4.54
广　东	393464	137490	598130	1061845	17.13	3.63
广　西	221421	30273	275273	389434	5.43	1.08
海　南	63140	36434	135651	137577	4.06	0.62
重　庆	160703	23224	221348	523363	9.25	1.74
四　川	358285	34489	422253	655478	13.16	2.21
贵　州	98981	15337	144986	431462	6.46	1.64
云　南	309350	8166	343737	354764	11.58	2.70
西　藏	142041	412	150057	219247	14.80	3.79
陕　西	329375	90241	454932	737930	25.32	4.03
甘　肃	257809	42670	322834	527146	11.90	2.13
青　海	79596	13370	100847	246924	4.25	1.78
宁　夏	90515	5795	103515	84964	1.85	1.05
新　疆	475167	13134	541554	370336	29.83	10.96

实际拥有产权面积（万平方米）	流动舞台车演出情况			政府采购的公益演出活动情况		
	流动舞台车数量（辆）	利用流动舞台车演出场次（万场次）	利用流动舞台车演出观众人次（万人次）	演出场次（万场次）	演出观众人次（万人次）	演出补贴收入（千元）
284.16	**1296**	**10.35**	**9709.75**	**10.59**	**9675.98**	**690285**
21.42				0.04	57.43	50021
3.14	1			0.08	41.70	12238
1.74	4	0.05	68.20	0.01	7.95	300
15.04	74	0.49	486.37	0.21	324.76	8897
19.23	104	0.42	279.34	0.63	488.42	41686
10.13	83	0.35	254.28	0.45	318.50	3499
8.10	12	0.03	33.16	0.15	108.85	9884
7.09	37	0.21	177.04	0.23	183.50	7533
4.40	15	0.05	52.51	0.12	83.49	4220
3.99				0.09	23.07	7583
13.96	49	0.40	400.60	0.52	396.09	48979
8.42	17	0.09	97.78	0.46	399.81	31420
4.26	39	0.53	432.85	0.41	352.54	33650
9.81	20	0.05	40.82	0.34	238.99	25729
6.62	44	0.44	247.67	0.50	293.54	16032
14.54	87	1.29	1283.59	0.98	969.24	42820
10.50	172	2.65	3038.25	1.67	1994.78	86458
20.08	73	0.93	952.45	0.60	666.63	22552
14.28	110	0.98	570.55	0.71	494.48	30249
10.17	5	0.02	8.70	0.11	100.97	18776
1.23	15	0.07	117.62	0.10	163.96	15432
2.03	13	0.03	38.42	0.05	58.61	5096
5.26	11	0.06	57.02	0.09	116.32	14690
9.96	15	0.04	42.80	0.25	222.68	41566
2.48	7	0.03	18.16	0.11	85.47	8791
6.43	50	0.19	215.70	0.17	180.48	11736
10.52	14	0.03	23.25	0.04	18.19	120
19.77	65	0.37	332.66	0.41	445.49	33949
6.19	44	0.14	133.48	0.26	222.71	10632
2.33	11	0.01	12.30	0.03	15.42	5000
1.78	15	0.16	143.78	0.16	185.44	13676
9.29	90	0.29	150.41	0.65	416.48	27071

2014年各地区文化部门执行事业会计

地　区	剧团数（个）	补贴团数	从业人员（人）	专业技术人才	正高级职称	副高级职称	中级职称
总　计	1568	1497	82004	57007	3114	8940	20278
北　京	11	10	1176	873	96	141	358
天　津	16	16	1976	1667	207	404	670
河　北	89	75	3062	2060	91	323	778
山　西	118	103	6278	3465	63	392	1096
内蒙古	102	102	5500	4326	165	635	1376
辽　宁	23	23	1872	1558	133	341	652
吉　林	4	4	816	706	116	199	228
黑龙江	21	21	2095	1482	145	392	531
上　海	15	15	2073	1746	151	388	673
江　苏	92	86	3416	2673	115	461	1021
浙　江	42	42	2547	2079	205	519	696
安　徽	11	11	588	509	20	75	179
福　建	69	67	3341	2510	138	368	1079
江　西	45	41	1387	1116	17	100	375
山　东	92	90	5039	4271	192	819	1567
河　南	162	160	8083	3439	164	433	1277
湖　北	69	68	3784	2628	70	311	1144
湖　南	78	74	3032	2330	76	258	894
广　东	40	39	2254	1209	51	154	438
广　西	11	10	761	497	5	52	121
海　南	13	12	774	399	6	34	106
重　庆	15	13	715	582	26	98	228
四　川	41	39	2268	1671	30	239	835
贵　州	22	21	592	278	9	26	52
云　南	71	71	2867	2287	91	378	904
西　藏	85	81	2365	730	22	100	230
陕　西	58	58	3512	2306	49	166	663
甘　肃	20	18	1440	969	16	99	369
青　海	11	9	501	338	2	59	110
宁　夏	5	5	161	88		2	19
新　疆	109	105	5032	3946	102	399	1063

制度的艺术表演团体基本情况

本团原创首演剧目(个)	演出场次(万场次)	国内演出场次	农村演出场次	国内演出观众人次(万人次)	农村观众人次	本年收入合计(千元)	财政补贴收入	事业收入
1113	**28.65**	**26.47**	**18.03**	**24293.62**	**16931.38**	**10742460**	**8438590**	**1316780**
6	0.31	0.22	0.00	113.35	1.50	953450	847820	87593
23	0.34	0.33	0.07	233.22	79.74	436698	381510	30363
35	1.42	1.33	1.10	1382.78	1147.36	200853	154746	38570
31	2.27	2.10	1.79	1677.64	1394.21	351076	242169	85682
67	1.41	1.25	0.75	947.79	467.66	619962	596789	11559
18	0.36	0.33	0.15	263.60	147.67	272876	244427	13840
9	0.07	0.07	0.03	50.48	18.30	141799	131816	6364
7	0.27	0.23	0.08	183.15	73.72	234760	224610	5945
40	0.71	0.70	0.05	206.60	26.71	758626	409183	107898
96	3.32	3.19	1.88	1498.62	920.34	434106	283706	111672
30	0.62	0.60	0.36	801.59	519.14	560337	425157	75622
9	0.22	0.22	0.16	132.53	78.01	68099	50195	8090
143	1.04	1.00	0.63	808.95	490.80	494301	382611	59143
51	0.69	0.66	0.53	498.64	385.27	141995	121892	16439
82	2.07	1.99	1.36	1899.00	1367.84	597774	472411	64399
49	4.15	4.12	3.62	5303.82	4574.17	444231	301680	100103
67	1.60	1.56	1.09	1735.20	1201.97	319149	246728	46436
55	1.25	1.20	0.86	843.85	567.54	280724	233646	26843
23	0.51	0.50	0.40	627.77	468.23	345346	241625	78404
9	0.18	0.18	0.10	281.65	106.86	143376	129966	5591
5	0.12	0.11	0.08	212.16	118.77	79674	41071	32381
9	0.16	0.11	0.06	150.94	87.16	127036	104715	6892
17	0.38	0.34	0.17	336.90	172.17	329101	285928	13235
20	0.88	0.14	0.07	136.71	50.51	30590	22370	1382
44	0.66	0.61	0.39	761.25	446.40	324786	288784	4323
26	0.54	0.45	0.36	410.79	278.27	159187	142041	852
37	1.05	0.99	0.73	1149.31	802.70	261006	207871	28521
12	0.29	0.28	0.17	341.88	272.01	191755	179601	9321
2	0.10	0.09	0.04	86.27	39.62	47133	41695	4227
	0.05	0.05	0.03	64.65	37.18	4672	3830	736
59	1.38	1.34	0.95	899.09	581.48	526039	475167	17583

续表 1

地　区	演出收入	上级补助收入	附属单位上缴收入	经营收入	其他收入	本年支出合计(千元)	基本支出
总　计	**1165722**	**532542**	**864**	**17317**	**436367**	**10590170**	**6693744**
北　京	85624	572		155	17310	944878	301403
天　津	25257	12560			12265	398730	234218
河　北	37881	3782		170	3585	261469	232718
山　西	84030	16223		899	6103	332155	258501
内蒙古	10702	7379		160	4075	554727	466071
辽　宁	12765	50			14559	272351	192987
吉　林	6364				3619	132100	105300
黑龙江	4706	3068			1137	232100	207802
上　海	103596	240925			620	782855	434551
江　苏	91977	20895		668	17165	425643	342498
浙　江	67720	26717			32841	544553	330488
安　徽	7543	8590	50	171	1003	67011	61520
福　建	53916	26904			25643	511242	337980
江　西	14777	2897	235	170	362	136239	108474
山　东	56041	42028	400	100	18436	572362	445089
河　南	95414	17094		261	25093	461934	369899
湖　北	44409	17004		1409	7572	312652	219298
湖　南	22689	5875		725	13635	268514	174938
广　东	77494	14816	32		10469	346784	208373
广　西	4124	2919			4900	132671	71961
海　南	12325	1120		4617	485	77570	47255
重　庆	5788	2679			12750	121677	80760
四　川	10103	3635		328	25975	317623	216878
贵　州	1342	790		3733	2315	38248	19227
云　南	3307	2846		2145	26688	314310	239412
西　藏	412	16027	17		250	150057	127659
陕　西	28040	16114	20	1606	6874	248015	204481
甘　肃	9321	2667			166	198456	127995
青　海	4050	1164			47	46488	42297
宁　夏	656	74			32	4385	1156
新　疆	13134	15128	110		18051	541554	413467

项目支出	经营支出	在支出合计中					
		工资福利支出	商品和服务支出	差旅费	劳务费	福利费	各种税金支出
3481697	**71441**	**4433492**	**2730627**	**199817**	**540930**	**38874**	**57064**
643475		156953	196983	2805	32360	1538	2120
164312		117075	105240	1849	29057	1766	1176
25119	1734	125562	39528	4939	6733	837	482
50073	18521	177981	79473	7232	16331	546	1139
78486	208	318632	112940	6823	18081	1635	2215
74844		98531	93023	5975	25047	102	1801
26800		50825	28562	3138	5814	251	601
22478		107872	34021	1699	4468	420	371
348304		307392	252779	3139	12469	3836	5509
70397	1951	217790	117702	6090	28720	2042	1307
210483	6	241364	179675	17461	51848	2945	1237
3749	534	25974	12672	749	2005	154	330
139635	6862	202758	135837	6858	29567	1556	1633
11380	987	65715	23261	3001	4185	2065	376
85964	2005	277649	127491	4667	16354	1689	3142
74509	5147	214550	124591	8457	15745	2276	2273
65568	2948	151720	78346	4816	13447	1766	1549
63221	2144	121265	62886	4059	12728	2743	1791
106489	3237	129753	129610	13953	49582	1925	2696
60710		38434	36616	2779	8165	528	447
11756	8916	42055	15488	2240	3705	255	652
40357	50	35550	27882	3641	12193	367	1273
97075	1981	114384	58311	4775	14428	685	869
4395	155	16431	4777	1476	547	2	5
69627	2139	142186	74009	8131	14098	197	934
5889	200	78183	19383	2221	211	137	
21385	8362	133934	44117	3961	10592	1737	661
55853	585	64132	51122	6529	6772	1169	330
1089		31287	6285	252	382	6	
	678	3426	85	8	3		3
76547	2091	275867	100167	8726	27258	940	5676

续表 2

地　区	对个人和家庭补助支出	抚恤金和生活补助	其他资本性支出	各种设备购置费	资产总计(千元)	固定资产原值	实际使用房屋建筑面积(万平方米)
总　计	**1666045**	**112668**	**563121**	**322926**	**13910584**	**8046592**	**336.03**
北　京	111550	4367	37098	34823	1308897	362214	7.73
天　津	82827	798	41166	10488	325880	109674	7.85
河　北	10806	1368	14798	8391	315307	180369	8.98
山　西	38207	3732	24399	6155	512074	338972	18.52
内蒙古	75940	4114	36276	7838	404112	282264	20.84
辽　宁	59418	2292	12492	7929	245043	162150	8.98
吉　林	45731	1639	6097	4909	169618	95721	3.35
黑龙江	77409	3363	9294	5833	148952	111331	7.09
上　海	66471	2559	63197	42230	1454735	281630	3.85
江　苏	45289	2816	14515	6849	296611	181347	16.76
浙　江	72935	2776	43876	24492	579560	355264	12.58
安　徽	22496	368	1790	1770	36532	24793	1.23
福　建	80222	3028	19676	14969	1320818	888086	16.88
江　西	32869	1299	4751	1881	159676	127610	6.56
山　东	106359	3796	28549	17855	644449	445075	22.21
河　南	73055	5548	12257	4542	430957	299040	15.85
湖　北	62755	1690	7562	5112	334204	253998	17.62
湖　南	42815	6092	17729	6193	266314	199707	15.97
广　东	64796	12658	15910	10701	460101	243834	7.99
广　西	50217	23871	5832	5800	80801	71918	3.09
海　南	4133	226	3179	1560	70933	60926	2.72
重　庆	34890	1604	14288	4088	216458	152371	4.81
四　川	69377	10029	18691	13080	198409	154185	9.85
贵　州	5364	331	697	269	53958	27015	1.42
云　南	67466	1099	16281	12841	331869	188052	10.30
西　藏	18259	634	2727	1459	219247	183083	14.80
陕　西	33723	3785	7486	4107	173985	96201	12.30
甘　肃	56632	802	12919	1490	249042	132836	4.35
青　海	7782	160	218	218	22884	21577	2.09
宁　夏			60		5221	3953	0.24
新　疆	96821	3684	20242	10811	370336	250240	29.83

排练练功用房	实际拥有产权面积（万平方米）	流动舞台车演出情况			政府采购的公益演出活动情况		
		流动舞台车数量（辆）	利用流动舞台车演出场次（万场次）	利用流动舞台车演出观众人次（万人次）	演出场次（万场次）	演出观众人次（万人次）	演出补贴收入（千元）
73.02	**203.86**	**983**	**8.11**	**7829.83**	**7.38**	**6938.75**	**390340**
0.60	2.24				0.01	7.23	2132
1.40	1.74	4	0.05	68.20	0.01	7.95	300
2.00	8.55	42	0.26	263.31	0.12	140.76	4249
2.50	16.73	83	0.31	176.62	0.44	326.00	22232
5.47	10.13	82	0.34	244.78	0.45	318.50	3499
1.87	4.51	6	0.01	17.16	0.10	66.32	7684
1.15	4.58	3	0.02	17.00	0.05	25.28	3406
1.80	2.62	10	0.04	34.86	0.04	35.47	982
0.56	1.65				0.09	22.17	7583
3.32	8.41	42	0.35	351.35	0.29	281.51	11808
1.66	4.69	11	0.05	43.44	0.25	253.48	17195
0.34	0.87	10	0.13	56.39	0.05	37.06	2958
2.18	9.81	20	0.05	40.82	0.34	238.99	25729
0.74	4.35	24	0.26	172.95	0.24	165.75	5980
6.81	13.82	78	1.20	1189.37	0.84	786.04	33986
4.75	8.95	159	2.52	2911.58	1.51	1836.68	74281
4.25	14.90	64	0.83	885.51	0.43	501.53	10717
3.20	11.01	86	0.78	475.78	0.53	378.18	18584
1.42	4.10	4	0.02	8.70	0.05	56.62	5856
0.61	0.43	10	0.04	55.26	0.05	96.43	1520
0.49	1.74	7	0.01	17.90	0.04	50.84	3836
1.49	4.26	6	0.03	42.53	0.06	81.29	9630
1.34	7.62	13	0.04	33.38	0.16	175.87	19044
0.47	0.73	2	0.01	12.40	0.04	19.70	25
2.18	6.14	42	0.16	190.76	0.13	144.64	10202
3.79	10.52	14	0.03	23.25	0.04	18.19	120
1.93	8.58	46	0.26	256.68	0.23	266.86	15353
0.55	2.67	13	0.03	44.58	0.06	80.97	1757
0.42	0.68	9	0.01	12.30	0.02	15.34	
0.20	0.16	3	0.02	32.56	0.04	49.20	2300
10.96	9.29	90	0.29	150.41	0.65	416.48	27071

2014年各地区文化部门执行企业会计

地　区	剧团数（个）	补贴团数	从业人员（人）	专业技术人才	正高级职称	副高级职称	中级职称
总　计	**485**	**407**	**33288**	**22992**	**1458**	**3553**	**7200**
北　京	7	7	1246	844	49	123	326
天　津							
河　北	34	13	1689	1096	104	205	317
山　西	32	30	1802	936	36	116	245
内蒙古	1		38	38			2
辽　宁	13	8	1325	896	51	168	387
吉　林	36	36	1724	1193	99	302	433
黑龙江	7	7	1204	1028	185	289	369
上　海	6	6	950	638	46	112	246
江　苏	21	20	2253	1890	166	358	601
浙　江	15	14	1188	926	61	153	228
安　徽	35	35	2400	1915	66	184	716
福　建	1	1	49	12		2	10
江　西	29	25	1024	754	10	49	214
山　东	11	10	577	425	20	42	109
河　南	11	11	1000	659	22	89	160
湖　北	16	14	1581	1352	132	299	404
湖　南	21	19	1258	876	20	85	298
广　东	27	23	1807	1125	53	156	337
广　西	11	10	1043	739	29	103	261
海　南	6	6	345	135	3	11	60
重　庆	7	7	574	292	15	47	67
四　川	10	8	677	442	8	28	85
贵　州	18	13	945	648	37	107	203
云　南	14	9	369	230	3	46	94
西　藏							
陕　西	33	29	2625	1754	68	229	477
甘　肃	47	35	2220	1229	22	75	333
青　海	5	2	278	224		11	29
宁　夏	9	8	571	271	23	37	79
新　疆							

制度的艺术表演团体基本情况

本团原创首演剧目(个)	演出场次(万场次)	国内演出场次	农村演出场次	国内演出观众人次(万人次)	农村观众人次	资产总计	固定资产原价
297	**10.93**	**10.30**	**5.52**	**9148.85**	**5141.27**	**8139776**	**4317302**
9	0.75	0.59	0.06	306.97	36.99	733591	143305
19	0.71	0.69	0.53	685.73	451.74	155627	115206
13	0.60	0.60	0.44	624.69	462.44	114273	87959
1	0.01	0.01	0.01	11.00	6.00	1860	120
7	0.27	0.23	0.08	168.41	70.19	178113	137886
14	0.37	0.35	0.22	321.90	165.59	224370	149608
7	0.22	0.18	0.04	123.74	28.64	289820	97482
3	0.30	0.29	0.02	174.46	11.69	361075	219955
21	0.99	0.95	0.34	491.41	152.13	591946	177446
6	0.61	0.61	0.36	458.40	263.88	405249	177856
33	0.89	0.84	0.43	886.61	443.75	668602	201938
2	0.03	0.03	0.03	31.20	30.00	7747	1611
13	0.51	0.51	0.41	336.43	236.98	265886	233245
2	0.22	0.20	0.14	263.45	161.60	36935	22522
4	0.28	0.28	0.22	316.32	264.80	51095	47992
20	0.44	0.40	0.16	457.85	165.55	362350	317605
14	0.34	0.32	0.19	197.80	109.78	141092	70958
23	0.42	0.36	0.17	294.73	133.68	601744	537120
7	0.31	0.29	0.06	255.26	74.49	308633	171666
3	0.07	0.07	0.05	65.65	55.18	66644	45575
1	0.13	0.09	0.06	78.95	50.03	306905	158244
3	0.18	0.17	0.07	97.57	29.29	457069	110447
8	0.15	0.12	0.06	158.14	67.37	377504	175709
5	0.12	0.12	0.09	284.34	219.52	22895	12600
22	0.80	0.78	0.41	638.36	390.49	563945	342794
26	0.96	0.95	0.74	1138.54	914.83	278104	159385
2	0.03	0.03	0.02	2.50	2.07	224040	130114
5	0.24	0.24	0.14	216.44	134.60	79743	59826

续表 1

地区	资产、负债、所有者权益(千元)						
	本年折旧	负债合计	所有者权益合计	实收资本(股本)	国家资本	营业收入	演出收入
总计	**355725**	**2492320**	**5647456**	**2927947**	**2726982**	**1479393**	**1036020**
北京	13630	203330	530261	501891	444891	165004	134773
天津							
河北	31711	46217	109410	84664	81880	47311	38243
山西	19350	59812	54461	17956	15211	48109	41131
内蒙古			1860	1860	1860		
辽宁	3697	72031	106082	132638	132638	36529	15069
吉林	7236	80678	143692	37501	37032	31618	22234
黑龙江	5961	13379	276441	107500	101816	41863	12972
上海	11082	54810	306265	16500	16500	132248	83969
江苏	11308	300816	291130	35357	34142	168370	158743
浙江	15827	151824	253425	157560	149560	80109	66475
安徽	27147	318908	349694	237779	201483	108636	81216
福建	107	1036	6711	5000	5000	2981	2981
江西	10326	16917	248969	46289	42758	32794	20719
山东	2507	20055	16880	5862	5562	11814	9621
河南	13604	23739	27356	23049	18035	41294	16427
湖北	20881	121235	241115	168046	168046	38636	26806
湖南	6163	66186	74906	40732	34025	30116	18956
广东	26625	142076	459668	202090	200190	97660	59996
广西	41817	86009	222624	65302	35302	54695	26149
海南	1572	19816	46828	24962	23982	33872	24109
重庆	9776	113113	193792	66250	66250	18160	17436
四川	5631	37320	419749	122507	121959	35501	24386
贵州	15603	100226	277278	165187	162049	20191	13995
云南	936	5210	17685	6633	6020	7312	4859
西藏							
陕西	21914	178901	385044	249654	237120	100008	62201
甘肃	5143	120435	157669	111097	98090	50394	33349
青海	5427	88832	135208	40000	40000	12118	9320
宁夏	6131	14133	65610	43141	34641	8087	5139
新疆							

损益(千元)							
营业成本	养老、医疗、失业等各种社会保险费	住房公积金和住房补贴	差旅费	工会经费	营业利润	营业外收入	政府补助(补贴收入)
3204364	**287992**	**98777**	**62669**	**11102**	**-1724971**	**2366580**	**2214725**
233229	17707	9231	11276	1642	-68225	123815	112795
114572	20041	3724	2226	371	-67261	89427	83614
92787	8225	2634	2916	45	-44678	88306	80396
2095	15				-2095		
91608	11578	3513	480	371	-55079	57311	57208
104123	9621	1827	1639	88	-72505	123852	120708
119019	18028	7374	1754	441	-77156	65007	61416
155145	17703	3466	555	1267	-22897	109564	109421
238389	27548	11155	2054	364	-70019	136501	134331
148990	14464	5120	2609	1602	-68881	73611	63448
174240	23480	6222	4800	420	-65604	145821	114684
4048	471	174	190		-1067	5246	5246
87361	4257	1597	1781	144	-54567	70395	61452
39429	5952	2873	160	5	-27615	32966	32313
90080	5884	3230	3321	2	-48786	43385	42594
235451	8433	6800	3935	1197	-196815	216097	213244
84140	6406	1106	614	560	-54024	71284	58483
239696	9380	6501	3925	1289	-142036	164529	151839
116533	5112	2037	1011	119	-61838	94508	91455
51166	3385	983	8013	39	-17294	22713	22069
78454	2238	960	599	4	-60294	68218	55988
68663	5616	872	499	151	-33162	73170	72357
105034	6924	2899	2053	132	-84843	80765	76611
25310	3169	1515	863	335	-17998	20842	20566
183184	18238	2651	1585	376	-83176	130122	121504
114829	5341	2550	1876	97	-64435	84748	78208
30309	8155	1064	715		-18191	38191	37901
61934	5456	1365	855	41	-53847	87983	86685

续表 2

地　区			工资、福利费、税金(千元)			
	营业外支出	利润总额	本年发放工资总额	本年支付的职工福利费	本年应交税金总额	实际使用房屋建筑面积(万平方米)
总　计	**465466**	**176143**	**1430586**	**61297**	**75367**	**133.49**
北　京	10510	45080	101016	7945	12382	4.19
天　津						
河　北	20882	1284	45775	2318	2245	6.98
山　西	40039	3589	47854	723	4242	4.60
内 蒙 古		-2095	1860			0.02
辽　宁	1011	1221	42268	12	962	4.57
吉　林	76717	-25370	54001	1963	779	6.14
黑 龙 江	16601	-28750	53259	5406	461	7.69
上　海	39	86628	60901	1417	4903	3.12
江　苏	51111	15371	142720	5066	8324	10.40
浙　江	18824	-14094	74134	4579	4485	3.88
安　徽	12808	67409	91136	3638	3369	6.06
福　建		4179	3213		59	0.06
江　西	7689	8139	39132	2749	515	4.69
山　东	2195	3156	20547	126	313	1.84
河　南	1977	-7378	31279	136	760	2.48
湖　北	1294	17988	92635	3554	1884	6.99
湖　南	1575	15685	37319	1273	2079	4.54
广　东	11650	10843	111106	5032	5077	9.14
广　西	26069	6601	21349	701	2614	2.34
海　南	6915	-1496	19673	473	1030	1.34
重　庆	21217	-13293	24314	2351	1136	4.44
四　川	35967	4041	20543	515	5173	3.31
贵　州	1704	-5782	40566	1690	994	5.04
云　南	4117	-1273	13517	127	149	1.27
西　藏						
陕　西	23733	23213	97393	4639	6251	13.03
甘　肃	9549	10764	75950	1491	1009	7.55
青　海	24050	-4050	10710	597	732	2.16
宁　夏	37196	-3060	20124	1034	248	1.61
新　疆						

		流动舞台车演出情况			政府采购的公益演出活动情况		
排练练功用房	实际拥有产权面积（万平方米）	流动舞台车数量（辆）	利用流动舞台车演出场次（万场次）	利用流动舞台车演出观众人次（万人次）	演出场次（万场次）	演出观众人次（万人次）	演出补贴收入（千元）
29.72	**80.30**	**313**	**2.24**	**1879.93**	**3.21**	**2737.23**	**299945**
0.37	0.90	1			0.07	34.47	10106
1.84	6.49	32	0.24	223.06	0.09	184.00	4648
1.21	2.51	21	0.11	102.73	0.19	162.42	19454
0.01		1	0.01	9.50			
1.31	3.59	6	0.02	16.00	0.05	42.53	2200
1.45	2.51	34	0.19	160.04	0.18	158.22	4127
1.23	1.77	5	0.01	17.65	0.08	48.02	3238
0.50	2.33				0.00	0.90	
1.86	5.54	7	0.05	49.25	0.23	114.57	37171
0.57	3.73	6	0.04	54.34	0.21	146.33	14225
1.55	3.39	29	0.40	376.46	0.36	315.48	30692
0.02							
0.76	2.27	20	0.18	74.72	0.26	127.79	10052
0.97	0.72	9	0.10	94.22	0.14	183.20	8834
0.92	1.55	13	0.14	126.67	0.16	158.11	12177
2.07	5.18	9	0.11	66.94	0.17	165.09	11835
1.34	3.27	24	0.20	94.76	0.18	116.30	11665
2.21	6.07	1			0.05	44.35	12920
0.47	0.81	5	0.03	62.36	0.04	67.54	13912
0.13	0.29	6	0.02	20.52	0.01	7.77	1260
0.26	1.01	5	0.03	14.49	0.02	35.03	5060
0.87	2.34	2	0.00	9.42	0.09	46.81	22522
1.16	1.75	5	0.01	5.76	0.07	65.77	8766
0.52	0.29	8	0.03	24.93	0.04	35.84	1534
2.10	11.19	19	0.11	75.99	0.18	178.64	18596
1.59	3.51	31	0.10	88.90	0.19	141.74	8875
1.35	1.65	2			0.01	0.08	5000
0.85	1.62	12	0.13	111.22	0.12	136.24	11376

2014年各地区非公有制

地　区	机构数（个）	从业人员（人）	专业技术人才	国内演出场次（万场次）	农村演出场次	国内演出观众人次（万人次）	农村观众人次	营业收入	演出收入
总　计	**6617**	**142018**	**60721**	**132.74**	**89.36**	**56367.49**	**32943.82**	**6389034**	**5218705**
北　京	326	4541	2381	1.42	0.55	605.77	156.28	346383	287404
天　津	50	785	453	0.76	0.18	185.16	58.09	17261	10153
河　北	327	8761	5815	5.51	3.20	3256.42	2250.82	223371	194595
山　西	187	5052	2044	2.36	1.94	1018.24	838.15	91851	76311
内蒙古	74	1890	1093	1.14	0.61	820.50	648.35	51031	48601
辽　宁	171	1588	854	0.95	0.41	394.20	134.37	264206	84618
吉　林	16	414	198	0.15	0.03	130.30	5.38	15914	14514
黑龙江	11	214	165	0.08	0.01	3.79	1.41	4681	1341
上　海	135	2461	1142	1.74	0.64	603.01	154.70	211597	162119
江　苏	174	2654	1478	1.97	0.81	615.89	361.13	175693	164386
浙　江	827	23293	6900	16.72	13.57	13260.50	8564.09	1044273	975236
安　徽	936	17492	9982	27.68	22.85	12938.71	4726.63	607375	551851
福　建	321	9667	4355	9.72	8.45	3321.80	3099.60	349941	315585
江　西	134	3173	1085	2.13	1.47	1335.36	1022.20	169496	159566
山　东	377	5791	3305	14.20	10.81	1574.16	757.48	227044	187126
河　南	425	10970	3932	16.21	8.53	5490.07	3192.53	429502	384452
湖　北	188	3155	1624	1.87	1.07	1151.31	992.99	153041	101372
湖　南	171	3893	1577	3.38	1.11	661.87	372.05	293851	280596
广　东	253	6526	2135	3.74	1.51	1738.57	1209.80	452192	174907
广　西	45	1238	557	0.43	0.17	126.98	74.02	27116	24696
海　南	51	1565	581	0.78	0.53	1389.16	1100.11	54340	53020
重　庆	490	5403	1159	5.92	4.81	1327.59	1070.87	213681	207360
四　川	441	8621	2805	5.86	3.28	1452.88	730.14	467098	437320
贵　州	64	1976	757	0.59	0.38	303.13	126.60	47345	28814
云　南	187	5377	2048	4.45	1.04	1435.59	403.44	353555	223258
西　藏	3	55	13	0.00	0.00	0.80	0.40	680	600
陕　西	49	1486	751	0.50	0.39	283.94	236.11	38846	21293
甘　肃	120	2418	980	0.94	0.67	624.51	453.29	38746	33806
青　海	34	667	171	0.12	0.06	160.04	109.35	2336	2036
宁　夏	17	599	243	1.13	0.15	133.21	79.20	13910	9360
新　疆	13	293	138	0.30	0.15	24.06	14.25	2679	2409

艺术表演团体基本情况

经营情况(千元)							资产总计(千元)	实际使用房屋建筑面积(万平方米)
营业成本	养老、医疗、失业等各种社会保险费	本年发放工资总额	本年应交税金总额	营业利润	营业外收入	政府补贴		
5252854	**182059**	**2599627**	**335350**	**1136179**	**913830**	**865253**	**20644547**	**231.83**
264195	13509	87724	12101	82189	23014	13536	2562043	5.10
14950	430	5667	800	2311	2129	1140	52440	2.71
237398	4510	123847	9870	-14027	34647	27823	1934544	51.90
81220	5051	51278	2513	10631	21153	19433	109924	7.08
39246	1415	30530	847	11785	2438	1508	67339	1.89
193492	682	10170	1351	70714	1305	270	547409	2.93
11875	91	4199	411	4039	2955	1755	50694	1.23
2254		310	9	2427	39	25	1439	0.14
124939	14144	67597	27119	86659	17550	9301	2773052	2.27
123233	4741	45806	8577	52460	6549	2677	229479	3.84
939519	26314	600606	61610	104754	69071	50516	983157	26.03
491410	11798	293909	10773	115965	447412	435492	836335	18.65
318550	2658	263811	9440	31390	6334	1703	164754	4.55
35229	1772	21705	1533	134267	8106	3219	110776	2.55
169699	6877	47959	9519	57345	19691	7188	382128	8.60
428750	21051	194873	19160	752	46315	39234	1870863	17.61
104243	4923	34379	2871	48798	6626	2345	279050	6.40
174877	1885	40788	2721	118975	13873	10120	461341	6.47
424108	18268	180067	86620	28084	65964	59171	3286546	7.88
18693	713	10627	857	8423	2688	28	23752	0.97
69953	3066	55271	1837	-15613	3307	3165	261317	2.00
176871	5081	105642	2311	36810	11775	9004	327104	6.53
383392	15895	166417	19684	83705	40931	31353	1267314	19.62
50595	2042	20158	1230	-3250	10029	6329	139839	4.61
298973	13526	95661	38873	54582	37922	22889	1532844	12.75
600		544	3	80			755	0.07
35265	957	14497	1394	3581	3674	3394	145300	1.58
24608	193	17646	1062	14138	3419	101231	81879	3.98
1826	20	1244	132	510	200	50	3410	0.36
9378	338	6078	45	4532	4120	1120	152860	1.17
3515	112	619	79	-836	595	235	4860	0.39

2014年各地区艺术

地区	机构数(个)	从业人员(人)					座席数(个)	演(映)出场次合计(万场次)	
			专业技术人才	正高级职称	副高级职称	中级职称			艺术演出场次
总计	**1338**	**25709**	**6946**	**246**	**649**	**2520**	**1187359**	**78.07**	**6.95**
北京	17	1088	234	7	45	125	14943	1.13	0.25
天津	28	346	18	1	1	6	15125	1.60	0.19
河北	77	1197	244		14	93	49704	1.82	0.13
山西	99	1469	358		11	123	87998	7.22	0.19
内蒙古	19	327	110	6	7	22	16590	1.54	0.05
辽宁	33	494	71		9	27	17891	0.47	0.16
吉林	28	570	189	3	35	47	14697	2.04	0.34
黑龙江	34	422	72	8	10	29	19473	0.12	0.07
上海	24	364	55	1	3	20	20317	1.16	0.26
江苏	111	2817	544	51	22	187	103967	32.51	1.70
浙江	62	1156	401	5	28	128	58345	4.61	0.52
安徽	48	1172	578	20	56	208	51358	1.00	0.23
福建	57	942	277	7	25	106	35454	4.78	0.10
江西	49	754	288	4	37	111	203684	0.68	0.28
山东	93	1734	471	8	41	173	70663	0.95	0.21
河南	140	3265	314	40	15	95	94803	1.06	0.17
湖北	52	1241	333	7	24	159	52264	2.71	0.24
湖南	57	965	364	3	17	164	49589	2.60	0.20
广东	44	1467	382	14	56	130	50783	1.52	0.22
广西	17	134	40		1	7	11593	2.06	0.14
海南	7	197	43		4	12	6996	0.08	0.04
重庆	15	160	101	2	13	22	6600	0.06	0.05
四川	41	416	179		8	117	26112	0.19	0.13
贵州	7	96	51		3	7	60	0.00	0.00
云南	17	117	37		1	15	11569	0.10	0.08
西藏	14	55	54	2	10	22	3864	0.03	0.01
陕西	85	1700	907	48	120	307	49849	0.81	0.19
甘肃	22	414	43	1	6	13	13983	1.60	0.58
青海	16	75	7				7418	0.19	0.02
宁夏	3	27	20	1		4	1604	0.06	0.00
新疆	15	296	144	4	25	29	13379	3.24	0.08

表演场馆基本情况

观众人次合计(万人次)	艺术演出观众人次	总收入(千元)	财政拨款	艺术演出收入	总支出(千元)	人员支出	资产总计(千元)	年末固定资产原值	实际使用房屋建筑面积(万平方米)	排练练功用房	实际拥有产权面积(万平方米)
6844.35	**2598.27**	**4036991**	**1490793**	**845122**	**3967486**	**1235106**	**15866598**	**11011815**	**735.23**	**365.86**	**470.38**
216.30	171.05	661508	278235	284732	659472	112317	1482688	458437	31.50	23.80	26.34
153.17	82.08	92174	11077	5896	90172	17579	116200	80135	11.43	5.73	1.76
144.37	46.97	93698	38044	11913	100765	42138	584201	526453	41.30	28.69	29.40
327.06	94.80	166997	78713	5546	158349	48258	808301	628002	47.38	25.55	38.51
82.65	29.78	63790	52556	1405	68906	22266	819937	815136	16.78	4.77	15.11
134.50	51.46	50745	13363	2163	58540	22254	115796	109412	12.69	7.24	6.50
150.02	44.14	83499	57426	14816	86564	51818	251502	187953	9.47	6.23	8.69
55.85	32.26	16462	13251	917	47064	27352	74474	51173	7.26	4.40	2.48
237.76	149.06	150239	29951	30011	140290	34114	546588	416057	15.53	9.71	4.31
1696.52	289.00	659094	98228	132346	614048	133055	2127833	1633313	138.88	50.25	95.84
744.30	285.70	307909	115933	45174	297301	111989	657871	537062	47.14	26.39	24.75
317.12	101.81	99783	43745	25259	98890	31764	588608	162911	23.13	11.19	11.69
250.53	34.95	168566	65457	9424	141999	55164	824144	778369	23.93	10.45	14.99
197.57	123.31	87342	50317	11598	100421	35059	1005481	280166	32.25	13.73	16.96
313.48	158.62	153331	69029	27036	161528	56572	651258	509250	44.34	24.30	30.20
220.56	97.83	99507	38071	14508	103439	47306	444912	394595	34.92	17.02	19.85
261.76	146.01	147477	45854	39104	148349	50633	551128	495419	31.00	18.31	24.25
319.24	128.96	93084	40569	12136	93424	37445	460661	410061	20.59	10.46	18.07
272.07	143.78	310138	134574	51249	291754	88147	1365561	1199867	53.94	20.24	32.94
114.53	62.28	22430	653	657	20169	5450	48179	36413	5.40	2.51	2.34
23.51	13.07	6576	3246	2056	7466	2943	144309	115986	4.66	1.82	1.55
22.89	15.80	17360	9036	2755	16676	4853	44839	43645	3.79	2.48	1.08
93.46	59.38	53658	23137	7888	53017	28765	695387	249840	16.04	8.78	9.88
2.80	2.00	5960	410		9538	2798	107069	11241	1.20	0.01	1.43
38.91	25.07	21901	5065	5465	21925	9752	68950	59463	4.55	2.69	3.78
9.05	5.23	9074	8966		8494	6633	69143	67733	3.21	1.13	2.52
188.02	90.97	213640	120327	53900	202885	97158	523644	343021	25.96	12.11	16.90
70.35	37.39	54982	7996	6459	41991	13577	401160	195276	8.45	5.16	2.45
55.52	5.00	5518	1543	150	6690	2881	45383	38847	3.74	2.14	0.95
7.22	1.10	2332	1433	150	2241	1548	3059	3057	0.41	0.18	0.39
66.92	15.21	58811	34177	122	69037	24959	185539	158547	7.97	4.52	3.52

2014年各地区省级艺术

地　　区	机构数（个）	从业人员（人）	专业技术人才				座席数（个）	演(映)出场次合计（万场次）	
				正高级职称	副高级职称	中级职称			艺术演出场次
总　　计	**110**	**4310**	**1353**	**53**	**254**	**524**	**88552**	**12.11**	**1.18**
北　　京	8	857	204	7	45	124	7182	0.17	0.17
天　　津	13	161	3	1	1		5360	0.15	0.14
河　　北	5	52	3		1	2	4486	0.03	0.02
山　　西	3	54	12		2		4925	2.89	0.03
内 蒙 古	1	77	8			8	2098	0.01	0.01
辽　　宁	3	137	6		1	1	3011	0.05	0.01
吉　　林	3	137	43	1	13	11	1847	0.02	0.02
黑 龙 江	2	26	5	1	2		750		
上　　海	10	207	26		3	13	9610	0.30	0.23
江　　苏	3	40	11		1	6	1961	0.03	0.02
浙　　江	5	159	78		5	13	5170	0.31	0.07
安　　徽	2	98	17		2	12	2311	0.05	0.05
福　　建	3	194	16	1	2	9	3602	1.97	0.01
江　　西	6	165	76	1	23	24	3900	0.07	0.06
山　　东	4	143	32	3	11	12	3505	0.04	0.04
河　　南	2	196	14		1	8	4054	0.04	0.02
湖　　北	3	63	26	1	11	11	2849	0.04	0.02
湖　　南	4	149	28		1	14	4152	0.72	0.07
广　　东	2	116	12	1	1	4	3185	0.04	0.04
广　　西	1	30	11				730	1.36	
海　　南	2	44	12		4	8	1730	0.03	0.03
重　　庆	6	138	101	2	13	22	2921	0.04	0.04
四　　川	1	75	15		4	9	1400	0.01	0.01
贵　　州	4	60	15		3	5			
云　　南									
西　　藏									
陕　　西	4	673	552	33	99	201	1591	0.05	0.05
甘　　肃	5	126	7		2	2	2834	0.64	0.03
青　　海	1	13	1						
宁　　夏	1	15	10	1		1			
新　　疆	3	105	9		3	4	3388	3.05	0.01

表演场馆基本情况

观众人次合计（万人次）	艺术演出观众人次	总收入（千元）	财政拨款	艺术演出收入	总支出（千元）	人员支出	资产总计（千元）	年末固定资产原值	实际使用房屋建筑面积（万平方米）	排练练功用房	实际拥有产权面积（万平方米）
1102.32	**729.30**	**1421234**	**544531**	**390655**	**247907**	**65318**	**1183665**	**922755**	**34.09**	**16.50**	**17.08**
143.99	135.51	627096	278145	279665							
67.73	60.39	62271		2438	421	166	523	719	0.33	0.13	
15.38	10.48	7439	4672	2508			23463	10400	1.40	0.96	0.99
94.48	24.00	48431	25755		13784	1216	20322	16510	0.38	0.30	0.33
10.05	10.05	33992	31064	500							
23.89	0.01	23113	640								
16.70	14.00	26796	22283	3529	748	520	729	32	0.06	0.06	
		95			12045		19136	2306			
168.31	125.41	80381	964	26254	26328	5361	215366	256261	4.17	2.52	1.33
15.70	8.54	6445	600	5312	6105	1725	64794	101985	2.39	1.35	
52.90	44.91	49086		3929	4505	2029	4385	930	1.34	0.72	
29.80	29.30	15847	1156	1474	15359	4877	50116	46341	1.95	1.47	1.95
54.93	2.45	44864	9650	4885	23887	8032	17421	12593	0.96	0.38	0.09
47.75	45.80	40589	21980	4034	21012	8473	89112	72236	3.56	1.41	2.69
30.47	24.04	21508	5141	7401	21914	8089	38053	44755	3.54	1.77	1.85
32.95	19.96	41465	22000	11704	1365	494	1470	359	0.50	0.03	
28.70	17.67	13533	3150	6879	14256	2040	79930	95166	1.10	0.10	1.10
71.76	53.41	31692	8575	5622	26161	3069	147659	159648	3.41	0.64	3.41
32.11	32.11	39272	12483	480	954	466	812	208	0.59	0.59	0.59
36.18		12877			10117	1221	17357	8349	0.24	0.24	
10.06	8.13	1856		1079	2042	45	459	23	2.48	1.09	
13.61	11.61	14072	8500	1473	13127	4219	10141	5999	0.90	0.72	0.05
13.99	13.99	22265		7222							
		5500	50		8907	2237	105288	11141	1.17		1.43
20.01	20.01	93371	77456	11762	13837	6126	76871	51736	1.18	0.30	0.94
22.00	14.60	22142	1126	2505	8677	3744	194423	25009	2.46	1.72	0.33
		2535			2356	1169	5835	49			
		1190	1190								
48.87	2.94	31511	7951								

2014年各地区地市级艺术

地　区	机构数(个)	从业人员(人)					座席数(个)	演(映)出场次合计(万场次)	
			专业技术人才						艺术演出场次
				正高级职称	副高级职称	中级职称			
总　计	**369**	**9113**	**2550**	**100**	**253**	**1013**	**251788**	**35.01**	**3.24**
北　京									
天　津									
河　北	24	595	130		10	52	6291	1.37	0.05
山　西	21	551	131		3	53	20030	2.96	0.05
内蒙古	8	125	64		4	12	7726	0.22	0.02
辽　宁	14	162	16		1	9	6379	0.26	0.10
吉　林	11	209	41		3	5	4181	1.60	0.29
黑龙江	15	227	15		3	7	9631	0.04	0.03
上　海									
江　苏	40	1644	305	49	17	115	44056	20.22	1.58
浙　江	16	470	150	5	19	56	16528	0.85	0.26
安　徽	20	696	408	19	49	142	14120	0.41	0.12
福　建	15	402	118	2	15	68	10423	1.23	0.02
江　西	11	281	72		3	35	6596	0.34	0.10
山　东	30	593	162	1	15	55	20118	0.16	0.06
河　南	28	857	73	1	2	37	8808	0.62	0.04
湖　北	15	410	116	1	5	66	14022	2.41	0.08
湖　南	8	189	112	3	11	57	2984	0.22	0.02
广　东	19	786	301	13	52	99	19748	0.71	0.14
广　西	8	62	20		1	5	3704	0.69	0.13
海　南									
重　庆									
四　川	19	144	70		3	52	12469	0.05	0.04
贵　州	2	16	16						
云　南	11	104	29		1	11	6912	0.08	0.07
西　藏	4	55	54	2	10	22	1698	0.03	0.01
陕　西	16	278	71		5	32	6485	0.06	0.02
甘　肃	7	136					3934	0.41	0.01
青　海	4	12					1540	0.02	
宁　夏									
新　疆	3	109	76	4	21	23	3405	0.06	0.01

表演场馆基本情况

观众人次合计(万人次)	艺术演出观众人次	总收入(千元)	财政拨款	艺术演出收入	总支出(千元)	人员支出	资产总计(千元)	年末固定资产原值	实际使用房屋建筑面积(万平方米)	排练练功用房	实际拥有产权面积(万平方米)
2474.03	**892.68**	**1448580**	**490958**	**262267**	**851034**	**221454**	**2571861**	**1555921**	**194.60**	**75.32**	**128.57**
50.79	12.69	50845	17841	7325	23190	6851	9095	3086	12.58	12.15	12.27
125.06	38.59	71457	20062	2180	31465	7210	83470	30952	5.46	4.60	0.99
51.07	15.45	19876	14893	705							
70.13	34.69	14747	3132	1997	2139	240	13579	13824	1.48	0.72	0.81
84.69	14.94	43216	26983	10909							
19.52	12.60	10853	8519	831							
904.62	218.27	445472	49907	111236	382577	78230	1356607	973874	96.27	25.81	73.62
258.70	148.98	144008	74199	34288	83842	22716	41453	28871	12.76	6.33	6.73
181.89	37.42	68372	37403	21748	65193	16640	471335	59401	12.97	4.93	2.54
50.34	10.95	55869	20183	1234	19608	6995	50904	42650	6.18	1.73	4.34
53.96	29.58	29395	21528	3284	21234	7520	36444	18416	2.85	1.19	1.68
91.48	48.09	53217	24045	3713	34494	11597	72625	62085	11.04	4.58	7.14
48.83	20.82	24687	1317	1239	1469	559	2257	6415	0.64		0.64
89.95	38.58	48081	1704	3803	12281	5487	91640	74558	4.27	3.02	2.23
41.90	11.80	15260	8923	955	2312	656	3074	3674	0.39	0.01	0.39
147.01	79.62	218984	90382	50187	152715	50863	261078	170166	22.93	8.68	11.99
71.67	56.15	7879	100	491					0.94	0.68	0.46
27.01	19.29	16476	11621	197							
					181	161	1681				
29.64	18.52	20463	3827	5465	11781	3508	24881	17846	1.58	0.42	1.60
8.03	4.98	8844	8736								
23.01	13.00	36417	20524	190	5978	2221	40117	35343	1.74	0.16	0.79
23.84	3.37	18747		263	575		11621	14760	0.53	0.32	0.36
16.61		782	782								
4.30	4.30	24633	24347	27							

2014年各地区县级艺术

地区	机构数(个)	从业人员(人)	专业技术人才	正高级职称	副高级职称	中级职称	座席数(个)	演(映)出场次合计(万场次)	艺术演出场次
总计	**852**	**12054**	**3026**	**90**	**140**	**971**	**840335**	**30.80**	**2.40**
北京	9	231	30			1	7761	0.96	0.08
天津	15	185	15			6	9765	1.45	0.05
河北	48	550	111		3	39	38927	0.42	0.05
山西	75	864	215		6	70	63043	1.36	0.11
内蒙古	10	125	38	6	3	2	6766	1.30	0.02
辽宁	16	195	49		7	17	8501	0.16	0.05
吉林	14	224	105	2	19	31	8669	0.42	0.03
黑龙江	17	169	52	7	5	22	9092	0.08	0.04
上海	14	157	29	1		7	10707	0.86	0.03
江苏	68	1133	228	2	4	66	57950	12.27	0.11
浙江	41	527	173		4	59	36647	3.45	0.20
安徽	26	378	153	1	5	54	34927	0.54	0.07
福建	39	346	143	4	8	29	21429	1.57	0.08
江西	32	308	140	3	11	52	193188	0.27	0.12
山东	59	998	277	4	15	106	47040	0.75	0.12
河南	110	2212	227	39	12	50	81941	0.40	0.11
湖北	34	768	191	5	8	82	35393	0.27	0.13
湖南	45	627	224		5	93	42453	1.66	0.11
广东	23	565	69		3	27	27850	0.77	0.04
广西	8	42	9			2	7159	0.01	0.01
海南	5	153	31			4	5266	0.06	0.02
重庆	9	22					3679	0.02	0.01
四川	21	197	94		1	56	12243	0.13	0.07
贵州	1	20	20			2	60	0.00	0.00
云南	6	13	8			4	4657	0.02	0.02
西藏	10						2166	0.01	0.00
陕西	65	749	284	15	16	74	41773	0.71	0.11
甘肃	10	152	36	1	4	11	7215	0.56	0.55
青海	11	50	6				5878	0.17	0.02
宁夏	2	12	10			3	1604	0.06	0.00
新疆	9	82	59		1	2	6586	0.13	0.06

表演场馆基本情况

观众人次合计（万人次）	艺术演出观众人次	总收入（千元）	财政拨款	艺术演出收入	总支出（千元）	人员支出	资产总计（千元）	年末固定资产原值	实际使用房屋建筑面积（万平方米）	排练练功用房	实际拥有产权面积（万平方米）
3211.64	**922.08**	**1107771**	**454893**	**151913**	**2844744**	**946926**	**12103019**	**8542874**	**503.51**	**271.74**	**324.65**
72.31	35.54	34412	90	5067	659472	112317	1482688	458437	31.50	23.80	26.34
85.45	21.69	29903	11077	3458	89751	17413	115677	79416	11.10	5.60	1.76
78.20	23.79	35414	15531	2080	77575	35287	551643	512967	27.32	15.58	16.14
107.52	32.21	47109	32896	3366	113100	39832	704509	580540	41.54	20.65	37.20
21.52	4.27	9922	6599	200	68906	22266	819937	815136	16.78	4.77	15.11
40.49	16.76	12885	9591	166	56401	22014	102217	95588	11.21	6.52	5.69
48.63	15.20	13487	8160	378	85816	51298	250773	187921	9.41	6.17	8.69
36.33	19.66	5514	4732	86	35019	27352	55338	48867	7.26	4.40	2.48
69.45	23.65	69858	28987	3757	113962	28753	331222	159796	11.36	7.18	2.98
776.20	62.19	207177	47721	15798	225366	53100	706432	557454	40.22	23.09	22.22
432.69	91.81	114815	41734	6957	208954	87244	612033	507261	33.04	19.34	18.02
105.43	35.09	15564	5186	2037	18338	10247	67157	57169	8.21	4.79	7.20
145.26	21.55	67833	35624	3305	102919	43383	768722	732587	17.74	8.72	10.64
95.86	47.93	17358	6809	4280	61795	21739	902861	199391	27.56	11.66	13.40
191.53	86.50	78606	39843	15922	105120	36886	540580	402410	29.76	17.95	21.20
138.77	57.06	33355	14754	1565	100605	46253	441185	387821	33.79	16.99	19.22
143.10	89.77	85863	41000	28422	121812	43106	379558	325695	25.64	15.20	20.92
205.59	63.76	46132	23071	5559	64951	33720	309928	246739	16.79	9.81	14.26
92.95	32.05	51882	31709	582	138085	36818	1103671	1029493	30.42	10.96	20.36
6.69	6.13	1674	553	166	10052	4229	30822	28064	4.22	1.60	1.88
13.45	4.94	4720	3246	977	5424	2898	143850	115963	2.19	0.73	1.55
9.28	4.19	3288	536	1282	3549	634	34698	37646	2.89	1.76	1.04
52.46	26.11	14917	11516	469	53017	28765	695387	249840	16.04	8.78	9.88
2.80	2.00	460	360		450	400	100	100	0.03	0.01	
9.26	6.56	1438	1238		10144	6244	44069	41617	2.96	2.27	2.18
1.02	0.26	230	230		8494	6633	69143	67733	3.21	1.13	2.52
145.01	57.96	83852	22347	41948	183070	88811	406656	255942	23.04	11.65	15.18
24.51	19.42	14093	6870	3691	32739	9833	195116	155507	5.46	3.13	1.76
38.91	5.00	2201	761	150	4334	1712	39548	38798	3.74	2.14	0.95
7.22	1.10	1142	243	150	2241	1548	3059	3057	0.41	0.18	0.39
13.75	7.96	2667	1879	95	69037	24959	185539	158547	7.97	4.52	3.52

2014年各地区执行事业会计

地　区	机构数(个)	从业人员(人)	专业技术人才				座席数(个)	演(映)出场次合计(万场次)	艺术演出场次
				正高级职称	副高级职称	中级职称			
总　计	**950**	**15908**	**4485**	**131**	**388**	**1717**	**694364**	**27.51**	**3.69**
北　京	17	1088	234	7	45	125	14943	1.13	0.25
天　津	21	235	11	1	1	4	11763	0.58	0.15
河　北	64	887	194		10	82	40236	1.73	0.06
山　西	77	1071	295		8	100	72356	2.02	0.18
内蒙古	19	327	110	6	7	22	16590	1.54	0.05
辽　宁	26	399	66		8	24	13064	0.36	0.12
吉　林	23	530	178	3	27	44	12810	2.00	0.32
黑龙江	31	386	60	7	8	29	17843	0.11	0.07
上　海	14	208	35		2	10	9955	0.70	0.10
江　苏	21	357	87	1	3	32	20643	0.14	0.07
浙　江	40	588	272	3	21	89	29365	1.23	0.25
安　徽	18	142	47			13	23665	0.19	0.03
福　建	48	698	236	3	18	94	26463	3.70	0.09
江　西	37	412	177	3	20	71	23827	0.50	0.23
山　东	47	697	209	2	16	75	34449	0.28	0.10
河　南	124	2950	287	40	15	92	85581	0.94	0.16
湖　北	43	770	269	6	12	128	40250	2.62	0.17
湖　南	50	741	332	3	16	143	43190	1.71	0.16
广　东	24	775	113	1	7	51	29822	0.36	0.09
广　西	14	104	29		1	7	8843	0.62	0.07
海　南	4	58	27			4	4546	0.04	0.04
重　庆	9	17					4149	0.02	0.02
四　川	40	409	177		8	117	25312	0.19	0.13
贵　州	1	20	20			2	60	0.00	0.00
云　南	14	59	28		1	12	9800	0.07	0.06
西　藏	14	55	54	2	10	22	3864	0.03	0.01
陕　西	67	1334	793	36	97	282	41199	0.33	0.12
甘　肃	15	200	7			2	10039	0.94	0.54
青　海	13	51	1				6020	0.14	0.02
宁　夏	2	23	18	1		3	854	0.05	
新　疆	12	247	105	4	25	28	11839	3.20	0.04

制度的艺术表演场馆基本情况

观众人次合计(万人次)	艺术演出观众人次	本年收入合计(千元)	财政补贴收入	事业收入		上级补助收入	附属单位上缴收入	经营收入	其他收入
					艺术演出收入				
3150.28	**1498.14**	**2339303**	**1100661**	**690783**	**389654**	**99926**	**2885**	**267183**	**177865**
216.30	171.05	661508	278235	355649	284732	2042		22320	3262
104.79	65.91	77985	7647	13480	3998	46425	920	4061	5452
121.45	29.12	47081	13930	9517	3278			15887	7747
169.72	87.93	99564	74164	9183	5433	1893		8077	6247
82.65	29.78	63790	52556	5373	1405	1490		3023	1348
93.66	41.66	47023	13238	17153	970	1003	438	13236	1955
141.03	39.74	81582	57424	19627	14380	1415		2923	193
51.75	29.96	16298	13201	2384	911	82		438	193
140.52	74.44	92805	27277	42911	6436	14857			7760
94.52	56.09	74329	37936	19054	9297	154		8132	9053
229.17	123.27	174810	72387	40793	9244	6924	36	15175	39495
13.73	9.44	7005	3419	1368	265	45	40	754	1379
199.64	28.32	109258	35236	19253	324	5766		19379	29624
131.42	84.86	46609	28291	3722	2124	1077		12476	1043
156.25	69.39	39714	24586	3890	868	461		8826	1951
207.15	96.19	92739	37673	28403	14395	711		9315	16637
180.53	81.66	58739	13684	9236	4572	2942		27753	5124
227.87	86.72	58072	31545	13398	6939	2180	1093	4283	5573
124.76	76.09	140959	80962	31074	4646	1188	18	21466	6251
46.01	30.43	9553	653	1800	657	546	310	4020	2224
16.32	11.77	4129	3246	850	850			33	
9.75	4.98	547	536	11	11				
93.26	59.38	53591	23137	10205	7888	180		14116	5953
2.80	2.00	460	360					80	20
19.73	11.31	9755	5065	440	440			4218	32
9.05	5.23	9074	8966	108					
113.19	59.63	143296	111654	17857	5373	6703	30	1854	5198
37.70	13.72	42644	6620	14017	191	1360		7847	12800
49.37	3.85	1543	1543						
1.02		1902	1313						589
65.18	14.21	58244	34177	27	27	482		22807	751

续表

地　区	本年支出合计(千元)	基本支出	项目支出	经营支出	在支出合计中：				
					工资福利支出	商品和服务支出			
							差旅费	劳务费	福利费
总　计	**2352538**	**1200523**	**848861**	**219598**	**649448**	**1003239**	**10854**	**77503**	**13619**
北　京	659472	158716	486916	13682	107740	437206	379	33152	4945
天　津	74028	16304	46015	7382	11242	13285	12	631	97
河　北	52970	32508	4168	12179	27227	8917	83	423	101
山　西	104942	51450	38014	13376	29931	42190	315	2191	82
内蒙古	68906	44653	19663	3271	18916	29783	326	343	32
辽　宁	54325	33189	1652	18342	18615	22194	249	1818	555
吉　林	84504	66292	15525	2687	14687	30739	273	13	4
黑龙江	34861	31351	3068	442	15355	5879	22	799	40
上　海	89923	57300	21823		18472	48975	165	4935	505
江　苏	66449	61943	234	2902	20214	36749	166	244	129
浙　江	167035	110114	40991	8341	52377	51306	1921	13471	1403
安　徽	8591	6631	167	539	3034	1229	68	112	102
福　建	102075	59771	18491	17861	37178	26526	676	2713	983
江　西	60125	22297	28073	7795	15867	29216	373	256	251
山　东	41035	16522	14227	8144	17538	3799	227	273	24
河　南	96428	72728	1144	16651	40052	11858	294	1117	875
湖　北	61797	45855	1614	10425	26003	7881	396	307	428
湖　南	58235	43337	4747	2767	25629	14398	324	1343	1372
广　东	129991	65292	50937	13335	28060	90137	528	2703	660
广　西	10052	6236		3466	3651	4957	33	21	115
海　南	4832	3485		85	2425	718	35	603	
重　庆	547	547			542	5			
四　川	52168	37420	5841	7544	20329	20834	433	866	285
贵　州	450	450			380	40	10	10	
云　南	10144	7327		2815	2482	3006	99	63	75
西　藏	8494	7840	13	230	5047	986	11	4	
陕　西	132099	97867	16589	3466	57010	28202	2722	4991	196
甘　肃	30158	12504	5000	11351	7128	9071	123	652	30
青　海	3159	1528			1198	234	25		
宁　夏	2011	1709		302	1324	351	38	223	7
新　疆	68486	27357	23949	16701	19372	21504	510	3105	127

各种税金支出	对个人和家庭补助支出	抚恤金和生活补助	其他资本性支出	各种设备购置费	资产总计（千元）	固定资产原值	实际使用房屋建筑面积（万平方米）	演(映)出业务用房	实际拥有产权面积（万平方米）
62186	**178999**	**12393**	**84358**	**34365**	**10532490**	**7350286**	**400.97**	**221.78**	**263.00**
12514	4577	128	26663	5412	1482688	458437	31.50	23.80	26.34
1372	948	29	433	2	94886	71910	8.44	3.74	1.20
1604	1222	75	1688	147	516268	469965	23.30	13.47	13.59
1258	6025	149	4343	1735	670090	550186	38.92	18.84	34.22
306	3350	317	4510	4430	819937	815136	16.78	4.77	15.11
2568	2564	5	566	562	95041	86371	10.01	5.81	4.75
564	35934	1337	1001	518	242496	179747	8.64	5.52	8.07
164	11989	420	1594	335	55287	48030	6.94	4.08	2.48
2575	4743	154	3567	614	246564	150278	10.06	6.32	2.12
818	2938	47	543	205	373099	307774	19.19	11.30	7.50
7492	25093	1054	3553	1387	503568	416121	22.00	12.38	12.83
273	1794	54	302	31	42783	36820	3.57	1.93	3.28
4475	6024	754	10143	2744	264529	221754	15.62	8.58	7.66
1116	5740	82	6528	6349	911531	199111	16.08	11.62	13.73
254	2107	191	684	250	361715	355186	15.11	10.44	8.97
2453	4335	433	1607	606	409539	358383	30.60	15.17	17.98
1011	3376	35	1536	391	359808	321188	15.35	11.22	14.36
1640	6572	728	2940	1877	258321	228307	15.07	8.89	12.99
3406	4972	98	2834	1284	1090877	1011185	28.22	9.59	19.00
426	578	31	522	522	30822	28064	4.22	1.60	1.88
80	46	43	247	247	131179	103075	1.86	0.67	1.22
					25484	25105	1.85	1.32	
3192	8293	4021	545	134	692373	248997	15.84	8.63	9.68
	20				100	100	0.03	0.01	
748	3762	457	46		44069	41617	2.96	2.27	2.18
	1586		50	50	69143	67733	3.21	1.13	2.52
922	23193	1226	4427	1347	327340	206165	19.02	9.33	13.62
5159	1105	294	2616	2586	190082	150473	5.28	2.95	1.76
	31		20	20	28366	28366	3.44	1.86	0.65
	140		46		2159	2157	0.19	0.14	0.19
5067	5133	183	804	580	183445	157173	6.97	3.75	3.14

2014年各地区文化部门所属执行事业

地区	机构数（个）	从业人员（人）	专业技术人才	正高级职称	副高级职称	中级职称	座席数（个）	演(映)出场次合计（万场次）	艺术演出场次
总计	**917**	**14741**	**4222**	**122**	**338**	**1551**	**660893**	**27.21**	**3.42**
北京	8	230	30			1	7761	0.96	0.08
天津	21	235	11	1	1	4	11763	0.58	0.15
河北	62	867	190		10	80	35956	1.73	0.06
山西	71	1032	291		8	96	65862	2.00	0.17
内蒙古	19	327	110	6	7	22	16590	1.54	0.05
辽宁	25	390	65		8	24	11919	0.36	0.12
吉林	23	530	178	3	27	44	12810	2.00	0.32
黑龙江	31	386	60	7	8	29	17843	0.11	0.07
上海	13	173	35		2	10	8952	0.68	0.08
江苏	14	286	79	1	2	26	11713	0.10	0.04
浙江	40	588	272	3	21	89	29365	1.23	0.25
安徽	18	142	47			13	23665	0.19	0.03
福建	48	698	236	3	18	94	26463	3.70	0.09
江西	37	412	177	3	20	71	23827	0.50	0.23
山东	46	689	207	2	14	75	33446	0.28	0.09
河南	124	2950	287	40	15	92	85581	0.94	0.16
湖北	43	770	269	6	12	128	40250	2.62	0.17
湖南	50	741	332	3	16	143	43190	1.71	0.16
广东	24	775	113	1	7	51	29822	0.36	0.09
广西	13	104	29		1	7	7543	0.62	0.07
海南	4	58	27			4	4546	0.04	0.04
重庆	9	17					4149	0.02	0.02
四川	39	383	151		8	97	24652	0.18	0.12
贵州	1	20	20			2	60	0.00	0.00
云南	14	59	28		1	12	9800	0.07	0.06
西藏	13	55	54	2	10	22	3864	0.03	0.01
陕西	66	1332	793	36	97	282	40749	0.33	0.12
甘肃	15	200	7			2	10039	0.94	0.54
青海	12	22	1				6020	0.14	0.02
宁夏	2	23	18	1		3	854	0.05	
新疆	12	247	105	4	25	28	11839	3.20	0.04

会计制度的艺术表演场馆基本情况

观众人次合计(万人次)	艺术演出观众人次	本年收入合计(千元)	财政补贴收入	事业收入	艺术演出收入	上级补助收入	附属单位上缴收入	经营收入	其他收入
2922.46	**1307.96**	**1673866**	**816711**	**330512**	**103328**	**99176**	**2885**	**247359**	**177223**
72.31	35.54	34412	90	7799	5067	2042		21667	2814
104.79	65.91	77985	7647	13480	3998	46425	920	4061	5452
120.64	28.38	44188	13350	7347	3278			15887	7604
155.12	84.12	97746	72658	8993	5273	1893		7957	6245
82.65	29.78	63790	52556	5373	1405	1490		3023	1348
93.16	41.66	46707	12922	17153	970	1003	438	13236	1955
141.03	39.74	81582	57424	19627	14380	1415		2923	193
51.75	29.96	16298	13201	2384	911	82		438	193
127.84	61.77	85773	27277	36317	2387	14457			7722
52.70	28.86	65489	36340	15587	6845	154		4355	9053
229.17	123.27	174810	72387	40793	9244	6924	36	15175	39495
13.73	9.44	7005	3419	1368	265	45	40	754	1379
199.64	28.32	109258	35236	19253	324	5766		19379	29624
131.42	84.86	46609	28291	3722	2124	1077		12476	1043
151.05	65.99	39124	24586	3890	868	461		8236	1951
207.15	96.19	92739	37673	28403	14395	711		9315	16637
180.53	81.66	58739	13684	9236	4572	2942		27753	5124
227.87	86.72	58072	31545	13398	6939	2180	1093	4283	5573
124.76	76.09	140959	80962	31074	4646	1188	18	21466	6251
44.01	28.63	9203	653	1800	657	196	310	4020	2224
16.32	11.77	4129	3246	850	850			33	
9.75	4.98	547	536	11	11				
88.26	54.38	51994	21540	10205	7888	180		14116	5953
2.80	2.00	460	360					80	20
19.73	11.31	9755	5065	440	440			4218	32
9.05	5.23	9074	8966	108					
113.19	59.63	143266	111624	17857	5373	6703	30	1854	5198
37.70	13.72	42644	6620	14017	191	1360		7847	12800
48.17	3.85	1363	1363						
1.02		1902	1313						589
65.18	14.21	58244	34177	27	27	482		22807	751

续表

地　　区	本年支出合计（千元）	基本支出	项目支出	经营支出	在支出合计中：				
					工资福利支出	商品和服务支出	差旅费	劳务费	福利费
总　　计	**1694659**	**1048223**	**361117**	**203324**	**545492**	**562990**	**10469**	**44137**	**9073**
北　　京	36888	23471		13260	14818	3898	106	25	715
天　　津	74028	16304	46015	7382	11242	13285	12	631	97
河　　北	50721	30579	3860	12179	26089	8557	80	423	101
山　　西	103124	50201	37728	13256	29242	41810	303	2143	82
内 蒙 古	68906	44653	19663	3271	18916	29783	326	343	32
辽　　宁	54009	32933	1652	18342	18359	22194	249	1818	555
吉　　林	84504	66292	15525	2687	14687	30739	273	13	4
黑 龙 江	34861	31351	3068	442	15355	5879	22	799	40
上　　海	83168	50545	21823		15030	46189	164	4935	406
江　　苏	60020	57419		1297	16959	34684	130	199	119
浙　　江	167035	110114	40991	8341	52377	51306	1921	13471	1403
安　　徽	8591	6631	167	539	3034	1229	68	112	102
福　　建	102075	59771	18491	17861	37178	26526	676	2713	983
江　　西	60125	22297	28073	7795	15867	29216	373	256	251
山　　东	39975	16072	14227	7534	17128	3749	223	253	18
河　　南	96428	72728	1144	16651	40052	11858	294	1117	875
湖　　北	61797	45855	1614	10425	26003	7881	396	307	428
湖　　南	58235	43337	4747	2767	25629	14398	324	1343	1372
广　　东	129991	65292	50937	13335	28060	90137	528	2703	660
广　　西	9702	6236		3466	3651	4957	33	21	115
海　　南	4832	3485		85	2425	718	35	603	
重　　庆	547	547			542	5			
四　　川	50571	35823	5841	7544	19008	20678	415	861	280
贵　　州	450	450			380	40	10	10	
云　　南	10144	7327		2815	2482	3006	99	63	75
西　　藏	8494	7840	13	230	5047	986	11	4	
陕　　西	132069	97837	16589	3466	56990	28202	2722	4991	196
甘　　肃	30158	12504	5000	11351	7128	9071	123	652	30
青　　海	2714	1263			1118	154	5		
宁　　夏	2011	1709		302	1324	351	38	223	7
新　　疆	68486	27357	23949	16701	19372	21504	510	3105	127

各种税金支出	对个人和家庭补助支出	抚恤金和生活补助	其他资本性支出	各种设备购置费	资产总计(千元)	固定资产原值	实际使用房屋建筑面积(万平方米)	演(映)出业务用房	实际拥有产权面积(万平方米)
49496	**172441**	**12324**	**57010**	**28586**	**8831852**	**6704744**	**362.58**	**190.61**	**232.13**
1095	334	128	34	12	138843	112644	6.98	2.27	3.09
1372	948	29	433	2	94886	71910	8.44	3.74	1.20
1552	1127	72	1374	147	471334	426086	22.12	12.52	12.76
1235	6025	149	4343	1735	616160	496266	35.44	17.13	30.55
306	3350	317	4510	4430	819937	815136	16.78	4.77	15.11
2568	2504	5	566	562	94632	85962	9.58	5.38	4.45
564	35934	1337	1001	518	242496	179747	8.64	5.52	8.07
164	11989	420	1594	335	55287	48030	6.94	4.08	2.48
2291	4216	154	3567	614	210675	116813	9.00	5.60	2.12
655	2235	47	543	205	215759	200353	13.35	7.30	4.69
7492	25093	1054	3553	1387	503568	416121	22.00	12.38	12.83
273	1794	54	302	31	42783	36820	3.57	1.93	3.28
4475	6024	754	10143	2744	264529	221754	15.62	8.58	7.66
1116	5740	82	6528	6349	911531	199111	16.08	11.62	13.73
234	2106	190	649	241	311715	305186	14.50	9.83	8.97
2453	4335	433	1607	606	409539	358383	30.60	15.17	17.98
1011	3376	35	1536	391	359808	321188	15.35	11.22	14.36
1640	6572	728	2940	1877	258321	228307	15.07	8.89	12.99
3406	4972	98	2834	1284	1090877	1011185	28.22	9.59	19.00
426	578	31	172	172	30472	27714	3.94	1.34	1.88
80	46	43	247	247	131179	103075	1.86	0.67	1.22
					25484	25105	1.85	1.32	
3192	8173	4004	545	134	690353	247084	15.74	8.53	9.68
	20				100	100	0.03	0.01	
748	3762	457	46		44069	41617	2.96	2.27	2.18
	1586		50	50	69143	67733	3.21	1.13	2.52
922	23193	1226	4427	1347	324340	203165	18.85	9.18	13.62
5159	1105	294	2616	2586	190082	150473	5.28	2.95	1.76
	31				28346	28346	3.44	1.86	0.65
	140		46		2159	2157	0.19	0.14	0.19
5067	5133	183	804	580	183445	157173	6.97	3.75	3.14

2014年各地区执行企业会计

地　区	机构数（个）	从业人员（人）	专业技术人才				座席数（个）	演(映)出场次合计（万场次）
				正高级职称	副高级职称	中级职称		
总　计	**388**	**9801**	**2461**	**115**	**261**	**803**	**492995**	**50.56**
北　京								
天　津	7	111	7			2	3362	1.02
河　北	13	310	50		4	11	9468	0.08
山　西	22	398	63		3	23	15642	5.20
内蒙古								
辽　宁	7	95	5		1	3	4827	0.11
吉　林	5	40	11		8	3	1887	0.04
黑龙江	3	36	12	1	2		1630	0.00
上　海	10	156	20	1	1	10	10362	0.46
江　苏	90	2460	457	50	19	155	83324	32.37
浙　江	22	568	129	2	7	39	28980	3.38
安　徽	30	1030	531	20	56	195	27693	0.80
福　建	9	244	41	4	7	12	8991	1.09
江　西	12	342	111	1	17	40	179857	0.18
山　东	46	1037	262	6	25	98	36214	0.67
河　南	16	315	27			3	9222	0.12
湖　北	9	471	64	1	12	31	12014	0.09
湖　南	7	224	32		1	21	6399	0.89
广　东	20	692	269	13	49	79	20961	1.16
广　西	3	30	11				2750	1.43
海　南	3	139	16		4	8	2450	0.04
重　庆	6	143	101	2	13	22	2451	0.04
四　川	1	7	2				800	0.00
贵　州	6	76	31		3	5		
云　南	3	58	9			3	1769	0.03
西　藏								
陕　西	18	366	114	12	23	25	8650	0.49
甘　肃	7	214	36	1	6	11	3944	0.66
青　海	3	24	6				1398	0.05
宁　夏	1	4	2			1	750	0.01
新　疆	3	49	39			1	1540	0.04

制度的艺术表演场馆基本情况

艺术演出场次	观众人次合计(万人次)	艺术演出观众人次	资产、负债、所有者权益(千元)						
			资产总计	固定资产原值	当年提取的折旧总额	负债合计	所有者权益合计	实收资本(股本)	国家资本
3.27	**3694.07**	**1100.13**	**5334108**	**3661529**	**857615**	**2139435**	**3194673**	**1508679**	**1219119**
0.04	48.38	16.17	21314	8225	10	24226	-2912	2275	1885
0.07	22.92	17.85	67933	56488	18216	43979	23954	38062	31002
0.01	157.34	6.87	138211	77816	4915	48152	90059	43093	41518
0.05	40.84	9.80	20755	23041	236	15823	4932	18627	8281
0.02	8.99	4.40	9006	8206	2123	18953	-9947	3796	3796
0.00	4.10	2.30	19187	3143	998	21957	-2770	14459	14459
0.16	97.24	74.62	300024	265779	1062	157558	142466	12474	11474
1.63	1602.00	232.92	1754734	1325539	77416	788461	966273	494506	355543
0.27	515.13	162.43	154303	120941	5333	57891	96412	79549	77819
0.19	303.39	92.37	545825	126091	11910	358785	187040	164183	92836
0.01	50.89	6.63	559615	556615	27991	14564	545051	15677	11801
0.06	66.15	38.44	93950	81055	3141	16706	77244	31006	29840
0.12	157.23	89.24	289543	154064	27313	97023	192520	202022	190586
0.01	13.40	1.64	35373	36212	6873	6633	28740	27843	27354
0.07	81.23	64.36	191320	174231	4260	92871	98449	35712	25712
0.04	91.38	42.24	202340	181754	51666	74693	127647	94308	93002
0.12	147.31	67.69	274684	188682	15351	79989	194695	39635	31009
0.07	68.53	31.85	17357	8349	576338	9932	7425	5000	
0.01	7.19	1.30	13130	12911	213	10888	2242	2297	2227
0.03	13.14	10.82	19355	18540	2417	19319	36	100	100
	0.20		3014	843		3869	-855	225	
			106969	11141	1065	26992	79977	40006	40006
0.02	19.18	13.76	24881	17846	3171	8332	16549	21100	21100
0.07	74.84	31.34	196304	136856	7591	68285	128019	88353	85323
0.05	32.65	23.67	211078	44803	6514	34046	177032	18702	13697
0.00	6.15	1.15	17017	10481	705	9911	7106	2352	1552
0.00	6.20	1.10	900	900	55	50	850	850	550
0.04	1.75	1.00	2094	1374	15	1343	751	850	30

续表

地　区	损益(千元)							
	营业收入	艺术演出收入	营业成本	养老、医疗、失业等保险费	住房公积金和住房补贴	差旅费	工会经费	营业利润
总　计	**1252611**	**455468**	**1559354**	**80486**	**25471**	**6680**	**3777**	**-306743**
北　京								
天　津	10753	1898	16144	1276	1541	7		-5391
河　北	22499	8635	38059	2776	2250	74	90	-15560
山　西	61232	113	48440	2539	372	206	23	12792
内蒙古								
辽　宁	3588	1193	4034	446	45	6	8	-446
吉　林	1915	436	2060	144	50	24	20	-145
黑龙江	114	6	268			22	25	-154
上　海	49062	23575	49950	2362	250	80	100	-888
江　苏	513151	123049	539667	22559	4853	1359	742	-26516
浙　江	85294	35930	130212	5093	2002	539	371	-44918
安　徽	48244	24994	87878	6674	2490	981	109	-39634
福　建	28968	9100	41932	2952	860	626	88	-12964
江　西	18114	9474	39787	3129	746	700	650	-21673
山　东	60288	26168	119600	9740	2252	255	42	-59312
河　南	6219	113	6583	1429	347	3	11	-364
湖　北	55492	34532	85943	4180	953	340	290	-30451
湖　南	23939	5197	32466	2224	198	81	92	-8527
广　东	114659	46603	160681	5628	3867	762	657	-46022
广　西	12866		10117	224	55	9		2749
海　南	2204	1206	2634	113	70		7	-430
重　庆	4208	2744	8084	409	106	89	100	-3876
四　川	67		835	671				-768
贵　州	3750		9088	807	622	4	16	-5338
云　南	12146	5025	11781	782	299	80	72	365
西　藏								
陕　西	56446	48527	65757	2578	378	303	126	-9311
甘　肃	10712	6268	11828	575	424	47	31	-1116
青　海	1610	150	2971	296	137		15	-1361
宁　夏	230	150	180	36	30	15	10	50
新　疆	567	95	550	42		5		17

营业外收入	政府补助(补贴收入)	营业外支出	利润总额	工资、福利费、税金(千元) 本年发放工资总额	本年发放福利费总额	本年应交税金	实际使用房屋建筑面积(万平方米)	演(映)出业务用房	实际拥有产权面积(万平方米)
445077	**390132**	**55594**	**82740**	**374841**	**31818**	**83725**	**334.26**	**144.08**	**207.39**
3436	3430		-1955	5254	135	790	2.99	2.00	0.56
24118	24114	9736	-1178	12273	1416	1924	18.00	15.22	15.82
6201	4549	4967	14026	11915	387	3527	8.46	6.71	4.29
134	125	181	-493	1058	17	337	2.68	1.43	1.76
2	2		-143	1167	30	166	0.83	0.71	0.62
50	50	11935	-12039	8			0.32	0.32	
8372	2674	417	7067	9656	1243	2761	5.48	3.38	2.19
71614	60292	7932	37166	102531	7372	30467	119.69	38.95	88.33
47805	43546	54	2833	32565	1954	7181	25.13	14.01	11.92
44534	40326	2421	2479	25128	1808	3707	19.56	9.26	8.41
30340	30221	-2008	19384	9682	2280	1849	8.31	1.88	7.33
22619	22026	509	437	11200	2252	1798	16.17	2.11	3.24
53329	44443	893	-6876	35278	1649	4844	29.23	13.85	21.22
549	398	428	-243	2840	79	229	4.32	1.86	1.88
33246	32170	609	2186	19285	1969	3501	15.65	7.09	9.90
11073	9024	2723	-177	4748	496	1085	5.52	1.57	5.08
54520	53612	1082	7416	49012	6103	6763	25.73	10.65	13.94
11			2760	1203	18	1216	1.17	0.92	0.46
243			-187	462	10	73	2.81	1.15	0.33
12605	8500	8045	684	4111	200	145	1.94	1.16	1.08
		14	-782	131	12	8	0.20	0.15	0.20
1750	50		-3588	2337	61	389	1.17		1.43
			365	3228	280	1069	1.58	0.42	1.60
13898	8673	5029	-442	15715	1240	3578	6.93	2.78	3.28
1626	1376	5	505	5178	166	428	3.17	2.22	0.69
2365		560	444	1596	56	419	0.30	0.28	0.30
200	120	50	200	45	39	50	0.22	0.04	0.20
		1	16	454		28	1.00	0.77	0.38

2014年各地区执行事业会计

地　区	机构数(个)	从业人员(人)	专业技术人才				座席数(个)	演(映)出场次合计(万场次)	
				正高级职称	副高级职称	中级职称			艺术演出场次
总　计	**415**	**7779**	**2558**	**86**	**269**	**1042**	**323556**	**7.57**	**2.13**
北　京	7	857	204	7	45	124	5382	0.14	0.14
天　津	8	142	4	1	1		5618	0.16	0.14
河　北	22	328	70		4	42	15265	0.90	0.03
山　西	26	330	90			24	24823	0.42	0.10
内蒙古	3	108	36		2	10	5055	0.02	0.02
辽　宁	12	266	42		6	15	5891	0.27	0.10
吉　林	7	218	50		7	18	3606	0.08	0.05
黑龙江	13	197	29	7	3	13	7455	0.06	0.02
上　海	9	179	28		2	9	8110	0.17	0.09
江　苏	12	147	48	1	2	6	10479	0.06	0.04
浙　江	25	396	205	3	20	65	19922	0.19	0.12
安　徽	12	82	30			12	18925	0.17	0.02
福　建	16	322	111	2	13	56	9877	0.11	0.04
江　西	23	241	109	1	7	46	13465	0.13	0.12
山　东	28	365	98		6	19	19724	0.15	0.05
河　南	39	751	57	18	2	16	26708	0.08	0.03
湖　北	22	316	103	1	4	59	21342	0.15	0.08
湖　南	25	384	217	3	11	92	21418	0.15	0.11
广　东	10	348	62		4	23	13253	0.17	0.04
广　西	8	59	15			3	5061	0.02	0.01
海　南	1						500	0.02	0.02
重　庆	6						2927	0.02	0.02
四　川	30	264	121		8	90	19162	0.13	0.11
贵　州									
云　南	3	5					2388	0.01	0.00
西　藏	2	55	54	2	10	22	1510	0.01	0.01
陕　西	34	1070	688	36	88	249	26278	0.17	0.10
甘　肃	8	159	4			2	5419	0.55	0.53
青　海									
宁　夏									
新　疆	4	190	83	4	24	27	3993	3.06	0.02

制度的剧场基本情况

观众人次合计(万人次)	艺术演出观众人次	本年收入合计(千元)	财政补贴收入	事业收入	艺术演出收入	上级补助收入	附属单位上缴收入	经营收入	其他收入
1419.39	**852.72**	**1590901**	**782325**	**530031**	**331673**	**81550**	**1846**	**101976**	**93173**
93.43	84.94	627096	278145	347850	279665			653	448
68.81	58.28	62636		9739	2468	46041		3299	3557
43.84	10.48	15565	1561	679	260			12598	727
83.86	49.89	51193	43135	3062	1684	1713		760	2523
18.68	18.61	45569	41223	2898	500	100			1348
83.02	38.02	37708	7818	16517	717	998	438	11220	717
27.91	16.39	19654	12459	6880	4123	280			35
17.83	8.33	3711	2155	1508	80			44	4
114.97	67.58	77608	23267	38731	5916	14657			953
43.21	26.52	43341	32222	4997	2094			100	6022
124.30	90.18	129224	61378	30607	7373	3132		5176	28931
8.20	6.46	4524	1963	1265	175	45	40	691	520
48.61	18.40	46876	22555	7131	200	1762		1030	14398
44.21	18.73	15300	10565	2429	1930	415		1100	791
67.67	32.43	32112	20562	2260	602	381		8564	345
40.58	19.88	16661	7202	4798	955	319		954	3388
80.67	50.30	15264	4318	4872	3083	1252		1117	3705
79.82	58.55	32765	22263	4599	2291	2060	1058	1292	1493
54.61	35.60	60776	42763	4753	4620	400		11367	1493
10.63	7.54	3050	260	1309	166	380	310	380	411
7.11	7.11								
8.40	4.60								
70.93	48.40	40999	15027	8097	7504			12072	5803
5.03	1.43	1122	1106						16
4.83	4.83	8844	8736	108					
87.92	50.75	113698	92823	10909	5060	5823		176	3967
27.33	11.45	33885	870	14006	180	1360		6786	10863
52.98	7.05	51720	27949	27	27	432		22597	715

续表

地　区	本年支出合计(千元)	基本支出	项目支出	经营支出	在支出合计中：工资福利支出	商品和服务支出	差旅费	劳务费	福利费
总　计	**1594562**	**720758**	**751038**	**93172**	**398805**	**799494**	**8407**	**67138**	**8577**
北　京	622584	135245	486916	422	92922	433308	273	33127	4230
天　津	58745	7714	40735	6297	6086	10703	7	11	70
河　北	19784	8959		9663	8355	1452	19		34
山　西	49215	17295	30285	1180	11512	27450	38	701	5
内蒙古	50203	30538	19663		7870	25291	263	237	25
辽　宁	43408	27258	1506	13682	13725	20076	197	1538	485
吉　林	22672	19092	3580		6897	6024	236	13	
黑龙江	24357	24313		44	10678	2909	6	4	30
上　海	74653	52908	21745		17792	48440	165	4935	495
江　苏	42466	42156	234	10	10172	30952	36	85	29
浙　江	123923	80625	37540	2131	34859	42395	1814	12848	1164
安　徽	5019	3633	136	479	1873	636	66	88	33
福　建	41640	25679	11024	1890	19112	13100	560	2189	527
江　西	14550	12312	100	912	8331	2088	171	101	53
山　东	32745	9940	13949	7972	12276	2089	175	248	14
河　南	17039	15442	727	155	10036	2868	102	260	47
湖　北	17176	14491	1281	1248	10443	4381	91	162	96
湖　南	32085	22235	4474	1726	14404	8520	211	518	773
广　东	59987	14766	35487	9722	12227	42242	293	725	110
广　西	3076	2269		457	1675	409	8		20
海　南	1262								
重　庆									
四　川	39821	27442	5295	5967	14424	18604	378	720	30
贵　州									
云　南	1106	1106			173	96			
西　藏	8264	7840	13		5047	986	11	4	
陕　西	105354	83315	14304	2285	45472	25576	2701	4914	157
甘　肃	21752	11158		10333	5942	8759	114	652	30
青　海									
宁　夏									
新　疆	61676	23027	22044	16597	16502	20140	472	3058	120

各种税金支出	对个人和家庭补助支出	抚恤金和生活补助	其他资本性支出	各种设备购置费	资产总计（千元）	固定资产原值	实际使用房屋建筑面积（万平方米）	演(映)出业务用房	实际拥有产权面积（万平方米）
42711	**103181**	**8572**	**51070**	**21558**	**5689658**	**3560258**	**216.00**	**120.14**	**152.52**
11419	4243		26629	5400	1343845	345793	23.91	21.53	23.25
1086	187		236	2	22680	7958	4.84	1.99	0.45
390	274	9	153	3	47327	37860	7.13	5.48	3.01
500	1312	10	870		289598	245984	18.96	6.52	19.64
67	840	28	4234	4234	781632	778282	11.80	2.09	11.80
2104	2365	5	301	297	63456	61375	7.06	4.01	2.94
293	9310	300	441	418	108595	66437	3.37	1.74	3.34
121	10696	414	30		33930	30531	3.46	2.47	0.24
2050	4701	115	1957	614	222614	132837	9.27	5.90	1.00
52	596	35	338		147881	109685	10.60	4.62	2.55
4903	16797	719	1353	735	409066	362088	15.73	9.52	9.84
260	81	50	271		18861	16297	2.29	0.90	2.12
1696	3383	593	4277	2381	138666	121634	5.22	3.14	3.15
335	2961	63	69	8	282910	104579	6.32	4.05	5.29
223	1473	118	274	248	110122	104866	9.49	6.41	6.55
550	2170	75	380	204	124020	118175	9.18	4.42	5.31
808	822	5	978	329	84221	80679	7.42	5.75	6.91
971	3693	352	1464	1049	93791	84051	6.91	4.59	5.54
1000	1560	93	1059	1057	160288	156295	12.81	5.04	16.26
72	439		367	367	18716	16413	2.68	0.85	1.16
					28104		0.25	0.16	0.25
					22839	22839	1.46	0.98	
2983	5126	3844	144	109	622583	189804	12.94	7.16	5.93
	837	124			14029	14012	0.63	0.63	0.40
	1586		50	50	59893	59893	2.25	0.43	2.52
757	22144	1184	2183	1290	238554	149240	13.48	6.17	9.90
5004	1058	294	2576	2546	130591	95872	3.71	1.80	1.56
5067	4527	142	436	217	70846	46779	2.84	1.79	1.63

各地区执行事业会计

地　区	机构数(个)	从业人员(人)	专业技术人才	正高级职称	副高级职称	中级职称	座席数(个)	演(映)出场次合计(万场次)	艺术演出场次
总　计	**436**	**6599**	**1508**	**38**	**94**	**534**	**293276**	**19.22**	**1.15**
北　京	9	231	30			1	7761	0.96	0.08
天　津	12	93	7			4	6145	0.42	0.01
河　北	35	454	113		5	35	15696	0.79	0.02
山　西	33	510	151		6	63	27759	1.55	0.05
内蒙古	15	217	72	6	5	12	10817	1.51	0.03
辽　宁	9	91	15		1	6	4867	0.08	0.01
吉　林	15	294	126	2	20	26	9204	1.92	0.28
黑龙江	8	147	20		4	10	6168	0.04	0.03
上　海	4	29	7			1	1845	0.53	0.01
江　苏	3	30	7			1	3332	0.04	0.01
浙　江	13	173	65		1	24	9123	0.98	0.10
安　徽	6	60	17			1	4740	0.02	0.01
福　建	29	328	87	1	4	35	14553	3.57	0.04
江　西	9	106	31		7	12	6430	0.29	0.07
山　东	18	322	110	2	10	55	13637	0.13	0.05
河　南	82	1971	216	22	12	65	53787	0.83	0.10
湖　北	17	355	100	5	1	51	15889	2.43	0.08
湖　南	25	357	115		5	51	21772	1.56	0.05
广　东	11	251	20		2	11	11619	0.14	0.01
广　西	4	30	4			1	2026	0.54	
海　南	2	8	1				2046	0.01	0.01
重　庆	1	1					842	0.00	0.00
四　川	7	121	35			21	4641	0.04	0.01
贵　州									
云　南	11	54	28		1	12	7412	0.07	0.06
西　藏	4								
陕　西	30	259	102		9	33	14471	0.16	0.02
甘　肃	5	38					3394	0.38	0.01
青　海	11	19	1				5600	0.12	0.01
宁　夏	1	8	8			2	854	0.05	
新　疆	7	42	20		1	1	6846	0.09	0.02

制度的影剧院基本情况

观众人次合计(万人次)	艺术演出观众人次	本年收入合计(千元)	财政拨款	事业收入	艺术演出收入	上级补助收入	附属单位上缴收入	经营收入	其他收入
1388.56	**403.67**	**476072**	**160154**	**101217**	**33730**	**16004**	**1039**	**123270**	**74388**
72.31	35.54	34412	90	7799	5067	2042		21667	2814
35.98	7.63	15349	7647	3741	1530	384	920	762	1895
62.33	9.04	20609	6640	4110	490			3241	6618
42.58	10.65	33921	18739	5142	3415	130		6597	3313
63.26	10.74	18111	11223	2475	905	1390		3023	
10.03	3.03	4578	2733	636	253	5		549	655
113.12	23.35	44762	27808	12747	10257	1135		2923	149
24.29	14.74	2457	1807	49	4	82		394	125
25.55	6.87	15197	4010	4180	520	200			6807
12.10	7.22	2000	597	133	133	154		95	1021
98.81	29.58	41244	7209	9781	1593	3792	36	9999	10427
5.53	2.98	2481	1456	103	90			63	859
146.78	7.27	57158	7587	12122	124	3875		18349	15225
59.96	44.03	8377	1118	1055	182	270		5815	119
85.71	34.09	6300	2722	1630	266	80		262	1606
130.26	50.82	32828	5626	11901	1736	392		2787	12122
81.95	25.50	33702	2189	3979	1314	305		26140	1089
148.05	28.17	25307	9282	8799	4648	120	35	2991	4080
28.75	12.07	8312	1300	1299	26	538	18	4729	428
11.18	0.29	5102	365					3640	1097
7.54	3.96	199	96	70	70			33	
1.35	0.38	41	30	11	11				
17.85	8.15	11484	7054	2056	332	180		2044	150
14.70	9.89	8633	3959	440	440			4218	16
25.27	8.88	29255	18488	6948	313	880	30	1678	1231
6.77	0.80	8530	5521	11	11			1061	1937
43.37	0.85	1213	1213						
1.02		712	123						589
12.19	7.16	3798	3522			50		210	16

续表

地　区	本年支出合计（千元）	基本支出	项目支出	经营支出	在支出合计中：				
					工资福利支出	商品和服务支出	差旅费	劳务费	福利费
总　计	**493102**	**317825**	**40380**	**87843**	**186541**	**102679**	**1413**	**5346**	**4139**
北　京	36888	23471		13260	14818	3898	106	25	715
天　津	15283	8590	5280	1085	5156	2582	5	620	27
河　北	22923	16489	967	2514	14206	2811	54	107	67
山　西	39966	23684	3286	11806	12843	7926	225	826	76
内蒙古	18593	14005		3271	10951	4492	63	106	7
辽　宁	4483	3441		862	2977	856	4	4	23
吉　林	43686	30034	10965	2687	7269	23670	24		4
黑龙江	2610	2132	80	398	2218	43			
上　海	15270	4392	78		680	535			10
江　苏	1935	1328		607	1099	300	43		4
浙　江	38832	26125	2535	6210	15599	7947	66	613	211
安　徽	3572	2998	31	60	1161	593	2	24	69
福　建	55384	33068	3441	15971	17138	10907	107	455	456
江　西	10952	5042	4214	990	4700	4047	59	9	156
山　东	6988	5280	278	172	4951	815	52	25	10
河　南	38830	28699	417	4586	21517	7479	101	857	828
湖　北	35132	25370	170	8619	9755	1959	116	115	271
湖　南	26150	21102	273	1041	11225	5878	113	825	599
广　东	9132	4376	729	3613	4068	3104	63	296	236
广　西	5379	2370		3009	1320	4033	13		
海　南	210	125		85	125	8	5	3	
重　庆	41	41			36	5			
四　川	11239	9270	146	1577	5454	1961	37	42	249
贵　州									
云　南	9038	6221		2815	2309	2910	99	63	75
西　藏									
陕　西	26400	14307	2185	1181	11334	2521	21	61	39
甘　肃	8177	1117	5000	1018	1016	300	8		
青　海	1213	1113			968	154	5		
宁　夏	712	410		302	308	254		223	
新　疆	4084	3225	305	104	1340	691	22	47	7

各种税金支出	对个人和家庭补助支出	抚恤金和生活补助	其他资本性支出	各种设备购置费	资产总计(千元)	固定资产原值	实际使用房屋建筑面积(万平方米)	演(映)出业务用房	实际拥有产权面积(万平方米)
14786	**45628**	**2587**	**19896**	**4014**	**2217315**	**1823917**	**126.54**	**67.85**	**82.67**
1095	334	128	34	12	138843	112644	7.58	2.27	3.09
286	761	29	197		72126	63873	3.60	1.75	0.75
816	622	63	1221	144	77110	41339	9.50	3.78	5.53
692	4393	74	2486	778	155632	125734	8.57	5.59	6.54
239	2510	289	261	196	36105	34654	4.86	2.59	3.21
53	37		194	194	23176	20224	1.44	0.95	1.06
261	10044	57	560	100	132117	113016	5.26	3.78	4.72
43	324	2	25	25	5350	5113	2.01	0.88	1.19
525	42	39	1610		23950	17441	0.79	0.42	1.12
216	19	12			5451	5386	1.54	0.82	1.01
2505	7116	315	2200	652	86264	51060	6.04	2.72	2.95
13	1713	4	31	31	23922	20523	1.28	1.03	1.16
2779	2582	161	5090	363	124359	98616	7.69	4.70	4.15
681	1027	19	121	10	128354	76550	3.61	2.10	2.42
31	538	73	410	2	40593	39320	3.64	2.45	2.42
1342	2034	358	739	402	256872	224453	19.03	9.72	12.34
203	1024	30	13	13	258675	230859	6.96	4.83	6.67
669	2879	376	1476	828	164530	144256	8.16	4.30	7.45
747	5	5	881	155	64952	51304	5.13	2.24	2.67
323	26				10629	10609	1.02	0.35	0.50
	3				90000	90000	1.08	0.46	0.39
					757	757	0.24	0.19	
199	3155	174	25	25	65818	55837	2.42	1.28	3.27
748	2925	333	46		30040	27605	2.34	1.64	1.79
165	1036	42	2231	44	85721	53860	5.36	3.01	3.72
155			40	40	59233	54353	1.30	1.04	0.20
	31				22346	22346	2.99	1.58	0.65
					1897	1897	0.19	0.14	0.19
	448	4	5		32493	30288	2.94	1.26	1.51

主要统计指标解释

1．**本团原创首演剧目**：指由戏曲、话剧、歌剧、舞剧、歌舞剧、木偶、皮影等艺术表演团体原生创作并首演且单个剧目演出时间超过一小时的表演剧目，但不包括音乐、舞蹈、曲艺、杂技等单个小节目的创作演出。

2．**演出场次**：指以场为计量单位的在国内和国外的艺术表演的次数。包括售票、包场等有演出收入的场次和政府采购的公益性演出场次及参加汇演、调演等无演出收入的公开演出场次，包括流动舞台车演出场次，不包括彩排和内部观摩等无演出收入的场次。

场数的计算，通常以售票、发票一次（或在其他地点进行一次艺术表演活动相当于剧场演出一场的时间）为一场。按时收费的，按日场、晚场或早场等一般习惯（约 1 至 2 小时）计算。评弹等曲艺演出计算场数，可按演出 1 至 2 小时为一场的原则进行折算。独幕剧或音乐、舞蹈、曲、杂、木、皮节目组成专场演出时，不论包括几个独幕剧或节目，一律按一场计算。

3．**农村演出场次及观众人次**：指本团到（乡镇及以下）农村和林区、牧区、渔区的演出。不论在本省或外省，凡到上述地区演出，均计入农村演出。

4．**演出收入**：指艺术表演团体通过售票或包场演出所取得的票房收入，不包括政府采购的公益性演出补贴收入。

5．**政府采购的公益性演出场次、观众人次**：指本团报告期内不进行售票、免费给社会公众演出并从财政部门获取一定场次补贴的公益性演出场次、观众人次。

6．**政府采购的公益性演出补贴收入**：指本团报告期内因进行公益性演出而取得的补贴收入，为财政拨款的其中项。

7．**座席数**：指公开营业艺术表演场馆可向观众售票的实际座席数。

8．**演（映）出业务用房**：指在艺术表演场馆中用于演(映)出服务的设施面积。多功能艺术表演的场所应包括观众厅、门厅、舞台部分(主台、侧台、后台)的建筑面积和辅助设施——休息室、化妆间、服装间、道具间、舞台设备控制间(灯控间、音控间、放映间等)的建筑面积以及配电设施、消防通道的建筑面积。若属非独立建筑的，则按使用面积计算。

5 文化市场

近年来全国文化市场经营机构基本情况

年　份	机构数	从业人员	资产总计（万元）	营业收入（万元）	利润总额（万元）
2006年	166406	945418	4515546	4148403	885730
2007年	217643	1197610	12956212	7089004	1749171
2008年	221253	1254641	12532138	7465936	1593758
2009年	223893	1288615	12074316	5736445	2939123
2010年	230659	1375660	13806937	8654903	3264805
2011年	238455	1415526	16540928	9766472	3620262
2012年	231132	1416028	18997555	10337954	3585366
2013年	226584	1451818	44258484	13665714	3930246
2014年	220164	1323902	25641255	16142494	4682893

注：文化市场数据仅包括网吧、娱乐场所和非公有制艺术表演团体。

近年来全国娱乐场所基本情况

年　份	机构数	从业人员	资产总计（万元）	营业收入（万元）	利润总额（万元）
2006年	51742	490289	2990424	2101890	329557
2007年	82174	611108	5927457	3546201	583689
2008年	84356	639511	7048155	3709413	659403
2009年	82200	636800	6271305	4130085	1367846
2010年	85854	703520	7635552	4772099	1718734
2011年	92577	758377	9661392	5661798	1939320
2012年	90271	765250	11136779	6048764	1982344
2013年	89652	835658	34317748	8842052	2084672
2014年	84179	729516	16144969	11023662	2606315

近年来全国网吧基本情况

年　份	机构数	从业人员	资产总计（万元）	营业收入（万元）	利润总额（万元）
2006年	114273	443745	2210843	2016913	329557
2007年	133163	539460	4304405	3434114	1036162
2008年	134267	565707	5307279	3645153	913361
2009年	138048	580749	5585437	3785362	1510735
2010年	140376	584912	5864306	3626809	1490620
2011年	141275	567170	6282208	3754922	1565375
2012年	135683	529362	8818719	3539807	1431362
2013年	131013	478242	8051486	3879399	1425890
2014年	129368	452368	7431831	4479929	1962960

2014年全国文化市场经营机构基本情况

	机构数（个）	从业人员（人）	资产总计（千元）	损益(千元)					
				营业收入	营业成本	养老、医疗、失业等保险费	本年发放工资总额	本年应交税金总额	营业利润
总　计	**220164**	**1323902**	**256412550**	**161424942**	**114597636**	**2162238**	**30085903**	**6062018**	**46828931**
按城乡分									
城市	77344	527509	112358464	80810753	60036803	1071220	16359120	3898200	20775332
县城	90694	608143	110962968	46091971	31875452	809005	10448665	1621212	14216694
县以下	52126	188250	33091118	34522218	22685381	282013	3278118	542606	11836905
按经营范围分									
非国有艺术表演团体	6617	142018	20644547	6389034	5252854	182059	2599627	335350	1136179
娱乐场所	84179	729516	161449690	110236616	84173744	1340786	20001246	4658848	26063153
互联网上网服务营业场所(网吧)	129368	452368	74318313	44799292	25171038	639393	7485030	1067820	19629599

2014年全国娱乐场所基本情况

	机构数(个)	从业人员(人)	资产总计(千元)	损益(千元)					
				营业收入	营业成本	养老、医疗、失业等保险费	本年发放工资总额	本年应交税金总额	营业利润
总　　计	**84179**	**729516**	**161449690**	**110236616**	**84173744**	**1340786**	**20001246**	**4658848**	**26063153**
按城乡分									
城市	31367	337763	82230013	62766656	48461331	779709	13120843	3406507	14305646
县城	38294	309485	63473186	25232258	18229832	419706	5345924	946514	7002386
县以下	14518	82268	15746491	22237702	17482581	141371	1534479	305827	4755121
按经营类别分									
歌舞娱乐场所	52919	638267	133667523	103643270	79412037	1189527	18674738	4393936	24231514
游艺娱乐场所	30103	83548	26016717	5687790	4119353	137344	1187819	220536	1568437
其他	1155	7693	1764270	904926	642063	13914	138508	44367	262862

2014年全国互联网上网服务营业场所(网吧)基本情况

	机构数(个)	从业人员(人)	资产总计(千元)	损益(千元)					
				营业收入	营业成本	养老、医疗、失业等保险费	本年发放工资总额	本年应交税金总额	营业利润
总　　计	**129368**	**452368**	**74318313**	**44799292**	**25171038**	**639393**	**7485030**	**1067820**	**19629599**
按城乡分									
城市	45977	189746	30128451	18044097	11575472	291511	3238277	491693	6469686
县城	45783	156640	26845235	14470679	8392766	207240	2503114	339348	6078129
县以下	37608	105982	17344627	12284516	5202800	140642	1743639	236779	7081784

2014年全国各地区文化市场经营机构基本情况

地区	机构数（个）	从业人员（人）	资产总计（千元）	损益（千元）					
				营业收入	营业成本				营业利润
						养老、医疗、失业等保险费	本年发放工资总额	本年应交税金总额	
全　国	**220164**	**1323902**	**256412550**	**161424942**	**114597636**	**2162238**	**30085903**	**6062018**	**46828931**
北　京	2260	18536	20604399	6865204	6252266	133061	1463426	616273	612938
天　津	1626	13645	2709148	781287	588378	12661	167489	33682	193231
河　北	7396	37928	5553027	2069032	1473358	21377	564167	69367	595669
山　西	4721	28651	4180474	2127008	1471567	15068	439409	67232	655442
内蒙古	6516	22702	8734209	2550355	1681577	21543	273700	34883	868778
辽　宁	9247	41043	5747204	3070246	1876125	24354	334370	52252	1194122
吉　林	4139	15738	2586241	1219604	708191	14237	201350	52732	511413
黑龙江	7094	23045	2536847	1405290	785479	6379	192836	28654	620366
上　海	3646	32498	12865840	4111028	3371045	162197	889318	248357	739984
江　苏	15804	88953	15648398	8859088	5941580	158471	1712611	290322	2917509
浙　江	12598	114195	29458834	11273247	9120387	206743	2885056	539420	2152861
安　徽	9932	61660	18624524	3928701	2839941	79121	989021	75415	1088761
福　建	4522	52550	6801905	24263757	16497129	73025	1184060	302569	7766629
江　西	7499	39353	4756681	2823499	1550748	41989	497215	61671	1272750
山　东	13093	61801	6696672	3520268	2104458	72844	653138	92660	1415990
河　南	11284	65685	8458943	4005646	2672432	63414	945780	112189	1333295
湖　北	9167	51723	7677338	6065324	3359858	125051	933593	145550	2705465
湖　南	14118	72207	7487860	6246000	3055276	100248	776431	194305	3190770
广　东	15444	132439	21253210	9475268	7894802	308901	2866067	759115	1580477
广　西	6878	40230	4325505	2470098	1785309	40406	632545	130857	684789
海　南	1210	11416	2025203	1122172	786798	26959	352437	45155	335374
重　庆	5896	40217	4159893	3346867	2381144	75344	856461	95093	965723
四　川	15304	86138	13917540	8225109	5252455	234479	1591124	307817	2972653
贵　州	5021	33427	13840997	3011721	1962109	39372	678272	102797	1049611
云　南	11429	56892	9882317	4626891	3157870	46775	821574	149404	1469021
西　藏	868	5967	1055992	586824	287178	1255	111612	21842	299646
陕　西	4036	27520	3933075	2178791	1397324	29229	416316	53511	781908
甘　肃	2968	18433	2829531	14890819	12278668	6710	3316161	1075131	2612151
青　海	1081	5089	611161	400131	285091	2018	83884	11313	115041
宁　夏	1486	7886	1185289	756615	253177	1479	66192	4849	503438
新　疆	3881	16335	6264296	15149056	11525918	17543	3190290	287608	3623137

2014年各地区娱乐场所基本情况

地　区	机构数(个)	从业人员(人)	资产总计(千元)	损益(千元)					
				营业收入	营业成本	养老、医疗、失业等保险费	本年发放工资总额	本年应交税金总额	营业利润
全　国	**84179**	**729516**	**161449690**	**110236616**	**84173744**	**1340786**	**20001246**	**4658848**	**26063153**
北　京	995	10055	16772369	5750306	5483750	111466	1198689	590671	266556
天　津	622	8585	1849949	464636	353376	8843	103150	21075	111580
河　北	2243	15724	2030665	998306	698823	10552	242853	30391	299484
山　西	1211	12289	2703405	978630	651199	5175	208171	40080	327431
内蒙古	3041	11497	5164820	1658895	1162177	8670	118365	17129	496718
辽　宁	4036	23395	2900144	1307748	840824	16770	222828	38260	466924
吉　林	1659	8613	1518612	631840	361763	7673	101968	29095	270077
黑龙江	2774	10919	1156671	600937	328167	3696	102086	16624	272769
上　海	2206	23517	9085921	3271738	2748037	130844	650361	198819	523700
江　苏	7263	59614	10634421	5331101	3778613	105077	1143592	200575	1552489
浙　江	4745	66199	13797966	7640801	6276082	137794	1703487	391405	1364718
安　徽	3602	26883	15072221	1939134	1421280	49794	426867	44090	517855
福　建	1947	34469	5614165	19746150	15702526	59119	744121	271823	4043625
江　西	3052	20732	2830790	1340354	768494	18573	245186	28791	571859
山　东	2584	27589	3043290	1443928	911868	33991	283029	43434	532021
河　南	2249	25936	2936063	1489539	988356	17172	329132	43132	501183
湖　北	2261	23821	4011014	2492955	1583249	69264	480243	78271	909706
湖　南	2842	33637	3187600	2366362	1266197	36203	337589	87411	1100166
广　东	7211	89953	14039322	6573764	5539813	213563	1912584	566779	1033951
广　西	2843	23926	2853748	1590468	1153232	26860	397909	105523	437236
海　南	479	6708	1142183	701090	492110	16997	194632	30574	208980
重　庆	2651	22964	2357119	1953775	1410035	45350	496901	75498	543740
四　川	5822	41296	7357051	4359431	2841710	134898	766201	177349	1517722
贵　州	2557	20347	11910697	1826607	1213770	20660	431394	68857	612837
云　南	7428	37130	6633129	2690432	1939888	21904	517712	82212	750544
西　藏	501	4647	870339	474625	245697	1064	87473	18669	228928
陕　西	1017	12103	1995075	997697	654065	11560	206937	24182	343633
甘　肃	1278	10542	1977265	14412083	11990538	5087	3204926	1065466	2421545
青　海	581	2402	354905	226813	168160	550	43763	6581	58654
宁　夏	844	4717	639461	520737	135239	283	35311	2903	385498
新　疆	1635	9307	5009308	14455734	11064703	11338	3063788	263181	3391029

2014年各地区歌舞娱乐场所基本情况

地　区	机构数(个)	从业人员(人)	资产总计(千元)	损益(千元)					
				营业收入	营业成本	养老、医疗、失业等保险费	本年发放工资总额	本年应交税金总额	营业利润
全　国	**52919**	**638267**	**133667523**	**103643270**	**79412037**	**1189527**	**18674738**	**4393936**	**24231514**
北　京	722	9041	16235936	5446265	5083026	107671	1119590	580529	363238
天　津	372	6987	1421250	417077	320043	7709	80132	18345	97355
河　北	1672	14366	1761763	903603	637225	10358	215099	27191	266378
山　西	1203	12177	2683027	972310	647720	5012	206665	39944	324591
内蒙古	1777	9220	4880044	1599144	1125427	8199	112581	16594	473718
辽　宁	3005	19046	2625840	1178588	758860	15991	193351	33537	419728
吉　林	1282	7863	1439196	581728	331545	6297	92855	25658	250183
黑龙江	1791	8606	924383	506918	276752	2994	82902	13736	230166
上　海	1330	17710	4283668	2493459	2134931	94607	492453	151767	358528
江　苏	3557	51252	8451375	4488384	3222747	97173	1006767	173196	1265639
浙　江	3452	62404	11979982	7308060	5996146	130079	1612634	376668	1311915
安　徽	1632	21552	14252215	1655018	1204904	42096	351404	36071	450114
福　建	1538	33092	5059796	19643795	15605643	56925	713664	267280	4038151
江　西	1146	16314	2453329	1143567	649279	15140	202929	24532	494289
山　东	1908	22639	2566145	1224260	770880	27021	251154	37768	453340
河　南	1521	22389	2558236	1355566	888413	15104	281400	39801	467153
湖　北	1442	20084	3224246	2115930	1345358	54256	396351	64995	770572
湖　南	1692	28086	2686945	1970412	1092969	30146	294649	69772	877443
广　东	4283	82928	13300000	6080067	5092549	197595	1779098	537522	987518
广　西	1331	20467	2617840	1488238	1083826	23870	369555	99230	404413
海　南	324	6150	1121221	673916	480726	16965	190381	30252	193190
重　庆	1648	19785	2174928	1815818	1311507	41898	457965	72850	504311
四　川	4404	36655	6540288	3838081	2493666	114086	704351	157832	1344415
贵　州	1425	17939	2697879	1728829	1141524	19063	403076	66030	587305
云　南	3992	33028	5685011	2568553	1859442	21606	486121	79162	709111
西　藏	448	4447	854044	464418	242687	1064	86245	18619	221731
陕　西	874	11210	1896515	950727	628064	11260	201650	23105	322663
甘　肃	1060	8683	1730049	13975247	11700868	4179	3172174	1042340	2274379
青　海	164	1618	260234	180967	143494	308	32758	5454	37474
宁　夏	724	4479	622499	504422	125565	283	34024	2867	378857
新　疆	1200	8050	4679640	14369902	11016253	10574	3050762	261289	3353649

2014年各地区游艺娱乐场所基本情况

地区	机构数(个)	从业人员(人)	资产总计(千元)	损益(千元)					
				营业收入	营业成本	养老、医疗、失业等保险费	本年发放工资总额	本年应交税金总额	营业利润
全国	**30103**	**83548**	**26016717**	**5687790**	**4119353**	**137344**	**1187819**	**220536**	**1568437**
北京	272	996	533123	301972	398784	3794	78479	9732	-96812
天津	250	1598	428700	47559	33333	1134	23018	2730	14226
河北	547	1180	205670	56399	37098	184	14755	1090	19301
山西	1	20	4000	600	300		250	50	300
内蒙古	1256	2189	256676	55061	32211	390	4463	482	22850
辽宁	1026	4338	272494	128540	81561	779	29478	4723	46979
吉林	350	615	65796	33821	20036	290	6366	1583	13785
黑龙江	979	2305	231695	93573	51304	702	19125	2882	42269
上海	797	4603	3952538	687030	525872	29043	127233	41496	161157
江苏	3698	8335	2180347	840570	554567	7821	136280	27321	286003
浙江	1290	3736	1779349	321086	271169	7386	89138	14027	49917
安徽	1959	5256	774911	276006	210223	7699	72838	7147	65783
福建	392	1177	517410	81445	81539	1711	27030	3550	-94
江西	1852	3897	298161	159202	93256	2880	38551	3162	65946
山东	668	4858	451044	215189	139369	6900	31496	5623	75820
河南	725	3527	375227	132773	99313	2033	47572	3321	33460
湖北	804	3594	770842	370000	234082	14813	82950	13153	135918
湖南	1116	4457	395295	356590	151118	5558	36635	16605	205472
广东	2905	6572	643178	406941	368499	14406	110653	23972	38442
广西	1510	3414	235908	102211	69402	2989	28354	6293	32809
海南	154	550	17962	26617	11090	32	4251	322	15527
重庆	984	3146	179661	137307	98168	3453	38674	2648	39139
四川	1408	4553	810043	514054	340589	20453	60590	18954	173465
贵州	1120	2368	9206988	93579	69541	1574	27223	2658	24038
云南	3328	3640	918905	100950	63824	290	26283	2678	37126
西藏	18	44	8325	4904	1367		466	37	3537
陕西	120	667	82930	26166	15246	210	4127	935	10920
甘肃	46	399	31955	17320	8385	10	2942	873	8935
青海	136	344	59269	21120	12633	174	5482	767	8487
宁夏	101	171	12392	7165	4774		1287	36	2391
新疆	291	999	315923	72044	40702	637	11833	1688	31343

2014年各地区按城乡分娱乐场所基本情况(城市)

地　区	机构数(个)	从业人员(人)	资产总计(千元)	损益(千元)					
				营业收入	营业成本	养老、医疗、失业等保险费	本年发放工资总额	本年应交税金总额	营业利润
全　国	**31367**	**337763**	**82230013**	**62766656**	**48461331**	**779709**	**13120843**	**3406507**	**14305646**
北　京	764	7834	15687134	5592878	5356105	107941	1140432	585061	236773
天　津	505	7595	1640007	408175	312765	8320	81609	19206	95730
河　北	610	6283	623084	342963	259109	7744	90709	13562	83855
山　西	475	6172	1077407	696474	399374	2532	155718	33232	297100
内蒙古	793	4131	549577	1001137	775012	1259	44916	5153	226125
辽　宁	2270	14752	1541068	718751	463246	10687	148483	23421	255505
吉　林	492	4600	829107	397519	241442	6084	43403	17470	156077
黑龙江	1040	5718	575565	349073	195981	2096	54991	10922	153092
上　海	1335	16085	7052573	2303707	1924597	94587	421091	139340	379110
江　苏	2542	22036	4235472	2281180	1782191	42026	483634	85234	498990
浙　江	1280	17572	4077510	2179262	1869483	44283	512736	178220	309778
安　徽	1356	14642	12812204	1106637	829343	31082	198573	26653	277294
福　建	472	11886	1570242	1485731	1395790	41614	329511	178894	89942
江　西	1070	8212	1312775	615516	306902	10494	76081	15360	308613
山　东	1179	14168	1538948	731442	480781	21976	129133	28872	250661
河　南	1057	13854	1339497	838643	607136	9663	182678	29533	231507
湖　北	1163	15152	2596082	1779759	1157361	42196	365297	61833	622398
湖　南	1077	17759	1578448	1236719	608821	19074	141829	48104	627898
广　东	2667	40012	4507633	3099416	2558270	92800	872435	284125	541146
广　西	892	12133	1391656	879766	678008	18674	227040	77823	201758
海　南	168	3505	397080	251888	181573	9399	78064	8963	70315
重　庆	1237	13777	1493411	1220900	921098	37499	349977	59113	299802
四　川	1953	17471	3161006	2109280	1482942	75272	280196	68742	626339
贵　州	532	5638	815858	449975	350947	9305	140219	26133	99028
云　南	2144	13451	2216589	1214643	940140	14545	228568	41523	274503
西　藏	75	2028	675277	285840	187630	30	68356	15464	98210
陕　西	304	5248	761189	465338	296142	7244	99545	13478	169196
甘　肃	517	5283	991484	13963362	11715488	3922	3107265	1048425	2247874
青　海	91	1217	218687	171327	138811	407	31600	4726	32516
宁　夏	488	3325	459597	398345	63156	35	18846	2214	335189
新　疆	819	6224	4503845	14191010	9981685	6919	3017909	255708	4209324

2014年各地区按城乡分娱乐场所基本情况(县城)

地　区	机构数(个)	从业人员(人)	资产总计(千元)	损益(千元) 营业收入	营业成本	养老、医疗、失业等保险费	本年发放工资总额	本年应交税金总额	营业利润
全　国	**38294**	**309485**	**63473186**	**25232258**	**18229832**	**419706**	**5345924**	**946514**	**7002386**
北　京	159	1735	951270	127704	105419	2143	50251	2651	22285
天　津	80	663	153092	37634	27732	373	15375	923	9902
河　北	1396	8318	1220419	556003	370721	2562	133477	15764	185282
山　西	591	4796	1460056	239077	218809	2273	45198	6024	20268
内蒙古	1987	6700	4523622	624926	366772	6687	66947	11372	258154
辽　宁	1396	7272	1157034	450201	276019	5710	67788	13768	174182
吉　林	926	3384	617141	196679	96436	1362	50953	9689	100243
黑龙江	1398	4437	525260	218428	116100	1507	41052	4961	102327
上　海	522	4484	1056931	565374	506762	23946	143487	42602	58611
江　苏	3338	31292	5173609	2545716	1662218	53704	557253	98828	883498
浙　江	2331	37917	7766777	4297703	3462196	72327	906094	167627	835507
安　徽	1504	9440	1840344	696860	505672	15883	196239	14098	191189
福　建	1071	17262	2992217	1880306	1234222	13286	323795	75980	646084
江　西	1615	11683	1431870	677916	434248	7783	153788	12474	243668
山　东	1254	12445	1340986	661221	400077	10464	143086	12883	261105
河　南	1032	11368	1528726	609974	356801	6577	138789	12613	253173
湖　北	923	7679	1288292	652236	391204	22716	101075	14432	261032
湖　南	1372	14185	1426486	1039499	610045	15506	170742	35229	429455
广　东	2095	24584	4234736	1663285	1368142	55428	466701	129973	295143
广　西	1320	10241	1390734	674466	452192	7578	160260	26295	222274
海　南	186	2514	692340	391606	282355	7058	107220	20616	109251
重　庆	846	7062	645525	581450	410129	6399	121526	15043	171321
四　川	2886	20254	3582473	1954698	1179287	52619	426451	95323	775411
贵　州	1664	13256	10944421	1192797	767009	9324	253611	35686	425788
云　南	3355	18455	2631215	1221065	843245	6374	236630	33744	377820
西　藏	390	2417	174407	185504	53154	984	18446	3025	132350
陕　西	601	5929	1058076	468251	317709	3579	94437	9693	150543
甘　肃	662	4732	917546	419720	256638	957	89642	15710	163082
青　海	429	1079	133525	52970	27886	142	11161	1800	25084
宁　夏	299	1207	152494	103547	59033	248	12724	474	44514
新　疆	666	2695	461563	245441	1071599	4209	41725	7217	-826158

2014年各地区按城乡分娱乐场所基本情况(县以下)

地　区	机构数(个)	从业人员(人)	资产总计(千元)	损益(千元)					
				营业收入	营业成本				营业利润
						养老、医疗、失业等保险费	本年发放工资总额	本年应交税金总额	
全　国	**14518**	**82268**	**15746491**	**22237702**	**17482581**	**141371**	**1534479**	**305827**	**4755121**
北　京	72	486	133965	29724	22226	1382	8006	2959	7498
天　津	37	327	56850	18827	12879	150	6166	946	5948
河　北	237	1123	187162	99340	68993	246	18667	1065	30347
山　西	145	1321	165942	43079	33016	370	7255	824	10063
内蒙古	261	666	91621	32832	20393	724	6502	604	12439
辽　宁	370	1371	202042	138796	101559	373	6557	1071	37237
吉　林	241	629	72364	37642	23885	227	7612	1936	13757
黑龙江	336	764	55846	33436	16086	93	6043	741	17350
上　海	349	2948	976417	402657	316678	12311	85783	16877	85979
江　苏	1383	6286	1225340	504205	334204	9347	102705	16513	170001
浙　江	1134	10710	1953679	1163836	944403	21184	284657	45558	219433
安　徽	742	2801	419673	135637	86265	2829	32055	3339	49372
福　建	404	5321	1051706	16380113	13072514	4219	90815	16949	3307599
江　西	367	837	86145	46922	27344	296	15317	957	19578
山　东	151	976	163356	51265	31010	1551	10810	1679	20255
河　南	160	714	67840	40922	24419	932	7665	986	16503
湖　北	175	990	126640	60960	34684	4352	13871	2006	26276
湖　南	393	1693	182666	90144	47331	1623	25018	4078	42813
广　东	2449	25357	5296953	1811063	1613401	65335	573448	152681	197662
广　西	631	1552	71358	36236	23032	608	10609	1405	13204
海　南	125	689	52763	57596	28182	540	9348	995	29414
重　庆	568	2125	218183	151425	78808	1452	25398	1342	72617
四　川	983	3571	613572	295453	179481	7007	59554	13284	115972
贵　州	361	1453	150418	183835	95814	2031	37564	7038	88021
云　南	1929	5224	1785325	254724	156503	985	52514	6945	98221
西　藏	36	202	20655	3281	4913	50	671	180	-1632
陕　西	112	926	175810	64108	40214	737	12955	1011	23894
甘　肃	99	527	68235	29001	18412	208	8019	1331	10589
青　海	61	106	2693	2516	1463	1	1002	55	1054
宁　夏	57	185	27370	18845	13050		3741	215	5795
新　疆	150	388	43900	19283	11419	210	4154	256	7863

2014年各地区互联网上网服务营业场所(网吧)基本情况

地　区	机构数(个)	从业人员(人)	资产总计(千元)	损益(千元)					
				营业收入	营业成本	养老、医疗、失业等保险费	本年发放工资总额	本年应交税金总额	营业利润
全　国	**129368**	**452368**	**74318313**	**44799292**	**25171038**	**639393**	**7485030**	**1067820**	**19629599**
北　京	939	3940	1269987	768515	504321	8086	177013	13501	264193
天　津	954	4275	806759	299390	220052	3388	58672	11807	79340
河　北	4826	13443	1587818	847355	537137	6315	197467	29106	310212
山　西	3323	11310	1367145	1056527	739148	4842	179960	24639	317380
内蒙古	3401	9315	3502050	840429	480154	11458	124805	16907	360275
辽　宁	5040	16060	2299651	1498292	841809	6902	101372	12641	656484
吉　林	2464	6711	1016935	571850	334553	6473	95183	23226	237297
黑龙江	4309	11912	1378737	799672	455058	2683	90440	12021	345170
上　海	1305	6520	1006867	627693	498069	17209	171360	22419	129625
江　苏	8367	26685	4784498	3352294	2039734	48653	523213	81170	1312560
浙　江	7026	24703	14677711	2588173	1904786	42635	580963	86405	683389
安　徽	5394	17285	2715968	1382192	927251	17529	268245	20552	454941
福　建	2254	8414	1022986	4167666	476053	11248	176128	21306	3691614
江　西	4313	15448	1815115	1313649	747025	21644	230324	31347	566624
山　东	10132	28421	3271254	1849296	1022891	31976	322150	39707	826624
河　南	8610	28779	3652017	2086605	1255326	25191	421775	49897	831360
湖　北	6718	24747	3387274	3419328	1672366	50864	418971	64408	1746961
湖　南	11105	34677	3838919	3585787	1614202	62160	398054	104173	1971629
广　东	7980	35960	3927342	2449312	1930881	77070	773416	105716	518442
广　西	3990	15066	1448005	852514	613384	12833	224009	24477	239130
海　南	680	3143	621703	366742	224735	6896	102534	12744	142007
重　庆	2755	11850	1475670	1179411	794238	24913	253918	17284	385173
四　川	9041	36221	5293175	3398580	2027353	83686	658506	110784	1371226
贵　州	2400	11104	1790461	1137769	697744	16670	226720	32710	440024
云　南	3814	14385	1716344	1582904	919009	11345	208201	28319	663895
西　藏	364	1265	184898	111519	40881	191	23595	3170	70638
陕　西	2970	13931	1792700	1142248	707994	16712	194882	27935	434694
甘　肃	1570	5473	770387	439990	263522	1430	93589	8603	176468
青　海	466	2020	252846	170982	115105	1448	38877	4600	55877
宁　夏	625	2570	392968	221968	108560	858	24803	1901	113408
新　疆	2233	6735	1250128	690643	457700	6093	125883	24348	232944

2014年各地区按城乡分互联网上网服务营业场所(网吧)基本情况(城市)

地区	机构数(个)	从业人员(人)	资产总计(千元)	损益(千元)					
				营业收入	营业成本				营业利润
						养老、医疗、失业等保险费	本年发放工资总额	本年应交税金总额	
全国	**45977**	**189746**	**30128451**	**18044097**	**11575472**	**291511**	**3238277**	**491693**	**6469686**
北京	693	3029	1025955	642077	414345	7703	118104	11653	227732
天津	776	3745	740296	265893	198511	3323	49639	10880	67382
河北	1018	3552	438297	234512	165326	2653	61770	6971	69186
山西	1114	4387	521509	657320	504017	1465	102903	10710	153303
内蒙古	1051	3619	788572	357192	217456	2082	52602	8908	139736
辽宁	2250	8648	1253852	826659	459230	2897	60219	4738	367429
吉林	1024	3224	477306	338337	220969	3870	47861	16406	117368
黑龙江	1719	5959	675065	436361	256664	1320	43766	6133	180252
上海	1016	4909	759823	416441	334943	13591	126933	18332	81499
江苏	3036	11007	1730263	1119889	734138	16550	222455	33365	385751
浙江	1829	6328	5953974	634105	478893	14460	158783	21983	155213
安徽	2384	8819	1227779	670158	469335	4491	125931	7628	200823
福建	514	2472	282312	190457	166348	3713	64398	6363	24109
江西	1179	5144	531750	424793	224245	10457	53833	16661	200548
山东	3884	11999	1263608	671960	377611	13489	125494	17335	294349
河南	2845	11975	1273773	794983	608122	10147	199787	23466	186941
湖北	2801	12677	1682663	1524670	839258	18553	216148	23206	685412
湖南	3832	15451	1657034	2167541	909381	40594	161103	63637	1258160
广东	2799	11642	1500571	893252	691456	30753	292126	32935	201806
广西	1020	5715	504366	342251	271874	6161	103660	8402	70377
海南	191	1210	121687	82039	44035	3246	30455	3549	38004
重庆	1309	6648	862710	770026	529977	15070	153849	13755	240049
四川	2743	13869	1536472	1237705	802772	36732	233852	48511	434933
贵州	526	2959	398384	280176	207850	5919	71887	9590	72326
云南	1189	5814	540581	623991	515982	6968	94837	19148	108009
西藏	158	666	105538	75521	26005		17706	2443	49516
陕西	914	5359	679915	497199	338113	11490	79255	16565	159501
甘肃	549	2222	350940	189164	112485	800	45982	4621	76679
青海	176	1096	151642	115900	80862	241	25706	3100	35038
宁夏	275	1410	194836	83377	26011	86	9520	995	57366
新疆	1163	4192	896980	480150	349260	2689	87715	19705	130891

2014年各地区按城乡分互联网上网服务营业场所(网吧)基本情况(县城)

地　区	机构数(个)	从业人员(人)	资产总计(千元)	损益(千元)					
				营业收入	营业成本				营业利润
						养老、医疗、失业等保险费	本年发放工资总额	本年应交税金总额	
全　国	**45783**	**156640**	**26845235**	**14470679**	**8392766**	**207240**	**2503114**	**339348**	**6078129**
北　京	114	448	169432	94337	64902	134	43819	848	29434
天　津	91	298	38713	19510	12779		4941	409	6732
河　北	2444	6597	829307	421693	250513	3027	95229	17612	171177
山　西	1465	4727	604264	284722	167205	2360	53268	9894	117517
内蒙古	2022	4970	854914	433533	236803	8231	64337	6974	196730
辽　宁	1824	5463	825143	550718	326056	2360	28074	5375	224662
吉　林	975	2631	442995	190054	92890	1958	38987	4824	97164
黑龙江	2027	4846	589669	306454	169156	1114	37270	4862	137299
上　海	113	572	78334	61146	50590	1000	16551	1331	10556
江　苏	3055	9417	2046064	1494241	903324	19190	185251	30801	590917
浙　江	2641	10316	4603947	1118748	837112	15362	226569	35234	281636
安　徽	1318	4377	728456	413211	273881	7256	85679	6766	139330
福　建	1092	4044	529437	305846	209867	4646	68862	10251	95980
江　西	1430	5934	819552	548171	318777	7054	96414	9322	229394
山　东	4228	11529	1502626	872469	475861	14909	146359	17687	396828
河　南	2974	9913	1479880	811798	396728	8853	128406	14388	415071
湖　北	1977	6900	1051179	702740	367740	19903	114353	21972	335000
湖　南	3200	10202	1359760	860316	440401	11069	124910	20303	419915
广　东	1869	8678	757044	485602	359476	14618	154336	19163	126127
广　西	1050	4120	532224	260182	169434	4265	55424	9567	90748
海　南	231	1089	408669	233925	153313	2726	59541	6165	80612
重　庆	731	3127	383383	257372	165276	7367	61973	2368	92096
四　川	3014	12299	2581241	1286890	700187	28664	237888	39565	586703
贵　州	1161	6238	1127475	692157	392399	8747	125012	19120	299757
云　南	1689	6331	912535	819463	319847	3927	86416	7383	499616
西　藏	196	575	77640	34038	13911	191	5512	677	20127
陕　西	1096	5396	749250	429257	244728	3417	75445	7784	184528
甘　肃	685	2395	300902	186161	116693	455	34958	3003	69468
青　海	212	708	82286	42963	27710	800	10341	1302	15253
宁　夏	221	805	134488	95756	55023	652	9605	566	40733
新　疆	638	1695	244428	157207	80185	2989	27381	3833	77022

2014年各地区按城乡分互联网上网服务营业场所(网吧)基本情况(县以下)

地区	机构数(个)	从业人员(人)	资产总计(千元)	损益(千元)					
				营业收入	营业成本	养老、医疗、失业等保险费	本年发放工资总额	本年应交税金总额	营业利润
全国	**37608**	**105982**	**17344627**	**12284516**	**5202800**	**140642**	**1743639**	**236779**	**7081784**
北京	132	463	74600	32101	25074	249	15090	1000	7027
天津	87	232	27750	13987	8762	65	4092	518	5226
河北	1364	3294	320214	191150	121298	635	40468	4523	69849
山西	744	2196	241372	114485	67926	1017	23789	4035	46560
内蒙古	328	726	1858564	49704	25895	1145	7866	1025	23809
辽宁	966	1949	220656	120915	56523	1645	13079	2528	64393
吉林	465	856	96634	43459	20694	645	8335	1996	22765
黑龙江	563	1107	114003	56857	29238	249	9404	1026	27619
上海	176	1039	168710	150106	112536	2618	27876	2756	37570
江苏	2276	6261	1008171	738164	402272	12913	115507	17004	335892
浙江	2556	8059	4119790	835320	588781	12813	195611	29188	246540
安徽	1692	4089	759733	298823	184035	5782	56635	6158	114788
福建	648	1898	211237	3671363	99838	2889	42868	4692	3571525
江西	1704	4370	463813	340685	204003	4133	80077	5364	136682
山东	2020	4893	505020	304867	169419	3578	50297	4685	135447
河南	2791	6891	898364	479824	250476	6191	93582	12043	229348
湖北	1940	5170	653432	1191918	465368	12408	88470	19230	726549
湖南	4073	9024	822125	557930	264420	10497	112041	20233	293554
广东	3312	15640	1669727	1070458	879949	31699	326954	53618	190509
广西	1920	5231	411415	250081	172076	2407	64925	6508	78005
海南	258	844	91347	50778	27387	924	12538	3030	23391
重庆	715	2075	229577	152013	98985	2476	38096	1161	53028
四川	3284	10053	1175462	873985	524394	18290	186766	22708	349590
贵州	713	1907	264602	165436	97495	2004	29821	4000	67941
云南	936	2240	263228	139450	83180	450	26948	1788	56270
西藏	10	24	1720	1960	965		377	50	995
陕西	960	3176	363535	215792	125153	1805	40182	3586	90665
甘肃	336	856	118545	64665	34344	175	12649	979	30321
青海	78	216	18918	12119	6533	407	2830	198	5586
宁夏	129	355	63644	42835	27526	120	5678	340	15309
新疆	432	848	108720	53286	28255	415	10787	810	25031

6 文物业

按年份各地区文物业藏品数

单位：件/套

地　区	1995年	2000年	2005年	2010年	2011年	2012年	2013年	2014年
总　计	**11331575**	**12491531**	**19964963**	**28642200**	**30185365**	**35054763**	**38408146**	**40635827**
北　京	167342	181864	1152341	3735879	3720324	4404172	3618499	3712745
天　津	546695	553684	598813	955735	1057753	1059623	1057629	1034701
河　北	617098	668097	527123	554831	562888	560167	573197	603224
山　西	394648	397373	897875	775959	782881	918646	906751	1126165
内蒙古	352021	367847	442177	461499	489949	540966	559438	557494
辽　宁	225092	214994	423106	724758	749095	728896	756364	779775
吉　林	163694	168976	190796	299574	304559	362828	405508	419123
黑龙江	162820	166115	168899	218877	306430	364860	510656	722207
上　海	203424	268984	1496698	1444185	1956095	3858258	3994788	4059742
江　苏	771836	803066	1933152	2490474	2489717	2535918	2607435	2654416
浙　江	396543	494206	869053	896263	820544	1080763	1115042	1308647
安　徽	328780	432385	446566	822095	833904	876437	929951	1005945
福　建	218598	263587	419697	445866	496246	503477	545008	546100
江　西	202575	241239	387165	643335	650343	680459	645355	755188
山　东	591720	792763	811316	1448056	1355055	1753262	1820374	1958437
河　南	1021544	1260014	1435202	1833281	1912920	2019691	2095459	2043967
湖　北	560737	615162	983730	1464517	1446195	1875999	1926674	2158845
湖　南	278609	277841	532768	857677	889723	895236	917386	967200
广　东	456762	498102	988920	1121797	1124316	1242862	1668942	1735546
广　西	232666	211091	301908	347472	376608	429300	465209	481919
海　南	24938	48731	30140	58398	66556	74743	40063	44440
重　庆		237413	301849	754363	620620	671680	764717	717462
四　川	675154	457941	752459	1147088	1374585	1340777	3403278	3579967
贵　州	36892	41579	54690	119594	189925	173553	131667	152462
云　南	214693	244475	299465	453712	474652	644043	1265769	1344957
西　藏	127026	68650	212691	143071	198650	232318	230967	235462
陕　西	502005	533192	883408	946083	976671	1211594	1355289	1636437
甘　肃	249723	280812	429726	546332	593630	596848	600243	611757
青　海	75233	97052	141121	186276	217765	244345	245398	192902
宁　夏	37881	48620	77025	84093	84730	92651	108786	105768
新　疆	72457	94477	107777	150646	153370	155347	185351	222037

按年份各地区博物馆机构数

单位：个

地　区	1995年	2000年	2005年	2010年	2011年	2012年	2013年	2014年
总　计	**1194**	**1384**	**1581**	**2435**	**2650**	**3069**	**3473**	**3658**
北　京	17	25	34	41	41	41	41	41
天　津	14	14	18	18	19	20	20	22
河　北	31	43	46	65	69	75	103	105
山　西	69	76	86	89	89	92	97	99
内蒙古	17	25	33	54	59	65	72	75
辽　宁	26	30	39	61	62	62	63	63
吉　林	16	16	18	57	58	68	73	78
黑龙江	29	41	46	76	103	104	156	158
上　海	12	11	25	27	36	90	100	103
江　苏	72	86	99	213	245	266	292	301
浙　江	59	68	80	100	100	166	183	187
安　徽	30	37	43	120	131	141	154	164
福　建	64	81	82	94	95	94	98	98
江　西	82	81	82	108	108	109	137	137
山　东	56	59	75	114	120	178	194	243
河　南	66	70	79	111	159	180	222	248
湖　北	88	94	91	120	125	161	170	174
湖　南	57	66	73	81	85	95	103	109
广　东	114	128	146	169	161	168	175	176
广　西	37	39	49	64	71	79	104	106
海　南	17	15	16	16	18	19	18	18
重　庆		14	18	37	39	39	71	78
四　川	54	50	55	108	144	152	188	206
贵　州	4	8	11	59	53	66	75	74
云　南	22	30	32	120	84	85	84	86
西　藏	2	2	2	2	2	2	2	4
陕　西	59	67	82	106	122	194	221	238
甘　肃	52	65	69	102	145	149	143	147
青　海	8	14	15	18	22	22	22	22
宁　夏	3	4	6	6	6	9	11	12
新　疆	12	23	28	71	73	72	76	82

2014年全国文物业

	机构数（个）	从业人员（人）	专业技术人才	正高级职称	副高级职称
总　计	**8421**	**148095**	**44372**	**1920**	**5450**
按单位类型分					
文物科研机构	118	7314	2662	304	565
文物保护管理机构	3280	37843	8971	151	827
博物馆	3658	83970	30934	1350	3844
文物商店	71	1565	665	9	64
其他文物机构	1294	17403	1140	106	150
按隶属关系分					
中央	11	3582	1725	179	382
省区市	301	20831	8139	642	1481
地市	1507	42422	14927	660	2088
县市区	6602	81260	19581	439	1499
按部门分					
文物部门	7515	130077	39537	1539	4817
其他部门	906	18018	4835	381	633

续表 1

	在藏品数中(件/套)		本年修复藏品数(件/套)		
	本年从有关部门接收文物数	本年藏品征集数		一级品	二级品
总　计	**189515**	**315092**	**76156**	**657**	**1911**
按单位类型分					
文物科研机构	310	121	16010	41	107
文物保护管理机构	2966	16671	4167	20	73
博物馆	186236	298148	55979	596	1731
文物商店					
其他文物机构	3	152			
按隶属关系分					
中央	904	2490	1670	9	67
省区市	3302	65330	18260	297	458
地市	9525	60374	24311	85	581
县市区	175784	186898	31915	266	805
按部门分					
文物部门	27138	169493	56247	446	1361
其他部门	162377	145599	19909	211	550

基本情况

	中级职称	安全保卫人员	登记注册志愿者（人）	文物藏品（件/套）	一级品	二级品	三级品	本年新增藏品
	17850	**25477**	**93203**	**40635827**	**98236**	**688233**	**3405090**	**1006312**
	1034	460	134	1459852	1357	4154	61915	15321
	3668	4569	13712	2092332	7006	27935	145978	32862
	12355	20255	79242	29299673	89532	650837	3188277	957806
	364			7700873	60	88	1994	
	429	193	115	83097	281	5219	6926	323
	644	825	1024	3160790	20197	377277	846688	37837
	3278	2806	11841	15369684	30875	158083	1388914	423442
	6396	7314	32768	8983044	24773	74979	661734	118684
	7532	14532	47570	13122309	22391	77894	507754	426349
	15960	22003	75001	31977227	92399	678076	3376352	680240
	1890	3474	18202	8658600	5837	10157	28738	326072

	三级品	基本陈列（个）	临时展览（个）	参观人次（万人次）	未成年人参观人次	门票销售总额（千元）	本年收入合计（千元）	财政补助收入
	10763	**9996**	**11174**	**84256.22**	**22403.10**	**6447026**	**39262155**	**29584432**
	1744	14	25	300.82	35.25	215890	2438120	1353667
	424	946	620	12181.59	2155.93	2921066	7573034	5116357
	8595	9036	10529	71773.81	20211.92	3310070	19555119	15846683
							878956	11814
							8816926	7255911
	109	44	136	2591.87	343.67	835724	2099137	1605860
	1777	451	1071	9059.01	2578.76	909600	9774605	7273392
	5859	2484	3906	28992.58	6658.06	2622876	12252238	9328560
	3018	7017	6061	43612.76	12822.61	2078826	15136175	11376620
	9753	8064	9873	70514.51	18825.69	5127089	35823228	27761038
	1010	1932	1301	13741.71	3577.41	1319937	3438927	1823394

续表 2

	本年收入合计(千元)				
	事业收入	上级补助收入	附属单位上缴收入	经营收入	其他收入
总　　计	**3835504**	**1265800**	**4278**	**1047913**	**3524228**
按单位类型分					
文物科研机构	913572	37288	13	40736	92844
文物保护管理机构	1428028	403846	2479	400090	222234
博物馆	1352442	753594	1786	597638	1002976
文物商店					867142
其他文物机构	141462	71072		9449	1339032
按隶属关系分					
中央	362677		300	7546	122754
省区市	1084119	144391	434	95026	1177243
地市	1282215	351503	1779	192776	1095405
县市区	1106493	769906	1765	752565	1128826
按部门分					
文物部门	3668541	1012811	3976	572902	2803960
其他部门	166963	252989	302	475011	720268

续表 3

	福利费	各种税金支出	对个人和家庭补助支出	抚恤金和生活补助	其他资本性支出
总　　计	**114858**	**156143**	**1651599**	**73834**	**4606522**
按单位类型分					
文物科研机构	3449	37819	96675	6774	205879
文物保护管理机构	23856	41293	287353	13145	771012
博物馆	80460	65531	1060642	34295	2753679
文物商店					
其他文物机构	7093	11500	206929	19620	875952
按隶属关系分					
中央	4559	14661	170496	2700	459445
省区市	19922	46061	438037	20751	1648769
地市	21983	38469	616329	17715	1184731
县市区	68394	56952	426737	32668	1313577
按部门分					
文物部门	100991	116562	1559878	70458	4416992
其他部门	13867	39581	91721	3376	189530

本年支出合计(千元)	基本支出	项目支出	经营支出	在支出合计中：工资福利支出	商品和服务支出	差旅费	劳务费
36435510	**12452028**	**20369389**	**606976**	**7006050**	**11970338**	**297651**	**1073104**
2070163	665880	1147871	14858	554536	1042421	59173	253526
6897686	2963537	3393586	263474	1584030	1908530	28424	154876
18741974	7301998	10412707	320614	4161310	6072481	157074	503946
725798							
7999889	1520613	5415225	8030	706174	2946906	52980	160756
1999828	669058	1194078	1514	360353	875746	22880	42533
9314494	1998385	6268092	71476	1349733	3370057	112348	318489
11486633	4072643	6566951	69822	2198344	4610739	87194	468498
13634555	5711942	6340268	464164	3097620	3113796	75229	243584
33190924	11115826	19416939	366784	6330835	11254807	275158	1028790
3244586	1336202	952450	240192	675215	715531	22493	44314

各种设备、交通工具、图书购置费	资产总计(千元)	固定资产原值	实际使用房屋建筑面积(万平方米)	展览用房	文物库房	实际拥有产权面积(万平方米)
607791	**101777573**	**54414398**	**2434.93**	**1020.59**	**188.32**	**2042.40**
54448	4093545	1406961	101.53		8.54	20.00
63047	15511917	5967318	304.76	93.37	13.77	381.58
416445	70897570	44020072	1933.12	926.25	158.53	1579.69
	2322576	452728	15.38		7.22	8.78
73851	8951965	2567319	80.15	0.98	0.26	52.37
91876	6554440	2429249	57.87	11.81	6.17	36.81
233981	24154104	11083201	276.17	95.20	43.40	163.88
167093	28351071	16392822	847.21	327.17	58.49	629.16
114841	42717958	24509126	1253.68	586.42	80.26	1212.55
555874	79435700	40137075	1991.01	820.63	158.27	1662.68
51917	22341873	14277323	443.92	199.96	30.06	379.72

2014年全国文物保护

	机构数(个)	从业人员(人)	专业技术人才	正高级职称	副高级职称
总　　计	**3280**	**37843**	**8971**	**151**	**827**
按隶属关系分					
中央					
省区市	12	633	98	4	21
地市	302	10011	2725	103	414
县市区	2966	27199	6148	44	392
按部门分类					
文物部门	3212	34852	8557	147	749
其他部门	68	2991	414	4	78
按机构类型分					
区域性文物保护管理机构	1896	18858	6350	119	562
专门为一处或几处文物保护单位设立的保护管理机构	1384	18985	2621	32	265

续表 1

	在藏品数中(件/套)		本年修复文物数(件/套)	一级品	二级品
	本年从有关部门接收文物数	本年藏品征集数			
总　　计	**2966**	**16671**	**4167**	**20**	**73**
按隶属关系分					
中央					
省区市		5	310		
地市	214	3480	824	15	24
县市区	2752	13186	3033	5	49
按部门分类					
文物部门	2966	16665	4167	20	73
其他部门		6			
按机构类型分					
区域性文物保护管理机构	2388	16066	2975	20	73
专门为一处或几处文物保护单位设立的保护管理机构	578	605	1192		

管理机构基本情况

中级职称	安全保卫人员	登记注册志愿者人数(人)	藏品数(件/套)	一级品	二级品	三级品	本年新增藏品
3668	**4569**	**13712**	**2092332**	**7006**	**27935**	**145978**	**32862**
42	101	20	84211	409	923	2143	5
1173	1197	1390	267714	1357	2866	17408	5164
2453	3271	12302	1740407	5240	24146	126427	27693
3489	4316	13655	2081883	6926	27405	144657	32822
179	253	57	10449	80	530	1321	40
2627	2298	4128	1602961	4397	19134	128570	31365
1041	2271	9584	489371	2609	8801	17408	1497

三级品	基本陈列(个)	临时展览(个)	参观人次(万人次)	未成年人参观人次	门票销售总额(千元)	省部级及以上科研课题数(个)
424	**946**	**620**	**12181.59**	**2155.93**	**2921066**	**27**
	5	8	83.13	4.45	17633	
88	159	106	4099.10	439.87	1588124	10
336	782	506	7999.37	1711.61	1315309	17
424	926	616	10978.58	2058.22	2043241	27
	20	4	1203.02	97.72	877825	
334	677	484	6195.36	1326.99	1340730	17
90	269	136	5986.23	828.94	1580336	10

续表 2

	本年完成科研成果				
	专利(个)	专著或图录(册)	论文数(篇)	古建维修、考古发掘报告(册)	获国家奖(个)
总　计		**61**	**291**	**29**	**3**
按隶属关系分					
中央					
省区市		10	7		
地市		20	118	5	1
县市区		31	166	24	2
按部门分类					
文物部门		60	288	29	3
其他部门		1	3		
按机构类型分					
区域性文物保护管理机构		41	254	24	3
专门为一处或几处文物保护单位设立的保护管理机构		20	37	5	

续表 3

	其他收入	本年支出合计(千元)	基本支出	项目支出	文物本体保护
总　计	**222234**	**6897686**	**2963537**	**3393586**	**883213**
按隶属关系分					
中央					
省区市	3403	157227	75659	64889	7347
地市	94805	2835555	1101687	1605876	348092
县市区	124026	3904904	1786191	1722821	527774
按部门分类					
文物部门	217363	6452992	2744430	3219249	878011
其他部门	4871	444694	219107	174337	5202
按机构类型分					
区域性文物保护管理机构	135664	4110020	1878697	1898568	486341
专门为一处或几处文物保护单位设立的保护管理机构	86570	2787666	1084840	1495018	396872

获省、部奖(个)	本年收入合计(千元)	财政补助收入	事业收入	上级补助收入	附属单位上缴收入	经营收入
13	**7573034**	**5116357**	**1428028**	**403846**	**2479**	**400090**
	169713	80684	84042	1150	434	
6	3052516	2128715	700724	111747	854	15671
7	4350805	2906958	643262	290949	1191	384419
13	7069728	4646475	1419942	392931	2479	390538
	503306	469882	8086	10915		9552
8	4579983	3116661	714125	285179	1351	327003
5	2993051	1999696	713903	118667	1128	73087

藏品技术保护	展示利用等保护性设施建设	保护管理体系	经营支出	在支出合计中：工资福利支出	商品和服务支出	差旅费
21050	**431359**	**132718**	**263474**	**1584030**	**1908530**	**28424**
8231	5280	4746		26155	52941	789
2349	127209	52777	14681	545338	1005038	10985
10470	298870	75195	248793	1012537	850551	16650
21050	430499	132718	256942	1480680	1728725	26881
	860		6532	103350	179805	1543
10195	168509	50325	206122	986515	1252730	19619
10855	262850	82393	57352	597515	655800	8805

续表 4

	劳务费	福利费	各种税金支出	对个人和家庭补助支出	抚恤金和生活补贴
总　计	**154876**	**23856**	**41293**	**287353**	**13145**
按隶属关系分					
中央					
省区市	2823	353	31	12521	174
地市	92049	8038	20725	156072	3015
县市区	60004	15465	20537	118760	9956
按部门分类					
文物部门	150149	23198	32802	256054	12489
其他部门	4727	658	8491	31299	656
按机构类型分					
区域性文物保护管理机构	108714	15832	29398	186070	9230
专门为一处或几处文物保护单位设立的保护管理机构	46162	8024	11895	101283	3915

续表 5

	实际拥有产权面积(万平方米)	文物保护规划和方案设计(个　)	文物保护维修情况		
			国保单位保护维修项目数(个)	保护维修面积(平方米)	省保单位保护维项修目数(个)
总　计	**381.579**	**1042**	**677**	**47125193**	**427**
按隶属关系分					
中央					
省区市	4.745	1	2	5320	
地市	121.761	149	224	26382844	63
县市区	255.073	892	451	20737029	364
按部门分类					
文物部门	362.936	1023	667	47115372	425
其他部门	18.643	19	10	9821	2
按机构类型分					
区域性文物保护管理机构	225.055	842	390	38165941	395
专门为一处或几处文物保护单位设立的保护管理机构	156.524	200	287	8959252	32

其他资本性支出	各种设备、交通工具、图书购置费	资产总计(千元)	固定资产原值	实际使用房屋建筑面积(万平方米)	展览用房	文物库房(含标本室)
771012	**63047**	**15511917**	**5967318**	**304.76**	**93.37**	**13.77**
29192	976	235175	63383	5.13	0.95	0.05
330267	38551	6483210	2653763	95.51	21.67	3.22
411553	23520	8793532	3250172	204.12	70.75	10.50
722288	50912	13184798	5291137	274.98	92.17	13.70
48724	12135	2327119	676181	29.77	1.20	0.07
334890	39330	9535266	3470773	158.17	53.53	10.68
436122	23717	5976651	2496545	146.59	39.84	3.09

市、县保单位保护维修项目数(个)	进行考古发掘情况				主办刊物(种)	国际合作项目数(个)
	考古发掘面积(万平方米)	出土器物(件/套)	原址保护展示面积(万平方米)	异地保护展示面积(万平方米)		
583	**488.863**	**36802**	**50.126**	**0.155**	**34**	**4**
					1	
90	367.981	5488	0.632	0.067	13	3
493	120.883	31314	49.494	0.088	20	1
582	488.863	36802	50.126	0.155	34	4
1						
554	483.255	14255	23.084	0.155	26	3
29	5.609	22547	27.042		8	1

2014年全国博物馆

	机构数（个）	从业人员（人）					安全保卫人员	登记注册志愿者（人）
			专业技术人才					
				正高级职称	副高级职称	中级职称		
总　计	**3658**	**83970**	**30934**	**1350**	**3844**	**12355**	**20255**	**79242**
其中：免费开放	2920	61993	24611	1010	3049	9712	14953	66203
按机构类型分								
综合性	1457	34603	15594	594	1991	6319	8530	40579
历史类	1404	35352	10612	395	1223	4174	8484	21558
艺术类	274	4599	1635	164	212	634	1057	3599
自然科技类	105	2553	986	82	176	453	516	8453
其他	418	6863	2107	115	242	775	1668	5053
按隶属关系分								
中央	4	3030	1429	127	290	533	822	1024
省区市	120	12072	5570	364	994	2162	2453	11773
地市	851	26351	10900	488	1482	4717	5886	31179
县市区	2683	42517	13035	371	1078	4943	11094	35266
按系统分类								
文物部门	2878	70047	26978	1018	3330	10839	17038	61097
其他部门	425	9256	2926	173	354	1159	2015	15107
民办	355	4667	1030	159	160	357	1202	3038

续表 1

	基本陈列（个）	临时展览（个）	参观人次（万人次）		门票销售总额（千元）	本年完成科研成果		
				未成年人参观人次		省部级及以上科研课题数（个）	专利（个）	专著或图录（册）
总　计	**9036**	**10529**	**71773.81**	**20211.92**	**3310070**	**421**	**53**	**924**
其中：免费开放	7279	9260	56719.30	17353.07	367096	326	27	700
按机构类型分								
综合性	3900	5855	24833.07	7782.34	646453	179	17	454
历史类	3026	2666	35896.93	9388.94	2313431	117	20	269
艺术类	617	1028	3300.22	682.95	32688	37	13	90
自然科技类	308	164	2425.25	887.14	221449	57	2	57
其他	1185	816	5318.35	1470.55	96049	31	1	54
按隶属关系分								
中央	44	136	2591.87	343.67	835724	5		83
省区市	439	1049	8795.99	2559.48	765295	196	21	289
地市	2318	3789	24772.56	6197.77	945534	85	4	268
县市区	6235	5555	35613.39	11111.00	763517	135	28	284
按系统分类								
文物部门	7124	9232	59235.11	16732.22	2867958	324	49	731
其他部门	1126	768	9888.79	2892.97	377968	76	2	127
民办	786	529	2649.90	586.72	64144	21	2	66

基本情况

藏品数(件/套)	一级品	二级品	三级品	在藏品数中(件/套) 本年新增藏品	本年从有关部门接收文物数	本年藏品征集数	本年修复文物数(件/套)	一级品	二级品	三级品
29299673	**89532**	**650837**	**3188277**	**957806**	**186236**	**298148**	**55979**	**596**	**1731**	**8595**
21035967	68056	367939	2458980	617951	21114	170943	45002	390	1041	7162
14357900	53615	264044	2026694	500586	15844	69220	23857	244	678	4692
6512471	23359	297964	862411	241792	168204	44473	17931	126	497	2794
1832059	4335	47120	152892	14703	386	6573	6167	82	100	106
2530411	4535	8966	11876	22971	145	9754	3267	133	452	728
4066832	3688	32743	134404	177754	1657	168128	4757	11	4	275
3160790	20197	377277	846688	37837	904	2490	443	4	67	109
8422626	29144	149537	1365322	417879	3302	65325	10638	263	415	1690
6415275	23157	70510	596908	104273	9001	56659	16153	68	493	4114
11300982	17034	53513	379359	397817	173029	173674	28745	261	756	2682
23074309	83794	641297	3161579	631774	23859	152555	36070	385	1181	7585
2600945	2655	6905	14353	199049	162093	26180	9955	132	248	32
3624419	3083	2635	12345	126983	284	119413	9954	79	302	978

论文数(篇)	古建维修、考古发掘报告(册)	获国家奖(个)	获省、部奖(个)	本年收入合计(千元)	财政补助收入	事业收入	上级补助收入	附属单位上缴收入	经营收入
5597	**131**	**46**	**194**	**19555119**	**15846683**	**1352442**	**753594**	**1786**	**597638**
4717	95	41	149	13269756	11486829	366289	638277	1584	113909
3075	94	22	85	9251058	7903162	440076	340576	1184	129190
1677	21	9	31	7569186	6036792	615395	332902		239044
324	13	12	35	921726	647013	91815	35134	302	22760
222	1	3	25	775344	436343	129117	4845		145193
299	2		18	1037805	823373	76039	40137	300	61451
475	2	1	5	1585254	1287630	233658		300	7146
2629	27	16	53	5670709	5038920	194451	56842		64496
1582	68	14	76	5770436	4711749	463783	220641	912	163100
911	34	15	60	6528720	4808384	460550	476111	574	362896
5015	118	34	133	17136634	14497331	1193565	511520	1484	132179
448	3	5	41	2111819	1310376	154821	157528		346693
134	10	7	20	306666	38976	4056	84546	302	118766

续表 2

	其他收入	本年支出合计（千元）	基本支出	项目支出	文物征集	馆藏品保护	陈列展览	教育与科研
总　计	**1002976**	**18741974**	**7301998**	**10412707**	**701764**	**385618**	**1170858**	**144187**
其中：免费开放	662868	12996327	4943791	7440533	603190	299600	873497	108528
按机构类型分								
综合性	436870	9089872	3101780	5539953	440156	212798	681049	62802
历史类	345053	6881285	3042919	3456352	80604	125848	297770	35657
艺术类	124702	1029898	327066	660585	132454	9272	39952	12586
自然科技类	59846	701274	384160	247931	20054	22341	69596	21743
其他	36505	1039645	446073	507886	28496	15359	82491	11399
按隶属关系分								
中央	56520	1527205	511940	933464	121086	25907	66542	
省区市	316000	5623727	1312360	4176070	265237	131601	408270	65684
地市	210251	5385841	2380472	2788508	162417	109850	323978	41218
县市区	420205	6205201	3097226	2514665	153024	118260	372068	37285
按系统分类								
文物部门	800555	16392930	6185623	9634794	615698	334068	1039093	113041
其他部门	142401	1921842	964139	642691	27027	34546	106117	24583
民办	60020	427202	152236	135222	59039	17004	25648	6563

续表 3

	各种设备、交通工具、图书购置费	资产总计（千元）	固定资产原值	实际使用房屋建筑面积（万平方米）	展览用房	文物库房（含标本室）面积	实际拥有产权面积（万平方米）	文物保护规划和方案设计（个）
总　计	**416445**	**70897570**	**44020072**	**1933.12**	**926.25**	**158.53**	**1579.69**	**1314**
其中：免费开放	321649	51697833	32959117	1451.97	732.24	124.57	1170.06	1117
按机构类型分								
综合性	179041	31400636	18009340	873.46	397.83	88.08	573.60	858
历史类	163970	23317062	16355248	704.03	346.04	38.39	755.47	330
艺术类	37384	4680576	2628215	104.53	55.07	12.01	49.80	35
自然科技类	20715	6064867	4277963	73.30	33.49	6.17	68.15	15
其他	15335	5434429	2749306	177.80	93.81	13.87	132.68	76
按隶属关系分								
中央	62150	5345583	1910069	51.38	11.81	5.84	28.81	38
省区市	174782	17198098	9436815	230.58	93.45	32.64	135.25	269
地市	102675	18820049	12966762	645.60	305.50	50.58	486.10	227
县市区	76838	29533840	19706426	1005.56	515.49	69.47	929.52	780
按系统分类								
文物部门	376663	52063887	30757189	1524.75	727.52	130.03	1222.17	1181
其他部门	29601	13869733	10454308	247.55	121.32	11.20	219.75	62
民办	10181	4963950	2808575	160.82	77.40	17.30	137.77	71

经营支出	在支出合计中：工资福利支出	商品和服务支出	差旅费	劳务费	福利费	各种税金支出	对个人和家庭补助支出	抚恤金和生活补贴	其他资本性支出
320614	**4161310**	**6072481**	**157074**	**503946**	**80460**	**65531**	**1060642**	**34295**	**2753679**
98904	2920591	4616194	128900	394527	35205	20881	774540	27319	1578924
80104	1795320	2956856	87667	276469	45589	21980	536702	18267	1507483
148218	1762432	2377248	45528	144210	23818	35693	417495	11701	888268
14008	209185	311266	8677	19955	4705	1648	41017	1872	268514
34334	136270	136231	3925	10988	2416	3014	17124	693	37943
43950	258103	290880	11277	52324	3932	3196	48304	1762	51471
1514	306592	573545	8033	23170	4045	8019	151743	2188	429371
51555	796134	1985886	50826	146922	14622	9175	318493	13133	1114960
52275	1387605	1844809	50869	194977	12633	13149	382163	9681	604294
215270	1670979	1668241	47346	138877	49160	35188	208243	9293	605054
86954	3590165	5536755	136124	464359	67251	34441	1000220	31575	2613073
171306	461020	490857	9424	30904	8182	23190	59047	2142	122268
62354	110125	44869	11526	8683	5027	7900	1375	578	18338

文物保护单位保护维修情况				进行考古发掘情况				国际合作项目数（个）	主办刊物（种）
国保单位保护维修项目数（个）	保护维修面积（平方米）	省保单位保护维修项目数（个）	市、县保单位保护维修项目数（个）	考古发掘面积（万平方米）	出土器物（件/套）	原址保护展示面积（万平方米）	异地保护展示面积（万平方米）		
515	**19535**	**358**	**350**	**58.52**	**103863**	**4.54**	**1.24**	**144**	**260**
347	18850	319	314	56.59	86077	3.79	1.24	133	213
210	1057	218	236	46.15	81107	2.61	0.39	76	94
276	18462	119	94	9.82	21060	1.43	0.85	21	90
11	3	4	4	1.87	800	0.26		35	44
6	11	4	4	0.01				3	11
12	3	13	12	0.68	896	0.24		9	21
5	1			0.14		0.01		18	5
60	12	11	1	5.46	4126	1.04		79	45
158	191	47	27	8.06	17472	1.85	0.13	17	96
292	19330	300	322	44.86	82265	1.65	1.12	30	114
483	19411	349	345	56.68	98807	4.48	1.24	118	188
31	124	9	5	1.84	956	0.06		8	36
1					4100			18	36

2014年全国文物

	机构数(个)	从业人员(人)					库存文物数(件/套)	
			专业技术人才	正高级职称	副高级职称	中级职称		一级品
总　计	**71**	**1565**	**665**	**9**	**64**	**364**	**7700873**	**60**
按隶属关系分								
中央								
省区市	23	901	405	9	43	239	6330498	33
地市	42	610	236		17	115	1300005	27
县市区	6	54	24		4	10	70370	
按系统分类								
文物部门	67	1340	580	9	61	283	5278710	57
其他部门	4	225	85		3	81	2422163	3

续表

	损益(千元)							
	主营业务收入	营业成本	养老、医疗、失业等各种社会保险费	住房公积金和住房补贴	差旅费	工会经费	营业利润	营业外收入
总　计	**782362**	**719778**	**31721**	**16070**	**8096**	**2100**	**122150**	**37028**
按隶属关系分								
中央								
省区市	490649	433870	20586	12000	4864	1372	90386	13825
地市	280407	274903	10945	4047	3173	727	31027	22781
县市区	11306	11005	190	23	59	1	737	422
按系统分类								
文物部门	650513	631684	25730	13645	7782	1649	75564	37021
其他部门	131849	88094	5991	2425	314	451	46586	7

商店基本情况

二级品	三级品	资产、负债、所有者权益(千元)							营业收入
		资产总计	固定资产原价	当年提取的折旧总额	负债合计	所有者权益合计	实收资本	国家资本金	
88	**1994**	**2322576**	**452728**	**24604**	**519793**	**1802783**	**213466**	**188620**	**841928**
38	438	1780823	311030	19087	358362	1422461	138468	129598	524256
50	1556	513366	136115	5331	154878	358488	69805	54048	305930
		28387	5583	186	6553	21834	5193	4974	11742
46	1344	1861656	324177	19602	478938	1382718	195186	180620	707248
42	650	460920	128551	5002	40855	420065	18280	8000	134680

政府补助(补贴收入)	营业外支出	利润总额	工资、福利费、税金(千元)			实际使用房屋建筑面积(万平方米)	营业用房	库房	实际拥有产权面积(万平方米)
			本年发放工资总额	本年支付的职工福利费	本年应交税金总额				
11814	**6020**	**153158**	**126802**	**9626**	**63502**	**15.38**	**5.97**	**7.22**	**8.78**
10267	4888	99323	82612	7682	47493	9.76	2.61	5.48	4.92
1199	1128	52680	42476	1690	15693	5.28	3.21	1.65	3.73
348	4	1155	1714	254	316	0.34	0.16	0.10	0.12
11814	5022	107563	103931	9094	44765	13.64	5.69	5.77	8.53
	998	45595	22871	532	18737	1.74	0.28	1.46	0.25

2014年文物保护科学

	机构数(个)	从业人员(人)						登记注册志愿者人数(人)
			专业技术人才				安全保卫人员	
				正高级职称	副高级职称	中级职称		
总　计	**118**	**7314**	**2662**	**304**	**565**	**1034**	**460**	**134**
按性质分类								
考古研究	75	5247	1655	214	337	634	184	44
古建研究	13	501	363	26	79	141	46	10
其他研究	30	1566	644	64	149	259	230	80
按隶属关系分类								
中央	1	123	118	17	46	46	1	
省区市	42	5497	1634	224	350	657	240	25
地市	66	1592	851	60	157	317	187	109
县市区	9	102	59	3	12	14	32	
按经费来源分类								
文物经费	99	6209	2277	248	480	888	427	130
科研经费	10	1001	331	51	72	128	26	
其他经费	9	104	54	5	13	18	7	4

续表 1

	三级品	基本陈列(个)	临时展览(个)	参观人次(万人次)	未成年人参观人次	门票销售总额(千元)	省部级及以上科研课题数(个)	专利(个)
总　计	**1744**	**14**	**25**	**300.82**	**35.25**	**215890**	**71**	**12**
按性质分类								
考古研究	13	3	13	65.17	2.95	14804	35	
古建研究	29	2	8	4.80	1.80		21	2
其他研究	1702	9	4	230.85	30.51	201086	15	10
按隶属关系分类								
中央							1	2
省区市	87	7	14	179.90	14.83	126672	40	9
地市	1657	7	11	120.92	20.42	89218	30	1
县市区								
按经费来源分类								
文物经费	129	10	16	250.51	19.78	215547	54	11
科研经费	1615						17	1
其他经费		4	9	50.31	15.47	343		

研究机构基本情况

藏品数(件/套)	在藏品数中(件/套)						本年修复文物数(件/套)		
	一级品	二级品	三级品	本年新增藏品	本年从有关部门接收文物数	本年藏品征集数		一级品	二级品
1459852	**1357**	**4154**	**61915**	**15321**	**310**	**121**	**16010**	**41**	**107**
1061685	1210	3248	56429	12198		121	11072		50
386834	34	696	4635	2800			1509	2	14
11333	113	210	851	323	310		3429	39	43
							1227	5	
499396	1076	2565	15214	5558			7312	34	43
955074	215	1505	45727	9125	310	113	7334	2	64
5382	66	84	974	638		8	137		
1217613	1049	3505	58847	12552	310	117	13999	41	107
240780	299	608	2700	2769		4	2011		
1459	9	41	368						

本年完成科研成果					本年收入合计(千元)			
专著或图录(册)	论文数(篇)	古建维修、考古发掘报告(册)	获国家奖(个)	获省、部奖(个)		财政补助收入	事业收入	上级补助收入
99	**1083**	**319**	**7**	**20**	**2438120**	**1353667**	**913572**	**37288**
56	731	261	4	14	1620535	815511	721385	17890
13	92	54	1	3	168024	59717	73719	14664
30	260	4	2	3	649561	478439	118468	4734
6	97			2	103725	40393	61145	
72	708	193	6	12	1815280	934585	778556	20161
21	257	126	1	6	504164	369191	73668	17127
	21				14951	9498	203	
86	911	291	7	20	2110506	1142847	811151	34679
9	172	28			303776	191404	101441	1882
4					23838	19416	980	727

续表 2

	本年收入合计(千元)			本年支出合计(千元)				
	附属单位上缴收入	经营收入	其他收入	本年支出合计(千元)	基本支出	项目支出	文物征集	馆藏品保护
总　计	**13**	**40736**	**92844**	**2070163**	**665880**	**1147871**	**101587**	**415**
按性质分类								
考古研究		21868	43881	1303440	357870	704290	72658	202
古建研究		18868	1056	152037	45903	93902	2034	140
其他研究	13		47907	614686	262107	349679	26895	73
按隶属关系分类								
中央			2187	99562	76721	22841	13291	
省区市		23944	58034	1481680	422722	808687	82973	278
地市	13	11542	32623	474007	156241	311726	5221	137
县市区		5250		14914	10196	4617	102	
按经费来源分类								
文物经费		40346	81483	1875942	605304	1026423	99737	415
科研经费	13		9036	176285	54329	110090	1804	
其他经费		390	2325	17936	6247	11358	46	

续表 3

	对个人和家庭补助支出	抚恤金和生活补贴	其他资本性支出	各种设备购置费	资产总计(千元)	固定资产原值	公用房屋建筑面积(万平方米)	文物库房(含标本室)面积
总　计	**96675**	**6774**	**205879**	**54448**	**4093545**	**1406961**	**101.53**	**8.54**
按性质分类								
考古研究	64138	4177	42519	19404	1941318	556878	21.52	6.58
古建研究	8261	373	4004	1585	264142	70685	65.82	0.64
其他研究	24276	2224	159356	33459	1888085	779398	14.18	1.31
按隶属关系分类								
中央	8130	77	4028	4028	436050	222254	1.32	0.28
省区市	68519	5850	153962	45131	3181739	983371	23.94	5.18
地市	18893	504	47667	5232	467088	193884	75.87	2.97
县市区	1133	343	222	57	8668	7452	0.39	0.11
按经费来源分类								
文物经费	86593	6534	204625	53931	3774277	1261436	96.46	7.59
科研经费	9309	240	507	507	281573	139521	4.93	0.95
其他经费	773		747	10	37695	6004	0.14	0.00

			在支出合计中：					
陈列展览	教育与科研	经营支出	工资福利支出	商品和服务支出	差旅费	劳务费	福利费	税金支出
25905	**24790**	**14858**	**554536**	**1042421**	**59173**	**253526**	**3449**	**37819**
6027	9098	2777	403361	685760	40719	176400	2132	28204
476	7276	12081	27528	99022	2816	50483	182	5150
19402	8416		123647	257639	15638	26643	1135	4465
			23247	64157	7578	13982	9	2281
25329	24739	13547	441354	735269	48106	155018	2956	34027
576	45	1210	84104	239129	3324	82889	455	904
	6	101	5831	3866	165	1637	29	607
25905	24790	14638	518906	914719	55716	237491	2859	37793
			30073	118673	3187	14240	590	26
		220	5557	9029	270	1795		

实验室面积	实际拥有产权面积(万平方米)	文物保护规划和方案设计(个)	进行考古发掘情况				国际合作项目数(个)	主办刊物(种)
			考古发掘面积(万平方米)	出土器物(件/套)	原址保护展示面积(万平方米)	异地保护展示面积(万平方米)		
1.99	**20.00**	**377**	**48.24**	**109443**	**1.33**	**0.06**	**7**	**19**
0.70	10.42	96	47.63	106493	1.32	0.01	2	11
0.45	0.41	111	0.57	2800		0.05		3
0.84	9.16	170	0.04	150	0.01		5	5
0.13	3.15	98						1
0.76	14.69	238	36.83	88965	1.30	0.01	7	12
1.09	1.95	39	10.76	19613	0.03	0.06		6
0.01	0.21	2	0.65	865				
1.81	19.06	352	40.86	94144	0.88	0.06	6	15
0.18	0.93	24	7.33	15299	0.45	0.00	1	3
	0.01	1	0.05					1

2014年全国各地区

地区	机构数(个)	从业人员(人)	专业技术人才	正高级职称	副高级职称	中级职称	安全保卫人员	登记注册志愿者(人)
全国	**8421**	**148095**	**44372**	**1920**	**5450**	**17850**	**25477**	**93203**
北京	113	7167	824	16	71	373	663	816
天津	39	945	541	9	95	250	153	126
河北	303	8327	2111	103	311	826	1435	596
山西	339	6917	1630	26	166	677	1325	9912
内蒙古	173	2204	1287	38	168	527	376	1380
辽宁	143	3818	1598	67	223	841	568	2106
吉林	140	1562	803	47	161	302	241	2245
黑龙江	251	2790	1393	67	222	570	575	2664
上海	114	3367	1636	60	167	681	457	4641
江苏	417	7115	2421	147	318	1002	1497	10279
浙江	347	7040	2279	170	324	856	1233	7712
安徽	270	3312	1362	50	145	502	823	1761
福建	145	2185	823	47	112	331	534	1706
江西	235	4141	1367	55	150	479	765	1482
山东	431	10672	3761	147	477	1487	1520	3648
河南	544	11862	2518	89	318	1080	2229	3543
湖北	300	4928	2162	119	234	1056	902	17001
湖南	259	4367	1118	32	107	468	724	900
广东	271	4262	1810	45	157	684	826	4595
广西	188	2244	1044	32	79	380	498	1080
海南	39	531	129	3	8	41	136	27
重庆	109	2688	907	45	98	291	535	2500
四川	443	8088	2055	79	173	737	1469	4486
贵州	187	1872	573	11	40	146	364	277
云南	219	1906	1277	32	182	604	336	806
西藏	1136	7494	104	5	15	41	104	2
陕西	613	13054	2876	125	288	1130	2594	4200
甘肃	312	6348	1334	40	136	500	1153	1174
青海	107	732	205	4	36	96	65	18
宁夏	38	627	284	11	37	96	105	215
新疆	185	1948	415	20	50	152	447	281

文物业基本情况

文物藏品(件/套)	在藏品数中(件/套)						本年修复藏品数(件/套)	
	一级品	二级品	三级品	本年新增藏品数(件/套)	本年从有关部门接收文物数(件/套)	本年藏品征集数(件/套)		一级品
40635827	**98236**	**688233**	**3405090**	**1006312**	**189515**	**315092**	**76156**	**657**
3712745	891	10837	61731	1053	8	1039	277	3
1034701	1043	5365	134211	1103	580	51	965	3
603224	1365	13224	60149	4723	470	3243	724	
1126165	3515	8913	77378	212645	467	9450	4868	42
557494	2267	5993	11858	10519	1058	5919	764	37
779775	1988	13864	136533	9747	748	3297	2110	
419123	567	3557	19009	11224	1789	3846	276	
722207	2866	5962	39346	162135	1392	12142	1371	13
4059742	2332	51373	191390	7197	64	6361	754	122
2654416	3836	17777	465655	29404	1322	13505	2776	36
1308647	3186	12020	79358	70832	678	50830	1791	97
1005945	2678	5950	61636	9997	1930	5046	2752	3
546100	1064	2920	94869	15570	1105	13338	570	1
755188	2012	7814	52214	2411	341	1456	954	13
1958437	12641	15347	93688	12471	903	7263	11715	9
2043967	2433	17082	287765	24488	2013	3345	6649	10
2158845	2766	8339	92205	8186	524	4037	7957	21
967200	1783	6427	57893	9529	4068	3596	5342	9
1735546	1362	19296	62752	22259	1134	14528	1021	
481919	337	5489	67766	8812	400	6518	808	1
44440	99	342	2033	345		345	1025	
717462	1359	2855	27078	5420	379	3355	5536	
3579967	7678	11177	119435	115666	327	112402	3530	32
152462	632	1983	15001	4030	92	3429	270	19
1344957	1155	2537	17251	6767	1081	3626	509	30
235462	3002	21790	30572	224	192	31	662	
1636437	8180	14592	86507	177941	165247	9030	3563	133
611757	3470	12088	99092	5245	203	3539	2086	
192902	450	922	1209	414	10	193	410	13
105768	367	3720	8642	5224		3616	730	1
222037	715	1401	4176	12894	86	4226	1721	

续表 1

地　区	二级品	三级品	基本陈列(个)	临时展览(个)	参观人次(万人次)	未成年人参观人次(万人次)	门票销售总额(千元)	本年收入合计(千元)
全　国	**1911**	**10763**	**9996**	**11174**	**84256.22**	**22403.10**	**6447026**	**39262155**
北　京	2	74	111	172	1847.96	337.99	445332	3842837
天　津	5	11	84	71	948.59	318.85	12901	421165
河　北	8	42	272	312	3338.08	1055.46	315241	1502534
山　西	44	339	190	136	2387.88	381.35	412754	1703497
内蒙古		46	300	218	1105.31	297.13	14519	538771
辽　宁	17	143	232	192	1336.51	391.62	84888	820016
吉　林	1	41	129	299	959.40	353.36	41117	506826
黑龙江	28	137	379	385	2133.25	683.33	32643	472905
上　海	241	64	378	487	1969.33	534.62	172659	2327289
江　苏	99	396	812	1120	7301.39	1913.03	132856	1845107
浙　江	183	184	541	1065	5468.03	1274.99	284497	2401639
安　徽	264	1068	512	479	2610.78	844.71	6071	657647
福　建		138	258	449	2334.46	824.99	480	704939
江　西	51	115	311	330	2828.26	1209.88	8424	706644
山　东	51	160	959	921	6123.54	1786.77	1111447	2564026
河　南	119	1497	555	581	5536.13	1569.36	392128	1636293
湖　北	141	2968	497	412	2841.53	915.53	24431	903676
湖　南	33	252	259	282	3946.08	1286.43	18339	1602815
广　东	6	133	518	958	4331.10	947.66	72533	1422473
广　西	32	593	225	228	1680.76	416.39	277192	638099
海　南		6	58	74	271.21	63.47	1910	258581
重　庆	11	226	262	180	2214.47	541.67	116981	623529
四　川	216	738	466	416	5987.09	1275.18	523460	1810494
贵　州	11	45	135	74	1394.98	327.40	9250	626144
云　南	69	78	315	240	2127.29	702.35	361	406042
西　藏	2	48	7	11	128.27	2.81	14662	784939
陕　西	170	846	600	283	4927.45	909.82	863467	2973679
甘　肃	20	233	356	383	2402.09	610.07	199428	1266323
青　海	3	7	36	37	247.23	25.82		164293
宁　夏	2	21	37	54	260.77	58.51	15916	338955
新　疆	15	5	158	189	675.15	198.92	5415	690841

财政补助收入	事业收入	上级补助收入	附属单位上缴收入	经营收入	其他收入	本年支出合计(千元)	基本支出	项目支出
29584432	**3835504**	**1265800**	**4278**	**1047913**	**3524228**	**36435510**	**12452028**	**20369389**
2671756	594827	619		299821	275814	3513153	801363	2047155
269382	25728	360	434	1612	123649	375422	149399	113005
991674	389654	39767		7963	73476	1370372	665754	610675
1383472	111406	40027		38209	130383	1546179	457274	975025
515773	6800	11637		1	4560	535378	252204	279165
752602	18416	1367		12119	35512	683401	386994	227439
447917	37882	15618		765	4644	385877	144533	233607
347790	2866	65526		33006	23717	440344	221488	183716
1663526	270269	68770		34848	289876	2156137	683027	1364327
1365872	61659	83342		51691	282543	1686686	621148	803709
1676942	340174	173616	60	27221	183626	2364389	797111	1377685
513940	33928	39892		10025	59862	594761	215455	301229
605616	10457	53897		462	34507	602580	180993	408565
587081	12914	45456	26	15419	45748	607901	264544	266267
1465822	225660	64979		325102	482463	2150501	897338	636999
1152647	296977	40944	794	33833	111098	1513347	687793	693393
695529	76973	68921	1195	18579	42479	898700	295310	530397
1298139	14631	36770		7448	245827	1500275	350227	1082258
1171782	82930	19913		10656	137192	1461094	579301	779898
381730	44767	83214		19168	109220	476750	126525	323402
240935	2553	1050	1060	1240	11743	184430	33211	143430
536549	26451	24364	2	12655	23508	674084	167637	406834
1450013	219651	20207		7559	113064	1708995	569052	1058887
506998	24341	55832		200	38773	601070	110844	458403
318739	37542	18477		1555	29729	457194	155504	275528
607675	87525	11828		9886	68025	527740	106992	341163
2389857	246295	48487	307	51164	237569	2972102	1136758	1695634
1038846	153707	39368		5170	29232	1252847	465445	667664
135864	7013	2487			18929	131289	43706	80201
326032	681	225		2844	9173	299381	63182	226035
468072	8150	88840	100	146	125533	763303	152858	583616

续表 2

地区	经营支出	在支出合计中：						
		工资福利支出	商品和服务支出	差旅费	劳务费	福利费	各种税金支出	对个人和家庭补助支出
全　国	**606976**	**7006050**	**11970338**	**297651**	**1073104**	**114858**	**156143**	**1651599**
北　京	162201	665575	681853	4481	28516	10814	23758	95804
天　津	1511	64744	127335	1958	4157	1226	366	37567
河　北	18721	331339	495209	6035	73366	2582	3559	63568
山　西	34356	283684	438168	8524	69455	2447	7251	41861
内蒙古	51	133078	202442	8864	34515	767	101	33729
辽　宁	4008	190589	308319	7676	49556	251	600	64706
吉　林	261	71437	125965	3489	10975	132	990	29865
黑龙江	4857	118861	130988	4710	7800	1271	55	31348
上　海	21526	323724	543564	6316	13740	5019	2613	28799
江　苏	53038	371615	622295	14117	50342	3553	2592	98856
浙　江	11256	424017	926084	13129	87624	11866	9371	128802
安　徽	12587	142668	148350	7096	17788	2692	682	33257
福　建	210	98544	157468	5593	16207	412	330	27266
江　西	8687	147008	172985	7814	14921	2655	739	46828
山　东	122584	406802	487371	14514	30693	5160	42149	60698
河　南	25101	367748	503834	11741	138940	25284	8286	64544
湖　北	8602	195472	309829	23147	35576	4333	2171	53812
湖　南	8164	194002	347161	11463	42305	4676	1564	39763
广　东	4735	296366	525419	10578	34345	5649	1405	134366
广　西	13126	86538	187729	8352	12349	1292	4983	26192
海　南	1136	28435	98196	2275	4006	15	142	6487
重　庆	13100	111959	290171	9069	33590	1441	1238	48380
四　川	7843	367382	668298	20380	54254	4274	12878	75224
贵　州	511	72308	93324	6104	10450	558	739	16493
云　南	1054	81535	179141	4613	17100	250	245	16088
西　藏	3430	68151	45662	1246	1421	8		11004
陕　西	55676	613827	1418585	21935	56761	7544	4731	87517
甘　肃	3074	241655	379304	20068	46204	3472	5198	40344
青　海		26526	36801	2376	5474	8	875	7371
宁　夏	3143	38517	55434	1764	4426	21	10	12498
新　疆	913	81591	387308	5344	23715	627	1861	18066

抚恤金和生活补助	其他资本性支出	各种设备购置费	资产总计（千元）	固定资产原值	实际使用房屋建筑面积（万平方米）	展览用房	库房	实际拥有产权面积（万平方米）
73834	**4606522**	**607791**	**101777573**	**54414398**	**2434.93**	**1020.59**	**188.32**	**2042.40**
5118	450008	18489	5586292	2587462	46.35	15.65	3.13	22.09
405	31646	14310	614201	150259	21.40	9.63	3.30	2.56
4554	183274	15806	2784862	1531061	79.58	32.79	4.96	62.69
1777	266793	19722	2555518	726197	75.23	27.65	6.07	113.01
1129	78809	8208	2178948	1545946	64.22	29.99	4.68	32.37
3408	24723	9853	2125554	1717258	61.52	29.19	5.41	103.16
1338	48830	6778	546823	282772	24.36	15.53	1.69	11.83
1016	60875	8977	2250253	1966858	61.62	36.89	3.82	32.32
1361	807619	33022	8898139	5315734	77.72	28.51	9.37	32.56
2335	213513	43015	8195430	6791179	207.62	104.60	12.87	151.44
900	123026	23238	5413019	3373588	129.89	54.76	10.04	63.97
925	41163	13407	2463333	1509406	70.61	33.86	5.76	76.14
685	158210	7173	999320	421185	51.37	22.83	3.90	51.75
4119	72514	5663	2286916	1443281	71.60	32.58	6.22	137.04
2899	52252	18647	11228612	3577781	187.33	97.39	15.14	189.13
3622	286570	24135	4133121	1681257	190.73	59.15	14.51	99.67
1698	48914	13752	2523900	1593307	87.98	35.39	8.87	66.76
3478	185318	17265	2746238	1112765	59.87	21.15	5.21	51.86
8223	132789	24689	3233438	1633765	119.53	46.17	8.30	135.26
1215	27664	11582	1319700	716701	46.65	20.47	3.61	35.11
865	24188	8724	436394	355349	5.77	2.16	0.20	6.52
1662	54303	10945	1968942	938995	49.64	22.70	4.41	34.71
4544	220159	31736	6199893	3166842	143.90	66.88	12.97	100.20
609	28670	9440	1252082	516624	56.19	37.71	1.91	36.13
266	24295	5725	852582	634261	45.59	20.89	3.14	34.50
152	1365	187	1009044	182291	38.34	1.69	0.52	38.90
6700	136799	47732	5656981	3333173	176.79	48.51	11.71	165.83
5077	181368	35134	3802789	2255913	65.77	27.91	5.27	83.51
106	12988	10466	251141	176309	10.46	3.09	1.69	7.62
466	23322	3400	224096	153929	13.37	5.60	0.88	15.73
482	145110	14695	1485572	593701	36.10	17.46	2.59	11.23

2014年全国各地区

地　区	机构数（个）	从业人员（人）	专业技术人才	正高级职称	副高级职称	中级职称	安全保卫人员	登记注册志愿者（人）
全　国	**301**	**20831**	**8139**	**642**	**1481**	**3278**	**2806**	**11841**
北　京	49	3630	490	14	61	253	238	187
天　津	11	715	409	9	81	208	104	84
河　北	16	717	353	40	89	136	182	157
山　西	16	988	294	15	57	114	170	1387
内蒙古	4	192	142	19	34	57	24	370
辽　宁	5	245	172	17	34	89	14	150
吉　林	6	173	141	11	44	43	10	305
黑龙江	13	417	258	20	80	82	54	365
上　海	11	783	501	34	68	210	35	642
江　苏	8	911	215	25	39	94	214	350
浙　江	10	590	323	61	79	113	57	1176
安　徽	8	323	247	17	41	71	37	545
福　建	9	531	209	14	32	85	146	586
江　西	9	792	297	17	52	118	195	747
山　东	7	478	259	19	40	98	92	185
河　南	9	1377	326	39	72	148	179	377
湖　北	8	594	285	40	55	128	46	496
湖　南	13	732	297	23	37	121	135	289
广　东	7	242	153	10	23	57	13	174
广　西	7	421	295	18	21	98	52	538
海　南	4	183	69	3	7	29	60	
重　庆	6	859	357	23	44	108	77	91
四　川	6	405	216	10	34	60	33	587
贵　州	4	117	86	7	13	30	2	16
云　南	5	196	112	11	22	48	26	300
西　藏	7	602	93	5	14	41	61	
陕　西	11	1424	608	53	134	250	175	1067
甘　肃	13	1427	527	37	88	227	268	471
青　海	7	179	90	3	29	44	31	
宁　夏	6	257	126	11	24	47	34	163
新　疆	6	331	189	17	33	71	42	36

省级文物业基本情况

文物藏品(件/套)	一级品	二级品	三级品	在藏品数中(件/套)			本年修复藏品数(件/套)	一级品
				本年新增藏品数(件/套)	本年从有关部门接收文物数(件/套)	本年藏品征集数(件/套)		
15369684	**30875**	**158083**	**1388914**	**423442**	**3302**	**65330**	**18260**	**297**
3652222	629	10142	56766	270	8	258	258	3
1016439	1042	5356	134055	588	370	48	665	3
310897	571	3943	33465	287	6	281		
571211	1871	1625	56290	201860	37	1772	363	42
171837	755	1219	2247	2294		2294	152	37
324017	892	5054	58571	76		76	909	
161510	295	2404	13903	694		694	14	
355816	2268	3606	21385	145725		1702	201	5
2965174	1390	45115	152449	975	2	840	326	2
540196	1062	9379	360591	116		116	507	10
297336	1015	5694	39690	44069		43214	201	19
483654	903	2477	13485	4080		2366	140	
211314	572	498	42063	602	140	462	48	1
228978	603	1758	12359	81		35	29	4
309047	3423	3768	46042	1636		1236	654	4
468637	619	3214	43608	2108		856	282	1
512849	1073	2647	39571	364		364	653	
453972	586	2014	25662	316		311	2440	9
358586	407	6600	12923	1706	37	541	432	
156474	188	2492	9304	1456	7	1241	188	1
22235	70	226	1429	262		262	950	
354526	1128	2144	18579	1671		1671	3076	
171577	750	2071	46298	102		102	404	8
41175	472	1000	4002	933		586	148	12
225324	511	1403	12233	719		719	312	26
145173	1398	16619	28857	219	192	27	360	
429059	3614	5100	18603	2749	2503	47	1294	109
186209	1745	6404	76636	717		65	1461	
89237	293	558	610	9		9	262	
63974	281	2834	5617	4577		3124	153	1
91029	449	719	1621	2181		11	1378	

续表 1

地 区			基本陈列（个）	临时展览（个）	参观人次（万人次）	未成年人参观人次（万人次）	门票销售总额（千元）	本年收入合计（千元）
	二级品	三级品						
全 国	**458**	**1777**	**451**	**1071**	**9059.01**	**2578.76**	**909600**	**9774605**
北 京	2	55	49	103	298.98	37.66	18148	1469561
天 津	3	1	43	49	821.63	296.38	3458	369767
河 北			38	34	329.40	90.21	120	223873
山 西	2	223	14	42	140.40	69.32	551	220688
内蒙古		11	12	15	191.00	63.67		112718
辽 宁			5	19	48.00	15.80		140755
吉 林			3	35	136.26	57.26		63937
黑龙江	26	70	34	54	309.81	161.81	27	102999
上 海	3	58	19	59	465.48	82.42	7895	1273614
江 苏	36	103	19	27	557.87	122.77	79272	263892
浙 江	10	76	19	71	572.92	247.70	262	225459
安 徽	5	106	15	30	115.80	31.73		134628
福 建		7	11	56	352.98	112.73		114974
江 西	16	9	18	23	600.62	263.50		215094
山 东	28	80	1	32	108.50	36.00		256711
河 南	3	19	18	47	253.07	95.68		250797
湖 北	47	156	12	33	263.18	77.95		309768
湖 南	9	144	10	18	686.95	174.20	260	746414
广 东	1	24	8	22	145.76	33.17		208679
广 西	11	9	12	48	330.92	69.34		113758
海 南			11	54	86.72	25.62		112710
重 庆		51	19	34	908.66	228.47		295590
四 川	23	157	10	20	86.23	26.90		137847
贵 州	3	3		1	25.00	8.00		248739
云 南	58	31	1		0.02	0.02		93872
西 藏	2	48	7	11	96.63	1.47	12607	634422
陕 西	152	309	14	33	747.37	111.84	655602	640534
甘 肃	1	1	13	19	219.51	14.58	129317	419173
青 海			3	16	21.79	2.14		56138
宁 夏	2	21	8	40	95.63	14.99	213	60997
新 疆	15	5	5	26	41.93	5.46	1868	256497

财政补助收入	事业收入	上级补助收入	附属单位上缴收入	经营收入	其他收入	本年支出合计(千元)	基本支出	项目支出
7273392	**1084119**	**144391**	**434**	**95026**	**1177243**	**9314494**	**1998385**	**6268092**
831401	398759			4232	235169	1376259	238588	739801
222969	22853	360	434		123151	327093	115663	99923
160028	60734	170		524	2417	216923	64329	152233
173566	30759	997		2354	13012	201394	50005	139728
105997	5918				803	123852	20525	103327
125479					15276	122057	55974	53430
59262	3182				1493	65381	27610	36049
101392	255			27	1325	101843	43407	58397
1021066	38820	25183			188545	1156020	125701	963442
171414	12711	27698		34120	17949	263850	66671	153723
170768	11537				43154	256764	66325	160731
95225	28249	499			10655	132377	36705	78170
100614	5921	3911			4528	95173	34868	57763
174639				14661	25794	150579	38457	85354
197699	16320				42692	229906	38861	150058
149840	78249	785		5392	16531	146522	45392	77489
240786	49503			3821	15658	306700	70358	217585
535001	260			3564	207589	657737	56384	557774
178511	16741	486		6065	6876	202605	46794	148489
64421	20948			18868	9521	113587	17644	81421
108874					3836	76289	12039	64250
271636	21212	730			2012	356643	59090	231713
69395	43320				25132	127632	35419	73886
234858	13028				853	316767	13502	303264
42509	36812			454	14097	213359	47411	155079
512912	78216				43294	385690	62673	271298
607794	45				32695	610434	232477	364602
300015	79460	13902			25796	491017	186056	300431
46269	6386				3483	56953	17309	37922
57239	69			944	2745	75681	37105	37631
141813	3852	69670			41162	357407	35043	313129

续表 2

地区	经营支出	在支出合计中：工资福利支出	商品和服务支出	差旅费	劳务费	福利费	各种税金支出	对个人和家庭补助支出
全　国	**71476**	**1349733**	**3370057**	**112348**	**318489**	**19922**	**46061**	**438037**
北　京	4232	339186	266065	2857	17826	2359	22823	41328
天　津		49907	107408	1923	2676	949	339	28524
河　北	268	34207	131941	2601	38273	264	1829	17315
山　西	2142	35527	119786	3118	16076	123	1373	14324
内蒙古		11825	91083	3802	25190	70	46	4313
辽　宁		12922	83959	4000	12864		52	6118
吉　林		11733	39340	1628	4660	86	551	8494
黑龙江	27	27897	42998	1369	3947	85		15760
上　海		86891	232867	3002	7343	1857	85	10175
江　苏	34066	46764	116917	5334	9385	53		14140
浙　江		45729	120301	5075	18291	2035	313	16283
安　徽		26633	61316	2740	9959	1291	40	14067
福　建		24462	38183	2408	2126	3	128	10383
江　西	4063	35282	73040	4381	4214	731	141	11215
山　东		22808	111051	2675	9944	63	794	12189
河　南	4116	34288	66333	1850	1135	506	1194	11607
湖　北	3821	34850	162148	13119	16382	1101	1754	21642
湖　南	3557	32020	98077	4558	19749	55	342	11794
广　东	1706	20466	138902	4324	9094	397	69	19151
广　西	12081	23387	56117	6298	8093	984	4796	8928
海　南		11626	45261	1156	2647		23	1376
重　庆		41365	180416	5232	22345	269	683	34165
四　川		31250	59002	7634	5054	1040	3652	11215
贵　州		9823	40351	1432	3296		629	3753
云　南	454	8727	106528	1332	8088	50		4579
西　藏		26365	42827	830	232	8		9927
陕　西		128407	221826	4740	15077	3344	162	36269
甘　肃		84542	221085	7926	15206	2093	1890	18737
青　海		11763	26823	1646	3866	4	855	5311
宁　夏	943	15295	22328	997	2412		3	5599
新　疆		23786	245778	2361	3039	102	1495	9356

抚恤金和生活补助	其他资本性支出	各种设备购置费	资产总计（千元）	固定资产原值	实际使用房屋建筑面积（万平方米）	展览用房	库房	实际拥有产权面积（万平方米）
20751	**1648769**	**233981**	**24154104**	**11083201**	**276.17**	**95.20**	**43.40**	**163.88**
1046	355042	4166	2640379	1549679	25.28	9.64	2.63	5.65
224	28637	14166	570546	121454	16.44	6.11	2.95	2.47
606	32659	7787	414208	276851	8.99	3.98	1.55	4.75
438	19168	10736	715603	116884	9.41	3.61	1.33	21.41
89	16531	1486	838957	753805	7.44	2.00	1.20	7.42
1789	6404	4224	460938	297972	10.90	2.41	1.14	0.31
541	4092	3221	105343	62369	2.94	0.62	0.29	0.84
188	12751	2084	369503	303567	6.85	4.07	0.76	4.88
902	698432	26781	2545967	1138162	20.00	6.11	6.48	1.72
878	37053	15035	1262493	1049202	12.55	5.87	1.36	6.81
22	43395	5760	787443	526314	8.89	4.17	1.73	1.77
309	11014	693	283526	141941	6.68	2.86	0.55	5.16
388	5277	1946	171025	55143	7.49	2.52	0.79	13.80
219	2350	878	638248	469498	9.66	4.17	1.42	12.98
259	17546	2598	1870453	248447	9.35	4.44	1.24	1.38
294	6450	6450	606987	429078	10.04	2.76	2.18	7.84
382	8201	5195	884810	471159	9.39	3.54	2.67	1.81
1533	11398	7940	1312905	321952	6.01	2.06	0.63	3.86
227	16762	3104	1241348	268093	8.36	2.11	0.97	0.91
979	9838	8295	461919	93232	10.56	1.60	0.60	8.98
6	10314	2072	50863	45626	2.22	0.92	0.10	
621	23767	8397	279833	114267	11.30	5.04	0.80	1.65
2062	7836	4692	243882	94070	3.89	1.00	0.67	1.16
6	2481	2481	592391	23294	1.31	0.38	0.26	1.31
76	3768	3768	76463	36669	1.50	0.86	0.33	1.49
152	910	157	798440	41799	2.92	1.05	0.30	5.93
2509	62073	39302	1577471	1088885	17.81	3.91	4.74	13.35
3670	103044	25943	1558886	631214	11.83	2.52	1.87	10.56
73	11333	10013	185987	133466	5.94	1.37	0.50	5.02
172	11033	2495	145263	81721	5.75	1.83	0.65	5.59
91	69210	2116	462024	97388	4.48	1.70	0.73	3.09

2014年全国各地区

地区	机构数(个)	从业人员(人)	专业技术人才	正高级职称	副高级职称	中级职称	安全保卫人员	登记注册志愿者(人)
全国	**1507**	**42422**	**14927**	**660**	**2088**	**6396**	**7314**	**32768**
北京								
天津								
河北	55	3174	842	48	146	347	381	358
山西	65	2215	663	10	92	278	421	168
内蒙古	27	780	505	17	88	205	152	836
辽宁	48	2227	871	49	156	426	334	1853
吉林	35	722	321	33	78	107	130	1883
黑龙江	52	855	388	27	60	191	167	364
上海								
江苏	158	3489	1439	98	206	639	554	8462
浙江	81	2960	925	72	124	364	427	5143
安徽	60	1068	382	9	46	159	283	769
福建	31	713	278	15	37	103	157	521
江西	62	1455	495	30	61	181	207	375
山东	87	3370	1283	49	202	514	346	1348
河南	125	3866	1470	42	210	643	798	2066
湖北	49	1305	691	28	93	364	245	512
湖南	47	967	317	8	50	133	184	411
广东	81	2098	1033	30	102	454	352	3306
广西	66	1105	440	14	48	184	268	412
海南	10	182	24		1	3	44	
重庆								
四川	83	3541	796	45	82	347	613	1634
贵州	23	495	88	4	11	44	105	54
云南	37	625	456	11	77	207	91	359
西藏	39	24						
陕西	82	2758	709	17	69	316	561	1410
甘肃	46	1332	290	2	28	109	323	309
青海	19	153	41	1	5	14	13	9
宁夏	9	203	43		5	11	26	13
新疆	30	740	137	1	11	53	132	193

地市级文物业基本情况

文物藏品(件/套)	一级品	二级品	三级品	在藏品数中(件/套) 本年新增藏品数(件/套)	本年从有关部门接收文物数(件/套)	本年藏品征集数(件/套)	本年修复藏品数(件/套)	一级品
8983044	**24773**	**74979**	**661734**	**118684**	**9525**	**60374**	**24311**	**85**
86888	338	7058	14431	2912	402	2410	27	
130336	485	1810	7023	2381	310	5	418	
245561	823	2149	3663	3111	208	2903	451	
262780	701	7158	64579	8296	730	2047	451	
138462	198	857	3647	3092	1001	1637	224	
179499	83	665	6561	6915	1033	5668	612	7
1821757	2213	6728	92888	22267	469	10520	1330	1
392160	799	2843	16079	3525	42	2337	468	7
238189	426	1053	20404	1906	500	788	990	1
153399	337	665	15844	3203		3164	406	
218548	410	1465	8268	1435	112	968	132	5
651403	7417	6171	27573	3059	596	1114	538	
1068893	1281	8911	163066	14582	163	1260	5839	7
636300	1205	3734	40120	1627	18	1182	4732	18
245674	639	2209	18741	3341	2156	1132	2634	
977731	825	6607	31977	15911	698	11348	350	
215848	66	1804	47543	6039	308	4287	595	
4016	10	27	111	31		31		
546791	3679	4678	29682	1192	18	1020	1387	24
50144	81	516	692	806	45	761	54	
138960	135	201	1714	4012	461	1918	134	
3115	16	43	69					
291040	1752	5275	38275	967	244	495	1382	2
150018	576	1493	6409	1910	11	1899	189	
34713	37	172	185	245		34	48	13
15517	44	212	643	196		196	577	
85302	197	475	1547	5723		1250	343	

续表 1

地　区	二级品	三级品	基本陈列(个)	临时展览(个)	参观人次(万人次)	未成年人参观人次(万人次)	门票销售总额(千元)	本年收入合计(千元)
全　国	**581**	**5859**	**2484**	**3906**	**28992.58**	**6658.06**	**2622876**	**12252238**
北　京								
天　津								
河　北			80	135	1076.62	327.26	146039	639833
山　西		100	74	30	561.90	79.20	165101	817891
内蒙古		3	68	84	410.97	95.07	12627	241448
辽　宁	17	143	115	123	836.47	215.70	53461	479848
吉　林		12	39	91	479.52	144.37	34700	363126
黑龙江	1	51	87	114	661.24	201.94	810	145254
上　海								
江　苏	47	73	325	575	4488.54	1110.80	39328	1138750
浙　江	71	31	125	342	2760.88	478.95	255351	1322365
安　徽	13	122	137	181	1056.57	306.77	116	159801
福　建		49	58	143	780.58	283.58	20	198435
江　西	6	40	88	109	754.79	331.57	889	265033
山　东	17	8	211	345	2087.20	482.08	654758	652974
河　南	98	1139	164	259	2094.12	554.48	321247	850023
湖　北	71	2565	110	140	1048.31	262.90	10611	255544
湖　南	24	72	69	124	723.32	228.39	16	237369
广　东	5	109	193	463	2596.18	441.70	42781	698182
广　西	19	562	93	111	784.35	172.45	276405	257566
海　南			16	6	122.41	12.83	55	96408
重　庆								
四　川	185	493	100	145	1925.07	289.99	473457	1043646
贵　州	3	10	21	11	128.22	30.23		105659
云　南	1	2	87	123	791.40	110.35		117898
西　藏								65172
陕　西		267	86	92	1717.10	200.64	65236	1363503
甘　肃		1	74	61	555.20	178.60	56857	249367
青　海	3	7	13	9	203.10	16.35		18832
宁　夏			10	9	89.41	13.29	13011	249653
新　疆			41	81	259.11	88.61		218658

财政补助收入	事业收入	上级补助收入	附属单位上缴收入	经营收入	其他收入	本年支出合计(千元)	基本支出	项目支出
9328560	**1282215**	**351503**	**1779**	**192776**	**1095405**	**11486633**	**4072643**	**6566951**
328965	245048	28634		1281	35905	556100	326847	146426
686120	32747	20198		6998	71828	785884	202035	569988
236373		1650		1	3424	251252	125928	125317
464840	3055	50		150	11753	378869	212474	130686
314865	34700	12508			1053	241026	82955	157071
110459	2152	27652		1113	3878	118126	76285	27973
808712	32583	43949		6501	247005	1006971	352683	463476
812437	320132	79677	60	3573	106486	1315027	496416	719373
123470	4452	12359		3548	15972	156828	58205	81380
152440	1290	23031			21674	198069	64215	127708
247463	7107	3976		697	5790	231653	88889	128714
468850	25193	1203		132956	24772	561628	290394	204738
588070	158211	7373	794	26348	69227	855956	340324	445651
214320	16149	12600	825	452	11198	247864	87590	153903
210626	133	14682		3260	8668	236697	84362	143485
530562	45715	1587			120318	748327	295354	377072
213311	12124	13268			18863	232022	49516	175597
86855	2303				7250	77522	13717	60971
794143	173957	4936		5298	65312	1009781	275976	697139
52224		27430			26005	83026	26347	45127
103974		940		600	12384	100911	45501	54880
65172						63290	1457	61833
1119691	97938	9054			136820	1361080	299333	1043786
185569	62367	1294			137	260115	96939	108416
15604	561	2422			245	21576	14464	5299
243236		30			6387	195791	10259	182499
150209	4298	1000	100		63051	191242	54178	128443

续表 2

地区	经营支出	在支出合计中：						
		工资福利支出	商品和服务支出	差旅费	劳务费	福利费	各种税金支出	对个人和家庭补助支出
全国	**69822**	**2198344**	**4610739**	**87194**	**468498**	**21983**	**38469**	**616329**
北京								
天津								
河北	12408	160007	188491	1379	25761	1153	1219	34412
山西	4623	108834	219139	2681	45367	583	725	14806
内蒙古	1	60809	70866	3650	7095	489	16	19871
辽宁	80	129389	161514	2757	27421	192	360	48048
吉林		37505	65619	1238	5151	16	439	17068
黑龙江	713	40552	33601	1312	2035	845	41	9424
上海								
江苏	4581	207462	386128	5963	31153	1691	2039	64697
浙江	3675	212569	505121	4231	37356	6443	8657	82312
安徽	893	48120	38645	1441	1606	221	44	8643
福建		33289	66177	1624	7690	189	92	11020
江西	1005	49825	54992	1422	3861	309	120	17313
山东	15375	131964	153902	7149	7184	878	5197	30365
河南	13251	165682	292322	4871	117356	1543	6169	38504
湖北	339	62774	89536	5749	8407	624	50	16738
湖南	1658	54723	78962	2184	9057	499	341	15424
广东		174262	262839	4467	12418	2373	960	77545
广西	835	39557	93035	1020	3284	172	85	11241
海南		11863	47567	567	1006			4344
重庆								
四川	5259	189746	477824	7280	36612	1528	8895	41484
贵州		20238	25880	766	3114	121		7680
云南	31	32011	43819	2638	5297	129	122	6263
西藏		438	1602	196	1028			204
陕西	4139	130653	1038639	11847	27369	954	663	19373
甘肃	189	50403	85710	8088	23070	681	2233	6774
青海		5755	5796	419	884	4		1987
宁夏		10261	24886	421	860	1	2	5008
新疆	767	29653	98127	1834	17056	345		5781

抚恤金和生活补助	其他资本性支出	各种设备购置费	资产总计(千元)	固定资产原值	实际使用房屋建筑面积(万平方米)	展览用房	库房	实际拥有产权面积(万平方米)
17715	**1184731**	**167093**	**28351071**	**16392822**	**847.21**	**327.17**	**58.49**	**629.16**
2483	15787	5123	1197234	644113	30.18	13.31	1.50	20.01
278	196760	5225	1007239	287312	32.80	12.53	2.54	57.19
397	35869	4914	1020066	499113	27.41	10.87	1.98	11.16
717	12089	4443	1256363	1079795	27.07	15.81	1.49	7.30
623	18104	2046	323161	126267	11.83	8.73	0.83	8.74
489	6243	3413	783348	696963	26.42	13.24	1.09	9.66
1105	109035	24122	4786179	3900120	97.11	46.22	6.17	54.46
405	36865	10461	3199094	1931247	53.01	18.87	3.26	24.75
70	16275	8743	899507	521252	26.20	12.22	2.18	26.68
197	51975	3870	378876	218226	18.13	8.29	1.45	5.84
1029	59197	2271	353223	172110	26.80	10.56	1.70	17.10
1261	19405	11079	2354469	1110652	54.85	18.81	2.76	44.78
1669	252907	10783	1998310	643839	120.83	25.14	7.78	43.89
594	23416	1940	499341	407786	21.24	9.01	2.97	15.80
671	14574	1262	433311	362577	19.89	6.10	2.60	6.68
472	66413	16645	1028926	599069	58.76	21.46	3.93	102.06
114	10609	2319	674970	466329	20.55	12.24	2.04	16.86
853	10355	6156	127223	65786	1.18	0.31	0.02	0.68
1709	136659	21815	2760917	1083460	52.45	23.56	5.45	27.70
169	7314	2635	91653	54436	9.14	3.79	0.53	0.90
18	10206	769	426451	376561	19.16	8.74	1.32	17.42
			9733	9259	6.28	0.00	0.01	21.14
1854	16952	3283	1246966	397840	51.64	12.03	2.34	51.34
172	27698	1331	830825	503462	13.94	7.50	0.60	30.93
4	979	453	17052	12568	3.28	1.31	1.12	1.91
134	10409	30	20407	15557	3.39	1.58	0.06	1.03
228	18636	11962	626227	207123	13.68	4.97	0.77	3.16

2014年全国各地区县级

地区	机构数(个)	从业人员(人)						登记注册志愿者(人)
			专业技术人才				安全保卫人员	
				正高级职称	副高级职称	中级职称		
全国	**6602**	**81260**	**19581**	**439**	**1499**	**7532**	**14532**	**47570**
北京	64	3537	334	2	10	120	425	629
天津	28	230	132		14	42	49	42
河北	232	4436	916	15	76	343	872	81
山西	258	3714	673	1	17	285	734	8357
内蒙古	142	1232	640	2	46	265	200	174
辽宁	90	1346	555	1	33	326	220	103
吉林	99	667	341	3	39	152	101	57
黑龙江	186	1518	747	20	82	297	354	1935
上海	103	2584	1135	26	99	471	422	3999
江苏	251	2715	767	24	73	269	729	1467
浙江	256	3490	1031	37	121	379	749	1393
安徽	202	1921	733	24	58	272	503	447
福建	105	941	336	18	43	143	231	599
江西	164	1894	575	8	37	180	363	360
山东	337	6824	2219	79	235	875	1082	2115
河南	410	6619	722	8	36	289	1252	1100
湖北	243	3029	1186	51	86	564	611	15993
湖南	199	2668	504	1	20	214	405	200
广东	183	1922	624	5	32	173	461	1115
广西	115	718	309		10	98	178	130
海南	25	166	36			9	32	27
重庆	103	1829	550	22	54	183	458	2409
四川	354	4142	1043	24	57	330	823	2265
贵州	160	1260	399		16	72	257	207
云南	177	1085	709	10	83	349	219	147
西藏	1090	6868	11		1		43	2
陕西	520	8872	1559	55	85	564	1858	1723
甘肃	253	3589	517	1	20	164	562	394
青海	81	400	74		2	38	21	9
宁夏	23	167	115		8	38	45	39
新疆	149	877	89	2	6	28	273	52

文物业基本情况

文物藏品（件/套）	一级品	二级品	三级品	在藏品数中（件/套）			本年修复藏品数（件/套）	一级品
				本年新增藏品数（件/套）	本年从有关部门接收文物数（件/套）	本年藏品征集数（件/套）		
13122309	**22391**	**77894**	**507754**	**426349**	**175784**	**186898**	**31915**	**266**
60523	262	695	4965	783		781	19	
18262	1	9	156	515	210	3	300	
205439	456	2223	12253	1524	62	552	697	
424618	1159	5478	14065	8404	120	7673	4087	
140096	689	2625	5948	5114	850	722	161	
192978	395	1652	13383	1375	18	1174	750	
119151	74	296	1459	7438	788	1515	38	
186892	515	1691	11400	9495	359	4772	558	1
1094568	942	6258	38941	6222	62	5521	428	120
292463	561	1670	12176	7021	853	2869	939	25
619151	1372	3483	23589	23238	636	5279	1122	71
284102	1349	2420	27747	4011	1430	1892	1622	2
181387	155	1757	36962	11765	965	9712	116	
307662	999	4591	31587	895	229	453	793	4
997987	1801	5408	20073	7776	307	4913	10523	5
506437	533	4957	81091	7798	1850	1229	528	2
1009696	488	1958	12514	6195	506	2491	2572	3
267554	558	2204	13490	5872	1912	2153	268	
399229	130	6089	17852	4642	399	2639	239	
109597	83	1193	10919	1317	85	990	25	
18189	19	89	493	52		52	75	
362936	231	711	8499	3749	379	1684	2460	
2861599	3249	4428	43455	114372	309	111280	1739	
61143	79	467	10307	2291	47	2082	68	7
980673	509	933	3304	2036	620	989	63	4
87174	1588	5128	1646	5		4	302	
916338	2814	4217	29629	174225	162500	8488	887	22
275530	1149	4191	16047	2618	192	1575	436	
68952	120	192	414	160	10	150	100	
26277	42	674	2382	451		296		
45706	69	207	1008	4990	86	2965		

续表 1

地　区	二级品	三级品	基本陈列（个）	临时展览（个）	参观人次（万人次）	未成年人参观人次（万人次）	门票销售总额（千元）	本年收入合计（千元）
全　国	**805**	**3018**	**7017**	**6061**	**43612.76**	**12822.61**	**2078826**	**15136175**
北　京		19	62	69	1548.98	300.33	427184	2373276
天　津	2	10	41	22	126.96	22.47	9443	51398
河　北	8	42	154	143	1932.06	638.00	169082	638828
山　西	42	16	102	64	1685.57	232.83	247102	664918
内蒙古		32	220	119	503.35	138.39	1892	184605
辽　宁			112	50	452.04	160.12	31427	199413
吉　林	1	29	87	173	343.62	151.74	6417	79763
黑龙江	1	16	258	217	1162.20	319.59	31806	224652
上　海	238	6	359	428	1503.85	452.19	164764	1053675
江　苏	16	220	468	518	2254.98	679.46	14256	442465
浙　江	102	77	397	652	2134.22	548.34	28884	853815
安　徽	246	840	360	268	1438.42	506.22	5955	363218
福　建		82	189	250	1200.90	428.68	460	391530
江　西	29	66	205	198	1472.85	614.81	7535	226517
山　东	6	72	747	544	3927.84	1268.69	456689	1654341
河　南	18	339	373	275	3188.95	919.20	70881	535473
湖　北	23	247	375	239	1530.04	574.69	13820	338364
湖　南		36	180	140	2535.81	883.84	18063	619032
广　东			317	473	1589.17	472.78	29752	515612
广　西	2	22	120	69	565.50	174.61	787	266775
海　南		6	31	14	62.08	25.03	1855	49463
重　庆	11	175	243	146	1305.81	313.20	116981	327939
四　川	8	88	356	251	3975.79	958.30	50003	629001
贵　州	5	32	114	62	1241.76	289.17	9250	271746
云　南	10	45	227	117	1335.86	591.98	361	194272
西　藏					31.64	1.34	2055	85345
陕　西	18	270	500	158	2462.98	597.33	142629	969642
甘　肃	19	231	269	303	1627.38	416.89	13254	597783
青　海			20	12	22.34	7.33		89323
宁　夏			19	5	75.73	30.24	2692	28305
新　疆			112	82	374.11	104.85	3547	215686

财政补助收入	事业收入	上级补助收入	附属单位上缴收入	经营收入	其他收入	本年支出合计（千元）	基本支出	项目支出
11376620	**1106493**	**769906**	**1765**	**752565**	**1128826**	**13634555**	**5711942**	**6340268**
1840355	196068	619		295589	40645	2136894	562775	1307354
46413	2875			1612	498	48329	33736	13082
502681	83872	10963		6158	35154	597349	274578	312016
523786	47900	18832		28857	45543	558901	205234	265309
173403	882	9987			333	160274	105751	50521
162283	15361	1317		11969	8483	182475	118546	43323
73790		3110		765	2098	79470	33968	40487
135939	459	37874		31866	18514	220375	101796	97346
642460	231449	43587		34848	101331	1000117	557326	400885
385746	16365	11695		11070	17589	415865	201794	186510
693737	8505	93939		23648	33986	792598	234370	497581
295245	1227	27034		6477	33235	305556	120545	141679
352562	3246	26955		462	8305	309338	81910	223094
164979	5807	41480	26	61	14164	225669	137198	52199
799273	184147	63776		192146	414999	1358967	568083	282203
414737	60517	32786		2093	25340	510869	302077	170253
240423	11321	56321	370	14306	15623	344136	137362	158909
552512	14238	22088		624	29570	605841	209481	380999
462709	20474	17840		4591	9998	510162	237153	254337
103998	11695	69946		300	80836	131141	59365	66384
45206	250	1050	1060	1240	657	30619	7455	18209
264913	5239	23634	2	12655	21496	317441	108547	175121
586475	2374	15271		2261	22620	571582	257657	287862
219916	11313	28402		200	11915	201277	70995	110012
172256	730	17537		501	3248	142924	62592	65569
29591	9309	11828		9886	24731	78760	42862	8032
662372	148312	39433	307	51164	68054	1000588	604948	287246
553262	11880	24172		5170	3299	501715	182450	258817
73991	66	65			15201	52760	11933	36980
25557	612	195		1900	41	27909	15818	5905
176050		18170		146	21320	214654	63637	142044

续表 2

地区	经营支出	在支出合计中：						
		工资福利支出	商品和服务支出	差旅费	劳务费	福利费	各种税金支出	对个人和家庭补助支出
全　国	**464164**	**3097620**	**3113796**	**75229**	**243584**	**68394**	**56952**	**426737**
北　京	157969	326389	415788	1624	10690	8455	935	54476
天　津	1511	14837	19927	35	1481	277	27	9043
河　北	6045	137125	174777	2055	9332	1165	511	11841
山　西	27591	139323	99243	2725	8012	1741	5153	12731
内蒙古	50	60444	40493	1412	2230	208	39	9545
辽　宁	3928	48278	62846	919	9271	59	188	10540
吉　林	261	22199	21006	623	1164	30		4303
黑龙江	4117	50412	54389	2029	1818	341	14	6164
上　海	21526	236833	310697	3314	6397	3162	2528	18624
江　苏	14391	117389	119250	2820	9804	1809	553	20019
浙　江	7581	165719	300662	3823	31977	3388	401	30207
安　徽	11694	67915	48389	2915	6223	1180	598	10547
福　建	210	40793	53108	1561	6391	220	110	5863
江　西	3619	61901	44953	2011	6846	1615	478	18300
山　东	107209	252030	222418	4690	13565	4219	36158	18144
河　南	7734	167778	145179	5020	20449	23235	923	14433
湖　北	4442	97848	58145	4279	10787	2608	367	15432
湖　南	2949	107259	170122	4721	13499	4122	881	12545
广　东	3029	101638	123678	1787	12833	2879	376	37670
广　西	210	23594	38577	1034	972	136	102	6023
海　南	1136	4946	5368	552	353	15	119	767
重　庆	13100	70594	109755	3837	11245	1172	555	14215
四　川	2584	146386	131472	5466	12588	1706	331	22525
贵　州	511	42247	27093	3906	4040	437	110	5060
云　南	569	40797	28794	643	3715	71	123	5246
西　藏	3430	41348	1233	220	161			873
陕　西	51537	354767	158120	5348	14315	3246	3906	31875
甘　肃	2885	106710	72509	4054	7928	698	1075	14833
青　海		9008	4182	311	724		20	73
宁　夏	2200	12961	8220	346	1154	20	5	1891
新　疆	146	28152	43403	1149	3620	180	366	2929

抚恤金和生活补助	其他资本性支出	各种设备购置费	资产总计(千元)	固定资产原值	实际使用房屋建筑面积(万平方米)	展览用房	库房	实际拥有产权面积(万平方米)
32668	**1313577**	**114841**	**42717958**	**24509126**	**1253.68**	**586.42**	**80.26**	**1212.55**
4072	94966	14323	2945913	1037783	21.07	6.02	0.50	16.44
181	3009	144	43655	28805	4.96	3.52	0.35	0.09
1465	134828	2896	1173420	610097	40.41	15.51	1.91	37.93
1061	50865	3761	832676	322001	33.02	11.52	2.19	34.41
643	26409	1808	319925	293028	29.37	17.12	1.51	13.80
902	6230	1186	408253	339491	23.55	10.97	2.78	95.55
174	26634	1511	118319	94136	9.59	6.18	0.56	2.26
339	41881	3480	1097402	966328	28.34	19.59	1.97	17.78
459	109187	6241	6352172	4177572	57.71	22.40	2.90	30.84
352	67425	3858	2146758	1841857	97.95	52.52	5.34	90.17
473	42766	7017	1426482	916027	67.98	31.73	5.06	37.45
546	13874	3971	1280300	846213	37.73	18.78	3.03	44.31
100	100958	1357	449419	147816	25.75	12.02	1.67	32.11
2871	10967	2514	1295445	801673	35.13	17.86	3.11	106.96
1379	15301	4970	7003690	2218682	123.13	74.14	11.14	142.96
1659	27213	6902	1527824	608340	59.85	31.26	4.55	47.94
722	17297	6617	1139749	714362	57.35	22.83	3.22	49.15
1274	159346	8063	1000022	428236	33.98	12.99	1.98	41.33
7524	49614	4940	963164	766603	52.40	22.61	3.40	32.30
122	7217	968	182811	157140	15.54	6.64	0.97	9.27
6	3519	496	258308	243937	2.38	0.92	0.08	5.84
1041	30536	2548	1689109	824728	38.33	17.66	3.61	33.06
773	75664	5229	3195094	1989312	87.56	42.31	6.85	71.34
434	18875	4324	568038	438894	45.74	33.54	1.12	33.92
172	10321	1188	349668	221031	24.93	11.29	1.49	15.59
	455	30	200871	131233	29.14	0.64	0.21	11.83
2337	57774	5147	2832544	1846448	107.35	32.56	4.63	101.14
1235	50626	7860	1413078	1121237	40.01	17.89	2.79	42.03
29	676		48102	30275	1.24	0.42	0.08	0.68
160	1880	875	58426	56651	4.23	2.20	0.17	9.11
163	57264	617	397321	289190	17.94	10.79	1.09	4.98

2014年全国各地区文物

地　区	机构数（个）	从业人员（人）						登记注册志愿者人数
			专业技术人才				安全保卫人员	
				高级职称	副高级职称	中级职称		
全　国	**3280**	**37843**	**8971**	**151**	**827**	**3668**	**4569**	**13712**
北　京	26	2787	239	1	6	98	349	195
天　津	8	115	67		15	20	14	1
河　北	165	4052	902	26	118	385	698	41
山　西	141	2143	565	2	26	199	503	8317
内蒙古	89	643	396	4	44	171	58	22
辽　宁	61	1288	395	1	43	192	143	45
吉　林	52	137	94	4	15	44	2	
黑龙江	86	330	257	17	37	118	48	14
上　海	6	87	62		2	21	4	243
江　苏	54	357	144	5	11	55	35	43
浙　江	93	1839	650	42	83	235	175	567
安　徽	94	472	287	2	27	114	83	207
福　建	37	163	58	5	8	17	8	75
江　西	66	593	212	3	13	61	104	54
山　东	112	3382	995	5	112	438	169	34
河　南	124	2403	574	9	51	227	414	682
湖　北	49	761	330	1	15	189	122	41
湖　南	82	795	167		16	73	81	63
广　东	35	321	96	1	5	19	57	65
广　西	67	335	159		6	54	65	69
海　南	10	166	25		1	2	44	7
重　庆	25	225	85		8	34	50	1139
四　川	174	1809	509	12	36	181	209	892
贵　州	73	326	167		6	40	29	63
云　南	124	720	547	5	68	265	79	91
西　藏	1026	7184	42	2	5	20	85	2
陕　西	210	3064	671	3	28	311	651	689
甘　肃	56	721	108	1	7	27	157	4
青　海	29	40	23		3	15	3	3
宁　夏	22	286	114		12	36	52	44
新　疆	84	299	31			7	78	

保护管理机构基本情况

藏品数(件/套)				在藏品数中(件/套)			本年修复文物数(件/套)			
	一级品	二级品	三级品	本年新增藏品	本年从有关部门接收文物数	本年藏品征集数		一级品	二级品	三级品
2092332	**7006**	**27935**	**145978**	**32862**	**2966**	**16671**	**4167**	**20**	**73**	**424**
32406	216	521	3916	87		85	19			19
2435	1	2	93	3						
103241	228	1552	9436	644	72	80	330		6	10
180907	521	764	3636	8019	120	7548				
48109	112	385	1165	4535	350	2843	12			1
49783	115	718	4450	188	18	166	248			
5096	4	18	132	62	47	15				
22079	42	263	847	1998	201	1093	4			
2917				61		61				
29593	78	229	914	29	21					
75182	231	685	5039	1336		172	206		5	9
74862	306	724	13185	542	152	99	53		2	12
4310	4	8	559	17						
102702	161	1553	11038	355	204	65	295	1	11	11
202100	448	2830	7599	758	2	753	15			
229696	439	2516	29827	4868	543	161	180			84
27110	89	287	1827	408	110	202	60			
138377	146	394	4075	1572	81	175	16			6
31101		2239	421	180		180	5			
30333	20	384	3517	825	88	451	1			
725				3		3	65			
36898	10	210	2126	513	348	75	407		10	53
245158	1334	3255	26886	1444	18	246	874	15	27	120
15142	46	208	454	59	4	37	31		2	28
97102	184	570	1889	1337	293	836	68	4	10	44
163056	1869	5931	3635	5		4	612			
104222	220	839	6859	2295	256	804	55			27
6566	77	84	134	8	3		34			
1941	36	59	29	5		5				
25539	65	663	2186	487		486	577			
3644	4	44	104	219	35	26				

续表 1

地　区	基本陈列（个）	举办展览（个）	参观人次（万人次）		门票销售总额（千元）	本年完成科研成果		
				未成年人参观人次		省部级及以上科研课题数（个）	专利（个）	专著或图录（册）
全　国	**946**	**620**	**12181.59**	**2155.93**	**2921066**	**27**		**61**
北　京	27	20	1350.13	253.07	424207	10		4
天　津	2	3	22.81	8.41	3932			
河　北	41	10	843.91	181.71	302906			4
山　西	18	12	1061.45	119.01	160970			
内蒙古	54	30	115.67	42.97	10888			
辽　宁	37	20	178.90	46.59	52365			1
吉　林								
黑龙江	25	31	67.74	21.19		3		
上　海		1	2.25					1
江　苏	20	19	256.74	28.32	1136	2		2
浙　江	112	77	1346.96	149.70	264736	3		12
安　徽	53	58	205.10	94.83	5500			2
福　建	9	9	26.25	11.81	480			
江　西	48	59	348.57	148.37	6801	1		
山　东	34	11	1305.08	145.35	919409			
河　南	26	13	1003.63	156.43	322441			
湖　北	32	20	241.92	53.24	13521			
湖　南	51	26	371.66	129.45	14154			2
广　东	45	26	310.52	43.85	27161			
广　西	34	20	159.19	32.01	918			
海　南	17	1	114.30	24.70	1910			
重　庆	12	9	60.50	22.40	937			2
四　川	64	50	647.93	101.22	233320	1		12
贵　州	21	5	101.65	27.23	9020			
云　南	63	40	448.59	86.07	231	7		7
西　藏			90.46	1.34	14662			10
陕　西	69	24	1096.68	172.42	41206			1
甘　肃	16	8	273.31	35.90	69230			
青　海	1	5	14.65	1.20				
宁　夏	7	10	92.65	14.46	15703			1
新　疆	8	3	22.38	2.70	3322			

论文数（篇）	古建维修、考古发掘报告（册）	获国家奖（个）	获省、部奖（个）	本年收入合计（千元）	财政补助收入	事业收入	上级补助收入	附属单位上缴收入	经营收入
291	**29**	**3**	**13**	**7573034**	**5116357**	**1428028**	**403846**	**2479**	**400090**
10			1	1029972	538491	183806	339		295587
		1		22997	18419	2333	190	434	1612
7	3		1	621864	309326	259760	39477		5078
				287120	204825	39424	12601		27467
4		1		135953	126431		9197		
14			1	190846	156918	17863	114		11969
1				123824	123079				
14			2	60987	36067	128	6698		150
				27157	26444	211	50		
3				196942	167432	3272	20139		1600
29	2			739097	367261	297632	49850	60	1347
3				108030	80931	505	9150		5500
3				65237	42688	482	16561		460
20				139804	113915	5183	20305		61
4	1			594518	350583	187404	39334		12106
9				485471	363601	85564	12633	794	13340
21				84571	53620	7746	10548		5980
2	3			365647	326597	12266	7034		600
				70086	40370	19691	2693		636
3	1		1	150154	45735	22996	64832		
				23972	18840	2553		1060	1240
16	1		1	62863	60679	357	1500		
66	1	1	3	634031	609891	4223	9461		
23	8		1	67882	52117	10082	5449		
16	5			159886	138700	392	9750		1
4			2	184360	62226	87525	11828		9886
7	3			434784	276040	109264	24189	131	675
9				149974	75271	67284	4201		2895
				20692	20405		65		
3	1			265593	256998	82	185		1900
				68720	52457		15473		

续表 2

地区	其他收入	本年支出合计(千元)	基本支出	项目支出	文物本体保护	藏品技术保护	展示利用保护	保护管理体系
全国	**222234**	**6897686**	**2963537**	**3393586**	**883213**	**21050**	**431359**	**132718**
北京	11749	955523	425317	365185	150002	1954	27604	6315
天津	9	23662	17132	5019				100
河北	8223	516982	293503	218382	76257	1679	45904	12880
山西	2803	296535	116870	138028	36230	60	30854	3829
内蒙古	325	136771	62625	70814	415	10	2125	8150
辽宁	3982	174029	107486	26187	3159	10	800	933
吉林	745	95420	9862	85558	3799		80028	400
黑龙江	17944	51953	28259	23582	1282	20	7003	
上海	452	31816	17088	14559			365	
江苏	4499	178522	39590	133823	63382	200	10341	565
浙江	22947	746150	390233	332060	52359	3427	2860	25713
安徽	11944	83848	34460	44785	15089	360	2836	868
福建	5046	51914	18724	32752	10120		90	300
江西	340	133438	53652	71490	53884	15	2881	3128
山东	5091	546713	379015	123081	26169	140	2136	1012
河南	9539	430185	140785	242004	140900	684	40418	2743
湖北	6677	76869	37670	35976	13690	180	890	2109
湖南	19150	359966	51222	304894	65619	48	131832	39249
广东	6696	72409	38216	27171	4781	307	2105	2599
广西	16591	82785	18887	60642	5887	221	285	
海南	279	23333	9750	8987	133	20		27
重庆	327	59247	12424	46179	15213	20	1753	1479
四川	10456	584894	155256	407389	50289	1746	6383	1829
贵州	234	52813	23003	19919	4358	14		50
云南	11043	124920	50177	62166	19548	459	9329	539
西藏	12895	144748	86328	17486	1576	8200	90	
陕西	24485	447032	240879	180703	43638	100	10469	12925
甘肃	323	130970	63100	60939	11597	31	11978	4826
青海	222	8302	3445	4530	2573			
宁夏	6428	211505	20491	184406	760	1145		
新疆	790	64432	18088	44890	10504			150

经营支出	本年支出合计(千元)								
	在支出合计中：								
	工资福利支出	商品和服务支出	差旅费	劳务费	福利费	各种税金支出	对个人和家庭补助支出	抚恤金和生活补贴	其他资本性支出
263474	**1584030**	**1908530**	**28424**	**154876**	**23856**	**41293**	**287353**	**13145**	**771012**
157969	240405	226198	1273	5433	7644	557	26927	3454	56800
1511	7428	9461	82	1373	97	22	5155	149	118
4477	172891	177446	1056	18962	1449	1219	20766	1664	80636
25771	80239	68321	1507	3878	1288	1825	8514	650	10283
50	42212	30372	983	1478	315	1	10456	548	32755
3928	65466	51747	1914	8896	95	523	23841	192	8295
	6787	4543	252	969		43	1902	101	212
107	14036	16580	519	1196	4	5	4340	330	10935
	10894	17889	218	507	184		865	72	1500
200	24534	123855	441	2113	484		9509	230	17772
1347	148520	257611	2603	31495	5457	7710	59360	325	17175
1690	22853	16559	772	2223	206	333	5208	148	5305
152	8556	18173	532	723	2	33	4008	21	5574
121	21578	20277	534	5299	124	230	7459	1106	54976
40466	127094	145827	1106	1405	892	15302	7360	949	3890
9392	89020	69651	1736	15838	872	1651	15578	1017	165394
2225	28157	10675	832	1401	329	68	4774	58	1041
1360	32648	38430	1813	3864	1688	463	3384	164	128573
1263	16189	35743	103	4364	300	94	3064	47	1045
	12131	20712	339	404	9	88	1754	35	1797
792	8279	8285	69	366		104	1222	6	839
20	8003	16131	730	3086	140	96	2442	273	6716
228	100890	301637	3034	24347	627	7880	23125	398	68424
198	15231	4665	653	682	128	21	2120	67	2154
1	32680	27909	1410	3935	87	191	5591	139	8850
3430	48927	40966	554	276	3		7256	150	1135
4453	135741	89421	1652	4400	611	357	11325	513	14784
423	32184	19163	470	1887	801	2327	1439	103	27007
	2506	758	124	55	3	26	216		486
1900	17264	28391	617	1840	1	7	6657	174	11972
	10687	11134	496	2181	16	117	1736	62	24569

续表 3

地　区	各种设备购置费	资产总计（千元）	固定资产原值	实际使用房屋建筑面积（万平方米）	展览用房	文物库房（含标本室）	实际拥有产权面积（万平方米）	文物保护规划和方案设计（个）
全　国	**63047**	**15511917**	**5967318**	**304.76**	**93.37**	**13.77**	**381.58**	**1042**
北　京	9080	1178587	230814	11.91	2.08	0.13	4.87	11
天　津	118	16921	4742	1.37	0.98	0.03		1
河　北	4134	802487	296429	12.04	3.94	1.11	6.21	42
山　西	2956	389843	188695	17.37	5.59	1.08	49.44	48
内蒙古	1858	112153	84344	7.03	3.25	0.51	3.14	32
辽　宁	1089	418149	360896	12.43	3.15	0.41	93.42	17
吉　林	137	35221	3899	0.19	0.01	0.02	0.01	12
黑龙江	479	37044	22474	2.36	1.23	0.24	1.06	19
上　海	61	74780	47617	1.26	0.65	0.06	0.17	2
江　苏	10608	190091	85801	3.50	1.90	0.29	2.61	43
浙　江	2519	1533530	980155	24.39	10.48	0.69	7.26	99
安　徽	764	143723	85125	4.70	2.11	0.40	1.50	31
福　建	299	130878	76684	2.59	0.80	0.09	0.63	22
江　西	958	156144	68780	13.08	4.95	0.46	7.87	78
山　东	3097	4423815	650413	32.08	11.23	0.66	7.08	55
河　南	2355	1385219	389396	18.12	6.48	1.66	12.23	34
湖　北	280	112694	83994	13.67	2.23	0.42	5.75	24
湖　南	1061	435290	127991	8.71	3.07	0.41	15.29	85
广　东	971	128432	71462	5.55	3.53	0.12	0.03	27
广　西	599	78917	31668	6.42	2.48	0.30	1.97	20
海　南	48	284072	252595	1.08	0.42	0.00	5.16	1
重　庆	461	195067	176712	4.81	2.10	0.73	2.05	33
四　川	15144	1802464	808488	19.46	5.74	1.80	26.95	89
贵　州	538	109355	80797	3.19	1.85	0.23	18.03	37
云　南	755	208909	89545	11.47	4.39	0.63	15.26	51
西　藏	157	254325	68367	30.01	0.61	0.18	26.43	20
陕　西	1277	497147	371573	23.00	4.63	0.85	52.76	57
甘　肃	58	295557	177682	3.88	1.28	0.06	4.60	11
青　海		3962	2372	3.01	0.34	0.02	3.00	31
宁　夏	735	28123	21498	2.84	1.17	0.15	5.16	9
新　疆	451	49018	26310	3.26	0.72	0.06	1.69	1

文物保护维修情况				进行考古发掘情况				主办刊物（种）	国际合作项目数（个）
国保单位保护维修项目数（个）	保护维修面积（平方米）	省保单位保护维修项目数（个）	市、县保单位保护维修项目数（个）	考古发掘面积（万平方米）	出土器物（件/套）	原址保护展示面积（万平方米）	异地保护展示面积（万平方米）		
677	**47125193**	**427**	**583**	**489**	**36802**	**50.13**	**0.16**	**34**	**4**
29	60919	8	76	2	2025			1	
139	5924969	13	5		1900				
57	68595	14	25		1			1	
20	14468280	5	3	6	449		0.03	1	
13	530716	8	2						
4	48214	2						1	
26	2080784	5	21					4	
		2	3						
21	12363225	17	17	3	206	0.05	0.04	1	
51	41940	62	182	3	580	0.20		4	1
13	87125	24	11		2640	0.30		1	
7	4777	17	13						
32	4904736	23	31	30	197	6.34	0.06	1	
21	1030597	17	8		106	11.00	0.02	1	
27	91094	33	7	37	1593	0.24		1	
14	947298	6	4	3	120	3.38			
27	2056100	32	26	327	19387	28.50		2	
3	729	3	16						
8	15821	7	10	1	1508				
2	1160								
4	6923	11	18		488			2	
24	132177	45	32	75	1472	0.12		4	
23	875632	8	15		1			1	
39	90333	34	45	1	4107		0.01	2	2
19	136808	24	4		10			6	
35	909633	3	4						
5	9280	2	1						
7	20366		1						1
7	216962	2	3		12				

2014年全国各地区

地　区	机构数(个)	从业人员(人)						登记注册志愿者(人)	藏品数(件/套)
			专业技术人才	高级职称	副高级职称	中级职称	安全保卫人员(人)		
全　国	**3658**	**83970**	**30934**	**1350**	**3844**	**12355**	**20255**	**79242**	**29299673**
北　京	41	1222	392	11	44	137	304	621	1251584
天　津	22	747	417	9	73	202	139	125	669665
河　北	105	3318	1076	55	154	396	724	555	375522
山　西	99	2685	811	4	83	361	782	1482	803379
内蒙古	75	1470	838	22	116	338	314	1358	493522
辽　宁	63	2202	1078	54	158	595	408	2061	467050
吉　林	78	1214	642	39	129	236	238	2245	374808
黑龙江	158	2387	1089	43	171	436	525	2650	694942
上　海	103	3138	1513	60	162	627	453	4398	2359064
江　苏	301	5948	2131	134	282	881	1461	10167	1721406
浙　江	187	4010	1466	97	214	568	1039	7145	1061045
安　徽	164	2657	1009	39	107	358	737	1554	715617
福　建	98	1940	725	39	99	295	526	1631	483880
江　西	137	2873	1064	46	121	387	650	1428	476469
山　东	243	5369	2279	106	321	866	1348	3614	1502130
河　南	248	6265	1453	44	173	650	1725	2839	917092
湖　北	174	3380	1687	99	193	806	759	16937	1894926
湖　南	109	2639	830	22	78	347	628	837	554636
广　东	176	3309	1609	34	133	628	765	4530	1080018
广　西	106	1703	800	23	65	290	426	1001	411224
海　南	18	270	102	2	7	38	92	20	43715
重　庆	78	2246	773	34	84	239	475	1361	646125
四　川	206	5795	1427	61	117	526	1253	3590	3283205
贵　州	74	1171	371	8	27	98	335	214	115588
云　南	86	1076	679	18	103	319	251	715	1245402
西　藏	4	85	44	1	7	16	15		66126
陕　西	238	7101	1795	91	189	668	1739	3503	1436898
甘　肃	147	3082	854	10	72	305	862	1170	543923
青　海	22	228	148	3	24	64	62	15	181009
宁　夏	12	266	125	6	15	41	53	171	80080
新　疆	82	1144	278	9	33	104	345	281	188833

博物馆基本情况

一级品	二级品	三级品	在藏品数中(件/套)			本年修复文物数(件/套)			
			本年新增藏品	本年从有关部门接收文物数	本年藏品征集数		一级品	二级品	三级品
89532	**650837**	**3188277**	**957806**	**186236**	**298148**	**55979**	**596**	**1731**	**8595**
492	5371	55000	966	8	954	258	3	2	55
1042	5363	134118	1100	580	51	965	3	5	11
973	10310	43212	4079	398	3163	394		2	32
2954	8060	73144	204316	37	1902	4772	42	44	339
1951	5540	10399	5984	708	3076	752	37		45
1850	12944	131543	9408	730	3131	1122		17	130
563	3514	18729	11162	1742	3831	276		1	41
2813	5658	35242	159752	1191	11049	1267	13	28	137
2332	51373	191390	7136	64	6300	754	122	241	64
3758	17548	464741	29315	1301	13505	2746	36	99	396
2904	11099	73039	69492	678	50654	1585	97	178	175
2331	5192	47853	8107	1778	4947	2699	3	262	1056
1060	2912	94310	15553	1105	13338	570	1		138
1841	6220	40829	2056	137	1391	659	12	40	104
12193	12517	86089	11310	901	6510	11532	9	51	160
1902	13628	215826	10065	1470	3184	1982	8	55	1384
2643	7934	87264	7778	414	3835	6282	21	141	1353
1571	5936	53023	7957	3987	3421	4291	9	33	246
1352	17057	62331	21947	1134	14348	980		6	133
316	5105	63149	7987	312	6067	786	1	32	593
99	342	2033	342		342	960			6
1349	2645	24952	4907	31	3280	2184		1	173
6344	7922	92549	114222	309	112156	2656	17	189	618
586	1775	14547	3841	88	3392	109	19	9	17
969	1953	15332	5430	788	2790	441	26	59	34
1117	15812	26863	219	192	27	50		2	48
7630	13141	74626	174411	164988	7957	2844	99	127	732
3059	11545	98025	4606	200	3539	637		20	233
392	776	1030	409	10	188	329	13	3	7
302	3057	6435	4737		3130	153	1	2	21
647	1311	3966	11375	51	4200	501		15	5

续表 1

地区	基本陈列（个）	举办展览（个）	参观人次（万人次）	未成年人参观人次（万人次）	门票销售总额（千元）	本年完成科研成果		
						省部级及以上科研课题数	专利	专著或图录
全　国	**9036**	**10529**	**71773.81**	**20211.92**	**3310070**	**421**	**53**	**924**
北　京	84	152	497.83	84.92	21125	21	2	35
天　津	82	68	925.78	310.44	8969	5		1
河　北	230	302	2494.05	873.72	12335	7	1	9
山　西	172	124	1221.54	246.47	163008	10	1	16
内蒙古	246	183	989.64	254.16	3631	1	1	15
辽　宁	194	170	1152.14	343.41	32523	9		23
吉　林	129	299	959.40	353.36	41117	6		
黑龙江	354	354	2065.52	662.14	32643	13		23
上　海	378	486	1967.07	534.62	172659	30	7	80
江　苏	790	1101	7044.37	1884.68	131719	31	3	102
浙　江	429	988	4121.07	1125.29	19761	23		110
安　徽	459	421	2405.68	749.89	571	8	1	25
福　建	249	440	2308.21	813.18		5		14
江　西	261	264	2475.88	1060.01	1623	9		11
山　东	925	908	4818.26	1641.41	192038	40	1	59
河　南	529	567	4531.50	1412.63	69687	15	21	37
湖　北	465	392	2599.61	862.28	10910	17		29
湖　南	208	256	3574.43	1156.98	4185	43	1	27
广　东	472	932	4020.58	903.81	45372	7	1	45
广　西	190	207	1507.83	384.34	276175	4		22
海　南	41	73	156.91	38.77		1		3
重　庆	250	171	2153.97	519.27	116044	17	2	21
四　川	402	366	5329.16	1171.47	289798	37	8	37
贵　州	114	69	1293.33	300.17	230	3		6
云　南	252	200	1678.70	616.28	130	6		11
西　藏	7	11	37.80	1.47		4		1
陕　西	531	259	3830.77	737.39	822261	24	2	54
甘　肃	335	373	2007.79	572.65	5607	17		19
青　海	35	32	232.57	24.62				1
宁　夏	30	42	128.23	32.34			1	1
新　疆	149	183	652.34	196.12	225	3		4

论文数	古建维修、考古发掘报告	获国家奖	获省、部奖	本年收入合计	财政补助收入	事业收入	上级补助收入	附属单位上缴收入	经营收入
5597	**131**	**46**	**194**	**19555119**	**15846683**	**1352442**	**753594**	**1786**	**597638**
93		1		692617	643692	33657	280		2
24		1	2	273359	248303	23395	170		
156			1	475791	391437	69830	120		2885
39	5			528348	419959	48997	18337		4254
55	4		1	343476	334180	3062	2440		1
116	1		2	521686	508685	553	1253		150
130				286101	233866	35842	14938		765
140	2	1	12	400489	300413	2714	58828		32856
355	2	1	18	2192395	1634051	270058	68720		34848
498	38	9	33	1256347	1060971	47066	62496		50091
319		7	10	957424	743423	32479	122976		25874
145		6	18	419605	333871	14209	30592		4525
159	1		3	453394	388767	9407	35560		2
116	6	2	3	445566	398463	4467	25131	26	10149
414	4		19	1090702	670020	21380	25445		312606
351	5	4	5	545575	416192	70464	23494		11359
223	40	6	10	591679	465025	38229	53293	1182	12599
312	5	1	12	990565	780709	2365	29736		6848
185	2	1	4	973392	904852	35979	16794		10020
240	4		11	401826	296147	3353	18160		300
12		2		79186	74965		1050		
280	2	1	2	495014	423338	20668	22864	2	12655
132	2	1	13	982966	723184	173971	10746		7559
24	2			365058	295789	1231	50383		200
72	1		1	168429	153007	498	8187		1554
6				39341	39061				
284		1	3	1093162	850784	132572	23640	176	45239
164	1		4	534923	495656	14320	21467		2275
4				62580	58284	1514	2422		
43			1	44539	42753	599	40		730
31	2		1	264330	229206	5905	4032	100	146

续表 2

地区	其他收入	本年支出合计(千元)	基本支出	项目支出				
					文物征集	馆藏品保护	陈列展览	教育与科研
全国	**1002976**	**18741974**	**7301998**	**10412707**	**701764**	**385618**	**1170858**	**144187**
北京	14986	729803	247453	473640	16786	1596	107792	2484
天津	1491	240253	132267	107986	13331	15764	37459	2063
河北	11519	438239	251170	168944	1608	3061	16916	229
山西	36801	513455	159204	331928	11520	11939	48898	491
内蒙古	3793	327127	173702	152753	18597	15132	17824	840
辽宁	11045	416732	245266	159693	4598	932	13887	157
吉林	690	216684	125148	91274	7173	3387	6939	427
黑龙江	5678	377039	184091	157920	28875	2775	22979	2880
上海	184718	2054931	665939	1347255	115460	25150	101049	20885
江苏	35723	1184094	557947	558890	48266	16022	28186	15383
浙江	32672	935740	329597	570977	43991	23598	100471	21578
安徽	36408	441029	168206	210244	10906	17945	35739	2977
福建	19658	392044	142406	245486	8718	4909	55926	918
江西	7330	383338	179439	174054	1925	6427	21011	1451
山东	61251	967356	450467	343653	38230	24613	57690	12393
河南	24066	592154	329294	218681	23190	14957	35611	14780
湖北	21351	591794	191010	371614	18428	16478	63753	3543
湖南	170907	912080	218931	677135	9065	23514	26262	8778
广东	5747	981400	449279	521467	55481	17509	60971	8332
广西	83866	325728	91804	226894	8760	8205	16657	7179
海南	3171	57925	15900	38832	721	1141	13346	20
重庆	15487	535695	151225	293368	11864	9709	33442	2241
四川	67506	976590	376825	566420	31268	15309	16862	2838
贵州	17455	367625	59353	291262	1242	572	6789	275
云南	5183	271556	64303	204134	4443	2261	5366	393
西藏	280	18829	8277	2615		200		
陕西	40751	1063184	491038	489250	16619	29223	39277	4946
甘肃	1205	507909	179922	259748	16372	16286	62278	4320
青海	360	71281	27058	42882	103	9769	10477	
宁夏	417	56682	31544	21796	3727	4236	1458	
新疆	24941	266473	91993	158448	9411	17092	39001	1386

本年支出合计(千元)									
	在支出合计中：								
经营支出	工资福利支出	商品和服务支出	差旅费	劳务费	福利费	各种税金支出	对个人和家庭补助支出	抚恤金和生活补贴	其他资本性支出
320614	**4161310**	**6072481**	**157074**	**503946**	**80460**	**65531**	**1060642**	**34295**	**2753679**
	123868	224649	2688	18687	1582	1834	33027	379	81454
	57316	117874	1876	2784	1129	344	32412	256	31528
14244	118886	203621	2012	30196	897	511	27865	1236	51300
4634	110686	111532	1282	7601	836	4259	15340	468	157617
1	84968	111525	5109	12450	364	71	21434	581	43554
80	111239	205188	2939	29283	146	6	35521	3045	14415
261	59829	102311	2433	6629	36	570	25309	1217	28664
4750	100106	113036	4152	6604	1267	50	23912	673	49886
21526	312830	525675	6098	13233	4835	2613	27934	1289	806119
52838	331147	445764	12760	41744	3057	2592	86139	2105	156201
9909	225589	351232	7001	39628	5286	1378	52323	296	88174
10897	113532	104066	4259	7103	2484	349	26299	770	33463
58	87052	115599	4410	11711	406	297	22166	663	81240
6966	111095	131768	3764	4305	2306	504	35086	1782	15419
81898	241868	249996	10845	22338	4213	26049	44282	1665	45566
15219	180145	222847	5467	27149	23808	2205	28313	1291	31321
6377	128756	218825	10707	27625	3098	1273	37760	1222	21771
6804	118287	203549	5020	17945	2365	1091	25610	2444	44569
3472	227437	344431	5715	18831	5049	1226	91036	723	111865
1045	64991	128852	4323	4931	1196	1021	22679	1180	21963
344	14435	25153	1257	3230	15	37	1420	6	4159
13080	98945	229250	6262	18798	1284	1142	45346	1389	26705
7615	239967	317376	10737	23007	3368	2517	43812	2029	126144
313	40761	56501	4000	6100	334	45	8749	171	25041
1053	43450	113762	2500	7262	113	54	9012	123	14828
	7368	630	123	32	4		1480		
51122	331292	255966	6399	27677	5863	3619	49540	2808	84750
2651	95114	140384	10932	32563	645	1067	17805	1831	67775
	14817	21861	865	1483	3	244	4717	44	12007
1030	15139	16944	764	1119	20	3	4173	285	11172
913	43803	88769	2342	8728	406	541	8398	136	35638

续表 3

地　区	各种设备、交通工具、图书购置费	资产总计（千元）	固定资产原值	实际使用房屋建筑面积（万平方米）	展览用房	库房	实际拥有产权面积（万平方米）	文物保护规划和方案设计（个）
全　国	**416445**	**70897570**	**44020072**	**1933.12**	**926.25**	**158.53**	**1579.69**	**1314**
北　京	6780	1786980	1497554	28.25	13.57	1.50	15.11	10
天　津	14192	301163	137185	18.74	8.65	2.48	2.56	
河　北	6620	1642182	1146608	62.95	28.86	2.97	52.58	14
山　西	10490	1245499	321042	46.93	22.06	4.19	60.89	45
内蒙古	5380	2008731	1430210	56.07	26.74	3.77	28.23	19
辽　宁	7984	1472469	1289235	47.53	26.04	4.81	9.22	10
吉　林	6308	454025	252509	23.43	15.52	1.57	10.99	14
黑龙江	8444	2201554	1932758	58.84	35.66	3.53	31.16	31
上　海	32961	8480990	5264369	74.60	27.86	7.79	30.82	11
江　苏	32397	7642493	6621443	200.64	102.70	11.74	145.96	80
浙　江	19326	3488232	2199089	97.18	44.28	8.71	53.49	66
安　徽	11880	2167330	1377443	63.84	31.75	5.24	74.59	63
福　建	6839	754137	320803	48.02	22.03	3.67	50.86	59
江　西	4627	2009902	1333253	52.70	27.63	5.28	121.90	109
山　东	14144	5656052	2826088	150.60	86.16	14.06	180.49	82
河　南	14361	1947712	1029325	96.21	52.67	10.64	82.81	36
湖　北	12764	1993842	1305279	66.33	32.21	7.17	52.94	163
湖　南	14854	2019055	849258	46.47	18.08	4.20	33.21	69
广　东	20207	2618950	1457547	109.97	42.65	7.57	133.77	59
广　西	9667	1072430	664857	39.11	17.99	3.30	32.21	30
海　南	2420	92098	83159	4.47	1.74	0.20	1.37	5
重　庆	3882	1682377	754841	43.69	20.60	3.66	32.56	65
四　川	15077	4130872	2297633	121.21	61.13	11.13	72.05	102
贵　州	8191	951723	336148	48.44	35.86	1.62	14.10	12
云　南	4365	592417	533930	33.79	16.50	2.49	19.00	9
西　藏		3839	3839	3.38	1.05	0.27	5.40	
陕　西	37324	4146828	2661073	145.01	43.88	10.17	107.92	37
甘　肃	8409	1937867	1477339	51.26	26.62	4.67	71.03	46
青　海	10466	187474	155048	6.38	2.75	1.52	4.52	21
宁　夏	2584	141628	117823	10.33	4.44	0.72	10.53	2
新　疆	1352	721136	433315	25.41	16.74	2.11	8.62	7

文物保护维修情况				进行考古发掘情况					
国保单位保护维修项目数（个）	保护维修面积（平方米）	省保单位保护维修项目数（个）	市、县保单位保护维修项目数（个）	考古发掘面积（万平方米）	出土器物（件/套）	原址保护展示面积（万平方米）	异地保护展示面积（万平方米）	国际合作项目数（个）	主办刊物（种）
515	**19535**	**358**	**350**	**58.52**	**103863**	**5**	**1**	**144**	**260**
6	1	1	1					9	4
				1.55					1
10	68	2		0.03					6
24	5	13	29	0.33	300				
7	7	5	1	1.00	130			3	2
9	47	3		0.08					7
10	185	7	6	0.24					4
7	5	4		2.62	3000			4	3
11	3	7	2	1.70				31	39
17	2	9	10	23.20	9890	1	1	1	26
18	83	29	54	9.48	1100	1		4	26
19	113	22	20	0.02	5000			1	9
31	7	21	25	1.42	500			5	8
67	472	44	49	2.71	61060	1			9
37	17	19	6	1.31	7500			11	14
33	196	17	4					1	9
12	2	28	9	5.01	129			4	10
20	17	21	12	0.73	56			15	4
18	12	14	30	0.45	2592			9	11
20	13	9	12	4.19	2000			2	2
2		8	5	0.06	50				
8	251	10	10	0.58	256			9	10
53	24	30	19	1.06	7800			15	14
10	1	3	3	0.01					4
7	1	7	12	0.12					5
22	2	14	7	0.18	2500				15
24	17999	7	23	0.09					6
5		2							
1	1	1							3
2		1	1	0.24				2	4

2014年全国各地区文物

地　区	机构数(个)	从业人员(人)	专业技术人才	正高级职称	副高级职称	中级职称	安全保卫人员(人)	登记注册志愿者(人)	藏品数(件/套)
全　国	**2878**	**70047**	**26978**	**1018**	**3330**	**10839**	**17038**	**61097**	**23074309**
北　京	40	1165	387	11	44	132	296	621	1249082
天　津	22	747	417	9	73	202	139	125	669665
河　北	75	2573	841	41	114	295	552	348	328555
山　西	95	2649	804	4	83	357	774	1424	797382
内蒙古	75	1470	838	22	116	338	314	1358	493522
辽　宁	60	2153	1073	54	158	592	401	2033	457399
吉　林	76	1193	639	39	129	234	233	2245	373208
黑龙江	83	1302	712	17	122	279	236	466	489171
上　海	46	1356	774	38	89	297	184	1869	1377028
江　苏	190	4179	1675	85	214	721	1072	3579	1079970
浙　江	105	3121	1305	88	197	527	809	6884	780671
安　徽	112	1733	754	14	72	260	504	889	525399
福　建	98	1940	725	39	99	295	526	1631	483880
江　西	119	2633	954	26	95	349	608	1282	447251
山　东	176	3948	1932	83	270	746	1021	2306	1305250
河　南	176	5092	1332	30	155	593	1451	2450	823744
湖　北	140	2964	1472	65	167	748	657	16522	1450452
湖　南	101	2044	675	19	72	279	468	799	474051
广　东	168	3182	1564	33	132	616	732	4525	1045772
广　西	106	1703	800	23	65	290	426	1001	411224
海　南	18	270	102	2	7	38	92	20	43715
重　庆	46	1752	642	20	71	194	361	473	555812
四　川	176	5335	1241	31	82	435	1112	2616	935647
贵　州	71	1132	362	8	27	96	314	209	111990
云　南	72	942	630	11	89	296	216	675	1199132
西　藏	4	85	44	1	7	16	15		66126
陕　西	173	5891	1494	50	152	585	1442	2147	950080
甘　肃	135	2825	810	10	67	287	801	1109	538419
青　海	22	228	148	3	24	64	62	15	181009
宁　夏	12	266	125	6	15	41	53	171	80080
新　疆	82	1144	278	9	33	104	345	281	188833

系统博物馆基本情况

一级品	二级品	三级品	在藏品数中(件/套) 本年新增藏品	本年从有关部门接收文物数	本年藏品征集数	本年修复文物数(件/套)	一级品	二级品	三级品
83794	**641297**	**3161579**	**631774**	**23859**	**152555**	**36070**	**385**	**1181**	**7585**
491	5347	54764	966	8	954	258	3	2	55
1042	5363	134118	1100	580	51	965	3	5	11
885	10124	42580	3439	392	2829	392		2	32
2953	8056	72844	204063	37	1839	730	42	44	325
1951	5540	10399	5984	708	3076	752	37		45
1830	12914	131493	9408	730	3131	1122		17	130
563	3514	18729	11162	1742	3831	276		1	41
2425	4482	28515	149284	1091	3025	602	12	26	120
1468	46646	185722	2181	2	1852	374	2	9	64
3416	16759	462660	12241	1301	4461	2689	36	99	396
2242	10450	72575	67695	654	49679	953	26	76	113
1965	4815	45318	6539	1773	3989	669	2	59	353
1060	2912	94310	15553	1105	13338	570	1		138
1575	5859	40562	1572	133	911	604	10	36	104
12130	12509	86075	9093	880	4998	4922	4	50	159
1851	13370	214668	9723	1470	3184	1982	8	55	1384
2642	7934	86962	4607	406	2787	5013	18	140	1351
1504	5732	52169	7159	3967	2643	1941	9	33	241
1352	17053	62320	21490	1134	14314	980		6	133
316	5105	63149	7987	312	6067	786	1	32	593
99	342	2033	342		342	960			6
1325	2540	23961	3772	31	2678	1440		1	143
4765	7623	91298	3548	179	1852	2139	15	187	616
581	1770	14543	3654	88	3205	87	14	6	13
955	1926	15277	5111	788	2657	441	26	59	34
1117	15812	26863	219	192	27	50		2	48
6715	12853	71857	5675	2991	1903	2310	98	127	562
3038	11526	97696	3849	200	2924	637		20	233
392	776	1030	409	10	188	329	13	3	7
302	3057	6435	4737		3130	153	1	2	21
647	1311	3966	11375	51	4200	501		15	5

续表 1

地　　区	基本陈列（个）	举办展览（个）	参观人次（万人次）	未成年人参观人次（万人次）	门票销售总额（千元）	本年完成科研成果		
						省部级及以上科研课题数（个）	专利	专著或图录
全　　国	**7124**	**9232**	**59235.11**	**16732.22**	**2867958**	**324**	**49**	**731**
北　　京	83	147	427.27	75.38	21125	21	2	27
天　　津	82	68	925.78	310.44	8969	5		1
河　　北	163	257	1967.10	685.95	11215	5	1	8
山　　西	163	116	1168.46	227.74	163008	10	1	16
内 蒙 古	246	183	989.64	254.16	3631	1	1	15
辽　　宁	186	169	1124.66	331.26	32523	8		23
吉　　林	123	299	955.19	352.65	40907	6		
黑 龙 江	203	265	1100.39	425.46	280	3		11
上　　海	105	300	959.28	160.10	48813	12	6	40
江　　苏	564	861	4112.26	1205.81	41066	24	3	59
浙　　江	275	878	3657.20	1012.64	12492	22		104
安　　徽	324	345	1880.42	579.66		1	1	21
福　　建	249	440	2308.21	813.18		5		14
江　　西	238	243	1992.57	781.01	1623	4		7
山　　东	669	734	3563.01	1303.64	42038	37		35
河　　南	363	462	3975.06	1255.17	68743	9	19	30
湖　　北	371	360	2385.64	773.28		15		23
湖　　南	189	240	2288.63	823.78	4185	42	1	27
广　　东	452	918	3951.87	887.04	45372	7	1	45
广　　西	190	207	1507.83	384.34	276175	4		22
海　　南	41	73	156.91	38.77		1		3
重　　庆	143	113	1595.88	396.33	111546	11	2	13
四　　川	350	341	4894.28	1093.02	280280	16	8	26
贵　　州	111	69	1267.37	298.60		3		6
云　　南	227	196	1587.82	595.88	123	3		10
西　　藏	7	11	37.80	1.47		4		1
陕　　西	442	192	3193.80	558.05	812288	20	2	40
甘　　肃	307	352	1655.79	510.71	5607	17		15
青　　海	35	32	232.57	24.62				1
宁　　夏	30	42	128.23	32.34			1	1
新　　疆	149	183	652.34	196.12	225	3		4

论文数	古建维修、考古发掘报告	获国家奖	获省、部奖（个）	本年收入合计（千元）	财政补助收入	事业收入	上级补助收入	附属单位上缴收入	经营收入
5015	**118**	**34**	**133**	**17136634**	**14497331**	**1193565**	**511520**	**1484**	**132179**
93		1		692344	643692	33657	280		2
24		1	2	273359	248303	23395	170		
117			1	377573	300759	69222	100		1254
39	5			523727	415930	48997	17745		4254
55	4		1	343476	334180	3062	2440		1
116	1		2	439534	430981	553	1253		150
130				285219	233442	35842	14938		307
50	2		4	231080	222677	211	7764		
248	2		8	1547677	1225935	134833	37433		1648
444	38	7	12	987781	910813	39570	14454		7403
319		7	10	817004	711031	32374	46823		1965
131		3	7	338291	283308	11174	29392		1066
159	1		3	453394	388767	9407	35560		2
105	6	2	2	426366	381164	4387	24831	26	10149
343			19	664182	578298	19839	23819		31724
324	4	1	3	499661	391331	70120	23110		384
187	32	6	10	565326	453962	37734	49087	882	4333
284	5	1	12	848865	654632	1565	19237		4698
185	2	1	4	962570	898464	35979	15753		6682
240	4		11	401826	296147	3353	18160		300
12		2		79186	74965		1050		
255	2		1	425912	365314	17783	22533		8981
74	2		7	961697	714146	172923	7136		6522
24	2			362858	295489	1231	48683		
63	1		1	163790	149672	498	7787		1554
6				39341	39061				
271		1	2	1007942	814110	129860	16221	176	28503
164	1		4	459950	422885	14320	19267		2275
4				62580	58284	1514	2422		
43			1	44539	42753	599	40		730
31	2		1	264330	229206	5905	4032	100	146

续表 2

地区	其他收入	本年支出合计(千元)	基本支出	项目支出	文物征集	馆藏品保护	陈列展览	教育与科研
全国	**800555**	**16392930**	**6185623**	**9634794**	**615698**	**334068**	**1039093**	**113041**
北京	14713	717968	235807	473451	16786	1596	107612	2484
天津	1491	240253	132267	107986	13331	15764	37459	2063
河北	6238	318876	188718	125709	917	2833	15686	100
山西	36801	507769	155221	330744	11210	11809	48520	395
内蒙古	3793	327127	173702	152753	18597	15132	17824	840
辽宁	6597	408976	239239	157964	4561	917	13887	157
吉林	690	215678	124374	91274	7173	3387	6939	427
黑龙江	428	203327	95155	107588	16534	480	13711	2159
上海	147828	1446784	283000	1158540	106617	3830	64005	10795
江苏	15541	934808	440752	475231	44091	14809	26422	14971
浙江	24811	858491	302936	546999	40518	22117	95938	20864
安徽	13351	307176	123752	162199	4343	13971	25573	1488
福建	19658	392044	142406	245486	8718	4909	55926	918
江西	5809	357658	160233	171708	1051	6137	20070	1245
山东	10502	609472	321197	249814	31823	15567	40605	1177
河南	14716	503551	295391	184653	10648	13122	28049	12970
湖北	19328	561990	180667	360804	18038	16125	61632	3101
湖南	168733	788022	172003	602426	7994	21466	23297	7069
广东	5692	969888	445858	514261	54085	17318	60574	8229
广西	83866	325728	91804	226894	8760	8205	16657	7179
海南	3171	57925	15900	38832	721	1141	13346	20
重庆	11301	469994	117019	266473	10780	6864	27776	1875
四川	60970	926431	357643	546295	15762	12341	15949	2585
贵州	17455	365048	58109	290992	1152	502	6739	215
云南	4279	265616	59611	203470	4158	2187	5159	320
西藏	280	18829	8277	2615		200		
陕西	19072	940596	435229	458432	6632	28091	35147	3769
甘肃	1203	431264	166818	224611	16371	16244	37113	4240
青海	360	71281	27058	42882	103	9769	10477	
宁夏	417	56682	31544	21796	3727	4236	1458	
新疆	24941	266473	91993	158448	9411	17092	39001	1386

经营支出	本年支出合计(千元) 在支出合计中：工资福利支出	商品和服务支出	差旅费	劳务费	福利费	各种税金支出	对个人和家庭补助支出	抚恤金和生活补贴	其他资本性支出
86954	**3590165**	**5536755**	**136124**	**464359**	**67251**	**34441**	**1000220**	**31575**	**2613073**
	115083	222281	2678	18449	1527	1821	32354	379	81445
	57316	117874	1876	2784	1129	344	32412	256	31528
1270	88393	146463	1600	24123	618	167	17136	877	34907
4634	110083	108200	1166	7581	356	4259	15318	468	157232
1	84968	111525	5109	12450	364	71	21434	581	43554
80	108537	201384	2913	29275	146	6	34279	3020	14415
29	59085	102281	2429	6629	36	570	25309	1217	28664
239	59090	95982	2566	5432	133	50	21552	465	24584
2375	163427	385736	4377	9570	3011	1295	20260	1089	790491
5827	247056	363515	10655	38053	1856	1813	78066	1412	143427
1631	200330	335771	6427	38777	4385	1178	50966	267	85322
2357	77925	86130	2199	3957	1656	216	23823	531	11359
58	87052	115599	4410	11711	406	297	22166	663	81240
6548	104199	120313	3542	4244	2198	429	31629	1778	14816
6495	188785	193646	4308	18243	872	1048	40903	1450	35377
989	159816	211800	4182	24111	23605	1566	26919	1157	28129
4658	119547	216327	10312	26113	2807	1083	37590	1202	20803
4384	97552	134473	3746	12441	2065	383	20543	2238	35060
2587	224676	342217	5665	18335	4734	1056	90926	713	111778
1045	64991	128852	4323	4931	1196	1021	22679	1180	21963
344	14435	25153	1257	3230	15	37	1420	6	4159
10249	82324	212942	5496	15669	1010	1020	39081	1183	11708
3727	229956	312042	10342	21185	2968	2448	43729	1959	125094
298	39882	56164	3930	5896	272	45	8669	171	24971
1053	39455	113105	2344	7242	109	54	8980	122	14736
	7368	630	123	32	4		1480		
19968	290605	238689	5493	27038	4659	2536	44038	2707	80548
2651	87878	136542	10652	32358	640	821	17528	1831	67575
	14817	21861	865	1483	3	244	4717	44	12007
1030	15139	16944	764	1119	20	3	4173	285	11172
913	43803	88769	2342	8728	406	541	8398	136	35638

续表 3

地　区	各种设备、交通工具、图书购置费	资产总计（千元）	固定资产原值	实际使用房屋建筑面积（万平方米）	展览用房	库房	实际拥有产权面积（万平方米）	文物保护规划和方案设计（个）
全　国	**376663**	**52063887**	**30757189**	**1524.75**	**727.52**	**130.03**	**1222.17**	**1181**
北　京	6780	1751910	1463380	27.85	13.25	1.49	15.11	10
天　津	14192	301163	137185	18.74	8.65	2.48	2.56	
河　北	5609	729040	618325	41.14	21.65	2.47	33.41	11
山　西	10105	1206327	288365	43.42	18.77	4.04	60.29	45
内 蒙 古	5380	2008731	1430210	56.07	26.74	3.77	28.23	19
辽　宁	7984	1376288	1210633	46.57	25.87	4.79	9.22	10
吉　林	6308	439641	238229	22.77	15.10	1.54	10.76	14
黑 龙 江	4300	821554	726400	24.18	15.88	1.93	11.84	13
上　海	28762	3355455	1693798	30.87	12.52	5.76	6.21	5
江　苏	25659	4383578	3591378	153.48	75.33	8.87	98.04	73
浙　江	18522	2612566	1641296	72.99	32.38	6.95	40.38	52
安　徽	1814	764578	502930	43.36	20.25	3.55	37.69	49
福　建	6839	754137	320803	48.02	22.03	3.67	50.86	59
江　西	4094	1906144	1236839	48.97	25.02	5.02	120.33	102
山　东	8855	4062138	2065794	100.97	57.33	8.42	81.71	74
河　南	13766	1183399	745600	74.60	39.26	8.50	66.75	29
湖　北	12298	1450325	1059298	57.00	26.52	6.46	48.11	155
湖　南	12085	1317358	491482	36.15	14.59	3.64	26.32	66
广　东	20120	2603560	1445262	105.82	40.44	7.32	133.22	59
广　西	9667	1072430	664857	39.11	17.99	3.30	32.21	30
海　南	2420	92098	83159	4.47	1.74	0.20	1.37	5
重　庆	2928	1258813	401974	33.04	13.70	2.11	17.99	59
四　川	14948	4036207	2244037	88.60	44.79	6.96	62.47	84
贵　州	8131	891201	296039	46.47	34.76	1.32	11.23	9
云　南	4273	588724	530237	29.22	14.71	2.18	18.78	9
西　藏		3839	3839	3.38	1.05	0.27	5.40	
陕　西	36054	3035588	1663115	87.37	28.71	8.35	91.40	30
甘　肃	8218	1661274	1346470	46.66	22.73	4.50	47.82	42
青　海	10466	187474	155048	6.38	2.75	1.52	4.52	21
宁　夏	2584	141628	117823	10.33	4.44	0.72	10.53	2
新　疆	1352	721136	433315	25.41	16.74	2.11	8.62	7

文物保护单位保护维修情况				进行考古发掘情况				国际合作项目数（个）	主办刊物（种）
国保单位保护维修项目数（个）	保护维修面积（平方米）	省保单位保护维项修目数（个）	市、县保单位保护维修项目数（个）	考古发掘面积（万平方米）	出土器物（件/套）	原址保护展示面积（万平方米）	异地保护展示面积（万平方米）		
483	**19411**	**349**	**345**	**56.68**	**98807**	**4**	**1**	**118**	**188**
6	1	1	1					9	4
				1.55					1
8	68			0.03					4
24	5	13	29	0.33	300				
7	7	5	1	1.00	130			3	2
9	47	3		0.08					7
10	185	7	6	0.24					4
4	4	4		0.82	3000			3	2
7	1	7	2	1.70				21	20
11	2	9	6	23.20	9190	1	1	1	19
17	83	29	54	9.48	300	1		4	20
16	2	22	20	0.02	5000			1	5
31	7	21	25	1.42	500			5	8
67	472	44	49	2.71	60260	1			9
36	17	19	5	1.31	7500			11	8
29	195	15	4						3
12	2	28	9	5.01	129			2	6
18	16	18	12	0.73	56			15	2
16	5	14	30	0.45	2592			9	10
20	13	9	12	4.19	2000			2	2
2		8	5	0.06	50				
7	251	9	10	0.54				7	6
53	24	30	19	1.06	7800			5	9
10	1	3	3	0.01					3
6	1	7	12	0.12					5
21	2	13	7	0.18					12
23	17999	7	23	0.09					5
5		2							
1	1	1							3
2		1	1	0.24				2	4

2014年全国各地区

地　区	机构数（个）	从业人员（人）	专业技术人才	正高级职称	副高级职称	中级职称	库存文物数（件/套）	一级品
全　国	**71**	**1565**	**665**	**9**	**64**	**364**	**7700873**	**60**
北　京	2	212	69		1	68	2420812	
天　津	1	83	57		7	28	362601	
河　北	2	9					2600	
山　西	1	21	8		3	4	130793	
内蒙古	1						1384	
辽　宁	3	58	25	2		9	257217	5
吉　林	1	10	1				30787	
黑龙江								
上　海	1	70	49		1	23	1697761	
江　苏	8	211	93		7	48	896251	
浙　江	9	85	24		1	11	157432	
安　徽	2	46	22	1	2	9	210589	12
福　建	2	40	19		2	13	57910	
江　西	4	70	39		2	12	174579	1
山　东	5	98	49	3	11	22	228954	
河　南	6	114	59		10	38	199032	19
湖　北	1	52	27	1	7	19	204221	4
湖　南	2	56	27		4	15	221729	8
广　东	4	79	36		1	16	240435	10
广　西	4	40	12			8	37331	1
海　南								
重　庆	2	21	2				34439	
四　川	2	73	17		3	4	50654	
贵　州	1	16	1				20065	
云　南	2	38	13	2	1	7		
西　藏	1	7					5656	
陕　西	1	7					780	
甘　肃	1	14					28975	
青　海	1	8	2			1	4410	
宁　夏								
新　疆	1	27	14		1	9	23476	

文物商店基本情况

		资产、负债、所有者权益(千元)							损益(千元)
二级品	三级品	资产总计	固定资产原价	当年提取的折旧总额	负债合计	所有者权益合计	实收资本	国家资本金	营业收入
88	**1994**	**2322576**	**452728**	**24604**	**519793**	**1802783**	**213466**	**188620**	**841928**
		506688	126130	5308	86592	420096	16870	8000	151844
		296117	8332	498	57810	238307	25188	25188	122145
		409			256	153	123	123	
		8368	1915	115	275	8093	424	424	9038
		718	762	44	300	418			
6	40	66390	5807	2843	24047	42343	6956	6956	17894
		4501	513	8	3711	790	1931	1931	189
		292108			8694	283414	14990	14990	75778
		286546	64720	2956	77804	208742	14424	14424	209208
		82820	21496	648	35584	47236	13258	13258	31014
	409	24990	7146	316	3444	21546	1076	1076	10264
		28036	16738	417	6821	21215	7248	7248	7089
		13477	6485	309	4713	8764	7607	7607	13633
		129940	12107	353	91244	38696	6593	6374	28561
53	756	37463	11047	169	12972	24491	17536	2898	17779
20	2	215536	96056	7889	8520	207016	3740	3740	2567
7	2	81573	16293	638	27984	53589	12259	12259	33176
		93448	21369	752	8798	84650	19210	19210	45390
		10758	1816	159	5267	5491	5873	4754	3445
		8640	746	23	2647	5993	1730	1730	5949
		45167	4455	203	25326	19841	5812	5812	25534
		22988	20665	632	1154	21834	6000	6000	2155
		40385	591	20	13326	27059	14486	14486	12417
2	5	3162	3162		792	2370	2370	2370	557
	780	3607	382	45	1167	2440	2105	2105	936
		9548	808	52	7433	2115	1500	1500	4748
		2000	775	70	1219	781	400	400	1784
		7193	2412	137	1893	5300	3757	3757	8834

续表

地 区	主营业务收入	营业成本	养老、医疗、失业等各种社会保险费	住房公积金和住房补贴	差旅费	工会经费	营业利润	营业外收入
全 国	**782362**	**719778**	**31721**	**16070**	**8096**	**2100**	**122150**	**37028**
北 京	138863	104741	6121	2476	336	473	47103	8
天 津	122145	111495	4339	3613	308	339	10650	2664
河 北								
山 西	8419	9081	178	96	118		-43	302
内蒙古		5					-5	
辽 宁	17521	16836	1033	632	443	71	1058	1149
吉 林	189	1722	170	61	366	5	-1533	936
黑龙江								
上 海	75778	35910	3430	1376	367	233	39868	4
江 苏	198825	181040	6072	2011	1665	340	28168	19338
浙 江	28469	27263	1076	217	303	83	3751	823
安 徽	9474	9935	423	445	236		329	234
福 建	5717	8413	517	442	428	48	-1324	
江 西	13123	14440	774	267	80	29	-807	304
山 东	26732	29249	830	395	486	20	-688	1159
河 南	14371	18999	1439	323	591	52	-1220	2237
湖 北	2567	11402	203	1341	254	36	-8835	40
湖 南	32409	33389	376	206	226	7	-213	5949
广 东	33971	41441	2276	1001	528	223	3949	407
广 西	3054	4134	380	70	98		-689	488
海 南								
重 庆	5564	5797	30	3	43		152	269
四 川	17660	24572	685	321	374	46	962	1
贵 州	678	2772	85	298	54	25	-617	
云 南	11059	10466	527	116	227	28	1951	100
西 藏	113	557						
陕 西	936	633	26	61	1		303	99
甘 肃	4748	4530	143	19	93		218	
青 海	1544	1722	181	67	79	9	62	116
宁 夏								
新 疆	8433	9234	407	213	392	33	-400	401

			工资、福利费、税金(千元)						
政府补助(补贴收入)	营业外支出	利润总额	本年发放工资总额	本年支付的职工福利费	本年应交税金总额	实际使用房屋建筑面积(万平方米)	营业用房	库房	实际拥有产权面积(万平方米)
11814	**6020**	**153158**	**126802**	**9626**	**63502**	**15.38**	**5.97**	**7.22**	**8.78**
	1001	46110	24606	598	19762	1.66	0.22	1.44	0.25
2660	12	13302	16939	144	6157	1.29	0.49	0.8	
200		259	2694		192	0.4	0.04	0.24	0.4
		-5	5		2	0.01			
266	2	2205	3280	383	1087	0.38	0.16	0.18	0.11
		-597	332	157	281	0.01	0.01	0.01	0.07
		39872	10125	2453	13936	1.82	0.1	1.53	1.57
495	880	46626	19870	579	8781	2.72	1.73	0.76	2.4
19	263	4311	4943	380	1409	0.46	0.33	0.09	0.05
180		563	2324	229	649	0.23	0.07	0.12	0.01
	19	-1343	2410	179	414	0.65	0.33	0.15	0.22
	124	-627	1385	229	382	0.8	0.31	0.49	0.73
309		471	3176	29	830	0.7	0.31	0.16	0.32
1030		1017	3924	178	800	1.18	0.6	0.3	0.14
40	3534	-12329	4440	2470		0.35	0.08	0.26	
5755	100	5636	3730	260	1286	0.66	0.05	0.11	0.64
73	4	4352	11675	562	4628	0.98	0.55	0.31	0.72
418	2	-203	1511	23	142	0.12	0.04	0.02	0.02
269		421	481	246	234	0.15	0.05	0.03	0.11
	79	884	2482	187	1317	0.12	0.06	0.04	0.57
		-617	683		329	0.16	0.09	0.06	
100		2051	1416		615	0.06	0.03	0.03	0.05
			444			0.07		0.03	0.03
		402	205		20	0.04	0.02	0.02	
		218	460	42	161	0.05	0.03	0.02	0.05
		178	456	20	72	0.03	0.02		0.03
		1	2806	278	16	0.3	0.26	0.04	0.3

主要统计指标解释

1．**藏品**：藏品是文博机构根据收藏品的文化属性、自然属性等情况所划分的文物藏品、标本藏品、模型藏品（含具有收藏、展示价值的雕塑、绘画等艺术作品）和复制品藏品的总和。本指标所统计的藏品是指报告期末，该机构已经整理并登记入账的藏品数。尚未整理或正在整理的藏品，应在整理造册入账后列入下年统计。一级品、二级品、三级品均根据入账情况如实填写。

藏品数：指按历年来以件、套为计量单位统计的藏品数量。即单件藏品编一个号者按一件计算，成套藏品按整体编一个号者，也按一件计算（其组成部分即使有分号，也按一件计）。不易计数的藏品，如粮食、药材及液体等，不论数量多少，均按一件计算。

2．**本年新增藏品数**：指本年从各种渠道获得的新增入库藏品总数。

3．**本年从有关部门接收文物数**：指本年从公安、工商、海关等司法及检查部门移交接收的文物。

4．**本年藏品征集数**：本年从社会上征集为馆藏的文物数量（包括标本数）。

5．**本年修复文物数**：本年运用技术手段进行修复保养的馆藏文物数量（包括标本）。

6．**基本陈列**：指由本馆设计布陈、地点固定、时间较长的展出。

7．**举办展览**：展览指在本机构内设置，由本馆设计布陈、形式比较多样的展出。同一内容的巡回展览，均按一个计算。展览的计量单位不是指每次展出的文物藏品件数。与系统外机构合办的展览，由本馆统计；与系统内机构合办的，由主办馆统计。基本陈列不作为展览统计。

8．**参观人次和未成年人参观人次**：参观人次指本报告期末，向社会开放的文物保护管理机构当年接待的所有参观人次的累计数。

未成年人参观人次是指接待有组织的集体参观人次与零散观众中能够确切统计的未成年人参观人次的总和。

9．**本年承担课题、项目数**：指本机构报告期内承担的课题和项目数量。

10．**专利数**：向中央及地方专利局申请并得到承认的专利数量。

11．**专著或图录**：由本单位人员完成，经过正式出版部门编印出版的科技专著、高等院校教科书、科普著作和论文集。

12．**论文数**：是指由本机构的人员完成，并在省级以上刊物公开发表的论文数之和。

13．**古建维修报告**：地上不可移动文物维修保护工程全过程记录及应用技术研究介绍的综合性技术报告。

7

教育、科技、动漫及其他

2014年文化部门教育

	机构数（个）	从业人员（人）	专业技术人才	正高级职称	副高级职称
总　计	**135**	**12441**	**8887**	**359**	**1880**
高等院校	17	5525	3795	249	877
其中：高等职业院校	16	5378	3664	227	842
中等专业学校	92	6248	4676	91	931
文化干部学校	4	209	59	2	13
其他教育机构	22	459	357	17	59

续表 1

	就业人数	招生数（人）	在校生数（人）	戏剧类	戏曲类
总　计	**5895**	**23602**	**78604**	**3444**	**6104**
高等院校	5580	12439	42182	2010	2181
其中：高等职业院校	5580	12116	41104	2010	2181
中等专业学校	254	9910	33563	1302	3567
文化干部学校					
其他教育机构	61	1253	2859	132	356

机构基本情况

中级职称	毕业生数(人)	中职生人数	升学人数	就业人数	高职生人数	升学人数
3408	**20097**	**9511**	**3692**	**3487**	**7479**	**606**
1378	11182	2242	1378	452	7009	548
1325	10892	2242	1378	452	7009	548
1819	8146	7032	2139	2973	409	58
33						
178	769	237	175	62	61	

舞蹈类	音乐类	美术类	其他	在校生中高职生人数(人)	本年收入合计(千元)	财政补贴收入
19472	**16912**	**14957**	**17715**	**29459**	**2688588**	**2108550**
7957	8825	10921	10288	27012	1351982	1016443
7838	8129	10921	10025	27012	1282758	976783
10497	7608	3757	6832	2071	1171302	981606
					78010	37320
1018	479	279	595	376	87294	73181

续表 2

	本年收入合计(千元)				
	事业收入	上级补助收入	附属单位上缴收入	经营收入	其他收入
总　计	**435603**	**14389**		**16106**	**112578**
高等院校	282846	4327		8186	39676
其中：高等职业院校	254728	4177		8186	38380
中等专业学校	100516	9836		7920	70567
文化干部学校	40386	76			227
其他教育机构	11855	150			2108

续表 3

	劳务费	福利费	各种税金支出	对个人和家庭补助支出	抚恤金和生活补助
总　计	**123965**	**14033**	**5491**	**479026**	**14941**
高等院校	64172	5351	2095	264390	5360
其中：高等职业院校	61940	4769	2095	252130	5360
中等专业学校	50455	8166	2204	191308	9271
文化干部学校	5301	18	1164	8949	44
其他教育机构	4037	498	28	14379	266

本年支出合计(千元)	基本支出	项目支出	经营支出	在支出合计中：工资福利支出	商品和服务支出	差旅费
2758913	**1688895**	**929816**	**15771**	**891859**	**680542**	**24745**
1515226	828254	578599	8369	405243	355740	13649
1454636	790631	555632	8369	382942	341164	12924
1100349	749847	323779	7402	444174	265722	10569
63395	52518	10876		11750	39023	89
79943	58276	16562		30692	20057	438

其他资本性支出	各种设备、交通工具、图书购置费	资产总计(千元)	固定资产原值	实际使用房屋建筑面积(万平方米)	教学用房面积	实际拥有产权面积(万平方米)
510231	**125458**	**5471734**	**3223468**	**215.22**	**146.64**	**163.72**
384772	92991	2865375	1649921	97.04	64.58	75.33
373319	81538	2829235	1637338	95.28	63.87	75.33
116496	27931	2419367	1425762	105.26	72.75	79.57
2445	2445	83656	83368	3.00	2.32	1.56
6518	2091	103336	64417	9.92	7.00	7.26

2014年各地区文化部门

地区	机构数(个)	从业人员(人)	专业技术人才	正高级职称	副高级职称	中级职称	毕业生数(人)
全国	**135**	**12441**	**8887**	**359**	**1880**	**3408**	**20097**
北京	2	504	383	16	45	162	367
天津	3	517	306	18	108	123	777
河北	5	600	514	10	106	217	1210
山西	19	1437	1060	13	228	457	2489
内蒙古	3	336	254	5	49	96	489
辽宁	5	312	216	13	42	105	426
吉林	2	14	13	1	3	6	
黑龙江	6	535	473	70	114	176	374
上海	1	79	32		4	14	5
江苏	14	891	708	33	135	282	1459
浙江	6	896	616	64	159	244	1958
安徽	6	494	337	10	59	140	1308
福建	12	595	412	16	74	144	1073
江西	3	234	207	9	64	68	504
山东	4	293	237	3	56	111	481
河南	9	349	251	2	39	94	907
湖北	7	684	388	16	101	175	1125
湖南	4	592	335	21	96	121	1218
广东	5	545	409	2	101	165	549
广西	3	148	107	4	24	52	136
海南	1	138	104		14	20	217
重庆	1	305	208		21	30	231
四川	3	941	571	15	69	143	1561
贵州							
云南	1	266	248	13	76	80	546
西藏							
陕西	5	217	181		22	82	255
甘肃							
青海	1	89	77		26	22	135
宁夏	1	107	83	2	23	28	145
新疆	2	130	107	1	12	23	152

教育机构基本情况

中职生人数	升学人数	就业人数	高职生人数	升学人数	就业人数	招生数（人）	在校生数（人）	戏剧类
9511	**3692**	**3487**	**7479**	**606**	**5895**	**23602**	**78604**	**3444**
217	171	46	150	11	139	450	1908	60
131	99		324		315	1063	2744	31
408	190	98	802	280	346	1111	3489	73
1357	409	621	948	87	816	2951	9575	168
489	32	320				400	1611	36
426	290	136				533	1721	160
136	55	57	219	10	209	445	1502	75
5							74	
893	152	663	368	45	294	1566	6145	105
781	350	136	887	38	756	2116	7481	501
415	266	147	774	13	721	1046	4169	248
423	29	90	430			1197	4368	135
171	31	130	333	22	311	671	2391	170
481	241	222				622	2259	
649	22	88				977	2519	103
499	422	61	493	3	441	1300	3810	359
111	33	78				1713	4625	378
497	106	189	44			546	3096	211
136		136				908	1272	
217						205	842	120
231	224	7				236	1420	182
406	394	12	1155	24	1068	1477	6154	210
27	3	23	519	61	458	936	2504	76
220	77	138				279	842	43
						184	622	
112	81	31	33	12	21	440	840	
73	15	58				230	621	

续表 1

地 区	戏曲类	舞蹈类	音乐类	美术类	其他	在校生中高职生人数(人)	本年收入合计(千元)
全 国	**6104**	**19472**	**16912**	**14957**	**17715**	**29459**	**2688588**
北 京	478	567	246	268	289	489	170000
天 津	98	212	397	1021	985	2264	113311
河 北	228	1035	910	405	838	1503	107296
山 西	1520	2226	2799	1241	1621	2257	212111
内蒙古	214	428	795	29	109		46830
辽 宁	66	797	460	95	143	25	66893
吉 林							892
黑龙江	20	376	453	363	215	1013	53454
上 海					74		36788
江 苏	552	1911	1132	1456	989	1810	232202
浙 江	557	1022	2320	1070	2011	3096	307507
安 徽	135	781	550	1133	1322	2337	96082
福 建	305	1050	700	970	1208	1773	121711
江 西	58	826	404	226	707	1002	43717
山 东	474	722	359	148	556		50087
河 南	382	240	344	103	1347		26996
湖 北	244	880	1071	527	729	1953	124452
湖 南		1010	702	875	1660	3339	197013
广 东	233	1100	727	393	432		215853
广 西	42	362	210	160	498		33785
海 南		388	82	88	164		39735
重 庆	44	491	381	97	225	419	55960
四 川	86	1278	508	3066	1006	4626	107748
贵 州							
云 南	316	328	692	789	303	1449	55840
西 藏							
陕 西	52	369	206	72	100		20836
甘 肃							
青 海		402	126	35	59		20749
宁 夏		290	198	262	90	72	36375
新 疆		381	140	65	35	32	19273

财政补贴收入	事业收入	上级补助收入	附属单位上缴收入	经营收入	其他收入	本年支出合计(千元)	基本支出	项目支出
2108550	**435603**	**14389**		**16106**	**112578**	**2758913**	**1688895**	**929816**
146846	12750			5227	5176	181296	125668	50686
87181	23800				2230	322056	81166	240890
77678	23212	2163			4041	119573	83715	35857
188279	21396	435			1221	202176	139292	62883
44599	2026				105	44641	42977	1664
54272	9278				3343	67758	41964	25794
892						880	880	
43555	9899					72405	59625	12780
13386	711	70			22621	19185	10090	7970
189536	19538	160		535	22432	193714	147288	43291
222326	73878	150		1655	9498	291999	180793	98165
81972	13842				268	92950	66205	26745
88024	19957	7140		4201	2218	100892	67583	28992
29074	14639				4	41228	34473	6753
42819	6857				411	41154	34780	6374
23674	2008	103		134	1076	29307	26712	2035
112597	8301	266			3288	124225	93583	26621
167801	24328	271		63	4550	189869	63171	26635
192163	18182	1247		4180	80	167875	112658	51036
31249	1598				938	36601	10196	26405
35358	2258				2119	48149	14976	33173
26829	23323				5807	55924	37381	18542
60903	34648				12195	123360	70720	52639
34578	19500				1762	47981	30919	17062
15845	3408	713			870	21554	14619	2259
14362	2471				3916	18151	13752	4399
33620	1850			111	794	23984	16672	7177
14359	1832	1671			1410	19718	17155	2563

续表 2

地　区	经营支出	在支出合计中：					
		工资福利支出	商品和服务支出	差旅费	劳务费	福利费	各种税金支出
全　国	**15771**	**891859**	**680542**	**24745**	**123965**	**14033**	**5491**
北　京	4940	51669	83439	1172	9979	768	537
天　津		32575	24848	553	1550	278	
河　北		42647	23100	1489	2402	437	143
山　西		98541	58980	1621	4998	264	12
内蒙古		20541	11013	427	1642	168	
辽　宁		24163	13595	453	3489	40	
吉　林		688	2				
黑龙江		35713	13447	609	2296	1	
上　海		9049	6920	78	71	86	
江　苏	535	75588	39013	846	8781	178	3
浙　江	1704	90061	101927	3709	30747	2890	100
安　徽		27571	22339	1408	7114	27	527
福　建	4201	37190	29089	1324	4565	1213	107
江　西		16735	7155	286	463	216	
山　东		16980	13749	765	7166		
河　南	13	16046	4490	233	1331	95	62
湖　北		47292	43640	856	10117	474	125
湖　南	63	33112	24173	1763	2351	941	8
广　东	4180	68128	26847	1911	4995	260	693
广　西		9745	5954	201	1162		
海　南		13838	8492	262	1616		28
重　庆		18194	15411	1024	1349	5389	1664
四　川		43854	38065	1278	4726	45	
贵　州							
云　南		14176	9926	655	2091		
西　藏							
陕　西		11871	5589	1261	1282	260	184
甘　肃							
青　海		7120	1491	187	16	3	134
宁　夏	135	9412	4618	190	204		
新　疆		8748	4792	107	2184		

对个人和家庭补助支出	抚恤金和生活补助	其他资本性支出	各种设备购置费	资产总计（千元）	固定资产原值	实际使用房屋建筑面积（万平方米）	教学用房面积	实际拥有产权面积（万平方米）
479026	**14941**	**510231**	**125458**	**5471734**	**3223468**	**215.22**	**146.64**	**163.72**
32971	1130	8271	4286	412415	297489	8.56	7.79	5.74
35628	379	229005	6505	157924	51203	7.31	5.52	4.05
11290	2231	26961	3434	153276	92286	7.90	5.12	7.74
36071	860	8407	6704	268856	186696	19.31	10.81	9.88
8262	27	4824	14	84240	44519	5.17	4.03	2.67
9450	404	4560	848	106231	92665	6.44	4.38	2.39
190				210	163	0.02	0.01	
19636	258	3609	1867	51400	49666	4.52	3.87	2.56
2734		480	480	77400	24797	0.58	0.06	
49729	1058	13780	5162	308578	179899	19.85	15.28	18.94
49403	435	34899	31274	475674	372368	27.44	17.96	18.93
24403	443	18314	11289	246795	193837	14.20	9.83	13.00
21689	457	6161	3980	364806	314033	10.93	4.95	10.69
12293	164	5043	2653	84496	75433	5.44	3.71	4.82
5185		1809	308	70604	49185	5.36	3.19	4.09
6184	422	1048	809	39324	33588	4.39	3.06	2.41
25677	310	5369	5205	375431	363281	13.89	12.18	9.32
16447	152	42430	3180	674931	90144	9.39	8.35	9.12
36310	447	31522	13984	290651	203526	14.86	7.64	13.03
9253	4377	11649	2241	86738	65798	2.34	2.21	2.25
28	26	6244		158955	58126	3.66	1.70	3.66
9699	72	12618	1447	166299	18476	2.78	1.77	2.78
19232	820	14411	11264	224539	134560	4.61	2.86	4.61
13560	213	10319	1979	197325	20725	1.53	0.40	1.53
2080	26	476	53	46227	42493	3.46	1.67	2.19
5140	134			35384	30933	1.98	1.79	1.18
5250	57	4568	3228	175453	19992	3.38	2.15	2.26
3646		1009	819	55602	35617	3.07	2.08	2.46

2014年各地区文化部门

地区	机构数(个)	从业人员(人)					毕业生数(人)
			专业技术人才	正高级职称	副高级职称	中级职称	
全国	**92**	**6248**	**4676**	**91**	**931**	**1819**	**8146**
北京	1	147	110	4	17	41	115
天津							
河北	4	295	245	2	62	96	366
山西	16	846	649	2	144	266	1315
内蒙古	3	336	254	5	49	96	489
辽宁	4	204	154	6	22	70	306
吉林							
黑龙江	5	294	247	5	43	121	61
上海	1	79	32		4	14	5
江苏	8	757	579	24	119	241	1264
浙江	4	298	239	14	52	84	600
安徽	4	152	49		10	32	133
福建	9	341	239	8	47	90	262
江西	1	34	31		7	13	50
山东	4	293	237	3	56	111	481
河南	6	321	241	2	38	89	649
湖北	4	271	178	6	42	83	399
湖南	3	140	115	1	17	41	146
广东	3	275	198	1	57	91	229
广西	1	136	95	4	22	48	136
海南	1	138	104		14	20	217
重庆	1	305	208		21	30	231
四川	1	104	78	1	6	36	40
贵州							
云南							
西藏							
陕西	4	156	127		21	33	220
甘肃							
青海	1	89	77		26	22	135
宁夏	1	107	83	2	23	28	145
新疆	2	130	107	1	12	23	152

中等专业学校基本情况

中职生人数	升学人数	就业人数	高职生人数	升学人数	就业人数	招生数（人）	在校生数（人）	戏剧类
7032	**2139**	**2973**	**409**	**58**	**254**	**9910**	**33563**	**1302**
115	85	30				168	691	60
366	155	98				401	1271	69
1200	365	519				1397	4653	82
489	32	320				400	1611	36
306	177	129				303	1111	96
42	16	4				7	74	
5							74	
776	90	608	307	45	233	1280	5296	105
531	111	125	69	1		561	2296	58
133	91	40				68	446	
262	29	90				354	1423	108
50	12	38				122	334	
481	241	222				622	2259	
649	22	88				917	2381	35
266	189	61				373	1145	274
111	33	78				317	941	
221	62	145				304	1172	
136		136				690	1080	
217						205	842	120
231	224	7				236	1420	182
40	32	8				93	318	34
220	77	138				238	642	43
						184	622	
112	81	31	33	12	21	440	840	
73	15	58				230	621	

续表 1

地　区						在校生中高职生人数（人）	本年收入合计（千元）
	戏曲类	舞蹈类	音乐类	美术类	其他		
全　国	**3567**	**10497**	**7608**	**3757**	**6832**	**2071**	**1171302**
北　京		215		182	234		60317
天　津							
河　北	209	449	243		301		43835
山　西	1062	1006	1585	283	635		102029
内蒙古	214	428	795	29	109		46830
辽　宁	66	461	360	42	86		38675
吉　林							
黑龙江		67	3		4		3907
上　海					74		36788
江　苏	246	1711	933	1391	910	1459	192915
浙　江	321	414	620	201	682	89	70360
安　徽		246	70	36	94		8457
福　建	174	592	173	272	104		64718
江　西		284	12		38		4915
山　东	474	722	359	148	556		50087
河　南	332	240	324	103	1347		25687
湖　北	88	339	196	151	97		37043
湖　南		508	32	30	371		17196
广　东	233	244	610	85			132495
广　西	42	230	150	160	498		31698
海　南		388	82	88	164		39735
重　庆	44	491	381	97	225	419	55960
四　川	10	190	40	25	19		15524
贵　州							
云　南							
西　藏							
陕　西	52	199	176	72	100		15734
甘　肃							
青　海		402	126	35	59		20749
宁　夏		290	198	262	90	72	36375
新　疆		381	140	65	35	32	19273

财政补贴收入	事业收入	上级补助收入	附属单位上缴收入	经营收入	其他收入	本年支出合计(千元)	基本支出	项目支出
981606	**100516**	**9836**		**7920**	**70567**	**1100349**	**749847**	**323779**
53426	4292			1284	1315	63450	39613	23023
40981	80	2163			409	62096	35083	27013
99252	1539	390			468	102224	76677	25546
44599	2026				105	44641	42977	1664
31899	4274				2502	44074	28800	15274
3797	110					22846	22828	18
13386	711	70			22621	19185	10090	7970
153574	16600	160		535	22045	157122	118014	38573
62071	5688			1655	946	80812	43419	24352
6155	2201				101	8434	7824	610
52724	2948	3419		4201	1255	56563	36339	15907
2597	2314				4	4508	3850	656
42819	6857				411	41154	34780	6374
22365	2008	103		134	1076	27998	25405	2035
32563	2982	190			1308	36760	24819	7920
13895	2036	271			994	16835	15227	1608
125960	5828	686			21	79361	52388	26973
29279	1504				915	34537	8506	26031
35358	2258				2119	48149	14976	33173
26829	23323				5807	55924	37381	18542
13036	2476				12	15302	11183	4119
12700	2308	713			13	16521	12089	2259
14362	2471				3916	18151	13752	4399
33620	1850			111	794	23984	16672	7177
14359	1832	1671			1410	19718	17155	2563

续表 2

地区	经营支出	在支出合计中：					
		工资福利支出	商品和服务支出	差旅费	劳务费	福利费	各种税金支出
全　国	**7402**	**444174**	**265722**	**10569**	**50455**	**8166**	**2204**
北　京	814	15605	36782	144	1567	312	
天　津							
河　北		19465	7854	157	1203	111	74
山　西		54475	25398	788	2152	230	12
内蒙古		20541	11013	427	1642	168	
辽　宁		17808	8681	291	2168	40	
吉　林							
黑龙江		14614	1320	50	138	1	
上　海		9049	6920	78	71	86	
江　苏	535	62761	26060	624	6584	138	
浙　江	1704	26073	22628	628	5646	735	
安　徽		4933	1363	36	78	27	4
福　建	4201	20876	16664	805	4194	91	14
江　西		1679	1652	46	420	13	
山　东		16980	13749	765	7166		
河　南	13	15102	4396	230	1331	90	62
湖　北		15406	8724	474	2991	457	28
湖　南		8522	4195	84	11	139	
广　东		37202	17648	1421	4810	94	
广　西		8843	5912	183	1160		
海　南		13838	8492	262	1616		28
重　庆		18194	15411	1024	1349	5389	1664
四　川		7867	5118	329	938	42	
贵　州							
云　南							
西　藏							
陕　西		9061	4841	1239	816		184
甘　肃							
青　海		7120	1491	187	16	3	134
宁　夏	135	9412	4618	190	204		
新　疆		8748	4792	107	2184		

对个人和家庭补助支出	抚恤金和生活补助	其他资本性支出	各种设备购置费	资产总计(千元)	固定资产原值	实际使用房屋建筑面积(万平方米)	教学用房面积	实际拥有产权面积(万平方米)
191308	**9271**	**116496**	**27931**	**2419367**	**1425762**	**105.26**	**72.75**	**79.57**
3705	123	6539	4140	191432	104226	2.83	2.23	
9820	1332	24953	1883	106944	62406	3.90	2.72	3.74
18249	362	3925	2604	78542	62342	7.49	4.76	5.63
8262	27	4824	14	84240	44519	5.17	4.03	2.67
6464	188	268	108	75078	70923	3.72	2.37	1.62
6691	117	221		5932	5805	0.68	0.43	0.50
2734		480	480	77400	24797	0.58	0.06	
42600	1058	12698	4107	258021	156211	15.06	11.90	13.66
12201	184	4201	576	120672	44658	13.58	9.77	10.33
1260	19	823	58	16066	11171	2.04	1.31	1.23
8702	341	3558	1380	104015	96150	4.19	1.78	3.94
1147		28		8659	6337	0.62	0.62	
5185		1809	308	70604	49185	5.36	3.19	4.09
5915	397	1048	809	38046	32310	4.21	2.92	2.31
9116	131	1267	1267	276898	267505	7.62	6.24	5.50
2855	19	959	140	23478	21718	2.08	1.48	2.08
11354	243	12272	1529	115145	52652	4.79	2.76	4.01
8507	4377	11275	2198	86277	65504	2.30	2.18	2.25
28	26	6244		158955	58126	3.66	1.70	3.66
9699	72	12618	1447	166299	18476	2.78	1.77	2.78
1534	38	783	783	48539	45687	1.49	1.06	1.49
1244	26	126	53	41686	38512	2.71	1.48	2.19
5140	134			35384	30933	1.98	1.79	1.18
5250	57	4568	3228	175453	19992	3.38	2.15	2.26
3646		1009	819	55602	35617	3.07	2.08	2.46

2014年文化艺术科研

	机构数(个)	从业人员(人)	专业技术人才	正高级职称	副高级职称	中级职称
总　　计	**225**	**4651**	**3654**	**415**	**726**	**1486**
按行业分类						
文化科技研究	73	1821	1370	114	225	570
综合性艺术研究	107	2286	1873	275	445	745
地方戏艺术研究	36	385	296	16	39	114
其他科研机构	9	159	115	10	17	57
按经费来源分类						
科研经费	16	1128	865	149	202	373
文化经费	203	3175	2511	247	500	980
其他经费	6	348	278	19	24	133
按隶属关系分类						
中央	2	682	585	126	142	250
省级	34	1209	968	128	235	353
地级	144	2205	1824	159	331	749
县级	45	555	277	2	18	134
按部门分类						
文化部门	224	4643	3646	415	723	1484
其他部门	1	8	8		3	2

机构基本情况

本年完成科研项目(个)	国家级	省级	本年度科研项目获奖情况(个)	获国家级奖	获省部级奖	所办刊物(种)	申请专利数(个)
193	**48**	**94**	**166**	**44**	**109**	**79**	**33**
43	6	27	42	9	33	27	33
132	39	63	104	30	61	39	
18	3	4	18	5	13	10	
			2		2	3	
27	12	8	8	1	7	5	32
165	36	85	158	43	102	74	1
1		1					
17	10						2
109	26	63	33	12	21	31	30
64	10	31	129	31	88	43	1
3	2		4	1		5	
193	48	94	166	44	109	79	33

续表 1

	论文及资料		本年收入合计(千元)			
	专著数(册)	论文数(省级及以上刊物公开发表)(篇)		财政补贴收入	事业收入	上级补助收入
总　计	**204**	**1599**	**1148372**	**960532**	**87085**	**12865**
按行业分类						
文化科技研究	38	262	330295	255189	8645	2312
综合性艺术研究	153	1291	723045	618652	75045	9628
地方戏艺术研究	12	28	63804	60683	64	635
其他科研机构	1	18	31228	26008	3331	290
按经费来源分类						
科研经费	68	677	455350	369206	72216	1775
文化经费	136	922	624055	572117	14869	11015
其他经费			68967	19209		75
按隶属关系分类						
中央	68	643	380269	299522	70192	
省级	69	641	342558	256854	13459	7811
地级	59	308	394597	376039	3424	4613
县级	8	7	30948	28117	10	441
按部门分类						
文化部门	204	1597	1146766	959059	87085	12735
其他部门		2	1606	1473		130

附属单位上缴收入	经营收入	其他收入	本年支出合计(千元)	基本支出	项目支出	经营支出	在支出合计中 工资福利支出
	55280	**32610**	**1079400**	**655265**	**359974**	**51845**	**336673**
	53404	10745	326399	195465	72901	49758	115337
	978	18742	646755	384742	258827	980	183336
		2422	63702	53009	8548	311	25935
	898	701	42544	22049	19698	796	12065
	930	11223	396642	213415	182377	764	95335
	5889	20165	614434	423102	177492	2087	224493
	48461	1222	68324	18748	105	48994	16845
		10555	323243	158300	164941		69111
	50069	14365	325183	177392	94494	50438	92462
	4013	6508	401623	300109	94119		161371
	1198	1182	29351	19464	6420	1407	13729
	55280	32607	1077812	653923	359728	51845	336107
		3	1588	1342	246		566

续表 2

	商品和服务支出	差旅费	劳务费	福利费	各种税金支出	对个人和家庭补助支出
总　　计	**344153**	**14324**	**39190**	**2133**	**1554**	**258323**
按行业分类						
文化科技研究	57043	4203	7880	252	677	73057
综合性艺术研究	259976	8663	28547	1620	836	154982
地方戏艺术研究	9293	1000	2275	135	5	24435
其他科研机构	17841	458	488	126	36	5849
按经费来源分类						
科研经费	190760	5001	19281	973	1142	76448
文化经费	152036	9185	19860	1158	412	175842
其他经费	1357	138	49	2		6033
按隶属关系分类						
中央	170332	3523	15986	901	656	52752
省级	86031	5363	13083	553	426	84421
地级	82946	5190	9318	581	472	118940
县级	4844	248	803	98		2210
按部门分类						
文化部门	343831	14300	39190	2133	1554	257624
其他部门	322	24				699

抚恤金和生活补助	其他资本性支出	各种设备、交通工具、图书购置费	资产总计(千元)	固定资产原值	实际使用房屋建筑面积(万平方米)	科研房屋面积	实际拥有产权面积(万平方米)
10460	**45851**	**17189**	**1585313**	**796833**	**23.30**	**6.23**	**18.93**
6558	6753	5152	378665	167705	4.72	1.44	4.97
3486	32799	10726	1158518	602630	17.00	3.90	12.56
225	1184	1140	23334	16546	0.85	0.58	0.82
191	5115	171	24796	9952	0.73	0.30	0.58
1846	25822	7386	1033859	550975	11.46	0.99	11.11
5767	20029	9803	416734	193769	11.14	5.23	5.03
2847			134720	52089	0.70	0.00	2.79
413	24532	6426	949337	489398	10.80	0.63	10.80
2485	11414	6711	406638	218529	7.48	4.34	5.43
7530	4645	3760	213827	75308	4.28	0.95	2.02
32	5260	292	15511	13598	0.74	0.31	0.68
10392	45851	17189	1585036	796556	23.25	6.23	18.93
68			277	277	0.05		

2014年各地区文化艺术

地　区	机构数（个）	从业人员（人）	专业技术人才	正高级职称	副高级职称	中级职称
全　国	**225**	**4651**	**3654**	**415**	**726**	**1486**
北　京						
天　津	1	23	20	3	3	7
河　北	12	164	156	17	25	42
山　西	27	843	546	36	80	218
内蒙古	11	141	124	13	33	54
辽　宁	11	169	137	14	26	65
吉　林	8	151	125	12	37	43
黑龙江	4	66	57	9	19	18
上　海	2	44	36	3	11	20
江　苏	9	104	93	18	16	37
浙　江	7	144	121	26	20	26
安　徽	11	141	99	9	13	42
福　建	10	101	87	9	25	34
江　西	14	286	266	11	37	129
山　东	6	81	74	9	13	34
河　南	18	180	146	18	27	59
湖　北	12	152	97	15	25	38
湖　南	7	86	70	4	17	32
广　东	7	97	67	12	21	22
广　西	10	170	150	11	20	50
海　南						
	1	37	25	1	3	14
重　庆	6	411	269	16	52	126
四　川	2	20	17	1	2	9
贵　州	9	95	87	5	19	35
云　南	1	18	13			
西　藏						
	11	128	98	4	18	45
陕　西	1	23	23	4	8	7
甘　肃	1	16	11		4	5
青　海	2	26	20	8	3	6
宁　夏	2	52	35	1	7	19
新　疆						

科研机构基本情况

本年完成科研项目（个）	国家级	省级	本年度科研项目获奖情况（个）	获国家级奖	获省部级奖	所办刊物（种）	申请专利数（个）
193	**48**	**94**	**166**	**44**	**109**	**79**	**33**
2	2		3	3			
1		1	21	7	14	7	
5	1	4	5	2	3	4	30
1	1					4	
10	1	6	16	2	14	3	
10	3	7	5	2	3	2	
16	1		1		1	1	
17	5	8	17	7	6	2	
7	2	2	6	4	2	5	
2		2				3	
4	2	2	6	1	5	3	
1			1	1		2	
3	2	1	9	3	6	1	
15		3	24	3	18	9	1
15	5	10	3	2	1	5	
18	1	17	8	3	5	2	
5		4	7	1	6	3	
8	3	5	2	1	1	4	
3		2					
14	2	8	12	1	11	2	
2	2		2		2	3	
2		2	7	1	6	3	
2	1	1	10		4	6	
10	2	8	1		1	1	
						1	
						1	
3	2	1				2	

续表 1

地　　区	论文及资料		本年收入合计(千元)			
	专著数(册)	论文数(省级及以上刊物公开发表)(篇)		财政补贴收入	事业收入	上级补助收入
全　　国	**204**	**1599**	**1148372**	**960532**	**87085**	**12865**
北　　京						
天　　津	2	60	5520	5248		160
河　　北	1	58	24693	22754		255
山　　西	13	37	66863	62344	769	1065
内 蒙 古	7	30	28719	28095		330
辽　　宁	10	62	27577	26980		
吉　　林	6	25	33362	32527	55	50
黑 龙 江	1	20	12735	12726		8
上　　海	7	18	14972	9623	3270	
江　　苏	5	29	34784	31272	1851	859
浙　　江	8	49	111664	60591	684	
安　　徽		1	17261	15438	304	1090
福　　建	7	66	24322	18246	37	5912
江　　西	1	39	28886	28805		11
山　　东	5	33	20796	19343		
河　　南	4	62	24103	22602		210
湖　　北	4	37	29872	27579	1195	329
湖　　南	7	83	13767	12631	481	20
广　　东	4	32	27479	26099		946
广　　西	11	58	55951	50613	3554	465
海　　南						
	1	13	16094	13012	1315	
重　　庆	13	41	67535	62498	2225	300
四　　川	2	6	7952	3927		
贵　　州		10	16352	15518	80	12
云　　南			3473	3473		
西　　藏						
	7	31	17437	15549	21	500
陕　　西	5	28	2894	2894		
甘　　肃			2594	2562		
青　　海		2	5973	5236		
宁　　夏	5	26	24473	22825	1052	343
新　　疆						

附属单位上缴收入	经营收入	其他收入	本年支出合计(千元)	基本支出	项目支出	经营支出	工资福利支出
	55280	**32610**	**1079400**	**655265**	**359974**	**51845**	**336673**
		112	9069	5413	3656		2005
		1684	23197	21377	1820		10981
	1280	1405	64273	51322	10042	1114	36496
		294	27222	20107	6379		10450
		597	26486	22355	3931		10847
		730	32064	24569	7495		9640
		1	13001	9976	3025		4389
		2079	15273	10410	4863		6684
	548	254	34365	23170	10743	446	10249
	48461	1928	111731	23410	38985	48994	19909
		429	17283	15037	1935	311	6447
		127	21060	15767	5293		7731
		70	28401	27552	829		15236
	300	1153	20891	15621	4911	300	6968
		1291	24343	21824	2449		10768
		769	29753	22506	7246		11473
	157	478	13489	11094	2236	159	5240
		434	26637	18626	6908		8476
		1319	53510	38490	15020		16891
	321	1446	15103	3883	10899	321	2606
		2512	83478	51215	32262		27312
	4013	12	7783	1883	889		3816
		742	15976	11096	4833		5103
			3214	3214			1269
		1367	15563	12945	2268		7586
			2894	2374	520		1302
		32	3059	2423	636		1140
		737	5400	2358	471		2800
	200	53	11639	6948	4489	200	3748

续表 2

地区	本年支出合计(千元)					
	在支出合计中					
	商品和服务支出	差旅费	劳务费	福利费	各种税金支出	对个人和家庭补助支出
全　国	**344153**	**14324**	**39190**	**2133**	**1554**	**258323**
北　京						
天　津	3637	6	151	36	2	3327
河　北	3938	248	384	157		7444
山　西	10210	403	1109	42	68	9992
内蒙古	3424	238	323	32	25	6865
辽　宁	4130	461	236	5	10	9399
吉　林	8932	547	1502	14	27	13111
黑龙江	2935	244	134	2		5057
上　海	5466	243		122	13	2293
江　苏	13476	388	1587	5	42	10023
浙　江	11740	390	2778	141	32	7818
安　徽	1980	183	483	11		7377
福　建	3978	278	1541	159		6760
江　西	2412	230	146	65		10442
山　东	6094	226	236		60	6745
河　南	3512	296	625	64	8	8448
湖　北	6884	680	68	81		10840
湖　南	1486	77	127	41	16	4703
广　东	6546	290	812		99	9845
广　西	11394	1767	2259	10		24144
海　南						
	9878	451	1669	17		1083
重　庆	33826	1860	3876	55	447	21185
四　川	1900	214	510	48		2067
贵　州	5507	326	971	16		4560
云　南	234	8				1711
西　藏						
	3557	416	631	4		3718
陕　西	693	71	242			771
甘　肃	759	51	148	1	1	1160
青　海	605	75	119			1961
宁　夏	4688	134	537	104	48	2722
新　疆						

抚恤金和生活补助	其他资本性支出	各种设备、交通工具、图书购置费	资产总计(千元)	固定资产原值	实际使用房屋建筑面积(万平方米)	科研房屋面积	实际拥有产权面积(万平方米)
10460	**45851**	**17189**	**1585313**	**796833**	**23.30**	**6.23**	**18.93**
37	100	100	4422	673	0.12	0.12	
404	328	83	21170	7719	0.56	0.16	
1199	5692	419	92026	75122	2.18	0.58	2.10
138	191	166	17909	5939	0.53	0.30	0.33
263	1275	1265	10753	6947	0.28	0.14	
425	381	341	24856	15478	0.53	0.27	0.51
96	620	608	3941	3764	0.17		0.13
113	830	86	9452	3765	0.44	0.29	
260	315	47	10169	5020	0.41	0.10	0.06
185	138	38	197366	53210	0.91	0.13	2.92
180	104	68	3163	2785	0.29	0.21	0.27
574	1078	1044	21106	13301	0.30	0.16	0.07
3236	196	156	7592	4958	0.31	0.17	0.29
308	51	51	6143	2914	0.34	0.12	0.05
29	1432	417	18730	14675	0.40	0.04	0.01
236	490	444	8874	7169	0.62	0.17	0.23
683	1883	300	6790	4220	0.27	0.07	0.25
97	1724	1704	16188	6695	0.34	0.01	0.08
215	1022	965	12537	4715	0.15	0.00	
	1215	650	35089	25580	1.55	1.55	
184	1154	932	43792	18039	0.37	0.13	0.07
42			9270	1181	0.01		
215	487	395	5742	3572	0.02		
223			901	901	0.27	0.27	
640	175	61	15427	9038	0.87	0.38	0.79
61	128	128	2492	1240			
			1255	785			
	32	17	3142	1393	0.08	0.08	
4	278	278	25679	6637	0.18	0.16	

2014年全国动漫

	机构数(个)	从业人员(人)	具有大专以上学历人员	通过动漫人才专业认证的专业人员	资产、负债、所有者权益(千元) 资产总计	固定资产原价	当年提取的折旧总额
总　计	**586**	**31476**	**26077**	**3397**	**18587463**	**2923876**	**359723**
按城乡分							
城市	563	30576	25277	3278	18011787	2882079	352700
县城	22	893	797	117	569623	41464	7023
县以下	1	7	3	2	6053	333	
按登记注册类型分							
内资企业	580	31076	25740	3397	17958940	2651814	345212
港澳台商投资企业	2	304	254		605265	264386	13872
外商投资企业	4	96	83		23258	7676	639
按部门分							
文化部门	222	9908	8206	1556	7222834	839562	111111
其他部门	364	21568	17871	1841	11364629	2084314	248612
按机构类型分							
漫画创作企业	60	2311	2046	340	2579612	124669	24248
动画创作、制作企业	428	24143	20361	2830	12671403	2285998	263379
网络动漫(含手机动漫)创作制作企业	33	1285	1077	70	724824	67727	7271
动漫舞台剧(节)目创作演出企业	3	22	22	2	8378	3568	3184
动漫软件开发企业	34	1789	1302	114	1974643	280951	20971
动漫衍生产品研发设计企业	28	1926	1269	41	628603	160963	40670

企业基本情况

				损益(千元)					
负债合计	所有者权益合计	实收资本(股本)	国家资本金	营业总收入	主营业务收入	自主开发生产动漫产品收入	营业总成本	养老、失业等保险费	住房公积金和住房补贴
7106136	**11481327**	**11498953**	**433128**	**8011798**	**7758046**	**4443706**	**7554324**	**203891**	**39284**
6727889	11283898	11328347	403128	7649255	7399424	4316191	7213210	199101	37736
377344	192279	163606	30000	362543	358622	127515	340989	4790	1548
903	5150	7000					125		
6962335	10996605	11200136	433128	7932926	7679174	4393100	7464923	202329	38956
135797	469468	281051		72512	72512	44246	81010	1025	228
8004	15254	17766		6360	6360	6360	8391	537	100
2450024	4772810	7545112	169198	2236565	2147038	1276411	2386924	66613	12206
4656112	6708517	3953841	263930	5775233	5611008	3167295	5167400	137278	27078
448184	2131428	777772	37000	863272	853495	505077	861185	21982	3521
5260941	7410462	7537068	338628	5614950	5489038	2994652	5121659	136009	28383
199674	525150	2249848		237656	230392	141580	280509	8037	2238
3632	4746	4000		13153	12948	12470	11052	496	
932572	1042071	735724	57500	523350	498680	385867	593929	14920	2206
261133	367470	194541		759417	673493	404060	685990	22447	2936

续表

	损益(千元)						
	营业总成本						
	差旅费	工会经费	动漫产品研究开发经费	营业利润	营业外收入	政府补助(补贴收入)	营业外支出
总　计	**98394**	**10531**	**996381**	**457474**	**646613**	**374169**	**81147**
按城乡分							
城市	92355	10389	968230	436045	630803	361418	73394
县城	6039	142	28051	21554	15810	12751	7753
县以下			100	-125			
按登记注册类型分							
内资企业	98043	10457	994356	468003	636944	365414	81032
港澳台商投资企业	73			-8498	8808	8725	102
外商投资企业	278	74	2025	-2031	861	30	13
按部门分							
文化部门	30378	3682	403252	-150359	338947	133858	57754
其他部门	68016	6849	593129	607833	307666	240311	23393
按机构类型分							
漫画创作企业	8327	1437	191547	2087	70877	57521	3730
动画创作、制作企业	74679	7757	605373	493291	361898	258793	26101
网络动漫(含手机动漫)创作制作企业	2133	336	82589	-42853	143605	16889	37248
动漫舞台剧(节)目创作演出企业	148	21	2646	2101	375	375	372
动漫软件开发企业	7412	346	78459	-70579	36017	31109	8078
动漫衍生产品研发设计企业	5695	634	35767	73427	33841	9482	5618

利润总额	工资、福利费、税金(千元)			经营面积(万平方米)	原创漫画作品(部)	原创动画作品(部)	网络动漫(含手机动漫)下载次数(次)	动漫舞台剧演出场次(次)	自主知识产权动漫软件(套)
	本年发放工资总额	本年支付的职工福利费	本年应缴税金总额						
1022940	**1546839**	**58838**	**418981**	**82.66**	**9390**	**3102**	**8169674676**	**2232**	**2127**
993454	1501235	55144	397322	79.84	9182	3058	8164744376	2197	2066
29611	45591	3694	21659	2.62	208	44	4930300	35	61
-125	13			0.20					
1023915	1515441	57667	412609	81.58	9355	3089	8164674676	2232	2125
208	27106	1122	6332	0.99		13			1
-1183	4292	49	40	0.10	35		5000000		1
130834	410966	22824	107473	25.67	4572	920	6139360161	667	755
892106	1135873	36014	311508	56.99	4818	2182	2030314515	1565	1372
69234	128278	5873	41637	4.55	3148	123	6644586130	254	50
829088	1160463	39794	289413	58.51	2231	2771	1098058681	1934	682
63504	56849	3988	23855	2.68	3752	135	262774785	23	622
2104	3749	75	394	0.31		2			
-42640	97859	5374	27895	3.46	57	26	72150080	19	202
101650	99641	3734	35787	13.15	202	45	92105000	2	571

2014年各地区动漫

地区	机构数(个)	从业人员(人)	具有大专以上学历人员	通过动漫人才专业认证的专业人员	资产、负债、所有者权益(千元) 资产总计	固定资产原价	当年提取的折旧总额	负债合计
全　国	**586**	**31476**	**26077**	**3397**	**18587463**	**2923876**	**359723**	**7106136**
北　京	66	2465	2124	245	1735015	208649	25676	1030160
天　津	19	753	407	11	1381297	82767	10218	679521
河　北	13	520	470	186	115829	26385	1432	49550
山　西	18	287	242	60	137502	9799	1129	41158
内蒙古	6	190	174	24	183070	6707	2494	55366
辽　宁	17	778	572	66	243898	36431	8206	47685
吉　林	8	637	567	90	584128	87772	23557	478309
黑龙江	14	1304	1165	122	303483	56124	10088	122427
上　海	30	1569	1331	165	2171067	152793	31708	420694
江　苏	77	2683	2419	469	1380248	256168	28201	661119
浙　江	23	992	780	130	1056393	73557	17015	479791
安　徽	24	1186	1078	170	394852	30341	5752	93107
福　建	34	1942	1693	49	924121	220378	26149	326986
江　西	23	2076	1414	134	390812	108641	7439	132599
山　东	9	400	314	46	142475	45217	6050	53502
河　南	23	745	686	144	257507	39738	19757	66664
湖　北	36	2169	1979	394	1519988	406419	34926	568251
湖　南	24	2140	1842	402	1262531	154248	8898	442679
广　东	63	6137	4721	236	3132193	614478	65400	772016
广　西	9	301	282	40	37915	9771	1037	13205
海　南	1	40	36		30820	658	96	5470
重　庆	6	477	407	43	201654	23915	3361	46643
四　川	5	413	367	4	74791	14862	5602	43147
贵　州	4	122	118	10	50813	17673	1094	2732
云　南	9	324	249	36	160907	18416	1139	63405
西　藏								
陕　西	8	317	272	50	124390	31223	3349	53917
甘　肃	6	244	213	46	211097	27189	4507	92389
青　海								
宁　夏	3	71	68	12	30005	11852		14533
新　疆	7	105	87	13	40730	6757	2486	5947

企业基本情况

			损益(千元)					
所有者权益合计	实收资本(股本)	国家资本金	营业总收入	主营业务收入	自主开发生产动漫产品收入	营业总成本	养老、失业等保险费	住房公积金和住房补贴
11481327	**11498953**	**433128**	**8011798**	**7758046**	**4443706**	**7554324**	**203891**	**39284**
704855	740289	130000	437425	433754	322390	463726	25792	8185
701776	3418100		101776	101040	38447	136692	5464	733
66279	37360	2000	42103	41129	27548	49600	1655	276
96344	83832		27361	27185	10508	26806	378	111
127704	103629		31669	30619	29808	21827	1122	
196213	159690	3000	144595	144595	61642	133631	9232	2601
105819	189200	32000	37790	36790	134	77314	1543	446
181056	102286	5500	153768	153756	51315	131522	3768	79
1750373	727026	41226	573841	564781	443918	645676	30104	4319
719129	642561	29195	460040	435200	292232	509307	14663	3640
576602	265253		278898	261639	137327	304552	5448	1130
301745	2165278	3000	278280	268851	207163	239679	5707	1047
597135	357804	20500	572122	571117	381091	526534	8872	1610
258213	95870	3300	661209	658869	252618	570694	9777	634
88973	53245	17918	54550	53739	36179	57145	4475	17
190843	174305	3935	43996	39966	29917	67755	2609	318
951737	281604		668958	622126	251176	504879	14518	467
819852	280160	68000	821655	803308	493935	760009	13891	2147
2360177	1197865	318	2175164	2088203	1191366	1795768	35798	9778
24710	19357		29989	28089	24793	29136	848	108
25350	10000		15760	15760		11533	100	7
155011	62200	14950	125572	124117	74550	112464	1856	521
31644	24386	1286	43143	43143	6037	43081	1160	104
48081	29038		13685	13685	9924	12516	496	
97502	108560		65423	57762	37290	65304	1193	59
70473	46600	7000	74202	74202	21179	65413	1513	
118708	59500		41689	41484	8225	32805	509	
15472			10782	7994	1200	7453	550	182
34783	13955		15160	15143	1794	11694	300	

续表

地区	损益(千元)							
	营业总成本			营业利润	营业外收入		营业外支出	利润总额
	差旅费	工会经费	动漫产品研究开发经费			政府补助(补贴收入)		
全　国	**98394**	**10531**	**996381**	**457474**	**646613**	**374169**	**81147**	**1022940**
北　京	9682	1012	101068	-26301	33512	26676	1817	5394
天　津	2382	173	24526	-34916	27536	19313	1838	-9218
河　北	869	91	6899	-7497	8410	5190	381	532
山　西	1640	20	5760	555	1848	100	207	2196
内蒙古	860	55	5161	9842	5885	4789	19	15708
辽　宁	3701	333	16348	10964	1882	1870	255	12591
吉　林	1733	224	6465	-39524	1840	1540	310	-37994
黑龙江	1250	208	14016	22246	7987	6517	169	30064
上　海	8546	2327	186394	-71835	56445	50161	1214	-16604
江　苏	6712	818	76098	-49267	38618	33734	735	-11384
浙　江	2932	229	14987	-25654	50189	18366	548	23987
安　徽	3373	56	23150	38601	16950	14555	850	54701
福　建	5552	575	60973	45588	26597	24354	890	71295
江　西	3261	786	34666	90515	9235	3134	990	98760
山　东	660	4	14073	-2595	3295	2926	7314	-6614
河　南	1637	52	7948	-23759	24203	22470	1693	-1249
湖　北	5477	470	69644	164079	37237	13439	466	200850
湖　南	8548	517	123552	61646	169761	21123	42790	188617
广　东	22969	1286	164319	379396	97773	79254	7848	469321
广　西	1326	171	7105	853	3577	3450	2	4428
海　南	233	37		4227	2903	2878	7081	49
重　庆	821	307	1160	13108	3400	3060	366	16142
四　川	897	83	2274	62	6978	6127	18	7022
贵　州	156	162	2326	1169	230	30	21	1378
云　南	978		12520	119	1276	1217	8	1387
西　藏								
陕　西	388	183	9042	8789	2544	1945	819	10514
甘　肃	1011	100	4376	8884	2026	1970	217	10693
青　海								
宁　夏	122	138	1148	3329	1260	800	311	4278
新　疆	364	12	383	3466	3216	3181	1964	4718

工资、福利费、税金(千元)			经营面积(万平方米)	原创漫画作品(部)	原创动画作品(部)	网络动漫(含手机动漫)下载次数(次)	动漫舞台剧演出场次(次)	自主知识产权动漫软件(套)
本年发放工资总额	本年支付的职工福利费	本年应缴税金总额						
1546839	**58838**	**418981**	**3910076**	**82.66**	**9390**	**3102**	**2232**	**2127**
166977	3835	31313	348064	4.52	3113	223	9	162
26657	616	6422	78972	1.28	107	46	2	28
19711	858	4612	34434	0.89	753	28	54	13
8656	249	1210	16772	0.49	6	72		168
4426	159	291	19623	0.35	40	275	284	7
38592	1071	9513	90508	1.53	3	60		25
22609	142	1888	57454	2.86	14	11		18
12182	334	4264	59004	3.43	458	711	4	16
144323	8267	38305	281951	2.5	65	37		22
115596	3725	16280	212217	13.01	48	129	82	39
30116	1650	19428	107106	2.83	1036	83		27
47201	2358	13074	127295	2.37	9	44	26	565
105313	5293	27190	243837	4.82	335	217	18	44
60049	4073	22225	204850	11.41	37	99	4	49
15569	878	3828	32387	0.71	2	15	1080	47
22459	675	3520	51860	2.17	51	39	283	18
84715	1476	12416	322629	2.48	55	27	1	622
108996	7568	40147	315059	3.75	303	96	33	38
431400	12211	141857	1106657	8.65	2699	417	345	149
8347	355	1187	15151	0.69	9	21		11
1861	37	132	6512	0.22				36
19351	501	5242	44962	0.72	5	5	3	1
9060	127	1026	18801	0.5	12	282		1
4181	30	629	7957	1.11	5	5		2
10393	513	2103	18031	5.3	2	95		10
11085	905	2384	31305	0.64	206	19		5
5433	3	987	21772	2.05	14	32		2
2100	131	254	6692	0.34	1	5	4	2
2116	45	986	9434	0.28	2	9		

2014年文化行政

	机构数 (个)	从业人员 (人)	文化类人员	本年收入 合计 (千元)	财政补贴 收入
总　计	**3240**	**72518**	**44648**	**37396232**	**35239967**
中央	1	603	603	1224133	1122936
省区市	31	2446	1979	3838741	3587823
地市	338	12287	7633	8053830	7660493
县市区	2870	57182	34433	24279528	22868715

续表 1

	在支出合计中:				
	工资福利 支出	商品和 服务支出	差旅费	劳务费	福利费
总　计	**4744283**	**12380473**	**282484**	**697140**	**45333**
中央	71266	720349	21461	8986	196
省区市	245741	1885122	45173	56725	2549
地市	1032198	2758505	64469	141228	6024
县市区	3395078	7016497	151381	490201	36564

主管部门基本情况

文化类经费	行政运行	一般行政管理事务	文化活动等经费	本年支出合计(千元)	基本支出	项目支出
25039476	**5399636**	**1873956**	**12030280**	**35244279**	**11491805**	**22173164**
1122936	69200	31600	642701	1042219	245734	796485
2980950	369015	76843	1998692	4077330	649354	3335437
5294246	1388748	381549	2554624	7701114	2436170	5114488
15641344	3572673	1383964	6834263	22423616	8160547	12926754

税金支出	对个人和家庭补助支出	抚恤金和生活补助	其他资本性支出	各种设备购置费	资产总计(千元)	固定资产原价
29245	**2598437**	**223539**	**4480438**	**841010**	**50003269**	**24080100**
250	88371	31872	4903	3309	3133764	2077785
369	249030	9755	417049	218072	5342771	1863419
14792	769023	42632	1450357	100534	14208320	5410651
13834	1492013	139280	2608129	519095	27318414	14728245

续表 2

	实际使用房屋建筑面积（万平方米）	实际拥有产权面积（万平方米）	本辖区内非物质文化遗产名录		
			国家级项目（个）	保护单位个数	省级项目（个）
总　计	**817.48**	**546.04**	**1372**	**3149**	**9238**
中央	31.14	29.52	1372	3149	
省区市	58.72	52.20	2427	2453	9238
地市	186.93	138.77	1659	1417	6597
县市区	540.68	325.55	2139	1804	8697

续表 3

	本辖区内非物质文化遗产代表性传承人				
	学徒人数	省级代表性传承人（人）	健在人数	学徒人数	市级代表性传承人（人）
总　计	**190295**	**11611**	**10217**	**501321**	**18996**
中央					
省区市	7914	11611	10217	40354	
地市	24963	6937	6178	122254	18996
县市区	157418	8880	7822	338713	24494

保护单位个数	市级项目(个)	保护单位个数	县级项目(个)	保护单位个数	国家级代表性传承人(人)	健在人数
9130	**18400**	**11564**	**70035**	**35261**	**1986**	**1758**
					1986	1758
9130					1692	1490
4627	18400	11564			992	921
5925	22864	13203	70035	35261	1371	1191

健在人数	县级代表性传承人(人)	健在人数	辖区内非物质文化遗产生态保护区			
			国家级	省级	市级	县级
18405	**68109**	**64845**	**18**	**139**	**231**	**955**
			18			
			32	139		
18405			22	148	231	
23546	68109	64845	147	274	480	955

2014年全国文化行政

地区	机构数（个）	从业人员（人）	事业编制人员	本年收入合计（千元）	财政补贴收入	文化类经费	行政运行
全国	**3240**	**72518**	**44648**	**37396232**	**35239967**	**25039476**	**5399636**
北京	18	731	639	2149396	2101142	1399490	97854
天津	17	458	403	532660	490773	388341	109494
河北	188	4744	2725	1326669	1232869	930928	247244
山西	131	1937	1287	779830	701766	546230	120242
内蒙古	116	2035	1018	940801	922882	654765	193164
辽宁	98	1642	885	876102	868857	554176	106688
吉林	70	1038	758	574858	535380	311619	113253
黑龙江	142	1860	1178	630949	624396	453410	152795
上海	18	492	380	996662	915725	800839	111912
江苏	115	2937	1777	1832078	1759659	1392652	409619
浙江	102	2421	1740	1896293	1751884	1386625	341288
安徽	125	2334	1584	871620	815731	605972	155536
福建	95	1526	1069	1445786	1354100	730837	141273
江西	115	2416	1656	595374	537690	407734	104880
山东	160	3381	2572	1228471	1184787	998249	301319
河南	173	4054	2526	959367	916126	840114	219216
湖北	124	2526	1667	908029	841598	601993	193163
湖南	141	2840	1728	987553	952786	643348	200349
广东	153	3931	2181	3215472	3029896	1579541	391887
广西	122	1803	1026	1226549	1176921	867497	149467
海南	24	454	209	949876	828433	522800	47215
重庆	40	827	713	862787	819537	664483	102960
四川	206	5916	3118	2883576	2808975	2084382	382937
贵州	100	4773	2677	1300269	1165816	687449	226485
云南	148	3679	2303	1435662	1340720	719721	186951
西藏	82	925	408	358155	346161	249792	52897
陕西	120	2680	1242	1400896	1303956	983687	131757
甘肃	103	3469	2284	846971	815343	592044	122923
青海	55	599	384	721237	671033	437868	45754
宁夏	28	741	413	380428	299385	183205	31989
新疆	110	2746	1495	1057723	1002704	696749	137925

主管部门基本情况

一般行政管理事务	文化活动等经费	本年支出合计(千元)	基本支出	项目支出	在支出合计中：			
					工资福利支出	商品和服务支出	差旅费	劳务费
1873956	**12030280**	**35244279**	**11491805**	**22173164**	**4744283**	**12380473**	**282484**	**697140**
5886	897433	1900531	162681	1448128	84989	669801	932	22644
5838	191420	527631	140067	387562	56011	308069	1019	12565
37619	421059	1264053	505307	716518	230131	368671	3834	14239
59746	277564	741949	253831	426694	108063	274261	5743	10165
29897	290723	873963	480787	366909	144364	390059	12203	24078
76892	139540	754127	307661	417361	107652	292076	4700	12218
23504	161308	475442	188328	284686	65599	213419	3833	16248
69578	216931	588352	287755	293785	102470	294145	6193	11002
62594	512117	953806	225996	725233	85821	460717	1577	9132
181916	681537	1680956	715789	921705	299953	736956	10617	34601
83635	732695	1802696	508550	1232265	276599	707880	12354	54152
89154	227018	858647	371765	442472	141486	173433	6375	19605
51465	287480	1409778	403142	987780	122663	311601	13141	26122
23675	147539	590432	285282	277956	128286	127135	6926	5818
75295	453659	1177733	472087	627472	221839	473349	7282	26761
97614	330306	924368	490243	375656	197843	230213	8381	12215
63378	183466	876091	352879	490914	169482	306578	9275	9860
64920	306297	930701	429895	489204	165079	329435	9237	14894
105833	736350	3322577	802340	2420257	385268	904151	13332	34025
53906	303038	1175020	311472	834160	104347	359132	9347	14470
25377	317008	868111	95335	690747	50547	192530	4337	16681
64187	284399	818053	194740	591617	64832	349104	8800	29624
198591	1013696	2684696	781522	1842758	364985	937538	35993	89489
74054	284576	1195351	548847	578672	214112	355657	22380	39936
50869	289086	1231675	445598	729713	197911	479047	12146	22209
23462	163863	303143	94541	171297	58081	20859	2472	2856
30575	641600	1358721	416620	836340	134154	502966	4798	37662
53751	198520	788509	367905	381024	164345	283314	7494	10166
5121	311977	793727	159889	580824	37818	175396	2016	20230
13106	76174	348496	111077	213322	47534	71853	2774	8715
40918	309200	982725	334140	593648	140753	360779	11512	25772

续表 1

地　区	福利费	税金支出	对个人和家庭补助支出	抚恤金和生活补助	其他资本性支出	各种设备购置费	资产总计(千元)
全　国	**45333**	**29245**	**2598437**	**223539**	**4480438**	**841010**	**50003269**
北　京	1491	19	52897	1941	198220	82560	2377343
天　津	1492	22	55930	1776	40590	15600	476593
河　北	1861	25	92183	12448	236762	46100	811082
山　西	268	47	43096	3776	72875	21507	663228
内蒙古	965	4561	73596	7080	114779	18232	1279258
辽　宁	114	224	72645	6122	88733	8475	1245911
吉　林	600	1235	47586	3788	134124	14394	1302589
黑龙江	494	13893	90340	6537	85662	15663	707926
上　海	2142	15	54503	1250	79810	5581	1801437
江　苏	2842	51	165391	9068	89869	14127	1957417
浙　江	6677	527	167506	15461	102341	23028	1273887
安　徽	1068	541	112350	5528	91761	8193	841872
福　建	479	243	70948	4247	228319	21581	1991261
江　西	2197	487	60743	3949	90002	2437	554791
山　东	346	361	59969	3794	103243	29106	1123572
河　南	1933	288	83722	9464	74411	14187	780377
湖　北	1782		97020	4562	43096	8905	894473
湖　南	2769	731	74603	11076	36972	16569	571020
广　东	4344	403	241201	6990	1089846	39705	7201151
广　西	241	454	63451	3364	207915	22127	2896353
海　南	302	85	23537	4232	158657	47257	1489386
重　庆	873	8	66758	3402	73606	12838	642359
四　川	3360	2054	168282	14682	272606	81012	4813517
贵　州	2710	347	144009	11344	95763	35962	1385282
云　南	1185	79	84155	8202	167375	19639	2227337
西　藏	45		13924	1358	44377	1112	405582
陕　西	914	548	50760	7388	151303	120214	1045100
甘　肃	884	200	66707	8272	61858	9157	856406
青　海	141	31	23172	1451	106101	53596	1570794
宁　夏	94		29604	1329	33801	7654	311919
新　疆	524	1516	59478	7786	100758	21183	1370282

固定资产原价	实际使用房屋建筑面积（万平方米）	实际拥有产权面积（万平方米）	本辖区内非物质文化遗产名录					
			国家级项目（个）	保护单位个数	省级项目（个）	保护单位个数	市级项目（个）	保护单位个数
24080100	**817.48**	**546.04**	**1372**	**3149**	**9238**	**9130**	**18400**	**11564**
604076	8.38	8.32			273			
85164	5.92	0.13			24	14		
488985	32.86	20.70			690	690	577	165
494936	16.24	12.60			403	723	928	712
617423	22.86	15.17			342	478	532	238
508521	21.77	15.69			130	89	383	139
340662	3.62	4.06			4	3	303	106
354734	13.28	6.09			19	20	414	173
476945	6.28	4.49			179	194		
755817	23.44	18.06			5	5	183	167
496728	15.00	10.68			788	970	1840	1778
560467	14.57	8.27			343	386	842	710
917870	21.81	9.21			353	353	607	617
302468	21.30	13.58			488	488	627	365
674265	103.48	88.67			555	308	1997	1496
438598	19.06	10.44			372	568	1479	841
667818	26.38	21.35			312	466	340	236
305383	13.37	12.73			202	202	396	279
1866876	42.02	24.76			524	524	410	318
2455423	17.65	8.56			424	424	554	369
892830	33.76	32.26			72	108	4	3
288668	8.88	5.95			388	388		
1879358	52.27	39.42			522	710	1237	1114
861516	23.00	19.93			561	92	605	447
984449	44.18	35.50			299	371	1768	647
210030	11.07	8.65			26			
456303	18.57	12.06			441	445	976	323
626024	101.45	17.20			8	8	389	78
1279287	5.04	2.94			136	41	83	5
255043	7.78	3.28			62	62	229	20
855648	31.08	25.81			293		697	218

续表 2

地　区			本辖区内非物质文化遗产代表性传承人			
	县级项目（个）	保护单位个数	国家级代表性传承人（人）	省级代表性传承人（人）	健在人数	学徒人数
全　国	**70035**	**35261**	**1986**	**11611**	**10217**	**501321**
北　京	223	213		206	194	378
天　津	327	322		66	64	1840
河　北	3284	971		619	572	112096
山　西	2900	1754		614	595	8978
内蒙古	1503	531		564	539	2260
辽　宁	723	144		101	87	4616
吉　林	474	294		15	15	749
黑龙江	374	218		32	31	3396
上　海	76	50		539	480	1188
江　苏	3258	1823		25	24	5048
浙　江	6697	4409		936	860	72273
安　徽	3752	2076		409	375	22781
福　建	769	681		552	31	6407
江　西	1460	867		314	314	7206
山　东	6936	3672		333	312	21413
河　南	5928	2557		641	597	75218
湖　北	2562	941		571	525	17014
湖　南	2677	1574		231	219	9651
广　东	1175	720		618	569	44501
广　西	2025	1213		240	238	14503
海　南	170	79		111	99	2987
重　庆	2073	1102		569	538	9533
四　川	3410	1887		625	609	14540
贵　州	2483	1019		301	289	8515
云　南	4017	2140		1074	846	10929
西　藏	17	17		15	15	1470
陕　西	3431	1095		385	361	9104
甘　肃	2832	1468		1	1	3104
青　海	805	408		240	236	1425
宁　夏	274	140		143	134	2173
新　疆	3400	876		521	448	6025

				辖区内非物质文化遗产生态保护区			
市级代表性传承人（人）	健在人数	县级代表性传承人（人）	健在人数	国家级	省级	市级	县级
18996	**18405**	**68109**	**64845**	**18**	**139**	**231**	**955**
		76	75				
		182	181				2
570	411	2701	2421		11		7
983	1478	3297	3032		3		
1206	1087	2177	2083			5	102
742	694	1055	988			3	13
204	195	517	501				
417	412	408	403		3	5	128
		143	118				
488	486	2756	2813				8
1537	1450	3678	3492		9	92	12
1286	1267	3135	2967				32
739	722	676	604		1	1	13
860	845	1322	1271		1		39
1314	1289	4291	3891		9		16
1840	1515	5839	5323		5	3	60
447	442	4070	3753		13	1	47
407	403	2429	2323				30
524	565	1241	1201		6	1	28
440	439	1114	1108		4	1	21
62	61	331	331			1	1
		2297	2214		1		3
1185	1179	2997	2894			1	157
410	403	2755	2906		2	1	21
1754	1533	4842	4653		66	115	82
		30	26			1	
572	562	4330	4331				47
199	193	3749	3436				18
45	17	866	817				21
211	217	251	248		1		
554	540	4554	4441		4		47

2014年文物行政主管

	机构数（个）	从业人员（人）	实有文物从业人员数	编制数（人）	文物从业人员编制数
总　计	**1091**	**13670**	**7472**	**10184**	**6272**
中央	1	89	89	95	89
省区市	31	723	656	699	696
其中：独立编制文物局	18	637	588	635	635
行政部门内设机构	13	86	68	64	61
地市	194	2896	1735	2342	1518
其中：独立编制文物局	88	1653	1367	1441	1185
行政部门内设机构	106	1243	368	901	333
县市区	865	9962	4992	7048	3969
其中：独立编制文物局	268	4547	3606	3674	3010
行政部门内设机构	596	5399	1373	3364	949

续表 1

	基本支出	项目支出	在支出合计中：工资福利支出	商品和服务支出	差旅费
总　计	**1318570**	**5281361**	**615954**	**2775819**	**46812**
中央	25916	214798	6929	189463	4984
省区市	126967	1130127	56258	539018	9415
其中：独立编制文物局	118477	1056389	53159	476951	6664
行政部门内设机构	8490	73738	3099	62067	2751
地市	363354	1843117	158449	1459858	21433
其中：独立编制文物局	191918	636272	86830	389206	9301
行政部门内设机构	171436	1206845	71619	1070652	12132
县市区	802333	2093319	394318	587480	10980
其中：独立编制文物局	420554	923512	189638	246202	5569
行政部门内设机构	379836	1169807	203552	340462	5411

部门基本情况

本年收入合计(千元)	财政补助收入	文物类经费	行政运行	一般行政管理事务	文物保护等经费	本年支出合计(千元)
7730648	**7075549**	**3571713**	**328392**	**144601**	**2029104**	**7032328**
245257	244946	193537	14006	14951	60750	240715
1172795	1123498	500418	67449	36774	159044	1284700
1079484	1031308	408228	62402	33892	140522	1202472
93311	92190	92190	5047	2882	18522	82228
2462416	2071528	1045832	104878	38796	645265	2377940
899542	762822	559958	82670	35345	342432	855974
1562874	1308706	485874	22208	3451	302833	1521966
3850180	3635577	1831926	142059	54080	1164045	3128973
1855346	1722025	1221534	110783	41383	746417	1397473
1992849	1911567	610392	31276	12697	417628	1729515

在支出合计中：						
劳务费	福利费	各种税金支出	对个人和家庭补助支出	抚恤金和生活补贴	其他资本性支出	各种设备购置费
111455	**5726**	**643**	**188504**	**18573**	**821946**	**70281**
931			7184	386	24948	24948
5055	1449	84	27116	1428	304265	10754
3877	1449	84	26068	1421	292915	9767
1178			1048	7	11350	987
63851	634	40	55854	3693	198092	20178
23717	534	30	31955	2699	139453	13306
40134	100	10	23899	994	58639	6872
41618	3643	519	98350	13066	294641	14401
20652	2120	495	46131	10548	135055	6572
20966	1523	24	52219	2518	159586	7829

续表 2

	资产总计(千元)	固定资产原值	实际使用房屋建筑面积(万平方米)	实际拥有产权面积(万平方米)	与国外文博机构合作项目数(个)
总　计	**7234036**	**2150745**	**67.79**	**43.90**	**105**
中央	263044	131652	3.98	3.98	9
省区市	1106006	184702	3.77	4.10	80
其中：独立编制文物局	1028206	157297	3.77	4.10	70
行政部门内设机构	77800	27405			10
地市	1893343	396124	19.65	8.98	16
其中：独立编制文物局	1420290	213503	17.14	5.83	7
行政部门内设机构	473053	182621	2.52	3.16	9
县市区	3971643	1438267	40.39	26.84	
其中：独立编制文物局	2547176	923218	18.22	12.90	
行政部门内设机构	1423675	514257	21.73	13.88	

续表 3

	全国重点文物保护单位	省级重点文物保护单位	市县级文物保护单位	本辖区对外开放的省级及以上文物保护单位数(个)	本级财政专项安排文物保护经费(千元)
总　计	**4337**	**15949**	**116543**	**6300**	**10576042**
中央					8084930
省区市	4337	15949	116543	4840	1915521
其中：独立编制文物局	3040	10561	85898	3209	1691095
行政部门内设机构	1297	5388	30645	1631	224426
地市				808	356414
其中：独立编制文物局				459	155803
行政部门内设机构				349	200611
县市区				652	219177
其中：独立编制文物局				154	103156
行政部门内设机构				498	116021

对外交流情况				本级举办业务培训情况		
与国外文博机构签署协议或备忘录数(个)	赴港澳台人员数(人次)	对港澳台交流项目数(个)	参加国际组织活动数(个)	举办业务培训班(个)	培训业务人员数(人)	本辖区文物点(处)
46	**173**	**46**	**42**	**1129**	**53647**	**496656**
6	62	20	14	35	2383	
38	95	20	17	251	15098	496656
38	65	16	15	192	11028	344157
	30	4	2	59	4070	152499
2	15	6	11	267	14690	
	10	1	10	165	9090	
2	5	5	1	102	5600	
	1			576	21476	
	1			230	6236	
				346	15240	

本级出台地方性文物业法规、规章(部)	出入境文物审核数(件/套)	禁止出境文物数	临时入境文物审核数	临时出境文物审核数	文物拍卖标的审核数(个)	禁止上拍文物标的数
77	**278871**	**1282**	**20501**	**8821**	**1150076**	**2325**
	173122	646	12165	3788	625260	1034
7	105749	561	8336	5032	524569	1044
4	98397	433	6587	2657	315717	864
3	7352	128	1749	2375	208852	180
24						
12						
12						
46		75		1	247	247
11		75			247	247
35				1		

2014年各地区文物

地区	机构数(个)	从业人员(人)	实有文物从业人员数	编制数(人)	文物从业人员编制数	本年收入合计(千元)	财政补助收入
全国	**1091**	**13670**	**7472**	**10184**	**6272**	**7730648**	**7075549**
北京	17	528	111	425	117	1493890	1459846
天津	8						
河北	23	680	357	458	337	267041	230967
山西	74	1356	911	1213	797	599391	545639
内蒙古	5	21	17	25	22	11684	11634
辽宁	11	123	82	125	95	33278	32049
吉林	5	10	7	28	26	73396	73387
黑龙江	4	14	13	2	2	1361	1282
上海	1					2513	2513
江苏	40	454	109	79	48	126740	124775
浙江	47	840	161	764	169	575028	519486
安徽	8	85	36	78	28	78475	78058
福建	6	21	11	14	6	173653	170941
江西	24	327	140	222	109	42575	31359
山东	53	562	425	543	460	417442	415409
河南	144	1760	1760	1421	1397	313534	259565
湖北	66	554	361	442	311	157538	148229
湖南	55	712	585	576	541	150982	145234
广东	49	309	96	149	66	248918	170459
广西	7	72	54	61	44	33696	29934
海南	10	82	32	57	24	151805	144562
重庆	1	27	22	23	23	14881	14661
四川	54	279	213	231	208	97365	89956
贵州	37	321	200	287	217	161472	142956
云南	3	20	20	18	18	16103	16103
西藏	48	180	104	79	73	551347	502752
陕西	120	2001	803	1056	492	1197150	1055662
甘肃	100	1507	397	1149	289	248335	245934
青海	54	418	84	336	66	61808	45427
宁夏	1	12	7	12	12	4266	4266
新疆	15	306	265	216	186	179724	117558

主管部门基本情况

	在财政拨款中			本年支出合计(千元)	基本支出	项目支出	在支出合计中：	
文物类经费	行政运行	一般行政管理事务	文物保护等经费				工资福利支出	商品和服务支出
3571713	**328392**	**144601**	**2029104**	**7032328**	**1318570**	**5281361**	**615954**	**2775819**
509669	12853	2339	354060	1376826	103602	1177266	61483	198171
75704	15931	2661	29722	291183	99063	139874	27172	51507
360584	46098	4921	174217	490184	123069	335849	58882	159440
7545	200		5830	12644	6245	6399	931	10978
11655	992	388	4613	31781	19751	12029	5589	19443
73387	397	830	24310	49929	406	48523	304	9817
613	417		196	1284	1284		236	626
2513				2513		2513		
111593	11990	6613	87350	114750	17660	95442	10333	37923
414959	11047	7295	315501	560687	50746	439504	35807	274542
16876	2714	175	12887	26957	5972	20025	2648	5121
35463	1627	323	15531	144379	17061	127318	1361	20361
5782	1801	1864	1578	41505	22014	5729	9033	7122
382978	25585	20863	274756	200040	53693	142614	29628	65818
216020	63352	13888	97323	285978	114852	167737	62455	79593
91335	19775	3253	46744	155539	43132	89641	24923	50121
108206	19566	10679	52899	141898	66108	74351	33861	81087
57819	10311	4540	28792	275252	66503	165975	39097	85405
24605	1200	950	19304	24103	9801	13982	2352	16027
66648	526	300	12436	99388	6900	92488	4814	62185
14661	2307	700	1281	18417	2487	15930	1249	16660
76895	6573	2178	12182	66478	20799	44868	15698	12822
113969	4720	1710	47811	152651	23687	126815	12358	11846
16086	710		523	4619	710	3909	558	3992
64366	796		1318	359766	9027	320582	9176	3475
304992	32048	28422	203925	1238311	307329	917518	97634	947714
107377	10584	2943	72126	261693	63342	158335	41263	77415
10932	1581	115	6650	34474	7645	22837	5845	4165
4266	70	1060	3136	4266	3206	1060	389	648
90678	8615	10640	61353	324118	26560	297450	13946	272332

续表 1

地区					本年支出合计(千元)		
					在支出合计中：		
	差旅费	劳务费	福利费	各种税金支出	对个人和家庭补助支出	抚恤金和生活补贴	其他资本性支出
全　国	**46812**	**111455**	**5726**	**643**	**188504**	**18573**	**821946**
北　京	362	3950	987	56	28774	1269	311675
天　津							
河　北	1182	911	116		10307	1463	37667
山　西	3296	41762	234		11970	543	57241
内蒙古	928	1181	2		37		296
辽　宁	361	2070	10		2345	171	1420
吉　林	352	43					19050
黑龙江	18				368		54
上　海							
江　苏	690	596	8		2224		39374
浙　江	1126	3912	637		13604	279	16607
安　徽	371	160	2		1412	7	2368
福　建	416	1971	4		323	1	71265
江　西	405	1276	190		1954	487	105
山　东	768	1528	10	4	5658	255	2337
河　南	2915	13282	412	291	11735	948	85405
湖　北	5681	2490	759	40	7514	418	24424
湖　南	1658	5376	617	10	7358	870	9048
广　东	1620	1618	20		32196	7242	17061
广　西	741	408	1	14	775		2767
海　南	571	298			3747	853	18985
重　庆	392	536	17		146		362
四　川	896	1347	78		3741	106	21171
贵　州	787	1027	96	44	5022	371	1138
云　南	39	238			57		12
西　藏	423	1091			2053		30
陕　西	11852	8339	416	73	16057	2170	25154
甘　肃	2160	3597	944	17	7383	515	13725
青　海	398	554		10	605	17	193
宁　夏	150	70					
新　疆	1270	10893	166	84	3955	202	18064

各种设备购置费	资产总计（千元）	固定资产原值	实际使用房屋建筑面积（万平方米）	实际拥有产权面积（万平方米）	对外交流情况			
					与国外文博机构合作项目数（个）	与国外文博机构签署协议或备忘录数（个）	赴港澳台人员数（人次）	对港澳台交流项目数（个）
70281	**7234036**	**2150745**	**67.79**	**43.90**	**105**	**46**	**173**	**46**
2608	1639502	708246	3.42	1.86	14	7	28	4
2291	195230	43338	3.10	2.59			1	
5518	649559	140462	4.04	2.24	5	11	15	1
	3229	994	0.06	0.00	1	1		
187	59051	25275	0.45	0.11				
	773		0.04		2		12	2
54	1132	1132	0.11	0.10				
					5			
	17553	10092	0.23	0.11	8	1	7	5
839	201516	148247	5.03	3.08			1	
736	32809	7635	0.04	0.04				
35	83897	5126	0.11	0.04				
55	25881	23091	3.04	2.43				
947	582044	50117	1.95	0.13	4	1	3	2
3672	451126	108129	6.94	3.09	4	4	1	2
551	86765	49001	4.15	6.88	1		1	
1264	88216	58439	2.96	2.10				
693	305952	48487	1.40	0.11				
179	19951	1809	0.15	0.06			15	1
6051	59747	19118	0.20					
362	3376	1118	0.03				1	
332	105946	36768	2.48	0.03	3		3	1
374	126458	73876	4.40	4.00				
	992	661	0.07					
30	666288	25967	3.47	4.98				
2201	760556	140667	5.35	3.05	47	12	21	7
3955	301467	199399	4.82	2.55				
	35435	12695	0.52	0.07				
	1940	1940	0.04	0.04				
12399	464601	77264	5.23	0.24	2	3	2	1

续表 2

地　区	本级举办业务培训情况			本辖区文物点（处）			
	参加国际组织活动数（个）	举办业务培训班（个）	培训业务人员数（人）		全国重点文物保护单位	省级文物保护单位	市县级文物保护单位
全　国	**42**	**1129**	**53647**	**496656**	**4337**	**15949**	**116543**
北　京		32	2165	3840	126	216	659
天　津		3	80	2082	28	212	150
河　北		11	678	33943	278	652	2880
山　西	3	35	1895	53875	452	309	12491
内蒙古		7	504	21099	141	319	2212
辽　宁		23	461	3302	128	472	2102
吉　林	2	38	1128	9017	76	373	2409
黑龙江				10759	48	361	2000
上　海		2	500	4422	29	238	480
江　苏	3	26	1801	20007	226	833	4000
浙　江		70	4477	73943	231	624	4767
安　徽		18	1330	3327	130	708	2489
福　建		4	278	4862	137	674	4051
江　西		21	1084	2393	128	265	2000
山　东	1	99	6107	10105	196	1293	8616
河　南	2	85	4651	8669	358	902	7409
湖　北		86	2752	7685	148	850	6687
湖　南		40	2175	20366	188	866	4000
广　东		24	977	4807	98	475	4234
广　西		9	810	10495	66	356	1937
海　南		14	923	806	24	108	674
重　庆		2	175	2064	55	282	1727
四　川	1	30	1460	65231	230	969	6400
贵　州		50	1292	14852	70	342	14439
云　南		6	660	14704	132	333	3741
西　藏		12	572	4277	55	391	978
陕　西	13	237	7875	49058	235	811	3217
甘　肃		67	2506	16895	131	625	4726
青　海		23	1043	6411	44	415	888
宁　夏		4	300	3818	36	125	347
新　疆	3	16	605	9542	113	550	3833

本辖区对外开放的省级以上文物保护单位数(个)	本级财政专项安排文物保护经费(千元)	本级出台地方性文物业法规、规章(部)	出入境文物审核数(件/套)				文物拍卖标的审核数(个)	
				禁止出境文物数	临时入境文物审核数	临时出境文物审核数		禁止上拍文物标的数
6300	**10576042**	**77**	**278871**	**1282**	**20501**	**8821**	**1150076**	**2325**
44	1047875	2	75635	417	5574	1385	192359	260
		1	475	6	45	7	18031	11
2	42118	1	292				3283	
450	212309		127		127		4890	
10	15300							
38	919	1						
		1						
290								
31	12000	1	5689	10	1307	1703	163235	154
627	18200	1	1333	10	156	422	30106	510
807	322099	7	17777	1	64	71	40889	56
708	5750	5						
32	21769		935		397	538	10428	8
	51152	2						
187	108030	6	1		1		5447	
433	17988							
362	46152	12	951	5	208	426	6676	8
585	62866	1	343		211	132	1068	250
55	81561	1	1814				29728	27
310	126	1					389	
141	11787	2						
105	32130		124			124	1518	
47	56785	1	234	107		127	13165	
33	8080	1						
160	82074	1	19	5			3604	7
	60					1		
53	190234	9			246	97		
270	12563	13		75				
400	2650	4						
51	1000	2						
69	27535	1						

2014年文化产业示范(试验)

	机构数(个)	从业人员(人)	具有大学专科以上学历人员	具有中级职称以上人员	资产总计	固定资产原价
总　计	**1159**	**1272897**	**558941**	**122919**	**602869564**	**157043468**
按机构类型分						
国家级文化产业示范园区	26	254861	204675	45860	68892171	8045780
国家级文化产业试验园区	8	58741	16147	7661	8600944	4589024
国家文化产业示范基地(单体企业)	237	138337	43326	8941	180178541	42705988
国家文化产业示范基地(集聚类)	52	188262	82437	12583	60664032	15167486
省级文化产业示范园区	93	353924	136949	20692	75629501	28159330
省级文化产业示范基地	743	278772	75407	27182	208904375	58375860
按隶属关系分						
中　央						
省区市	188	270152	171525	28812	103012447	32114572
地　市	172	122674	39948	10606	105237896	26590323
县市区	799	880071	347468	83501	394619221	98338573
按部门分						
文化部门	608	784524	352540	70668	275515605	75070008
其他部门	551	488373	206401	52251	327353959	81973460

续表

	差旅费	工会经费	营业利润	营业外收入	政府补助	营业外支出
总　计	**1922663**	**567387**	**81171984**	**8967467**	**3064799**	**3231954**
按机构类型分						
国家级文化产业示范园区	746252	111416	33385465	2903609	177181	172870
国家级文化产业试验园区	9475	614	2674829	141619	10767	131229
国家文化产业示范基地(单体企业)	333097	51957	10095342	2228625	1219903	669933
国家文化产业示范基地(集聚类)	284861	53513	8271798	1126566	168639	999399
省级文化产业示范园区	134095	22830	12034931	462512	247999	475873
省级文化产业示范基地	414883	327057	14709619	2104536	1240310	782650
按隶属关系分						
中　央						
省区市	703694	149734	18526971	1889247	1338417	315803
地　市	262159	33520	6999995	1028409	673684	243299
县市区	956810	384133	55645018	6049811	1052698	2672852
按部门分						
文化部门	1147414	176259	35576076	5975167	1315526	2319868
其他部门	775249	391128	45595908	2992300	1749273	912086

园区和产业示范基地基本情况

资产、负债、所有者权益(千元)					损益(千元)				
当年提取的折旧总额	负债合计	所有者权益合计	实收资本(股本)	国家资本	营业收入	主营业务收入	营业成本	养老、医疗、失业等各种社会保险费	住房公积金和住房补贴
9060035	**270000626**	**333104494**	**107170541**	**39881642**	**327852386**	**264722727**	**246688888**	**4526957**	**1212029**
424207	12961623	55930548	8065383	4125096	85425632	38777967	52040167	1095943	469008
30563	3725678	4875266	4369558	3442401	6062718	5927226	3387889	9786	5180
3783719	96936751	83241790	26401702	9885702	56898024	51541872	46802682	551439	109605
376489	12477959	48421629	14773145	4663206	41560747	40783328	33297435	1526463	241664
1083997	29863594	45765907	13872642	2404180	56145282	50687572	44110351	455004	215529
3361060	114035021	94869354	39688111	15361057	81759983	77004762	67050364	888322	171043
2075270	50720222	52292225	20219296	9488501	79541651	75460023	61014680	1658244	586156
1543536	52479802	52758094	25720805	12088550	37957682	36574876	30957687	690942	50770
5441229	166800602	228054175	61230440	18304591	210353053	152687828	154716521	2177771	575103
4254853	123061012	152690149	45004871	15780200	135861726	123427644	100294136	2006051	774366
4805182	146939614	180414345	62165670	24101442	191990660	141295083	146394752	2520906	437663

		工资、福利费、税金(千元)						
利润总额	净利润	本年发放工资总额	本年支付的职工福利费	本年应交税金总额	经营面积(万平方米)	获得国家级文化奖项数量(个)	获得著作权、发明专利总数(项)	辖区内单体企业数量(个)
86907958	**33839115**	**28243898**	**2145965**	**14973505**	**195598.27**	**2572**	**20437**	**44951**
36116204	10067396	6467125	693524	2261491	11760.69	214	725	11067
2685219	228978	130953	23664	106485	1444.43	37	56	659
11654034	6992888	4654985	262888	4327887	129673.16	702	6204	4701
8399426	6711939	6838068	254716	2498049	10946.56	147	4064	13043
12021570	4426003	2758436	504574	1464234	5719.64	50	1228	5382
16031505	5411911	7394331	406599	4315359	36053.79	1422	8160	10099
20100415	13978453	9338035	944010	4613150	11156.51	992	3285	8833
7785105	3444426	3946488	214480	2142150	5989.48	334	6101	4598
59022438	16416236	14959375	987475	8218205	178452.27	1246	11051	31520
39231836	19510869	13445355	1396473	7675950	42097.36	1565	8721	17838
47676122	14328246	14798543	749492	7297555	153500.91	1007	11716	27113

2014年各地区国家级文化产业示范(试验)

地区	机构数(个)	从业人员(人)	具有大学专科以上学历人员	具有中级职称以上人员	资产、负债、所有者权益(千元)		
					资产总计	固定资产原价	当年提取的折旧总额
全　国	**323**	**640201**	**346585**	**75045**	**318335688**	**70508278**	**4614978**
北　京	25	36577	33804	454	10515930	1300457	111806
天　津	8	9170	3408	590	1416968	345692	30294
河　北	15	55862	7917	5406	3190986	513222	30503
山　西	12	17417	9875	2974	9303489	2395207	296914
内蒙古	6	1478	680	71	7440047	997973	44225
辽　宁	10	3851	1514	254	4664514	3470977	168481
吉　林	12	5996	2195	1024	2040012	1086886	92603
黑龙江	10	34149	16697	4648	11995016	9158242	173707
上　海	20	21200	16903	1662	57279357	6683243	636169
江　苏	16	16570	3125	1493	15202613	4405064	118788
浙　江	13	7720	2274	352	9876831	3528419	216485
安　徽	10	6920	2608	925	4059136	2527087	155572
福　建	6	2989	1879	354	2526693	736066	48332
江　西	14	19060	4055	598	24049332	1995391	623516
山　东	14	22557	14474	3744	20911127	7069823	236602
河　南	12	59740	47331	11065	11254174	3982796	250344
湖　北	6	3552	1514	230	2316091	780629	93562
湖　南	11	118616	100146	17659	8916295	1225892	186125
广　东	27	34762	2348	248	22397970	8234674	604274
广　西	9	9013	1942	33	1471533	482921	27490
海　南	5	3116	1598	50	3568022	1367914	87526
重　庆	7	5363	1210	216	1254041	208581	16596
四　川	13	53674	5225	1982	3325757	943648	55630
贵　州	3	290	208	25	294776	18852	6415
云　南	6	1395	253	45	2432644	336754	16358
西　藏	2	420	25	108	246792	27173	3891
陕　西	11	85239	62150	18397	71949411	5282345	170498
甘　肃	7	498	105	67	1072005	257311	4180
青　海							
宁　夏	6	767	220	50	2109672	952922	95098
新　疆	7	2240	902	321	1254454	192117	12994

园区和产业示范基地基本情况

				损益(千元)				
负债合计	所有者权益合计	实收资本(股本)	国家资本	营业收入	主营业务收入	营业成本	养老、医疗、失业等各种社会保险费	住房公积金和住房补贴
126102011	**192469233**	**53609788**	**22116405**	**189947121**	**137030393**	**135528173**	**3183631**	**825457**
4589329	5926601	1268845	60539	2473832	2383921	1840736	48970	13915
570027	846941	212160	500	707990	655342	547292	16212	2696
1614550	1576436	218237	6000	7160956	7157356	4395490	6639	687
3381760	5921729	412060	25764	6231681	3995175	5615121	29180	625
1711202	5728845	664700		463939	461847	403681	4923	71
1191904	3472610	1486443	133641	1158536	1137267	877675	32908	9391
656713	1383299	915030		483677	385505	403651	9012	2309
867498	11127518	6786420	3940420	9818221	9325634	5012483	113695	42159
16853929	40425428	9942214	2613968	23639354	22900372	20574991	981371	191705
7506234	7696379	3565702	2175502	8326193	6707734	7298767	43803	26250
3181418	6930969	1693998	65600	3779861	3696122	2551766	39452	4996
2438193	1620943	1157661	250274	1711568	1705711	1415426	30993	9105
1845035	681658	289095		2154102	2154102	1738368	14129	4770
1593321	22456011	1062299		5211094	5189900	4639475	19646	7115
8317586	12593541	7049470	3493000	4292755	3447316	3292923	55918	7941
4914426	6339748	3480366	2284986	12787495	11790895	9956592	66016	42835
1202117	1113974	196811	30000	876892	850991	784413	14328	30
3536122	5380173	2352954	639470	25830276	23206934	18320626	1048827	416495
13809025	8588945	1601584	152312	14863164	14795888	12943137	54887	11658
640222	831311	295627		1085697	1084690	566020	9058	629
1067030	2500992	2128002	1590002	830693	820612	601514	29612	9574
686298	567743	538926	55000	456882	456533	436567	6417	632
1059282	2266475	462299	119191	2123514	1913755	1859781	440589	1510
47978	246798	56410	46410	161764	158635	76358	701	62
1445530	987114	212677	12180	223379	205433	180378	9952	734
31014	215778	91800		46269	44832	30119	556	
39205082	32744329	4996130	4339000	52350954	9768927	28802808	33143	15735
731023	340982	140126	55826	91922	39049	78661	576	72
1213451	896221	61630	26820	262486	256097	158358	2171	24
194712	1059742	270112		341975	333818	124996	19947	1732

续表

地区	差旅费	工会经费	营业利润	营业外收入	政府补助	营业外支出	利润总额
全国	**1373685**	**217500**	**54427434**	**6400419**	**1576490**	**1973431**	**58854883**
北京	40731	1664	633096	516692	508613	7660	1142128
天津	5590	570	160698	19234	11563	214	179718
河北	11280	423	2765466	37441	25484	8317	2794590
山西	25001	3918	616560	6988	950	3975	619573
内蒙古	71005	983	60258	13488	13445	4391	69355
辽宁	9034	1909	280861	14054	11676	37605	257310
吉林	5206	973	80026	30969	30954	24674	86321
黑龙江	92506	31195	4805738	52751	52058	16620	4841869
上海	61421	3717	3064363	413613	111710	11650	3466326
江苏	24550	7908	1027426	165528	126877	161563	1031391
浙江	23385	2744	1236581	77787	64732	68835	1245994
安徽	5461	1600	296142	175708	119462	6979	464871
福建	4882	5528	415734	11282	11004	281860	145156
江西	7044	536	571619	24697	13479	2251	594065
山东	38141	11272	999832	150435	12655	136891	1013376
河南	275223	22652	2830903	2704857	63172	124557	5411203
湖北	703	252	92479	35332	9825	1667	126144
湖南	425151	91262	7509650	208337	74184	87604	7630383
广东	93272	2921	1920027	428678	105642	3355	2345350
广西	4699	277	519677	10620	9776	1485	528812
海南	2640	2219	229179	11991	9845	5657	235513
重庆	3254	685	20315	41951	40325	7669	54597
四川	121208	19198	263733	64222	7985	21518	306437
贵州	429	157	85406	212		36	85582
云南	1890	91	43001	7339	6400	12140	38200
西藏	263	29	16150	30		155	16025
陕西	13500	1380	23548146	1132665	98839	895875	23784936
甘肃	950	15	13261	3127	215	91	16297
青海							
宁夏	1438	189	104128	31653	27590	37879	97902
新疆	3828	1233	216979	8738	8030	258	225459

	工资、福利费、税金(千元)							
净利润	本年发放工资总额	本年支付的职工福利费	本年应交税金总额	经营面积(万平方米)	获得国家级文化奖项数量(个)	向社会捐赠总额(千元)	获得著作权、发明专利总数(项)	辖区内单体企业数量(个)
24001201	**18091131**	**1234792**	**9193912**	**153824.833**	**1100**	**497363**	**11049**	**29470**
409375	520230	34438	241135	73.655	85	811	349	4291
145314	104432	3756	56947	16.428	6	106	100	875
117160	327004	3854	50975	700.137	40	13038	121	547
410163	498955	42238	391940	65.425	43	399	419	217
36549	59554	2566	68020	2388.961	1	5120	56	
149292	128860	9851	80573	142.802	13	23413	228	318
32193	46850	1610	15381	19.466	18	1703	213	33
4807941	1082731	88042	1012084	5305.035	74	215430	1603	517
2273424	2843605	44767	1699300	164.234	158	61047	1426	5061
668309	1954188	48637	366528	5095.927	192	20440	3436	4140
749594	359869	18605	308008	98.742	24	2808	413	168
260976	194663	7976	135837	727.311	12	64881	50	369
-178386	231279	21885	259028	11.553	6	1738	169	144
78336	167798	12912	36043	332.873	50	2864	290	270
735922	417907	45543	212878	103132.851	25	8960	428	2560
4649234	1682823	42736	890882	28724.849	144	29216	284	1255
15450	109333	1051	214710	0.987	4		6	24
5649575	4738321	644927	1481313	242.68	55	30171	549	1789
1418896	873884	19998	1075894	86.667	37	326	223	353
499916	70322	3147	63065	77.253	21	15	71	118
163271	232384	23483	127460	114.028	6	7303	39	11
20779	38796	1743	14235	13.396	7	220	33	482
161335	848177	83958	137293	69.271	13	65	130	366
54549	7559	579	15494	3.462	2	321		
31289	56399	2811	20041	16.182	1	2104	29	
4914	13227	311	1719	0.593	3	35		3
497960	353175	18322	143804	6039.374	47	1813	278	5557
-218	19419	816	2653	8.788	2	156		1
85579	32482	2132	14484	149.124	3	2400	6	1
52510	76905	2098	56188	2.778	8	460	100	

2014年对外、对港澳台文化交流活动项目基本情况

单位：次

地区	合计	按交流活动性质		按交流活动分类				按交流活动范围分类			
		出访	来访	演出	展览	国际会议	其他	国外	香港	澳门	台湾
全　国	**2397**	**1592**	**805**	**1210**	**425**	**203**	**559**	**1667**	**163**	**67**	**500**
北　京	67	36	31	27	36		4	63	3	1	
天　津	73		73	73				65	3		5
河　北	8	8		4	3		1	5			3
山　西	5	4	1	3			2		1		4
内蒙古	22	21	1	5	4		13	19	2		1
辽　宁											
吉　林	14	11	3	6	1	1	6	13			1
黑龙江	22	10	12	15	1		6	18			4
上　海	159	63	96	104	32	1	22	123	13	5	18
江　苏	4	4		2	2			2			2
浙　江	139	131	8	54	29	1	55	88	11	4	36
安　徽	56	28	28	13	6		37	41	7	1	7
福　建	118	107	11	73	10	35		51	10	10	47
江　西	12	11	1	3	4		5	9	1	1	1
山　东	88	57	31	22	35	2	29	54	6	7	21
河　南	18	16	2	13	1		4	13	1	1	3
湖　北	133	13	120	113	8	2	10	107	9		17
湖　南	31	31		12	2	6	11	24	3		4
广　东	148	148		101	16		31	37	69	30	12
广　西	37	26	11	15	1	8	13	26	4		7
海　南	31	23	8	10	11	1	9	28		1	2
重　庆	16	14	2	10	3		3	13		1	2
四　川	105	58	47	47	20	5	33	89	7		9
贵　州	29	22	7	12			17	27			2
云　南	22	22		13		1	8	21	1		
西　藏											
陕　西	24	12	12	18	6			21			3
甘　肃	6	6		2	2	2		4	1	1	
青　海	6	6		3	3			6			
宁　夏	3	3		3				2			1
新　疆	56	34	22	35	1	10	10	55	1		

2014年对外、对港澳台文化交流活动参与交流人员项目基本情况

单位：人

地　区	合计	按交流活动性质		按交流活动分类				按交流活动范围分类			
		出访	来访	演出	展览	国际会议	其他	国外	香港	澳门	台湾
全　国	**58967**	**33796**	**25171**	**42464**	**9599**	**2185**	**4719**	**40781**	**4421**	**1172**	**12593**
北　京	620	604	16	572	40		8	592	9	19	
天　津	2385		2385	2385				2274	106		5
河　北	142	142		106	31		5	81			61
山　西	279	124	155	122			157		20		259
内蒙古	182	176	6	79	52		51	136	45		1
辽　宁											
吉　林	339	191	148	223	3	1	112	253			86
黑龙江	466	121	345	428	3		35	460			6
上　海	4899	680	4219	3907	924	3	65	3746	662	9	482
江　苏	107	107		52	55			52			55
浙　江	2313	2214	99	1833	258		222	1316	338	49	610
安　徽	610	304	306	266	42		302	433	74	36	67
福　建	3611	2911	700	3424	38	149		738	292	312	2269
江　西	174	151	23	109	33		32	57	1	97	19
山　东	978	563	415	531	241	2	204	512	222	126	118
河　南	662	620	42	571	45		46	446	65	37	114
湖　北	2299	375	1924	1947	48	5	299	2129	87		83
湖　南	410	410		326	37	11	36	334	6		70
广　东	2848	2848		2499	125		224	822	1651	314	61
广　西	797	326	471	395	19	214	169	658	49		90
海　南	328	287	41	208	71	1	48	307		10	11
重　庆	296	240	56	228	33		35	193		47	56
四　川	2109	844	1265	1625	268	8	208	1932	66		111
贵　州	468	341	127	317			151	452			16
云　南	563	563		533		1	29	469	94		
西　藏											
陕　西	600	295	305	522	78			523			77
甘　肃	113	113		102	3	8		110	2	1	
青　海	57	57		47	10			57			
宁　夏	57	57		57				19			38
新　疆	866	386	480	821	2	20	23	864	2		

2014年艺术展览创作

	机构数(个)	从业人员(人)	专业技术人才				藏品(件/套)
				正高级职称	副高级职称	中级职称	
总　　计	**577**	**5219**	**3325**	**438**	**623**	**1171**	**425528**
其中：免费开放	408	4008	2391	252	411	864	406951
按登记注册类型分							
其中：国有	563	5074	3264	436	618	1149	422289
集体	4	38	14		1	7	2060
其他	10	107	47	2	4	15	1179
按隶属关系分							
中央	2	201	141	54	28	44	111026
省区市	42	1361	831	205	166	284	125181
地市	208	2108	1408	151	295	491	70348
县市区	325	1549	945	28	134	352	118973
按部门分							
文化部门	569	5075	3294	430	613	1165	419286
其他部门	8	144	31	8	10	6	6242
按机构类型分							
美术馆	314	2932	1677	137	283	639	342736
画院	71	744	540	131	115	177	31129
美术馆(画院)	67	840	529	101	93	155	51544
剧目创作室	125	703	579	69	132	200	119

机构基本情况

									藏品(件/套)	
									非文物藏品数	
文物藏品数	非文物藏品数	国画	油画	版画	雕塑	水粉、水彩	设计	连环画、漫画	民间艺术	书法
12521	**405277**	**87505**	**17725**	**29974**	**4544**	**18883**	**8500**	**15732**	**89112**	**46138**
12405	386964	73820	17574	29604	4505	18716	8500	15646	88263	44169
12521	402038	86837	17629	29942	4523	18832	8491	15712	89082	44822
	2060	198	30	10	11	50	5	20	30	1221
	1179	470	66	22	10	1	4			95
	111026	13676	2840	7513	1471	10000	3000	5675	63204	1279
2908	118297	25035	4853	13814	1379	4329	1533	7987	17565	6861
3127	65047	26610	4294	5697	888	1752	3720	784	1798	11538
6486	110907	22184	5738	2950	806	2802	247	1286	6545	26460
12521	399078	87063	17616	28523	4016	18873	8500	15732	85931	46012
	6199	442	109	1451	528	10			3181	126
9190	326178	55130	15072	27076	4155	16231	7375	15478	87076	29330
3272	27516	16266	756	1359	37	2298	1014	71	881	3584
19	51464	16109	1896	1471	352	354	111	183	1155	13194
40	119		1	68						30

续表 1

	摄影、多媒体	漆艺	陶艺	年度展览总量(个)	自主办展数量	参观人次(万人次)	未成年人参观人次
总　计	**45938**	**3031**	**12170**	**4976**	**3078**	**2943.72**	**610.14**
其中：免费开放	45768	3031	12099	4827	2977	2914.86	601.41
按登记注册类型分							
其中：国有	45829	3031	12168	4850	2968	2876.52	596.11
集体				8	8	0.82	0.28
其他	109		2	118	102	66.38	13.76
按隶属关系分							
中央	2000	158	210	132	9	137.00	2.00
省区市	30651	611	317	687	339	1099.72	190.04
地市	4035	37	99	2005	1198	1117.86	258.65
县市区	9252	2225	11544	2152	1532	589.15	159.45
按部门分							
文化部门	45778	3031	12164	4862	3019	2894.76	597.79
其他部门	160		6	114	59	48.96	12.35
按机构类型分							
美术馆	44783	2959	11768	4129	2595	2514.04	519.97
画院	159		102				
美术馆(画院)	976	72	300	825	468	425.76	88.79
剧目创作室	20			22	15	3.92	1.38

学术成果			本年收入合计(千元)	财政补贴收入		事业收入	上级补助收入	附属单位上缴收入	经营收入
专著或图录(册)	论文数(篇)	学术活动(次)			收藏专项经费				
449	**1163**	**1098**	**1910498**	**1559687**	**163711**	**234563**	**36779**	**205**	**37731**
384	964	970	1501066	1191639	149361	204807	32629	205	37323
448	1163	1043	1879950	1536974	163711	234563	35976	205	32504
1			16247	15829					
		55	14301	6884			803		5227
27	44	29	374991	256085	41000	115693			
122	365	276	785648	641152	100029	112133	4899		3212
137	452	394	529170	485337	16803	5326	24373		4547
163	302	399	220689	177113	5879	1411	7507	205	29972
437	1158	1077	1890525	1540964	162064	234475	36779	205	37731
12	5	21	19973	18723	1647	88			
281	659	685	1175105	902821	125052	179515	30360	205	34104
72	336	93	232002	204165	16997	15965	1367		3214
68	90	241	391650	345511	21662	38684	1902		413
28	78	79	111741	107190		399	3150		

续表 2

	其他收入	本年支出合计(千元)	基本支出	项目支出	收藏经费	经营支出	工资福利支出
总　计	**41533**	**1800330**	**742426**	**990775**	**164960**	**27175**	**385415**
其中：免费开放	34463	1393170	550710	780024	151204	26456	294597
按登记注册类型分							
其中：国有	39728	1767507	726745	983227	164960	18868	377258
集体	418	15095	8048	7047			2041
其他	1387	17728	7633	501		8307	6116
按隶属关系分							
中央	3213	342104	100678	241426	40919		50141
省区市	24252	747541	243915	498723	96432	2835	120409
地市	9587	494312	267715	206276	18687	3998	145768
县市区	4481	216373	130118	44350	8922	20342	69097
按部门分							
文化部门	40371	1781243	730130	984288	163740	26873	375889
其他部门	1162	19087	12296	6487	1220	302	9526
按机构类型分							
美术馆	28100	1086250	412965	615672	125582	24176	219907
画院	7291	229612	124289	98260	15934	2819	64478
美术馆(画院)	5140	374174	117169	255336	23444	180	54358
剧目创作室	1002	110294	88003	21507			46672

本年支出合计(千元)									资产总计(千元)
在支出合计中：									
商品和服务支出	差旅费	劳务费	福利费	各种税金支出	对个人和家庭补助支出	抚恤金和生活补助	其他资本性支出	各种设备、交通工具、图书购置费	
704614	**20220**	**57730**	**3520**	**7593**	**152357**	**4961**	**268445**	**105223**	**4807672**
619261	14463	40837	2693	6250	100017	3230	248885	101978	4405437
697759	19817	57444	3470	6731	150829	4961	267875	105127	4778220
4846	37	260		122	170		471	17	9419
2009	366	26	50	740	1358		99	79	20033
99347	4248	16465	520	1240	16936	281	40170	31620	816526
347101	6153	19212	1719	1462	68401	2786	175219	58270	2259898
183731	7326	19194	543	1816	55648	1265	40478	13290	1014841
74435	2493	2859	738	3075	11372	629	12578	2043	716407
699909	20113	57596	3513	7593	150136	4961	266210	104489	4737322
4705	107	134	7		2221		2235	734	70350
503319	10079	31203	2083	6078	64345	2036	201858	87193	3773245
83710	2692	3340	300	367	34680	984	23429	1784	505871
93691	5758	20042	935	1143	24025	309	41728	15658	495532
23894	1691	3145	202	5	29307	1632	1430	588	33024

续表 3

	固定资产原值	实际使用房屋建筑面积（万平方米）	展览用房	库房面积	画室面积	实际拥有产权面积（平方米）
总　　计	**3388292**	**137.97**	**52.92**	**8.47**	**6.20**	**53.46**
其中：免费开放	3184709	130.41	51.62	7.92	5.46	49.33
按登记注册类型分						
其中：国有	3372788	133.10	51.73	8.30	6.05	50.60
集体	9419	0.45	0.08	0.03	0.03	0.24
其他	6085	4.43	1.11	0.14	0.12	2.63
按隶属关系分						
中央	382403	1.06		0.29		1.06
省区市	1521205	49.24	16.67	3.40	1.60	13.71
地市	844883	51.14	21.69	2.58	2.39	25.67
县市区	639801	36.53	14.56	2.20	2.21	13.02
按部门分						
文化部门	3357020	133.62	49.80	8.31	6.13	53.15
其他部门	31272	4.36	3.12	0.16	0.08	0.31
按机构类型分						
美术馆	2701160	109.31	41.89	7.14	3.29	38.92
画院	381541	10.95	3.11	0.33	1.34	6.66
美术馆(画院)	287845	16.34	7.91	1.00	1.57	7.67
剧目创作室	17746	1.37	0.02	0.01	0.01	0.22

公共教育活动			创作情况(个)			培训情况		学术研究情况(个)		
讲座(次)	教育活动(次)	出版物(种)	创作项目数量	参加展览数量	获省部级以上奖项的作品数	组织培训次数(次)	培训人次(万人次)	本年承担课题、项目数	省部级以上课题项目数	结项课题项目数
1668	**1788**	**343**	**3529**	**3283**	**638**	**855**	**2.39**	**124**	**45**	**20**
1576	1660	309	1842	1569	414	357	1.92	93	29	16
1649	1721	341	3529	3279	638	843	2.20	124	45	20
4	5	1								
15	62	1		4		12	0.20			
67	95	17	1	1200		400	0.08	7	7	
337	718	57	611	328	92	31	0.05	42	11	5
557	490	113	960	644	315	270	1.65	51	15	8
707	485	156	1957	1111	231	154	0.62	24	12	7
1656	1752	339	3529	3283	638	855	2.39	124	45	20
12	36	4								
1222	1406	255						42	22	15
			963	636	165	104	0.37	12	5	
418	363	70	1382	2582	290	678	1.86	53	11	1
28	19	18	1184	65	183	73	0.16	17	7	4

2014年各地区艺术展览

地区	机构数（个）	从业人员（人）	专业技术人才	正高级职称	副高级职称	中级职称	藏品（件/套）	文物藏品数
全国	**577**	**5219**	**3325**	**438**	**623**	**1171**	**425528**	**12521**
北京	1	78	42	26	5	9	9425	382
天津	4	41	15	1	2	8	426	
河北	14	202	108	10	13	48	3485	
山西	26	276	111	11	18	35	26340	111
内蒙古	28	245	146	9	17	59	4247	
辽宁	2	17	11	2	4	5	78	
吉林	23	143	115	13	29	43	2749	1
黑龙江	21	148	106	23	32	27	5430	
上海	6	254	148	17	13	53	26812	3657
江苏	76	665	538	93	107	215	27462	98
浙江	9	114	62	10	6	27	15621	
安徽	20	112	69	8	12	29	4964	115
福建	8	45	37	5	8	13	5993	5
江西	29	270	150	11	29	42	18979	106
山东	72	543	437	37	96	134	35174	3074
河南	6	75	50	6	9	14	5045	
湖北	11	166	85	28	14	32	7265	31
湖南	24	128	97	3	22	44	4937	11
广东	16	376	141	13	36	47	59680	2636
广西	5	49	30	5	5	12	1418	
海南								
重庆	8	65	45	5	9	18	3393	16
四川	51	263	171	12	15	64	8673	928
贵州	2	32	25	5	5	10	55	
云南	9	73	64	4	21	21	666	
西藏								
陕西	5	125	46	1	3	15	8590	
甘肃	56	380	226	19	50	71	20355	547
青海								
宁夏	1	9	9	1	2	4	1659	
新疆	42	124	100	6	13	28	5581	803

创作机构基本情况

藏品(件/套)									
非文物藏品数									
非文物藏品数	国画	油画	版画	雕塑	水粉、水彩	设计	连环画、漫画	民间艺术	书法
405277	**87505**	**17725**	**29974**	**4544**	**18883**	**8500**	**15732**	**89112**	**46138**
9043	3909	359	627	16	2211	1011		715	170
426	139	32	43	11	7			1	18
3419	842	234	436	85	280	20	50	75	475
26176	2842	470	175	575	183	5	125	535	8069
4247	851	184	81	27	139	403	13	394	1688
78	17	15	14		12				
2748	866	115	59	16	75			51	1117
5430	386	129	1642	7	23			3174	63
23155	3843	1693	1978	285	435		2571	4014	3553
27218	13976	743	2390	60	664	28	195	3888	3665
15621	3329	760	2974	304	321	1050	3788	158	1610
4821	2277	53	114	170	85	2	150	22	1245
5988	1881	105	1379	76	139	5	131	111	606
18838	2402	612	208	76	479	15	253	575	2260
28480	11018	1644	1328	191	768	14	94	3876	6166
5045	979	246	726	50	85	134	5	900	696
7234	1305	450	649	161	382	34	130	1388	672
4927	1307	475	153	4	349	11	153	172	1304
58445	10917	3980	5655	569	984	2629	1772	737	2221
1418	608	81	35	4	59	1		1	565
3222	364	100	631	57	94	2	7	691	202
7560	2965	389	81	96	324		286	237	1909
55	55								
666	114	70	204	4	26	4		14	105
4738	791	314	225	24	103	4		2365	468
18750	4615	729	249	158	480	128	249	1522	4444
1659	778	18	312	11					540
4844	453	885	93	36	176		85	292	1028

续表 1

地　区				年度展览总量(个)		参观人次(万人次)		
	摄影、多媒体	漆艺	陶艺		自主办展数量		未成年人参观人次	专著或图录(册)
全　国	**45938**	**3031**	**12170**	**4976**	**3078**	**2943.72**	**610.14**	**449**
北　京			25					18
天　津	157		7	67	30	279.23	65.28	
河　北	795		7	155	54	117.13	37.97	14
山　西	70	32	24	247	177	105.19	30.44	13
内蒙古	393	1		149	96	38.61	10.60	2
辽　宁			20	16	16	5.23	0.61	
吉　林	387		13	67	60	12.75	3.79	18
黑龙江	1		5	42	23	31.88	10.31	17
上　海	3703	119	5	139	97	289.28	40.30	28
江　苏	131	4	179	504	322	287.59	60.02	38
浙　江	395	9	104	147	59	140.88	3.26	10
安　徽	261		99	212	98	79.37	24.53	11
福　建	243	376	10	29	29	27.99	9.36	
江　西	975		10066	240	191	85.17	21.90	11
山　东	1783	68	479	572	388	226.77	66.12	42
河　南	368	16	23	92	43	72.50	9.53	5
湖　北	968	134	121	134	102	88.59	15.19	24
湖　南	381		361	98	74	82.61	16.33	8
广　东	28550	68	118	362	264	198.43	58.71	51
广　西	38	1	1	54	23	28.00	2.82	7
海　南								
重　庆	502	12	160	91	73	75.18	7.87	9
四　川	1032	17	20	286	192	171.45	23.86	23
贵　州								
云　南	125			24	18	18.80	5.30	7
西　藏								
陕　西			2	113	83	112.12	21.94	6
甘　肃	1706	2016	79	632	366	166.19	32.13	58
青　海								
宁　夏				29	15	8.40	1.80	1
新　疆	974		32	343	176	57.42	28.18	1

学术成果		本年收入合计（千元）						
论文数（篇）	学术活动（次）		财政补贴收入	收藏专项经费	事业收入	上级补助收入	附属单位上缴收入	经营收入
1163	**1098**	**1910498**	**1559687**	**163711**	**234563**	**36779**	**205**	**37731**
50	19	52362	49344	10000				2806
	20	13516	12812					
55	51	41960	41794	5160				
36	44	45903	43631	185		1619		
4	11	33406	32584	115				
	4	4074	3622	150	34			
14	20	21544	21303	3000		205		
25	31	24282	23952	1000	111	10		
129	35	315390	214190	4217	95620	307		
184	102	206739	189048	12610	3829	3132		20
20	17	84694	74328	22799	8050	160		
52	33	17808	14622	590	1276	1908		
	6	14572	10388	60	477	2920		
6	23	40676	38326	20	10	1960		310
216	144	186122	182030	15040	9	1008		1365
13	8	16812	14246	3100	2252			
77	56	57341	52553	18747	2202	153		
17	14	18358	17908	1100	90	140		
41	92	172995	116534	16329	1231	19860		26509
2	20	11923	10517	750		390		
5	30	19534	18238	3192	651	450		
48	57	47232	45646	570				1412
		5293	5293					
12	6	13828	12642		454	220		
22	69	16325	9649	1235	1325			5227
85	138	37317	33241	2522	1239	2337	205	82
4		1965	1965	200				
2	19	13536	13196	20	10			

续表 2

地区	其他收入	本年支出合计(千元)	基本支出	项目支出	收藏经费	经营支出	工资福利支出	商品和服务支出
全　国	**41533**	**1800330**	**742426**	**990775**	**164960**	**27175**	**385415**	**704614**
北　京	212	47562	26503	18636	10000	2422	8428	15145
天　津	704	13592	10809	2480		302	2468	9628
河　北	166	41840	17211	24526	6160		8868	15593
山　西	653	43963	19682	23612	289		12882	17934
内蒙古	822	33179	23836	8087	100		12273	9261
辽　宁	418	3779	2442	1337	150		1326	1472
吉　林	36	27321	15574	11715	7887		7692	6097
黑龙江	209	24537	18526	6010	1000		10135	4959
上　海	5273	270585	96925	170698	4712		36188	187367
江　苏	10710	187504	122612	61886	7057	20	57477	63653
浙　江	2156	91182	14644	75469	25487	32	11007	45867
安　徽	2	18482	9805	8011	600	66	5526	5832
福　建	787	11509	6179	4436	848		3150	5540
江　西	70	38635	11915	24362	170	330	8641	8907
山　东	1710	181743	64700	116000	19660	714	36541	60798
河　南	314	17806	8330	9476	4810		5108	10408
湖　北	2433	58132	16929	40008	18927	500	7781	21525
湖　南	220	18095	14911	2542	340	141	6014	4353
广　东	8861	151990	60330	58372	7197	13197	39418	59201
广　西	1016	10466	5237	5229	350		3244	2510
海　南								
重　庆	195	19157	4044	14910	3662	38	2895	8871
四　川	174	56171	17891	36254	810	1134	11687	15467
贵　州		5383	3944	1101			2361	139
云　南	512	12161	7710	4451	52		4232	5303
西　藏								
陕　西	124	22350	6512	6702	1814	7973	6593	6571
甘　肃	213	35281	23805	8255	1694	276	16092	8172
青　海								
宁　夏		1946	1405	541	200		805	423
新　疆	330	13875	9337	4243	65	30	6442	4271

本年支出合计(千元) 在支出合计中： 差旅费	劳务费	福利费	各种税金支出	对个人和家庭补助支出	抚恤金和生活补助	其他资本性支出	各种设备、交通工具、图书购置费	资产总计(千元)
20220	**57730**	**3520**	**7593**	**152357**	**4961**	**268445**	**105223**	**4807672**
619	1156	95		9501	227	11150		129712
67	202	17		1096				10104
916	945	83		4783	98	11803	4971	68116
891	1226	12	77	3670	57	6363	42	35329
500	1351	52	4	4994	260	5717	260	63575
95	123	1		800	77	181	31	12602
206	2150			5367	293	8163	12	69909
219	11	5		7362	107	2005	822	40657
360	5259	522	19	6506	370	21520	12326	612567
2095	2970	165	385	33047	292	19359	1628	299728
608	6595	249	270	1161		31881	31641	625487
529	878	8		2482	66	511	441	30842
296	421		3	1471	709	348	343	22192
919	647	41	138	2354	102	2653	482	59179
950	1352	114	683	13426	643	61221	10532	616483
112	87	204	72	1006	33	854	64	96743
791	4638	313	20	5657	66	20836	188	267876
186	174	105		3010	111	3039	167	16352
2357	3193	747	3649	11030	113	7306	398	572165
390	66	7	5	2322	534	543	81	30166
200	2402	1	18	1051		5341	5341	25777
768	1529	113		3663	96	1937	337	78101
				1309	217	44		2381
478	937	3	38	1886	45	418	234	11288
492	381	60	792	187	18	2000	2000	95934
583	1140	83	135	3753	126	2282	787	66058
45	140		26	384		334	21	2028
300	1292		19	2143	20	466	454	29795

续表 3

地　区	固定资产原值	实际使用房屋建筑面积（万平方米）	展览用房	库房面积	画室面积	实际拥有产权面积（平方米）	讲座（次）
全　国	**3388292**	**137.97**	**52.92**	**8.47**	**6.20**	**53.46**	**1668**
北　京	119575	1.10	0.44	0.02	0.06	1.03	
天　津	9314	4.21	1.05	0.11			15
河　北	59375	4.86	2.52	0.18	0.21	3.30	84
山　西	21647	7.63	3.80	0.39	0.25	3.89	56
内蒙古	46996	3.21	1.74	0.16	0.27	1.29	64
辽　宁	12241	0.20	0.05			0.14	4
吉　林	66944	0.88	0.45	0.08	0.11	1.39	29
黑龙江	37997	0.83	0.27	0.08	0.11	0.31	11
上　海	426371	19.46	7.91	1.87	0.17	0.86	189
江　苏	240684	16.91	5.30	1.00	1.12	4.50	126
浙　江	280015	7.77	2.45	0.47	0.05	3.40	42
安　徽	27163	2.27	1.48	0.09	0.09	0.97	48
福　建	15481	1.18	0.47	0.08	0.11	0.47	10
江　西	40062	4.36	2.26	0.36	0.27	2.00	42
山　东	588450	19.03	5.64	0.70	0.93	3.88	153
河　南	92880	2.91	1.32	0.10	0.02	1.23	33
湖　北	255668	5.10	1.69	0.25	0.68	4.22	92
湖　南	14956	1.80	0.84	0.14	0.13	0.68	36
广　东	382707	13.35	4.59	0.86	0.14	5.44	143
广　西	23422	1.04	0.17	0.03	0.01	2.43	11
海　南							
重　庆	19313	1.77	1.33	0.12	0.19	0.56	69
四　川	64271	3.64	1.42	0.23	0.18	1.62	114
贵　州	1752	0.11				0.11	
云　南	7382	1.38	0.65	0.07	0.20	0.07	4
西　藏							
陕　西	71999	3.21	1.13	0.33	0.03	3.14	22
甘　肃	52587	6.19	2.54	0.35	0.72	4.31	130
青　海							
宁　夏	2028	0.26	0.25	0.01			5
新　疆	24609	2.28	1.21	0.14	0.16	1.18	69

公共教育活动		创作情况(个)			培训情况		学术研究情况(个)		
教育活动(次)	出版物(种)	创作项目数量	参加展览数量	获省部级以上奖项的作品数	组织培训次数(次)	培训人次(万人次)	本年承担课题、项目数	省部级以上课题项目数	结项课题项目数
1788	**343**	**3529**	**3283**	**638**	**855**	**2.39**	**124**	**45**	**20**
19	1				10	0.19			
56	9	3	66	9	4	0.01	3	2	3
71	17	213	40	11	3	0.02	4	4	
18	2	487	69	15	12	0.04			
4		10							
20	9	103	29	22	3	0.01	3		
30	6	61	20	10	5	0.00	6	4	1
86	4	26	30		4	0.00	19	1	1
129	26	524	245	104	49	0.27	17	3	7
281	5	200	639	5	94	1.18	1		1
27	14	17	26	16	1				
14	3	15	5		2	0.00	2		
43	26	6	18	9			4	4	1
130	15	722	288	157	110	0.22	8	6	
50	8	1							
203	34	277	41	40	15	0.01	7	5	3
20	5	5	9	28	22	0.02			
173	48	142	20	32			3	3	1
15	6	27	5	4	8	0.00			
42	11	40	69	23	36	0.20	2	1	
65	35	85	97	47	37	0.10	2		1
		60	12	1			2		
4		34	16	16	2	0.02	3	1	
67	5	30	25	25			3	1	1
91	34	436	206	62	36	0.03	27	2	
16	1								
19	2	4	108	2	2	0.00	1	1	

2014年各地区

地　区	机构数（个）	从业人员（人）	专业技术人才	正高级职称	副高级职称	中级职称	藏品（件/套）	文物藏品数
全　国	**381**	**3772**	**2206**	**238**	**376**	**794**	**394280**	**9209**
北　京								
天　津	3	37	11	1		8	426	
河　北	12	186	93	9	11	41	3437	
山　西	23	221	75	3	6	22	26340	111
内蒙古	19	206	113	3	14	47	3469	
辽　宁	1	8	6		1	5	78	
吉　林	8	69	59	4	11	27	2749	1
黑龙江	6	52	29	9	12	6	5430	
上　海	5	225	128	13	11	48	22112	1136
江　苏	23	335	272	37	54	121	18175	98
浙　江	6	99	58	10	4	25	15396	
安　徽	18	106	65	8	12	26	4964	115
福　建	7	32	24		7	10	5256	5
江　西	26	238	121	6	21	28	18712	106
山　东	34	290	217	17	46	60	34139	2706
河　南	5	73	50	6	9	14	5045	
湖　北	10	165	84	28	13	32	7145	31
湖　南	16	80	61	3	12	27	4936	10
广　东	14	340	124	7	30	43	57136	2636
广　西	3	30	13	1	1	8	1418	
海　南								
重　庆	7	55	37	4	7	15	3393	16
四　川	34	139	83	3	3	31	7421	928
贵　州								
云　南	5	41	33	4	11	5	666	
西　藏								
陕　西	5	125	46	1	3	15	8590	
甘　肃	48	314	180	6	40	64	19822	547
青　海								
宁　夏	1	9	9	1	2	4	1659	
新　疆	40	96	74		7	18	5340	763

美术馆基本情况

								藏品(件/套)	
								非文物藏品数	
非文物藏品数	国画	油画	版画	雕塑	水粉、水彩	设计	连环画、漫画	民间艺术	书法
377642	**71239**	**16968**	**28547**	**4507**	**16585**	**7486**	**15661**	**88231**	**42524**
426	139	32	43	11	7			1	18
3403	842	234	436	85	280	20	50	75	459
26176	2842	470	175	575	183	5	125	535	8069
3469	556	142	12	25	134	400	2	392	1344
78	17	15	14		12				
2748	866	115	59	16	75			51	1117
5430	386	129	1642	7	23			3174	63
20976	2682	1688	1978	284	435		2571	4014	2545
18159	6656	712	2389	60	627	28	149	3738	2576
15396	3105	760	2974	304	321	1050	3788	158	1609
4821	2277	53	114	170	85	2	150	22	1245
5251	1144	105	1379	76	139	5	131	111	606
18571	2248	600	208	76	479	15	253	575	2230
27771	10828	1558	1322	182	759	14	92	3876	6046
5045	979	246	726	50	85	134	5	900	696
7114	1305	450	649	161	382	34	130	1388	672
4926	1307	475	153	4	349	11	153	172	1304
55901	9536	3847	4956	560	957	2629	1772	737	2177
1418	608	81	35	4	59	1		1	565
3222	364	100	631	57	94	2	7	691	202
6308	2486	361	81	96	315		274	223	1300
666	114	70	204	4	26	4		14	105
4738	791	314	225	24	103	4		2365	468
18341	4330	729	249	158	480	128	249	1522	4320
1659	778	18	312	11					540
4603	377	824	68	36	176		85	292	969

续表 1

地区	摄影、多媒体	漆艺	陶艺	年度展览总量（个）	自主办展数量	参观人次（万人次）	未成年人参观人次	专著或图录（册）
全国	**45759**	**3031**	**12068**	**4954**	**3063**	**2939.80**	**608.77**	**349**
北京								
天津	157		7	67	30	279.23	65.28	
河北	795		7	155	54	117.13	37.97	13
山西	70	32	24	247	177	105.19	30.44	13
内蒙古	389	1		147	94	38.53	10.55	
辽宁			20	16	16	5.23	0.61	
吉林	387		13	67	60	12.75	3.79	18
黑龙江	1		5	42	23	31.88	10.31	14
上海	3703	119	1	139	97	289.28	40.30	28
江苏	131	4	179	503	321	287.29	59.96	13
浙江	395	9	104	147	59	140.88	3.26	8
安徽	261		99	212	98	79.37	24.53	11
福建	243	376	10	29	29	27.99	9.36	
江西	975		9995	240	191	85.17	21.90	11
山东	1743	68	477	572	388	226.77	66.12	25
河南	368	16	23	92	43	72.50	9.53	5
湖北	968	134	121	134	102	88.59	15.19	24
湖南	381		361	98	74	82.61	16.33	7
广东	28495	68	118	362	264	198.43	58.71	47
广西	38	1	1	54	23	28.00	2.82	7
海南								
重庆	502	12	160	91	73	75.18	7.87	9
四川	972	17	20	274	186	167.99	22.62	6
贵州								
云南	125			24	18	18.80	5.30	5
西藏								
陕西			2	113	83	112.12	21.94	6
甘肃	1706	2016	79	632	366	166.19	32.13	50
青海								
宁夏				29	15	8.40	1.80	1
新疆	954		32	336	170	57.34	28.15	1

学术成果		本年收入合计(千元)	财政补贴收入		收藏专项经费	事业收入	上级补助收入	附属单位上缴收入	经营收入
论文数(篇)	学术活动(次)								
749	**926**	**1566755**	**1248332**	**168666**	**146714**	**218199**	**32262**	**205**	**34517**
	20	12232	11528						
55	48	40114	39948		5160				
36	44	35365	34260		185		719		
1	4	28077	27507		115				
		1713	1679		150	34			
14	16	13697	13476		3000		205		
8	25	11914	11585		1000	111	10		
129	35	286532	203055		4217	80160	307		
57	57	115640	104478		7560	3772	453		20
20	14	80339	70101		22152	8050	160		
52	33	17458	14272		590	1276	1908		
	6	12170	8267		60	197	2920		
6	23	32987	30874	1200	20	10	1923		110
67	114	155573	152160	34370	15040	9	527		1365
13	8	16782	14216		3100	2252			
77	56	57225	52437		18747	2202	153		
16	12	11336	11116		1100				
19	92	157291	101264		16329	1231	19860		26509
2	20	7523	6243	1076	750		390		
5	30	15723	14530		3192	651	450		
22	21	17274	15869	300	270				1286
	5	10204	9477			145	70		
22	69	16325	9649		1235	1325			5227
78	130	27197	23522		1522	1071	2207	205	
4		1965	1965		200				
2	15	9108	8769		20	10			

续表 2

地区	其他收入	本年支出合计(千元)	基本支出	项目支出	收藏经费	经营支出	工资福利支出	商品和服务支出
全国	**33240**	**1460424**	**530134**	**871008**	**149026**	**24356**	**274265**	**597010**
北京								
天津	704	12230	9645	2282		302	2206	9623
河北	166	40068	15515	24450	6160		7717	15080
山西	386	34806	12877	21260	289		9022	15404
内蒙古	570	27126	19772	7354	100		9291	7432
辽宁		1723	466	1257	150		389	1107
吉林	16	19443	7732	11711	7887		4021	5544
黑龙江	208	12267	6893	5374	1000		4364	3586
上海	3010	244732	88400	153370	4712		30666	170767
江苏	6917	99544	60668	37331	2560	20	28654	33090
浙江	2028	87923	13789	73813	25267	32	10259	44216
安徽	2	18134	9497	7971	600	66	5295	5810
福建	786	9152	4463	4385	848		1997	5156
江西	70	31010	7604	21248	170	130	6216	7312
山东	1512	149131	37490	110666	19660	714	19057	52383
河南	314	17776	8300	9476	4810		5078	10408
湖北	2433	58016	16869	39952	18927	500	7721	21469
湖南	220	11140	9098	1561	340	141	3462	2838
广东	8427	136196	51443	51465	6701	13197	33600	51336
广西	890	6694	3723	2971	350		1785	1232
海南								
重庆	92	15088	2737	12148	3662	38	2129	6130
四川	119	16875	6629	8634	510	1019	5027	6194
贵州								
云南	512	8513	4621	3892	52		2260	4570
西藏								
陕西	124	22350	6512	6702	1814	7973	6593	6571
甘肃	192	26954	18079	5809	1273	194	12374	6133
青海								
宁夏		1946	1405	541	200		805	423
新疆	329	9483	5229	3959	65	30	4136	3849

本年支出合计(千元)								资产总计(千元)
在支出合计中：								
差旅费	劳务费	福利费	各种税金支出	对个人和家庭补助支出	抚恤金和生活补助	其他资本性支出	各种设备、交通工具、图书购置费	
15837	**51245**	**3018**	**7221**	**88370**	**2345**	**243586**	**102851**	**4268777**
67	202	16		1				10015
912	945	78		4680	98	11798	4971	67849
617	1087		39	918		6348	27	27040
423	1094	44		4722	101	5665	210	56761
43	110			77	77	150		12262
136	2150			1722		8155	6	69248
62				2349		1943	762	37084
331	5259	443		4340	50	19955	12109	492140
826	1090	33	263	15500	151	12162	1296	223791
576	6469	247	270	1115		31641	31641	584578
527	878	8		2389	66	511	441	30732
292	365		3	1334	709	348	343	9227
918	539	15	20	927	102	1075	432	39401
727	1064	109	683	8221	253	59999	9441	603042
112	87	204	72	1006	33	854	64	96743
787	4638	313	20	5657	66	20836	188	267786
134	53	45		806		2448		15401
2071	2765	731	3649	8973	113	7253	345	520954
64	37			1412	104	543	81	26842
135	1298	1	18	510		5320	5320	23864
274	968	70		314	37	1727	255	60229
478	923	3	38	1402	45	281	234	8314
492	381	60	792	187	18	2000	2000	95934
353	953	78	69	2008	21	1604	590	43871
45	140		26	384		334	21	2028
187	1285		19	480	20	466	454	27115

续表 3

地区							公共教育活动	
	固定资产原值	实际使用房屋建筑面积（万平方米）	展览用房	库房面积	画室面积	实际拥有产权面积（平方米）	讲座（次）	教育活动（次）
全　国	**2989005**	**125.65**	**49.80**	**8.14**	**4.86**	**46.59**	**1640**	**1769**
北　京								
天　津	9286	4.21	1.05	0.11			15	19
河　北	59291	4.85	2.51	0.18	0.21	3.30	84	56
山　西	20420	7.49	3.80	0.39	0.25	3.89	56	71
内蒙古	40987	2.72	1.48	0.13	0.16	1.29	62	15
辽　宁	11901	0.14	0.05			0.14		
吉　林	66593	0.72	0.43	0.07	0.11	1.35	29	20
黑龙江	35773	0.67	0.27	0.08	0.11	0.31	9	30
上　海	343597	18.88	7.83	1.85	0.15	0.48	189	86
江　苏	182069	14.15	4.60	0.91	0.59	2.98	123	129
浙　江	276453	6.38	1.89	0.47	0.03	2.70	42	281
安　徽	27109	2.27	1.48	0.09	0.09	0.97	48	27
福　建	2516	0.77	0.32	0.07	0.07	0.06	10	14
江　西	23920	3.67	2.05	0.35	0.26	1.31	42	43
山　东	581058	17.57	5.19	0.59	0.64	3.88	152	129
河　南	92880	2.91	1.32	0.10	0.02	1.23	33	50
湖　北	255578	5.10	1.69	0.25	0.68	4.22	92	203
湖　南	14139	1.69	0.83	0.14	0.13	0.68	36	20
广　东	332046	12.66	4.48	0.82	0.05	4.83	143	173
广　西	22746	0.87	0.17	0.03	0.01	2.43	11	15
海　南								
重　庆	18538	1.70	1.33	0.12	0.19	0.56	63	36
四　川	49110	2.61	1.34	0.23	0.17	0.81	108	64
贵　州								
云　南	4469	1.30	0.65	0.07	0.20		4	4
西　藏								
陕　西	71999	3.21	1.13	0.33	0.03	3.14	22	67
甘　肃	39297	5.64	2.47	0.35	0.59	3.91	126	87
青　海								
宁　夏	2028	0.26	0.25	0.01			5	16
新　疆	22799	2.16	1.21	0.14	0.12	1.07	69	19

出版物（种）	创作情况(个)			培训情况		学术研究情况(个)		
	创作项目数量	参加展览数量	获省部级以上奖项的作品数	组织培训次数（次）	培训人次（万人次）	本年承担课题、项目数	省部级以上课题项目数	结项课题项目数
325	**1382**	**2582**	**290**	**678**	**1.86**	**95**	**33**	**16**
1				10	0.19			
9	3	50	7	3	0.01	3	2	3
17	213	40	11	3	0.02	4	4	
	35	28	6	2	0.01			
9	56	18	1	2	0.01	3		
6	15	20	3					
4	26	30		4	0.00	19	1	1
21						11	2	5
5	200	635	5	92	1.17	1		1
14	17	26	16	1				
3						2		
26						4	4	1
14	24	150	60	58	0.12	3	2	
8								
34	277	41	40	15	0.01	7	5	3
5		9	21	11	0.00			
48						3	3	1
6	2	5	4	2				
9	40	69	21	28	0.20	1		
27	8	40	10	12	0.02	1		
	8	15	11					
5	30	25	25			3	1	1
34	427	173	48	33	0.03	23	2	
1								
2		8	1	2	0.00			

排序资料

全国执行事业会计制度的艺术表演团体分剧种演出场次排序

单位：场

名次	单位名称	演出场次	名次	单位名称	演出场次
	话剧、儿童剧、滑稽剧类		19	山东省日照市艺术剧院	280
1	中国儿童艺术剧院	692	20	陕西省榆林市靖边县文工团	280
2	中国国家话剧院	503	21	新疆维吾尔自治区喀什市歌舞团	280
3	天津市儿童艺术剧团	460	22	新疆维吾尔自治区吐鲁番地区歌舞团	280
4	北京人民艺术剧院	426	23	湖北省黄冈市罗田县黄梅戏剧团	278
5	上海市中国福利会儿童艺术剧院	422	24	湖北省宜昌市兴山县昭君艺术团	276
6	山东省济南市儿童艺术剧院	415	25	陕西省榆林市子洲县文工团	268
7	山东省话剧院	291	26	湖北省襄阳市南漳县文工团	267
8	天津人民艺术剧院	277	27	湖南省长沙市歌舞剧院	266
9	福建人民艺术剧院	275	28	新疆维吾尔自治区伊犁哈萨克自治州新源县歌舞团	265
10	辽宁人民艺术剧院	262	29	湖北省武汉市新洲区楚剧团	263
11	江苏省苏州市滑稽剧团	216	30	辽宁歌舞团	263
12	山东省青岛市话剧院	174	31	湖南省邵阳市歌舞团	260
13	黑龙江省佳木斯市话剧团	173	32	新疆维吾尔自治区阿克苏地区塔里木歌舞团	260
14	内蒙古自治区话剧院	151	33	山东省济南市歌舞剧院	258
15	云南省话剧院	140	34	新疆维吾尔自治区阿克苏市文工团	257
16	黑龙江省齐齐哈尔市话剧团	122	35	中国歌剧舞剧院	251
17	河南省话剧艺术中心	118	36	新疆维吾尔自治区喀什地区泽普县文工团	250
18	西藏自治区话剧团	105	37	江苏省南通市通州歌舞团	250
19	江苏省常州市滑稽剧团	105	38	上海歌剧院	247
20	新疆维吾尔自治区伊犁州话剧团	84	39	新疆维吾尔自治区和田地区新玉歌舞团	243
	歌舞、音乐类		40	新疆维吾尔自治区喀什地区巴楚县文工团	240
1	中国铁路文工团	493	41	湖北省宜昌市宜都市歌舞剧团	239
2	广西壮族自治区柳州市柳州市艺术剧院	479	42	山东省东营市艺术团	235
3	西藏自治区拉萨市城关区民间艺术团	450	43	辽宁省阜新民族艺术团	230
4	湖北省宜昌市歌舞剧团	418	44	辽宁省锦州市歌舞团	230
5	江苏省泰兴市歌剧团	352	45	新疆维吾尔自治区喀什地区喀什地区歌舞剧团	230
6	河北省石家庄市深泽县文工团	351	46	新疆维吾尔自治区喀什地区疏附县文工团	230
7	山东省滨州市歌舞团	346	47	江苏省海门市海门山歌艺术剧院	230
8	新疆维吾尔自治区喀什地区莎车县文工团	346	48	江西省赣州艺术剧院	220
9	辽宁省阜新市艺术团	320	49	云南省福贡县民族文化工作队	216
10	青海省海东市互助县安纳歌舞团	315	50	湖北省枝江市歌舞剧团	215
11	福建省福州市闽清县闽剧团	300		**地方戏曲类**	
12	陕西省榆林市府谷县文工团	300	1	上海评弹艺术传习所(上海评弹团)	846
13	云南省迪庆藏族自治州民族歌舞团	297	2	河南豫剧院	745
14	新疆维吾尔自治区塔什库尔干县文工团	290	3	陕西省西安市周至县剧团	720
15	山东省青岛歌舞剧院	289	4	山东省济宁市嘉祥县山东梆子剧团	700
16	湖北省宜昌市长阳土家族自治县歌舞剧团	288	5	浙江婺剧艺术研究院(浙江婺剧团)	660
17	天津歌舞剧院	288	6	湖北省黄冈市浠水县楚剧团	658
18	甘肃省歌剧院	286	7	河南省洛阳市栾川县曲剧团	650

续表

单位：场

名次	单位名称	演出场次	名次	单位名称	演出场次
8	山西省阳泉市晋剧院	614		**杂技、魔术、马戏类**	
9	广西壮族自治区戏剧院	580	1	山西省长治市杂技团	980
10	山西省长治市长治县红旗剧团	550	2	北京杂技团	971
11	河南省商丘市睢县豫剧团	540	3	内蒙古自治区杂技团	841
12	江西省乐平市赣剧团	534	4	山东省聊城市杂技团	826
13	山东省滨州市邹平县吕剧团	520	5	河北省沧州市吴桥县杂技团	630
14	广东潮剧院	517	6	重庆三峡杂技艺术团	580
15	河南省南阳市内乡县宛梆艺术传承保护中心	514	7	河北省沧州杂技团	500
16	河北省保定市涞源县河北梆子剧团	509	8	河北省邢台市杂技团	500
17	安徽省宿州市萧县梆剧团	500	9	河南省濮阳市杂技团	490
18	河南省舞钢市豫剧团	500	10	江苏省盐城市杂技团	450
19	河南省鹤壁市豫剧牛派艺术研究院	500	11	山东省德州市杂技艺术保护教育传承中心	450
20	河南省鹤壁市浚县大平调传承保护中心	500	12	河南省濮阳市清丰县动物驯化表演团	416
21	河南省周口市太康县道情艺术保护传承中心	500	13	山东省德州市宁津县杂技团	400
22	河南省登封市豫剧团	500	14	河南省商丘市柘城县杂技团	360
23	湖南省岳阳市湘阴县花鼓戏剧团	500	15	黑龙江省齐齐哈尔市马戏团	359
24	山东省菏泽市东明县大平调剧团	500	16	河南省驻马店市天驿晟景演艺有限公司	329
25	河南省安阳市滑县豫剧团	498	17	江苏省盐城市射阳县杂技团	294
26	河南省商丘市睢阳区目连戏传承保护中心	498	18	山东省济南市杂技团	283
27	福建省三明市泰宁县梅林戏剧团	496	19	四川省南充市杂技团	280
28	江西省上饶市弋阳县弋阳腔剧团	492	20	福建省杂技团	231
29	甘肃省白银市会宁县嘉韵秦腔文化传播有限责任公	490		**曲艺类**	
30	河南省安阳市滑县大平调剧团	490	1	江苏省苏州市评弹团	944
31	河南省许昌市鄢陵县豫剧团	490	2	江苏省张家港市评弹艺术传承中心	920
32	山西省阳泉市平定县晋剧团	486	3	江苏省常熟市评弹团	858
33	河南省安阳市安阳县豫剧团	483	4	江苏省启东市评弹团	832
34	河北省邯郸市涉县平调落子剧团	480	5	江苏省常州市评弹团	777
35	河南省平顶山市宝丰县豫剧团	480	6	江苏省扬州市曲艺团	710
36	河南省濮阳市濮阳县豫剧团艺术中心	480	7	江苏省江阴市评弹团	701
37	河南省许昌市鄢陵县豫剧二团	480	8	江苏省苏州市吴江区评弹团	688
38	山东省菏泽市大平调非遗保护传承中心	480	9	福建省福州市曲艺团	650
39	山西省运城市新绛县绛州蒲剧团	480	10	天津市曲艺团	501
40	河北省沧州河北梆子剧团	470	11	江苏省扬州市木偶剧团	480
41	河南省新郑市豫剧团	470	12	河南省商丘市柘城县说唱团	400
42	山东省菏泽市单县豫剧团	470	13	四川省内江市资中县木偶剧团	393
43	河南省荥阳市豫剧团	465	14	河南省偃师市曲剧团	330
44	河南省濮阳市濮阳县大平调剧团艺术保护传承中心	462	15	河北省唐山市乐亭县文化遗产传承中心(剧团)	325
45	河北省邯郸市魏县豫剧团	455	16	河南省漯河市郾城区曲剧团	316
46	河南省漯河市临颍县豫剧团	450	17	江苏省如皋市木偶艺术团	305
47	河南省原阳县演艺有限责任公司	450	18	陕西省渭南市合阳线腔木偶剧团	300
48	山东省菏泽市曹县豫剧团	450	19	湖北省襄阳市谷城县曲剧团	268
49	河南省三门峡市渑池县曲剧团	446	20	河南省濮阳市清丰县说唱团	256
50	湖南省衡阳市衡南县花鼓戏剧团	445			

全国执行企业会计制度的艺术表演团体分剧种演出场次排序

单位：场

名次	单位名称	演出场次	名次	单位名称	演出场次
	话剧、儿童剧、滑稽剧类			**地方戏曲类**	
1	上海话剧艺术中心有限公司	845	1	浙江省金东区林达婺剧团	725
2	浙江话剧团有限公司	829	2	安徽省池州市石台县黄梅戏剧团有限责任公司	721
3	湖北省武汉人民艺术剧院有限责任公司	535	3	浙江省金华市金东区百灵鸟婺剧团	716
4	江西省话剧团	480	4	河北省张家口市尚义县锦峰演艺有限公司	650
5	湖北长江人民艺术剧院有限责任公司	479	5	浙江省金华市婺城区众艺婺剧团	623
6	黑龙江省哈尔滨儿童艺术剧院	429	6	浙江省金华市金东区百花婺剧团	605
7	北京儿童艺术剧院股份有限公司	415	7	陕西省西安秦腔剧院有限责任公司	534
8	陕西人民艺术剧院有限公司	302	8	山西省晋中市和顺县牛郎织女晋剧院有限公司	500
9	安徽省话剧院有限责任公司	292	9	甘肃省定西市临洮县洮苑演艺有限责任公司	482
10	陕西省西安儿童艺术剧院有限责任公司	285	10	河北省邯郸市肥乡县太极豫剧团	480
11	湖南省话剧院有限责任公司	268	11	安徽省安庆市望江县黄梅戏艺术传播有限公司	479
12	浙江省杭州滑稽艺术剧院演艺有限公司	223	12	甘肃省平凉市静宁县成纪文化传媒有限公司	460
13	辽宁省沈阳话剧团	215	13	甘肃省天水市甘谷县冀兴秦剧团	450
14	宁夏话剧艺术发展有限公司	210	14	陕西省宝鸡市麟游县人民剧团	450
15	辽宁省大连话剧团	209	15	浙江省金华市新秀婺剧团	450
16	四川人民艺术剧院有限责任公司	184	16	陕西省宝鸡市千阳县人民剧团有限责任公司	446
17	上海滑稽剧团有限公司	172	17	河南省洛阳豫剧院演艺有限公司	436
18	吉林市话剧团有限责任公司	169	18	北京市曲剧团有限责任公司	422
19	甘肃省话剧院	156	19	甘肃省天水市秦安县文化演出有限公司	422
20	黑龙江省哈尔滨话剧院	143	20	山西清徐嫦娥文化艺术有限公司	412
	歌舞、音乐类			**杂技、魔术、马戏类**	
1	北京歌舞剧院有限责任公司	1339	1	北京市中国杂技团有限公司	1100
2	宁夏回族自治区中卫市歌舞团	1207	2	上海杂技团有限公司	984
3	陕西省歌舞剧院有限公司	799	3	江苏省南京市杂技团有限公司	820
4	辽宁省沈阳艺术团	571	4	甘肃省杂技团有限责任公司	666
5	浙江省宁波市演艺集团	569	5	广东省广州市杂技艺术剧院有限责任公司	660
6	黑龙江省大庆市歌舞剧院	520	6	安徽省杂技团有限责任公司	508
7	江西省万年县文工团	440	7	山东省济宁市杂技演艺有限责任公司	500
8	安徽省歌舞剧院有限责任公司	436	8	陕西省杂技艺术团有限公司	494
9	安徽省合肥市演艺有限责任公司	430	9	重庆杂技艺术团有限责任公司	485
10	四川省歌舞剧院有限责任公司	406	10	湖北省武汉杂技艺术有限责任公司	457
11	安徽省滁州市演艺公司	405	11	辽宁省沈阳杂技团	342
12	河北省保定市望都县庆都艺术表演有限公司	400	12	广西壮族自治区博白县桂客演艺有限公司	257
13	河南歌舞演艺集团有限责任公司	366	13	浙江省杭州杂技总团演艺有限公司	205
14	河北省石家庄市深泽县坠子剧团有限公司	351	14	安徽省安庆市杂技团	204
15	安徽省淮北市歌舞剧院有限公司	320	15	辽宁省大连杂技团	197
16	浙江畲族歌舞团有限公司	302	16	江西省杂技团	174
17	湖北省歌剧舞剧院有限责任公司	297	17	山东省杂技演艺有限公司	156
18	浙江歌舞剧院有限公司	292	18	湖南省杂技艺术剧院有限责任公司	118
19	黑龙江省哈尔滨歌剧院	289	19	四川省自贡市杂技团演艺有限责任公司	118
20	贵州省黔东南州歌舞团有限责任公司	265	20	贵州省杂技团	115

全国公共图书馆分级别总藏量排序

单位：万册/件

名次	单位名称	总藏量	名次	单位名称	总藏量
	一、省级			二、市级	
1	上海图书馆(上海科学技术情报研究所)	5482	1	广东省广州市图书馆	658
2	江苏省南京图书馆	1048	2	浙江省杭州市图书馆	468
3	山东省图书馆	768	3	广东省深圳市图书馆	445
4	广东省立中山图书馆	741	4	江苏省苏州市图书馆	386
5	首都图书馆	733	5	广州市少年儿童图书馆	375
6	天津图书馆	727	6	辽宁省大连市图书馆	363
7	湖北省图书馆	650	7	辽宁省沈阳市图书馆	347
8	浙江图书馆	632	8	黑龙江省哈尔滨市图书馆	317
9	辽宁省图书馆	597	9	四川省成都市图书馆	275
10	四川省图书馆	530	10	湖北省武汉市图书馆	273
11	陕西省图书馆	445	11	广西壮族自治区钦州市图书馆	266
12	湖南图书馆	436	12	吉林省长春市图书馆	260
13	吉林省图书馆(吉林省少年儿童图书馆)	424	13	广东省东莞市图书馆	237
14	甘肃省图书馆	409	14	福建省厦门市图书馆	235
15	黑龙江省图书馆	335	15	山东省济南市图书馆	234
16	河南省图书馆	335	16	山东省青岛市图书馆	226
17	江西省图书馆	332	17	浙江省温州市图书馆	208
18	云南省图书馆	318	18	江苏省南京市金陵图书馆	206
19	重庆图书馆	314	19	浙江省嘉兴市图书馆	203
20	山西省图书馆	303	20	江苏省无锡市图书馆	191
21	安徽省图书馆	301	21	浙江省宁波市图书馆	189
22	福建省图书馆	298	22	江苏省常州市图书馆	173
23	广西壮族自治区图书馆	287	23	吉林省吉林市图书馆	157
24	广西壮族自治区桂林图书馆	267	24	河北省廊坊市图书馆	157
25	内蒙古自治区图书馆	259	25	广东省中山市中山图书馆	154
26	河北省图书馆	246	26	辽宁省鞍山市图书馆	150
27	宁夏图书馆	218	27	浙江省绍兴市图书馆	144
28	新疆维吾尔自治区图书馆	203	28	广东省深圳少年儿童图书馆	143
29	贵州省图书馆	185	29	山东省烟台市图书馆	137
30	青海省图书馆	168	30	福建省福州市图书馆	132
31	天津市少年儿童图书馆	165	31	江苏省镇江市图书馆	132
32	海南省图书馆	127	32	江苏省扬州市图书馆	131
33	上海市少年儿童图书馆	110	33	四川省广安市图书馆	129
34	湖南省少年儿童图书馆	101	34	辽宁省大连市少年儿童图书馆	127
35	重庆市少年儿童图书馆	98	35	广东省深圳大学城图书馆	126
36	福建省少年儿童图书馆	62	36	河北省石家庄市图书馆	126
37	西藏自治区图书馆	47	37	黑龙江省齐齐哈尔市图书馆	122
38	广西壮族自治区少年儿童图书馆	39	38	湖北省武汉市少年儿童图书馆	117
39	河南省少年儿童图书馆	13	39	江苏省南通市图书馆	112

续表1

单位：万册/件

名次	单位名称	总藏量	名次	单位名称	总藏量
40	河南省郑州市图书馆	112	81	河北省秦皇岛图书馆	72
41	广东省佛山市图书馆	112	82	浙江省舟山市图书馆	71
42	辽宁省沈阳市少年儿童图书馆	111	83	内蒙古自治区赤峰市图书馆	71
43	广东省珠海市图书馆	108	84	辽宁省辽阳市图书馆	70
44	浙江省杭州少年儿童图书馆	106	85	辽宁省营口市图书馆	69
45	山西省太原市图书馆	100	86	湖北省恩施州图书馆	69
46	江西省南昌市图书馆	98	87	江西省九江市图书馆	69
47	辽宁省抚顺市图书馆	97	88	河南省南阳市图书馆	69
48	江苏省徐州市图书馆	96	89	四川省泸州市图书馆	68
49	广西壮族自治区柳州市图书馆	92	90	河北省张家口市图书馆	67
50	福建省泉州市图书馆	91	91	陕西省宝鸡市图书馆	66
51	贵州省贵阳市图书馆	91	92	内蒙古自治区鄂尔多斯市图书馆	65
52	江苏省盐城市图书馆	91	93	新疆维吾尔自治区克拉玛依市图书馆	65
53	江西省上饶市图书馆	90	94	安徽省芜湖市图书馆	65
54	湖北省黄石市图书馆	90	95	广西壮族自治区南宁市图书馆	65
55	山东省淄博市图书馆	88	96	山东省枣庄市图书馆	64
56	云南省昆明市图书馆	88	97	江苏省连云港市图书馆	64
57	辽宁省锦州市图书馆	87	98	江西省赣州市图书馆	64
58	宁夏回族自治区银川市图书馆	86	99	浙江省衢州市图书馆	64
59	广东省汕头市图书馆	85	100	江西省景德镇市图书馆	64
60	安徽省蚌埠市图书馆	85		**三、县级**	
61	山东省潍坊市图书馆	84	1	上海市浦东新区图书馆	296
62	辽宁省本溪市图书馆	83	2	浙江省杭州市萧山图书馆	263
63	河北省唐山市图书馆	83	3	江苏省常熟市图书馆	236
64	江苏省淮安市图书馆	81	4	江苏省昆山市图书馆	212
65	浙江省湖州市图书馆	81	5	江苏省苏州市吴江区图书馆	207
66	陕西省西安图书馆	80	6	江苏省张家港市图书馆	199
67	湖北省襄阳市图书馆	80	7	广东省深圳市福田区图书馆	199
68	黑龙江省大庆市图书馆	78	8	北京市朝阳区图书馆	193
69	湖南省长沙市图书馆	78	9	山东省龙口市图书馆	160
70	安徽省合肥市图书馆	78	10	浙江省海宁市图书馆	150
71	河南省新乡市图书馆	77	11	浙江省宁波市鄞州区图书馆	132
72	浙江省温州市少儿图书馆	77	12	上海市嘉定区图书馆	127
73	河南省洛阳市图书馆	77	13	浙江省桐乡市图书馆	125
74	河北省保定市图书馆	76	14	广东省深圳南山图书馆	122
75	河南省三门峡市图书馆	76	15	上海市黄浦区图书馆	118
76	广东省惠州慈云图书馆	75	16	广东省深圳市罗湖区图书馆	115
77	江苏省泰州市图书馆	75	17	上海市闵行区图书馆	108
78	湖北省宜昌市图书馆	75	18	浙江省温州市苍南县图书馆	105
79	广东省江门市五邑图书馆	74	19	广东省佛山市顺德图书馆	103
80	江西省新余市图书馆	72	20	辽宁省大连市经济技术开发区图书馆	101

续表2

单位：万册/件

名次	单位名称	总藏量	名次	单位名称	总藏量
21	上海市杨浦区图书馆	100	61	广东省广州番禺区图书馆	64
22	江苏省江阴市图书馆	100	62	安徽省亳州市图书馆	64
23	广东省深圳市龙岗区图书馆	98	63	浙江省嘉兴市张元济图书馆	63
24	上海市虹口区图书馆	96	64	北京市石景山区图书馆	62
25	江苏省太仓市图书馆	93	65	北京市怀柔区图书馆	62
26	浙江省温州市鹿城区图书馆	92	66	北京市昌平区图书馆	61
27	天津市泰达图书馆	90	67	北京市西城区第二图书馆	61
28	上海市宝山区图书馆	89	68	广东省佛山市南海区图书馆	61
29	福建省龙岩图书馆	88	69	上海市上海市闸北区图书馆	59
30	江苏省苏州市姑苏区独墅湖图书馆	88	70	辽宁省瓦房店市图书馆	59
31	北京市大兴区图书馆	86	71	上海市崇明县图书馆	58
32	山东省寿光市图书馆	85	72	浙江省温州市平阳县图书馆	58
33	北京市顺义区图书馆	85	73	广东省广州市越秀区图书馆	58
34	北京市平谷区图书馆	84	74	四川省成都市双流县图书馆	58
35	上海市松江区图书馆	84	75	浙江省余姚市图书馆	58
36	新疆维吾尔自治区克拉玛依市独山子区图书馆	83	76	山东省招远市图书馆	57
37	辽宁省丹东市图书馆	82	77	浙江省宁波市北仑区图书馆	57
38	江苏省如皋市图书馆	81	78	重庆市北碚图书馆	57
39	上海市徐汇区图书馆	78	79	浙江省建德市图书馆	56
40	上海市奉贤区图书馆	77	80	天津市滨海新区塘沽图书馆	56
41	北京市门头沟区图书馆	75	81	宁夏回族自治区银川市西夏区图书馆	55
42	北京市西城区第一图书馆	75	82	北京市通州区图书馆	55
43	福建省三明市尤溪县图书馆	74	83	福建省长乐市图书馆	55
44	内蒙古自治区鄂尔多斯市东胜区少年儿童图书馆	74	84	广东省广州市黄埔区图书馆	55
45	江苏省连云港市东海县图书馆	73	85	浙江省瑞安市图书馆	55
46	北京市海淀区图书馆	72	86	广东省广州市花都区图书馆	55
47	浙江省杭州市余杭区图书馆	72	87	浙江省嵊州市图书馆	54
48	北京市丰台区图书馆	71	88	上海市静安区图书馆	53
49	江苏省常州市武进区图书馆	70	89	贵州省贵阳市乌当区图书馆	53
50	浙江省平湖市图书馆	70	90	上海市黄浦区明复图书馆	53
51	上海市普陀区图书馆	70	91	广东省广州市荔湾区图书馆	53
52	浙江省嘉兴市嘉善县图书馆	70	92	江苏省宜兴市图书馆	52
53	福建省晋江市图书馆	70	93	浙江省临安市图书馆	52
54	北京市东城区第二图书馆	67	94	广东省江门市新会区景堂图书馆	52
55	上海市长宁区图书馆	67	95	广西壮族自治区玉林市容县图书馆	52
56	浙江省慈溪市图书馆	67	96	江苏省海门市图书馆	51
57	北京市东城区第一图书馆	67	97	辽宁省大连市甘井子区图书馆	51
58	北京市密云县图书馆	66	98	重庆市渝中区图书馆	51
59	浙江省义乌市图书馆	65	99	江苏省丹阳市图书馆	50
60	北京市房山区图书馆	64	100	江苏省靖江市图书馆	49

全国公共图书馆分级别外借册次排序

单位：万册次

名次	单位名称	外借册次	名次	单位名称	外借册次
	一、省级		2	江苏省苏州市图书馆	406
1	上海图书馆(上海科学技术情报研究所)	481	3	福建省厦门市图书馆	399
2	天津图书馆	284	4	浙江省杭州市图书馆	398
3	首都图书馆	283	5	广东省深圳市图书馆	357
4	广东省立中山图书馆	281	6	湖北省武汉市图书馆	298
5	湖南图书馆	245	7	浙江省温州市图书馆	257
6	湖北省图书馆	216	8	浙江省宁波市图书馆	237
7	福建省少年儿童图书馆	208	9	广东省东莞市图书馆	223
8	陕西省图书馆	204	10	江苏省无锡市图书馆	219
9	安徽省图书馆	193	11	浙江省嘉兴市图书馆	203
10	南京图书馆	182	12	浙江省绍兴市图书馆	173
11	福建省图书馆	181	13	浙江省舟山市图书馆	164
12	黑龙江省图书馆	170	14	江苏省盐城市图书馆	163
13	山西省图书馆	149	15	山东省青岛市图书馆	154
14	广西壮族自治区图书馆	136	16	四川省成都市图书馆	150
15	浙江图书馆	131	17	辽宁省大连市少年儿童图书馆	144
16	上海市少年儿童图书馆	122	18	吉林省长春市图书馆	142
17	海南省图书馆	114	19	福建省厦门市少年儿童图书馆	137
18	山东省图书馆	110	20	江苏省南京市金陵图书馆	136
19	河南省图书馆	106	21	山东省济南市图书馆	122
20	辽宁省图书馆	102	22	江苏省镇江市图书馆	120
21	甘肃省图书馆	93	23	广东省佛山市图书馆	120
22	河北省图书馆	89	24	辽宁省大连市图书馆	115
23	重庆图书馆	83	25	江苏省常州市图书馆	110
24	宁夏图书馆	78	26	浙江省温州市少儿图书馆	109
25	天津市少年儿童图书馆	75	27	广东省广州少年儿童图书馆	104
26	江西省图书馆	74	28	浙江省湖州市图书馆	99
27	云南省图书馆	70	29	浙江省台州市图书馆	96
28	广西壮族自治区桂林图书馆	55	30	江西省吉安市图书馆	91
29	重庆市少年儿童图书馆	43	31	江苏省泰州市图书馆	87
30	湖南省少年儿童图书馆	42	32	浙江省杭州少年儿童图书馆	85
31	吉林省图书馆(吉林省少年儿童图书馆)	35	33	辽宁省鞍山市图书馆	83
32	青海省图书馆	28	34	河北省沧州市图书馆	81
33	广西壮族自治区少年儿童图书馆	26	35	广东省珠海市图书馆	80
34	新疆维吾尔自治区图书馆	25	36	四川省四川省内江市图书馆	75
35	内蒙古自治区图书馆	17	37	安徽省合肥市图书馆	74
36	河南省少年儿童图书馆	17	38	甘肃省白银市图书馆	74
37	四川省图书馆	13	39	山东省枣庄市图书馆	72
38	贵州省图书馆	13	40	河北省秦皇岛图书馆	72
39	西藏自治区图书馆	4	41	山东省临沂市图书馆	70
	二、市级		42	辽宁省沈阳市图书馆	65
1	广东省广州市图书馆	733	43	四川省广安市图书馆	65

续表 1

单位：万册次

名次	单位名称	外借册次	名次	单位名称	外借册次
44	湖北省武汉市少年儿童图书馆	63	86	湖北省十堰市图书馆	38
45	黑龙江省哈尔滨市图书馆	63	87	安徽省宣城市图书馆	37
46	内蒙古自治区包头市图书馆	62	88	江苏省宿迁市图书馆	36
47	浙江省衢州市图书馆	61	89	甘肃省兰州市图书馆	36
48	辽宁省沈阳市少年儿童图书馆	60	90	山东省聊城市海源阁图书馆	35
49	福建省泉州市图书馆	60	91	广东省清远市图书馆	35
50	湖南省长沙市图书馆	60	92	河南省新乡市图书馆	35
51	广东省深圳少年儿童图书馆	58	93	广东省茂名市图书馆	35
52	河南省洛阳市图书馆	57	94	贵州省遵义市图书馆	35
53	吉林省长春市少年儿童图书馆	55	95	湖北省荆门市图书馆	35
54	宁夏回族自治区银川市图书馆	55	96	江苏省徐州市图书馆	35
55	河北省唐山市图书馆	54	97	江苏省南通市少年儿童图书馆	35
56	湖北省黄冈市图书馆	54	98	广西壮族自治区玉林市图书馆	35
57	湖北省宜昌市图书馆	53	99	河南省安阳市图书馆	35
58	江西省赣州市图书馆	53	100	云南省楚雄州图书馆	35
59	河南省鹤壁市图书馆	52	101	湖北省鄂州市图书馆	34
60	广东省中山市中山图书馆	52	102	江西省抚州市图书馆	34
61	辽宁省锦州市图书馆	51	103	湖南省岳阳市图书馆	34
62	黑龙江省大庆市图书馆	50	104	山东省东营市图书馆	34
63	河南省周口市图书馆	50	105	江苏省扬州市少年儿童图书馆	33
64	江苏省淮安市图书馆	50	106	湖北省黄石市图书馆	33
65	安徽省马鞍山市图书馆	49	107	山东省烟台市图书馆	32
66	江苏省扬州市图书馆	49	108	福建省福州市图书馆	32
67	湖北省襄阳市图书馆	46	109	陕西省西安图书馆	32
68	四川省乐山市图书馆	46	110	青海省西宁市图书馆	32
69	江苏省连云港市少年儿童图书馆	45		**三、县级**	
70	广东省深圳大学城图书馆	43	1	上海市浦东新区图书馆	397
71	江西省景德镇市图书馆	43	2	山东省黄岛区第二图书馆	310
72	湖北省孝感市图书馆	43	3	江苏省昆山市图书馆	239
73	广东省江门市五邑图书馆	42	4	广西壮族自治区岑溪市图书馆	218
74	河南省郑州市图书馆	42	5	江苏省常熟市图书馆	212
75	山东省菏泽市图书馆	42	6	江苏省张家港市图书馆	191
76	云南省昆明市图书馆	41	7	江苏省苏州市姑苏区独墅湖图书馆	182
77	河南省三门峡市图书馆	41	8	上海市普陀区图书馆	172
78	新疆维吾尔自治区阿勒泰地区图书馆	41	9	上海市嘉定区图书馆	164
79	山东省潍坊市图书馆	41	10	浙江省杭州市西湖区图书馆	153
80	安徽省合肥市少儿图书馆	41	11	浙江省海宁市图书馆	148
81	河南省开封市图书馆	40	12	上海市闵行区图书馆	148
82	河南省濮阳市图书馆	39	13	广东省深圳南山图书馆	144
83	辽宁省营口市图书馆	38	14	上海市虹口区图书馆	124
84	陕西省宝鸡市图书馆	38	15	浙江省宁波市北仑区图书馆	121
85	湖南省株洲市图书馆	38	16	上海市宝山区图书馆	120

续表 2

单位：万册次

名次	单位名称	外借册次	名次	单位名称	外借册次
17	浙江省杭州市萧山图书馆	116	59	浙江省临安市图书馆	54
18	浙江省瑞安市图书馆	108	60	浙江省杭州市余杭区图书馆	53
19	江苏省连云港市东海县图书馆	105	61	福建省厦门市同安区图书馆	53
20	山东省青岛市市北第一图书馆	102	62	江苏省金坛市图书馆	52
21	浙江省宁波市鄞州区图书馆	100	63	四川省成都市锦江区图书馆	51
22	江苏省苏州市吴江区图书馆	100	64	上海市黄浦区图书馆	51
23	天津市河西区图书馆	98	65	浙江省宁波市宁海县图书馆	51
24	浙江省桐乡市图书馆	95	66	浙江省杭州市江干区图书馆	50
25	浙江省湖州市长兴县图书馆	93	67	上海市徐汇区图书馆	50
26	福建省晋江市图书馆	92	68	江苏省南京市高淳区图书馆	50
27	上海市松江区图书馆	89	69	江苏省苏州市虎丘(高新)区图书馆	49
28	浙江省平湖市图书馆	89	70	浙江省舟山市定海区图书馆	48
29	浙江省湖州市德清县图书馆	87	71	浙江省永康市图书馆	48
30	江苏省太仓市图书馆	86	72	辽宁省大连市经济技术开发区图书馆	48
31	江苏省江阴市图书馆	80	73	四川省崇州市图书馆	47
32	上海市杨浦区图书馆	80	74	福建省厦门市集美区少年儿童图书馆	46
33	广东省深圳市龙岗区图书馆	77	75	重庆市铜梁区图书馆	46
34	江苏省邳州市图书馆	75	76	浙江省嘉兴市嘉善县图书馆	45
35	上海市浦东新区新川沙图书馆	72	77	四川省成都市双流县图书馆	45
36	上海市长宁区图书馆	72	78	重庆市渝北区图书馆	44
37	北京市朝阳区图书馆	70	79	重庆市江津区图书馆	44
38	广东省深圳市福田区图书馆	69	80	上海市青浦区图书馆	44
39	浙江省杭州市下城区图书馆	66	81	浙江省余姚市图书馆	43
40	北京市西城区第一图书馆	66	82	广东省深圳市宝安区图书馆	42
41	浙江省杭州市富阳市图书馆	66	83	辽宁省大连市沙河口区图书馆	41
42	浙江省嘉兴市张元济图书馆	64	84	浙江省台州市玉环县图书馆	41
43	广东省佛山市南海区图书馆	63	85	重庆市北碚图书馆	40
44	上海市奉贤区图书馆	62	86	辽宁省大连市甘井子区图书馆	40
45	上海市闸北区图书馆	62	87	浙江省台州市路桥区图书馆	40
46	江苏省南通市启东市图书馆	62	88	安徽省亳州市谯城区图书馆	40
47	重庆市九龙坡区图书馆	60	89	安徽省宁国市图书馆	40
48	广东省广州市越秀区图书馆	60	90	辽宁省沈阳市沈河区图书馆	40
49	上海市静安区图书馆	59	91	江苏省常州市武进区图书馆	40
50	辽宁省大连市普兰店市图书馆	58	92	河南省濮阳市华龙区图书馆	39
51	浙江省上虞市图书馆	57	93	北京市昌平区图书馆	38
52	安徽省天长市图书馆	56	94	重庆市涪陵区图书馆	38
53	重庆市巴南区图书馆	56	95	广东省佛山市顺德图书馆	38
54	江苏省大丰市图书馆	56	96	江苏省南通市通州区图书馆	38
55	江苏省靖江市图书馆	55	97	浙江省绍兴县图书馆	37
56	福建省厦门市湖里区图书馆	55	98	北京市通州区图书馆	37
57	福建省福州市闽侯县图书馆	55	99	广东省广州番禺区图书馆	37
58	浙江省宁波市江东区图书馆	54	100	山东省陵县图书馆	37

全国公共图书馆分级别购书费占总支出的比重

单位：%

名次	单位名称	比重	名次	单位名称	比重
	一、省级			二、市级	
1	江苏省南京图书馆	37.7	1	安徽省宿州市图书馆	84.9
2	甘肃省图书馆	31.4	2	山西省朔州市图书馆	65.7
3	浙江省图书馆	28.2	3	安徽省黄山市图书馆	59.7
4	陕西省图书馆	26.0	4	河北省石家庄市少年儿童图书馆	49.5
5	上海图书馆(上海科学技术情报研究所)	25.6	5	江苏省宿迁市图书馆	48.4
6	辽宁省图书馆	23.2	6	湖南省邵阳市少年儿童图书馆	48.0
7	山东省图书馆	22.5	7	广西壮族自治区来宾市图书馆	47.8
8	江西省图书馆	20.8	8	湖北省十堰市少儿图书馆	45.0
9	湖北省图书馆	20.6	9	新疆维吾尔自治区乌鲁木齐市图书馆	38.7
10	福建省少年儿童图书馆	20.3	10	陕西省西安图书馆	37.3
11	福建省图书馆	20.3	11	广东省韶关市图书馆	37.0
12	山西省图书馆	18.4	12	安徽省马鞍山市少儿图书馆	35.3
13	天津图书馆	18.2	13	山东省威海市图书馆	34.1
14	湖南省少年儿童图书馆	17.9	14	辽宁省大连市图书馆	33.8
15	首都图书馆	17.7	15	辽宁省大连市少年儿童图书馆	33.6
16	广西壮族自治区桂林图书馆	17.4	16	山东省滨州市图书馆	33.2
17	天津市少年儿童图书馆	17.3	17	吉林省长春市少年儿童图书馆	32.5
18	云南省图书馆	17.1	18	广东省广州图书馆	32.5
19	吉林省图书馆(吉林省少年儿童图书馆)	16.6	19	四川省成都市图书馆	32.0
20	上海市少年儿童图书馆	16.2	20	安徽省芜湖市图书馆	31.7
21	重庆市少年儿童图书馆	16.1	21	新疆维吾尔自治区博州图书馆	31.6
22	河北省图书馆	16.0	22	湖北省襄阳市图书馆	31.3
23	广东省立中山图书馆	15.3	23	广西壮族自治区崇左市图书馆	30.5
24	重庆图书馆	15.1	24	山东省青岛市图书馆	30.1
25	湖南图书馆	14.8	25	浙江省台州市图书馆	29.6
26	安徽省图书馆	14.3	26	浙江省金华市少儿童图书馆	29.3
27	河南省少年儿童图书馆	12.0	27	河南省平顶山市少年儿童图书馆	29.2
28	海南省图书馆	11.7	28	河北省廊坊市图书馆	28.7
29	四川省图书馆	11.2	29	山东省济宁市图书馆	28.4
30	内蒙古自治区图书馆	10.5	30	江苏省淮安市少儿图书馆※	28.2
31	西藏自治区图书馆	8.8	31	广东省广州少年儿童图书馆	28.2
32	黑龙江省图书馆	8.5	32	江西省吉安市图书馆	27.3
33	宁夏图书馆	8.4	33	广西壮族自治区防城港市图书馆	27.1
34	贵州省图书馆	8.3	34	江苏省淮安市图书馆	26.9
35	河南省图书馆	6.3	35	福建省泉州市图书馆	26.8
36	广西壮族自治区图书馆	5.7	36	青海省黄南州图书馆	26.4
37	新疆维吾尔自治区图书馆	4.6	37	湖南省长沙市图书馆	26.3
38	青海省图书馆	2.9	38	浙江省绍兴图书馆	26.1

续表 1

单位：%

名次	单位名称	比重	名次	单位名称	比重
39	福建省福州市少年儿童图书馆	25.4	80	贵州省贵阳市图书馆	18.2
40	贵州省黔西南州图书馆	24.9	81	福建省厦门市图书馆	18.1
41	浙江省嘉兴市图书馆	24.8	82	广东省江门市五邑图书馆	18.1
42	广东省珠海市图书馆	24.7	83	云南省昆明市图书馆	18.0
43	青海省果洛州图书馆	24.5	84	湖北省武汉市少年儿童图书馆	17.8
44	河南省鹤壁市图书馆	24.2	85	吉林省松原市图书馆	17.3
45	安徽省滁州市图书馆	24.2	86	江苏省金陵图书馆(南京市)	17.1
46	青海省海西州图书馆	23.3	87	湖南省永州市图书馆	17.1
47	江苏省苏州图书馆	23.3	88	湖北省襄阳市少年儿童图书馆	16.9
48	江苏省无锡市图书馆	23.0	89	浙江省衢州市图书馆	16.8
49	江苏省盐城市图书馆	22.9	90	福建省福州市图书馆	16.7
50	甘肃省白银市图书馆	22.8	91	浙江省温州市少儿图书馆	16.7
51	广东省肇庆市图书馆	22.6	92	广东省阳江市图书馆	16.7
52	安徽省宣城市图书馆	22.4	93	广西壮族自治区柳州市图书馆	16.6
53	山东省东营市图书馆	22.2	94	湖南省常德市图书馆	16.6
54	安徽省马鞍山市图书馆	22.2	95	辽宁省铁岭市少年儿童图书馆	16.6
55	浙江省金华严济慈图书馆(金华市图书馆)	22.2	96	山西省长治市图书馆	16.5
56	广东省揭阳市图书馆	21.5	97	湖北省武汉图书馆	16.4
57	安徽省合肥市图书馆	21.4	98	山东省潍坊市图书馆	16.1
58	福建省莆田市图书馆	21.1	99	湖北省荆门市图书馆	16.1
59	浙江省丽水市图书馆	21.0	100	青海省玉树州图书馆	16.1
60	河北省唐山市图书馆	20.9		**三、县级**	
61	山东省济南市图书馆	20.8	1	山西省太原市迎泽区公共图书馆	66.7
62	云南省曲靖市图书馆	20.6	2	西藏自治区日喀则地区拉孜县图书馆	66.7
63	河北省秦皇岛图书馆	20.2	3	江西省景德镇市珠山区图书馆	66.5
64	河南省洛阳市少年儿童图书馆	20.0	4	宁夏回族自治区银川市兴庆区图书馆	65.8
65	湖南省郴州市图书馆	20.0	5	山东省济南市槐荫区图书馆	64.4
66	江西省萍乡市图书馆	19.8	6	江西省九江市庐山区图书馆	61.4
67	广东省佛山市图书馆	19.8	7	江苏省徐州市贾汪区图书馆	60.6
68	安徽省合肥市少儿图书馆	19.5	8	湖北省武汉市武昌区图书馆	60.2
69	四川省达州市图书馆	19.2	9	内蒙古自治区包头市昆区图书馆	59.5
70	云南省云南省保山市图书馆	19.2	10	江苏省丹阳市少儿图书馆	59.5
71	吉林省白城市图书馆	19.0	11	福建省福州市晋安区图书馆	57.0
72	浙江省杭州图书馆	19.0	12	江苏省苏州市相城区图书馆	56.5
73	云南省普洱市图书馆	18.9	13	河北省廊坊市大城县图书馆	55.2
74	湖北省孝感市图书馆	18.9	14	安徽省马鞍山市花山区图书馆	55.0
75	江苏省南通市少年儿童图书馆	18.8	15	四川省凉山彝族自治州宁南县图书馆	53.8
76	宁夏回族自治区固原市图书馆	18.6	16	河北省邯郸市曲周县图书馆	53.7
77	江西省抚州市图书馆	18.5	17	安徽省芜湖市繁昌县图书馆	53.6
78	广西壮族自治区河池市民族图书馆	18.3	18	安徽省六安市金寨县图书馆	52.9
79	山东省烟台市图书馆	18.3	19	内蒙古自治区呼伦贝尔市扎赉诺尔区图书馆	52.8

续表 2

单位：%

名次	单位名称	比重	名次	单位名称	比重
20	安徽省淮南市潘集区图书馆	52.6	61	西藏自治区林芝地区墨脱县图书馆	37.3
21	福建省三明市清流县图书馆	52.4	62	浙江省温州市瓯海区图书馆	37.3
22	新疆维吾尔自治区克拉玛依市独山子区图书馆	51.4	63	江西省萍乡市湘东区图书馆	37.1
23	湖北省黄石市铁山区图书馆	51.1	64	浙江省温州市龙湾区图书馆	37.1
24	江西省景德镇市昌江区图书馆	51.1	65	山东省济宁市泗水县图书馆	37.0
25	贵州省黔东南苗族侗族自治州黄平县图书馆	49.5	66	贵州省黔东南苗族侗族自治州岑巩县图书馆	36.9
26	河南省漯河市召陵区图书馆	48.7	67	江苏省淮安市清河区图书馆※	36.9
27	广西壮族自治区百色市凌云县图书馆	48.0	68	重庆市石柱土家族自治县图书馆	36.7
28	湖北省赤壁市图书馆	47.6	69	山东省青岛市市南区图书馆	36.7
29	河北省邢台市任县图书馆	47.3	70	甘肃省临夏回族自治州永靖县图书馆	36.4
30	江西省吉安市青原区图书馆	46.8	71	山西省忻州市宁武县图书馆	36.4
31	福建省厦门市海沧区图书馆	46.6	72	江苏省南通市通州区图书馆	36.4
32	江苏省镇江市润州区图书馆	46.5	73	福建省福州市连江县图书馆	36.2
33	河北省石家庄市高邑县图书馆	46.2	74	河北省保定市博野县图书馆	36.1
34	河北省邢台市南和县图书馆	45.6	75	新疆维吾尔自治区塔城地区沙湾县图书馆	35.7
35	广西壮族自治区玉林市兴业县图书馆	45.5	76	新疆维吾尔自治区喀什地区伽师县图书馆	35.0
36	福建省福州市闽侯县图书馆	45.5	77	陕西省西安市未央区图书馆	34.9
37	西藏米林县图书馆	45.4	78	内蒙古自治区锡林郭勒盟正蓝旗图书馆	34.8
38	福建省福清市图书馆	44.7	79	四川省广安市武胜县图书馆	34.7
39	河北省沧州市献县图书馆	44.6	80	云南省昆明市呈贡区图书馆	34.6
40	江苏省苏州市吴中区图书馆	44.4	81	山东省青岛市城阳区图书馆	34.2
41	天津市武清区图书馆	44.4	82	贵州省贵阳市开阳县图书馆	33.5
42	山西省吕梁市石楼县图书馆	44.4	83	内蒙古自治区乌海市海南区图书馆	33.4
43	黑龙江省齐齐哈尔市克山县图书馆	44.3	84	河北省衡水市阜城县图书馆	33.3
44	山东省临沂市兰陵县图书馆	43.9	85	陕西省延安市黄陵县轩辕图书馆	33.3
45	安徽省黄山市黟县少儿图书馆	43.9	86	广东省深圳市光明新区图书馆	33.3
46	四川省阿坝藏族羌族自治州九寨沟县图书馆	42.7	87	湖南省长沙市开福区图书馆	33.3
47	安徽省铜陵市郊区图书馆	42.4	88	黑龙江省伊春市友好区图书馆	33.3
48	安徽省淮南市田家庵区图书馆	41.8	89	安徽省滁州市来安县图书馆	33.3
49	河北省保定市唐县图书馆	41.5	90	山东省滨州市滨城区图书馆	33.1
50	山东省滨州市惠民县图书馆	41.3	91	山东省济南市长清区图书馆	32.5
51	河北省邢台市清河县图书馆	41.0	92	浙江省嘉兴市嘉善县图书馆	31.1
52	山西省运城市芮城县图书馆	40.5	93	山东省泰安市东平县图书馆	30.8
53	浙江省乐清市图书馆	40.1	94	安徽省安庆市宜秀区图书馆	30.5
54	湖北省当阳市图书馆	40.0	95	海南省东方市图书馆	30.3
55	浙江省温州市泰顺县图书馆	39.9	96	安徽省滁州市南谯区公共图书馆	29.9
56	甘肃省平凉市崇信县图书馆	38.9	97	新疆吐鲁番鄯善县图书馆	29.6
57	河北省唐山市滦县图书馆	38.6	98	西藏自治区堆龙德庆县图书馆	29.3
58	云南省楚雄彝族自治州元谋县图书馆	37.9	99	安徽省宿州市泗县图书馆	28.4
59	青海省海北藏族自治州海晏县图书馆	37.7	100	云南省昆明市富民县图书馆	27.1
60	河北省邢台市临西县图书馆	37.5			

全国文化馆按举办展览个数排序

单位：个

名次	单位名称	举办展览个数	名次	单位名称	举办展览个数
1	浙江省宁波市江东区文化馆	88	51	浙江省嘉兴市嘉善县文化馆	40
2	浙江省杭州市淳安县文化馆	85	52	广东省江门市文化馆	40
3	广东省深圳市罗湖区文化馆	68	53	四川省成都市双流县文化馆	40
4	广东省佛山市顺德区文化馆	67	54	陕西省榆林市府谷县文化馆	40
5	福建省厦门市文化馆	65	55	新疆维吾尔自治区吐鲁番地区托克逊县文化馆	40
6	山东省青州市文化馆	63	56	内蒙古自治区赤峰市巴林右旗文化馆	40
7	河南省开封市群众艺术馆	55	57	湖南省湘潭市群众艺术馆	40
8	山东省青岛市群众艺术馆	50	58	广东省深圳市宝安区群众文化艺术馆	39
9	云南省楚雄州文化馆	50	59	辽宁省大连市西岗区文化馆	39
10	上海市浦东新区文化艺术指导中心	50	60	云南省昭通市文化馆	39
11	浙江省湖州市南浔区文化馆	50	61	广东省深圳市福田区公共文化体育发展中心	38
12	山东省陵县文化馆	50	62	广东省广州市番禺区文化馆	38
13	山东省济南市群众艺术馆	50	63	江苏省江阴市文化馆	38
14	浙江省宁波市北仑区文化馆	50	64	湖南省邵东县文化馆	38
15	山东省市北区第二文化馆	50	65	江西省上饶市铅山县文化馆	38
16	江苏省南京市玄武区文化馆	50	66	江苏省常州市武进区文化馆	36
17	陕西省宝鸡市凤县文化馆	50	67	广东省深圳市群众艺术馆	36
18	浙江省绍兴市文化馆	50	68	浙江省嘉兴市桐乡市文化馆	36
19	山西省太原市群众艺术馆	50	69	山东省文化馆	36
20	黑龙江省佳木斯市桦川县文化馆	50	70	山西省运城市闻喜县人民文化馆	36
21	江西省景德镇市群众艺术馆	50	71	河南省新乡市凤泉区文化馆	36
22	安徽省淮北市文化馆	50	72	山西省太原市小店区文化馆	35
23	广东省高州市文化馆	50	73	浙江省丽水市文化馆	35
24	甘肃省天水市文化馆	50	74	江西省鹰潭市月湖区文化馆	35
25	上海长宁文化艺术中心	49	75	浙江省温州市平阳县文化馆	35
26	新疆维吾尔自治区塔城市文化馆	49	76	广东省河源市源城区文化馆	35
27	河北省石家庄市群众艺术馆	49	77	上海市虹口区文化馆	34
28	山东省烟台市群众艺术馆	49	78	浙江省温州市文化馆	34
29	上海市上海市松江区文化馆	49	79	浙江省台州市黄岩区文化馆	34
30	云南省曲靖市马龙县文化馆	49	80	新疆维吾尔自治区库尔勒市文化馆	33
31	江西省上饶市横峰县文化馆	49	81	河南省安阳市群众艺术馆	33
32	浙江省湖州市吴兴区文化馆	48	82	浙江省宁波市镇海区文化馆	33
33	江苏省新沂市文化馆	48	83	海南省海口市龙华区文化馆	32
34	山东省青岛市市北第一文化馆	48	84	江苏省苏州市姑苏区工业园区文化馆	31
35	陕西省安康市群艺馆	48	85	福建省艺术馆(福建省非物质文化遗产保护中心)	31
36	山西省临汾市吉县文化馆	48	86	山东省荣成市文化馆	30
37	辽宁省沈阳市艺术馆	47	87	宁夏回族自治区固原市隆德县文化馆	30
38	浙江省海宁市文化馆	47	88	新疆维吾尔自治区喀什市文化馆	30
39	河南省平顶山市文化艺术中心	47	89	浙江省嵊州市文化馆	30
40	四川省崇州市文化馆	45	90	浙江省诸暨市文化馆	30
41	安徽省芜湖市鸠江区文化馆	45	91	浙江省台州市三门县文化馆	30
42	湖北省黄冈市浠水县文化馆	45	92	辽宁省大连市旅顺口区文化馆	30
43	广东省广州市越秀区文化馆	44	93	甘肃省兰州市文化馆	30
44	广东省中山市文化馆	44	94	江苏省文化馆	30
45	浙江省宁波市文化馆	42	95	云南省玉溪市文化馆	30
46	浙江省东阳市文化馆	42	96	上海市嘉定区文化馆	30
47	山西省高平市文化馆	42	97	福建省厦门市湖里区文化馆	30
48	浙江省杭州市下城区文化馆	41	98	四川省德阳市罗江县文化馆	30
49	湖北省武汉市群众艺术馆	40	99	天津市河东区文化馆	30
50	山东省潍坊市临朐县文化馆	40	100	江苏省淮安市清河区文化馆	30

全国文化馆按组织文艺活动次数排序

单位：次

名次	单位名称	组织文艺活动次数	名次	单位名称	组织文艺活动次数
1	广东省东莞群众艺术馆	1079	51	山东省潍坊市寒亭区文化馆	300
2	辽宁省沈阳市铁西区文化馆	790	52	江苏省苏州市吴江区文化馆	300
3	山东省青岛市崂山区文化馆	724	53	北京市房山区文化馆	300
4	广东省佛山市文化馆	701	54	河南省新乡市红旗区文化馆	300
5	山东省邹城市文化馆	636	55	山东省东营市河口区文化馆	300
6	天津市群众艺术馆	592	56	江苏省张家港市文化馆	300
7	广东省佛山市顺德区文化馆	557	57	河北省承德市隆化县文化馆	300
8	内蒙古自治区额尔古纳市文化馆	520	58	山西省太原市小店区文化馆	298
9	广东省深圳市南山区文化馆	500	59	云南省红河哈尼族彝族自治州元阳县文化馆	295
10	江苏省常州市文化馆	500	60	广东省广州市越秀区文化馆	290
11	安徽省合肥市长丰县文化馆	486	61	宁夏回族自治区灵武市文化馆	286
12	浙江省杭州市文化馆	455	62	上海市浦东新区文化艺术指导中心	285
13	江苏省宜兴市文化馆	450	63	浙江省湖州市南浔区文化馆	285
14	上海市虹口区文化馆	436	64	青海省海东市互助县文化馆	285
15	宁夏回族自治区银川市文化艺术馆	414	65	湖北省武汉市武昌区文化馆	284
16	青海省文化馆	402	66	新疆维吾尔自治区乌苏市文化馆	284
17	广西壮族自治区梧州市群众艺术馆	365	67	江苏省常州市武进区文化馆	282
18	安徽省合肥市肥东县文化馆	365	68	浙江省丽水市莲都区文化馆	281
19	江西省九江市文化馆	362	69	上海长宁文化艺术中心	280
20	山东省青岛市群众艺术馆	360	70	广东省广州市荔湾区文化馆	280
21	广东省深圳市福田区公共文化体育发展中心	360	71	重庆市北碚区文化馆	280
22	江西省九江市修水县文化馆	360	72	宁夏回族自治区固原市西吉县文化馆	280
23	湖南省湘西土家族苗族自治州永顺县文化馆	356	73	广西壮族自治区钦州市灵山县文化馆	280
24	河北省邯郸市复兴区文化馆	350	74	湖南省长沙市芙蓉区文化馆	280
25	河南省郑州市管城回族区文化馆	350	75	上海市静安区文化馆	273
26	宁夏回族自治区银川市西夏区文化馆	350	76	浙江省杭州市杭州市下城区文化馆	271
27	上海市黄浦区文化馆	350	77	河南省平顶山市宝丰县人民文化馆	270
28	山东省莱西市文化馆	350	78	浙江省湖州市吴兴区文化馆	267
29	山东省青岛市李沧区文化馆	345	79	上海市浦东新区浦东文化馆	264
30	黑龙江省哈尔滨市群众艺术馆	334	80	江西省上饶市信州区文化馆	263
31	山东省淄博市桓台县文化馆	330	81	山东省青岛市城阳区文化馆	260
32	山东省济宁市泗水县文化馆	330	82	青海省海南藏族自治州贵德县文化馆	260
33	宁夏回族自治区银川市兴庆区文化馆	327	83	河南省开封市顺河回族区文化馆	260
34	浙江省杭州市淳安县文化馆	326	84	河南省固始县文化馆	255
35	浙江省丽水市景宁畲族自治县文化馆	325	85	广西壮族自治区百色市靖西县文化馆	254
36	河北省遵化市文化馆	324	86	湖南省湘西土家族苗族自治州花垣县文化馆	250
37	四川省攀枝花市文化馆	320	87	湖北省武汉市群众艺术馆	249
38	内蒙古自治区呼和浩特市群众艺术馆	320	88	青海省西宁市群众艺术馆	249
39	河北省保定市曲阳县文化馆	317	89	宁夏回族自治区青铜峡市文化馆	248
40	山西省晋城市群众艺术馆	316	90	浙江省丽水市青田县文化馆	247
41	湖南省长沙市天心区文化馆	315	91	四川省成都市龙泉驿区文化馆	246
42	黑龙江省密山市文化馆	311	92	浙江省丽水市文化馆	241
43	山东省淄博市周村区文化馆	310	93	湖南省邵阳市新宁县文化馆	240
44	宁夏回族自治区银川市贺兰县文化馆	310	94	湖北省武汉市汉阳区文化馆	240
45	上海市徐汇区西南文化艺术中心	309	95	河南省郑州市金水区文化馆	240
46	云南省楚雄州文化馆	300	96	浙江省浦江县文化馆	238
47	山东省荣成市文化馆	300	97	山东省济南市天桥区文化馆	236
48	黑龙江省哈尔滨市香坊区文化馆	300	98	浙江省金华市义乌市文化馆	236
49	山东省招远市文化馆	300	99	宁夏回族自治区固原市隆德县文化馆	235
50	山东省新泰市文化馆	300	100	广西壮族自治区北流市文化馆	235

全国博物馆分级别按藏品排序

单位：套

名次	单位名称	藏品数	名次	单位名称	藏品数
	一、省级		39	上海市历史博物馆	42806
1	首都博物馆	1022007	40	广西壮族自治区博物馆	42647
2	上海博物馆	1019259	41	宁夏博物馆	41900
3	江苏省南京博物院	450449	42	青海省博物馆	41281
4	山西博物院	403361	43	贵州省博物馆	39508
5	天津自然博物馆	400242	44	青海柳湾彩陶博物馆	37925
6	陕西历史博物馆	381741	45	广西民族博物馆	33104
7	黑龙江省博物馆	275996	46	甘肃简牍博物馆	31316
8	湖北省博物馆	237381	47	江西省井冈山革命博物馆	30775
9	安徽省博物院	223035	48	黑龙江地质博物馆	30000
10	云南省博物馆	222871	49	天津杨柳青木版年画博物馆	26000
11	天津博物馆	202743	50	湖北明清古建筑博物馆	25163
12	重庆中国三峡博物馆	181713		**二、市级**	
13	福建博物院	181069	1	山东省青岛市博物馆	246080
14	广东省博物馆	173551	2	四川省成都中国皮影博物馆	173816
15	河北省博物馆	168012	3	江苏省常州市戈小兴中外烟标烟具博物馆	168000
16	内蒙古博物院	157358	4	江苏省侵华日军南京大屠杀遇难同胞纪念馆	167285
17	浙江自然博物馆	149730	5	湖北省荆州博物馆	136583
18	河南博物院	133533	6	陕西省西安博物院	120274
19	湖南省博物馆	123658	7	内蒙古包头博物馆	110317
20	吉林省博物院	122443	8	湖北省恩施州博物馆	103816
21	四川博物院	120947	9	四川省成都华通博物馆	100000
22	山东博物馆	116943	10	安徽中国徽州文化博物馆	97374
23	辽宁省博物馆	116000	11	广东省惠州市博物馆	87711
24	上海市中国共产党第一次全国代表大会会址纪念馆	100233	12	江苏省南京市博物馆	82601
25	北京艺术博物馆	99224	13	湖南省长沙简牍博物馆	80321
26	重庆红岩联线文化发展管理中心(重庆红岩革命历史博物馆)	87946	14	山东省济南市博物馆	78713
27	上海鲁迅纪念馆	87253	15	湖北省襄阳市博物馆	78326
28	甘肃省博物馆	85453	16	湖北省鄂州市博物馆	76858
29	重庆自然博物馆	84849	17	河南省开封市博物馆	66062
30	浙江省博物馆	80224	18	辽宁省旅顺博物馆	61727
31	北京奥运博物馆	80000	19	湖北省荆门市博物馆	60738
32	浙江省中国丝绸博物馆	67382	20	浙江省宁波博物馆	60293
33	湖南省韶山毛泽东同志纪念馆	63302	21	山西省大同市博物馆	60140
34	新疆维吾尔自治区博物馆	61469	22	山东省烟台市博物馆	57158
35	西藏博物馆	60219	23	湖北省武汉博物馆	56233
36	江西省博物馆	56569	24	黑龙江省大庆市博物馆	55031
37	广西壮族自治区自然博物馆	53848	25	河南省鹤壁市博物馆	52944
38	安徽省地质博物馆	45101	26	江苏省南通博物苑	51371

续表

单位：套

名次	单位名称	藏品数	名次	单位名称	藏品数
27	江苏省◇南通啸天风板鹞风筝艺术博物馆	50000	14	上海市钱学森图书馆	61844
28	四川省成都杜甫草堂博物馆	49377	15	四川省成都理工大学博物馆	60000
29	山东省泰安市博物馆	48178	16	河南省新郑市博物馆	58467
30	甘肃省武威市博物馆	45002	17	上海凝聚力工程博物馆	56945
31	湖南省长沙市博物馆	43664	18	上海公安博物馆	54177
32	广东省江门市博物馆	43653	19	湖北省十堰市竹山秦巴民俗博物馆	53000
33	广东省广州博物馆	42777	20	湖北省十堰市郧阳博物馆	51864
34	河南省洛阳民俗博物馆	42696	21	湖北省黄冈市浠水县博物馆	51021
35	江苏省苏州博物馆	42189	22	河南省周口市郸城县中原民俗博物馆	50300
36	安徽省源泉徽文化民俗博物馆	40950	23	河南省洛阳市偃师商城博物馆	45848
37	广西壮族自治区柳州市博物馆	38970	24	山西省临汾市曲沃县博物馆	45819
38	广东省深圳博物馆	35956	25	湖北钱币博物馆	45802
39	甘肃省天水市博物馆	34376	26	上海市陈云故居暨青浦革命历史纪念馆	43214
40	湖北省十堰市博物馆	33112	27	山东省临沂市莒南县博物馆	42973
41	陕西省延安革命纪念馆	32518	28	四川易园园林艺术博物馆	40283
42	内蒙古自治区阿拉善博物馆	32517	29	上海海洋大学博物馆	40000
43	广东省河源市博物馆	32094	30	重庆市云阳县博物馆	40000
44	广东省广州艺术博物院	31584	31	山东省莱西市胶东民俗文化博物馆	37820
45	江西省景德镇陶瓷馆	31194	32	青海省海东市乐都县博物馆	36355
46	江苏省无锡博物院	30393	33	浙江省瑞安市叶茂钱收藏馆	35100
47	河南省新乡市博物馆	30207	34	四川省巴中市南江县博物馆	34226
48	广东省揭阳市博物馆	30195	35	陕西省西安关中民俗艺术博物院	33600
49	广西壮族自治区柳州工业博物馆	30187	36	上海市银行博物馆	31506
50	江苏省常州市博物馆	29446	37	浙江省海宁市谢氏艺术收藏馆	30585
	三、县级		38	湖北省宜昌市秭归县屈原纪念馆	30580
1	云南省昆明动物博物馆	700000	39	安徽省黄山市歙县博物馆	30441
2	上海科技馆	286284	40	山东省泰安市东平县博物馆	30086
3	陕西省西北大学博物馆	211726	41	重庆市奉节县诗城博物馆	30050
4	四川省建川博物馆	210000	42	甘肃省和政古动物化石博物馆	30045
5	湖北省武汉谌安明蝴蝶博物馆	200000	43	山东省青州市博物馆(青州市文物事业管理局)	30028
6	上海中国航海博物馆	189034	44	广东省佛山市高明区世纪钱币博物馆	30000
7	四川省绵阳市北川地震遗址博物馆(“5.12”汶川特大地震纪念馆)	119860	45	湖北省中国地质大学逸夫博物馆	30000
8	陕西万达博物院	110800	46	辽宁省工业博物馆	30000
9	浙江省温州金洲动物博物馆	110000	47	山东省青岛啤酒博物馆	30000
10	上海中国烟草博物馆	97781	48	山东大学博物馆	30000
11	山东省威海毛泽东像章博物馆	90000	49	陕西省西安市非物质文化遗产博物馆	30000
12	云南省保山市腾冲县滇西抗战纪念馆	87353	50	陕西省榆林市佳县赤牛洼民俗博物馆	30000
13	四川大学博物馆	85122			

全国博物馆分级别按参观人次排序

单位：万人次

名次	单位名称	参观人次	名次	单位名称	参观人次
	一、省级		39	四川博物院	86
1	重庆红岩联线文化发展管理中心(重庆红岩革命历史博物馆)	628	40	广西壮族自治区自然博物馆	85
2	湖南省韶山毛泽东同志纪念馆	560	41	北京市孔庙和国子监博物馆	83
3	陕西省秦始皇兵马俑博物馆	452	42	甘肃省甘肃省博物馆	81
4	天津博物馆	387	43	湖北省辛亥革命武昌起义纪念馆(辛亥革命研究所)	72
5	江苏省南京中国近代史遗址博物馆	331	44	上海市中国共产党第一次全国代表大会会址纪念馆	70
6	浙江省博物馆	302	45	上海市历史博物馆	70
7	陕西历史博物馆	231	46	海南省博物馆	69
8	江苏省南京博物院	226	47	浙江省中国丝绸博物馆	69
9	河南博物院	206	48	吉林省博物院	68
10	浙江自然博物馆	202	49	吉林省东北抗日联军纪念馆	68
11	上海博物馆	200	50	上海鲁迅纪念馆	48
12	内蒙古博物院	191		**二、市级**	
13	天津市周恩来邓颖超纪念馆	180	1	江苏省侵华日军南京大屠杀遇难同胞纪念馆	803
14	重庆中国三峡博物馆	170	2	江苏省南京市雨花台烈士纪念馆	467
15	江西省南昌八一起义纪念馆	161	3	广东省鸦片战争博物馆	466
16	湖北省博物馆	158	4	四川省成都武侯祠博物馆	332
17	黑龙江省博物馆	156	5	河北省西柏坡纪念馆	300
18	河北省晋冀鲁豫烈士陵园管理处	150	6	云南省丽江市博物院	264
19	广西民族博物馆	137	7	江西省上饶集中营革命烈士博物馆	263
20	广东省博物馆	136	8	浙江省杭州工艺美术博物馆	238
21	湖南省博物馆	127	9	福建省龙岩市古田会议纪念馆	220
22	首都博物馆	126	10	四川省邓小平故居管理局	220
23	江西省瑞金中央革命根据地纪念馆	126	11	浙江省绍兴鲁迅纪念馆	205
24	天津自然博物馆	120	12	陕西省延安革命纪念馆	200
25	福建博物院	119	13	江苏省无锡市太湖鼋头渚风景管理处(王昆仑故居)	200
26	福建中国闽台缘博物馆	119	14	江苏省南京云锦博物馆	196
27	江西省博物馆	116	15	山东省中国甲午战争博物院	183
28	江西省安源路矿工人运动纪念馆	110	16	山东省青岛海产博物馆	180
29	山东博物馆	108	17	广东省深圳博物馆	178
30	山西博物院	108	18	江苏省茅山新四军纪念馆(镇江市)	178
31	重庆自然博物馆	108	19	浙江省温州博物馆	170
32	安徽省博物院	103	20	江苏省南京渡江胜利纪念馆	167
33	河北省华北军区烈士陵园	100	21	广东省佛山市祖庙博物馆	162
34	天津市平津战役纪念馆	100	22	广东省孙中山故居纪念馆	154
35	广西壮族自治区博物馆	95	23	安徽省淮南市大通区万人坑教育馆	150
36	黑龙江省东北烈士纪念馆	94	24	陕西省法门寺博物馆	150
37	福建省民俗博物馆	93	25	辽宁省沈阳故宫博物院	149
38	江西省井冈山革命博物馆	88	26	山西省太原市晋祠博物馆	148

续表

单位：万人次

名次	单位名称	参观人次	名次	单位名称	参观人次
27	江苏省苏州博物馆	148	14	重庆市杨闇公杨尚昆旧居陈列馆	159
28	广东省东莞展览馆	142	15	甘肃省庆阳市华池县南梁革命纪念馆	159
29	江苏省周恩来纪念馆(淮安市)	140	16	上海豫园管理处	159
30	安徽省渡江战役纪念馆	139	17	四川省南充市朱德同志故居纪念馆	153
31	浙江省中国湿地博物馆	139	18	山西省晋中市祁县乔家大院民俗博物馆	151
32	浙江省杭州名人纪念馆	136	19	福建省漳州市东山县博物馆	150
33	湖北省武汉革命博物馆	131	20	四川省成都市大邑县刘氏庄园博物馆	150
34	青海省黄南州民族博物馆	130	21	江苏省泰州市新四军黄桥战役纪念馆(泰兴市)	149
35	广东省黄埔军校旧址纪念馆	130	22	陕西省渭南市习仲勋生平陈列馆	148
36	浙江省嘉兴南湖革命纪念馆	125	23	河北省邯郸市涉县八路军一二九师纪念馆	145
37	四川省成都杜甫草堂博物馆	123	24	四川省三都博物馆	140
38	江苏省新四军纪念馆(盐城市)	121	25	山西省晋中市平遥县中国票号博物馆	133
39	四川省成都金沙遗址博物馆	115	26	广东省广州市黄埔区博物馆	132
40	吉林省伪满皇宫博物院	115	27	福建省漳州市谷文昌纪念馆	132
41	湖北省荆州博物馆	112	28	湖南省长沙市胡耀邦同志故居管理处	127
42	湖北省詹天佑故居管理所	110	29	山东省济宁市鲁西南战役纪念馆	126
43	江苏省南京市明城垣史博物馆	110	30	江苏省泰州市泰兴市博物馆	125
44	浙江省宁波博物馆	109	31	甘肃省白银市会宁县长征胜利纪念馆	124
45	广西壮族自治区百色起义纪念馆	109	32	河北省邢台市中国人民抗日军政大学陈列馆	120
46	陕西省药王山博物馆	108	33	辽宁省丹东市抗美援朝纪念馆	120
47	广西壮族自治区柳州市博物馆	107	34	山东省济宁市金乡军事文化馆(羊山古镇国际军事旅游度假区)	120
48	浙江省杭州西湖博物馆	106	35	山东省烟台市蓬莱阁文物管理处古船博物馆	120
49	湖南雷锋纪念馆	105	36	山东省烟台市蓬莱阁文物管理处蓬莱市登州博物馆	120
50	江苏省扬州博物馆	105	37	山西省晋中市麻田八路军总部纪念馆	120
	三、县级		38	四川省建川博物馆	115
1	上海科技馆	422	39	重庆市聂荣臻元帅陈列馆	113
2	浙江省桐乡市茅盾纪念馆	391	40	河北省保定市冉庄地道战纪念馆	110
3	河南省周口市淮阳县博物馆	300	41	江西省九江市庐山博物馆	110
4	云南省大理市博物馆	300	42	湖南省张家界市贺龙纪念馆	106
5	湖南省长沙市刘少奇同志纪念馆	280	43	云南省保山市腾冲县国殇墓园管理所	106
6	河南省兰考焦裕禄纪念园管理处	260	44	云南省保山市腾冲县滇西抗战纪念馆	106
7	四川省内江市范长江纪念馆	220	45	广东省惠州市惠阳区叶挺纪念馆	105
8	黑龙江春和博物馆	210	46	山东省枣庄市台儿庄区台儿庄大战纪念馆	104
9	山东省临沂市孟良崮战役纪念馆	200	47	湖南省长沙市杨开慧纪念馆	104
10	陕西省西安市唐华清池御汤遗址博物馆	190	48	江苏省苏州市※常熟市沙家浜革命历史纪念馆(集体)	102
11	四川省资阳市乐至县陈毅纪念馆	187	49	山东省枣庄市薛城区铁道游击队纪念园(鲁南民俗博物馆)	101
12	河北省唐山市乐亭县李大钊纪念馆	182	50	河南省南阳市内乡县县衙博物馆	100
13	四川省北川地震遗址博物馆	172			

附录资料

第四批国家级非物质文化遗产代表性项目保护单位名单

序号	省区	省内序号	项目编号	项目名称	申报地区或单位
1	北京	1	Ⅰ-126	卢沟桥传说	北京市丰台区
2		2	Ⅲ-112	太子务武吵子	北京市大兴区
3		3	Ⅴ-115	数来宝	北京市东城区
4		4	Ⅵ-73	通背拳	北京市西城区
5		5	Ⅵ-82	幻术（傅氏幻术）	北京市朝阳区
6		6	Ⅶ-110	京绣	北京市房山区
7		7	Ⅷ-224	传统香制作技艺（药香制作技艺）	北京市西城区
8		8	Ⅷ-225	一得阁墨汁制作技艺	北京市西城区
9		9	Ⅱ-34	古琴艺术	北京市大兴区
10		10	Ⅲ-2	秧歌（延庆旱船）	北京市延庆县
11		11	Ⅵ-11	太极拳（吴氏太极拳）	北京市大兴区
12		12	Ⅶ-47	泥塑（北京兔儿爷）	北京市朝阳区
13		13	Ⅸ-2	中医诊疗法（清华池传统修脚术）	北京市西城区
14		14	Ⅸ-4	中医传统制剂方法（安宫牛黄丸制作技艺）	北京市东城区
15		15	Ⅹ-71	元宵节（千军台庄户幡会）	北京市门头沟区
16	天津	1	Ⅴ-116	梅花大鼓	天津市
17		2	Ⅰ-34	杨家将传说（杨七郎墓传说）	天津市宁河县
18		3	Ⅱ-122	津门法鼓（香塔音乐法鼓）	天津市西青区
19		4	Ⅴ-5	西河大鼓	天津市
20		5	Ⅵ-11	太极拳（李氏太极拳）	天津市武清区
21		6	Ⅷ-160	传统面食制作技艺（桂发祥十八街麻花制作技艺）	天津市河西区
22		7	Ⅸ-4	中医传统制剂方法（安宫牛黄丸制作技艺）	天津市南开区
23		8	Ⅸ-4	中医传统制剂方法（隆顺榕卫药制作技艺）	天津市南开区
24		9	Ⅸ-4	中医传统制剂方法（益德成闻药制作技艺）	天津市红桥区
25		10	Ⅸ-4	中医传统制剂方法（京万红软膏组方与制作技艺）	天津市西青区
26		11	Ⅹ-36	妈祖祭典（葛沽宝辇会）	天津市津南区
27	河北	1	Ⅰ-127	鬼谷子传说	河北省临漳县
28		2	Ⅵ-74	戳脚	河北省衡水市桃城区
29		3	Ⅶ-110	京绣	河北省定兴县
30		4	Ⅶ-111	布糊画	河北省丰宁满族自治县
31		5	Ⅶ-113	水陆画	河北省广平县
32		6	Ⅷ-213	邢窑陶瓷烧制技艺	河北省邢台市
33		7	Ⅱ-139	道教音乐（花张蒙道教音乐）	河北省定州市
34		8	Ⅳ-39	乱弹（南岩乱弹）	河北省高邑县

续表 1

序号	省区	省内序号	项目编号	项目名称	申报地区或单位
35		9	Ⅳ-91	皮影戏（乐亭皮影戏）	河北省乐亭县
36		10	Ⅵ-11	太极拳（王其和太极拳）	河北省任县
37		11	Ⅷ-43	景泰蓝制作技艺	河北省大厂回族自治县
38		12	Ⅷ-100	传统棉纺织技艺（威县土布纺织技艺）	河北省威县
39		13	Ⅸ-2	中医诊疗法（中医络病诊疗方法）	河北省石家庄市
40		14	Ⅸ-2	中医诊疗法（脏腑推拿疗法）	河北省保定市
41		15	Ⅸ-4	中医传统制剂方法（金牛眼药制作技艺）	河北省定州市
42		16	Ⅹ-71	元宵节（抡花）	河北省滦平县
43	山西	1	Ⅰ-145	广禅侯故事	山西省阳城县
44		2	Ⅲ-113	左权小花戏	山西省左权县
45		3	Ⅳ-159	线腔	山西省芮城县
46		4	Ⅴ-117	弹唱	山西省吕梁市离石区
47		5	Ⅷ-222	铜器制作技艺（大同铜器制作技艺）	山西省大同市城区
48		6	Ⅷ-237	古建筑模型制作技艺	山西省太原市
49		7	Ⅱ-37	唢呐艺术（临县大唢呐）	山西省临县
50		8	Ⅱ-123	锣鼓艺术（软槌锣鼓）	山西省万荣县
51		9	Ⅳ-18	晋剧	山西省晋中市
52		10	Ⅶ-16	剪纸（静乐剪纸）	山西省静乐县
53		11	Ⅶ-53	面花（岚县面塑）	山西省岚县
54		12	Ⅶ-58	木雕（永乐桃木雕刻）	山西省芮城县
55		13	Ⅷ-61	酿醋技艺（小米醋酿造技艺）	山西省襄汾县
56		14	Ⅷ-67	皮纸制作技艺（平阳麻笺制作技艺）	山西省襄汾县
57		15	Ⅷ-98	陶器烧制技艺（平定砂器制作技艺）	山西省平定县
58		16	Ⅷ-98	陶器烧制技艺（平定黑釉刻花陶瓷制作技艺）	山西省平定县
59		17	Ⅷ-99	蚕丝织造技艺（潞绸织造技艺）	山西省高平市
60		18	Ⅷ-117	金银细工制作技艺	山西省稷山县
61		19	Ⅷ-127	漆器髹饰技艺（稷山螺钿漆器髹饰技艺）	山西省稷山县
62		20	Ⅸ-4	中医传统制剂方法（安宫牛黄丸制作技艺）	山西省太谷县
63		21	Ⅸ-4	中医传统制剂方法（点舌丸制作技艺）	山西省新绛县
64		22	Ⅹ-54	民间社火（南庄无根架火）	山西省晋中市榆次区
65		23	Ⅹ-84	庙会（蒲县朝山会）	山西省蒲县
66	内蒙古	1	Ⅱ-165	阿斯尔	内蒙古自治区镶黄旗
67		2	Ⅱ-167	蒙古族汗廷音乐	内蒙古自治区阿鲁科尔沁旗
68		3	Ⅱ-169	潮尔（蒙古族弓弦乐）	内蒙古自治区通辽市
69		4	Ⅵ-71	布鲁	内蒙古自治区库伦旗
70		5	Ⅵ-72	蒙古族驼球	内蒙古自治区乌拉特后旗
71		6	Ⅶ-118	蒙古文书法	内蒙古自治区

续表 2

序号	省区	省内序号	项目编号	项目名称	申报地区或单位
72		7	Ⅷ－226	奶制品制作技艺（察干伊德）	内蒙古自治区正蓝旗
73		8	Ⅹ－147	察干苏力德祭	内蒙古自治区乌审旗
74		9	Ⅹ－148	博格达乌拉祭	内蒙古自治区扎赉特旗
75		10	Ⅹ－154	达斡尔族服饰	内蒙古自治区呼伦贝尔市
76		11	Ⅹ－155	鄂温克族服饰	内蒙古自治区陈巴尔虎旗
77		12	Ⅰ－27	格萨（斯）尔	内蒙古自治区巴林右旗
78		13	Ⅱ－3	蒙古族长调民歌（巴尔虎长调）	内蒙古自治区新巴尔虎左旗
79		14	Ⅱ－36	蒙古族四胡音乐	内蒙古自治区科尔沁右翼中旗
80		15	Ⅵ－16	蒙古族搏克	内蒙古自治区东乌珠穆沁旗
81		16	Ⅶ－81	蒙古族刺绣	内蒙古自治区苏尼特左旗
82		17	Ⅸ－4	中医传统制剂方法（鸿茅药酒配制技艺）	内蒙古自治区凉城县
83		18	Ⅸ－12	蒙医药（科尔沁蒙医药浴疗法）	内蒙古自治区科尔沁右翼中旗
84		19	Ⅹ－108	蒙古族服饰	内蒙古自治区正蓝旗
85	辽宁	1	Ⅶ－116	琥珀雕刻	辽宁省抚顺市
86		2	Ⅷ－227	辽菜传统烹饪技艺	辽宁省沈阳市
87		3	Ⅴ－35	二人转	辽宁省辽阳市
88		4	Ⅶ－59	核雕（大连核雕）	辽宁省大连市西岗区
89		5	Ⅷ－133	砚台制作技艺（松花石砚制作技艺）	辽宁省本溪市
90		6	Ⅸ－6	中医正骨疗法（海城苏氏正骨）	辽宁省海城市
91		7	Ⅹ－5	中秋节（朝鲜族秋夕节）	辽宁省铁岭市
92	吉林	1	Ⅲ－114	博舞	吉林省前郭尔罗斯蒙古族自治县
93		2	Ⅷ－228	泡菜制作技艺（朝鲜族泡菜制作技艺）	吉林省延吉市
94		3	Ⅴ－35	二人转	吉林省梨树县
95		5	Ⅸ－3	中药炮制技艺（人参炮制技艺）	吉林省通化市
96		6	Ⅸ－3	中药炮制技艺（人参炮制技艺）	吉林省通化市
97		7	Ⅸ－4	中医传统制剂方法（平氏浸膏制作技艺）	吉林省九台市
98	黑龙江	1	Ⅷ－229	老汤精配制	黑龙江省哈尔滨市阿城区
99		2	Ⅶ－69	麦秆剪贴	黑龙江省哈尔滨市
100		3	Ⅶ－80	满族刺绣	黑龙江省牡丹江市
101		4	Ⅶ－80	满族刺绣	黑龙江省克东县
102		5	Ⅸ－4	中医传统制剂方法（枇杷露传统制剂）	黑龙江省哈尔滨市南岗区
103		6	Ⅸ－4	中医传统制剂方法（老王麻子膏药制作技艺）	黑龙江省哈尔滨市道外区
104		7	Ⅹ－139	婚俗（赫哲族婚俗）	黑龙江省同江市
105	上海	1	Ⅴ－118	浦东宣卷	上海市浦东新区
106		2	Ⅵ－75	精武武术	上海市虹口区
107		3	Ⅵ－76	绵拳	上海市杨浦区
108		4	Ⅷ－220	古陶瓷修复技艺	上海市长宁区

续表 3

序号	省区	省内序号	项目编号	项目名称	申报地区或单位
109		5	Ⅷ-230	上海本帮菜肴传统烹饪技艺	上海市黄浦区
110		6	Ⅷ-160	传统面食制作技艺（南翔小笼馒头制作技艺）	上海市嘉定区
111		7	Ⅸ-2	中医诊疗法（顾氏外科疗法）	上海市
112		8	Ⅸ-2	中医诊疗法（古本易筋经十二势导引法）	上海市
113		9	Ⅸ-6	中医正骨疗法（上海石氏伤科疗法）	上海市
114	江苏	1	Ⅰ-128	东海孝妇传说	江苏省连云港市
115		2	Ⅲ-115	洪泽湖渔鼓	江苏省洪泽县
116		3	Ⅲ-115	洪泽湖渔鼓	江苏省泗洪县
117		4	Ⅷ-238	传统造园技艺（扬州园林营造技艺）	江苏省扬州市
118		5	Ⅰ-13	宝卷（吴地宝卷）	江苏省苏州市
119		6	Ⅱ-27	薅草锣鼓（金湖秧歌）	江苏省金湖县
120		7	Ⅱ-138	佛教音乐（金山寺水陆法会仪式音乐）	江苏省镇江市
121		8	Ⅱ-139	道教音乐（茅山道教音乐）	江苏省句容市
122		9	Ⅶ-18	苏绣（扬州刺绣）	江苏省扬州市
123		10	Ⅶ-27	象牙雕刻（常州象牙浅刻）	江苏省常州市武进区
124		11	Ⅶ-94	盆景技艺（如皋盆景）	江苏省如皋市
125		12	Ⅷ-98	陶器烧制技艺（宜兴均陶制作技艺）	江苏省宜兴市
126		13	Ⅷ-153	晒盐技艺（淮盐制作技艺）	江苏省连云港市
127		14	Ⅸ-2	中医诊疗法（丁氏痔科医术）	江苏省南京市秦淮区
128		15	Ⅸ-2	中医诊疗法（扬州传统修脚术）	江苏省扬州市
129		16	Ⅹ-2	清明节（茅山会船）	江苏省兴化市
130		17	Ⅹ-84	庙会（泰伯庙会）	江苏省无锡市
131		18	Ⅹ-84	庙会（苏州轧神仙庙会）	江苏省苏州市姑苏区
132		19	Ⅹ-84	庙会（金村庙会）	江苏省张家港市
133	浙江	1	Ⅰ-129	刘阮传说	浙江省天台县
134		2	Ⅰ-155	常山喝彩歌谣	浙江省常山县
135		3	Ⅴ-119	丽水鼓词	浙江省丽水市莲都区
136		4	Ⅷ-214	婺州窑陶瓷烧制技艺	浙江省金华市婺城区
137		5	Ⅷ-231	传统制糖技艺（义乌红糖制作技艺）	浙江省义乌市
138		6	Ⅰ-78	童谣（绍兴童谣）	浙江省绍兴市
139		7	Ⅱ-139	道教音乐（苍南正一派科仪音乐）	浙江省苍南县
140		8	Ⅲ-4	龙舞（鳌江划大龙）	浙江省平阳县
141		9	Ⅲ-44	竹马（淳安竹马）	浙江省淳安县
142		10	Ⅲ-45	灯舞（上舍化龙灯）	浙江省安吉县
143		11	Ⅲ-45	灯舞（青田百鸟灯舞）	浙江省青田县
144		12	Ⅳ-87	目连戏（绍兴目连戏）	浙江省绍兴市
145		13	Ⅵ-6	线狮（草塔抖狮子）	浙江省诸暨市

续表 4

序号	省区	省内序号	项目编号	项目名称	申报地区或单位
146		14	Ⅶ-16	剪纸（桐庐剪纸）	浙江省桐庐县
147		15	Ⅶ-44	木偶头雕刻（泰顺木偶头雕刻）	浙江省泰顺县
148		16	Ⅶ-50	灯彩（乐清首饰龙）	浙江省乐清市
149		17	Ⅷ-24	蓝印花布印染技艺	浙江省桐乡市
150		18	Ⅷ-71	竹纸制作技艺（泽雅屏纸制作技艺）	浙江省温州市瓯海区
151		19	Ⅷ-77	木版水印技艺	浙江省杭州市下城区
152		20	Ⅸ-2	中医诊疗法（董氏儿科医术）	浙江省宁波市海曙区
153		21	Ⅸ-3	中药炮制技艺（武义寿仙谷中药炮制技艺）	浙江省武义县
154		22	Ⅸ-4	中医传统制剂方法（方回春堂传统膏方制作技艺）	浙江省杭州市上城区
155		23	Ⅸ-5	针灸（杨继洲针灸）	浙江省衢州市
156		24	Ⅹ-68	农历二十四节气（三门祭冬）	浙江省三门县
157		25	Ⅹ-71	元宵节（河上龙灯胜会）	浙江省杭州市萧山区
158		26	Ⅹ-71	元宵节（前童元宵行会）	浙江省宁海县
159		27	Ⅹ-85	民间信俗（孝子祭）	浙江省富阳市
160		28	Ⅹ-85	民间信俗（潮神祭祀）	浙江省海宁市
161		29	Ⅹ-90	祭祖习俗（诸葛后裔祭祖）	浙江省兰溪市
162		30	Ⅹ-139	婚俗（畲族婚俗）	浙江省景宁畲族自治县
163	安徽	1	Ⅰ-130	孔雀东南飞传说	安徽省怀宁县
164		2	Ⅰ-130	孔雀东南飞传说	安徽省潜山县
165		3	Ⅰ-131	老子传说	安徽省涡阳县
166		4	Ⅶ-120	刻铜（杜氏刻铜）	安徽省阜阳市
167		5	Ⅷ-232	豆腐传统制作技艺	安徽省淮南市
168		6	Ⅷ-232	豆腐传统制作技艺	安徽省寿县
169		7	Ⅱ-37	唢呐艺术（灵璧菠林喇叭）	安徽省灵璧县
170		8	Ⅲ-4	龙舞（手龙舞）	安徽省绩溪县
171		9	Ⅲ-7	傩舞（跳五猖）	安徽省郎溪县
172		10	Ⅳ-50	四平调	安徽省砀山县
173		11	Ⅶ-46	竹刻（徽州竹雕）	安徽省黄山市徽州区
174		12	Ⅷ-200	毛笔制作技艺（徽笔制作技艺）	安徽省黄山市屯溪区
175		13	Ⅸ-2	中医诊疗法（西园喉科医术）	安徽省歙县
176		14	Ⅹ-90	祭祖习俗（徽州祠祭）	安徽省祁门县
177	福建	1	Ⅰ-132	陈三五娘传说	福建省泉州市洛江区
178		2	Ⅱ-166	莆仙十音八乐	福建省莆田市涵江区
179		3	Ⅲ-116	龙岩采茶灯	福建省龙岩市新罗区
180		4	Ⅳ-160	平讲戏	福建省福安市
181		5	Ⅵ-77	咏春拳	福建省福州市
182		6	Ⅶ-121	错金银	福建省莆田市涵江区

续表 5

序号	省区	省内序号	项目编号	项目名称	申报地区或单位
183		7	Ⅹ−152	马仙信俗	福建省柘荣县
184		8	Ⅶ−16	剪纸（浦城剪纸）	福建省浦城县
185		9	Ⅶ−46	竹刻（莆田留青竹刻）	福建省莆田市城厢区
186		10	Ⅶ−51	竹编（安溪竹藤编）	福建省安溪县
187		11	Ⅷ−40	银饰锻制技艺（畲族银器锻制技艺）	福建省宁德市
188		12	Ⅷ−45	家具制作技艺（仙游古典家具制作技艺）	福建省仙游县
189		13	Ⅷ−138	水密隔舱福船制造技艺	福建省泉州市泉港区
190		14	Ⅷ−147	花茶制作技艺（福州茉莉花茶窨制工艺）	福建省福州市仓山区
191		15	Ⅷ−179	闽南传统民居营造技艺	福建省厦门市湖里区
192		16	Ⅹ−85	民间信俗（三平祖师信俗）	福建省平和县
193		17	Ⅹ−139	婚俗（畲族婚俗）	福建省霞浦县
194	江西	1	Ⅰ−146	解缙故事	江西省吉水县
195		2	Ⅲ−117	宜黄禾杠舞	江西省宜黄县
196		3	Ⅳ−161	永修丫丫戏	江西省永修县
197		4	Ⅳ−162	东河戏	江西省赣县
198		5	Ⅴ−120	客家古文	江西省于都县
199		6	Ⅴ−121	永新小鼓	江西省永新县
200		7	Ⅵ−78	井冈山全堂狮灯	江西省井冈山市
201		8	Ⅷ−215	吉州窑陶瓷烧制技艺	江西省吉安市
202		9	Ⅷ−239	古戏台营造技艺	江西省乐平市
203		10	Ⅷ−240	庐陵传统民居营造技艺	江西省泰和县
204		11	Ⅹ−149	稻作习俗	江西省万年县
205		12	Ⅹ−151	匾额习俗（赣南客家匾额习俗）	江西省会昌县
206		13	Ⅱ−123	锣鼓艺术（花镲锣鼓）	江西省丰城市
207		14	Ⅱ−139	道教音乐（龙虎山正一天师道道教音乐）	江西省鹰潭市
208		15	Ⅲ−5	狮舞（黎川舞白狮）	江西省黎川县
209		16	Ⅳ−87	目连戏（江西目连戏）	江西省
210		17	Ⅶ−58	木雕（东固传统造像）	江西省吉安市青原区
211		18	Ⅶ−62	锡雕（莲花打锡）	江西省莲花县
212		19	Ⅶ−77	民间绣活（夏布绣）	江西省新余市
213		20	Ⅷ−28	客家民居营造技艺（赣南客家围屋营造技艺）	江西省龙南县
214		21	Ⅷ−148	绿茶制作技艺（赣南客家擂茶制作技艺）	江西省全南县
215		22	Ⅷ−148	绿茶制作技艺（婺源绿茶制作技艺）	江西省婺源县
216		23	Ⅸ−3	中药炮制技艺（樟树中药炮制技艺）	江西省樟树市
217		24	Ⅹ−5	中秋节（吉安中秋烧塔习俗）	江西省安福县
218	山东	1	Ⅰ−133	胡峄阳传说	山东省青岛市城阳区
219		2	Ⅰ−134	孟母教子传说	山东省邹城市

续表 6

序号	省区	省内序号	项目编号	项目名称	申报地区或单位
220		3	Ⅴ-122	山东花鼓	山东省菏泽市
221		4	Ⅵ-79	徐家拳	山东省新泰市
222		5	Ⅶ-117	传统玩具（郯城木旋玩具）	山东省郯城县
223		6	Ⅷ-233	德州扒鸡制作技艺	山东省德州市
224		7	Ⅷ-234	龙口粉丝传统制作技艺	山东省招远市
225		8	Ⅰ-8	孟姜女传说	山东省莱芜市莱城区
226		9	Ⅴ-85	山东落子	山东省金乡县
227		10	Ⅵ-33	螳螂拳	山东省青岛市市南区
228		11	Ⅶ-15	内画（鲁派内画）	山东省淄博市张店区
229		12	Ⅷ-90	琉璃烧制技艺	山东省淄博市博山区
230		13	Ⅷ-90	琉璃烧制技艺	山东省曲阜市
231		14	Ⅷ-98	陶器烧制技艺（德州黑陶烧制技艺）	山东省德州市
232		15	Ⅷ-153	晒盐技艺（卤水制盐技艺）	山东省寿光市
233		16	Ⅷ-169	酱肉制作技艺（亓氏酱香源肉食酱制技艺）	山东省莱芜市莱城区
234		17	Ⅸ-4	中医传统制剂方法（二仙膏制作技艺）	山东省济宁市任城区
235		18	Ⅸ-6	中医正骨疗法（新泰孟氏正骨疗法）	山东省新泰市
236		19	Ⅹ-71	元宵节（淄博花灯会）	山东省淄博市张店区
237		20	Ⅹ-85	民间信俗（东镇沂山祭仪）	山东省临朐县
238	河南	1	Ⅰ-131	老子传说	河南省灵宝市
239		2	Ⅰ-135	河图洛书传说	河南省洛阳市
240		3	Ⅰ-136	杞人忧天传说	河南省杞县
241		4	Ⅲ-118	耍老虎	河南省焦作市
242		5	Ⅷ-216	登封窑陶瓷烧制技艺	河南省登封市
243		6	Ⅷ-217	当阳峪绞胎瓷烧制技艺	河南省焦作市
244		7	Ⅱ-120	古筝艺术（中州筝派）	河南省
245		8	Ⅱ-123	锣鼓艺术（大铜器）	河南省遂平县
246		9	Ⅳ-112	花鼓戏（光山花鼓戏）	河南省光山县
247		10	Ⅳ-123	罗卷戏	河南省邓州市
248		11	Ⅵ-11	太极拳（和氏太极拳）	河南省温县
249		12	Ⅶ-47	泥塑（淮阳泥泥狗）	河南省淮阳县
250		13	Ⅶ-69	麦秆剪贴	河南省清丰县
251		14	Ⅷ-37	宝剑锻制技艺（棠溪宝剑锻制技艺）	河南省西平县
252		15	Ⅷ-148	绿茶制作技艺（信阳毛尖茶制作技艺）	河南省信阳市
253		16	Ⅸ-2	中医诊疗法（买氏中医外治法）	河南省周口市川汇区
254		17	Ⅸ-2	中医诊疗法（毛氏济世堂脱骨疽疗法）	河南省新蔡县
255		18	Ⅹ-84	庙会（浚县正月古庙会）	河南省浚县
256	湖北	1	Ⅰ-137	三国传说	湖北省

续表 7

序号	省区	省内序号	项目编号	项目名称	申报地区或单位
257		2	Ⅰ-138	伯牙子期传说	湖北省武汉市
258		3	Ⅰ-139	尹吉甫传说	湖北省房县
259		4	Ⅴ-123	跳三鼓	湖北省石首市
260		5	Ⅵ-81	武汉杂技	湖北省武汉市
261		6	Ⅰ-99	苏东坡传说	湖北省黄冈市
262		7	Ⅱ-123	锣鼓艺术（老河口锣鼓架子）	湖北省老河口市
263		8	Ⅲ-4	龙舞（潜江草把龙）	湖北省潜江市
264		9	Ⅲ-18	土家族撒叶儿嗬	湖北省五峰土家族自治县
265		10	Ⅲ-18	土家族撒叶儿嗬	湖北省巴东县
266		11	Ⅲ-45	灯舞（郧阳凤凰灯舞）	湖北省十堰市郧阳区
267		12	Ⅳ-27	越调	湖北省谷城县
268		13	Ⅳ-58	楚剧	湖北省孝感市
269		14	Ⅵ-35	岳家拳	湖北省黄梅县
270		15	Ⅶ-58	木雕（通山木雕）	湖北省通山县
271		16	Ⅶ-69	麦秆剪贴	湖北省仙桃市
272		17	Ⅷ-148	绿茶制作技艺（恩施玉露制作技艺）	湖北省恩施市
273		18	Ⅷ-152	黑茶制作技艺（赵李桥砖茶制作技艺）	湖北省赤壁市
274		19	Ⅸ-2	中医诊疗法（镇氏风湿病马钱子疗法）	湖北省咸宁市咸安区
275		20	Ⅹ-3	端午节（泽林旱龙舟）	湖北省鄂州市
276		21	Ⅹ-4	七夕节（郧西七夕）	湖北省郧西县
277	湖南	1	Ⅰ-140	苏仙传说	湖南省郴州市苏仙区
278		2	Ⅰ-151	盘王大歌	湖南省江华瑶族自治县
279		3	Ⅱ-156	土家族民歌	湖南省湘西土家族苗族自治州
280		4	Ⅱ-157	渔歌（洞庭渔歌）	湖南省岳阳市
281		5	Ⅱ-168	浏阳文庙祭孔音乐	湖南省浏阳市
282		6	Ⅲ-119	棕包脑	湖南省洞口县
283		7	Ⅴ-124	湖南渔鼓	湖南省
284		8	Ⅵ-80	梅山武术	湖南省新化县
285		9	Ⅲ-18	土家族撒叶儿嗬	湖南省桑植县
286		10	Ⅳ-89	傩戏（临武傩戏）	湖南省临武县
287		11	Ⅳ-157	阳戏（上河阳戏）	湖南省怀化市鹤城区
288		12	Ⅴ-32	鼓盆歌	湖南省澧县
289		13	Ⅶ-56	石雕（沅洲石雕）	湖南省芷江侗族自治县
290		14	Ⅷ-71	竹纸制作技艺（蔡伦古法造纸技艺）	湖南省耒阳市
291		15	Ⅷ-71	竹纸制作技艺（滩头手工抄纸技艺）	湖南省隆回县
292		16	Ⅸ-6	中医正骨疗法（新邵孙氏正骨术）	湖南省新邵县
293		17	Ⅹ-68	农历二十四节气（安仁赶分社）	湖南省安仁县

续表 8

序号	省区	省内序号	项目编号	项目名称	申报地区或单位
294		18	X-68	农历二十四节气（苗族赶秋）	湖南省花垣县
295		19	X-87	抬阁（珠梅抬故事）	湖南省涟源市
296	广东	1	Ⅱ-157	渔歌（汕尾渔歌）	广东省汕尾市
297		2	Ⅶ-112	抽纱（汕头抽纱）	广东省汕头市
298		3	Ⅶ-112	抽纱（潮州抽纱）	广东省潮州市
299		4	Ⅷ-218	潮州彩瓷烧制技艺	广东省潮州市
300		5	Ⅷ-219	陶瓷微书	广东省汕头市
301		6	Ⅷ-224	传统香制作技艺（莞香制作技艺）	广东省东莞市
302		7	X-153	寮步香市	广东省东莞市
303		8	Ⅱ-110	瑶族民歌	广东省乳源瑶族自治县
304		9	Ⅱ-123	锣鼓艺术（八音锣鼓）	广东省佛山市顺德区
305		10	Ⅳ-36	粤剧	广东省吴川市
306		11	Ⅶ-66	彩扎（麒麟制作）	广东省东莞市
307		12	Ⅷ-98	陶器烧制技艺（枫溪手拉朱泥壶制作技艺）	广东省潮州市枫溪区
308		13	Ⅸ-2	中医诊疗法（一指禅推拿）	广东省珠海市
309		14	Ⅸ-2	中医诊疗法（贾氏点穴疗法）	广东省深圳市
310		15	Ⅸ-4	中医传统制剂方法（太安堂麒麟丸制作技艺）	广东省汕头市
311		16	X-85	民间信俗（贵屿双忠信俗）	广东省汕头市潮阳区
312		17	X-85	民间信俗（冼夫人信俗）	广东省茂名市
313		18	X-139	婚俗（瑶族婚俗）	广东省连南瑶族自治县
314	海南	1	Ⅱ-109	苗族民歌	海南省琼中黎族苗族自治县
315		2	X-36	妈祖祭典（海口天后祀奉）	海南省海口市
316		3	X-85	民间信俗（冼夫人信俗）	海南省海口市
317		4	X-85	民间信俗（冼夫人信俗）	海南省定安县
318		5	X-85	民间信俗（冼夫人信俗）	海南省澄迈县
319	广西	1	Ⅰ-147	壮族百鸟衣故事	广西壮族自治区横县
320		2	Ⅱ-162	凌云壮族七十二巫调音乐	广西壮族自治区凌云县
321		3	Ⅲ-120	瑶族金锣舞	广西壮族自治区田东县
322		4	Ⅴ-125	桂林渔鼓	广西壮族自治区桂林市
323		5	Ⅲ-26	铜鼓舞（南丹勤泽格拉）	广西壮族自治区南丹县
324		6	Ⅳ-36	粤剧	广西壮族自治区南宁市
325		7	Ⅷ-152	黑茶制作技艺（六堡茶制作技艺）	广西壮族自治区苍梧县
326		8	X-12	三月三（壮族三月三）	广西壮族自治区武鸣县
327		9	X-67	瑶族服饰	广西壮族自治区龙胜各族自治县
328		10	X-68	农历二十四节气（壮族霜降节）	广西壮族自治区天等县
329		11	X-85	民间信俗（钦州跳岭头）	广西壮族自治区钦州市
330		12	X-122	中元节（资源河灯节）	广西壮族自治区资源县

续表 9

序号	省区	省内序号	项目编号	项目名称	申报地区或单位
331	重庆	1	I-149	广阳镇民间故事	重庆市南岸区
332		2	Ⅲ-121	玩牛	重庆市石柱土家族自治县
333		3	Ⅱ-109	苗族民歌	重庆市彭水苗族土家族自治县
334		4	X-84	庙会（宝顶架香庙会）	重庆市大足区
335		5	X-84	庙会（丰都庙会）	重庆市丰都县
336	四川	1	I-141	毕阿史拉则传说	四川省金阳县
337		2	I-152	玛牧	四川省喜德县
338		3	Ⅱ-158	西岭山歌	四川省大邑县
339		4	Ⅱ-163	毕摩音乐	四川省美姑县
340		5	Ⅲ-122	古蔺花灯	四川省古蔺县
341		6	Ⅲ-123	登嘎甘　（熊猫舞）	四川省九寨沟县
342		7	Ⅶ-114	毕摩绘画	四川省美姑县
343		8	X-156	彝族服饰	四川省昭觉县
344		9	Ⅱ-30	多声部民歌（阿尔麦多声部民歌）	四川省黑水县
345		10	Ⅱ-128	洞经音乐（邛都洞经音乐）	四川省西昌市
346		11	Ⅲ-82	堆谐（甘孜踢踏）	四川省甘孜县
347		12	Ⅳ-92	木偶戏（中型杖头木偶戏）	四川省资中县
348		13	Ⅳ-157	阳戏（射箭提阳戏）	四川省广元市昭化区
349		14	Ⅶ-51	竹编（道明竹编）	四川省崇州市
350		15	Ⅷ-100	传统棉纺织技艺（傈僳族火草织布技艺）	四川省德昌县
351		16	Ⅷ-110	地毯织造技艺（阆中丝毯织造技艺）	四川省阆中市
352		17	Ⅷ-154	酱油酿造技艺（先市酱油酿造技艺）	四川省合江县
353		18	X-85	民间信俗（康定转山会）	四川省康定县
354		19	X-90	祭祖习俗（凉山彝族尼木措毕祭祀）	四川省美姑县
355	贵州	1	Ⅱ-156	土家族民歌	贵州省沿河土家族自治县
356		2	Ⅲ-124	阿妹戚托	贵州省晴隆县
357		3	Ⅲ-125	布依族转场舞	贵州省册亨县
358		4	Ⅸ-22	布依族医药（益肝草制作技艺）	贵州省贵定县
359		5	X-150	仡佬族三幺台习俗	贵州省道真仡佬族苗族自治县
360		6	X-157	布依族服饰	贵州省
361		7	X-158	侗族服饰	贵州省黔东南苗族侗族自治州
362		8	Ⅲ-23	苗族芦笙舞	贵州省普安县
363		9	Ⅳ-89	傩戏（庆坛）	贵州省金沙县
364		10	Ⅶ-16	剪纸（水族剪纸）	贵州省黔南布衣族苗族自治州
365		11	Ⅷ-148	绿茶制作技艺（都匀毛尖茶制作技艺）	贵州省都匀市
366		12	X-12	三月三（报京三月三）	贵州省镇远县
367		13	X-19	苗族鼓藏节	贵州省榕江县

续表 10

序号	省区	省内序号	项目编号	项目名称	申报地区或单位
368		14	Ⅹ-85	民间信俗（屯堡抬亭子）	贵州省安顺市西秀区
369		15	Ⅹ-142	规约习俗（侗族款约）	贵州省黎平县
370	云南	1	Ⅰ-153	黑白战争	云南省丽江市古城区
371		2	Ⅱ-164	剑川白曲	云南省大理白族自治州
372		3	Ⅲ-126	耳子歌	云南省大理白族自治州
373		4	Ⅲ-127	铓鼓舞	云南省建水县
374		5	Ⅲ-128	水鼓舞	云南省瑞丽市
375		6	Ⅲ-129	怒族达比亚舞	云南省福贡县
376		7	Ⅷ-235	蒙自过桥米线制作技艺	云南省蒙自市
377		8	Ⅹ-146	苗族花山节	云南省屏边苗族自治县
378		9	Ⅹ-156	彝族服饰	云南省楚雄彝族自治州
379		10	Ⅲ-21	热巴舞	云南省迪庆藏族自治州
380		11	Ⅷ-40	银饰锻制技艺（鹤庆银器锻制技艺）	云南省鹤庆县
381		12	Ⅷ-149	红茶制作技艺（滇红茶制作技艺）	云南省凤庆县
382		13	Ⅸ-4	中医传统制剂方法（昆中药传统中药制剂）	云南省昆明市
383		14	Ⅸ-19	彝医药（拨云锭制作技艺）	云南省楚雄市
384		15	Ⅹ-85	民间信俗（梅里神山祭祀）	云南省德钦县
385		16	Ⅹ-85	民间信俗（女子太阳山祭祀）	云南省西畴县
386		17	Ⅹ-107	茶俗（白族三道茶）	云南省大理市
387	西藏	1	Ⅶ-115	彩砂坛城绘制	西藏自治区日喀则市
388		2	Ⅹ-145	望果节	西藏自治区
389		3	Ⅱ-21	藏族拉伊（那曲拉伊）	西藏自治区那曲地区
390		4	Ⅱ-138	佛教音乐（雄色寺绝鲁）	西藏自治区曲水县
391		5	Ⅲ-22	羌姆（桑耶寺羌姆）	西藏自治区扎囊县
392		6	Ⅲ-22	羌姆（门巴族拔羌姆）	西藏自治区错那县
393		7	Ⅲ-22	羌姆（江洛德庆曲林寺尼姑羌姆）	西藏自治区日喀则市
394		8	Ⅲ-22	羌姆（林芝米纳羌姆）	西藏自治区林芝县
395		9	Ⅲ-39	卓舞（琼结久河卓舞）	西藏自治区琼结县
396		10	Ⅲ-80	宣舞（札达卡尔玛宣舞）	西藏自治区阿里地区
397		11	Ⅶ-64	藏文书法（尼赤）	西藏自治区
398		12	Ⅷ-124	民族乐器制作技艺（扎念琴制作技艺）	西藏自治区拉孜县
399		13	Ⅸ-9	藏医药（山南藏医药浴法）	西藏自治区山南地区
400	陕西	1	Ⅰ-142	仓颉传说	陕西省白水县
401		2	Ⅰ-142	仓颉传说	陕西省洛南县
402		3	Ⅱ-159	旬阳民歌	陕西省旬阳县
403		4	Ⅵ-82	幻术（周化一魔术）	陕西省
404		5	Ⅰ-125	谚语（陕北民谚）	陕西省榆林市

续表 11

序号	省区	省内序号	项目编号	项目名称	申报地区或单位
405		6	Ⅳ-92	木偶戏（陕西杖头木偶戏）	陕西省
406		7	Ⅳ-99	眉户	陕西省戏曲研究院
407		8	Ⅶ-56	石雕（富平石刻）	陕西省富平县
408		9	Ⅶ-56	石雕（绥德石雕）	陕西省绥德县
409		10	Ⅸ-4	中医传统制剂方法（马明仁膏药制作技艺）	陕西省西安市碑林区
410		11	Ⅹ-71	元宵节（彬县灯山会）	陕西省彬县
411		12	Ⅹ-85	民间信俗（迎城隍）	陕西省西安市
412		13	Ⅹ-90	祭祖习俗（徐村司马迁祭祀）	陕西省韩城市
413	甘肃	1	Ⅷ-241	古建筑修复技艺	甘肃省永靖县
414		2	Ⅱ-20	花儿（张家川花儿）	甘肃省张家川回族自治县
415		3	Ⅳ-91	皮影戏（通渭影子腔）	甘肃省通渭县
416		4	Ⅶ-16	剪纸（定西剪纸）	甘肃省定西市
417		5	Ⅷ-35	生铁冶铸技艺	甘肃省永靖县
418		6	Ⅷ-110	地毯织造技艺（天水丝毯织造技艺）	甘肃省天水市秦州区
419		7	Ⅹ-85	民间信俗（岷县青苗会）	甘肃省岷县
420	青海	1	Ⅰ-143	骆驼泉传说	青海省循化撒拉族自治县
421		2	Ⅰ-154	祁家延西	青海省互助土族自治县
422		3	Ⅱ-160	撒拉族民歌	青海省循化撒拉族自治县
423		4	Ⅲ-130	锅哇（玉树武士舞）	青海省玉树藏族自治州
424		5	Ⅷ-221	藏族鎏钴技艺	青海省
425		6	Ⅱ-105	蒙古族民歌	青海省海西蒙古族藏族自治州
426		7	Ⅱ-115	藏族民歌（藏族酒曲）	青海省海南藏族自治州
427		8	Ⅸ-9	藏医药（藏医放血疗法）	青海省
428		9	Ⅹ-113	藏族服饰	青海省海南藏族自治州
429	宁夏	1	Ⅰ-144	回族民间故事	宁夏回族自治区泾源县
430		2	Ⅴ-126	宁夏小曲	宁夏回族自治区银川市
431		3	Ⅳ-16	秦腔	宁夏回族自治区
432		4	Ⅶ-16	剪纸（回族剪纸）	宁夏回族自治区
433		5	Ⅶ-38	砖雕（固原砖雕）	宁夏回族自治区固原市
434		6	Ⅷ-111	滩羊皮鞣制工艺（二毛皮制作技艺）	宁夏回族自治区
435		7	Ⅸ-17	回族医药（陈氏回族医技十法）	宁夏回族自治区吴忠市
436		8	Ⅹ-85	民间信俗（同心莲花山青苗水会）	宁夏回族自治区同心县
437	新疆	1	Ⅰ-148	阿凡提故事	新疆维吾尔自治区喀什地区
438		2	Ⅰ-150	西王母神话	新疆维吾尔自治区阜康市
439		3	Ⅱ-161	锡伯族民歌	新疆维吾尔自治区察布查尔锡伯自治县
440		4	Ⅱ-170	蒙古族托布秀尔音乐	新疆维吾尔自治区博尔塔拉蒙古自治州
441		5	Ⅲ-131	纳孜库姆	新疆维吾尔自治区吐鲁番市

续表 12

序号	省区	省内序号	项目编号	项目名称	申报地区或单位
442		6	Ⅴ－127	托勒敖	新疆维吾尔自治区尼勒克县
443		7	Ⅶ－119	满文、锡伯文书法	新疆维吾尔自治区乌鲁木齐市
444		8	Ⅶ－121	错金银	新疆维吾尔自治区乌鲁木齐市天山区
445		9	Ⅷ－236	坎儿井开凿技艺	新疆维吾尔自治区吐鲁番市
446		10	Ⅸ－23	哈萨克族医药（布拉吾药浴熏蒸疗法、卧塔什正骨术、冻伤疗法）	新疆维吾尔自治区阿勒泰地区
447		11	Ⅹ－159	柯尔克孜族服饰	新疆维吾尔自治区乌恰县
448		12	Ⅱ－116	维吾尔族民歌	新疆维吾尔自治区伊宁市
449		13	Ⅱ－116	维吾尔族民歌	新疆维吾尔自治区库车县
450		14	Ⅲ－96	赛乃姆（和田赛乃姆）	新疆维吾尔自治区于田县
451		15	Ⅵ－16	蒙古族搏克	新疆维吾尔自治区乌苏市
452		16	Ⅵ－43	赛马会（哈萨克族赛马）	新疆维吾尔自治区富蕴县
453		17	Ⅸ－21	维吾尔医药（沙疗）	新疆维吾尔自治区吐鲁番市
454	新疆生产建设兵团	18	Ⅳ－16	秦腔	新疆生产建设兵团
455	香港	1	Ⅱ－34	古琴艺术	香港特别行政区
456		2	Ⅱ－139	道教音乐（全真道堂科仪音乐）	香港特别行政区
457		3	Ⅲ－43	麒麟舞（西贡坑口客家舞麒麟）	香港特别行政区
458		4	Ⅹ－85	民间信俗（黄大仙信俗）	香港特别行政区
459	澳门	1	Ⅹ－36	妈祖祭典（澳门妈祖信俗）	澳门特别行政区
460		2	Ⅹ－85	民间信俗（澳门哪吒信俗）	澳门特别行政区
461					
462	中直单位	1	Ⅶ－122	赏石艺术	中国观赏石协会
463		2	Ⅷ－223	古代钟表修复技艺	故宫博物院
464		3	Ⅶ－32	金石篆刻	中国艺术研究院

第二批国家级非物质文化遗产生产性保护示范基地名单
（59 家企业或单位）

序号	省份	企业或单位名称	项目类别	项目名称
1	北京	中国北京同仁堂（集团）有限责任公司	传统医药	同仁堂中医药文化(传统中药材炮制技艺)
2	天津	天津杨柳青画社	传统美术	杨柳青木版年画
3	河北	峰峰矿区大家陶艺有限责任公司	传统技艺	磁州窑烧制技艺
4		衡水一壶斋工艺品有限公司	传统美术	衡水内画
5		大厂回族自治县良盛达花丝镶嵌特艺有限公司	传统技艺	花丝镶嵌制作技艺
6	山西	山西广誉远国药有限公司	传统医药	中医传统制剂方法（龟龄集传统制作技艺、定坤丹制作技艺）
7		稷山赵氏四味坊传统面点传习中心	传统技艺	传统面食制作技艺（稷山传统面点制作技艺）
8	内蒙古	阿拉善左旗恒瑞翔地毯有限责任公司	传统技艺	地毯织造技艺（阿拉善地毯织造技艺）
9	辽宁	阜新市细河区珏艺轩玛瑙素活制品厂	传统美术	阜新玛瑙雕
10	吉林	延吉市民族乐器研究所	传统技艺	民族乐器制作技艺（朝鲜族民族乐器制作技艺）
11	黑龙江	哈尔滨市群力新区文化产业发展中心	传统美术	剪纸（方正剪纸）
12	上海	上海周虎臣曹素功笔墨有限公司	传统技艺	毛笔制作技艺（周虎臣毛笔制作技艺） 徽墨制作技艺（曹素功墨锭制作技艺）
13		上海朵云轩艺术发展有限公司	传统技艺	木版水印技艺
14	江苏	苏州镇湖刺绣艺术馆有限公司	传统美术	苏绣
15		扬州广陵古籍刻印社	传统技艺	雕版印刷技艺
16	浙江	杭州王星记扇业有限公司	传统技艺	制扇技艺（王星记扇）
17		湖州市善琏湖笔厂	传统技艺	湖笔制作技艺
18		金星铜集团有限公司	传统技艺	铜雕技艺
19	安徽	黄山徽州竹艺轩雕刻有限公司	传统美术	徽州三雕
20	福建	福建省德化县宏益陶瓷雕塑研究所	传统技艺	德化瓷烧制技艺
21		厦门惟艺漆线雕艺术有限公司	传统技艺	厦门漆线雕技艺
22		莆田市善艺李氏工艺有限公司	传统美术	木雕（莆田木雕）
23	江西	江西婺源朱子实业有限公司	传统技艺	歙砚制作技艺
24	山东	鄄城县鲁锦工艺品有限责任公司	传统技艺	鲁锦织造技艺
25		潍坊杨家埠民俗艺术有限公司	传统技艺 传统美术	风筝制作技艺（潍坊风筝） 杨家埠木版年画
26	河南	洛阳九朝文物复制品有限公司	传统技艺	唐三彩烧制技艺
27		开封市素花宋绣工艺有限公司	传统美术	汴绣
28		汝州市朱文立汝瓷艺术有限公司	传统技艺	汝瓷烧制技艺
29	湖北	武汉高龙城投资管理有限公司	传统美术	木雕（武汉木雕船模）

续表

序号	省份	企业或单位名称	项目类别	项目名称
30		孝感天仙雕花剪纸有限公司	传统美术	剪纸（孝感雕花剪纸）
31		夏氏丹药制作基地（夏大中）	传统医药	中医传统制剂方法（夏氏丹药制作技艺）
32		荆州市唯楚木艺有限公司	传统技艺	漆器髹饰技艺(楚式漆器髹饰技艺)
33		黄梅巾帼挑花工艺有限公司	传统美术	挑花（黄梅挑花）
34	湖南	湖南省湘绣研究所	传统美术	湘绣
35		醴陵陈扬龙釉下五彩瓷艺术中心	传统技艺	醴陵釉下五彩瓷烧制技艺
36	广东	潮州市潮绣研究所	传统美术	粤绣（潮绣）
37		肇庆市端州区华兴端砚厂	传统技艺	端砚制作技艺
38	海南	海南合田旅业有限公司	传统技艺	黎族传统纺染织绣技艺
39		海南锦绣织贝实业有限公司	传统技艺	黎族传统纺染织绣技艺
40	广西	广西钦州坭兴陶艺有限公司	传统技艺	陶器烧制技艺（钦州坭兴陶烧制技艺）
41	重庆	重庆市永川豆豉食品有限公司	传统技艺	豆豉酿制技艺（永川豆豉酿制技艺）
42	四川	康定大吉香巴拉文化发展有限公司	传统美术	藏族唐卡（噶玛嘎孜画派）
43		凉山彝族自治州民政民族工艺厂	传统技艺	彝族漆器髹饰技艺
44		四川省青神县云华竹旅有限公司	传统美术	竹编（青神竹编）
45		汶川杨华珍藏羌织绣文化传播有限公司	传统美术	藏族编织、挑花刺绣工艺 羌族刺绣
46	贵州	台江芳佤银饰刺绣有限公司	传统美术	苗绣
47		贵州丹寨宁航蜡染有限公司	传统技艺	苗族蜡染技艺
48	云南	剑川县兴艺古典木雕家具厂	传统美术	木雕（剑川木雕）
49		大理市周城璞真综艺染坊	传统技艺	白族扎染技艺
50	西藏	拉萨市城关区古艺建筑美术公司	传统技艺	藏族矿植物颜料制作技艺
51		西藏唐卡画院	传统美术	藏族唐卡（勉萨画派）
52	青海	金诃藏药药业股份有限公司	传统医药	藏医药（七十味珍珠丸赛太炮制技艺）
53		囊谦藏族民间黑陶工艺有限责任公司	传统技艺	陶器烧制技艺（藏族黑陶烧制技艺）
54	陕西	铜川市印台区陈炉镇民间工艺瓷厂	传统技艺	耀州窑陶瓷烧制技艺
55	甘肃	夏河县拉扑楞摩尼宝藏族文化艺术有限公司	传统美术	藏族唐卡（甘南藏族唐卡）
56	宁夏	宁夏隆德杨氏彩塑文物艺术有限公司	传统美术	泥塑（杨氏家庭泥塑）
57	新疆	和田托提瓦柯桑皮纸国家贸易有限公司	传统技艺	维吾尔族桑皮纸制作技艺
58		洛浦县时代地毯厂	传统技艺	地毯织造技艺（维吾尔族地毯织造技艺）
59	新疆兵团	新疆生产建设兵团农业建设第六师红旗农场	传统美术	哈萨克毡绣和布绣

全国文化系统先进集体名单（150 个）

北京市

北京市曲剧团
北京市石景山区图书馆

天津市

天津市群众艺术馆
天津市和平区文化和旅游局
天津市东丽区图书馆

河北省

河北省图书馆
石家庄市文化广电新闻出版局
秦皇岛市群众艺术馆
邢台市图书馆
唐山市丰南区文化广播电视新闻出版局
临漳县文化广播影视新闻出版局

山西省

山西省晋剧院
山西华夏之根艺术团
晋中市文化广电新闻出版局
运城市文化广电新闻出版局
吕梁市民间艺术团（临县道情研究中心）

内蒙古自治区

呼和浩特市文化广播电影电视局
赤峰市图书馆
阿巴嘎旗乌兰牧骑

辽宁省

辽宁芭蕾舞团
辽宁省文物考古研究所
大连市图书馆
锦州市文化广电新闻出版局
营口市文化广播电影电视局

吉林省

长春市图书馆
吉林省艺术研究院
延边歌舞团
柳河县文化广电新闻出版局

黑龙江省

黑龙江省非物质文化遗产保护中心
黑龙江省文化艺术发展中心
齐齐哈尔市文化广电新闻出版局
富锦市文化广电新闻出版局

上海市

上海市群众艺术馆
上海交响乐团
上海昆剧团
上海浦东图书馆

江苏省

无锡市文化广电新闻出版局
苏州博物馆
连云港市女子民族乐团
扬州市邗江区文化体育新闻出版局
溧阳市文化广电体育局
靖江市文化广电新闻出版局
泗阳县文化广电新闻出版局

浙江省

浙江京昆艺术中心（浙江京剧团）
杭州市余杭区文化广电新闻出版局
宁波市文物考古研究所
嘉兴市文化广电新闻出版局
金华市非物质文化遗产保护中心
台州市图书馆
诸暨市文化馆
平阳县鳌江镇文化服务中心

安徽省

安徽省文物考古研究所
安徽中国徽州文化博物馆
蚌埠市文化广电新闻出版局
马鞍山市文化委员会
金寨县文化广电新闻出版局（版权局）
怀宁县月山镇综合文化站

福建省

福建省图书馆
福州市文化市场综合执法支队
厦门歌仔戏研习中心
莆田市荔城区西天尾镇综合文化站

江西省
抚州市图书馆
鹰潭市艺术创作研究所
宜春市文化和新闻出版局
分宜县文化广电新闻出版局
于都县长征源合唱团

山东省
山东省吕剧艺术保护传承中心（山东省吕剧院）
山东省文化艺术学校
淄博市五音戏剧院
济宁市文化广电新闻出版局
泰安市文化广电新闻出版局
威海市文化广电新闻出版局
滨州市群众艺术馆

河南省
河南省话剧艺术中心
河南省群众艺术馆
郑州市文物局
开封市文化广电新闻出版局
洛阳市文化广电新闻出版局
平顶山市文化广电新闻出版局
济源市文化广电新闻出版局

湖北省
湖北美术馆
武汉市群众艺术馆
宜昌市文化局
襄阳市图书馆
荆门市群众艺术馆
孝感市图书馆

湖南省
湖南图书馆
长沙市文化广电新闻出版局
株洲市图书馆
衡阳市文化广电新闻出版局
常德市文化馆
永州市零陵区文化局

广东省
广东粤剧院
佛山市南海区文体旅游局
汕尾市文化广电新闻出版局社会文化艺术科
东莞图书馆
雷州市博物馆
乳源瑶族自治县文体旅游局
龙门县文化艺术服务中心

海南省
海口市群众艺术馆
保亭黎族苗族自治县文化广电出版体育局

广西壮族自治区
广西壮族自治区文化稽查总队
南宁市文化新闻出版局
北海市少年儿童图书馆
来宾市文化新闻出版局

重庆市
重庆图书馆
重庆演艺集团有限责任公司
重庆市北碚区文化广电新闻出版局

四川省
成都市文化馆
乐山市文化馆
甘孜藏族自治州文化体育和广播影视局
凉山彝族自治州文化影视新闻出版局
邓小平图书馆
富顺县文体广电和新闻出版局
丹棱县文化广播影视新闻出版局

贵州省
贵州省花灯剧院有限责任公司
贵阳市群众艺术馆
遵义市图书馆
普定县文体广电旅游局

云南省
云南省非物质文化遗产保护中心
保山市文化广播电视新闻出版局
楚雄彝族自治州文化体育局
红河哈尼族彝族自治州歌舞团
迪庆藏族自治州文化局
玉龙纳西族自治县文化体育广电新闻出版局

西藏自治区
山南地区文化局
林芝地区文化广播电影电视局

陕西省
陕西省图书馆
陕西省歌舞剧院有限公司
宝鸡市文化广电新闻出版局
渭南市文化艺术中心
延安市文化广电新闻出版局
汉中市文化广电新闻出版局

洛南县群众艺术馆

甘肃省

甘肃省陇剧院
甘肃秦腔艺术剧院有限责任公司
兰州市文物局

青海省

西宁市文化广播电视局
格尔木市文化馆

宁夏回族自治区

宁夏演艺集团秦腔剧院有限公司
固原市原州区文化体育旅游局

新疆维吾尔自治区
新疆文物古迹保护中心
新疆艺术剧院话剧团
阿克苏地区文化体育广播影视局
哈密地区文化体育广播影视新闻出版（版权）局

新疆生产建设兵团

新疆生产建设兵团文化中心
第六师五家渠市文化局

文化部直属单位

国家图书馆立法决策服务部
故宫博物院开放管理处
中国国家博物馆社会教育宣传部

全国文化系统先进工作者名单（252 名）

北京市

杨凤一（女）	北方昆曲剧院院长
李承刚	东城区文化委员会主任
徐晓辉	西城区文化委员会非物质文化遗产科科长
黄晓伟（女）	朝阳区文化委员会主任

天津市

李俊国	天津市少年儿童图书馆馆长
蒋连升	天津评剧院院长
宁　嘉（女）	西青区文化馆馆员
刘炳山	津南区文化馆馆长
杨国珍（女，回族）	北辰区文化广播电视局局长

河北省

彭蕙蘅（女）	河北艺术职业学院戏剧系副主任
王会民	河北省文物研究所研究馆员
郭新明	唐山市群众艺术馆馆长、书记
李文生	秦皇岛市文化广电新闻出版（版权）局党委书记、局长
张晓阳	保定市艺术研究所所长
杨　铭（满族）	承德市文化广电新闻出版局党组书记、局长
韩国君	承德市避暑山庄管理处副主任
卢留虎	廊坊市文化广电新闻出版局党组书记、局长
田英秋	辛集市文化广电新闻出版局局长
王雪梅（女）	井陉县文化馆馆长
闫世琴（女）	张北县文化广电新闻出版局局长

山西省

刘宇宁（女）	山西省群众艺术馆副馆长
赵中悦	山西省非物质文化遗产保护中心主任
李　钢	太原市文化广电新闻出版局局长、党组书记
田伟泓（女）	阳泉市艺术研究室主任
陈秀英（女）	长治市文化广电新闻出版局局长
成凤英（女）	忻州市北路梆子戏剧研究院副院长
刘培义	山阴县古城镇综合文化站专职文化辅导员

内蒙古自治区

塔　拉（蒙古族）	内蒙古博物院研究馆员
胡延春	内蒙古河套文化博物院院长
王永鑫	乌兰察布市书画院院长
闫淑兰（女）	兴安盟民族歌舞团团长
高晓红（女）	包头市图书馆馆长
郭　栋	鄂尔多斯市文化市场综合执法局执法一队队长
谭福洁	呼伦贝尔市群众艺术馆馆长
赵海君（蒙古族）	科尔沁左翼中旗乌兰牧骑队长、党支部书记

辽宁省

宋晓冬（满族）	辽宁省非物质文化遗产保护中心主任
白文煜	沈阳故宫博物院院长、党委书记
郝武华	抚顺市元帅林文物管理中心主任
王晓滨	本溪市群众艺术馆馆长
刘永新	丹东市群众艺术馆馆长
朱宝清	阜新市文化市场综合执法大队副大队长

杨洪琦　盘锦市文物管理办公室主任
牛　驰　朝阳市文化广电新闻出版局局长、党委书记
韩庆春　葫芦岛市文化广播影视局党委书记、局长
马志华　绥中县文化广播影视新闻出版局局长

吉林省
倪茂才　吉林省戏曲剧院院长
王少君　吉林省中外文化交流中心主任
兰景龙　吉林市文化局副局长
谷　芃　白山市文物保护管理办公室主任
沈秀玉（女，朝鲜族）　延边朝鲜族自治州文化局局长、党委书记
刘永会　东辽县文化广电新闻出版局副局长
季魁江　前郭尔罗斯蒙古族自治县文化广电新闻出版局党委书记、局长
周兴安　梨树县文化广电新闻出版局局长、党委书记

黑龙江省
李春盛　黑龙江省群众艺术馆馆长、书记
王向阳（女）　黑龙江省评剧艺术中心艺委会主任
闻德峰　黑龙江省图书馆工会主席
夏冬祥　大庆市文化广电新闻出版局办公室主任
常玉辉　黑河市文化广电新闻出版局党委书记、局长
尹德全　绥化市文化广电新闻出版局党组书记、局长
刘凤芝（女）　北安市文化广电体育局局长

上海市
华　雯（女）　上海宝山沪剧艺术传承中心主任
吴虎生　上海芭蕾舞团一级演员
李　莉（女）　上海越剧艺术传习所（上海越剧院）院长
朱洁静（女）　上海歌舞团有限公司艺术总监助理
何继英（女）　上海博物馆研究馆员
马晨骋　上海声动亚洲文化发展有限公司副总经理
王甫建　上海民族乐团团长
黄显功　上海图书馆（上海科学技术情报研究所）历史文献中心主任
严小敏　闵行区文化广播影视管理局社会文化科科长
顾静华（女）　松江区文化广播影视管理局党委书记、局长

江苏省
张晓雁　江苏省文化厅人事处处长
晁岱健　江苏省艺术研究院院长
白　宁（女）　南京市博物馆研究馆员
赵　锋　无锡市文化广电新闻出版局艺术处处长
高　伟　连云港市重点文物保护研究所所长
孙玉军　淮安市博物馆馆长、书记
徐新华（女）　盐城市文化广电新闻出版局剧目工作室主任
曹廷昌　扬州市文化馆馆长
孙志军　镇江市茅山新四军纪念馆馆长、书记
陈世海　张家港市文化广电新闻出版局局长、党委书记
吴海燕（女）　新沂市文化广电新闻出版与体育局副局长
陈忠新　海门市文化广电新闻出版局党组书记、局长

浙江省
宋家明　杭州艺术学校校长
徐建成　宁波市文化广电新闻出版局文物与博物馆处处长
宋　捷　湖州市文化广电新闻出版局党委书记、局长
郑利民　衢州市柯城区沟溪乡文化站站长
张红燕（女）　舟山市普陀区虾峙镇文化站站长
潘力峰　丽水市文化馆馆长
马　慧（女）　平湖市图书馆馆长
徐关元　永康市图书馆馆长、书记
李晖华　苍南县文化广电新闻出版局党组书记、局长
施一南（女）　安吉县文化馆馆长

安徽省
高全红（女）　安徽省图书馆财务科科长
詹雄才　合肥市包河区文化广播电视局局长
朱宪宪　淮北市歌舞剧院有限公司总经理
杨文敏（女）　滁州市琅琊区文化馆馆长
陈志强　宿州市文化市场综合执法支队大队长
程新益　池州市贵池区殷汇镇文化站站长
王亚茹（女）　涡阳县文化馆馆长
章丽英（女）　绩溪县瀛洲镇文化站站长
宋忠洋　凤台县花鼓灯艺术团党支部书记

福建省
吴志跃　福建博物院院长
陈健康　福建省歌舞剧院副院长
林丽萍（女）　厦门市图书馆馆长、书记
岳建辉　漳州市布袋木偶传承保护中心主任
余明慧　南平市文化艺术馆馆长
黄　良　晋江市文化体育新闻出版局局长
游再生　柘荣县博物馆馆长

江西省
张斯栋　江西艺术中心主任
刘松涛　南昌新四军军部旧址陈列馆馆长

毛桥华　萍乡市人民剧院、采茶歌舞剧团有限责任公司经理
柯善志　武宁县鲁溪镇宣传文化站站长
李志丹（女）　奉新县文化局局长
赖志良　万安县文化馆馆长
梁玲娜（女）　会昌县文化馆馆长
况忠生　上高县锦江镇综合文化站站长

山东省

郑少华　山东省京剧院院长
宋　玮　山东省文物总店经理
荆聿安　济南市文化局房产管理修建公司经理、党支部书记
于　婧（女）　青岛市图书馆馆长
郭斌照　东营市文化广电新闻出版局文化艺术科科长
徐　明　烟台市文化广电新闻出版局局长、党委书记
郑玉霞（女）　日照市文化广电新闻出版局局长、党组书记
李春明（女）　莱芜市莱芜梆子剧团一级编剧
张海燕（女）　德州市图书馆副馆长
章　兰（女）　聊城市豫剧院院长、党支部书记
陈庆勇　菏泽市文化广电新闻出版局局长、党组书记
董　晖　菏泽市文化市场综合执法局党组成员

河南省

闫敬彩（女）　河南省文化厅艺术处处长
周家平　河南博物院工会主席
王仕俊　河南艺术中心主任
孟祥礼　河南省曲剧艺术保护传承中心主任
化建国　河南省美术馆馆长
柏　青（女，回族）　河南豫剧院二团党办主任
王金涛　安阳市文化广电新闻出版局局长
黄力杨　许昌市戏曲艺术发展中心主任
张瑞琴（女）　漯河市群众艺术馆馆长
史智民　三门峡市文物考古研究所所长
逯熙鹏　巩义市文化广电新闻出版局局长
吴曾明　固始县文化广电新闻出版局非物质文化遗产保护中心副主任

湖北省

胡应明　湖北省艺术研究所一级编剧
徐力文（女）　湖北省图书馆研究馆员
刘　薇（女）　武汉京剧院院长
官东平　黄石市文化局副局长
吴　刚　十堰市群众艺术馆副研究馆员
周克斌　鄂州市群众艺术馆馆长
李发国　荆州市沙市区岑河镇综合文化站站长
肖德梅　黄冈市博物馆党支部书记
吕文军　随州市曾都区文化体育广播电影电视局党组书记、局长
熊天霞（女）　崇阳县提琴戏传承发展中心主任

湖南省

刘俭旺　湖南省文化厅直属机关党委专职副书记
游振群（女）　湖南省博物馆研究馆员
王铭祥　邵阳市文化广电新闻出版局局长、党委书记
朱　霞（女）　岳阳市文化市场综合执法局人事科科长
丁丽芬（女）　怀化市鹤城区阳戏保护传承中心主任
彭运敏（土家族）　湘西土家族苗族自治州保靖县普戎镇文化站站长
莫柏槐　湘潭县文化体育广电新闻出版局党组书记、局长
张贵庭（土家族）　石门县罗坪乡综合文化站站长
王文金　桂阳县文化广电新闻出版局副局长

广东省

彭庆华　广东粤剧院粤剧青年团副团长
刘　莹（女）　广东省星海音乐厅主任
欧小胡　广州粤剧院有限公司总经理、艺术总监
任志录　深圳市文物考古鉴定所所长
胡尚明　江门市五邑图书馆馆长
欧荣生　肇庆市文化广电新闻出版局党组书记、局长
罗川山　惠州市文化广电新闻出版局党组书记、局长
李新华　清远市艺术研究室二级编剧
黄晓丽（女）　东莞市长安镇宣传文体局局长
赵幼云（女）　中山市文化馆馆长
李锡洁　揭阳市群众艺术馆馆长
李　林　云浮市文化广电新闻出版局文物管理科科长
肖丽琼（女）　南雄市文化广电新闻出版局局长
黄伟强　大埔县文化广电新闻出版局局长

海南省

王　双（女）　澄迈县文化广电出版体育局局长
邢　莉（女）　定安县文化广电出版体育局局长

广西壮族自治区

黄燕熙（壮族）　广西壮族自治区文化厅办公室主任
常剑钧（仫佬族）　广西壮族自治区艺术创作中心主任
王　頠（土家族）　广西民族博物馆馆长
哈　丹（女，回族）　广西壮族自治区戏剧院一级演员
秦　彬　八路军桂林办事处纪念馆文博馆员
张绍旭（壮族）　防城港市防城区茅岭乡文化体育广播电视站站长
范向健（女）　北流市文化馆馆长
姚　文（壮族）　扶绥县山圩镇文化广播电视站站长

重庆市

邹后曦　重庆市文化遗产研究院院长
周　利（女）　重庆市京剧团有限责任公司副总经理
艾智科　重庆中国三峡博物馆副研究馆员
毕富纯　重庆市群众艺术馆馆长、书记
张晓耿（女）　南岸区图书馆馆长
黎　斗　綦江区地方文化促进中心主任
郑丽娟（女）　巴南区文化广电新闻出版局党组书记、局长

四川省

高大伦　四川省文物考古研究院院长
胡　海　四川省资中县木偶剧团团长
刘　澍　德阳市文化广播影视新闻出版局“扫黄打非”办公室专职副主任
马宗舜　绵阳市文化广播影视新闻出版局党组书记、局长
勾中进　遂宁市文化广播电影电视局党委书记、局长
唐国良　南充市非物质文化遗产保护中心副主任
钟　艋　宜宾市文化馆馆长
戴　鸿（女）　达州市文化广播影视新闻出版版权局副局长
汪信龙　巴中市文物局负责人
张　强　资阳市文化馆馆长、支部书记
杨　平（羌族）　阿坝藏族羌族自治州理县文化体育广播影视新闻出版局副局长
游书勇　泸县文化体育广播电影电视局党委书记

贵州省

余漫江（女）　六盘水市文化馆馆长
袁　坤（侗族）　岑巩县思旸镇科技宣教文化信息服务中心主任
张金英（女）　贵定县文化馆馆长
陆定龙（布依族）　安龙县洒雨镇科技宣教文化信息旅游服务中心主任
张　敏（女，彝族）威宁彝族回族苗族自治县文化馆馆长

云南省

欧阳俊虎　云南文化艺术职业学院院长
郭维平　云南省滇剧院院长
彭　磊　昆明市盘龙区文化体育旅游局局长
纪爱华　曲靖市文化体育局党委书记、局长
岳　川（彝族）　玉溪市文化局党组成员、机关党委书记
刘学春（彝族）　普洱市思茅区文化体育和广播电视局局长
傅东云　临沧市文化馆副研究馆员
杨长城（白族）　大理白族自治州文物管理所所长
李旭华（独龙族）　怒江傈僳族自治州民族文化工作团歌队队长
林　兵　安宁市文体广电旅游局文化科科长

西藏自治区

索朗旺堆（藏族）　那曲地区群众艺术馆书记
刘迎会（女）　林芝地区文化广播电影电视局文化科科长
普布卓玛（女，藏族）西藏展览中心主任
尼玛顿珠（藏族）　西藏自治区话剧团创研室主任

陕西省

洪济龙　陕西省艺术馆馆长
王升荣　西安市群众艺术馆馆长
李　勇　铜川市图书馆馆长
陈碧红（女）　宝鸡市图书馆副馆长
程晓峰　咸阳市文化市场综合执法支队支队长
杨　颜　榆林市文化广电新闻出版局副局长
袁朝玲（女）　安康汉调二黄研究院院长
王海青（女）　商洛市群众艺术馆馆长

甘肃省

史　勇　甘肃省文物局办公室主任科员
彭德明　甘肃省歌剧院院长
顾善忠　甘肃省文化艺术研究所所长
李林安　甘肃省杂技团有限责任公司董事长

青海省

任晓燕（女）　青海省文物考古研究所所长
昂亲拉毛（女，藏族）果洛藏族自治州图书馆馆长
关却杰（藏族）　兴海县文化体育广播电视局局长
马金国（回族）　祁连县文化体育广播电视局局长

宁夏回族自治区

袁　泉（回族）　宁夏回族自治区文化馆文艺部主任
季　妍（女）　银川市文化艺术馆馆长

新疆维吾尔自治区

吴　勇　新疆维吾尔自治区文物考古研究所汉唐考古部主任
孔都孜扎衣塔亚（女，维吾尔族）　新疆艺术剧院歌剧团二级演员
叶梅（女，哈萨克族）新疆维吾尔自治区龟兹研究院文物保护所所长
陈新民　阿勒泰地区文化体育广播影视局党组书记、副局长
李　军　克拉玛依市图书馆馆长
徐健康　阿合奇县新农村数字电影管理站站长

新疆生产建设兵团

申　健　新疆生产建设兵团歌舞剧团团长
夏　明　新疆生产建设兵团第一师阿拉尔市文化馆馆长

文化部直属单位

骆芃芃（女） 中国艺术研究院中国篆刻艺术院院长

刘月明 中国歌剧舞剧院一级演员

张 伟 中国儿童艺术剧院舞美管理部主任

朱 妍（女） 中央芭蕾舞团一级演员

焦延杰 文化部全国公共文化发展中心培训保障部处长助理

全国文化系统劳动模范名单（6 名）

浙江省

王文龙 浙江话剧团有限公司董事长兼总经理

裘建平 浙江省绍兴大剧院管理经营有限公司、绍兴市演出有限公司董事长兼总经理

湖南省

陈介辉 湖南省演艺集团有限责任公司总经理

海南省

李士伟 澄迈县歌舞团团长

宁夏回族自治区

马 仟（女） 宁夏演艺集团歌舞剧院有限公司舞蹈队副队长

新疆维吾尔自治区

阿巴斯·阿布都肉苏力（维吾尔族） 喀什市帕哈太克里乡文化站站长

全国文化先进单位（文化先进县、市、区）名单（共 98 个）

北京市延庆县
天津市滨海新区
河北省张北县
河北省井陉县
河北省平泉县
河北省永年县
山西省原平市
山西省长子县
内蒙古自治区土默特右旗
内蒙古自治区敖汉旗
内蒙古自治区科尔沁右翼中旗
内蒙古自治区达拉特旗
辽宁省清原县
辽宁省东港市
辽宁省盘锦市兴隆台区
吉林省长春市绿园区
吉林省通化县
黑龙江省同江市
黑龙江省北安市
黑龙江省绥棱县
黑龙江省穆棱市
上海市闵行区
上海市金山区
江苏省句容市
江苏省洪泽县
江苏省阜宁县
江苏省如皋市
江苏省南京市高淳区
浙江省杭州市江干区
浙江省龙泉市
浙江省玉环县
浙江省宁海县
浙江省瑞安市
安徽省怀远县
安徽省霍山县
安徽省芜湖县
安徽省滁州市南谯区
福建省厦门市集美区
福建省闽侯县
福建省将乐县
福建省上杭县
江西省婺源县
江西省乐平市
江西省新干县
江西省南昌市东湖区
山东省济南市历城区
山东省诸城市
山东省肥城市
山东省乳山市
山东省泰安市泰山区

河南省永城市
河南省平顶山市卫东区
河南省修武县
河南省义马市
河南省舞钢市
湖北省大冶市
湖北省天门市
湖北省红安县
湖北省利川市
湖南省常德市鼎城区
湖南省长沙县
湖南省隆回县
湖南省新化县
广东省广州市荔湾区
广东省大埔县
广东省开平市
广东省汕头市龙湖区
广东省怀集县
海南省澄迈县
广西壮族自治区罗城县
广西壮族自治区三江县
广西壮族自治区武鸣县
重庆市长寿区
四川省成都市锦江区
四川省广汉市
四川省阆中市
四川省大英县
四川省泸县
贵州省瓮安县
贵州省兴仁县
贵州省榕江县
贵州省普定县
云南省弥渡县
云南省澜沧县
云南省昌宁县
西藏自治区隆子县
陕西省高陵县
陕西省三原县
陕西省志丹县
陕西省千阳县
甘肃省肃南县
甘肃省清水县
青海省互助县
宁夏回族自治区银川市西夏区
新疆维吾尔自治区富蕴县
新疆维吾尔自治区库尔勒市
新疆维吾尔自治区奇台县
新疆生产建设兵团第8师石河子市

2014年全国文化志愿服务组织工作优秀单位名单（43个）

一、省（区、市）文化厅（局）（20个）

1.天津市文化广播影视局
2.河北省文化厅
3.辽宁省文化厅
4.江苏省文化厅
5.浙江省文化厅
6.福建省文化厅
7.山东省文化厅
8.河南省文化厅
9.湖北省文化厅
10.广东省文化厅
11.海南省文化广电出版体育厅
12.广西壮族自治区文化厅
13.重庆市文化委员会
14.四川省文化厅
15.贵州省文化厅
16.西藏自治区文化厅
17.陕西省文化厅
18.青海省文化和新闻出版厅
19.宁夏回族自治区文化厅
20.新疆维吾尔自治区文化厅

二、国家公共文化服务体系示范区（创建）城市文化局（12个）

1.山西省长治市文化广电新闻出版局
2.内蒙古自治区鄂尔多斯市文化局
3.吉林省延边朝鲜族自治州文化局
4.黑龙江省哈尔滨市南岗区文化体育局
5.山东省青岛市文化广电新闻出版局
6.山东省烟台市文化广电新闻出版局
7.河南省洛阳市文化广电新闻出版局
8.重庆市北碚区文化广电新闻出版局
9.四川省成都市文化局
10.贵州省贵阳市文化广播电影电视局
11.西藏自治区山南地区文化局
12.宁夏回族自治区石嘴山市文化广播电视旅游局

三、文化部直属单位和国家艺术院团（11个）

1.中国艺术研究院
2.中央文化管理干部学院
3.国家京剧院

4.中国歌剧舞剧院
5.中国交响乐团
6.中国儿童艺术剧院
7.文化部全国公共文化发展中心
8.中央民族歌舞团
9.中国煤矿文工团
10.中国广播艺术团
11.中华全国总工会文工团

2014年“文化志愿服务推进年”示范项目名单（117个）

一、“春雨工程”——全国文化志愿者边疆行示范项目（30个）

1.中国艺术研究院文化志愿者边疆行
执行单位：中国艺术研究院
2.少数民族自治州公共文化服务体系建设与效能提升专题研讨班
执行单位：中央文化管理干部学院
3.全国贫困地区文化局长区域文化建设专题研讨班
执行单位：中央文化管理干部学院
4.东北、西北地区地级市群艺馆影视制作培训班
执行单位：文化部全国公共文化发展中心
5.文化共享工程志愿者边疆行
执行单位：文化部全国公共文化发展中心
6.天津河西区文化志愿者内蒙乌海行
执行单位：天津市河西区文化局
7.天津文化志愿者西藏昌都行
执行单位：天津市文化广播电视局
8.天津文化志愿者兵团行
执行单位：天津市文化广播电视局
9.少数民族自治州文化馆舞台灯光艺术培训班
执行单位：河北省群众艺术馆
10.少数民族自治州文化馆舞蹈编创人员培训班
执行单位：河北艺术职业学院
11.秦皇岛文化志愿者赴巴州歌舞团指导交流活动
执行单位：河北省秦皇岛市文广新局
12.山西文化志愿者新疆行
执行单位：山西省文化厅
13.新疆塔城地区群文系统业务干部培训班
执行单位：辽宁省群众艺术馆
14.江苏文化志愿者内蒙行
执行单位：江苏省苏州市公共文化中心
15.边疆民族地区钢琴调音师培训班
执行单位：浙江省艺术职业学院
16.边疆民族地区音响调律师培训班
执行单位：浙江省艺术职业学院
17.青海-安徽文化交流活动
执行单位：安徽省文化厅
18.福建文化志愿者林芝行
执行单位：福建省文化厅
19.边疆民族地区摄影培训班
执行单位：江西省群众艺术馆
20.青岛市文化志愿者贵州安顺行
执行单位：山东省青岛市文广新局
21.山东省文化志愿者宁夏行
执行单位：山东省文化厅
22.河南文化志愿者赴哈密演出
执行单位：河南省豫剧三团、河南省话剧院
23.湖北省群艺馆赴博州志愿服务
执行单位：湖北省群艺馆
24.广东文化志愿者喀什行
执行单位：广东省文化馆
25.“魅力北部湾”系列活动
执行单位：广西壮族自治区文化厅
湖南省文化厅
天津市和平区文化和旅游局
江西省新余市美术馆
海南省保亭县文体局
26.黎苗歌舞走进黑龙江
执行单位：海南省琼中文化馆
27.山南地区公共文化建设培训班
执行单位：重庆市文化委员会
28.四川文化志愿者内蒙古行
执行单位：四川省文化厅
29.陕西安康文化志愿者西藏阿里行
执行单位：陕西省安康市文广局
30.陕西宝鸡文化志愿者克拉玛依行
执行单位：陕西省宝鸡市文广新局

二、“大地情深”——国家艺术院团志愿服务走基层示范项目（15个）

1.京剧《杨门女将》赴四川南充演出
执行单位：国家京剧院
2.话剧《伏生》赴上海浦东新区演出
执行单位：中国国家话剧院
3.舞剧《孔子》赴四川成都演出
执行单位：中国歌剧舞剧院
4.好莱坞电影金曲大屏幕视听交响音乐会赴山西长治演出
执行单位：中国歌剧舞剧院
5.舞蹈晚会《天涯若比邻》赴福建厦门演出
执行单位：中国东方演艺集团有限公司
6.“打开音乐之门”音乐会赴江苏无锡演出
执行单位：中国交响乐团

7.儿童剧走进北京朝阳区打工子弟学校
执行单位：中国儿童艺术剧院
8.音乐舞蹈史诗《复兴之路》赴河北廊坊演出
执行单位：中央歌剧院
9.公益演出《走进芭蕾》赴新疆生产建设兵团石河子演出
执行单位：中央芭蕾舞团
10.民族民歌精粹专场演唱会赴江苏苏州演出
执行单位：中央民族乐团
11.歌舞晚会《请你跟我一起来》赴重庆北碚区演出
执行单位：中央民族歌舞团
12.歌舞晚会《祝福吉祥》赴海南保亭县演出
执行单位：中国煤矿文工团
13.歌舞晚会《欢乐盛夏》赴西藏山南地区演出
执行单位：中国煤矿文工团
14.综艺晚会赴宁夏石嘴山演出
执行单位：中国广播艺术团
15.赴黑龙江牡丹江开展声乐培训
执行单位：中华全国总工会文工团

三、基层文化志愿服务示范项目（72个）

1.文化志愿者“流动戏院”
执行单位：北京市怀柔区文化馆
2.文化志愿服务走进弱势群体校园
执行单位：北京市密云文化志愿者服务分中心
3.艺术绽放——关爱儿童志愿服务系列活动
执行单位：北京市平谷区文化馆
4.“市民法制宣传教育基地”法律专家志愿者服务项目
执行单位：首都图书馆
5.“百名文化志愿者连百村”项目
执行单位：北京文化志愿者服务中心大兴分中心
6.“文化惠民基层行”百场公益志愿服务演出
执行单位：天津市群众艺术馆
天津市公共文化志愿服务总队
7.“中国梦 滨海情 文化随行”——滨海新区群星艺术团基层文化志愿服务
执行单位：天津市滨海新区群星艺术团
8.文化公益大讲堂
执行单位：天津市津南区文化馆
9.“传递书香 见证成长”公共图书馆志愿服务活动
执行单位：河北省唐山市丰南图书馆
10.“百姓一家亲”欢乐伴你行
执行单位：河北省张家口市群众艺术馆
11.图书馆文化志愿者服务行动
执行单位：山西省太原市图书馆
12.文化志愿行 书香润平阳
执行单位：山西省临汾阳光志愿者联盟
13.“手语世界”文化志愿服务活动
执行单位：辽宁省图书馆
14.“非遗进校园”文化志愿系列活动
执行单位：辽宁省非物质文化遗产保护中心
15.星期六剧场
执行单位：辽宁省沈阳市图书馆
16.“艺术之家 百姓乐园”中老年文化志愿者培训基地
执行单位：辽宁省铁岭市群众艺术馆
17.“文化暖心 点亮生活”视障读者文化志愿服务
执行单位： 黑龙江哈尔滨市图书馆
18.“舞动全城”活动
执行单位： 黑龙江省牡丹江市群众艺术馆
19.“绿叶助学”志愿行动
执行单位：上海市闵行区图书馆
20.剧场志愿服务行动
执行单位：上海话剧艺术中心
21.“百姓明星”志愿服务活动
执行单位：上海市松江区文广局
22.“传递文明·共享阅读”文明阅读志愿活动
执行单位：江苏省江阴市图书馆
23.“传递爱心 撒播书香”关注弱势群体的爱心读书队
执行单位：江苏省连云港市少儿图书馆
24.“幸福清河 精彩生活”文化馆（站）志愿服务活动
执行单位：江苏省淮安市清河区文广新局
25.“小橘灯”场馆志愿者在行动
执行单位：江苏省镇江博物馆
26.“爱心拉拉勾”文化志愿者在行动
执行单位：浙江省文化馆
27.全家福照相馆
执行单位：安徽省芜湖市文化馆
28.博物馆志愿者服务基层行
执行单位：安徽省博物院
29.文化志愿者“圆梦行动”
执行单位：安徽省马鞍山市文化馆
30.“精彩生活 幸福使者”文化馆（站）志愿服务活动
执行单位：安徽省利辛县文化事业发展中心
31.艺术扶贫工程
执行单位：福建省艺术馆
32.“美丽厦门 文化暖心”志愿者慰问演出活动
执行单位：福建省厦门市非物质文化遗产保护中心
33.文化惠民“六进”活动
执行单位：福建省福州市群众艺术馆
34.“十美”俱乐部 周末好“放歌”
执行单位：江西省吉安市新干县文化馆
35.寻庐文化志愿者服务队
执行单位：江西省九江市图书馆
36.“相约泰山”正能量展示活动
执行单位：山东省泰安市文广新局
37.“星辰乐农行动”文化志愿服务工程
执行单位：山东省临沭县文广新局
38.“精彩生活 幸福使者”文化志愿服务活动
执行单位：“爱心沂源”文化志愿服务队
39.“共享历史 感受快乐”博物馆志愿服务活动

执行单位：山东省青岛市博物馆
40.政府—高校—社区“321”公共文化共建项目
执行单位：河南省安阳市文广新局
41.“欢乐周末”文化广场活动
执行单位：河南省开封市群众艺术馆
42.“中国梦•社区美”百场文艺巡演
执行单位：河南省洛阳市“好人颂”社区艺术团
43.“小花伞”志愿服务行动
执行单位：湖北省武汉市少年儿童图书馆
44.“小诸葛”读书会
执行单位：湖北省襄阳市图书馆
45.“春苗书屋”阅读推广项目
执行单位：湖南省郴州市图书馆
46.“锑都道德讲堂”志愿者讲师联盟
执行单位：湖南省冷水江市图书馆
47.文化春雨行动
执行单位：广东省深圳市宝安区文体旅游局
48.“榕树下”文化空间文化志愿服务项目
执行单位：广东省东莞市长安镇宣传文体局
49.“绿色暑假 关爱未来”困难家庭子女公益艺术培训班
执行单位：广东省中山市文化广电新闻出版局
50.文化志愿者大舞台
执行单位：广东省东莞市文化馆
51.关爱边远山区留守儿童免费艺术培训工程
执行单位：广西壮族自治区河源市文化馆
52.读者协会—以志愿行动传递书香
执行单位：广西壮族自治区桂林图书馆
53.阅•悦互动故事会
执行单位：广西壮族自治区少年儿童图书馆
54.文化志愿者“走基层 献爱心”
执行单位：海南省澄迈县文化广电出版体育局
55.黎族织锦文化志愿服务活动
执行单位：海南省五指山市文化馆
56.“和美潼南 舞动乡村” 文化志愿服务走农村
执行单位：重庆市潼南县文化广电新闻出版局
57.“种文化”业余文艺骨干文化志愿服务
执行单位：重庆市铜梁区文化委员会
58.“蒲公英梦想书屋 放飞留守儿童梦想”——乡村留守儿童志愿服务关爱行动
执行单位：重庆图书馆
59.图书馆文化惠民志愿服务活动
执行单位：重庆市渝中区图书馆
60.“精彩生活 幸福使者”文化志愿服务活动
执行单位：重庆市沙湾区魏氏家庭农民流动演出队
61.文化暖心驿站
执行单位：四川省成都市文化志愿者协会
62.春芽书屋
执行单位：四川省攀枝花市图书馆
63.“精彩生活 幸福使者”文化馆（站）志愿服务活动
执行单位：贵州省六盘水市文体广电新闻出版局
64.文化志愿者关爱弱势群体志愿服务活动
执行单位：陕西省宝鸡市图书馆
65.“放飞梦想 志愿同行”文化志愿服务活动
执行单位：陕西省澄城县文化馆
66.文化志愿者进校园
执行单位：陕西省商洛市群众艺术馆
67.图书馆文化志愿者服务行动
执行单位：甘肃省图书馆
68.“文化志愿服务进慈善产业园区”项目
执行单位：宁夏回族自治区吴忠市文体广电局
69.“文化惠民•花开四季”文化志愿服务活动
执行单位：宁夏回族自治区银川市文化艺术馆
70.百名文体活动志愿者下基层服务活动
执行单位：新疆维吾尔自治区博尔塔拉州文体广新局
71.“倡导文明生活”志愿服务活动
执行单位：新疆维吾尔自治区喀什地区巴楚县恰尔巴格乡人民政府
72.“红领巾讲解员夏令营”文化志愿服务活动
执行单位：新疆维吾尔自治区克拉玛依市博物馆

2014—2016 年度“中国民间文化艺术之乡”名单

北京市（8 个）

1	北京市大兴区榆垡镇	武吵子
2	北京市西城区广安门内街道	空竹
3	北京市顺义区北务镇	龙狮舞
4	北京市顺义区高丽营镇	戏曲
5	北京市平谷区大华山镇	文学创作
6	北京市朝阳区孙河乡	民间花会
7	北京市房山区大石窝镇	石雕
8	北京市丰台区南苑乡	摄影

天津市（7 个）

9	天津市西青区杨柳青镇	杨柳青木版年画
10	天津市津南区葛沽镇	葛沽民间花会正月接驾习俗
11	天津市滨海新区太平镇	农民画 书法
12	天津市北辰区双口镇	现代民间绘画
13	天津市武清区杨村街道办事处	书法
14	天津市静海县陈官屯镇	绘画 书法

15 天津市宝坻区大唐庄 评剧

河北省（22个）

16 河北省石家庄市正定县 常山战鼓
17 河北省石家庄市井陉县 拉花 晋剧
18 河北省秦皇岛市抚宁县 吹歌
19 河北省秦皇岛市昌黎县 地秧歌 民歌
20 河北省唐山市滦南县 评剧 乐亭大鼓
21 河北省唐山市乐亭县 乐亭大鼓 皮影
22 河北省廊坊市固安县 古乐
23 河北省保定市曲阳县 吹歌 石雕
24 河北省保定市保定国家高新技术产业开发区 灯谜
25 河北省邢台市宁晋县 工笔画
26 河北省邯郸市永年县 吹歌 太极拳
27 河北省张家口市蔚县 剪纸
28 河北省邢台市广宗县 太平道乐 梅花拳
29 河北省邯郸市邱县 农民漫画
30 河北省沧州市沧县 狮舞 木板大鼓
31 河北省承德市丰宁满族自治县 剪纸
32 河北省石家庄市晋州市营里镇 书画
33 河北省邢台市南宫市 民间花会
34 河北省廊坊市霸州市 戏曲 花灯
35 河北省保定市易县 易水砚雕
36 河北省衡水市武强县 武强年画
37 河北省邯郸市峰峰矿区 陶瓷

山西省（12个）

38 山西省太原市尖草坪区西墕乡 太原锣鼓
39 山西省长治市黎城县 黎侯虎
40 山西省长治市长治县 潞安大鼓
41 山西省长治市长子县 长子鼓书 长子八音会
42 山西省朔州市怀仁县 旺火习俗
43 山西省忻州市定襄县 定襄面塑
44 山西省忻州市原平市 炕围画
45 山西省吕梁市汾阳市 地秧歌
46 山西省吕梁市中阳县 中阳剪纸
47 山西省晋中市左权县 左权民歌 小花戏
48 山西省临汾市汾西县 威风锣鼓
49 山西省临汾市霍州市 威风锣鼓

内蒙古自治区（9个）

50 内蒙古自治区呼伦贝尔市鄂伦春自治旗 鄂伦春狩猎文化
51 内蒙古自治区呼伦贝尔市扎兰屯市卧牛河镇 民间书画
52 内蒙古自治区兴安盟科尔沁右翼中旗 乌力格尔
53 内蒙古自治区赤峰市克什克腾旗达日罕乌拉苏木兴畜节习俗
54 内蒙古自治区通辽市库伦旗 安代舞
55 内蒙古自治区锡林郭勒盟东乌珠穆沁旗 长调
56 内蒙古自治区包头市土默特右旗 二人台
57 内蒙古自治区鄂尔多斯市准格尔旗 漫瀚调
58 内蒙古自治区呼和浩特市和林格尔县 剪纸

辽宁省（16个）

59 辽宁省沈阳市沈河区 摄影
60 辽宁省沈阳市大东区 合唱
61 辽宁省沈阳市和平区 秧歌
62 辽宁省大连市金州新区 民间绘画
63 辽宁省鞍山市海城市 高跷秧歌
64 辽宁省鞍山市岫岩满族自治县 农民画
65 辽宁省本溪市桓仁满族自治县 农民版画
66 辽宁省丹东市东港市 现代民间绘画
67 辽宁省锦州市北镇市 书画
68 辽宁省锦州市黑山县 二人转
69 辽宁省阜新市阜蒙县于寺镇 诗词
70 辽宁省朝阳市凌源市 皮影戏
71 辽宁省朝阳市建平县 剪纸
72 辽宁省朝阳市朝阳县 小戏
73 辽宁省葫芦岛市连山区 筝
74 辽宁省抚顺市新宾满族自治县 地秧歌

吉林省（8个）

75 吉林省长春市双阳区 剪纸
76 吉林省长春市榆树市 东北大鼓
77 吉林省吉林市桦甸市 民间绘画
78 吉林省辽源市东辽县 满族剪纸
79 吉林省通化市柳河县 书法
80 吉林省白山市抚松县 人参文化
81 吉林省松原市前郭尔罗斯蒙古族自治县 马头琴
82 吉林省四平梨树县 二人转

黑龙江省（11个）

83 黑龙江省哈尔滨市宾县 农民画
84 黑龙江省哈尔滨市方正县 剪纸
85 黑龙江省哈尔滨市道里区抚顺街道 京剧
86 黑龙江省齐齐哈尔市富裕县 漫画
87 黑龙江省齐齐哈尔市依安县 剪纸
88 黑龙江省牡丹江市海林市 楹联
89 黑龙江省牡丹江市林口县 连环画
90 黑龙江省鸡西市虎林市 北大荒摄影
91 黑龙江省鸡西市鸡冠区 版画
92 黑龙江省绥化市望奎县 书法
93 黑龙江省大兴安岭地区呼玛县白银纳乡桦树皮手工艺术

上海市（10个）

94 上海市奉贤区柘林镇 胡桥滚灯
95 上海市浦东新区三林镇 三林舞龙
96 上海市金山区 金山农民画
97 上海市宝山区月浦镇 锣鼓
98 上海市嘉定区徐行镇 徐行草编

99 上海市闸北区彭浦镇 摄影
100 上海市浦东新区新场镇 锣鼓书
101 上海市崇明县新河镇 民乐
102 上海市徐汇区枫林路街道 上海剪纸
103 上海市闵行区颛桥镇 颛桥剪纸

江苏省（28 个）

104 江苏省南京市高淳区 东坝大马灯
105 江苏省南京市江宁区淳化 方山大鼓
106 江苏省南京市秦淮区 灯彩
107 江苏省无锡市江阴市 民间故事
108 江苏省无锡市江阴市月城镇 戏剧
109 江苏省无锡市宜兴市 书画 陶瓷
110 江苏省徐州市邳州市 农民画 剪纸
111 江苏省常州市溧阳市 少儿书法 傩文化
112 江苏省常州市新北区孟河镇 书画 雕刻
113 江苏省常州市金坛市 金坛刻纸
114 江苏省苏州市常熟市 虞山派艺术 徐市灯谜
115 江苏省苏州市工业园区胜浦镇 山歌与宣卷
116 江苏省苏州市吴中区 工艺雕刻
117 江苏省苏州市太仓市 江南丝竹 龙狮
118 江苏省南通市通州区 风筝
119 江苏省连云港市东海县 少儿版画
120 江苏省盐城市东台市 少儿二胡 发绣
121 江苏省盐城市阜宁县 牛歌
122 江苏省扬州市邗江区 琴筝
123 江苏省南通市海安县 龙舞
124 江苏省镇江市丹阳市云阳镇 灯谜
125 江苏省泰州市姜堰区 民俗舞蹈 溱潼会船
126 江苏省宿迁市泗阳县临河镇 云渡桃核雕
127 江苏省苏州市昆山市 昆曲 水乡民俗
128 江苏省苏州市吴江区、苏州市张家港市凤凰镇、苏州市常熟市古里镇、南通市海门市 山歌
129 江苏省淮安市淮安区 农民画
130 江苏省盐城市建湖县 杂技
131 江苏省南通市如东县 现代民间绘画

浙江省（18 个）

132 浙江省绍兴市嵊州市 嵊州越剧
133 浙江省嘉兴市秀洲区 秀洲农民画
134 浙江省湖州市南浔区善琏镇 湖笔制作
135 浙江省湖州市长兴县 长兴百叶龙
136 浙江省嘉兴市嘉善县 嘉善田歌
137 浙江省舟山市定海区白泉镇 舟山锣鼓
138 浙江省温州市乐清市 细纹刻纸 黄杨木雕
139 浙江省丽水市景宁畲族自治县 畲族民间歌舞
140 浙江省杭州市萧山区瓜沥镇 萧山花边
141 浙江省杭州市西湖区蒋村街道 蒋村龙舟竞渡习俗
142 浙江省金华市永康市方岩镇 方岩庙会文化
143 浙江省温州市泰顺县 木偶戏
144 浙江省舟山市普陀区 渔民画
145 浙江省嘉兴市海宁市 硖石灯彩
146 浙江省宁波市象山县 象山竹根雕
147 浙江省湖州市德清县新市镇 蚕花庙会文化
148 浙江省嘉兴市海盐县 海盐滚灯
149 浙江省宁波市奉化市 奉化布龙

安徽省（16 个）

150 安徽省阜阳市阜南县 柳编
151 安徽省马鞍山市当涂县 民歌
152 安徽省安庆市怀宁县 黄梅戏
153 安徽省蚌埠市怀远县 花鼓灯
154 安徽省阜阳市太和县 书画
155 安徽省合肥市巢湖市 民歌
156 安徽省淮南市凤台县 花鼓灯
157 安徽省宿州市萧县 书画
158 安徽省安庆市岳西县 岳西高腔
159 安徽省宿州市泗县 泗州戏
160 安徽省黄山市黄山区仙源镇 轩辕车会
161 安徽省芜湖市镜湖区 铁画
162 安徽省滁州市凤阳县 凤阳花鼓
163 安徽省阜阳市临泉县 杂技
164 安徽省宿州市砀山县 唢呐
165 安徽省滁州市全椒县 正月十六走太平

福建省（18 个）

166 福建省福州市晋安区 寿山石雕
167 福建省宁德市蕉城区 霍童线狮
168 福建省莆田市湄洲岛 妈祖信俗
169 福建省泉州市鲤城区 南音
170 福建省漳州市芗城区 芗剧
171 福建省龙岩市新罗区 采茶灯
172 福建省三明市将乐县 擂茶技艺与习俗
173 福建省南平市武夷山市 茶文化
174 福建省福州市长乐市 闽剧
175 福建省莆田市仙游县 莆仙戏
176 福建省宁德市柘荣县 剪纸
177 福建省泉州市德化县 陶瓷
178 福建省厦门市翔安区 农民画
179 福建省漳州市漳浦县 剪纸
180 福建省南平市松溪县 版画
181 福建省泉州市晋江市 闽南戏曲
182 福建省泉州市安溪县 茶文化
183 福建省永安市槐南镇 安贞旌鼓

江西省（13 个）

184 江西省九江市瑞昌市 剪纸
185 江西省吉安市永新县 书法

186 江西省宜春市上高县 农民摄影
187 江西省上饶市婺源县 工艺雕刻
188 江西省南昌市青山湖区 灯彩
189 江西省吉安市吉安县 灯彩
190 江西省赣州市安远县 采茶戏
191 江西省赣州市兴国县 山歌
192 江西省九江市修水县 书法
193 江西省赣州市于都县 唢呐
194 江西省上饶市广丰县 书画
195 江西省抚州市黎川县 油画
196 江西省吉安市永丰县 农民画

山东省（25 个）

197 山东省济南市商河县 鼓子秧歌
198 山东省青岛胶州市 胶州秧歌
199 山东省青岛即墨市 柳腔
200 山东省淄博张店区 花灯
201 山东省淄博淄川区 淄川民俗
202 山东省枣庄滕州市 书画
203 山东省枣庄薛城区 唢呐
204 山东省东营市广饶县大王镇 书法
205 山东省烟台海阳市 大秧歌
206 山东省潍坊青州市 书画
207 山东省潍坊高密市 扑灰年画
208 山东省潍坊临朐县 书画
209 山东省济宁市邹城市 阴阳板
210 山东省济宁市泗水县柘沟镇 土陶
211 山东省济宁市兖州区 花棍舞
212 山东省莱芜市高新区鹏泉街道 长勺鼓乐
213 山东省威海荣成市 剪纸
214 山东省日照市东港区 农民画
215 山东省日照市莒县 书画
216 山东省临沂市沂水县高桥镇 手绣
217 山东省德州市夏津县 书画
218 山东省菏泽市单县 唢呐
219 山东省菏泽市鄄城县 鲁锦
220 山东省聊城市高唐县 书画
221 山东省聊城市茌平县 剪纸

河南省（20 个）

222 河南省郑州市中牟县大孟镇 武术
223 河南省开封市开封县 盘鼓
224 河南省开封市开封县朱仙镇 木版年画
225 河南省洛阳孟津县 书法
226 河南省平顶山宝丰县 曲艺 魔术
227 河南省平顶山叶县 霸王鞭
228 河南省安阳市安阳县吕村镇 战鼓
229 河南省鹤壁市浚县 民间社火
230 河南省新乡辉县赵固乡 书画艺术
231 河南省焦作孟州槐树乡 火龙舞
232 河南省濮阳华龙区岳村镇 杂技表演
233 河南省许昌市长葛市石固镇 狮舞
234 河南省漯河舞阳县 舞阳农民画
235 河南省南阳市南召 灯谜
236 河南省信阳市商城县 民歌
237 河南省周口市沈丘县槐店回族镇 回族文狮子 社火艺术
238 河南省周口市项城市贾岭镇 唢呐吹奏
239 河南省驻马店市汝南县罗店镇 农民画 麦草工艺画
240 河南省直管县级市永城市茴村镇 书法
241 河南省直管县级市巩义市 狮舞 戏曲

湖北省（21 个）

242 湖北省武汉市汉阳区 龙舞高龙
243 湖北省武汉市黄陂区 楚剧 黄陂泥塑
244 湖北省宜昌市秭归县 秭归端午习俗
245 湖北省宜昌市长阳土家族自治县 土家歌舞
246 湖北省宜昌市枝江市 民间吹打乐
247 湖北省黄石市阳新县 采茶戏 布贴
248 湖北省荆州市荆州区马山镇 民歌
249 湖北省孝感市孝南区 楚剧
250 湖北省孝感市云梦县 皮影
251 湖北省孝感市安陆市 漫画
252 湖北省黄冈市黄梅县 黄梅戏 黄梅挑花
253 湖北省黄冈市红安县 红安绣活
254 湖北省咸宁市通山县 木雕
255 湖北省随州市广水市 书法
256 湖北省恩施州利川市 民歌
257 湖北省恩施州来凤县 摆手舞
258 湖北省仙桃市 雕花剪纸
259 湖北省潜江市 荆州花鼓戏
260 湖北省天门市 曲艺
261 湖北省孝感市孝昌县 书法
262 湖北省黄冈市黄州区 民间绘画

湖南省（21 个）

263 湖南省郴州市汝城县土桥镇 汝城香火龙
264 湖南省怀化市通道侗族自治县 侗族芦笙
265 湖南省娄底市新化县 山歌
266 湖南省永州市江华瑶族自治县 瑶族长鼓舞
267 湖南省益阳市南县 地花鼓
268 湖南省岳阳市汨罗市长乐镇 抬阁故事会
269 湖南省张家界市慈利县龙潭河镇 板板龙灯
270 湖南省常德市鼎城区草坪镇 民间歌舞
271 湖南省怀化市靖州苗族侗族自治县 苗族歌鼟
272 湖南省湘西土家族苗族自治州永顺县 毛古斯舞
273 湖南省湘潭市湘潭县 唢呐
274 湖南省常德市鼎城区尧天坪镇 舞龙舞狮
275 湖南省郴州市宜章县玉溪镇 宜章夜故事

276 湖南省张家界市永定区 元宵灯会“六月六”民俗
277 湖南省邵阳市绥宁县 苗族四月八姑娘节习俗
278 湖南省湘西土家族苗族自治州吉首市矮寨镇 苗鼓苗歌民俗
279 湖南省长沙市开福区沙坪街道办事处 湘绣
280 湖南省邵阳市隆回县虎形山瑶族乡 花瑶挑花
281 湖南省衡阳市衡阳县石市镇 竹木雕
282 湖南省湘西土家族苗族自治州花垣县 苗族织绣
283 湖南省衡阳市常宁市 版画

广东省（29 个）

284 广东省潮州市潮安区金石镇 铁枝木偶 嵌瓷艺术
285 广东省潮州市枫溪区 枫溪瓷塑
286 广东省潮州市饶平县黄冈镇 布马舞
287 广东省潮州市湘桥区 大锣鼓 木雕
288 广东省东莞市道滘镇 粤曲
289 广东省东莞市清溪镇 麒麟舞 麒麟制作
290 广东省东莞市长安镇 粤剧 摄影
291 广东省东莞市中堂镇 龙舟民俗
292 广东省佛山市禅城区石湾镇街道 石湾陶艺
293 广东省佛山市南海区 醒狮 武术
294 广东省佛山市南海区大沥镇 粤曲
295 广东省佛山市顺德区 粤剧曲艺
296 广东省广州市番禺区沙湾镇 飘色 广东音乐
297 广东省广州市海珠区 书画
298 广东省广州市南沙区黄阁镇 麒麟舞
299 广东省广州市天河区珠吉街道 七夕乞巧习俗
300 广东省惠州市惠东县平海镇 平海民俗
301 广东省惠州市龙门县 龙门农民画
302 广东省茂名市高州市 高州木偶戏
303 广东省梅州市大埔县 广东汉乐
304 广东省梅州市丰顺县埔寨镇 埔寨火龙
305 广东省梅州市梅县区 客家山歌
306 广东省清远市连南瑶族自治县 长鼓舞 耍歌堂
307 广东省汕头市潮阳区 笛套音乐 潮阳剪纸
308 广东省韶关市乳源瑶族自治县 过山瑶刺绣
309 广东省湛江市吴川市 飘色 泥塑
310 广东省肇庆市端州区黄岗街道 端砚雕刻
311 广东省中山市坦洲镇 中山咸水歌
312 广东省中山市小榄镇 书画 菊花文化

广西壮族自治区（13 个）

313 广西壮族自治区南宁市马山县 壮族三声部民歌
314 广西壮族自治区柳州市鱼峰区 鱼峰歌圩
315 广西壮族自治区柳州市三江侗族自治县林溪乡 侗族木结构建筑
316 广西壮族自治区桂林市灌阳县 桂剧
317 广西壮族自治区桂林市临桂县 民间绘画
318 广西壮族自治区桂林市永福县 彩调
319 广西壮族自治区玉林市博白县 采茶戏
320 广西壮族自治区河池市东兰县 铜鼓
321 广西壮族自治区河池市宜州市 刘三姐歌谣
322 广西壮族自治区百色市田林县 壮剧
323 广西壮族自治区贵港市平南县 牛歌戏
324 广西壮族自治区来宾市合山市 壮师剧
325 广西壮族自治区南宁市青秀区 壮族芭蕉香火龙

海南省（5 个）

326 海南省儋州市 调声
327 海南省定安县 琼剧
328 海南省临高县 人偶戏 渔歌
329 海南省乐东黎族自治县大安镇 黎族剪纸
330 海南省五指山市 黎族纺染织绣

重庆市（10 个）

331 重庆市铜梁区 龙灯
332 重庆市潼南县 龙灯
333 重庆市綦江区 农民版画
334 重庆市酉阳土家族苗族自治县 摆手舞
335 重庆市秀山土家族苗族自治县 秀山花灯
336 重庆市石柱土家族自治县 啰儿调
337 重庆市巴南区接龙镇 吹打乐
338 重庆市彭水县鞍子镇 苗族歌舞
339 重庆市九龙坡区九龙镇 楹联
340 重庆市城口县 钱棍舞

四川省（27 个）

341 四川省成都市金牛区 摄影
342 四川省遂宁市蓬溪县 书法
343 四川省内江市市中区 书画
344 四川省乐山市沐川县 草龙
345 四川省德阳市绵竹市 年画
346 四川省绵阳市北川羌族自治县 羌绣
347 四川省巴中市平昌县 翻山铰子
348 四川省甘孜藏族自治州新龙县 锅庄
349 四川省阿坝藏族羌族自治州壤塘县中壤塘乡 觉囊梵音 唐卡艺术
350 四川省凉山彝族自治州会理县小黑箐乡 彝族长号 脚舞
351 四川省成都市彭州市 川剧
352 四川省成都市青羊区 书画
353 四川省南充市阆中市老观镇 老观灯戏
354 四川省达州市渠县 彩亭艺术
355 四川省眉山市青神县 竹编
356 四川省雅安市宝兴县 硗碛民歌
357 四川省资阳市安岳县 石刻
358 四川省宜宾市珙县罗渡苗族乡 苗族古歌 踩花山
359 四川省广安市武胜县 剪纸
360 四川省攀枝花市仁和区 苴却石雕
361 四川省广元市利州区 “凤舟”民间艺术

362 四川省自贡市富顺县 唢呐
363 四川省阿坝藏族羌族自治州茂县 瓦尔俄足歌舞民俗
364 四川省凉山彝族自治州布拖县 火把文化
365 四川省成都市成华区 彩塑
366 四川省遂宁市射洪县 诗画
367 四川省乐山市井研县 农民画

贵州省（17个）

368 贵州省黔东南州榕江县 侗歌
369 贵州省铜仁市德江县 傩戏
370 贵州省黔东南州从江县 鼓楼 风雨桥
371 贵州省毕节市大方县 民间绘画
372 贵州省黔东南州丹寨县 苗族锦鸡舞
373 贵州省黔西南州册亨县 布依戏
374 贵州省铜仁市思南县 花灯戏
375 贵州省铜仁市印江土家族苗族自治县 书法
376 贵州省铜仁市沿河土家族自治县 土家山歌
377 贵州省安顺市普定县 西路花灯
378 贵州省黔西南州贞丰县 布依族铜鼓音乐
379 贵州省黔南州惠水县 布依民歌
380 贵州省安顺市平坝县 屯堡地戏
381 贵州省黔东南州台江县 苗族姊妹节习俗
382 贵州省黔东南州黄平县 蜡染
383 贵州省黔东南州雷山县 苗族银饰锻制
384 贵州省黔南州三都水族自治县 水族马尾绣

云南省（13个）

385 云南省丽江市古城区大东乡 热美蹉
386 云南省普洱市澜沧县 拉祜族摆舞
387 云南省楚雄州牟定县 彝族左脚舞
388 云南省昆明市官渡区 现代民间绘画
389 云南省曲靖市陆良县 书法
390 云南省迪庆州维西县叶枝镇 傈僳族“阿尺木刮”歌舞
391 云南省德宏州梁河县 葫芦丝
392 云南省红河州弥勒市 彝族阿细跳月
393 云南省红河州石屏县 彝族烟盒舞
394 云南省临沧市镇康县南伞镇 “阿数瑟”民俗
395 云南省德宏州瑞丽市 傣族孔雀舞
396 云南省临沧市沧源佤族自治县 佤族司岗里习俗
397 云南省滇中产业新区嵩明县小街镇 龙狮

西藏自治区（4个）

398 西藏自治区拉萨市尼木县吞巴乡 藏香制作
399 西藏自治区日喀则市定日县协格尔镇 定日洛谐
400 西藏自治区林芝地区米林县南伊珞巴民族乡 珞巴编织
401 西藏自治区那曲地区班戈县尼玛乡 班戈谐钦

陕西省（14个）

402 陕西省延安市安塞县 安塞腰鼓 民歌
403 陕西省西安市户县 户县农民画
404 陕西省宝鸡市凤翔县 木版年画 泥塑
405 陕西省榆林市绥德县 秧歌 唢呐
406 陕西省宝鸡市陇县 陇州社火
407 陕西省安康市紫阳县 民歌
408 陕西省汉中市镇巴县 民歌
409 陕西省韩城市 行鼓 秧歌
410 陕西省延安市延川县 大秧歌 剪纸
411 陕西省延安市黄陵县 面花
412 陕西省商洛市商南县 秦岭鼓舞
413 陕西省铜川市宜君县 农民画 剪纸
414 陕西省咸阳市礼泉县 小戏
415 陕西省渭南市合阳县黑池镇 书法

甘肃省（8个）

416 甘肃省陇南市文县 白马人民俗
417 甘肃省天水市武山县 旋鼓舞 书画
418 甘肃省陇南市武都区 民间戏曲
419 甘肃省庆阳市镇原县 剪纸
420 甘肃省武威市凉州区 攻鼓子
421 甘肃省庆阳市西峰区 唢呐 陇绣
422 甘肃省临夏州和政县 花儿
423 甘肃省陇南市西和县 西和乞巧民俗

青海省（7个）

424 青海省海北州刚察县 祭海
425 青海省西宁市大通县 老爷山花儿会
426 青海省海东市互助县丹麻镇 丹麻花儿会
427 青海省黄南州尖扎县 五彩神箭
428 青海省海南州贵南县沙沟乡 藏族歌舞
429 青海省玉树州曲麻莱县 格萨尔藏戏
430 青海省海西州天峻县 赛马

宁夏回族自治区（2个）

431 宁夏回族自治区银川市兴庆区 花儿
432 宁夏回族自治区固原市隆德县 剪纸 社火

新疆维吾尔自治区（8个）

433 新疆维吾尔自治区喀什地区喀什市 萨玛舞
434 新疆维吾尔自治区阿勒泰地区布尔津县 冬不拉
435 新疆维吾尔自治区喀什地区麦盖提县央塔克乡 麦西热甫
436 新疆维吾尔自治区喀什地区莎车县 维吾尔族十二木卡姆
437 新疆维吾尔自治区喀什地区麦盖提县库木库萨尔乡 农民画
438 新疆维吾尔自治区喀什地区英吉沙县 英吉沙小刀制作
439 新疆维吾尔自治区喀什地区疏附县吾库萨克镇 维吾尔族民间乐器
440 新疆维吾尔自治区阿勒泰地区青河县 猎鹰

新疆生产建设兵团（2 个）

441　新疆生产建设兵团第六师红旗农场　　新疆曲子戏

442　新疆生产建设兵团第八师一四三团　　军垦腰鼓

首批文化部重点实验室名单

序号	实验室名称	依托单位	共建单位	实验室主任	学术委员会主任
1	古籍保护科技文化部重点实验室	国家图书馆	无	陈红彦	张志清
2	音视频修复与评测文化部重点实验室	文化部民族民间文艺发展中心	深圳市智骏数据科技有限公司 国家新闻出版广电总局广播科学研究院 海立方文化产业投资有限责任公司	李　松	张　刚
3	演艺装备系统技术文化部重点实验室	中国艺术科技研究所	无	张宜春	闫常清
4	视听技术与智能控制系统文化部重点实验室	中国传媒大学	无	蒋　伟	王永滨
5	近现代纸质文献脱酸保护技术文化部重点实验室	南京博物院	无	龚　良	铁付德
6	数字演艺集成创新文化部重点实验室	上海戏剧学院	广州励丰文化科技股份有限公司 杭州龙晟文卫科技有限公司 湖南明和光电设备有限公司 上海风格信息技术有限公司 瓦格纳比罗舞台设备(上海)有限公司	韩　生	范圣玺

分地区行政区划（一）

(2014年底)　　　　单位：个

区划名称	地级	#地级市	县级	#市辖区	#县级市	#县	#自治县	乡镇级	#镇数	#乡数	#民族乡	#街道办事处
全国	**333**	**288**	**2854**	**897**	**361**	**1425**	**117**	**40381**	**20401**	**12282**	**1020**	**7696**
北京			16	14		2		329	144	38	5	147
天津			16	13		3		240	121	6	1	113
河北	11	11	171	39	20	106	6	2246	1050	907	50	288
山西	11	11	119	23	11	85		1398	564	632		202
内蒙古	12	9	102	22	11	17		1010	495	275	18	240
辽宁	14	14	100	56	17	19	8	1530	645	217	56	668
吉林	9	8	60	21	20	16	3	900	434	184	28	282
黑龙江	13	12	128	65	17	45	1	1231	513	380	53	338
上海			17	16		1		209	107	2		100
江苏	13	13	99	55	23	21		1274	780	79	1	415
浙江	11	11	90	35	20	34	1	1321	629	258	14	434
安徽	16	16	105	43	6	56		1505	938	315	9	252
福建	9	9	85	28	13	44		1104	628	301	19	175
江西	11	11	100	20	10	70		1548	816	587	8	145
山东	17	17	137	51	28	58		1826	1114	81		631
河南	17	17	158	50	21	87		2420	1103	718	12	599
湖北	13	12	103	39	24	37	2	1233	761	170	10	302
湖南	14	13	122	35	16	64	7	2414	1153	902	97	359
广东	21	21	119	61	21	34	3	1587	1128	11	7	448
广西	14	14	110	36	7	55	12	1243	773	350	59	120
海南	3	3	24	8	6	4	6	218	176	21		21
重庆			38	21		13	4	1023	610	207	14	206
四川	21	18	183	49	14	116	4	4648	1937	2382	98	329
贵州	9	6	88	14	7	55	11	1396	762	500	208	134
云南	16	8	129	13	13	74	29	1389	665	561	140	163
西藏	7	3	74	3		71		694	140	544	9	10
陕西	10	10	107	25	3	79		1420	1142	74		204
甘肃	14	12	86	17	4	58	7	1351	526	702	34	123
青海	8	2	43	5	3	28	7	399	140	225	28	34
宁夏	5	5	22	9	2	11		237	102	91		44
新疆	14	2	103	11	24	62	6	1038	305	562	42	170
香港特别行政区												
澳门特别行政区												
台湾省												

地区生产总值

单位：亿元

地　区	2007年	2008年	2009年	2010年	2012年	2013年	2014年
北　京	9846.8	11115.0	12153.0	14113.6	17879.4	19500.6	21330.8
天　津	5252.8	6719.0	7521.9	9224.5	12893.9	14370.2	15722.5
河　北	13607.3	16012.0	17235.5	20394.3	26575.0	28301.4	29421.2
山　西	6024.5	7315.4	7358.3	9200.9	12112.8	12602.2	12759.4
内蒙古	6423.2	8496.2	9740.3	11672.0	15880.6	16832.4	17769.5
辽　宁	11164.3	13668.6	15212.5	18457.3	24846.4	27077.7	28626.6
吉　林	5284.7	6426.1	7278.8	8667.6	11939.2	12981.5	13803.8
黑龙江	7104.0	8314.4	8587.0	10368.6	13691.6	14382.9	15039.4
上　海	12494.0	14069.9	15046.5	17166.0	20181.7	21602.1	23560.9
江　苏	26018.5	30982.0	34457.3	41425.5	54058.2	59161.8	65088.3
浙　江	18753.7	21462.7	22990.4	27722.3	34665.3	37568.5	40153.5
安　徽	7360.9	8851.7	10062.8	12359.3	17212.1	19038.9	20848.8
福　建	9248.5	10823.0	12236.5	14737.1	19701.8	21759.6	24055.8
江　西	5800.3	6971.1	7655.2	9451.3	12948.9	14338.5	15708.6
山　东	25776.9	30933.3	33896.7	39169.9	50013.2	54684.3	59426.6
河　南	15012.5	18018.5	19480.5	23092.4	29599.3	32155.9	34939.4
湖　北	9333.4	11328.9	12961.1	15967.6	22250.5	24668.5	27367.0
湖　南	9439.6	11555.0	13059.7	16038.0	22154.2	24501.7	27048.5
广　东	31777.0	36796.7	39482.6	46013.1	57067.9	62164.0	67792.2
广　西	5823.4	7021.0	7759.2	9569.9	13035.1	14378.0	15673.0
海　南	1254.2	1503.1	1654.2	2064.5	2855.5	3146.5	3500.7
重　庆	4676.1	5793.7	6530.0	7925.6	11409.6	12656.7	14265.4
四　川	10562.4	12601.2	14151.3	17185.5	23872.8	26260.8	28536.7
贵　州	2884.1	3561.6	3912.7	4602.2	6852.2	8006.8	9251.0
云　南	4772.5	5692.1	6169.8	7224.2	10309.5	11720.9	12814.6
西　藏	341.4	394.9	441.4	507.5	701.0	807.7	920.8
陕　西	5757.3	7314.6	8169.8	10123.5	14453.7	16045.2	17689.9
甘　肃	2704.0	3166.8	3387.6	4120.8	5650.2	6268.0	6835.3
青　海	797.4	1018.6	1081.3	1350.4	1893.5	2101.1	2301.1
宁　夏	919.1	1203.9	1353.3	1689.7	2341.3	2565.1	2752.1
新　疆	3523.2	4183.2	4277.1	5437.5	7505.3	8360.2	9264.1

注：本表按当年价格计算。

各地区年末常住人口

单位：万人

地 区	2006年	2007年	2008年	2009年	2010年	2012年	2013年	2014年
全 国	**131448**	**132129**	**132802**	**133450**	**134091**	**135404**	**136072**	**136782**
北 京	1601	1676	1771	1860	1962	2069	2115	2152
天 津	1075	1115	1176	1228	1299	1413	1472	1517
河 北	6898	6943	6989	7034	7194	7288	7333	7384
山 西	3375	3393	3411	3427	3574	3611	3630	3648
内蒙古	2415	2429	2444	2458	2472	2490	2498	2505
辽 宁	4271	4298	4315	4341	4375	4389	4390	4391
吉 林	2723	2730	2734	2740	2747	2750	2751	2752
黑龙江	3823	3824	3825	3826	3833	3834	3835	3833
上 海	1964	2064	2141	2210	2303	2380	2415	2426
江 苏	7656	7723	7762	7810	7869	7920	7939	7960
浙 江	5072	5155	5212	5276	5447	5477	5498	5508
安 徽	6110	6118	6135	6131	5957	5988	6030	6083
福 建	3585	3612	3639	3666	3693	3748	3774	3806
江 西	4339	4368	4400	4432	4462	4504	4522	4542
山 东	9309	9367	9417	9470	9588	9685	9733	9789
河 南	9392	9360	9429	9487	9405	9406	9413	9436
湖 北	5693	5699	5711	5720	5728	5779	5799	5816
湖 南	6342	6355	6380	6406	6570	6639	6691	6737
广 东	9442	9660	9893	10130	10441	10594	10644	10724
广 西	4719	4768	4816	4856	4610	4682	4719	4754
海 南	836	845	854	864	869	887	895	903
重 庆	2808	2816	2839	2859	2885	2945	2970	2991
四 川	8169	8127	8138	8185	8045	8076	8107	8140
贵 州	3690	3632	3596	3537	3479	3484	3502	3508
云 南	4483	4514	4543	4571	4602	4659	4687	4714
西 藏	285	289	292	296	300	308	312	318
陕 西	3699	3708	3718	3727	3735	3753	3764	3775
甘 肃	2547	2548	2551	2555	2560	2578	2582	2591
青 海	548	552	554	557	563	573	578	583
宁 夏	604	610	618	625	633	647	654	662
新 疆	2050	2095	2131	2159	2185	2233	2264	2298

注：1.全国数据包括中国人民解放军现役军人数，但不包括香港、澳门特别行政区和台湾地区数据；230万部队分省数据中未包括中国人民解放军现役军人数。

2.2010年数据为当年人口普查数据推算数；其余年份数据根据年度人口抽样调查推算。